[제 3 판]

형법판례 150선

한국형사판례연구회

김성돈 · 오영근 · 윤지영
이용식 · 이진국 · 조균석 편

박영사

제 3 판 머리말

1992년에 창립된 한국형사판례연구회는 지난 30여 년 동안 꾸준히 월례 세미나를 개최하고 있다. 코로나 19 확산으로 인해 대면모임이 불가능한 상황에서도 본 연구회는 일찌감치 실시간 화상시스템을 도입하여 월례 발표회를 이어가고 있다. 학계와 실무계 전문가들이 모여 형사판례와 그 이론에 대해 치열하게 논의할 수 있는 장을 마련하고 있는 한국형사판례연구회는 그 동안의 연구 성과를 토대로 「형법판례 150선」을 선보였다. 학계와 다양한 법조 직역에서 활동하고 있는 회원들의 적극적인 참여가 있었기에 가능했던 작업이다. 이 책의 집필진과 연구회를 성원해주신 모든 회원들께 진심으로 감사드린다.

2021년 3월 본 연구회는 최신의 중요 판례를 반영하여 「형법판례 150선」 제3판을 발간하고자 한다. 제3판에서는 장애미수와 불능미수의 구별(대법원 2019. 3. 28. 선고 2018도16002 전원합의체 판결)을 비롯해 위계에 의한 간음죄에서 '위계'의 의미(대법원 2020. 8. 27. 선고 2015도9436 전원합의체 판결), 양자간 명의신탁에서 명의수탁자가 제3자에게 처분행위를 한 경우 횡령죄 성립 여부(대법원 2021. 2. 18. 선고 2016도18761 전원합의체 판결), 제3자에게 양도담보로 제공된 동산을 처분한 채무자의 배임죄 성립 여부(대법원 2020. 2. 20. 선고 2019도9756 전원합의체 판결), 직권남용권리행사방해죄(대법원 2020. 2. 13. 선고 2019도5186 판결), 뇌물수수죄와 제3자뇌물수수죄의 구별(대법원 2019. 8. 29. 선고 2018도2738 전원합의체 판결), 공동정범 상호간의 범인도피죄 성립 여부(대법원 2018. 8. 1. 선고 2015도20396 판결) 등에 대한 판례가 새롭게 반영되었다. 한편 기존의 논의와 통합해서 다루기에 적절하지 않은 판례 평석의 경우에는 별도의 번호를 부여해서 배치하였다. 이로 인해 평석 대상 판례의 수가 총 150개를 초과하게 되었으나, 이는 신규 판례가 늘어가는 상황에서 중요도 높은 판례를 누락시키지 않기 위해 취해진 조치라는 점을 밝혀 둔다.

집필진은 독자들이 이 책을 통해 형법판례의 전반적 흐름을 파악하는 것에 그치지 않고, 그 속에 녹아 있는 형법이론을 심도 있게 학습한 후 비판적으로 판례를 들여다 볼 수 있기를 희망한다. 아울러 이 책의 출판을 담당해주신 박영사 조성호 이사님과 이승현 과장님께 감사의 마음을 전한다.

2021년 3월
「형법판례 150선」 편저자 일동

제 2 판 머리말

「형법판례 150선」이 첫선을 보인 지 벌써 2년이 경과하였다. 지난 2016년 한국형사판례연구회는 형법 분야의 중요 판례 150개를 선정하였고, 학계와 실무계 전문가 130여 명을 참여시켜 해당 판례에 대한 평석을 내놓았다. 초판이 발간된 이후 이 책이 형사법을 배우는 학생들에게 유익한 자료로 활용되고 있다는 이야기를 종종 전해 듣곤 했다. 이 자리를 빌려 대한민국의 형법판례 전반을 압축적으로 정리 및 평가하는 작업에 흔쾌히 동참해주신 집필진께 진심으로 감사드린다.

형사사법 분야는 사회의 변화로부터 영향을 받기도 하는바, 범죄의 발생 양상 및 그에 대한 법적 평가가 변모되는가 하면, 법 적용 과정에서 종래에 다루어지지 않던 새로운 쟁점이 대두되기도 한다. 특히 대법원의 전원합의체 판결은 이러한 변화가 반영된 법적 논의의 결과라는 점에서 법학 이론 및 판례를 이해하는 데에 있어서 중요하게 다루어질 수밖에 없다. 이 책의 초판이 발간된 이후에도 주목할 만한 판례들이 등장하였는데, 사기죄의 처분의사를 다룬 판례(대법원 2017. 2. 16. 선고 2016도13362 전원합의체 판결)를 비롯하여 계좌명의인이 행한 보이스피싱 피해금의 무단인출과 횡령죄 성립 여부(대법원 2018. 7. 19. 선고 2017도17494 전원합의체 판결), 법인대표의 대표권 남용과 배임죄의 기수 시기(대법원 2017. 7. 20. 선고 2014도1104 전원합의체 판결), 외국에서 미결 상태로 구금된 기간의 형 산입 여부(대법원 2017. 8. 24. 선고 2017도5977 전원합의체 판결) 등에 대한 것이 대표적이다.

이에 한국형사판례연구회는 주목해야 할 최신 판례들을 반영하여 「형법판례 150선」 제2판을 발간하게 되었다. 이 책은 독자들이 형법 판례 전반을 파악하는 데에 큰 도움이 될 것이라고 확신한다. 나아가 더 욕심을 내본다면, 아무쪼록 이 책이 형법이론에 대한 학습과 연계되어 독자들이 판례를 단순히 암기하는 것에 머무르지 않고, 그 문제점을 분석 및 평가하여 보다 발전된 판례이론을 형성해 나아가는 능력을 함양하는 데에 기여하기를 희망한다. 끝으로 이 책의 출판을 담당해주신 박영사 안종만 회장님과 조성호 이사님, 그리고 이승현 과장님께 감사의 마음을 전한다.

2019년 1월
한국형사판례연구회 회장
이 용 식

머 리 말

어떤 행위가 범죄이고 그 범죄에 대해 어떤 형벌을 부과할 것인지에 관해서는 성문의 법률을 통해 명확하게 규정될 것이 요청된다. 그러나 입법기술상 불가피하게 추상성을 지닐 수밖에 없는 법률은 일정한 해석을 통해 구체적인 사건에 적용된다. 그러한 과정과 결과를 담고 있는 것이 판례이고, 판례는 실무에서는 물론 법학이론과 교육에서도 중요하게 다루어지고 있다.

한국형사판례연구회는 1992년에 창립된 이래로 매월 학계와 실무계가 한자리에 모여 학술적 연구가치가 높고 시사적 논의의 필요성이 인정되는 중요 형사판례에 대한 연구 결과를 발표하고 그에 대해 토론하는 장을 마련해 왔다. 또한 수준 높은 논문들을 모아 매년 「형사판례연구」(1권~24권)를 발간해오고 있는데, 이는 우리나라 형사판례 평석의 전범을 보여주는 대표적인 연구서로 평가되고 있다. 나아가 다년간 축적된 연구회의 활동 및 성과는 판례의 변경이나 법률의 제·개정 등에 일정 부분 반영되어 사회를 변화시키는 동력이 되기도 하였다. 판례를 통해 부부강간죄가 인정되고 혼인빙자간음죄나 간통죄가 폐지되는 등 최근에 일어난 변화들이 바로 그러한 예라고 할 수 있다.

지난 4반세기 동안 형사판례를 연구해 온 성과를 어떤 형태로든 정리하여 형사법을 배우는 학생들은 물론 실무자들에게도 도움이 되는 책을 만드는 것이야말로 연구회가 형사법학 및 형사판례의 발전을 위해 기여할 수 있는 길이라는 중론이 모아졌다. 그리하여 지난 1년여 동안 발간 준비 작업이 이루어졌는데, 여러 차례의 기획회의를 거쳐 대상판례 및 집필자가 선정되었고, 원고 작성과 교정 및 편집 작업이 마무리되었다. 이 자리를 빌려 「형법판례 150선」의 집필진으로 흔쾌히 참여해주신 김진환, 박상기, 김대휘, 장영민, 강용현 고문을 비롯한 형사법 학계와 실무계 여러분께 깊이 감사드린다.

간략하게 본서의 특징을 언급하면 다음과 같다.

첫째, 본서는 총 150개(총론 70개, 각론 80개)의 엄선된 형법판례를 수록하고 있는데, 이들은 모두 형사법 학습자라면 필수적으로 익혀야 할 리딩케이스이다. 둘째, 본서의 집필에는 형사법학계를 대표하는 교수와 연구자 및 현직 판사, 검사, 변호사 등 총 133명이 참여하였다. 개별 주제에 대한 선행 연구 및 집필 경력이 있는 분들 위주로 집필진을 구성함으로써 해설의 전문성을 제고하였다는 점을 밝혀둔다. 셋째, 본서는 한 주제당 사안과 판지 및 해설이 두 페이지 이내의 분량으로 서술되어 있다. 이러한 압축적 구성 방식은 독자들이 비교적 짧은 시간 안에 형법판례 전반을 파악하는 데 도움이 될 것으로 확신한다.

끝으로 이 책의 발간을 처음 기획한 전 연구회 회장인 오영근 고문, 기획과 편집 및 감수 업무를 함께 수행한 성균관대학교 법학전문대학원의 김성돈 교수, 아주대학교 법학전문대학원의 이진국 교수의 노고에 감사드린다. 특히, 처음부터 끝까지 이 책의 발간을 위해 동분서주해준 한국형사정책연구원의 윤지영 연구위원에게 깊은 감사를 드린다. 그리고 이 책의 출판을 담당한 박영사 안종만 회장님을 비롯하여 조성호 이사님과 이승현 대리에게도 고마움을 표하는 바이다.

2016년 11월

한국형사판례연구회 회장

조 균 석

차 례

제 1 부 형법총론

제 1 편 서 론

제 2 편 범 죄 론

제 1 장 구성요건

제 2 장　위 법 성

제 3 장 책 임 론

제 4 장 미 수 론

제 5 장 공 범 론

제6장　죄　수　론

제 3 편 형 벌 론

제 2 부   형법각론

제 1 편   개인적 법익에 대한 죄

제 1 장   생명과 신체에 대한 죄

제 2 장   자유에 대한 죄

제 2 편   사회적 법익에 대한 죄

제 3 편   국가적 법익에 대한 죄

제1부

형법총론

제1편

서 론

[1] 명확성원칙

[대상판결] 헌법재판소 2002. 6. 27. 선고 99헌마480 결정

[사실관계] 청구인은 종합컴퓨터 통신망인 '나우누리'의 이용자로서 '나우누리'에 개설되어 있는 '찬우물'이라는 동호회의 '속보란' 게시판에 "서해안 총격전, 어설프다 김대중!"이라는 제목의 글을 게시하였다. 이에 '나우누리' 운영자가 정보통신부장관의 명령에 따라 위 게시물을 삭제하고 청구인에 대하여 '나우누리' 이용을 1개월 중지시켰다.

당시의 전기통신사업법 제53조(불온통신의 단속)는 "① 전기통신을 이용하는 자는 공공의 안녕질서 또는 미풍양속을 해하는 내용의 통신을 하여서는 아니된다. ② 제1항의 규정에 의한 공공의 안녕질서 또는 미풍양속을 해하는 것으로 인정되는 통신의 대상 등은 대통령령으로 정한다. ③ 정보통신부장관은 제2항의 규정에 의한 통신에 대하여는 전기통신사업자로 하여금 그 취급을 거부 정지 또는 제한하도록 명할 수 있다"고 규정하고 있었다. 동법시행령 제16조 제3호는 '선량한 풍속 기타 사회질서를 해하는 내용의 전기통신'을 법률 제53조의 '공공의 안녕질서 또는 미풍양속을 해하는 통신(불온통신)'의 하나로 규정하였다. 또한 동법 제71조는 정보통신부장관의 명령을 이행하지 아니하는 자에 대해 2년 이하의 징역 또는 2천만 원 이하의 벌금형을 규정하였다.

이에 청구인은 위 조항들에 대해 헌법소원심판을 청구하였다. 헌법재판소는 청구인이 형사처벌을 받은 것은 아니므로 동법 제71조에 대한 심판청구는 각하하였지만, 재판관 6 대 3의 의견으로 동법 제53조, 동법시행령 제16조는 헌법에 위반된다고 하였다.

[결정요지] 전기통신사업법 제53조의 '공공의 안녕질서 또는 미풍양속을 해하는'이라는 불온통신의 개념은 너무나 불명확하고 애매하다. 여기서의 '공공의 안녕질서'는 위 헌법 제37조 제2항의 '국가의 안전보장·질서유지'와, '미풍양속'은 헌법 제21조 제4항의 '공중도덕이나 사회윤리'와 비교하여 볼 때 동어반복이라 해도 좋을 정도로 전혀 구체화되어 있지 아니하다. 이처럼, '공공의 안녕질서', '미풍양속'은 매우 추상적인 개념이어서 어떠한 표현행위가 과연 '공공의 안녕질서'

나 '미풍양속'을 해하는 것인지, 아닌지에 관한 판단은 사람마다의 가치관, 윤리관에 따라 크게 달라질 수밖에 없고, 법집행자의 통상적 해석을 통하여 그 의미내용을 객관적으로 확정하기도 어렵다.

[해 설]
Ⅰ. 들어가는 말

죄형법정주의의 한 내용으로서 명확성원칙이란 범죄와 형벌(형사제재)의 내용이 명확하게 규정되어야 한다는 원칙, 즉 구성요건과 형사제재(형벌 또는 보안처분 등)의 내용이 명확하게 규정되어야 한다는 원칙이다. 범죄와 형사제재의 내용이 명확하지 않으면 어떤 행위가 금지되는지, 범죄인이 어떤 형사제재를 받게 되는지 불분명하게 된다. 이 경우 예측가능성과 법적 안정성이 침해되어 형법이 규범적 기능과 보장적 기능을 제대로 수행할 수 없게 된다.

Ⅱ. 명확성의 요건과 한계
1. 구성요건의 명확성

명확성원칙은 먼저 구성요건의 명확성을 요구한다. 구성요건이 명확하기 위해서는 구성요건상의 개념들이 누구나 알 수 있는 것이어야 한다. 따라서 추상적 개념보다는 구체적 개념, 불확정개념보다는 확정개념, 전문용어보다는 일상용어, 규범적 용어보다는 사실적(혹은 기술적) 용어들을 사용하는 것이 바람직하다.

그러나 법규범의 성격상 추상적·불확정적·전문적·규범적 용어를 사용하는 것이 불가피하므로, 형법에서도 '사회상규'(제20조), '상당한 이유'(제21조 이하) 등과 같은 추상적·불확정개념이 사용되고 있다.

따라서 명확성원칙이란 명확성의 유무가 아니라 정도의 문제라고 할 수 있다. 그리고 어떤 규정이 명확성원칙에 부합하는지의 여부는 통상의 판단능력을 가진 국민 혹은 사물의 변별능력을 제대로 갖춘 일반인들을 기준으로 판단할 수밖에 없다(헌법재판소 1997. 9. 25. 선고 96헌가16 결정). 즉, 그 법률이 제정된 목적, 각 구성요건의 특수성과 그러한 법적 규제의 원인이 된 여건이나

처벌의 정도, 다른 법률조항과의 연관성을 고려하여 합리적인 해석이 가능한지의 여부에 따라 결정될 수밖에 없다(헌법재판소 1997. 3. 27. 선고 95헌가17 결정; 대법원 2000. 11. 26. 선고 98도3665 판결).

예를 들어 대상결정에서 보는 것과 같이 '공공의 안녕질서 또는 미풍양속을 해하는'이라는 개념이나 구 전기통신법 제47조 제1항의 '공익을 해할 목적'이라는 개념(헌법재판소 2010. 12. 28. 선고 2008헌바157, 2009헌바88 결정)은 죄형법정주의 명확성원칙에 반한다. 그러나 형법 제349조 제1항(부당이득죄)의 '궁박한 상태를 이용하여 현저하게 부당한 이익을 취득'하였는지 여부에 존재하는 약간의 불명확성은 법관의 통상적인 해석 작용에 의하여 충분히 보완될 수 있고 건전한 상식과 통상적인 법감정을 가진 일반인이라면 금지되는 행위가 무엇인지를 예측할 수 있으므로 이 사건 법률조항은 죄형법정주의에서 요구되는 명확성의 원칙에 위배되지 않는다(헌법재판소 2006. 7. 27. 선고 2005헌바19 결정).

2. 형사제재의 명확성(절대적 부정기 형벌·보안처분의 금지)

구성요건이 명확하더라도 형사제재가 명확하게 규정되어 있지 않다면 형법의 보장적 기능이 제대로 발휘될 수 없다. 그러나 개개 사건에 맞는 형사제재를 형법에 규정한다는 것은 불가능하므로 형법에 규정된 형사제재가 어느 정도 불명확성을 갖는 것은 역시 불가피한 일이다. 그러나 이러한 한계를 넘어서는 형사제재, 즉 절대적 부정기 형벌이나 보안처분은 허용되지 않는다.

부정기형(여기에서의 형은 형벌뿐만 아니라 보안처분 등 모든 형사제재를 포함하는 개념이다)에는 법률에 규정되어 있는 법정형과 법관이 선고하는 선고형이 있고, 상한과 하한이 정해져 있지 않은 절대적 부정기형과 상한과 하한이 정해져 있는 상대적 부정기형이 있다. 따라서 이를 조합하면 ① 절대적 부정기 법정형, ② 상대적 부정기 법정형, ③ 절대적 부정기 선고형, ④ 상대적 부정기 선고형이 있다.

법정형은 거의 모두 상대적 부정기형으로 되어 있지만 이러한 형태의 형벌이 명확성원칙에 반하는 것은 아니다. 상대적 부정기 선고형(보통 부정기형이라고 할 때에는 상대적 부정기 선고형을 말한다) 역시 명확성원칙에 반하지 않는다. 우리나라에서는 소년에 대해서만 상대적 부정기형을 인정하고(소년법 제60조 제1항), 성인에 대해서는 정기 선고형만을 인정할 뿐 상대적 부정기 선고형은 인정하지 않는다. 그러나 성인에 대한 상대적 부정기 선고형을 인정하지 않는 것은 형사정책적 결단에 의한 것이지 명확성원칙에 위배되기 때문은 아니다.

결국 죄형법정주의 명확성원칙에 어긋나는 것은 절대적 부정기 법정형이나 절대적 부정기 선고형이다. 절대적 부정기 보안처분 역시 인정되지 않고, 벌금의 경우 절대적 부정액형 역시 명확성원칙에 반함은 물론이다.

III. 나오는 말

명확성원칙에 관한 그밖의 중요 판례들을 보면 다음과 같다.

구 미성년자보호법 제2조의2 제1호상의 '잔인성을 조장할 우려', '범죄의 충동을 일으킬 수 있게'라는 개념 및 구 아동복지법 제18조 제11호상의 '아동의 덕성을 심히 해할 우려'라는 개념(헌법재판소 2002. 2. 28. 선고 99헌가8 결정), 구 외국환관리규정 제6-15조의4 제2호 (나)목에 규정된 '도박 기타 범죄 등 선량한 풍속 및 사회질서에 반하는 행위'라는 요건(대법원 1998. 6. 18. 선고 97도2231 전원합의체 판결), 구 가정의례에 관한 법률 제4조 및 동 제7호의 가정의례의 참뜻에 비추어 합리적인 범위 안에서 대통령령이 정하는 행위 이외에 경조기간 중 주류 및 음식물의 접대를 금지한다는 개념(헌법재판소 1998. 10. 15. 선고 98헌마168 결정) 등은 명확성원칙에 반한다.

그러나 형법 제243조, 제244조의 '음란'이라는 개념(대법원 1995. 6. 16. 선고 94도2413 판결), 형법 제314조의 '위력' '업무' '방해' 등의 개념(헌법재판소 1998. 7. 16. 선고 97헌바23 결정), 유해화학물질관리법 제35조 제1항의 '섭취 또는 흡입' 등의 개념(대법원 2000. 10. 27. 선고 2000도4187 판결), 구 청소년보호법 제26조의2의 '청소년에 대하여 이성혼숙을 하게 하는 등 풍기를 문란하게 하는 영업행위를 하거나 그를 목적으로 장소를 제공하는 행위'의 개념(대법원 2003. 12. 26. 선고 2003도5980 판결) 등은 명확성원칙에 반하지 않는다.

[**참고문헌**] 허일태, "형법상 해석원칙과 그 한계", 형사판례연구 [13](2005).

[필자: 오영근 교수(한양대)]

[2] 허용된 해석과 금지된 유추

[대상판결] 대법원 1994. 12. 20. 자 94모32 전원합의체 결정

[사실관계] 피고인은 1993. 3. 23. 16:00경 대전 대덕구 송촌동 129의 1 피해자 소유의 사과나무 밭에서 바람이 세게 불어 그냥 담뱃불을 붙이기가 어렵자 마른 풀을 모아 놓고 성냥불을 켜 담배불을 붙인 뒤, 그 불이 완전히 소화되었는지 여부를 확인하지 않은 채 자리를 이탈한 과실로, 남은 불씨가 주변에 있는 마른 풀과 잔디에 옮겨 붙고, 계속하여 피해자 소유의 사과나무에 옮겨 붙어 사과나무 217주 등 시가 671만 원 상당을 소훼하였다.

[판결요지] [다수의견] 형법 제170조 제2항에서 말하는 '자기의 소유에 속하는 제166조 또는 제167조에 기재한 물건'이라 함은 '자기의 소유에 속하는 제166조에 기재한 물건 또는 자기의 소유에 속하든, 타인의 소유에 속하든 불문하고 제167조에 기재한 물건'을 의미하는 것이라고 해석하여야 할 것이며, 제170조 제1항과 제2항의 관계로 보아서도 제166조에 기재한 물건(일반건조물 등) 중 타인의 소유에 속하는 것에 관하여는 제1항에서 이미 규정하고 있기 때문에 제2항에서는 그 중 자기의 소유에 속하는 것에 관하여 규정하고, 제167조에 기재한 물건에 관하여는 소유의 귀속을 불문하고 그 대상으로 삼아 규정하고 있는 것이라고 봄이 관련조문을 전체적, 종합적으로 해석하는 방법일 것이다.

[반대의견] 형법 제170조 제2항은 명백히 '자기의 소유에 속하는 제166조 또는 제167조에 기재한 물건'이라고 되어 있을 뿐 '자기의 소유에 속하는 제166조에 기재한 물건 또는 제167조에 기재한 물건'이라고는 되어 있지 아니하므로, 우리말의 보통의 표현방법으로는 '자기의 소유에 속하는'이라는 말은 '제166조 또는 제167조에 기재한 물건'을 한꺼번에 수식하는 것으로 볼 수밖에 없다. 형벌법규의 해석은 문언해석으로부터 출발하여야 하고, 문언상 해석가능한 의미의 범위를 넘어서는 것은 법창조 내지 새로운 입법행위이며, 이는 죄형법정주의의 유추해석의 금지원칙상 쉽게 허용되어서는 안 될 것이다.

[해 설]

Ⅰ. 들어가는 말

대법원의 다수의견과 반대의견을 분석해 보면 우선 두 의견 모두 피고인의 행위가 처벌받을 필요성이 있으며 더 나아가 법조문의 모호성과 처벌의 필요성 간의 갈등관계를 해결하는 데에 있어서 형법 제170조 제2항의 해석은 '법문의 가능한 의미' 안에 머물러 있어야 한다는 데에도 서로 견해를 같이 한다. 그러나 '법문의 가능한 의미'에 대한 기준과 그 범위에 대해서만 양자는 의견을 달리하고, 그 결과 죄형법정주의의 파생원칙인 유추금지도 상이한 내용을 지니게 된다. 자세히 살펴보면 형법 제170조에 관한 대법원의 해석방법이 문제가 없는 것은 결코 아니다. 우선, 유추해석이라는 대법원의 개념사용법이 법학방법론상 문제가 있을 뿐만 아니라, 더 나아가 이 조항에 대한 대법원의 결정이 과연 죄형법정주의의 한 파생원칙인 유추금지를 위반하지 않았는가가 의심스럽기 때문이다.

Ⅱ. 소위 '법문의 가능한 의미'

통설과 판례에 따르면, 해석과 유추는 '법문의 가능한 의미'(möglicher Wortsinn)에 의해 결정된다고 한다. 즉, 법문의 가능한 의미 안에서(secundum legem) 법문의 의미를 발견하는 것은 허용되는 해석이고, 이를 벗어난 범위에서(praeter legem) 그 의미를 창출하는 것은 허용되지 않는 유추라는 것이다. 그러나 문제의 핵심은 이러한 '법문의 가능한 의미'가 과연 어떤 성질의 것인가이다. 다시 말해 '법문의 가능한 의미'가 법관의 법해석 이전에 미리 확정되어 있어 법관은 이를 단지 발견만 하면 되는 것인지, 아니면 법관의 법해석을 통해 비로소 형성되는 것인지가 아직 분명하지 않다는 것이다.

최근의 법이론의 연구결과에 따르면, '법문의 가능한 의미'라는 기준은 결코 법해석 이전에 미리 확정되어 있는 것이 아니라, 법의 해석과정을 통해 비로소 형성되는 것이라고 한다. 그러나 '법문의 가능한 의미'의 내용적인 공허성을 비판하고, 그 대신 대부분 목적론적인 기준을 제시하는 입장에 대해서는 다시금 죄형법정

주의라는 헌법적인 요청을 전면에 내세워 이러한 이론들을 비판하는 견해들도 등장한다. 법이론적으로 볼 때 '법문의 가능한 의미'는 형식적인 기준으로서, 법해석에 앞서 미리 확정되는 것은 아니지만, 그러나 이런 사정으로부터 '법문의 가능한 의미'라는 개념이 전혀 유용하지 않다고 추론하는 것은 타당하지 않은데, 왜냐하면 비록 '법문의 가능한 의미'가 법해석의 과정을 통해 비로소 형성되는 것이기는 하나, 그 경우 여전히 해석과 유추를 서로 한계짓고 있기 때문이다. 엄밀히 볼 때 해당 사례의 경우 '법문의 가능한 의미'는 일상적인 언어이해에 의해 확정될 수 있는 것 같이 보인다.

Ⅲ. 유추의 특수한 형태로서 '대에서 소로의 추론'

대법원의 다수의견이 법문의 가능한 의미를 넘어섰다는 의심은 이 판결의 논증구조를 보면 보다 명백해진다. '대에서 소로의 추론'(argumentum a maiore ad minus)이라는 추론형태는 구성요건 A에 대해 법률효과 R이 적용된다면, 법률규정의 법률목적이 구성요건 B에 심지어 보다 높은 정도로 해당된다면 법률효과 R은 A와 유사한 구성요건 B에게도 '일응' 적용되어야 한다는 것을 의미한다. '대에서 소로의 추론'에 대한 정당화는 유추추론의 정당화와 마찬가지로, 그것들의 불평등한 취급이 법률에 의해 명령되거나 혹은 특별한 이유로 정당화될 수 없는 한, 가치평가적으로 동일한 구성요건들을 동일하게 취급한다는 정의의 요구이다. 쉽게 말한다면 두 명이 함께 자전거를 타는 것이 금지된다면, 세 명이 함께 타는 것은 당연히 금지된다는 것이다. 이러한 추론형태가 실화죄에 대한 대법원판례에서는 발견되는데, 왜냐하면 대법원의 다수의견은 보통의 일상적인 용어사용법과는 달리 이 사례를 다음과 같은 관점에서 판단했기 때문이다. 즉, 자기소유의 물건에 대한 실화가 처벌된다면 당연히 타인의 물건에 대한 실화는 처벌되어야 한다는 것이다. 물론 이 점을 대법원은 '전체적 종합적 고찰'에 의한 법적용이라고 부르고 있지만 필자가 생각하기에 이 결정은 '법문의 가능한 의미'를 넘어선 금지된 유추인 것 같다. 왜냐하면 이 결정에서 관건이 된 '자기소유의 형법 제166조 또는 제167조에 속하는 물건'이라는 구성요건은 어느 누구도 자기소유에 속하는 제166조와 자기소유에 속하는 제167조에 속하는 물건으로 해석하기 때문이다. 누가 '내 민법

책과 형법책'이라는 말을 내 민법책과 나와 타인이 가지고 있는 형법책이라고 이해하겠는가?

Ⅳ. 나오는 말

물론 대상판결에 대해서는 신동운 교수와 같이 형법 제170조를 '법전편찬상의 과오'로 보고 해석에 의해 보정이 가능하다고 주장하거나 혹은 이상돈 교수와 같이 법문의 부정확성을 근거로 '의사소통이론'이라는 법적 논증이론에 따른 문제해결을 주장할 수 있다. 그러나 '편집상의 과오'는 아직까지 입법 자료에 의해 명백히 밝혀지지 않았으며 법해석론상의 문제를 법적 논증의 차원의 것으로 바꾸는 것은 무엇보다도 해석론을 중시하는 죄형법정주의의 원칙에도 적합하지 않다. 그러므로 '대에서의 소로의 추론'에 따른 법획득방식을 전체적 종합적 고찰이라는 '체계적 해석의 일종'으로 파악할 것이 아니라 '유추의 특수한 형태'로 인정해야 할 것이 요구된다. 아울러 판례의 용어사용법과 관련해서 유추'해석'이라는 개념은 대단히 오해의 소지가 많으므로 '허용된 해석'과 '금지된 유추'라는 분명한 개념을 사용할 필요가 있다.

[필자: 김영환 교수(한양대)]

[3] 공소시효배제조항의 소급적용에 관한 유추해석

[대상판결] 대법원 2015. 5. 28. 선고 2015도1362, 2015전도19 판결

[사실관계] 피고인은 2006년 초 이웃 주민으로 알게 된 피해자(여, 1981년생, 당시 24세)가 고령의 모친과 단둘이 생활하면서 한글과 산수도 제대로 알지 못하고(지적장애 3급 상당으로 지능지수는 51, 사회지수는 31이고, 사회연령은 10세 1개월), 피고인보다 21세가 어린 나이로 평소 조금만 큰소리를 쳐도 떨면서 겁을 먹을 정도의 상태임을 알게 되자, 피해자에게 공부를 가르쳐 준다는 등의 명목으로 피해자를 자주 불러내어 피해자와 만남을 유지하던 중, 2006년 5월 어느 날 저녁 무렵 피해자를 불러내어 피해자에게 산책을 하러 가자고 하면서 부근 과수원으로 데리고 간 후, 갑자기 피해자를 바닥에 눕힌 다음 옷을 모두 벗기고, 그 과정에서 옷을 벗지 않으려는 피해자의 뺨을 손으로 때리는 등으로 겁을 주고, 계속하여 자신의 성기를 피해자의 음부에 삽입함으로써 간음한 것을 비롯하여, 그 무렵부터 2007년 10월경까지 사이에 총 4회에 걸쳐 피해자를 간음하였다.

[판결요지] 이 사건 장애인 준강간의 점에 대한 법정형이 3년 이상의 유기징역이므로, 구 형사소송법(2007년 개정 전) 제249조 제1항 제3호에 의하여 그 공소시효는 7년이다. 한편 2010년 제정 「성폭력범죄의 처벌 등에 관한 특례법」(이하, '성폭법')은 미성년자에 대한 성폭력범죄와 관련한 공소시효정지·연장조항을 신설하면서(동법 제20조 제1항, 제2항) 그 부칙 제3조에서 "이 법 시행 전 행하여진 성폭력범죄로 아직 공소시효가 완성되지 아니한 것에 대하여도 제20조를 적용한다"고 규정한 반면, 2011년 개정 성폭법은 13세 미만의 여자 및 신체적인 또는 정신적인 장애가 있는 여자에 대한 강간, 준강간 등 죄와 관련하여 공소시효배제조항(동법 제20조 제3항)을 신설하면서 이에 대하여는 2010년 성폭법 부칙 제3조와 같은 경과규정을 두지 아니하였다. 이와 같이 피고인에게 불리한 내용의 공소시효배제조항을 신설하면서 신법을 적용하도록 하는 경과규정을 두지 아니한 경우 그 공소시효배제조항의 시적 적용범위에 관하여는 보편타당한 일반원칙이 존재하지 아니하므로 각국의 현실과 사정에 따라 그 적용범위를 달리 규율할 수 있는데, 2007년 개정 형사소송법이 종전의 공소시효기간을 연장하면서도 그 부칙 제3조에서 "이 법 시행 전에 범한 죄에 대하여는 종전의 규정을 적용한다"고 규정함으로써 소급효를 인정하지 아니한다는 원칙을 밝힌 점, 특별법에 소급적용에 관한 명시적인 경과규정이 없는 경우에는 일반법에 규정된 경과규정이 적용되어야 하는 점 등에 비추어 공소시효가 피고인에게 불리하게 변경되는 경우에는 피고인에게 유리한 종전 규정을 적용하여야 하고, 이 사건 성폭법에는 해당 소급적용에 관한 명시적인 경과규정이 없으므로 이 사건 장애인 준강간의 점에 대하여는 동법 제20조 제3항을 소급하여 적용할 수 없어 그 범행에 대한 공소가 범죄행위 종료일부터 7년이 경과하여 공소시효가 이미 완성된 후에 제기되었으므로 면소를 선고함이 타당하다.

[해 설]

Ⅰ. 들어가는 말

죄형법정주의 원칙의 내용 중 '유추해석의 금지', '소급효의 금지'에 있어서 소송법규정과 관련해서 논의가 있다. 대상판결은 두 가지 논점을 모두 포함하고 있는 경우이다. '유추해석의 금지'는 소송법규정에 관해서도 적용되고 있으며(대법원 2010. 9. 30. 선고 2008도4762 판결), '소급효의 금지'와 관련해서는 일부 특별법에서 공소시효배제·연장에 관한 특례조항과 그 소급적용규정을 둔 경우에 관해서 헌법재판소결정과 대법원판결을 통해 원칙적으로 신법의 부진정소급효만을 인정하는 입장이 확립되었다(헌법재판소 1996. 2. 16. 선고 96헌가2 결정; 대법원 1997. 4. 17. 선고 96도3376 전원합의체 판결).

공소시효가 아직 완성되지 않은 경우 진행 중인 공소시효를 배제·연장하는 법률은 이른바 부진정소급효를 갖는 것이 '소급효의 금지'에 위배되지 않는다는 점은 일반적으로 인정되고 있다. 대상판결에서는 '소급효의 금지'의 적용 여부가 문제된다기보다는, 부진정소급효의 인정이 가능하다는 것을 전제로 하여, 공소시효배제규정에 관한 명시적인 경과규정이 없는 이 사건의

경우에도 성폭법상 다른 죄에 관한 공소시효정지·연장 조항의 부진정소급효를 인정하는 경과규정을 유추해석하여 마찬가지로 부진정소급효를 인정할 수 있는지 여부가 검토되고 있다.

II. 대상판결의 분석

대상판결 사건(세칭 '제주도판 도가니사건') 범행의 공소시효는 그 실행행위 종료일인 2006년 5월 어느 날부터 7년이고, 이 부분 공소제기일은 2014년 2월 12일이다. 즉 이 사건 범행의 공소시효 만료일(2013년 5월경) 전에 이 사건 공소시효배제규정이 시행되었는데, 이 규정과 관련해서는 명시적 경과규정이 없다.

이 사건의 제1심은 다음과 같은 이유로 대법원과는 다른 입장을 표명한 바 있다. "이 사건 공소시효배제규정을 제외하고는 위 각 공소시효정지·연장 등의 규정들은 모두 동일하게 부진정소급효를 허용하는 경과규정을 두고 있고, 이는 13세 미만 또는 장애인 여성 등에 대한 특정한 성폭력범죄의 경우 공소시효가 완성되지 아니한 상태라면 공소시효제도에 근거한 범죄자 개인의 신뢰보다 공소시효정지·연장 등을 통하여 달성하려는 공익이 우선하는 경우로 입법적으로 결단한 것으로서 공익적 특수성에 비추어 정당화된다고 봄이 상당하여, 이러한 사정은 같은 맥락의 이 사건 공소시효배제규정에서도 달리 볼 합리적인 근거를 찾아볼 수 없다. 특히 이 사건 공소시효배제 확대규정은 공소시효배제 대상범죄를 확대하면서도 부진정소급효를 인정하는 경과규정을 두고 있는데, 그럼에도 기본범죄에 관한 이 사건 공소시효배제규정에 부진정소급효를 인정하지 않는다면, 이는 속칭 '도가니법'으로 불리는 이 사건 공소시효배제규정의 입법경위, 당시 입법에 관한 사회적 합의·파장 등에 반하는 것이다."

제1심이 들고 있는 이유는 이 사건 공소시효배제규정에 관한 경과규정이 존재하지 않는 경우 여러 가지 근거에 토대하여 경과규정이 있는 것과 마찬가지로 해석할 수 있다는 것인데, 이는 결국 이 사건 공소시효배제규정의 경과규정이 있는 것으로 유추해석할 수 있다는 취지이다.

III. 나오는 말

입법자의 의사나 체계적인 법해석의 요구가 죄형법

정주의와 그로부터 파생되는 헌법적 가치들과 충돌하는 경우에는 헌법적 원리나 가치를 우위에 두고 해석하여야 할 것이다. 즉 '적법절차'와 '소급효의 금지' 원칙을 천명한 헌법 제12조 제1항과 제13조 제1항의 정신을 바탕으로 하여 법적 안정성과 신뢰보호원칙을 포함한 법치주의이념을 훼손하지 아니하도록 신중히 판단하여야 한다. 또한 '공소시효정지·연장조항'과 '공소시효배제조항'의 법적 의미가 크게 다른 점도 고려할 필요가 있다.

공소시효는 절차법규정이지만 피고인의 입장에서는 공소시효에 따라 형벌의 유무가 달라지는 결과를 가져오고 공소시효가 정지·연장 또는 배제됨에 따라 실질적인 불이익을 입는 것이므로 헌법 제12조 제1항과 제13조 제1항과 형법 제1조의 정신에 비추어 개정 전후를 비교하여 피고인에게 유리한 공소시효기간에 따라야 한다고 본 대법원의 판단이 옳다.

[참고문헌] 김영환, "공소시효와 형벌불소급의 원칙", 형사판례연구 [5](1997); 장영민, "유추금지와 목적론적 축소해석", 형사판례연구 [7](1999).

[필자: 정영일 교수(경희대)]

[4] 외국에서 집행된 형(미결구금)의 산입

[대상판결] 대법원 2017. 8. 24. 선고 2017도5977 전원합의체 판결

[사실관계] 대한민국 국민인 피고인과 피해자는 필리핀에서 관광가이드 일을 하며, 피해자의 집에서 같이 거주하고 있었다. 피고인은 피해자와 말다툼을 하고 순간적으로 격분하여 피해자를 살해하기로 하고 식칼로 피해자를 찌른 후 도주하고, 피해자는 과다출혈로 사망하였다. 피고인은 2005. 10. 5. 필리핀 경찰에 체포되어 유치장에 수감된 후, 2005. 10. 20. 필리핀 법원에 살인죄로 기소되어 구금상태에서 재판을 받다가, 2010. 10. 21. 증거불충분으로 검사의 기소를 기각하는 판결을 선고받아 2010. 10. 26. 석방되었다. 이후 국내에 귀국하여 동일한 범죄로 국내에서 기소되었다.

제1심법원은 피고인에 대하여 징역 10년을 선고하였다. 이에 대하여 피고인은, 이 사건 범행으로 필리핀 경찰에 체포되어 약 5년 1개월 동안 구금상태에서 재판을 받다가 석방되었으며, 원심판결 이후 피고인에게 유리한 내용으로 형법 제7조(외국에서 집행된 형의 산입)가 개정되었으므로 필리핀에서 구금된 기간도 미결구금이기는 하나 피고인의 이익을 위하여 마땅히 형기에 산입되어야 한다고 항소하였다. 항소법원은 개정된 형법 제7조의 명시적인 문언 내용, 규정 형식, 입법 취지 및 개정 경위, 형법 규범의 체계적 구조 등을 고려할 때, 형법 제7조는 외국에서 '형'이 집행된 경우에 적용되고 외국에서 '미결구금'된 경우에까지 적용되는 것은 아니라고 해석하였다.

[판결요지] [1] 형사사건으로 외국 법원에 기소되었다가 무죄판결을 받은 사람은, 설령 그가 무죄판결을 받기까지 상당 기간 미결구금 되었더라도 이를 유죄판결에 의하여 형이 실제로 집행된 것으로 볼 수는 없으므로, '외국에서 형의 전부 또는 일부가 집행된 사람'에 해당한다고 볼 수 없고, 그 미결구금 기간은 형법 제7조에 의한 산입의 대상이 될 수 없다.

[2] 미결구금이 자유박탈이라는 효과 면에서 형의 집행과 일부 유사하다는 점만을 근거로, 외국에서 형이 집행된 것이 아니라 단지 미결구금 되었다가 무죄판결을 받은 사람의 미결구금일수를 형법 제7조의 유추적

용에 의하여 그가 국내에서 같은 행위로 인하여 선고받는 형에 산입하여야 한다는 것은 허용되기 어렵다.

[해 설]

Ⅰ. 들어가는 말

헌법은 "모든 국민은 행위시의 법률에 의하여 범죄를 구성하지 아니하는 행위로 소추되지 아니하며, 동일한 범죄에 대하여 거듭 처벌받지 아니한다."(제13조 제1항)라고 하여 이중처벌을 금지한다. 그러나 이중처벌금지 원칙은 우리 헌법상의 국가권력을 수범자로 하므로 이미 외국에서의 확정판결이 존재하는 경우일지라도 동일한 범죄에 대하여 국내법에 따라 소추·처벌하는 것이 금지되는 것은 아니다. 다만 외국에서 해당범죄로 인하여 형사처벌을 받은 경우 동일한 범죄사실을 이유로 국내에서 다시 처벌하는 것은 범죄인에게는 실질적으로 이중처벌이 될 수 있거나 그에게 가혹한 처벌이라는 점이 고려될 수 있다. 여기서 우리 형법은 외국에서 형의 전부 또는 일부가 집행된 사람에 대해서 동일한 범죄로 국내에서 처벌할 경우에는 그 집행된 형의 전부 또는 일부를 선고하는 형에 산입하도록 규정(제7조)하고 있다. 문제는 [대상판결]과 같이 외국에서 형의 집행을 받은 경우가 아니라 외국에서 미결구금 되었다가 석방된 사람의 경우이다. 이에 대하여 형법은 명문의 규정은 존재하지 않는다. 여기서 외국에서 이루어진 미결구금을 국내에서 형을 선고할 경우 어떻게 취급할 것인가가 문제된 것이다.

Ⅱ. 외국에서 집행된 미결구금의 형의 선고시 산입 여부

대법원의 다수의견은 [대상판결]에서 외국에서 미결구금 되었던 사람을 국내에서 판결하여 선고하는 경우 그 미결구금의 산입을 다음과 같은 이유로 부정한다.

첫째, 형법 제7조는 "죄를 지어 외국에서 형의 전부 또는 일부가 집행된 사람에 대해서는 그 집행된 형의 전부 또는 일부를 선고하는 형에 산입한다."라고 규정하고 있다. '형'은 그 종류가 법률에 특별히 규정되어

있으며 미결구금은 형의 종류에 해당하지 않는다. 제7조에서 의미하는 '형'이 집행된 사람은 외국 법원의 유죄판결에 의하여 자유형이나 재산형 등과 같은 형의 전부 또는 일부가 실제로 집행된 사람을 말한다고 해석하여야 한다. 그리고 형의 집행을 받은 사람이어야 하므로 외국에서 유죄판결을 받았으나 집행유예, 집행면제, 형의 선고유예와 같이 그 형을 집행 받지 아니한 경우는 여기에 해당하지 않는다. 따라서 형사사건으로 외국 법원에 기소되었다가 무죄판결을 받은 사람은, 설령 그가 무죄판결을 받기까지 상당 기간 미결구금 되었더라도 이를 유죄판결에 의하여 '형'이 실제로 집행된 것으로 볼 수는 없다.

둘째, 형법 제57조 제1항은 미결구금일수의 전부를 형에 산입하도록 규정하고 있다. 이 규정은 본래 판결 선고 전의 구금일수에 대하여 '그 전부 또는 일부를' 법관의 재량에 따라 산입할 수 있도록 규정하였던 것이다. 그러나 헌법재판소는 미결구금의 산입을 법관의 재량에 따라 행하는 재정통산을 위헌으로 판단하였고(헌법재판소 2009. 6. 25, 2007헌바25 결정), 그 결과 본조는 현재와 같이 구금 일수 모두를 산입하도록 개정되었다. 미결구금일수를 산입하도록 규정한 것은 미결구금은 피고인 또는 피의자를 구금하는 강제처분이므로 형의 집행은 아니지만 신체의 자유를 박탈하는 점에서 자유형의 집행과 유사하기 때문에 인권보호의 관점이 반영된 것으로 이해된다. 그리고 미결구금의 일부가 아닌 전부가 산입되어야 하는 것은 헌법상의 무죄추정의 원칙에 따라 유죄판결이 확정되기 전에 피의자 또는 피고인을 죄 있는 자에 준하여 취급함으로써 법률적·사실적 측면에서 유형·무형의 불이익을 주어서는 안 된다는 점을 반영한 것이다. 따라서 여기서의 '판결선고전'은 대한민국 법원이 판결을 선고하기 이전이면 언제든지 관계없는 구금을 의미하는 것이 아니라 판결을 선고하기 이전에 형벌권 행사를 위하여 대한민국의 형사사법 절차에서 행해진 '미결'구금만을 의미한다.

셋째, 피고인이 외국에서 기소되어 미결구금 되었다가 무죄판결을 받은 이후 다시 그 행위로 국내에서 처벌받는 경우 피고인을 고려함에 있어 형법 제7조나 제57조 제1항을 적용할 필요 없이 양형단계에서 고려하는 것으로 충분하다고 보았다. 즉 공판과정에서 외국에서의 미결구금 사실이 밝혀진다면, 양형에 관한 여러

사정들과 함께 그 미결구금의 원인이 된 사실과 공소사실의 동일성의 정도, 미결구금 기간, 해당 국가에서 이루어진 미결구금의 특수성 등을 고려하여 필요한 경우 형법 제53조의 작량감경 등을 적용하고, 나아가 이를 양형의 조건에 관한 사항으로 참작하여 최종의 선고형을 정함으로써 적정한 양형을 통해 피고인의 미결구금에 따른 불이익을 충분히 해소할 수 있다고 파악하였다.

Ⅲ. 나오는 말

외국에서 집행된 미결구금을 전혀 고려하지 않는 경우에는 사실상 외국의 미결구금 기간만큼 이중으로 처벌받는 효과가 발생한다. 또한 구 형법 제7조가 외국에서 집행된 형을 임의적 감면사유로 규정하여 외국에서 집행된 형을 전혀 고려하지 않을 수도 있다는 점에서 헌법재판소로부터 헌법불합치결정(헌법재판소 2015. 5. 28. 선고 2013헌바129 결정)을 받아, 현재와 같이 개정되었다. 이와 같은 헌법재판소의 취지를 고려하면 외국의 미결구금 역시 전혀 고려하지 않는 경우에는 이 또한 위헌이나 헌법불합치의 가능성도 존재할 수 있다. 따라서 외국에서 행해진 미결구금을 형법 제7조에 포섭되는 것으로 유추적용하거나 또는 외국에서 집행된 유죄판결을 규정한 형법 제7조와 상응하게 외국에서 집행된 미결구금에 대하여 선고하는 형에 산입하도록 입법화하는 방안이 적절하다고 판단된다.

〔참고문헌〕 전지연, "외국에서 집행받은 형의 선고와 형법 제7조의 개정방향", 형사판례연구 [24](2016)

[필자: 전지연 교수(연세대)]

제 2 편

범죄론

제1장

구성요건

[5] 양벌규정과 법인의 처벌근거

[대상판결] 대법원 2010. 9. 30. 선고 2009도3876 판결

[사실관계] 사업장폐기물인 폐목분 등을 배출하는 乙 주식회사의 대표이사 甲은 폐기물처리시설로는 신고도 하지 아니하고 검사기관으로부터 적합판정도 받지 아니한 상태에서 폐목분 일평균 65톤 가량을 위 사업장에 설치된 보일러 2대의 연료로 소각 처리하여 사업장폐기물을 처리하였다.

1심법원과 원심법원은, 피고인 甲에게는 구 폐기물관리법(2010. 7. 23. 법률 제10389호로 개정되기 전의 것) 제66조 제11호, 제29조 제2항(신고하지 아니하고 폐기물처리시설을 설치), 제65조 제7호, 제30조 제3항(검사를 받지 아니하고 폐기물처리시설을 사용) 등의 위반행위로, 피고인 乙에게는 동법 제67조 제1항의 양벌규정 등을 적용하여 각 벌금형을 선고하였다. 이에 甲은 乙 주식회사의 실무자들이 아닌 甲을 행위자로 파악한 것이 잘못이라는 이유로, 乙은 당해 양벌규정이 책임주의에 반하는 위헌적인 규정이라는 이유로 상고하였다. 대법원은 피고인들의 상고를 모두 기각하였다.

[판결요지] [1] 법인은 기관을 통하여 행위하므로 법인이 대표자를 선임한 이상 그의 행위로 인한 법률효과는 법인에게 귀속되어야 하고, 법인 대표자의 범죄행위에 대하여는 법인 자신이 책임을 져야 하는바, 법인 대표자의 법규위반행위에 대한 법인의 책임은 법인 자신의 법규위반행위로 평가될 수 있는 행위에 대한 법인의 직접책임으로서, 대표자의 고의에 의한 위반행위에 대하여는 법인 자신의 고의에 의한 책임을, 대표자의 과실에 의한 위반행위에 대하여는 법인 자신의 과실에 의한 책임을 지는 것이다.

[2] 구 폐기물관리법 제67조 제1항의 양벌규정 중 '법인의 대표자' 관련 부분은 대표자의 책임을 요건으로 법인을 처벌하는 것이므로, 위 규정에 근거한 형사처벌이 형벌의 자기책임원칙에 반하여 헌법에 위배된다고 볼 수 없다.

[해 설]
I. 들어가는 말

양벌규정이란 형벌법규를 직접 위반한 자연인뿐만 아니라 그 자연인과 일정한 관계를 맺고 있는 법인(또는 개인)도 함께 처벌하는 특별법상의 규정을 말한다. 통설과 판례에 따라 범죄능력이 부정되는 법인도 이러한 양벌규정에 의해서 예외적으로 형벌이 부과되고 있다. 종래부터 양벌규정상 행위자인 자연인 외에 법인의 처벌근거가 무엇인가에 관해서는 법인의 범죄능력 인정 여부와 양벌규정의 성격 등을 어떻게 보느냐에 따라 다양한 견해들이 주장되어 왔다. 그런데 2007년 헌법재판소(헌법재판소 2007. 11. 29. 선고 2005헌가10 결정)는 양벌규정에서 위반행위의 자연인 주체가 종업원 등인 경우(이하, '종업원 관련부분'이라 한다), 종업원 위반행위 외에 추가적인 처벌근거 없이 영업주를 처벌하고 있는 양벌규정은 형사법의 기본원리인 책임주의에 반하여 위헌이라는 결정을 내렸다. 그 이후 이 결정을 따르는 판례의 등장과 더불어 우리나라 양벌규정은 법인에 대한 추가적·독자적 처벌근거를 마련하는 방향으로 대대적인 개정작업이 이루어졌다.

대상판결은 앞에서 설명한 '종업원 관련부분'과는 달리, "양벌규정에서 법규위반행위를 한 자연인 주체가 법인의 대표자인 경우(이하, '대표자 관련부분'이라 한다)에는 실무담당자가 별도로 있다 하더라도 그 대표자를 행위자로 인정한 것은 정당하며, 법인이 그 기관인 대표자의 행위에 대해 직접책임을 지는 것이고, 따라서 이에 근거한 형사처벌이 위헌이 아니며 법인에 대해 별도의 처벌근거를 요하지 않는다"는 것을 밝힌 판결이다. 이하에서는 양벌규정상 법인의 처벌근거를 2007년 헌재결정을 전후한 판례와 법률의 변화 등을 중심으로 살펴보고자 한다.

II. 양벌규정상 법인의 처벌근거
1. 2007년 헌재 결정 이전까지 학설과 판례의 태도

종래의 학설은 무과실책임설, 과실책임설, 부작위감독책임설 등 다양한 학설이 주장되었다. 무과실책임설

은 종업원의 위반행위에 대하여 행정단속목적을 위해 책임원칙의 예외로서 무과실책임을 부담한다는 견해이다. 이는 법인의 범죄능력을 부정하는 태도의 논리적 귀결이다. 과실책임설은 다시 과실의제설, 과실추정설 및 감독과실책임설로 분화되지만, 종업원에 대한 선임·감독상의 자기과실 때문에 과실책임을 부담한다는 감독과실책임설이 대표적이다. 종래의 대법원 판례는 주로 무과실책임설을 따르고 있었지만(대법원 1992. 8. 14. 선고 92도299 판결 등), 과실책임설에 입각한 판결도 있었다(대법원 1987. 11. 10. 선고 87도1213 판결 등). 그러나 헌법재판소는 2007년 결정 이전에도 선임·감독상의 과실도 없는 자에게 양벌규정으로 처벌한다는 것은 책임주의에 반한다고 하면서 명백히 과실책임설을 취하고 있었다(헌법재판소 2000. 6. 1. 선고 99헌바73 결정).

2. 2007년 헌재 결정 이후의 학설과 판례의 태도
(1) 양벌규정의 개정과 학설의 태도
2007년 헌재 결정 이후 우리나라 양벌규정은 법인에 대한 추가적·독자적 처벌근거를 마련하는 방향으로 대대적인 개정작업이 이루어졌는데, 그 내용은 대부분 단서조항에 "법인 또는 개인이 그 위반행위를 방지하기 위하여 해당업무에 관하여 상당한 주의와 감독을 게을리 하지 아니한 경우에는 그러하지 아니하다"라는 면책조항을 신설하는 방식이었다.

이러한 개정 양벌규정에 의하면 종래의 학설 중 무과실책임설과 과실추정설 내지 과실의제설은 그 지지 기반을 상실하였다. 그 대신 단서조항에 신설된 '상당한 주의와 감독의무위반'의 구체적 내용과 관련해서 이를 어떻게 해석하는가에 따라 견해가 대립되고 있다. 즉, 과실책임설을 명문으로 도입한 것이라고 보아 법인에 대해 과실범의 성립을 인정하는 견해, 과실책임설을 인정하면서도 법인에 대해 고의범의 성립까지도 인정할 수 있다고 보는 견해, 법인의 범죄능력을 인정하는 것을 전제로 종업원에 대한 선임·관리·감독 모두에 대한 자기책임을 인정할 수 있고 고의책임도 인정할 수 있다는 부작위감독책임설 등이 주장되고 있다.
(2) 판례의 태도
대법원과 헌법재판소는 '종업원 관련부분'에 대해서는 면책조항을 신설하지 아니한 종전의 양벌규정이 위헌이라는 판결(헌법재판소 2011. 10. 25. 선고 2010헌바307

결정; 헌법재판소 2013. 10. 24. 선고 2013헌가18 결정)을 지속적으로 내림으로써 2007년 헌재결정을 확인하고 있다. 이에 따라 해석론상 종래의 무과실책임설이나 과실추정설을 배제한 것은 명확하지만, '상당한 주의와 감독의무위반'을 법인처벌의 근거로 규정한 개정 양벌규정의 취지를 과실책임설로 해석하는지 부작위감독책임설로 해석하는지는 분명하지 않다(대법원 2010. 7. 29. 선고 2009도5824 판결).

한편, '대표자 관련부분'에 대해서는 대상판결과 같이 법인의 직접책임을 인정하고 법인에 대한 별도의 처벌근거를 요하지 않고 있다(대법원 2010. 9. 30. 선고 2009도3876 판결; 헌법재판소 2010. 7. 29. 선고 2009헌가25 결정 등). 이러한 판례의 태도는 법인과 동일시할 수 있는 지위의 특정개인에 대한 행위책임으로부터 바로 법인의 행위책임을 도출하는 영미법계의 동일시이론(종속모델)을 따른 것으로 보인다. 그러나 동일시이론은 자연인을 전제로 구축된 형법이론체계를 법인의 형사책임판단에도 무리없이 응용할 수 있다는 장점이 있는 반면에, 오늘날 대규모 기업법인의 복잡한 조직구조로 인하여 동일시할 수 있는 개별 행위자의 특정이 곤란하다는 점 및 행위자의 불법뿐만 아니라 책임까지도 법인에게 귀속시키게 되므로 여전히 책임주의원칙에 반할 소지가 있다는 등의 문제가 남아있다.

III. 나오는 말
법인의 범죄능력을 부정하고 범죄주체가 자연인(또는 개인)이라는 전통적인 사고의 틀을 유지하고 있는 판례는 양벌규정상 법인의 처벌근거에 관하여 부득이하게 '종업원 관련부분'과 '대표자 관련부분'을 구분하는 이중잣대를 사용하고 있다. 또한 개정 양벌규정 역시 면책조항만 신설하는 불철저한 개정으로 책임주의 원칙을 완전히 해소하지 못하고 있다. 따라서 이제라도 법인의 범죄능력을 인정하는 인식의 전환과 더불어 양벌규정의 철저한 개정 등으로 법인에게 직접 형사책임을 귀속시키는 제도의 개선이 뒤따라야 할 것이다.

[참고문헌] 김대휘, "양벌규정의 해석", 형사판례연구 [10](2002).

[필자: 박광민 교수(성균관대)]

[6] 피해자의 특이체질과 인과관계

[대상판결] 대법원 1978. 11. 28. 선고 78도1961 판결

[사실관계] 고등학교 교사인 피고인이 동교 3학년인 피해자가 민방공 훈련에 불참하였다는 이유를 들어 주위를 환기시킴에 있어 왼쪽 뺨을 한번 살짝 때렸는데, 이 순간 피해자가 뒤로 넘어지면서 머리를 지면에 부딪혀 우측 측두골 부위에 선상골절상을 입고 지주막하출혈 및 뇌진탕을 일으켜 사망하였다. 피해자가 위와 같이 뒤로 넘어진 것은 피고인으로부터 뺨을 맞은 탓이 아니라 그 피해자의 평소 허약상태에서 온 급격한 뇌압상승 때문이었고, 또 위 사망의 원인이 된 측두골 골절이나 뇌좌상은 보통 사람의 두개골은 3내지 5미리미터인데 비하여 피해자는 0.5미리 밖에 안 되는 비정상적인 얇은 두개골이었고 또 뇌수종이 있었던 데 연유한 것이었는데, 피고인은 이 피해자가 다른 학생에 비하여 체질이 허약함은 알고 있었으나 위와 같은 두뇌의 특별이상이 있음은 미처 알지 못하였다.

[판결요지] 고등학교 교사가 제자의 잘못을 징계코자 왼쪽 뺨을 때려 뒤로 넘어지면서 사망에 이르게 한 경우 위 피해자는 두께 0.5미리밖에 안 되는 비정상적인 얇은 두개골이었고 또 뇌수종을 가진 심신허약자로서 좌측 뺨을 때리자 급성뇌성압상승으로 넘어지게 된 것이라면 위 소위와 피해자의 사망 간에는 이른바 인과관계가 없는 경우에 해당한다.

[해 설]

I. 들어가는 말

대상판결의 쟁점은 피고인의 폭행으로 피해자가 사망의 결과가 발생한 경우, 폭행과 사망사이에 피해자의 특이체질이 개입하였다면 인과관계가 인정되는지 여부이다. 형법상 인과관계라 함은 일정한 행위로 인하여 일정한 결과가 발생하였다는 것을 인정할 수 있는 연관관계를 의미한다. 인과관계를 논한다는 것은 행위와 결과가 존재한다는 사실만으로 행위자에게 그 결과에 대한 책임을 물을 수 없음을 의미한다. 결과범에 있어서 발생한 결과에 대해서 책임을 묻자면 행위와 결과 사이에 인과관계가 반드시 인정되어야 한다. 발생한 결

과에 책임을 묻는다는 것은 '기수범'으로 책임을 묻는다는 것이며, 만일 결과가 발생하였다하더라도 행위와 결과 사이에 인과관계가 인정되지 않으면 '미수범'의 책임만 물을 수 있을 뿐이다. 즉, 인과관계론은 결과범이나 침해범에서 기수범과 미수범의 성립을 가린다는 점에서 의의가 있다. 따라서 결과발생을 필요로 하지 않는 단순 거동범이나 추상적 위험범 등에서는 인과관계가 문제되지 않는다.

II. 피해자의 특이체질로 인한 결과 발생시 인과관계 인정 여부

대상판결 사례는 결과에 이르는 과정에 다른 조건(피해자의 특이체질)이 비유형적으로 개입하여 결과를 발생시킨 경우로서 흔히 비유형적 인과관계 또는 비유형적 인과과정이라고 한다.

아래에서는 행위와 결과 사이에 '어떠한 연관관계'가 있을 경우에 인과관계를 인정할 수 있는가에 대한 학설의 태도와 판례에 대하여 검토한다.

1. 학 설

① 조건설은 행위와 결과 사이에 '당해 행위가 없었더라면 그 결과가 발생하지 않았을 것'이라는 관계, 즉 논리적 조건관계만 존재하면 인과관계를 인정하는 견해이다. 통상 하나의 결과가 발생하는 데 다양한 조건들이 공동으로 작용하는 경우들이 많은데, 조건설에 따르면 모든 조건들은 결과에 대한 원인이라고 보며, 이런 이유에서 등가설이라고 부르기도 한다. ② 원인설(개별화설)은 조건설에 의하여 인과관계의 인정범위가 지나치게 넓어지는 것을 시정하기 위하여 결과에 대한 여러 조건들 가운데 원인이라고 할 수 있는 것과 단순히 조건에 불과한 것을 구별하여 전자에 대해서만 인과관계를 긍정하려는 견해이다. ③ 상당인과관계설 내지 상당성설은 전술한 원인설과 함께 조건설에 따르는 경우에 나타나는 귀책범위의 지나친 확대를 제한하기 위해 등장한 학설로서, 결과발생에 기여한 여러 조건들 가운데 사회생활의 일반적인 생활경험에 비추어 그러

한 결과를 발생시키기에 상당한 조건에 대해서만 인과관계를 인정하는 견해이다. 이 설은 상당성을 어떻게 판단할 것인가에 따라 주관설(행위 당시 행위자가 인식하고 있었거나 인식할 수 있었던 사정을 기초로 상당성을 판단하는 견해), 객관설(행위자가 행위 당시에 인식한 사정과 관계없이 법관이 사후적으로 행위 당시에 객관적으로 존재하였던 모든 사정 및 행위 당시 일반인이라면 인식할 수 있었던 모든 사정을 기초로 하여 상당성을 판단하는 견해), 절충설(행위 당시에 일반인이라면 인식할 수 있었던 사정 및 행위자가 특별히 인식하고 있었던 사정을 기초로 하여 상당성을 판단하려는 견해)로 구분된다. ④ 중요설은 인과관계 문제와 규범적 결과 귀속 문제를 엄격히 구분하여, 인과관계의 유무는 조건설에 의하여 확정되지만, 결과 귀속은 개개 구성요건의 해석상 중요성이 있는 조건만이 구성요건 해당성이 있다고 한다. 중요설이 인과관계와 결과 귀속을 분리한 점, 결과 귀속의 척도로 상당성이 아니라 구성요건의 의미 합치적 해석을 통하여 구성요건에 해당할 만한 중요성이 있는가를 판단한다는 점에서 상당인과관계설과 구분된다. ⑤ 합법칙적 조건설은 조건설을 기초로 하되 조건설의 결함을 시정하기 위해 인과관계를 조건설의 논리적 조건관계에 의해서가 아니라 일상적 경험법칙으로서의 합법칙적 조건관계에 의하여 확정하려는 견해이다. 행위가 시간적으로 뒤따르는 외계의 변동에 연결되고, 이 변동이 행위와 합법칙적 연관 하에 구성요건적 결과로 실현되었을 때 인과관계가 인정된다.

2. 대법원의 태도

대상판결에서 대법원은 상당인과관계설의 입장에서 피고인이 폭행과 사망 사이에 행위 '당시'에 존재한 특이체질(비정상적인 두개골)이 개입한 경우에 피고인이 알지 못하였으므로 인과관계가 없다고 판시하였다. 그러나 피해자의 특이체질로 인하여 결과가 발생한 경우 인과관계를 모두 부정하는 것만은 아니다. 즉, 대법원은 피해자가 평소 병약한 상태에 있었고 피고인의 폭행으로 그가 사망함에 있어서 지병이 또한 사망 결과에 영향을 주었다고 하여 폭행과 사망 간에 인과관계가 없다고 할 수 없다(대법원 1979. 10. 10. 선고 79도2040 판결)고 하였고, 평소에 오른쪽 관상동맥폐쇄 및 심실의 허혈성심근섬유화 증세 등의 심장질환을 앓고 있던

피해자를 밀어 넘어뜨려 피해자가 관상동맥부전과 허혈성심근경색등으로 사망하였더라도, 피고인의 폭행과 피해자의 사망 간에 상당인과관계가 있었다고 볼 수 있다(대법원 1989. 10. 13. 선고 89도556 판결)고 판시하고 있다.

III. 나오는 말

본래 상당인과관계설은 결과적 가중범에 대하여 조건설을 적용함에 따라 생길 수 있는 부당한 귀결을 방지하고자 하는 의도에서 출발한 것으로서, 소위 비전형적인 인과과정의 사례들에 대하여 비교적 적절한 대응을 할 수 있다는 장점이 있다. 또한 상당성에 대한 판단은 일반인들의 생활경험을 바탕으로 한 직관적인 것이기 때문에 대부분의 사안에서 합리적이고 일치된 결론에 이를 수 있다는 장점도 있다. 대법원도 일반적으로 예견가능한 지병이나 심장질환의 경우에는 인과관계를 인정하면서, 예견이 불가능한 비정상적으로 얇은 두개골과 뇌수종의 경우에는 인과관계를 부정하였다.

하지만 상당성의 개념이 애매하여 인과관계의 판단에 대해 일관성이 없다는 비판이 있다. 또한 인과관계 문제와 규범적 판단으로서의 결과귀속 문제를 같은 차원에서 취급하여 인과관계와 결과귀속을 혼동하였다는 비판이 있다. 따라서 사실판단으로서의 인과관계의 존부 문제와 규범적 결과귀속판단으로서의 객관적 귀속 문제는 이원화하여 인과관계의 존부가 확정된 후에 다시 별도로 규범적 결과귀속을 검토하는 방식으로 해결하는 것이 더 타당하다.

〔참고문헌〕장영민, "인과관계의 확정과 합법칙적 조건설", 형사판례연구 [3](1995).

[필자: 송광섭 교수(원광대)]

[7] 인과과정에 개입된 행위와 결과귀속

[대상판결] 대법원 1994. 3. 22. 선고 93도3612 판결

[사실관계] 피고인들은 쇠파이프와 각목으로 피해자의 머리와 몸을 마구 때리고 낫으로 팔과 다리를 난자하였고. 피해자는 1993. 2. 15. 범행으로 입은 자상으로 인하여 급성신부전증이 발생되어 치료를 받다가 다시 폐렴·패혈증·범발성혈액응고장애 등의 합병증이 발생하여 1993. 3. 17. 사망하였다. 피해자는 외상으로 인하여 급성신부전증이 발생하였고 또 소변량도 심하게 감소된 상태였으므로 음식과 수분의 섭취를 더욱 철저히 억제하여야 하는데, 이와 같은 사실을 모르고 콜라와 김밥 등을 함부로 먹은 탓으로 체내에 수분저류가 발생하여 위와 같은 합병증이 유발됨으로써 사망하게 되었다.

[판결요지] 살인의 실행행위가 피해자의 사망이라는 결과를 발생하게 한 유일한 원인이거나 직접적인 원인이어야만 되는 것은 아니므로 살인의 실행행위와 피해자의 사망과의 사이에 다른 사실이 개재되어 그 사실이 치사의 직접적인 원인이 되었다고 하더라도 그와 같은 사실이 통상 예견할 수 있는 것에 지나지 않는다면 살인의 실행행위와 피해자의 사망과의 사이에 인과관계가 있는 것으로 보아야 한다.

[관련판결] 대법원 1990. 5. 22. 선고 90도580 판결
[사실관계] 피고인이 야간에 오토바이를 운전하다가 도로를 무단횡단하는 피해자를 충격하여 피해자로 하여금 도로상에 전도케 하고, 그로부터 약 40초 내지 60초 후에 다른 사람이 운전하던 타이탄트럭이 도로 위에 전도되어 있던 피해자를 역과하여 사망케 하였다.

[판결요지] 피고인이 전방좌우의 주시를 게을리한 과실로 피해자를 충격하였고 나아가 이 사건 사고지점 부근 도로의 상황에 비추어 야간에 피해자를 충격하여 위 도로에 넘어지게 한 후 40초 내지 60초 동안 그대로 있게 한다면 후속차량의 운전자들이 조금만 전방주시를 태만히 하여도 피해자를 역과할 수 있음이 당연히 예상되었던 경우라면 피고인의 과실행위는 피해자의

사망에 대한 직접적 원인을 이루는 것이어서 양자 간에는 상당인과관계가 있다.

[해 설]
Ⅰ. 들어가는 말

어떤 행위와 그로 인하여 발생한 구성요건적 결과 사이에 종종 타인, 즉 제3자나 피해자의 행위가 개입되는 경우가 있다. 이렇듯 인과과정에 개입행위가 있는 경우 최초 원인 야기자는 어느 범위에서 결과에 대한 책임을 지게 되는가가 문제된다. 선행행위를 기준으로 분류하면 대상판결은 고의적 선행행위에 피해자의 과실이 개입된 형태이고, 관련판결은 과실행위인 선행행위에 제3자의 과실이 개입된 형태이다. 판례는 모두 어떤 개입행위가 있었지만 최초행위와 결과 사이의 인과관계 내지 죄책을 인정하고 있는 것은 공통적이다. 그런데 대상판결의 경우 후행행위가 '직접적인 원인'이라 하더라도 선행행위와 결과 사이에 인과관계를 인정한다고 하고, 관련판결의 경우에는 후행행위가 '당연히 예상되었던 경우'이므로 선행행위와 결과 사이에 인과관계가 인정된다고 한다. 두 판례 모두의 경우 후행행위가 결과에 직접적인 영향을 미쳤다는 것을 인정한다면 그것이 왜 선행행위와 결과 사이에 연관을 단절하지 못하는가에 대한 설명은 생략되어 있다. 판례는 상당인과관계설을 취하기 때문에 결과귀속에 대한 판단기준을 제시할 수 없는 한계가 있다.

Ⅱ. 개입된 후행행위가 있는 경우 선행행위에 대한 결과의 귀속 판단기준

객관적 귀속론을 취하는 입장에서는 대체적인 경향이 위험의 단순한 비방지와 추가적 위험의 사후창출로 구별하여 실현된 결과의 선행행위에의 귀속여부를 결정하려고 한다.

(1) 후행행위가 부작위인 경우, 선행행위에 의해 설정된 위험이 방해받지 않고 실현되었으므로 결과는 선행행위에 귀속된다. 예컨대 甲이 A를 살인의 고의로 칼로 찔러 A가 중상을 입고 병원에 실려 왔는데 의사

乙이 빨리 수술을 하지 않아 A가 사망한 경우, 甲이 설정한 선행행위가 실현된 것으로 결과는 甲에게 귀속되어 甲은 고의 살인의 기수범의 죄책을 진다. 乙의 과실행위가 개입되었다고 하더라도 乙의 행위는 수술을 하지 않은 부작위이고, 결국 甲의 선행행위가 실현된 것이기 때문이다. 물론 후행행위의 자체의 과실은 별개로 논할 수 있을 것이지만 그것이 선행행위의 인과관계와 객관적 귀속의 인정을 배제하는 영향을 미치지 않는다.

(2) 추가위험이 작위행위로 개입된 경우, 후행행위가 고의행위이면 결과는 선행행위에 귀속되지 않는다. 예컨대 甲이 살인의 고의로 A를 칼로 찔러 상해를 입혔는데, 그 후 乙이 살인의 고의로 A를 칼로 찔러 사망케 한 경우, 사망의 결과는 甲에게 귀속될 수 없으며 甲은 살인미수죄의 죄책을 진다.

(3) 추가 위험이 작위의 과실인 경우에, 선행행위에 대한 결과의 귀속을 배제하기 위해서는 후행자의 과실이 아주 중대한 것으로서 선행행위자에 의하여 야기된 위험상황과 결과가 거의 관련이 없는 우연으로 여겨질 정도여야 하고 그 과실행위가 결과로 실현해야 할 것을 전제로 한다. 예컨대 甲이 살인의 고의로 A에게 상해를 입혔는데 의사 乙이 시간을 다소 지체한 과실로 수술하였지만 A가 사망한 경우, 사망의 결과는 여전히 甲의 선행행위에 귀속되고 甲은 고의살인의 기수의 죄책을 진다. 다만 의사가 예컨대 다른 혈액형의 혈액을 수혈한 경우처럼 매우 중대한 과실로 사망케 한 경우에는 선행행위자에게 사망의 결과를 선행행위자에게 귀속시킬 수 없어서 甲은 살인미수죄의 죄책을 질 것이다.

III. 대상판결의 평석

대상판결과 같이 중간에 다른 원인이 개입된 경우 선행행위와의 인과관계는 중단될 수 없으므로 인과관계 자체는 존재하지만, 중간개입행위로 인하여 결과에 대한 책임의 귀속 여부를 계속 문제 삼아야 할 것이다. 그런 점에서 상당인과관계설에서의 상당성 또는 일상생활경험이라는 판단은 실제로 명백한 판단기준이 되지 못하는 결함을 지닌다. 그러나 객관적 귀속론에 의해 대상판결을 검토해보면, 대상판결의 사안은 피해자가 쇠파이프, 각목, 낫 등으로 머리와 몸을 맞거나 찔려 10일이 지나도록 의식을 회복하지 못하였다가 그로

인하여 급성신부전증이 발생하였는데 콜라와 김밥 등을 함부로 먹어 합병증이 발생하여 사망한 경우이다. 이 경우에는 피해자의 과실이 개입되었다고 할 수 있는데, 이 개입행위가 중대한 과실로서 선행행위자에게 결과귀속을 배제하기 위해서는 피해자의 과실이 선행행위로 인하여 성립되지 않은 추가적 위험요소를 창출하고 선행행위에 의하여 야기된 위험상황과 결과가 우연으로 여겨질 정도가 되어야 하는데 그렇지 않으므로 결과는 선행행위자에게 귀속된다고 할 수 있다. 그리고 관련판결은 후행행위자가 속도위반 등의 과실을 범하였는지 적법한 행위를 하였는지 분명하지 않지만 중대한 과실을 범하지 않은 한 후행행위자의 개입은 선행행위의 결과귀속에 영향을 미치지 않는다고 할 수 있다.

〔참고문헌〕 정현미, "인과과정에 개입된 타인의 행위와 객관적 귀속", 형사판례연구 [9](2001).

[필자: 정현미 교수(이화여대)]

[8] 피해자의 도피행위와 인과관계

[대상판결] 대법원 1995. 5. 12. 선고 95도425 판결

[사실관계] 피고인이 자신이 경영하는 속셈학원의 강사로 피해자를 채용하고 학습교재를 설명하겠다는 구실로 유인하여 호텔 객실에 감금한 후 강간하려 하자, 피해자가 완강히 반항하던 중 피고인이 대실시간 연장을 위해 전화하는 사이에 객실 창문을 통해 탈출하려다가 지상에 추락하여 사망하였다.

[판결요지] 폭행이나 협박을 가하여 간음을 하려는 행위와 이에 극도의 흥분을 느끼고 공포심에 사로잡혀 이를 피하려다 사상에 이르게 된 사실과는 이른바 상당인과관계가 있어 강간치사상죄로 다스릴 수 있다.

[해 설]

I. 들어가는 말

형법 제17조는 인과관계라는 표제하에 "어떤 행위라도 죄의 요소되는 위험발생에 연결되지 아니한 때에는 그 결과로 인하여 벌하지 아니한다"라고 규정하고 있다. 인과관계에 관한 규정을 두고 있는 나라는 그리 흔하지 않다는 점에서 우리 형법은 독특하다. 그러나 형법 제17조의 해석에 관하여는 여전히 논란이 진행 중이다. 학계의 다수설은 조건설 또는 합법칙적 조건설과 객관적 귀속론을 결합한 이원론인 반면, 소수설과 판례는 상당인과관계설을 취하고 있다. 나아가 인과관계는 "구성요건행위와 결과 간의 관계로서 형식적 표지인 반면, 객관적 귀속은 이 관계를 판단하는 시각이자 실질적 내용으로 이해해야 한다"는 견해, "인과관계를 범죄유형별로 구분하여 논해야 한다"는 견해, "형법 제17조가 인과관계와 객관적 귀속을 모두 규정하는 것은 무리"라는 견해, "형법 제17조는 상당인과관계설과 객관적 귀속론의 중요 부분이 조문화되어 있다"고 보는 견해, "상당성판단이 객관적 귀속의 일장면으로서의 성질을 갖는 것"이라는 견해 등 다양한 견해가 주장되고 있다. 우리 형법상 제17조가 단순히 사실상의 인과관계만을 담고 있는 규정이라고 해석하는 견해가 있으나, 단순히 사실상의 인과관계 문제라면 굳이 형법에 명문으로 둘 필요가 없을 것이고, 명문의 규정을 두었

다면 이 규정의 모든 내용들은 당연히 '법'적인 개념일 수밖에 없다. 그것은 다른 형법의 규정이 모두 형'법'적인 의미를 담고 있는 것과 마찬가지이다. 아직 객관적 귀속론이 다수설이 아닌 시절에 만들어진 「1992년 형법개정법률안」도 제10조(인과관계)에 "어떠한 행위라도 범죄의 요소인 위험발생에 연결되지 아니한 때에는 그 결과로 인하여 벌하지 아니한다"고 하여 현행 형법 제17조와 같은 취지에서 약간의 자구수정만 하였다.

그렇다고 한다면 이제 형법 제17조를 두고 이것이 상당인과관계설에 근거한 것인지 아니면 객관적 귀속론에 근거해야 하는지가 중요한 것이 아니라 그 판단기준을 구체화하고 유형화하는 데 초점을 맞추는 것이 바람직할 것이다. 그럼으로써 제17조에 규정된 바와 같이 '죄의 요소되는 위험발생에 연결'되었는가 아닌가를 판단해야 한다. 일본이나 영미의 경우 인과관계의 판단기준을 구체화하여 유형화했다는 점이 우리에게 시사하는 바가 있다고 생각한다.

II. 상당성 판단기준으로서의 '행위자의 침해(공격) 행위로부터 피해자가 도피한 경우'

상당인과관계설에서 말하는 상당성이란 조건관계가 있는 경우 '사회통념에 비추어보아' 일반경험상 결과발생의 '개연성'이 있는 경우를 의미한다. 여기에서 '개연성'이란 어떠한 사실로부터 어떠한 결과가 발생할 확률이 적어도 십중팔구는 그렇다는 것이다. 이는 단순한 가능성의 정도를 넘어서는 것으로서 일반적인 경험에서 비추어볼 때 그러한 사실이 발생하면 적어도 10번에 여덟아홉은 그러한 결과가 발생한다는 것을 의미한다. 그리고 그 판단은 '행위자가 결과발생을 좌우했는가 아닌가의 판단'이다. 그렇다고 한다면 대상판결의 사례는 행위자의 침해(공격)행위로부터 피해자가 도피함으로써 사망의 결과가 초래된 경우인데, 일상경험에 비추어 보았을 때 행위자의 침해(공격)행위로부터 피해자가 두려움이나 공포로 인하여 이를 피하기 위하여 도피하는 것은 자연적인 결과로서 얼마든지 발생할 수 있는 것이고 이는 '위험발생과 연결'된 것이며, 그 과정

에서 사망(이나 상해)의 결과가 발생하는 것 역시 개연성이 있고 '행위자가 결과발생을 좌우했다'고 할 수 있을 것이다.

대상판결에서 밝히고 있듯이, '폭행이나 협박을 가하여 간음을 하려는 행위와 이에 극도의 흥분을 느끼고 공포심에 사로잡혀 이를 피하려다 사상에 이르게 된 사실'은 충분히 개연성 있는 결과이기 때문에 상당하다고 할 수 있고, 따라서 상당인과관계를 인정한 판례의 태도는 정당하다고 할 수 있다. 이는 일본의 판례 가운데 '폭행을 참지 못하고 도망한 끝에 연못에 뛰어들다가 튀어나온 바위에 머리를 부딪쳐 두부찰과타박상을 입어 이를 이유로 막하출혈에 의하여 사망한 사례'(最決 1984. 7. 6. 刑集 38. 8. 2793)나 영미의 '공포로 인한 도피 사례'(Fright and Flight cases)와 맥을 같이 한다. 이와 같이 '행위자의 공격이나 침해행위로부터 피해자가 도피하다가 사상에 이르게 된 경우'는 상당성의 한 기준 내지는 척도로 활용할 수 있을 것이다.

Ⅲ. 나오는 말

인과관계는 행위자의 행위와 발생된 결과 사이에 일정한 관계가 있을 것으로 요구하는 객관적 구성요건의 하나이다. 이는 궁극적으로는 행위자에게 책임을 귀속시키기 위한 전제가 된다. 따라서 인과관계의 문제를 행위자의 책임과 관련지어 설명하는 영미의 방식도 이해 못할 바가 아니다. 그러나 범죄의 성립요건을 '구성요건－위법성－책임'의 엄격한 3단계론을 취하고 있는 우리의 입장에서는 이를 수용할 수 없다. 적어도 3단계론을 취하는 우리의 입장에서는 인과관계를 객관적 구성요건에 속하는 것으로 보고 이를 전제로 행위자에게 결과에 대한 주관적 귀속을 논해야 한다. 문제는 인과관계 규정에서 말하는 '죄의 요소되는 위험발생에 연결'이라는 문구를 어떻게 해석해야 하는가이다.

이에 대하여는 상당인과관계설과 객관적 귀속론이 대립하고 있으나, (영미형법이나 일본의 형법이론에서처럼) 인과관계와 객관적 귀속은 서로 별개의 것이 아니라 상호 보완할 수 있는 개념이라고 본다. 이미 객관적 귀속론은 귀속의 척도나 기준을 구체화하고 이를 유형화하는 작업을 꾸준히 진행해 온 반면, 상당인과관계설은 이를 소홀히 해왔다. 그러나 상당인과관계설을 취하면서도 상당성의 기준을 유형화한 일본이나 법적 인과관계라는 규범적 평가를 요하는 영미의 이론도 그 기준을 유형화했다는 점에 착안하면 우리도 얼마든지 이를 구체화하고 유형화할 수 있을 것이다. 본 사례에서는 이러한 믿음에서 출발하여 주로 결과적 가중범에서 문제가 된 사례 — 행위자의 침해(공격)행위로부터 피해자가 도피한 경우 — 를 대상으로 이를 상당성 판단의 한 기준으로 삼을 수 있는지 여부를 검토하였다. 검토결과 이러한 사례는 지극히 자연스러운 결과이고 일상경험에 비추어볼 때 개연성이 있기 때문에 상당성의 한 판단기준이 될 수 있다는 결론에 이르렀다. 이 기준은 비단 결과적 가중범에만 국한되는 것이 아니라 고의작위범에도 얼마든지 적용할 수 있을 것이라고 생각한다. 앞으로도 인과관계 문제에 있어서 상당성을 판단할 수 있는 기준을 찾으려는 노력을 계속해야 할 것이다.

〔참고문헌〕 김성돈, "범죄유형별 인과관계판단과 직접성", 형사판례연구 [13](2005); 이경재, "상당인과관계설의 상당성 판단기준을 위한 상당성의 구체화 작업 시도", 형사판례연구 [21](2013).

[필자: 이경재 교수(충북대)]

[대상판결] 대법원 1990. 12. 11. 선고 90도694 판결

[사실관계] 수술주관의사인 피고인 甲과 마취담당의사 乙은 난소종양절제수술을 하면서 할로테인에 의한 마취 및 개복수술을 하기 전에 피해자의 간 이상 유무를 혈청의 생화학적 반응에 의한 검사 등으로 종합적인 간기능검사를 철저히 해야 함에도 소변에 의한 간기능검사만을 실시한 채 그 검사결과만을 믿고 할로테인 마취로 수술을 하여, 피해자가 수술 후 약 1주일 정도 경과하여 급성전격성간염의 증상으로 진단된 간부전으로 사망하였다.

[판결요지] 이 사건에서 혈청에 의한 간기능검사를 시행하지 않거나 이를 확인하지 않은 피고인들의 과실과 피해자의 사망 간에 인과관계가 있다고 하려면 피고인들이 수술 전에 피해자에 대한 간기능검사를 하였더라면 피해자가 사망하지 않았을 것임이 입증되어야 할 것이다. 즉 수술 전에 피해자에 대하여 혈청에 의한 간기능검사를 하였더라면 피해자의 간기능에 이상이 있었다는 검사결과가 나왔으리라는 점이 증명되어야 할 것이다(검사결과 간에 이상이 있었더라면 의사인 피고인들로서는 피해자를 마취함에 있어 마취 후 간장애를 격화시킬 수도 있는 할로테인의 사용을 피하였을 것이다). 그러나 원심이 거시한 증거들만으로는 피해자가 수술당시에 이미 간손상이 있었다는 사실을 인정할 수 없고 그밖에 일건기록에 의하여도 위와 같은 사실을 인정할 아무런 자료를 발견할 수 없다.

[해 설]

I. 들어가는 말

구성요건 실현을 위해 결과발생을 요하는 범죄의 경우에는 구성요건적 행위와 결과 외에 양자의 관련을 요하며, 이를 인과관계라고 부른다. 그러나 과실범의 경우에는 행위 자체보다 그 행위가 주의의무에 위반한 것이라는 점이 규범적으로 중요하므로, 인과관계에 있어서도 행위와 결과의 관련 이외에 '과실'행위와 결과의 관련 내지 행위에 내재하는 '주의의무위반과 결과 사이의 관련'이 요구된다.

종래 과실범에 관한 판례들이 주로 주의의무위반 여부에 초점을 맞추었다면 대상판결은 이러한 주의의무위반과 결과의 관련을 문제삼은 것이라는 점에서 중요한 의미를 가진다. 아래에서는 과실범의 인과관계를 간단히 살펴보고 대상판결에 대해 검토해보기로 한다.

II. 과실범의 인과관계

1. 일반론

과실, 즉 객관적 주의의무위반이 확정된 다음, 나타난 결과가 이러한 과실로 인한 것인가를 확정해야 한다. 객관적 귀속론에서는 행위와 결과 사이의 관계를 조건관계의 확정과 규범적 판단의 문제로 구분하고, 전자에 대해서는 합법칙적 조건공식을 통해 확정하고 후자에 대해서는 위험창출과 위험실현이라는 두 가지 단계를 거치는 것이 일반적이다. '위험창출'의 단계에서는 행위자의 주의의무위반이 허용된 위험의 범위를 넘어섰는가를 확정하고, 경우에 따라서는 주의의무위반을 통해 위험을 감소시키지 않았는지도 확인할 필요가 있다. 한편 '위험실현'과 관련해서는 구체적 결과에 대한 객관적 예견가능성 외에 의무위반관련 및 규범의 보호목적관련이 존재해야 한다. 이 가운데 과실범과 관련하여 소위 '적법한 대체행위'의 사례에서 문제되는 것이 의무위반관련이다. 즉, 행위자에게 과실이 인정되는 경우라도 그러한 주의의무위반 대신에 주의의무 준수라는 적법한 행위를 대체해서 상정했을 때에도 동일한 결과가 발생했을 것이라는 사정이 존재하면 의무위반관련이 부정된다고 보는 것이다. 다만 적법한 대체행위, 즉 주의의무에 따른 행위는 현실적으로 존재하지 않는 가상의 행위로서 그로 인해 결과가 발생할 것인지 여부 역시 '가정적 판단'에 불과하기 때문에 결국 어느 정도 결과발생의 가능성(확률)이 있을 때 의무위반관련이 부정되는지에 대한 확정이 필요하게 된다.

2. 의무위반관련에 대한 학설

과실범의 경우에 의무위반관련을 요구하더라도 구체적으로 이러한 관련을 어떤 형태로 요구하는지에 대

해서 학설의 대립이 있다. 먼저 ① 무죄추정설에 따르면, 행위자가 주의의무를 위반하지 않고 주의의무를 준수했더라면 결과발생이 확실하게 방지되었을 경우가 아닌 한 '의심스러울 때에는 피고인의 이익으로'라는 무죄추정의 원칙에 따라 객관적 귀속을 부정해야 하기 때문이라고 한다. ② 위험증대설(위험증가이론)에 따르면, 행위자가 주의의무에 따른 행위를 했더라도 마찬가지로 결과가 발생하였을 '가능성'만 가지고는 객관적 귀속을 부정할 수 없고, 그런 경우에는 결과를 사전에 방지할 수 있었음에도 그렇게 하지 않음으로써 위험을 증가시켰다는 점에서 객관적 귀속이 부정된다고 한다. 따라서 객관적 귀속이 긍정되기 위해서는 주의의무에 따른 행위를 했더라도 결과가 발생하였을 고도의 개연성이 인정되는 경우에만 객관적 귀속이 부정된다고 한다. ③ 절충설로서, 원칙적으로 위험증대설에 입각하면서도 주의의무위반이 '상당할 정도'로 위험을 증대시켰을 경우에만 객관적 귀속을 긍정하고, 그러한 정도의 위험인지 불확실한 경우에는 '의심스러운 때에는 피고인의 이익으로'라는 원칙에 따라 객관적 귀속이 부정된다고 한다.

3. 대상판결의 검토

대법원은 과실범의 인과관계에 대하여 고의범의 경우와 마찬가지로 상당인과관계설의 입장에 서면서도, 당해 과실이 결과발생의 직접적 원인이 되어야 함을 요구하고 있다(대법원 1991. 2. 26. 선고 90도2856 판결). 그러나 구체적인 사안에서 과실이 결과에 대한 직접적인 원인이 되었다고 할 수 있는지를 확인하기 위해 행위자에게 과실이 없었을 경우를 가정해서 결과발생가능성 여부를 판단하는 방법을 사용하고 있다. 즉 행위자가 주의의무를 준수했더라도 결과발생을 피할 수 없었을 경우에는 행위자의 주의의무위반이 결과에 대한 직접적 원인이 되었다고 할 수 없고, 따라서 인과관계가 부정된다는 논리를 전개하고 있다. 결국 과실범의 인과관계에 대해서 실질적으로 의무위반관련을 요구하고 있다고 할 수 있다.

한편 어떤 경우에 의무위반관련이 긍정되는가에 대해서 대상판결은 '피고인들의 과실과 피해자의 사망 간에 인과관계가 있다고 하려면 피고인들이 수술 전에 피해자에 대한 간기능 검사를 하였더라면 피해자가 사

망하지 않았을 것임이 입증되어야 할 것'이라고 판시함으로써, 주의에 합치되는 가상의 행위를 통하여 결과회피의 확실성 또는 개연성이 있음을 검사가 입증할 수 없을 경우에는 피고인이 주의에 합치되는 행위를 하였더라도 마찬가지의 결과가 발생하였을 '가능성'이 있음을 입증하기만 하면 인과관계가 부정된다는 태도를 보여, 무죄추정설에 입각한 것으로 보인다(같은 취지로는, 대법원 1991. 2. 26. 선고 90도2856 판결; 대법원 1995. 9. 15. 선고 95도906 판결; 대법원 1996. 11. 8. 선고 95도2710 판결).

대상판결이 과실범의 경우에 사실상 의무위반관련을 요구한 점은 긍정적으로 평가할 만하다. 그러나 이러한 관련을 여전히 직접성 내지 상당성이라는 인과관계의 문제로 해소하려는 태도는 검토를 요한다. 뿐만 아니라 피고인 보호라는 차원에서 무죄추정설을 취한 것은 일응 긍정할 수 있지만, 과실범의 경우에만 과실과 결과 사이의 직접성을 요구하면서 무죄추정설을 취하여 인과관계를 지나치게 한정하는 것이 과연 타당한지에 대한 검토도 필요하다.

III. 나오는 말

과실범은 객관적 귀속론이 특별히 의미를 드러내는 분야라고 할 수 있다. 특히, 위험실현판단에서 주의의무위반과 결과의 관련은 핵심적인 내용을 이루고 있다. 그렇지만 의무위반관련은 상당성이나 직접성과 같은 종래의 인과관계론의 개념도구와는 달리 규범적 성격을 명백히 드러내는 것으로서, 일차적으로 보호법익의 측면에서 접근해야 하며 입증의 문제와는 다른 차원이라는 점을 주목해야 한다. 위험증대설(위험증가이론)이 조건관계의 확정을 전제로 주의의무위반을 통한 위험증가를 요건으로 의무위반관련을 긍정하고 있는 것도 이러한 측면에서 이해할 필요가 있다.

〔참고문헌〕 신양균, "과실범에 있어서 의무위반과 결과의 관련", 형사판례연구 [1](1993).

[필자: 신양균 교수(전북대)]

[10] 미필적 고의

[대상판결] 대법원 2015. 11. 12. 선고 2015도6809 전원합의체 판결

[사실관계] 피고인 甲은 세월호가 좌현으로 기울어져 있는 상황에서 피해자인 승객과 승무원 등(이하, '승객 등'이라 한다)이 안내방송 등을 믿고 대피하지 않은 채 선내에 그대로 대기하고 있는 상태에서 배가 더 기울면 밖으로 빠져나오지 못하고 익사할 수 있다는 사실을 알았음에도, 승객 등에 대한 어떠한 구조조치도 취하지 아니한 채 퇴선하였고, 그 결과 선내에 남아 있던 304명의 피해자들은 익사하였다.

[판결요지] 부진정부작위범의 고의는 (중략) 법익침해의 결과발생을 방지할 법적 작위의무를 가지고 있는 사람이 의무를 이행함으로써 결과발생을 쉽게 방지할 수 있었음을 예견하고도 결과발생을 용인하고 이를 방관한 채 의무를 이행하지 아니한다는 인식을 하면 족하며, 이러한 작위의무자의 예견 또는 인식 등은 확정적인 경우는 물론 불확정적인 경우이더라도 미필적 고의로 인정될 수 있다.

[관련판결] 대법원 1988. 2. 9. 선고 87도2564 판결
[판결요지] 살인죄에 있어서의 범의는 (중략) 자기의 행위로 인하여 타인의 사망의 결과를 발생시킬 만한 가능 또는 위험이 있음을 인식하거나 예견하면 족한 것이고 그 인식 또는 예견은 확정적인 것은 물론 불확정적인 것이라도 소위 미필적 고의로 인정된다.

[해 설]

I. 들어가는 말

대상판결은 세월호 사건에 대한 대법원의 판결로서, 선장이었던 피고인에게 많은 승객의 사망에 대하여 고의를 인정할 수 있는가가 쟁점이 되었다.

대상판결이 부작위범(부작위에 의한 살인죄)에서의 미필적 고의에 관한 것인 데 비하여, 관련판결은 작위범(살인죄)에서의 미필적 고의에 관한 판례인바, '용인'이라는 말을 사용하지 않아서 용인설을 포기한 것이 아닌가하는 의구심을 자아낸 판결이다.

II. 미필적 고의의 의의

미필적 고의란 결과발생의 인식(표상)은 있으나 그 결과에 대한 의욕(의사)은 미정상태에 있고, 오히려 동일한 행위가 가져올 다른 결과에 대하여는 행위결의가 존재하여 결과가 발생한 경우이다.

1. 미필적 고의에서의 인식(표상)의 측면

인식설은 미필적 고의를 인식의 측면에 비중을 두고 확정하려는 설로서, 그 성립에 결과발생의 '가능성'('0'보다 큰 확률)을 인식하는 것으로 족하다고 보는 가능성설과, '개연성'(높은 확률)을 인식하여야 한다는 개연성설이 주장되었다. 고의를 '인식'과 '의사'로 정의하는 통설에 의할 때 인식설은 타당하다고 보기 어렵지만(이 설에 의하면 미필적 고의와 인식 있는 과실의 구별이 불가능하다), 미필적 고의에도 인식의 측면이 있기 때문에 이 점에 대하여는 의미가 있다. 판례는 이에 관해서 가능성설을 취하고 있고(관련판결), 타당하다. 고의는 결과발생의 '가능성'을 인식하였음에도 불구하고 이를 의욕하여 행위로 나아가는 심적 태도이며, 결과발생의 '개연성'이 있는가에 관한 인식은 고의 성립에 영향을 미치지 못한다.

2. 미필적 고의에서의 의사의 측면

판례는 결과발생을 향한 의사가 확정적이지 않아도 고의 성립에는 지장이 없다는 취지의 이유설시를 하고 있을 뿐, 그 근거를 명확히 제시하고 있지 않다. 판례는 의사설로 분류되는 용인설을 취하고 있으나, 용인이라는 요소는 행위자의 내면에 속하는 요소로서 행위자가 자백하지 않는 한 파악되지 않는 요소이다. 따라서 '용인'을 기준으로 고의와 과실을 나누는 것은 형법상의 귀책의 결정적인 지점에 큰 불확실성을 도입하는 것이 된다.

III. 학설에 관한 약간의 검토

미필적 고의와 관련하여는 학설이 난립하고 있다. 그 이유는 이 문제가 고의와 과실을 구분하는 중요한 문제여서, 그 구분점을 찾으려는 섬세한 노력이 행해지

고 있기 때문이다. 여기서는 의사설을 중심으로 검토하기로 한다.

1. 고의를 과실에 비하여 더 크게 비난하는 이유

행위자가 자신의 행위 및 그 결과에 대한 인식을 가지면, 행위자의 내심에는 이 인식으로부터 금지의 인식이 환기되고 이 금지의 인식은 행위를 저지하는 방향으로 작용한다. 그런데 고의범은 이 금지인식의 행위저지 작용을 무력화 시키고 행위로 나아갔다는 데 (과실범에 비하여) 더 큰 비난을 가하는 근거가 있다.

2. 인식과 의사 이외의 고의의 요소?

의사설은 존재하지 않는(확정되지 않은) 의사에 갈음하여, 의사에 '수반하는' 또는 의사를 '둘러 싼' 심적 현상으로서의 용인 또는 묵인을 미필적 고의의 요소로 본다. 이러한 요소가 의사에 갈음하여 '환기작용'을 무력화하는 요소로 볼 수 있는가? 미필적 고의에는 이러한 의지의 돌파는 없고, 단지 행위자의 내심에 이러한 의사의 불확정성에 대한 모종의 태도가 형성되었을 뿐이다. 즉 행위자는 환기의 행위저지 작용에 대하여 판단중지적 태도를 취하면서 행위로 나아간 것이다. 이 경우 정규적 고의와의 대비상 (결과를 지향하지 않은) 의지를 소거하고 생각한다면 남는 것은 '결과발생 가능성에 대한 인식 그리고 행위자 내면의 판단중지적 태도'이다. 이 '태도'를 정규의 고의와 같은 반열에 있는 것으로 평가하기 위하여는(그래서 이를 고의로 보는 것을 정당화하기 위하여는), 그 태도는 고의에 필적하는 강한 정도의 것이어야 한다. 이 지점에서 고의와 과실이 구분되기 때문이다.

용인설은 인식 외에 결과 발생을 용인한다는 '두꺼운' 태도를 요건으로 설정하고 있다는 점에서, 이를 고의로 인정하는 데(그리고 정당화하는 데) 용이하다. 다만 용인설은 입증의 문제가 있다. 한편 묵인설은 결과의 발생을 그대로 견디기로 하였다는 태도로 고의의 성립을 인정하는데, 내심의 판단중지 이상의 '적극적' 심적 태도를 요구하지 않는다는 점에서 미필적 고의의 이론 가운데 가장 '얇은' 이론이며, 고의의 성립범위가 가장 넓어진다. 따라서 이 설은 그 정당화의 면에서 보완이 필요하다. 그대로 '견디기로 하였다'는 것은 과실과 질적인 차이가 없기 때문이다(차이가 있다면 과실의 경우에

는 결과불발생의 기대와 희망이 있었다는 것이다. 그러나 칸트에 의하면 기대나 희망은 결과에 대하여 전혀 실효적이지 않다). 따라서 이에 대하여는 고의의 비난에 비견되는 비난적 요소가 보충되어야 한다.

진지설은 결과발생에 대하여 진지하게 생각할 것을 요구한다는 점에서 경솔하게 판단중지적 태도를 취하는 것만으로는 고의 인정에 부족하고(따라서 과실범이 된다), 진지하게 생각하고서 행위할 것을 요구한다. 진지하게 생각한 다음의 심적 태도는 위의 묵인설과 같은 것을 요구한다. 결국 진지설은 묵인설과 결합함으로써, 진지하게 생각하고도 판단을 중지하고 묵인으로 나아갔다면 고의를 인정한다. 이 설은 과실과의 구별에서 장점이 있으며, 진지하게 생각했는가에 대해서 용인보다는 용이하게 판단할 수 있다는 점에서도 다른 학설보다 장점이 있다.

Ⅳ. 나오는 말

미필적 고의는 진지설(신중설)과 묵인설의 결합에 의하여 판정하는 것이 타당하다. 대법원은 용인설을 취하면서 그 확인을 위하여 일정한 행위자의 내심 외의 사실에 대한 판단을 동원하여 추인할 것을 권장하고 있으나, 구성요건적 사실에 대한 사실상의 추정을 인정하는 것은 불가피한 면이 있지만 바람직하지는 않다. 그리고 대법원은 자주 "그 인식 또는 예견은 불확정적인 경우에도"라고 표현을 사용하고 있는데, 이는 타당하지 않다. 왜냐하면 의사를 '예견'으로 환원하여 해석하려는 태도는 고의의 요소로서 의사의 독자성을 인정하지 않고 이를 인식으로 환원하려는 이른바 인식설에서 나온 주장으로서, 여기의 '인식 또는 예견은'은 '의사는'으로 치환하는 것이 타당하다. 이렇게 치환하면 관련판결의 설시는, 의사는 불확정적이어도 고의로 볼 수 있다는 취지가 된다. 따라서 관련판결은 용인설을 포기한 것이 아니라, 미필적 고의의 의사가 불확정적인 경우에도 미필적 고의는 인정된다는 일반적인 언급을 하고 있다고 보아야 한다.

〔참고문헌〕장영민, "미필적 고의에 관한 약간의 고찰", 형사판례연구 [23] (2015); 박상기, "고의의 본질과 대법원 판례의 입장", 형사판례연구 [10] (2002).

[필자: 장영민 교수(이화여대)]

[11] 사실의 착오

[대상판결] 대법원 1984. 1. 24. 선고 83도2813 판결

[사실관계] 피고인은 먼저 피해자 V_1(피고인의 형수)을 향하여 살의를 갖고 소나무 몽둥이(길이 85센티미터 직경 9센티미터)를 양손에 집어 들고 힘껏 후려쳤고, V_1이 그 가격으로 피를 흘리며 마당에 고꾸라졌다. 이어 피고인은 고꾸라진 V_1과 그녀의 등에 업힌 피해자 V_2(피고인의 조카)의 머리 부분을 위 몽둥이로 내리쳐 V_2를 현장에서 두개골절 및 뇌 좌상으로 사망케 하였다.

[판결요지] 피고인이 먼저 피해자 V_1을 향하여 살의를 갖고 소나무 몽둥이를 양손에 집어 들고 힘껏 후려친 가격으로 피를 흘리며 마당에 고꾸라진 동녀와 동녀의 등에 업힌 피해자 V_2의 머리 부분을 위 몽둥이로 내리쳐 피해자 V_2를 현장에서 두개골절 및 뇌 좌상으로 사망케 한 소위는 살인죄에 해당하며, 소위 타격의 착오가 있는 경우라 할지라도 행위자의 살인의 범의 성립에 방해가 되지 아니하니 어느 모로 보나 살인죄에 해당한다.

[해 설]

Ⅰ. 들어가는 말

대상판결의 쟁점은 두 가지다. 하나는 피고인에게 피해자 V_2에 대한 직접적인 살해의 고의를 인정할 수 있는가(쟁점 ①)이고, 다른 하나는 피고인의 의도와는 달리 타격이 잘못되어 V_2가 사망한 경우라면, V_2의 사망을 피해자 V_1에 대한 살해의 고의에 귀속시킬 수 있는가(쟁점 ②)이다.

대법원은 먼저 쟁점 ①에 대해서 V_1, V_2 모두에 대한 살인의 고의를 인정함으로써 V_2의 사망에 대하여 살인죄를 인정한다. 이어 쟁점 ②에 대해서는 보충적으로 판단하고 있는데, 특별한 논거 없이 V_2의 사망을 V_1에 대한 살해 고의에 귀속시킴으로써 V_2의 사망에 대하여 살인죄를 인정한다.

쟁점 ①은 법리에 관한 문제가 아닌 반면에, 쟁점 ②는 이른바 방법의 착오 중 구체적 사실의 착오의 경우에 그 고의귀속을 어떻게 해결할 것인가를 다루는 법리의 문제이다. 따라서 이하에서는 쟁점 ②에 대해서만

평석한다.

Ⅱ. 방법의 착오에 있어서 고의 귀속의 문제

방법의 착오(또는 타격의 착오)는 행위실행의 방법이 잘못되어 행위자가 인식·의욕했던 대상이 아닌 다른 대상에서 결과가 발생한 경우를 말한다. 이 경우 행위자가 인식·의욕했던 대상과 행위결과가 발생한 대상이 구성요건적으로 서로 상이한 가치를 가지는 경우도(추상적 사실의 착오: 甲을 살해하려고 하였는데, 甲이 끌고 가던 개가 맞아 죽은 경우) 있고, 구성요건적으로 동가치인 경우도(구체적 사실의 착오: 甲을 살해하려고 하였는데, 곁에 있던 乙이 맞아 사망한 경우) 있다. 추상적 사실의 착오의 경우에는 발생사실을 고의에 귀속시킬 수 없다는 데에 이견이 없다. 그리고 구체적 사실의 착오 중에서도 객체의 착오의 경우에는 반대로 발생사실에 대하여 고의를 인정한다는 데에 이견이 없다. 다만 방법의 착오 중 구체적 사실의 착오의 경우에만 학설상 소위 구체적 부합설과 법정적 부합설 간에 대립이 있고, 판례는 법정적 부합설과 그 결론을 같이 한다. 학설상 결론을 달리할 뿐만 아니라 대상판결의 쟁점이기도 한 방법의 착오 중 구체적 사실의 착오에 국한하여 학설과 판례를 간략히 살핀다.

1. 학 설

객체의 착오 및 방법의 착오에 대한 해결을 목적으로 등장한 이른바 부합설은, 인식사실과 발생사실이 어느 정도 부합하면 발생한 결과를 행위자의 고의에 귀속시켜 고의의 기수책임을 인정할 수 있는가를 논하는 이론으로서, 구체적 부합설, 법정적 부합설, 추상적 부합설로 나뉜다. 추상적 부합설은 현재 그 지지자를 거의 찾기 어렵다. 과거에는 법정적 부합설이 다수설로 인정되었으나, 최근에 와서는 구체적 부합설이 다수설로 소개될 정도로 그 지지자가 증가하고 있다.

먼저 구체적 부합설은 인식·의도한 사실과 발생한 사실이 구체적으로 일치하는 범위 내에서만 고의를 인정하는 견해이다. 여기서 '구체적'으로 일치한다는 것

은 인식사실과 발생사실이 '사실적'으로 동일함을 의미한다.

구체적 부합설에 의하면, 방법의 착오 중 구체적 사실의 착오의 경우, 발생사실에 대한 고의를 부정한다. 범행의사가 지향하고 있는 객체와 실제로 결과가 발생한 객체가 다르기 때문이다.

법정적 부합설은 행위자가 인식·의욕한 사실과 발생한 사실이 구성요건적으로 일치하거나(구성요건적 부합설) 죄질상 일치하면(죄질부합설) 발생사실에 대하여 고의를 인정한다. 여기서 구성요건적으로 부합한다는 것은 인식사실과 발생사실이 동일한 구성요건으로 포섭될 수 있다는 것을 의미하고, 죄질이 부합한다는 것은 인식사실과 발생사실이 피해법익을 같이 하고 행위태양이 같거나 유사한 경우를 말한다. 법정적 부합설을 지지하는 학자들은 대부분 구성요건적 부합설을 취한다.

법정적 부합설에 의하면, 구체적 사실에 대한 방법의 착오의 경우, 인식사실과 발생사실이 모두 동일한 구성요건(또는 죄질)에 속하기 때문에 발생사실에 대하여 고의를 인정한다. 乙을 향하여 총을 쏘았는데 조준이 잘못되어 곁에 있던 甲이 살해된 경우, 인식사실과 발생사실 모두가 동일한 살인죄의 구성요건에 포섭되는 사실이므로 구성요건적으로 부합하기 때문이다.

대상판결 사례의 경우, 구체적 부합설에 의하면 범행의사가 지향하고 있는 객체(V_1)와 실제로 결과가 발생한 객체(V_2)가 서로 다른 대상으로 존재하는 것이기 때문에, V_2의 사망사실에 대하여 고의가 부정되어 과실치사죄가 성립할 수 있을 뿐이고, 의도했던 대상(V_1)에 대해서는 살인미수죄가 성립하여 상상적 경합이 될 수 있다. 법정적 부합설에 의하면 V_1을 살해하는 것이나 V_2를 살해하는 것이나 모두 살인죄의 구성요건으로 포섭되는 사실이므로 V_2의 사망사실이 행위자의 살해고의에 귀속되어 살인죄의 기수범이 된다.

2. 판례의 태도

판례는 별다른 법리의 전개 없이 대상판결처럼 "소위 타격의 착오가 있는 경우라 할지라도 행위자의 살인의 범의성립에 방해가 되지 아니한다"거나, "사람을 살해할 목적으로 총을 발사한 이상 그것이 목적하지 아니한 다른 사람에게 명중되어 사망의 결과가 발생하였다 하더라도 살의를 저각하지 않는다"(대법원 1975. 4.

22. 선고 75도727 판결)고 판시한다. 다만 판례의 입장을 법정적 부합설과 일치하는 것으로 해석하는 것이 일반적이다.

III. 나오는 말

방법의 착오 중 구체적 사실의 착오의 경우, 인식사실에 대해서는 미수를, 발생사실에 대해서는 과실범의 가능성을 인정하는 구체적 부합설이 타당한 것으로 사료된다. 고의를 구성요건실현에 대한 인식·의욕이라고 할 때, 구성요건실현을 인식한다 함은 객관적 구성요건요소의 결합체인 하나의 사태를 인식한다는 의미이다. 행위－행위객체－결과는 인과과정을 통하여 결합된다. 그러므로 고의는 인과과정을 연결고리로 하여 행위, 객체 및 결과를 하나의 구조물로서 인식하는 심리상태라 할 수 있다. 당연히 그 연결고리인 인과과정도 고의의 인식대상이다. 그런데 방법의 착오의 경우, 발생한 사태는 행위자가 인식·의욕했던 행위구조물과는 완전히 분리되는 다른 사태이고, 그 당연한 결과로서 행위자에게는 발생사실에 관한 한, 객체에 대한 인식은 물론이고 인과과정에 대한 인식도 없다. 따라서 발생사실은 행위자의 고의에 귀속시킬 수 없다. 판례의 변경을 기대해본다.

[참고문헌] 김영환, "형법상 방법의 착오의 문제점", 형사판례연구 [1](1993).

[필자: 문채규 교수(부산대)]

[12] 개괄적 고의의 사례

[대상판결] 대법원 1988. 6. 28. 선고 88도650 판결

[사실관계] 피고인 甲은 A가 자신의 처 B를 희롱하는 데에 불만을 품어오고 있었는데, 어느 날 A와 함께 술을 마시다가 그날에도 A가 B를 희롱하였음을 알게 되자 A의 뺨을 수회 때리는 등 구타를 하였다. 이후 甲은 乙, A와 함께 인근으로 이동하던 도중 술에 만취한 A가 욕설을 하자 분노가 폭발하여 A를 살해하기로 마음먹고 A의 배 위에 올라타 가로 20cm, 세로 10cm의 돌멩이로 A의 가슴을 2회 내리쳤으며, 乙은 가로 13cm, 세로 7cm의 돌멩이로 A의 머리를 2회 내리친 후 다시 A를 일으켜 乙이 A의 복부를 1회 때렸고, 이에 A는 뒤로 넘어지면서 뇌진탕 등으로 정신을 잃고 축 늘어지게 되었다. 甲, 乙은 A가 죽은 것으로 생각하고 사체를 몰래 파묻어 증거를 인멸할 목적으로 그곳에서 약 150m 떨어진 개울가로 끌고 가 삽으로 웅덩이를 파고 A를 매장하였다. A는 매장으로 인하여 질식하여 사망하게 되었다.

[판결요지] 피해자가 피고인들이 살해의 의도로 행한 구타 행위에 의하여 직접 사망한 것이 아니라 죄적을 인멸한 목적으로 행한 매장행위에 의하여 사망하게 되었다 하더라도 전과정을 개괄적으로 보면 피해자의 살해라는 처음에 예견된 사실이 결국은 실현된 것으로서 피고인들은 살인죄의 죄책을 면할 수 없다

[해 설]

Ⅰ. 들어가는 말

대상판결의 사례는 '甲과 乙이 A를 살해하기 위한 행위를 하였고 그로 인하여 A가 사망한 사례'에 해당하는가, 아니면 '甲과 乙이 A를 살해하려고 하였으나 실패하여 A가 사망에 이르지는 아니하였고, 이후 甲과 乙이 A가 사망한 것으로 오인하고 매장하였는데 이로 인하여 A가 질식사한 사례'에 해당하는가? 甲과 乙이 A가 사망한 것으로 오인하고 증거인멸의 의도로 매장한 행위를 형법적 평가의 대상에서 배제한다면 위 사례는 전자의 형태로 재구성될 것이지만, 이러한 매장행위가 형법적 평가의 대상이 되어야 한다고 본다면 위 사례는 후자의 형태로 재구성될 것이다. 즉, 위 사례에

서 문제가 되는 것은 甲과 乙의 죄책을 검토하면서 그들이 A가 사망한 것으로 오인하고 증거인멸의 의도로 매장하는 행위를 하였다는 사실을 형법적 평가의 대상으로 보아야 하는가의 여부이다.

Ⅱ. 개괄적 고의로 논의되는 사례 유형의 해결을 위하여 제시되는 견해들

범죄의 성부를 판단하기 위해서는 먼저 주어진 객관적 사실관계를 대상으로 하여 형법적으로 유의미한 부분과 형법적으로 무의미한 부분을 분리하는 작업을 수행하여야만 한다. 법익보호의 관점에서 볼 때 범죄의 성부와 아무런 관련이 없는 부분은 형법적으로 무의미한 것으로 간주되고, 형법적 평가 대상에서 배제된다.

형법적으로 유의미한 부분을 확정한 이후에도 그것을 어떻게 평가할 것인지에 대하여서는 추가적인 판단이 필요하다. 시간적으로 밀접하게 결합되어 짧은 시간 내에 계속하여 행하여진 다수의 신체거동은 이를 하나의 행위로 결합하여 평가하여야 한다는 데에 대하여 별다른 이의가 제기되고 있지 않다.

문제가 되는 것은 위 사례에서처럼 신체거동 사이에 어느 정도의 시간적 간격이 존재하는 경우이다. 甲과 乙이 살해의 의사로 A를 구타하고 머리 등을 돌멩이로 내려친 행위와 범죄 인멸의 의사로 A를 매장한 행위를 서로 분리하여 각각 형법적 평가를 하여야 한다고 보는 견해도 있다. 이 견해는 甲 등에게 살인죄의 미수범과 과실치사죄의 실체적 경합범이 성립한다고 보게 될 것이다. 이와는 달리 甲 등이 A를 구타하고 돌멩이로 때리는 행위와 매장하는 행위를 하나의 살인행위에 해당하는 것으로 보고, A를 구타하고 돌멩이로 때리던 당시 살해의 인식과 의사가 있었다는 사실에 기초하여 甲 등에게 살인죄의 고의를 긍정할 수 있다는 견해도 주장된다. 이 견해는 매장 당시 甲 등이 A가 생존하여 있었음을 인식하지 못하였다는 사실을 형법적 판단대상에서 제외하는 데에 그 특징이 있으며, 결과적으로 甲 등을 살인죄의 기수범으로 처벌하게 될 것이다. 이상의 두 견해가 매장행위의 형법적 의미를 범죄행위의

차원에서 평가하려고 하는 것과는 달리 甲 등이 A가 사망한 것으로 생각하고 매장한 행위는 범죄행위와 관련하여서가 아니라 인과관계의 존부 판단과정에서 검토하여야 한다고 보는 견해도 주장된다. 매장행위가 인과관계 존부와 관련하여 갖는 의미를 판단함에 있어서는 객관적 귀속의 기준을 적용하는 입장도 있고 인과관계의 착오 이론을 적용하는 입장도 있으나, 일반적으로 매장행위가 甲 등의 살인행위와 A의 사망 사이의 인과관계를 부인시키는 결과를 가져오지는 못한다고 보고 있다. 이외에도 애초의 행위 과정에서 甲 등이 A의 사망을 의도하였는가 아니면 미필적으로 묵인하거나 감수하는 데 그쳤는가에 따라 사안을 나누어야 한다고 보는 견해도 주장된다.

III. 대법원의 판시

대법원은 대상판결에서 "전과정을 개괄적으로 보면 피해자의 살해라는 처음에 예견된 사실이 결국은 실현"된 것이므로 甲 등을 살인죄의 기수범으로 처벌할 수 있다고 판시하였다. 이러한 대법원의 판시는 다른 유사 사례에서도 동일하게 반복되고 있다. 예컨대 행위자가 피해자에게 상해를 입힌 후 피해자가 의식을 잃자 사망한 것으로 생각하여 자살한 것처럼 가장하기 위하여 높은 곳에서 아래로 떨어뜨려 피해자를 뇌손상 등으로 즉사시킨 사례에서 대법원은 행위자의 범죄행위가 "포괄하여 단일의 상해치사죄에 해당"한다고 판시하여 주어진 사실관계를 하나의 범죄사실에 해당하는 것으로 보고 유무죄 판단을 하였다(대법원 1994. 11. 4. 선고 94도2361 판결). 대상판결에서 사용된 '개괄적으로'라는 표현이나 94도2361 판결에서 사용된 '포괄하여'라는 표현은 모두 행위자의 신체거동을 별도로 나누지 아니하고 하나의 범죄사실로 포섭하여 판단하겠다는 의미를 갖고 있다.

문헌에서는 평석대상인 판결에 개괄적이라는 용어가 사용된 데에 착안하여 이 판결에서 대법원이 1800년대 초반 독일에서 주장된 개괄적 고의(dolus generalis) 이론을 채택하였다고 설명하는 것이 일반적이다. 개괄적 고의 이론이란 예컨대 위 사례에서 甲 등이 A를 살해하려는 행위와 살아 있는 사람을 죽은 사람으로 오인하여 매장한 행위의 두 개의 범죄행위를 행하였으나, 전자의 행위를 수행하는 과정에서 존재하는 고의는 개괄적이고 일반적인 고의로서 후자의 행위에 대하여서도 그대로 긍정할 수 있다고 보는 견해이다. 즉 매장행위도 — 실제로는 그렇지 않음에도 불구하고! — 살해의 고의로 행하여진 것이라고 보는 것이다. 그런데 대법원이 '개괄적'이라는 용어를 라틴어인 'generalis'와 동일한 의미로 사용한 것인지도 불분명할 뿐더러, 대법원이 판시에서 '개괄적'이라는 단어를 사용하였다는 사실을 제외한다면 평석대상 판결이 개괄적 고의 이론을 따른 것이라고 볼 근거는 존재하지 않는다. 오히려 대상판결에서 대법원이 사용한 '개괄적'이라는 용어는 94도2361 판결의 '포괄하여'라는 용어와 같은 의미를 지니는 것으로 보는 것이 보다 적절할 것이다. 대법원은 별다른 근거를 제시하지 아니하고, 매장행위 내지 높은 곳에서 아래로 떨어뜨리는 행위를 범죄행위의 단계에서 평가하는지 아니면 인과관계 판단에서 평가하는지에 대하여서도 아무런 언급 없이, 단순히 주어진 사실관계를 하나의 범죄로 평가하겠다고 선언하고 있을 뿐인 것이다.

IV. 나오는 말: 생각해볼 사항

형법적 평가의 대상이 되는 행위 내지 행위의 개수는 존재론적으로 주어진 것인가? 아니면 규범적 기준에 따라 평가하고 의미를 부여하는 과정을 거치면서 비로소 형법적 의미동일체로서 확정되는 것인가? 甲 등이 A를 매장하면서 A가 사망하였다고 오인하였다는 사정은 반드시 형법적 평가과정에서 고려되어야만 하는가? 개괄적 고의로 논의되는 사례를 올바로 평가하기 위하여서는 위와 같은 질문에 대하여 답을 한 이후 또 다시 다음과 같은 질문을 해보아야만 한다. 형법적 판단에서 행위라는 개념은 왜 중요하며, 범죄행위를 정의함에 있어서 지금까지 어떠한 기준을 사용하여 왔는가? 그러한 기준을 사용하여 온 이론적 근거는 무엇이며, 타당한가? 그러한 기준을 앞으로도 준수하여야 하는가?

〔참고문헌〕이용식, "소위 개괄적 고의의 형법적 취급", 형사판례연구 [2](1996).

[필자: 김호기 교수(서울시립대)]

[13] 예견가능성 및 관리과실

[대상판결] 대법원 1984. 2. 28. 선고 83도3007 판결

[사실관계] A 호텔의 사장인 피고인 甲과 영선과장인 피고인 乙은 오보가 잦다는 이유로 자동화재조기탐지·경보설비수신기의 스위치를 끈 채로 스위치를 스카치테이프로 봉하였으며, 甲과 乙은 종업원으로 하여금 영업상 미관을 해친다는 이유로 각 층에 설치된 방화문을 매일 06:00부터 24:00까지 나무받침대로 고정시켜 열어두게 하였고, 도난방지 등의 이유로 옥외 피난계단으로 통하는 비상문에 부착된 철판고리를 건물에 부착된 장쇠에 걸어두게 하였다. 그런데 (심신미약 상태인) 丙이 A 호텔에 방화하여 대피하지 못한 다수의 투숙객 등이 다치거나 사망하였다.

[판결요지]

[1] 과실범에 있어서 비난가능성의 지적 요소란 결과발생의 가능성에 대한 인식으로서 인식 있는 과실에는 이와 같은 인식이 있고 인식 없는 과실에는 이에 대한 인식 자체도 없는 경우이나, 전자에 있어서 책임이 발생함은 물론 후자에 있어서도 그 결과발생을 인식하지 못하였다는 데에 대한 부주의로서의 과실책임이 있다.

[2] A 호텔의 사장인 피고인 甲과 영선과장인 피고인 乙의 주의의무 해태는 결과적으로 건물의 화재발생시에 투숙객 등에게 신속하게 화재를 알릴 수 없게 되고 발화지점의 상하층에 연소방지를 미흡하게 하고 투숙객 등을 비상구를 통해 신속히 옥외로 대피시키지 못하게 하는 것임은 경험상 명백하므로, 화재로 인한 투숙객 등의 사상이라는 결과는 충분히 예견가능하다.

[해 설]

I. 들어가는 말

甲과 乙의 업무상과실치사상죄(제268조)의 성립여부가 문제된 사례이다. 대상판결은 인식 있는 과실과 인식 없는 과실의 개념을 구분하고 양자의 본질에 차이가 없음을 설명하면서(쟁점 ①), 과실범을 인정하기 위한 주의의무(결과발생의 예견가능성)위반을 어떤 기준으로 판단할 것인지를 밝히고 있다(쟁점 ②). 또한 대상판결은 甲에게 관리감독자의 주의의무위반도 인정하고

있다(쟁점 ③).

II. 인식 있는 과실과 인식 없는 과실(쟁점 ①)

형법 제14조에는 "정상의 주의를 태만히 함으로써 죄의 성립요소인 사실을 인식하지 못한 행위"가 과실행위로 정의되어 있다. 형법 제14조에는 '인식 없는 과실'만이 규정되어 있으나, 학설은 '인식 있는 과실'의 개념을 인정한다. 비록 양 개념의 구별은 과실범의 성립에 있어서는 차이가 없으나, '인식 있는 과실'의 개념은 (미필적) 고의와의 한계를 구별하는 데 의미가 있다. 대상판결은 "결과발생의 가능성에 대한 인식으로서 인식 있는 과실에는 이와 같은 인식이 있고 인식 없는 과실에는 이에 대한 인식 자체도 없는 경우이나 전자에 있어서 책임이 발생함은 물론 후자에 있어서도 그 결과발생을 인식하지 못하였다는 데에 대한 부주의로서의 과실책임이 있다"고 하여, 학설과 마찬가지로 인식 있는 과실과 인식 없는 과실의 개념을 구분하면서도 양자의 과실인정의 구조(불법과 책임)에는 차이가 없음을 밝히고 있다.

III. 주의의무(결과발생의 예견가능성)위반의 판단기준(쟁점 ②)

1. 주의의무위반의 판단기준

과실범의 주의의무위반에 있어서 주의의무란 결과·위험발생에 대한 예견가능성을 전제로 한 예견의무와 회피의무를 말한다. 대상판결은 甲과 乙에게 "방화문은 항상 자동 개폐되도록 하여 투숙객들이 신속하게 탈출 대피할 수 있도록 각 층의 비상문은 언제라도 내부에서 외부로의 탈출방향으로 밀기만 하면 그대로 열려지도록 설비관리하고 화재 시에는 즉시 전 층 각 객실에 이를 알리는 감지기 … 지구경종을 완벽하게 정상적으로 작동하도록 시설을 관리하여야 할 업무상의 주의의무가 있음에도 불구하고 이를 게을리" 하였다고 판단하여 甲과 乙의 주의의무위반을 인정하고 업무상과실치사상죄의 성립을 인정하였다.

주의의무위반 여부의 판단에 대한 학설로서 사회 일

반인의 주의능력을 기준으로 판단하는 객관설과 행위자 개인의 능력을 기준으로 판단하는 주관설이 있다. 학설로서 다수설인 객관설을 취하는 경우에도 행위자가 전문지식(특별능력)을 갖춘 경우에는 그에게 특별한 주의의무를 기대하는 것이 사회생활상 요구되기에 그의 전문지식(특별능력)을 고려하고 주의의무위반이 판단된다. 대상판결도 甲과 乙의 "주의의무 해태는 결과적으로 … 하는 것임은 경험상 명백하다 할 것이니 이는 충분히 예견가능한 것이라고" 하면서 甲과 乙에게 "결과의 주관적 예견가능성 … 이 없다는 소론 논지는 독단적 견해로서 받아들일 수가 없다"고 하여, 객관설의 입장에서 주의의무위반여부를 판단하였다. 대법원 2001. 6. 1. 선고 99도5086 판결에서도 "대형사고의 가능성이 있다는 것은 평균인의 관점에서 객관적으로 볼 때 충분히 예견할 수 있다"고 하여 판례는 (대형사고에 있어서) 주의의무위반의 판단기준으로 객관설을 취하고 있다.

2. 과실의 체계적 지위

과실은 구성요건단계에서는 행위형태(객관적 주의의무위반)이면서 책임단계에서는 비난가능성(주관적 주의의무위반)으로 보는 것(과실의 이중적 지위)이 일반적 학설의 입장이다. 그런데 대상판결은 "과실범에 있어서는 비난가능성의 지적 요소란 결과발생의 가능성에 대한 인식"이라고 하여, (고전적 범죄론체계에 따라) 과실을 책임요소로 본다. 대법원 1983. 12. 13. 선고 83도2467 판결에서도 "죄의 구성요건으로서의 책임조건인 과실은 … 죄의 성립요인 사실을 인식하지 못하는 것"이라고 하였다.

Ⅳ. 대형화재에서 관리감독자의 주의의무(쟁점 ③)

대상판결은 A 호텔의 영선과장 乙과 함께 방화설비의 사용방법에 대하여 구체적으로 지시한 호텔사장 甲에게는 호텔의 경영관리를 총괄함에 있어서 乙과 같은 주의의무가 있을 뿐만 아니라, 乙이 주의의무의 조치를 취하도록 확인 및 지휘 감독함으로써 화재사고의 발생 및 확대를 방지하여야 할 업무상의 주의의무가 있다고도 판단하였다. 반면 업무에 직접 관여하지 않던 B 호텔회장의 관리감독의 과실이 문제된 대법원 1986. 7. 22. 선고 85도108 판결에서는 "호텔을 경영하는 주식회사에 대표이사가 따로 있고 동 회사의 … 업무전반을 총괄하는 전무 밑에 상무, 지배인, 관리부장 … 등을 따로 두어 각 소관업무를 분담 처리하도록 하는 한편, 소방법 소정의 방화관리자 … 로 하여금 소방훈련 및 화기사용 또는 취급에 관한 지도감독 등을 하도록 하고 있다면 … 회장에게는 … 화재에 대한 … 주의의무는 없다"고 판단하였다.

Ⅴ. 나오는 말

대형화재로 다수의 인명피해가 발생한 호텔의 사장 甲과 영선과장 乙에 대하여 업무상과실치사상죄의 성립여부가 문제된 사건에서 대상판결은 과실범의 법리적 쟁점을 논증하면서 甲과 乙의 주의의무위반을 인정하고 업무상과실치사상죄의 성립을 인정하였다. 대상판결은 인식 있는 과실과 인식 없는 과실의 개념을 구분하지만 양자를 구별하더라도 양자의 과실인정에 있어서 차이가 없음을 밝히고 있다. 또한 대상판결은 주의의무위반 여부를 객관설의 입장에서 판단하면서도 과실을 단순히 책임형식으로 보아, 구성요건요소로서의 주의의무와 책임요소로서의 주의의무를 구분하지 않고 혼용하고 있다. 대상판결에서 적용된 업무상과실치사상죄에서 업무라는 것은 구성요건요소이므로 甲과 乙의 업무와 관련된 결과발생에 대한 예견가능성은 책임단계에서가 아니라 구성요건단계에서 고려되는 것이 타당하다.

[필자: 김정환 교수(연세대)]

[사실관계] 피고인은 대학병원 소아외과 전문의이다. 피고인은 2005. 12. 12. 08:55경부터 10:20경까지 병원 중앙수술실에서, 병원 소아과로부터 신장, 간, 비장 등으로의 전이가 의심되는 급성 림프구성 백혈병 진단을 받은 피해자(여, 5세)를 상대로 계속적인 항암치료를 위하여 전신마취를 하고 '카테터'(catheter) 및 이에 연결된 '케모포트'(chemoport)를 피해자의 우측 쇄골하 중심정맥 및 우측 흉부에 삽입하는 수술을 하게 되었다. 당시 피해자는 백혈병 환자로서 혈소판 수치가 지극히 낮아 수술을 위하여서는 수혈을 통하여 인위적으로 혈소판 수치를 끌어 올려야 하였다. 그런데 피고인은 주사바늘로 피해자의 우측 쇄골하 중심정맥을 찾는 과정에서 이를 정확히 찾지 못한 채 피해자의 우측 쇄골하 부위를 10여 차례에 걸쳐 찌르게 되었다. 그러던 중 주사바늘로 피해자의 우측 쇄골하 혈관과 흉막을 관통하여 혈흉을 발생시키게 되었고, 같은 날 10:45경 병원 흉부외과 전공의가 피해자를 상대로 흉강 삽관술 등 지혈조치를 시행하였음에도 불구하고, 피해자는 같은 날 14:20경 병원 중앙수술실에서 심폐소생술을 받던 중 우측 쇄골하 혈관 및 흉막 관통상에 기인한 외상성 혈흉으로 인한 순환혈액량 감소성 쇼크로 사망에 이르렀다.

[판결요지] 의료과오사건에 있어서 의사의 과실을 인정하려면 결과 발생을 예견할 수 있고 또 회피할 수 있었음에도 이를 하지 못한 점을 인정할 수 있어야 하고, 위 과실의 유무를 판단함에는 같은 업무와 직무에 종사하는 일반적 보통인의 주의 정도를 표준으로 하여야 하며, 이때 사고 당시의 일반적인 의학의 수준과 의료환경 및 조건, 의료행위의 특수성 등을 고려하여야 한다. 또한, 의사는 진료를 행함에 있어 환자의 상황과 당시의 의료수준 그리고 자기의 지식경험에 따라 적절하다고 판단되는 진료방법을 선택할 상당한 범위의 재량을 가진다고 할 것이고, 그것이 합리적인 범위를 벗어난 것이 아닌 한 진료의 결과를 놓고 그 중 어느 하나만이 정당하고 이와 다른 조치를 취한 것은 과실이 있다고 말할 수는 없다.

[해 설]

I. 들어가는 말

대상판결의 원심은 피고인에게 유죄를 선고하였다. 즉 피고인이 주사바늘을 사용하여 피해자의 우측 쇄골하 중심정맥의 위치를 찾음에 있어서 필요한 최소한의 손상의 범위를 넘어 혈관이나 흉막을 손상시키지 않도록 더욱 더 주의하여야 할 뿐만 아니라, 찾고자 하는 피해자의 우측 쇄골하 중심정맥이 계속 발견되지 아니할 경우 그만두어야 할 업무상 주의의무가 있음에도 불구하고 이를 위반하였다는 것이다.

이에 대하여 대법원은 피고인은 피해자의 지속적 항암치료를 위하여 피하혈관의 확보가 필요하였고, 따라서 위 수술이 반드시 필요하였으므로 쇄골하 정맥에 중심정맥도관을 삽입하기 위하여 주사바늘로 10여 차례 쇄골하 부위를 찌른 것이 진료방법 선택에 있어 합리적 재량의 범위를 벗어난 것이라고 단정할 수 없으며, 그러한 진료방법의 특성상 일반적으로 합병증으로 동맥 손상, 기흉, 혈흉이 발생할 수 있기 때문에 피해자에게 발생한 혈흉이 일반적인 합병증의 범위를 벗어났다고 볼 수도 없고, 흉부 외과 전공의가 흉관 삽관술을 실시하는데 20분가량 소요되었다고 하더라도 대학병원의 특성상 X선 촬영 후 그 필름 판독을 위하여 그와 같은 정도의 시간이 소요될 수 있으므로 이를 두고 피고인이 혈흉을 발견하고도 그에 대한 처치를 지연한 것으로 볼 수 없다는 취지에서 원심 판결을 파기하고 무죄 취지로 환송하였다. 대상판결 사안과 같이 원심에서는 의사의 과실을 인정하여 유죄로 판시하였으나, 대법원에서 무죄 취지로 파기 환송한 경우로, 대법원 2003. 1. 10. 선고 2001도3292 판결(내과의사가 신경과 전문의에 대한 협의진료 결과 피해자의 증세와 관련하여 신경 영역에서 이상이 없다는 회신을 받았고, 그 회신 전후의 진료 경과에 비추어 그 회신 내용에 의문을 품을 만한 사정이 있다고 보이지 않자 그 회신을 신뢰하여 뇌혈관계통 질환의 가능성을 염두에 두지 않고 내과 영역의 진료 행위를 계속하다가 피해자의 증세가 호전되기에 이르자 퇴원하도록 조치한 경우, 피해자의 지주막하출혈을 발견하지 못한 데 대하여 내과의사의 업무상과실을 부정한 사례) 등이 있다.

이하에서는 의료행위에 있어서 의사의 주의의무 위반 판단기준에 관하여 살펴본다.

II. 의료행위에 있어서 의사의 주의의무 위반 판단기준

의료법 제12조는 "의료인이 하는 의료·조산·간호 등 의료기술의 시행(이하, '의료행위'라 한다)에 대하여는 이 법이나 다른 법령에 따로 규정된 경우 외에는 누구든지 간섭하지 못한다"라고 규정하고 있다. 또한 동법 제2조는 "이 법에서 '의료인'이란 보건복지부장관의 면허를 받은 의사·치과의사·한의사·조산사 및 간호사를 말한다"라고 규정하고 있다. 즉, 법률에 규정된 의료행위의 개념은 '의료인이 하는 의료·조산·간호 등 의료기술의 시행'이다. 따라서 의료인인 의사의 의료행위에 대하여는 원칙적으로 타인이 간섭할 수 없고, 그 진료방법의 선택에 관하여 의사에게 재량이 인정된다.

형법 제14조는 과실범에 관하여 "정상의 주의를 태만함으로 인하여 죄의 성립요소인 사실을 인식하지 못한 행위는 법률에 특별한 규정이 있는 경우에 한하여 처벌한다"라고 규정하고 있다. '정상의 주의를 태만함'이라는 의미에 관하여 견해가 나뉜다. 통설(객관설)은 사회생활에서 요구되는 주의의무를 위반하는 것을 말한다고 하면서, 그 주의의무의 기준은 일반적(객관적) 척도를 기준으로 본다. 구성요건의 임무는 각 생활영역마다 객관적이고 일반화될 수 있는 행위의 기준을 제공하는 것이라는 점, 즉 주의규범은 각 개인의 능력에 따라 달라지는 것이 아니라는 점이 그 근거이다. 따라서 객관적 기준은 주의의무의 지나친 요구를 제한하는 한계가 되고 따라서 각자에게는 평등하게 동일한 주의의무의 척도가 된다. 이에 대하여 소수설(개별화설)은 행위자의 개별적인 능력이 구성요건에서 고려되어야 하는바, 개별 행위자의 인식과 능력에 따라 결정되어야 한다는 것이다. 과실범의 성립요건으로서 결과발생에 대한 예견가능성과 회피가능성은 개인의 지식과 능력을 배제하고서는 의미가 없기 때문이다. 법익보호에 충실하기 위하여, 수범자가 결과회피를 위하여 모든 지식과 능력을 가지고 주의의무를 이행해야 한다고 본다면, 행위자 개인의 주관적인 측면을 불법 영역에서도 고려하지 않을 수 없을 것이다. 문제되는 것은 평균 이상의 능력을 갖는 자에 대하여 주의의무의 정도를 어떻게 둘 것

인지인데, 객관설의 입장도 개별화설에 접근하여, 특별능력자에 대하여는 특별한 해당 생활영역을 설정한다.

이러한 논의는 의료행위에 있어서의 주의의무 위반에 관하여도 그대로 통용될 수 있을 것이다. 대법원은 '같은 업무와 직무에 종사하는 일반적 보통인의 주의 정도를 표준'으로 삼고 여기에, '사고 당시의 일반적인 의학의 수준과 의료환경 및 조건, 의료행위의 특수성 등'을 고려하여야 한다고 판시한다. 여기서 '사고 당시의 일반적인 의학의 수준과 의료환경 및 조건 등'의 의미가 무엇인지에 관하여는 자세히 기술되어 있지 않다. 객관설의 입장에서는 일반적인 의사의 주의의무의 정도를 구체적으로 기술한 것으로 볼 것이지만, 개별화설에서는 이를 행위자의 개별적 사유로 해석할 여지도 있다. 대상판결이 의사가 '자기의 지식경험에 따라'라고 판시한 것은 개별화설의 취지로도 보인다. 그런데 의료행위와 같이 매우 전문적인 영역에서, 객관적으로 요구되는 주의의무의 정도와 의사 개인이 개별적으로 특수하게 갖추고 있는 능력에 기초한 주의의무의 정도를 구별할 수 있을까? 관념적으로는 구별 가능할 수 있다고 하더라도, 실제적으로 구별하기란 쉽지 아니할 것이다. 대상판결에서는 일반적인 의사로서 선택하였을 수 있는 진료방법이었고 일반적인 의사가 취할 수 있는 정도의 주의를 기울인 것으로 평가되므로 과실이 없다고 본 것으로 생각된다.

III. 나오는 말

주의의무 위반의 기준을 어떻게 보는가에 관하여 견해가 나뉘지만 실질적으로 객관설과 개별화설은 서로 접근해 있는 것으로 보인다. 대상판결은 일반적인 의사의 주의 정도를 표준으로 하여 판단하여, 그 정도의 주의의무를 기울인 것으로 인정된다면 원칙적으로 과실이 없다고 보았다.

[참고문헌] 황만성, "환자의 전원에 있어서의 의료과실", 형사판례연구 [19](2011).

[필자: 이용식 교수(서울대)]

[15] 신뢰의 원칙

[대상판결] 대법원 2003. 8. 19. 선고 2001도3667 판결

[사실관계] 신경외과 전공의인 피고인 甲은 뇌출혈로 뇌실외배액술 등의 수술을 받은 피해자의 주치의로서 피해자에게 항생제 등의 주사액을 정맥주사하도록 수차례 처방하였고, 간호사들은 이에 따라 피해자의 대퇴부 정맥에 연결된 튜브를 통하여 위 주사액을 별다른 부작용 없이 주사하였다. 사건 당일 甲은 위와 동일한 항생제 등을 정맥주사할 것을 처방하였고, 이에 책임간호사인 피고인 乙은 신경외과 간호실습을 하고 있던 피고인 丙에게 주사기를 주면서 피해자의 정맥에 주사하라고 지시한 후 그 병실의 다른 환자에게 주사를 하였다. 丙은 피해자의 머리에 연결되어 있는 뇌실외배액관을 대퇴부 정맥에 연결된 튜브로 착각하여 주사액을 주입하였는데, 이를 뒤늦게 발견한 乙이 즉시 이를 제지한 후 직접 나머지 주사액을 대퇴부 정맥에 연결된 튜브에 주입하였으나 피해자는 뇌압상승에 따른 호흡중추마비로 인하여 사망하였다.

[판결요지] [1] 간호사가 '진료의 보조'를 함에 있어서는 모든 행위 하나하나마다 항상 의사가 현장에 입회하여 일일이 지도·감독하여야 한다고 할 수는 없고, 경우에 따라서는 의사가 진료의 보조행위 현장에 입회할 필요 없이 일반적인 지도·감독을 하는 것으로 족한 경우도 있을 수 있다 할 것인데, 여기에 해당하는 보조행위인지 여부는 보조행위의 유형에 따라 일률적으로 결정할 수는 없고 구체적인 경우에 있어서 그 행위의 객관적인 특성상 위험이 따르거나 부작용 혹은 후유증이 있을 수 있는지, 당시의 환자 상태가 어떠한지, 간호사의 자질과 숙련도는 어느 정도인지 등의 여러 사정을 참작하여 개별적으로 결정하여야 한다.

[2] 간호사가 의사의 처방에 의한 정맥주사(Side Injection 방식)를 의사의 입회 없이 간호실습생(간호학과 대학생)에게 실시하도록 하여 발생한 의료사고에 대하여 의사의 과실이 부정된다.

[해 설]
I. 들어가는 말
대상판결은 다수인의 공동행위로 인하여 실행되는

과실범 중 분업적 의료행위의 대한 형사책임에 대한 것으로서 특히 수직적 분업 영역의 문제이다. 현재 의료행위와 관련하여 다수인의 분업관계는 필수적이라고 할 것인데, 이러한 분업과정을 통해 환자는 보다 전문적이고 수준높은 진료를 받을 수 있으나 한편으로는 다수인의 관여로 인한 의사소통과정 및 역할분담과정에서의 오류나 공백, 의료기술수준의 차이 등에서 발생되는 새로운 위험들이 발생할 수 있다.

의료과실로 인한 사고가 발생하였을 경우 관련된 의료종사자간에 있어 과실책임의 분담에 대하여 신뢰의 원칙을 적용할 수 있는지, 특히 환자에게 행하여진 모든 의료행위에 대하여 이를 통합하고 지휘·감독하여야 하는 의사의 경우 모든 결과의 책임을 부담하여야 하는가와 관련하여 즉, 수직적 의료분업관계에도 위 신뢰의 원칙을 적용할 수 있는가가 문제된다.

II. 분업적 의료행위와 신뢰의 원칙의 적용
1. 신뢰의 원칙
신뢰의 원칙은 교통사고와 관련하여 판례에 의하여 발전된 이론으로서, 스스로 교통규칙을 준수한 운전자는 다른 교통관여자가 교통규칙을 준수할 것이라고 신뢰하면 충분하고, 교통규칙을 위반하는 것까지 예상하여 이에 대한 방어조치를 취할 의무는 없다는 원칙을 말한다. 이러한 신뢰의 원칙은 도로교통의 영역을 넘어서 다수인에 의한 업무분담이 이루어지는 영역에서 발생되는 과실범의 경우에 모두 적용될 수 있는 원칙으로 발전되었다. 그러므로 다수인의 의료종사자가 관여할 수밖에 없는 분업적 의료행위의 경우 이러한 신뢰의 원칙이 적용될 수 있다.

2. 수평적 분업의료관계에 대한 신뢰의 원칙
수평적 분업은 다수인이 관여하는 분업관계에 서로 지휘·감독관계가 존재하지 않고 대등한 지위에서 행하는 것으로 신뢰의 원칙이 적용된다. 그러므로 수평적 분업의료관계, 즉 대등한 자격의 의료인인 경우나 병원 간의 의료관계의 경우 의료행위에 관여한 각 의료종사

자가 자신이 분담한 업무에서 주의의무를 성실히 이행한다면 다른 의료종사자도 각기 자신의 주의의무를 성실히 이행할 것이라고 신뢰하면 충분하고 다른 의료종사자의 주의의무위반까지 예상하여 의료행위를 할 필요가 없고 각자 자신이 담당한 분업의 범위안에서 그 책임을 인정하면 족하다고 할 것이다.

수평적 분업의료관계에 대하여 대법원 2003. 1. 10. 선고 2001도3292 판결에서는 신경과 전문의에게 협의진료한 결과 피해자에게 신경과 영역의 이상이 없다는 회신을 신뢰한 내과의사에 대하여 피해자의 지주막하출혈을 발견하지 못한 과실을 부정하였다. 또한 대법원 2011. 7. 14. 선고 2009다65416 판결에서는 A 대학병원이 시행한 조직검사를 통한 진단결과를 신뢰하여 B 대학병원 의료진이 수술하였으나 그 진단에 오류가 있었던 경우 B 대학병원이 새로이 조직검사를 하여 재검사한 후 수술할 주의의무까지 있다고 보기 어렵다고 하였는데 이는 의료의 질적 수준이 같은 대학병원간에 신뢰의 원칙이 적용된 것으로 볼 수 있다.

3. 수직적 분업의료관계에 대한 신뢰의 원칙의 적용

분업관계가 필수적이라고 하더라도 당사자들간에 직접 그 분업관계에서 일방 당사자에게 지휘·감독의무가 있는 수직적 분업관계의 경우 일반적으로 지휘·감독자에게 신뢰의 원칙을 적용하여 과실책임을 부인할 수 없다고 할 것이다. 그러므로 의사와 간호사가 관여된 수직적 분업의료관계와 관련한 다수의 판례에서도 간호사의 직접적 과실로 환자에게 상해나 사망 등의 의료사고가 발생한 경우 의사의 지휘·감독의무를 이유로 하여 의사에게도 과실책임이 인정된다고 판시하였다. 대표적으로 간호사가 환자의 혈액봉지를 교체하는 과정에서 다른 혈액형의 혈액을 수혈하게 된 사안과 관련한 대법원 1998. 2. 27. 선고 97도2812 판결에서는 "의사는 전문적 지식과 기능을 가지고 환자의 전적인 신뢰하에서 환자의 생명과 건강을 보호하는 것을 업으로 하는 자로서, 그 의료행위를 시술하는 기회에 환자에게 위해가 미치는 것을 방지하기 위하여 최선의 조치를 취할 의무를 지고 있고, 간호사로 하여금 의료행위에 관여하게 하는 경우에도 그 의료행위는 의사의 책임하에 이루어지는 것이고 간호사는 그 보조자에 불과하므로, 의사는 당해 의료행위가 환자에게 위해가 미

칠 위험이 있는 이상 간호사가 과오를 범하지 않도록 충분히 지도·감독을 하여 사고의 발생을 미연에 방지하여야 할 주의의무가 있고, 이를 소홀히 한 채 만연히 간호사를 신뢰하여 당해 의료행위를 일임함으로써 간호사의 과오로 환자에게 위해가 발생하였다면 의사는 그에 대한 과실책임을 면할 수 없다"고 하였다.

그러나 의료분업으로부터 발생하는 위험을 의사의 지휘·감독으로 완전히 예방한다는 것은 불가능한 것이기에 일정 경우 의사와 간호사의 관계에서도 신뢰의 원칙이 적용될 수 있어야 한다. 즉, 의사와 간호사 사이에 위임가능한 업무의 분업의료행위인 경우 의사가 항상 현장에 입회하여 지도, 감독하지 않았다고 하더라도 일반적으로 충분한 지휘·감독이 있었다고 인정된다면 신뢰의 원칙이 적용되어 의사에게 책임을 부여할 수 없다고 봐야 할 것이다. 대상판결에서 피고인 甲의 주사처방에 따라 수차례 간호사가 주사함에 별다른 부작용이 없는 상황에서 책임간호사 乙에게 주사를 위임하였는데 그 위임내용과 달리 乙이 간호실습생에게 재위임하고도 제대로 감독하지 않음으로써 발생한 과실에 대하여는 甲이 주사현장에 참여하지 않았더라도 乙의 관계에서 신뢰의 원칙이 적용된 것이라고 할 것이다.

III. 나오는 말

의료종사자간 지휘·감독의무가 없는 수평적 분업의료관계에서 분업적 의료관계에서 의료행위를 한 경우 이에 관여한 의료인이 다른 의료인이 분업하여 전담한 의료행위를 제대로 이행할 것이라는 것을 신뢰하였다면 다른 의료인의 과실에 대하여는 신뢰의 원칙을 적용하여 위 과실에 대한 형사책임을 제한하여야 한다. 또한 지휘·감독의무가 존재하는 수직적 분업의료관계에서도 신뢰의 원칙은 일괄적인 비적용이 아니라 정상적인 위임에 따른 업무의 분장이었음에도 사고 당시의 일반적인 의학의 수준과 의료환경 및 조건, 의료행위의 특수성 등이 고려하여 볼 때 일반적으로 기대가능한 범위를 벗어난 과실의 경우에는 위임 의료인에게 신뢰의 원칙을 적용하여 형사책임을 부여하지 말아야 할 것이다.

〔참고문헌〕전지연, "분업적 의료행위에서 형사상 과실책임", 형사판례연구 [12](2004).

[필자: 장연화 교수(인하대)]

[16] 결과적 가중범과 예견가능성

[대상판결] 대법원 1990. 9. 25. 선고 90도1596 판결

[사실관계] 피고인과 피해자는 같은 직장 동료로서, 1988. 12. 24. 다른 직원들과 함께 소주를 마신 후 피해자는 창고 내에서 실을 감는 작업을 하고, 피고인 등 나머지 직원은 창고 밖에서 포장작업을 하던 중 동료 A가 소주와 돼지고기 안주를 가지고 와서 피해자에게 맡겨두고 간 뒤에 피고인이 창고 안으로 들어와 피해자에게 소주와 돼지고기가 있냐고 물으면서 창고 내를 뒤지다가 피해자가 마지못해 내놓은 돼지고기를 보고 손으로 돼지고기를 들고 소리치며 피해자의 얼굴에 대고 삿대질을 하고, 이를 피하기 위해 피해자가 뒷걸음질로 두세 발짝 물러서다가 술에 취해 있던 관계로 기계 철받침대에 발이 걸려 뒤로 넘어지면서 머리를 시멘트 바닥에 부딪혀 1989. 1. 3. 두개골골절로 인한 뇌좌상중증으로 사망하였다.

[판결요지] 폭행치사죄는 이른바 결과적 가중범으로서 폭행과 사망의 결과 사이에 인과관계가 있는 외에 사망의 결과에 대한 예견가능성, 즉 과실이 있어야 하고 이러한 예견가능성의 유무는 폭행의 정도와 피해자의 대응상태 등 구체적 상황을 살펴서 엄격하게 가려야 하며, 만연히 예견가능성의 범위를 확대 해석함으로써 형법 제15조 제2항이 결과적 가중범에 책임주의의 원칙을 조화시킨 취지를 몰각하여 과실 책임의 한계를 벗어나 형사 처벌을 확대하는 일은 피하여야 할 것이다. 이 사건에서 피고인이 물건을 손에 들고 피해자의 면전에서 삿대질을 하여 두어 걸음 뒷걸음치게 만든 행위는 피해자에 대한 유형력의 행사로서 폭행에 해당하므로 피해자가 뒤로 넘어지면서 시멘트 바닥에 머리를 부딪혀 두개골골절 등의 상해를 입고 사망하였다면 위 폭행과 사망의 결과 사이에 인과관계가 있다고 할 수 있다.
그러나 그 사망의 결과에 대하여 피고인에게 폭행치사의 죄책을 물으려면 피고인이 위와 같은 사망의 결과 발생을 예견할 수 있었음이 인정되어야 할 것인바, 피고인이 피해자에게 상당한 힘을 가하여 넘어뜨린 것이 아니라 단지 동료 사이에 말다툼을 하던 중 피고인

이 삿대질하는 것을 피하고자 피해자 자신이 두어 걸음 뒷걸음치다가 장애물에 걸려 넘어진 정도라면, 당시 피해자가 서 있던 바닥에 장애물이 있어서 뒷걸음치면 장애물에 걸려 넘어질 수 있다는 것까지는 예견할 수 있었다고 하더라도, 그 정도로 넘어지면서 머리를 바닥에 부딪쳐 두개골골절로 사망한다는 것은 이례적인 일이어서 통상적으로 일반인이 예견하기 어려운 결과라고 하지 않을 수 없으므로 피고인에게 폭행치사죄의 책임을 물을 수 없다.

[해 설]
I. 들어가는 말

대상판결에서는 결과적 가중범인 폭행치사죄에 있어 피고인이 사망이라는 중한 결과의 발생을 예견할 수 없을 때에는 그에게 폭행치사죄의 책임을 물을 수 없다고 판시함으로써 예견가능성의 중요성을 보여주었다. 아울러 예견가능성의 유무는, 책임주의의 원칙과 조화를 이루어야 한다는 관점에서 엄격하게 가려야 한다고 판시하여 형이 중하게 가중되는 결과적 가중범의 성립 범위를 제한하였다. 종전 대법원은 폭행치사죄에 있어 중한 결과에 대한 예견가능성을 비교적 넓게 인정하였으나(대법원 1986. 9. 9. 선고 85도2433 판결; 대법원 1989. 10. 13. 선고 89도556 판결), 대상판결에서는 책임주의의 원칙과의 조화를 근거로 결과적 가중범의 예견가능성을 엄격히 해석하여야 한다고 판시함으로써 폭행치사죄의 성립에 엄격한 입장을 취하였다.

II. 결과적 가중범의 개념과 예견가능성
1. 결과적 가중범의 개념

결과적 가중범이라 함은 폭행치사죄와 같이 폭행이라는 고의의 기본 범죄를 범하였으나 결과적으로 사망이라는 중한 결과가 발생한 경우에 그 형이 가중되는 범죄를 말한다. 원칙적으로 결과적 가중범은 고의의 기본 범죄와 중한 결과에 대한 과실범을 결합한 범죄이다. 그래서 결과적 가중범이 성립하기 위해서는 고의의 기본 범죄가 있어야 하고, 중한 결과가 발생하여야 하

며, 기본 범죄와 중한 결과 사이에 상당인과관계가 있어야 하고(판례), 중한 결과에 대한 예견가능성이 있어야 한다(제15조 제2항, 통설·판례). 한편 결과적 가중범에는 그 가중된 형이 결합된 두 개의 범죄의 총합보다 지나치게 무거운 경우가 있어 책임주의의 원칙에 반한다(예컨대 폭행죄와 과실치사죄의 결합 형태인 폭행치사죄의 경우 폭행죄는 2년 이하의 징역 등에, 과실치사죄는 2년 이하의 금고 등에 각 처하고 있으나, 폭행치사죄는 형이 가중되어 3년 이상의 유기징역에 처하고 있음). 그래서 일찍이 책임주의의 원칙과 조화를 이루기 위한 노력, 즉 결과적 가중범의 성립 범위를 제한하려는 시도가 있었다. 처음 대법원은 상당인과관계로 제한하였으나 나중에는 예견가능성으로 제한하기 시작하였다.

2. 예견가능성

결과적 가중범에 있어 중한 결과에 대한 예견가능성이란 중한 결과의 발생을 미리 내다볼 수 있었는지 여부를 묻는 것이다. 따라서 중한 결과의 발생에 대하여 예견가능성이 있다는 것은 행위자가 중한 결과를 예견하지 못한 점에 대하여 과실이 있다는 것을 의미한다(통설). 그리고 중한 결과에 대한 예견가능성은 일반인을 기준으로 판단한다(통설·판례. 대법원 2014. 7. 24. 선고 2014도6206 판결).

Ⅲ. 대상판결에 대한 분석

대상판결에서 피고인이 피해자에게 가한 폭행은 피해자의 얼굴에 대고 삿대질한 정도이다. 피고인은 피해자의 신체에 직접 유형력을 행사하지 않았다. 단지 삿대질하여 피해자 자신이 두어 걸음 뒷걸음치게 하였을 뿐이다. 따라서 폭행의 정도가 경미하다. 그런데 피해자는 피고인의 삿대질을 피하기 위해 두어 걸음 뒷걸음치다가 철받침대에 발이 걸려 넘어지면서 머리를 시멘트 바닥에 부딪쳐 두개골골절로 사망하였다. 여기에서 피해자가 넘어진 것은 피고인이 상당한 힘, 즉 강력한 신체적 유형력을 행사하였기 때문이 아니다. 따라서 삿대질 정도로는 피해자의 사망을 예견할 수 없다. 더욱이 피해자가 위와 같이 넘어지면서 머리를 시멘트 바닥에 부딪쳐 사망한다는 것은 이례적인 일이므로 통상적으로 일반인이 예견하기 어렵다.

요컨대 대상판결에서는 폭행과 사망 간에 인과관계는 인정하였으나 폭행의 정도와 피해자의 대응상태 등 구체적 상황을 판단 기준으로 하여 형법 제15조 제2항의 예견가능성은 부정하였다.

Ⅳ. 나오는 말

대상판결은 결과적 가중범에 있어 예견가능성의 유무를 엄격히 가려야 한다고 천명하였다는 점에서 의의가 크다. 물론 대상판결 이전에도 결과적 가중범의 성립 범위를 제한한 사례는 있었다(대법원 1985. 4. 3. 선고 85도303 판결). 그러나 책임주의의 원칙과의 조화를 이룬다는 취지에서 결과적 가중범의 성립 범위를 엄격히 제한한 것은 대상판결이 처음이다. 한편 대상판결에서 제시한 예견가능성 유무에 대한 판단 기준, 즉 폭행의 정도와 피해자의 대응상태 등 구체적 상황은 그 이후의 판결에서 적용되었는데(대법원 2010. 5. 27. 선고 2010도2680 판결) 이것도 대상판결의 의의라고 말할 수 있다.

〔참고문헌〕조상제, "결과적 가중범의 제한해석", 형사판례연구 [3](1996).

[필자: 박종순 변호사]

[17] 결과적 가중범의 미수

[대상판결] 대법원 2008. 4. 24. 선고 2007도10058 판결

[사실관계] 피고인은 배낭 안에 전자충격기와 디지털카메라를 넣어 가지고 대학교 교정을 배회하다 적당한 부녀자가 있으면 위 전자충격기로 위협하여 알몸사진을 찍고 강간할 것을 마음먹었다. 2007. 5. 26. 17:00경 위 대학교에서 혼자 걸어가는 대학3년생인 피해자를 발견하고 "리포트를 작성해야 하는 데 필요하니 모델이 되어달라"며 강의실로 유인하였다. 피해자의 공부하는 모습 등을 촬영하던 피고인은 순간 욕정을 일으켜, 오른팔로 피해자의 목을 조르고 위험한 물건인 전자충격기를 피해자의 허리에 대면서 "소리치면 죽여버리겠다. 옷을 벗어라"고 말하고 피해자가 도망가려 하자 왼쪽 주먹으로 피해자의 얼굴 등을 수차 폭행하는 등 반항을 억압한 후, 피해자를 간음하려 하였으나 미수에 그치고, 이로 인하여 피해자로 하여금 약 2주간의 치료를 요하는 안면부좌상 등을 입게 하였다.

[판결요지] 성폭력범죄의 처벌 및 피해자보호 등에 관한 법률 제9조 제1항에 의하면 같은 법 제6조 제1항에서 규정하는 특수강간의 죄를 범한 자뿐만 아니라, 특수강간이 미수에 그쳤다고 하더라도 그로 인하여 피해자가 상해를 입었으면 특수강간치상죄가 성립하는 것이고, 같은 법 제12조에서 규정한 위 제9조 제1항에 대한 미수범 처벌규정은 제9조 제1항에서 특수강간치상죄와 함께 규정된 특수강간상해죄의 미수에 그친 경우, 즉 특수강간의 죄를 범하거나 미수에 그친 자가 피해자에 대하여 상해의 고의를 가지고 피해자에게 상해를 입히려다가 미수에 그친 경우 등에 적용된다.

[해 설]

Ⅰ. 들어가는 말

결과적 가중범은 '고의의 기본범죄+과실의 결과발생' 형태의 범죄유형이다. 이와 같은 전형적인 경우를 진정결과적 가중범이라고 한다. 이에 비해 '고의의 기본범죄+고의에 의한 결과발생' 형태의 범죄유형을 부진정결과적 가중범이라고 한다.

그런데 결과적 가중범의 미수 성립과 관련하여 고의의 기본범죄가 미수에 그치고 중한 결과가 발생한 경우에도 결과적 가중범을 기수로 인정할 것인가의 문제가 있다. 예컨대 강간행위는 미수에 그쳤는데 그 과정에서 상해의 결과가 발생한 경우 강간치상죄의 미수를 인정할 것인지, 강간치상죄의 기수를 인정할 것인지의 문제이다.

Ⅱ. 학 설

고의의 기본범죄가 미수에 그쳤지만 중한 결과가 발생한 경우 결과적 가중범의 미수로 보아야 한다는 견해(미수설)와 결과적 가중범의 기수가 성립된다는 견해(기수설)로 나뉘고 있다.

미수설은 고의의 기본범죄가 미수에 그침에도 전체 결과적 가중범의 기수로 인정하는 것은 책임주의에 반하고, 1995년 개정형법은 결과적 가중범인 강도치상죄와 강도치사죄의 미수범도 그 처벌대상에 포함시키고 있음을 볼 때 미수로 인정해도 문제가 없다고 한다.

이에 비해 기수설은 미수범 처벌은 특별한 규정이 있어야 처벌되는데 고의의 기본범죄의 미수범 처벌규정이 없거나, 결과적 가중범 전체에 대한 미수범 처벌규정이 없는 경우 아예 처벌하지 못하는 처벌의 공백이 발생할 수 있다고 한다.

Ⅲ. 판 례

판례는 기수설을 취하고 있다. 즉, 고의의 기본범죄가 미수에 그친 경우라도 중한 결과가 발생하면 결과적 가중범의 기수가 성립된다는 취지이다. 더 나아가 부진정결과적 가중범의 경우에도 마찬가지라고 한다.

예컨대 성폭력범죄의 처벌 등에 관한 특례법(2012년 「성폭력범죄의 처벌 및 피해자보호 등에 관한 법률」이 폐지되면서 제정되었다. 동법 제4조는 특수강간, 제8조는 강간 등 상해·치상, 제15조는 미수에 관하여 규정)상 특수강간상해죄의 경우 강간행위의 기·미수, 상해의 기·미수가 어떻게 결합되어도 특수강간상해죄의 기수가 된다고 보는 것이다. 결국 강간행위도 미수, 상해행위도 미수에 그쳐도 특수강간상해죄의 기수가 된다고 본다.

Ⅳ. 결과적 가중범의 입법취지

결과적 가중범을 가중처벌하는 기본취지는 고의의 기본범죄 발생 후 예상치 않은 과실의 결과가 발생하였을 때 이 부분에 대해 형량을 높여 처벌하자는 것이다. 그렇다면 고의의 기본범죄는 완성이 되었음을 전제로 하여야 한다. 즉, 고의의 기본범죄가 성립하지 않은 경우는 결과적 가중범의 가중처벌 요건이 처음부터 갖추어져 있지 않은 것으로 봐야 한다. 고의의 기본범죄가 미수에 그친 경우라면 결과적 가중범의 기초요건이 결여된 것으로 결과적 가중범의 가중처벌 대상이 아니라고 보는 것이 결과적 가중범의 입법취지나 책임주의 원리에 합당하다.

Ⅴ. 나오는 말

이상 살펴본 점들을 종합할 때 미수설이 옳다. 강간치상죄의 예를 들어 보자면, 강간행위가 미수에 그쳤는데 상해의 결과가 나왔다고 강간치상죄의 기수를 인정하는 것은 책임주의에 위배된다. 강간치상죄라고 한다면 강간행위가 이루어지고 상해의 결과까지 발생했다는 의미로 해석하는 것이고 책임주의에 입각한 해석일 것이다. 그럼에도 가장 중요한 고의의 기본범죄가 미수에 그쳤는데 전체를 기수로 인정하는 것은 행위자가 책임지지 않을 부분까지 책임을 인정하는 것으로 책임주의에 위배된다.

특히 부진정결과적 가중범의 경우 고의의 기본범죄 및 고의의 결과발생 중 미수가 포함되어 있다 하더라도 전부를 고의기수범으로 처벌하는 것은 더욱 책임주의에 위배된다. '고의의 기본범죄의 미수+고의의 결과발생 미수'의 경우에도 전체를 고의기수범으로 인정하는 것은 더더욱 그러할 것이다.

결론적으로 강간치상죄를 예로 정리하면 다음과 같다. 강간행위가 미수에 그치고 상해의 결과가 발생한 경우, 강간치상죄의 미수범 처벌 규정이 없으므로 강간미수죄로 인정하고 상해의 결과는 양형에서 참작하면 될 것이다. 만일 강도의 경우라면 강도치상죄의 미수처벌 규정이 있으므로 강도치상죄의 미수가 될 것이다.

부진정결과적 가중범의 경우 전체에 대한 미수범 처벌규정이 있으면 전체 미수범으로 인정하면 된다. 만일 결과적 가중범 전체에 대한 미수범 처벌규정이 없으면 고의의 기본범죄가 미수이면 기본범죄의 미수죄로, 결과가 미수에 그친 경우이면 기본범죄의 기수로 인정하면 될 것이다.

〔참고문헌〕 변종필, "결과적 가중범에서 기본범죄가 미수인 경우의 법해석", 형사판례연구 [13](2005).

[필자: 박기석 교수(대구대)]

[18] 결과적 가중범의 공동정범

[대상판결] 대법원 1991. 11. 12. 선고 91도2156 판결

[사실관계] 피고인 甲은 상피고인 乙과 공모하여 유흥비를 마련하기 위해 술취한 사람을 상대로 금품을 강취할 것을 마음먹고, 소나타 승용차를 빌려 운전하고 가다가 밤 00:00경에 술에 취한 피해자를 집까지 데려다 주겠다고 승용차에 태워 가던 중 폭행과 협박을 한 후 금품을 강취하고, 계속하여 피해자를 주먹과 발로 때리며 승용차 밖으로 끌어낸 다음 경찰관서에 신고하지 못하도록 하기 위해 乙은 부근에 있는 길이 1m 정도의 각목으로 피해자의 다리를 수회 때리고 사람 머리 크기의 돌멩이를 집어 들어 피해자의 등을 때리고 또 뒷통수를 때려 머리에 피를 흘리며 쓰러지게 하여 즉석에서 피해자를 외상성 뇌출혈 등으로 죽게 하여 살해하였다. 甲은 乙의 살인범행에는 전혀 가담한 바 없을 뿐 아니라 당시 甲이나 乙 모두 칼 등 흉기를 전혀 휴대하고 있지 않았다(또한 甲은 乙이 피해자를 살해까지 하리라고는 전혀 예견할 수 없었다고 주장하였다).

[판결요지] 강도살인죄는 고의범이고 강도치사죄는 이른바 결과적 가중범으로서 살인의 고의까지 요하는 것이 아니므로, 수인이 합동하여 강도를 한 경우 그 중 1인이 사람을 살해하는 행위를 하였다면 그 범인은 강도살인죄의 기수 또는 미수의 죄책을 지는 것이고 다른 공범자도 살해행위에 관한 고의의 공동이 있었으면 그 또한 강도살인죄의 기수 또는 미수의 죄책을 지는 것이 당연하다 하겠으나, 고의의 공동이 없었으면 피해자가 사망한 경우에는 강도치사의, 강도살인이 미수에 그치고 피해자가 상해만 입은 경우에는 강도상해 또는 치상의, 피해자가 아무런 상해를 입지 아니한 경우에는 강도의 죄책만 진다고 보아야 할 것이다.

[해 설]

I. 들어가는 말

대상판결은 공동정범 가운데 1인이 공동으로 모의한 기본범죄(강도)를 실행하던 도중에 중한 고의범행(살인)을 한 경우 강도모의에만 가담한 다른 공범자에게도 이러한 중한 결과에 대한 형사책임을 인정할 것인지에 대한 것이다. 여기에서 살해행위를 한 피고인은 고의범이므로 강도살인죄의 죄책을 지지만 강도모의만을 하고 살해행위에는 가담하지 않은 다른 피고인은 살해행위를 모의한 적이 없기 때문에 이에 대한 형사책임 여부가 문제되는 것이다.

일반적으로 결과적 가중범의 공동정범에 관한 문제는 진정결과적 가중범의 경우에 초점이 맞추어져 있다. 즉, 중한 결과를 과실로 발생시킨 공동정범과 기본범죄에만 가담한 공동정범이 있을 경우 후자에게 중한 결과에 대한 책임을 인정할 것인가 여부이다. 반면에 부진정결과적 가중범의 경우에는 중한 결과에 대한 고의를 전제로 하므로 당연히 공동정범이 가능해서 특별히 공동정범의 성립문제가 제기되지는 않는다.

한편 기본범죄에 대한 공동모의를 하였더라도 고의의 중한 결과에 대하여 고의가 없는 가담자에게 중한 결과에 대한 죄책을 인정하는 경우가 있는데 예견가능성을 판단기준으로 하고 있다.

II. 예견가능성을 전제로 하지 않은 경우

대법원은 중한 결과에 대하여 예견가능성이라는 요건을 갖추지 않은 경우에도 중한 결과에 대하여 기본범죄 가담자에게 형사책임을 인정한 경우가 있다. 즉, "강도합동범 중 1인이 피고인과 공모한대로 과도를 들고 강도를 하기 위하여 피해자의 거소에 들어가 피해자를 향하여 칼을 휘두른 이상 이미 강도의 실행행위에 착수한 것임이 명백하고, 그가 피해자들을 과도로 찔러 상해를 가하였다면 대문 밖에서 망을 본 공범인 피고인이 구체적으로 상해를 가할 것까지 공모하지 않았다 하더라도 피고인은 상해의 결과에 대하여도 공범으로서의 책임을 면할 수 없다"고 판시하였다(대법원 1998. 4. 14. 선고 98도356 판결 — 강도상해죄 인정). 마찬가지로 대법원은 강도의 공범자 중 1인이 강도의 기회에 피해자에게 폭행을 가하여 그의 신체를 상해한 경우에 다른 공범자에게도 재물강취의 수단으로 폭행이 가하여질 것이라는 점에 관하여 상호 의사의 연락이 있었던 것으로 보아야 할 것이므로, 구체적으로 상해에 관

하여까지는 공모하지 않았다고 하더라도 폭행으로 생긴 결과에 대하여 공범으로서의 책임을 져야 한다(대법원 1990. 10. 12. 선고 90도1887 판결)고 하여 강도상해죄를 인정하였다. 이상의 판결은 중한 결과에 대한 공동정범의 예견가능성을 전제로 하지 않은 점이 특징이다.

III. 예견가능성을 전제로 하는 경우

예견가능성을 전제로 중한 결과에 대한 죄책을 인정하는 판결도 있는데 대상판결이 이에 해당한다. 대상판결은 살해행위에 가담하지 않은 피고인에게 강도치사죄의 성립가능성을 인정하였지만 그 전제조건으로서 사망이라는 결과발생에 대한 예견가능성을 제시하고 있다(이 부분―예견가능성―에 관한 항소심의 심리미진을 이유로 파기 환송하였다). 예견가능성을 전제로 한 점에서 과실범을 인정한 것이다. 대상판결에서 대법원은 강도의 공범자 중 1인이 강도의 기회에 피해자에게 폭행 또는 상해를 가하여 살해한 경우, 다른 공모자가 살인의 공모를 하지 않았어도 그 살인행위나 치사의 결과를 예견할 수 있었어야 강도치사죄의 죄책을 진다고 판시하였다. 대상판결에서 피고인에게 강도치사죄를 인정하였다면 결과적 가중범으로서의 죄책을 인정한 것으로 볼 수 있다.

부진정결과적 가중범에서 중한 결과를 고의적으로 발생시킨 실행행위에 직접 가담하지 않은 기본범죄의 공동정범에게 예견가능성이 인정되면 중한 결과에 대해서도 공동정범을 인정한 판결이 있다.

즉, "특수공무집행방해치사상과 같은 부진정결과적 가중범은 예견 가능한 결과를 예견하지 못한 경우뿐만 아니라 그 결과를 예견하거나 고의가 있는 경우까지도 포함하는 것이므로, 공무집행을 방해하는 집단행위의 과정에서 일부 집단원이 고의로 방화행위를 하여 사상의 결과를 초래한 경우에 다른 집단원이 그 방화행위로 인한 사상의 결과를 예견할 수 있는 상황이었다면 특수공무집행방해치사상의 죄책을 면할 수 없으나 그 방화행위 자체에 공모 가담한 바 없는 이상 방화치사상죄로 의율할 수는 없다"(대법원 1990. 6. 26. 선고 90도765 판결)고 판시하였다. 이 판결에서는 다른 집단원이 기본범죄인 방화행위 자체에 가담하지 않았음을 이유로 특수공무집행방해치사상죄를 인정하지 않았다. 그리고 이 판결은 특수공무방해치상죄가 부진정결과적

가중범에 해당하기 때문에(대법원 1995. 1. 20. 선고 94도2842 판결; 대법원 2008. 11. 27. 선고 2008도7311 판결) 상해라는 중한 결과에 대한 고의를 같이 하지 않는 이상 당연히 중한 결과에 대한 고의범은 인정할 수는 없다. 그러나 대법원은 이 경우에도 예견가능성이 인정되면 특수공무방해치상죄를 인정할 수 있다는 입장이다.

IV. 나오는 말

결과적 가중범에서 중한 결과에 대한 죄책을 인정하기 위해서는 기본범죄의 공동정범이라는 것만으로는 부족하며 중한 결과에 대한 과실이 인정되어야 한다. 그리고 결과적 가중범의 공동정범 인정 문제는 그 필요성 여부 및 이론적 한계로 인하여 논의를 필요로 한다.

〔참고문헌〕 박상기, "결과적 가중범의 공동정범", 형사판례연구 [1](1993).

[필자: 박상기 교수(연세대)]

[19] 부진정결과적 가중범의 성립범위와 죄수

[대상판결] 대법원 1996. 4. 26. 선고 96도485 판결

[사실관계] 피고인은 1995. 8. 7. 03:15경 경기 광주군 도척면 도웅 2리 소재 피고인 집 안방에서 잠을 자고 있는 피해자 V₁(아버지)과 V₂(동생)를 살해하기 위하여 그 곳에 있던 두루마리 화장지를 말아 장롱 뒷면에 나 있는 구멍을 통하여 장롱 안으로 집어넣은 다음, 평소 소지하고 다니던 1회용 라이터로 화장지에 불을 붙여 장롱으로 불이 번지자 그 곳을 빠져 나옴으로써 V₁과 V₂를 연기로 인하여 질식사하도록 하여 이들을 살해하고 위 피해자들이 현존하는 건조물을 소훼하였다.

[판결요지] 형법 제164조 후단이 규정하는 현주건조물방화치사상죄는 그 전단이 규정하는 죄에 대한 일종의 가중처벌 규정으로서 과실이 있는 경우뿐만 아니라, 고의가 있는 경우에도 포함된다고 볼 것이므로 사람을 살해할 목적으로 현주건조물에 방화하여 사망에 이르게 한 경우에는 현주건조물방화치사죄로 의율하여야 하고 이와 더불어 살인죄와의 상상적 경합범으로 의율할 것은 아니라고 할 것이고(대법원 1983. 1. 18. 선고 82도2341 판결 참조), 다만 존속살인죄와 현주건조물방화치사죄는 상상적 경합범 관계에 있으므로, 법정형이 중한 존속살인죄로 의율함이 타당하다고 할 것이다. 따라서 이 사건에 있어 동생의 살해에 대하여는 현주건조물방화치사죄만으로 의율하였어야 함에도 불구하고, 위와 같이 동생의 살해에 대하여 살인죄와 현주건조물방화치사죄의 상상적 경합범으로 의율한 제1심을 유지한 원심은 필경 형법 제164조 후단의 현주건조물방화치사죄의 법리나 상상적 경합범의 법리를 오해하였다고 아니할 수 없다. 그러나, 피고인의 소위는 1개의 방화행위로 인하여 아버지와 동생을 동시에 사망하게 한 것으로서 이는 상상적 경합범에 해당되므로 어차피 현주건조물방화치사죄보다 형이 더 무거운 존속살인죄의 정한 형으로 처벌할 수밖에 없고, 원심도 피고인을 형이 가장 무거운 존속살인죄의 정한 형으로 처벌하였으므로 원심의 위와 같은 잘못은 판결에 영향이 없다 할 것이니, 이 점을 지적하는 상고이유의 주장은 결국 이유 없음에 귀착한다고 할 것이다.

[해 설]

Ⅰ. 들어가는 말

현행 형법의 입법자는 "결과로 인하여 형이 중할 죄에 있어서 그 결과의 발생을 예견할 수 없었을 때에는 중한 죄로 벌하지 아니한다"라는 형법 제15조 제2항을 두어 이른바 (진정·부진정) 결과적 가중범의 근거를 마련하고 있다. 나아가 형법각칙과 실질적 의미의 형법 규정들에서는 '제○○항의 죄를 범하여·범한 자가' 혹은 '… 하여 사람을 상해에 이르게 한 때' 또는 '사망에 이르게 한 때'에는 고의범과 과실범(과실치상, 과실치사)의 형을 경합한 경우보다 상당히 가중된 형을 부과하는 규정을 두고 있다.

이러한 개별 범죄유형 중에서는 중한 결과 자체를 이미 고의로 야기한 경우 별도의 고의범으로 처벌하는 규정을 두고 있는 경우(예: 강간살인죄)와 대상판결과 같이 중한 고의범의 구성요건(예: 현주건조물방화살인죄)이 별도로 존재하지 않는 경우가 혼재하고 있다. 즉, 현주건조물에 고의로 방화하여 그 건조물에 현존하는 사람을 고의로 살해한 자에 대해 현행 형법에서는 현주건조물방화살인죄라는 고의범 규정은 두고 있지 않다.

이러한 입법 상황으로 인해 무엇이 진정(고유한 의미의) 결과적 가중범이며, 어떤 경우가 부진정결과적 가중범인가라는 개념정의에서부터 의견이 일치되지 않고 있고, 부진정결과적 가중범을 인정하는 경우에도 그 성립범위와 죄수판단에서도 다양한 생각들이 병존하고 있다. 대상판결은 이에 대한 대법원의 입장이 잘 정리되어 있다(대상판결은 형법 제164조 개정 전 존속살해죄가 사형 또는 무기징역이었던 상황에서 발생한 사건을 다룬 것이지만 대법원의 기본 입장은 변한 것이 없다).

Ⅱ. 부진정결과적 가중범의 성립범위와 죄수

1. 학 설

우선 형법 제15조 제2항의 '예견할 수 없었을 때에는'이라는 자구의 해석을 근거로 부진정결과적 가중범을 인정하는 견해와 이를 부인하는 견해가 갈린다. '적어도 과실'이라는 독일 형법의 표현과 달리 '예견할 수

없었을 때에는'이라는 문구는 고의를 포함하고 있다고 볼 수 없다는 입장은 현행법상 부진정결과적 가중범을 인정할 수 없다고 한다. 이에 반해 이미 위 자구에서 중한 결과발생에 대해 예견가능성이 있었던 경우뿐만 아니라, 실제로 예견했거나 고의가 있었던 경우도 당연히 포함된다고 보는 사람들은 부진정결과적 가중범을 인정한다. 후자는 대상판결과 같은 사안에서는 고의의 기본범죄(현주건조물방화죄)와 고의의 중한 범죄(존속살해죄 혹은 보통살인죄)의 상상적 경합이 인정되는 것이 원칙이고, 그렇게 되면 결국 존속살해죄나 보통살인죄로 처벌되게 되는데, 이 죄들의 법정형과 현주건조물방화치사죄(과실로 중한 결과를 야기 시킨 경우)의 법정형을 비교하니, 전자가 더 경하기 때문에 불가피하게 후자로 처벌해야 하는 것이고, 이 경우가 바로 부진정결과적 가중범이라는 것이다. 즉, 진정결과적 가중범이 원칙이고 예외적으로 형량의 불균형 문제가 발생하는 경우에만 부진정결과적 가중범을 인정하면 된다는 것이다.

2. 대법원의 태도

대법원은 결과적 가중범 형식으로 규정된 범죄구성요건들은 기본행위 시에 이미 중한 결과에 대한 고의를 가진 경우를 포함하는 것으로 본다. 이것은 결과적 가중범의 형량이 중한 결과자체에 대한 고의범의 법정형보다 낮은 경우에도 일관되게 적용되고 있다. 대상판결과 같은 경우에도 현주건조물방화치사죄가 성립하고, V_1에 대한 존속살해죄, 그리고 V_2에 대한 살인죄도 당연히 성립한다는 것이다. 그렇다면 남은 문제는 죄수 판단이다.

대법원은 결과적 가중범의 법정형이 중한 결과 자체에 대한 고의범의 형벌보다 높은 경우에는 결과적 가중범의 일죄를 인정하고, 낮은 경우에는 (부진정)결과적 가중범과 중한 결과에 대한 고의범의 상상적 경합을 인정하여, 중한 고의범으로 처벌한다는 해결책을 택했다. 결국은 법정형을 보고 죄수를 결정하는 구조이다.

따라서 대상판결의 경우 재판 당시 사형 또는 무기징역의 존속살해죄가 사형, 무기, 7년 이상이었던 현주건조물방화치사죄보다 중했기 때문에 양자를 상상적 경합이라고 보았고, 보통살인죄(사형, 무기, 또는 5년 이상 징역)는 전자가 더 중한 죄이기 때문에 법조경합이라고 판단한 것이다.

Ⅲ. 나오는 말

생각건대, 형법 제15조 제2항의 자구를 문리적으로 이해하면 당연히 중한 결과에 대해 과실뿐만 아니라 이미 고의를 가지고 기본행위에 나아간 자도 포함된다. 이 점에서 대상판결이 타당하다. 강간·강도살인죄와 같이 중한 고의를 가진 자를 강간·강도치사와는 별도로 가중하여 처벌하는 규정을 두고 있다면 해당 결과적 가중범 규정은 당연히 진정결과적 가중범 규정이다. 부진정결과적 가중범의 죄수 문제는 법정형으로 좌우되는 것이 아니라 구성요건과 범죄행위를 기준으로 결정되는 것이고, 대상판결에서와 같이 형법 제164조 제2항의 규정을 중한 고의범을 포함하는 부진정결과적 가중범규정으로 본다면 존속살해와 보통살인은 모두 동 구성요건에 포함되어 있는, 즉 법조경합의 관계로 보는 것이 타당해 보인다.

[필자: 김성룡 교수(경북대)]

[20] 작위와 부작위의 구별

[대상판결] 대법원 2004. 6. 24. 선고 2002도995 판결

[사실관계] 피해자는 술에 취한 채 화장실을 가다가 중심을 잃어 기둥에 머리를 부딪치고 시멘트 바닥에 넘어지면서 다시 머리를 바닥에 찧어 경막 외 출혈상을 입고, 피고인 乙을 포함한 의료진에 의하여 수술을 받고 의식이 회복되던 중 뇌수술에 따른 뇌 부종으로 자가호흡이 불가능하여 호흡보조장치를 부착한 채 계속 치료를 받고 있었다. 피해자의 처 甲은 피해자의 상태에 비추어 인공호흡장치가 없는 집으로 퇴원하게 되면 호흡을 제대로 하지 못하여 사망하게 될 것이라는 설명을 피고인 乙 등에게 들었음에도 불구하고 피해자가 차라리 사망하는 것이 낫겠다고 생각한 나머지 피해자를 퇴원시키는 방법으로 살해하려고 결의하여 주치의인 피고인 丙에게 치료비 부담 능력이 없다는 이유로 퇴원을 요구하였다. 이러한 甲의 계속된 퇴원 요구에 신경외과 3년차 수련의인 피고인 丙은 甲에게 상사인 신경외과 전담의사 乙에게 직접 퇴원 승낙을 받도록 하라고 하였고, 피고인 乙은 甲에게 피해자가 퇴원하면 사망한다고 설명하면서 퇴원을 만류하였으나 甲이 계속적으로 퇴원을 요구하여 결국 피고인 丙에게 퇴원 처리를 해 줄 것을 지시하였다. 이에 丙은 1년차 수련의인 피고인 丁에게 피해자를 집까지 호송하도록 지시하였고, 그에 따라 같은 날 14:20경 丁이 피해자를 피해자의 집까지 데리고 간 다음 피해자에게 부착하여 수동 작동 중이던 인공호흡보조장치와 기관에 삽입된 관을 제거하여 감으로써 그 무렵 피해자가 호흡정지로 사망에 이르게 하였다.

[판결요지] 보호자가 의학적 권고에도 불구하고 치료를 요하는 환자의 퇴원을 간청하여 담당 전문의와 주치의가 치료중단 및 퇴원을 허용하는 조치를 취함으로써 환자를 사망에 이르게 한 행위로 담당 전문의 및 주치의가 부작위에 의한 살인죄의 공동정범으로 기소된 사안에서, 담당 전문의와 주치의에게 환자의 사망이라는 결과 발생에 대한 정범의 고의는 인정되나 환자의 사망이라는 결과나 그에 이르는 사태의 핵심적 경과를 계획적으로 조종하거나 저지·촉진하는 등으로 지배하고 있었다고 보기는 어려워 공동정범의 객관적 요건인 이른바 기능적 행위지배가 흠결되어 있으므로 작위에 의한 살인방조죄만 성립하며, 어떠한 범죄가 적극적 작위에 의하여 이루어질 수 있음은 물론 결과의 발생을 방지하지 아니하는 소극적 부작위에 의하여도 실현될 수 있는 경우에, 행위자가 자신의 신체적 활동이나 물리적·화학적 작용을 통하여 적극적으로 타인의 법익 상황을 악화시킴으로써 결국 그 타인의 법익을 침해하기에 이르렀다면, 이는 작위에 의한 범죄로 봄이 원칙이고, 작위에 의하여 악화된 법익 상황을 다시 돌이키지 아니한 점에 주목하여 이를 부작위범으로 볼 것은 아니며, 나아가 악화되기 이전의 법익 상황이 그 행위자가 과거에 행한 또 다른 작위의 결과에 의하여 유지되고 있었다 하여 이와 같이 달리 볼 이유가 없다.

[해 설]

Ⅰ. 들어가는 말

대상판결의 쟁점은 세 가지로 압축될 수 있다. 하나는 피고인 乙, 丙, 丁이 의사로써 피해자의 생명을 유지할 의무가 있으므로 치료중단으로 인한 피해자의 사망에 대하여 피고인들에게 부작위범(제18조)으로써 살인죄의 공동정범의 죄책을 지울 수 있는 것인지, 아니면 乙, 丙, 丁이 甲의 퇴원요구에 응할 수밖에 없어 퇴원조치를 한 행위를 갖고 작위범으로써 살인방조죄의 죄책을 지울 것인지(쟁점 ①)이고, 다른 하나는 대상판결에서 乙과 丙 그리고 丁에 대하여 방조범의 고의 유무를 구분하는 것이 타당한가(쟁점 ②)에 대한 것이고, 마지막으로 쟁점 ①과 ②에 우선되는 것으로 乙과 丙에 대하여 인정되는 방조범의 고의가 있었다고 보는 것이 타당한가(쟁점 ③)에 대한 것이다. 쟁점 ②와 ③도 논란의 여지가 있으나 여기서는 쟁점 ①에 대하여만 다루고자 한다.

Ⅱ. 작위와 부작위의 구별(쟁점 ①)

피고인 乙, 丙, 丁에게 부작위범으로서 甲과 함께 살인죄의 공동정범의 죄책을 인정하기 위해서는 우선적

으로 의사인 피고인들에게 피해자의 처에게 인정되는 것과 같은 보증인 지위 및 보증인 의무가 인정되어야 한다. 그리고 피고인들에게 보증인 지위가 인정된다면 부작위범으로써 살인죄의 공동정범의 죄책을 지우는 것이 합당한지 아니면 작위범으로써 살인방조죄의 죄책을 지우는 것이 적합한지 논의되어야 할 것이다.

1. 학 설

작위와 부작위의 구별에 대한 학설은 크게 세 가지로 볼 수 있는데 ① 첫 번째 학설은 작위와 부작위를 자연적 관찰의 방법으로 구별할 수 있다고 보아 일정 방향으로서의 에너지 투입이 있으면 작위이고 그렇지 않으면 부작위라고 설명하는 것인데, 이러한 학설은 작위와 부작위의 구별이 규범적 성격을 지닐 수밖에 없다는 것을 무시하였다는 비판을 받고 있다. ② 두 번째 학설은 작위와 부작위의 구별을 규범적 잣대로만 할 수 있다는 내용을 갖고 있는데, 이러한 학설은 비합리적인 감정판단이라거나 자의적이라는 비판을 받고 있다. 마지막으로 ③ 세 번째 학설은 작위가 성립하지 않는 경우 부작위를 검토해야 한다는 이른바 작위우선의 원칙을 주장하는 학설인데, 이 역시 '의심스러울 때 부작위범으로'라는 명제를 제시하여 작위와 부작위의 구별이 불분명할 경우 우선 부작위범의 형식으로 그 가벌성을 논증해야 한다는 비판을 받고 있다.

2. 대법원의 태도

대법원은 대상판결에서 "어떠한 범죄가 적극적 작위에 의하여 이루어질 수 있음은 물론 결과의 발생을 방지하지 아니하는 소극적 부작위에 의하여도 실현될 수 있는 경우에, 행위자가 자신의 신체적 활동이나 물리적·화학적 작용을 통하여 적극적으로 타인의 법익 상황을 악화시킴으로써 결국 그 타인의 법익을 침해하기에 이르렀다면, 이는 작위에 의한 범죄로 보는 것이 원칙이고, 작위에 의하여 악화된 법익 상황을 다시 되돌이키지 아니한 점에 주목하여 이를 부작위범으로 볼 것은 아니다"라고 판시하였다. 학설은 대상판결을 자연적 관찰방법을 지지하였다고 보거나, 작위우선의 원칙을 채택하였다고 해석하거나 또는 이른바 규범적 평가방법을 지지하였다고 보기도 한다.

Ⅲ. 나오는 말

(1) 대상판결에서 대법원이 지지하고 있는 작위와 부작위에 있어서의 학설은 규범적 평가에 가깝다고 보지만 甲의 민법상 부양의무자로서의 보증인지위만을 강조하지 말고 乙, 丙, 丁이 의사로서 피해자에 대한 보증인 지위에 있는 자라는 점을 되새긴다면 乙과 丙을 부작위범으로써 살인죄의 공동정범으로 보는 것이 살인방조죄의 작위범으로 보는 것 보다는 그 논리가 더 명확할 수 있는 것으로 보인다. 게다가 비록 방조범의 고의라는 것이 정범의 범행을 알고 그 실행행위를 용이하게 하는 정도의 고의만 있어야 한다는 이유로 방조범의 죄책을 인정한 것은 乙과 丙의 살인죄의 정범으로서의 고의를 부정한 원심을 잘못된 것이라고 보면서도 공동정범이 성립하기 위한 객관적 요건으로서의 기능적 행위지배가 없다는 것을 이유로 공동정범의 성립을 부인한 것과 논리가 일관되어 있지 않은 것으로 보인다.

(2) 대법원은 그 후 쟁의행위로서 파업이 업무방해죄의 '위력'에 해당하는지에 대해 판단한 사건의 다수의견이 근로자가 아무런 일도 하지 않은 것에 불과한 단순 파업을 작위로 파악한 것과는 달리 반대의견에서는 대상판결에 따라 작위와 부작위를 사실적인 측면에서 구별하는 것이 일반적이라고 보고 있으나(대법원 2011. 3. 17. 선고 2007도482 전원합의체 판결) 통신비밀보호법위반죄에서 작위와 부작위 구별의 법리오해 주장에 대하여 대상판결과 동일한 입장(대법원 2016. 5. 12. 선고 2013도15616 판결)을 보이고 있는 등 작위와 부작위의 구별에 있어 아직까지 다소 일관된 입장을 보이고 있지 않은 것으로 판단된다.

〔참고문헌〕 김성룡, "치료행위중단에 있어서 작위와 부작위의 구별", 형사판례연구 [13](2005).

[필자: 박용철 교수(서강대)]

[21] 부진정부작위범의 성립요건

[대상판결] 대법원 2015. 11. 12. 선고 2015도6809 전원합의체 판결

[사실관계] 피고인 甲은 세월호가 좌현으로 기울어져 있는 상황에서 피해자인 승객과 승무원 등(이하, '승객 등'이라 한다)이 안내방송 등을 믿고 대피하지 않은 채 선내에 그대로 대기하고 있는 상태에서 배가 더 기울면 밖으로 빠져나오지 못하고 익사할 수 있다는 사실을 알았음에도, 승객 등에 대한 구조조치를 취하지 아니한 채 퇴선하였고, 그 결과 선내에 남아 있던 304명의 피해자들은 익사하였다.

[판결요지] 범죄는 (중략) 결과의 발생을 방지하지 아니한 부작위에 의하여도 실현될 수 있다. (중략) 특정한 행위를 하지 아니하는 부작위가 형법적으로 부작위로서의 의미를 가지기 위해서는, 보호법익의 주체에게 해당 구성요건적 결과발생의 위험이 있는 상황에서 행위자가 구성요건의 실현을 회피하기 위하여 요구되는 행위를 현실적·물리적으로 행할 수 있었음에도 하지 아니하였다고 평가될 수 있어야 한다.

나아가 살인죄와 같이 일반적으로 작위를 내용으로 하는 범죄를 부작위에 의하여 범하는 이른바 부진정부작위범의 경우에는 보호법익의 주체가 법익에 대한 침해위협에 대처할 보호능력이 없고, 부작위행위자에게 침해위협으로부터 법익을 보호해 주어야 할 법적 작위의무가 있을 뿐 아니라, 부작위행위자가 그러한 보호적 지위에서 법익침해를 일으키는 사태를 지배하고 있어 작위의무의 이행으로 결과발생을 쉽게 방지할 수 있어야 부작위로 인한 법익침해가 작위에 의한 법익침해와 동등한 형법적 가치가 있는 것으로서 범죄의 실행행위로 평가될 수 있다.

[해 설]

I. 들어가는 말

부진정부작위범은 '부작위에 의한 작위범'이라고도 하는바, 요구규범의 요구(=작위의무)를 불이행함으로써 금지규범을 위반하여 작위범의 구성요건을 충족(결과발생)시키는 형태의 범죄이다. 따라서 부진정부작위범에서는 ① 요구규범의 존부와 그 발생근거, ② 행위자의 요구규범 이행의 가능성, ③ 부작위와 결과 사이에 인과관계와 객관적 귀속, ④ 부작위에 의한 금지규범 위반의 작위성(이른바 '동등성')이 문제된다.

요구규범의 존부와 발생근거에 관하여는 법률상·계약상의 작위의무, 선행행위에 의한 작위의무 외에 조리 또는 사회상규에 기하여 발생하는 의무가 논의되는데, 판례는 부진정부작위범의 작위의무를 광범위하게 인정하고 있다(대법원 2008. 2. 28. 선고 2007도9354 판결).

대상사건에서의 작위의무는 기본적으로 '선행행위에 의한 작위의무'이며, 이 이외에도 계약상의 작위의무, 법률상의 작위의무 등이 중첩되어 있다. 따라서 선장에게 피해자들에 대한 구조의무가 존재한다는 데에는 의문이 없다.

II. 작위와 부작위의 동등성 문제

부작위에 의하여 작위범의 구성요건을 충족시킨 경우 이 부작위를 작위와 동등하게 평가될 수 있는가가 문제된다. 작위범에서는 행위자의 작위에 의하여 법익침해를 향한 인과과정이 창출되는 데 비하여, 부작위에 의한 작위범의 경우에는 기왕에 진행되는 자연적 인과과정 내지 기왕에 인간의 행위에 의하여 설정된 인과과정이 행위자의 저지 없이 법익침해의 방향으로 진행되어 결과를 발생시킨다(따라서 이때 인과관계를 확인하는 데에는 조건설의 '가설적 제거'가 아니라 '가설적 추가,' 즉 행위자의 행위가 있었더라면 결과가 달라졌겠는가를 묻는다). 행위자의 부작위가 이러한 인과과정의 진행을 방치함으로써 구성요건이 충족되는 종류의 범죄('단순 결과범')에서는 행위자의 부작위로 결과발생이 이루어짐으로써 구성요건은 충족된다. 이에 반하여 행위자가 기왕의 인과과정을 방치하는 것으로는 부족하고 특별한 행태를 보여야 하는 구성요건(예컨대 특수강도죄)의 경우에는, 그러한 행태관련 요건을 충족시키지 않은(위험한 물건을 휴대하지 않은) 행위자가 그 범죄(특수강도죄)의 (부작위에 의한) 정범 내지 공범(이 경우는 방조범)이 될 수 있는가가 문제된다. 일반적으로 부작위범의 '동가치성'이라고 말하는 '동등성' 요건이 특별히 문제되는 것은 이 경우

로서, 이러한 '행태관련적 결과범'의 경우에는 행태관련성이 존재하지 않는 경우에는 그 형태관련적 범죄(위의 예에서 특수강도죄)는 성립하지 않고, 일반 강도죄(의 방조범)가 성립될 뿐이다.

III. 과실범인가 고의범인가?

대상판결의 사례는 선행행위에 의한 작위의무가 발생한 사안(이때 각종 특별법상의 구조의무는 논외로 한다)으로서, 업무상과실행위에 의하여 선박이 침몰하게 되는 상황에서 승객에 대한 대피의무 내지 구조의무가 발생하였고, 대피시키는 것이 원리적으로 가능했음에도 불구하고 이를 안내하지 않아서, 미필적 고의에 의한 살인죄의 죄책을 문의한 사안이다.

이 사안에서 피고인은 승객을 구조하여야 할 의무가 있음에도 불구하고 구조를 위한 조치를 취하지 않았다. 순식간에 기울어지는 배를 보면서 자신은 탈출하면서도 승객에게 안내 방송을 하지 않은 점에 선장으로서의 의무를 다하지 않은 과실이 크다. 문제는 이 사안이 업무상과실치사죄를 넘어서 고의의 살인에 해당하는가이다.

살인의 정규적 고의가 없다고 할 때, 제기되는 문제는 ① 사태를 인식하였는가 그리고 ② 이에 기하여 발생할 결과에 대하여 어떤 태도를 취하였는가이다. 선장이 사태를 인식한 것은 분명하다. 미필적 고의에서의 인식은 결과발생의 (개연성이 아니라) 가능성의 인식으로 족하다(대법원 1988. 2. 9. 선고 87도2564 판결). 한편 의사의 면에서 선장이 승객을 살해하겠다는 생각을 갖지는 않았을 것이다. 문제는 선장이 승객의 사망에 대하여 어떤 태도를 취하였는가이다. 여기서 선장은 승객을 대피 내지 탈출시켜서 생명을 지킬 가능성을 제고하여야 함에도 불구하고 승객들의 사망을 진지하게 생각하고도 방치하여 일말의 구조가능성을 소멸케 하였음을 인정할 수 있다. 이때 선장의 행동으로 미루어 보아, "승객이 사망해도 어쩌겠는가?"라는 식의 인용의 태도를 가졌음을 추정할 수는 있으나 선장이 자백하지 않는 한 이를 입증하기는 어렵다. 한편 묵인설을 취하는 경우에는, 선장이 승객의 사망을 예견하고 나아가 이를 신중히 생각하고도 혼자 탈출·대피한 행동을 볼 때, 발생할 결과를 진지하게 생각하고 나아가 묵인하였다고 판단할 수 있다. 따라서 선장에게는 승객의 사망에 대한 미필적 고의가 있었다고 판단할 수 있다.

IV. 나오는 말: 몇 가지 추가적 고찰

첫째 만약에 선박이 순식간에 전복, 매몰되어 승객이 사망하였다면, 선장은 업무상과실치사죄를 지는 데 그칠 것이다. 왜냐하면 선장에게는 선행행위에 의하여 발생한 구조의무를 이행할 가능성이 없었기 때문이다(위의 I.의 ②요건의 불충족).

둘째 만약에 이때 선장이 구조방송을 함으로써 탈출하려는 승객이 문 쪽으로 몰려서 아수라장으로 변하여 다치거나 죽게 된 경우에도 선장은 업무상 과실치사죄의 죄책을 부담하는 데 그칠 것이다. 또 선박 밖으로 나와 해상에 표류하던 승객이 조류에 휩쓸려 사망한 경우에도 업무상 과실치사죄 이상의 죄책을 부담케 하기는 어려울 것이다.

따라서 선장으로서 구조의무가 있음에도 불구하고 부작위로 나아가고 그리하여 자신의 과실행위로 야기된 인과과정(전복, 침몰)으로부터 창출된 승객의 생명, 신체에 대한 위험이 그대로 진행되게 방치함으로써, 승객의 생명을 잃게 만든 것은 부작위에 의한 작위를 통해서 생명의 침해를 가져 온 행위로서 정규적인 고의는 없었다고 하더라도 '미필적 고의'는 존재한다고 인정할 수 있다. 甲은 미필적 고의에 의한 살인의 죄책을 지지 않을 수 없다.

〔참고문헌〕 장영민, "부진정부작위범의 성립요건", 형사판례연구 [2](1996).

[필자: 장영민 교수(이화여대)]

[22] 부진정부작위범에서 사실상 작위가능성

[대상판결] 대법원 2010. 1. 14. 선고 2009도12109 판결

[사실관계] 피고인은 모텔 방에 투숙하여 담배를 피운 후 재떨이에 담배를 끄게 되었으나 담뱃불이 완전히 꺼졌는지 여부를 확인하지 않은 채 불이 붙기 쉬운 휴지를 재떨이에 버리고 잠을 잔 (중)과실로 담뱃불이 휴지와 옆에 있던 침대시트에 옮겨 붙게 함으로써 화재가 발생하였는데, 피고인은 그 사실을 안 상태에서 모텔 주인이나 다른 투숙객들에게 이를 알리지 아니하고 모텔을 빠져나옴으로써 그 모텔 속에 있었던 사람들에게 사상의 결과를 야기하였다.

[판결요지] [1] 형법이 금지하고 있는 법익침해의 결과발생을 방지할 법적인 작위의무를 지고 있는 자가 그 의무를 이행하지 아니한 경우, 이를 작위에 의한 실행행위와 동일하게 부작위범으로 처벌하기 위하여는, 그 의무를 이행함으로써 결과발생을 쉽게 방지할 수 있었음에도 불구하고 그 결과의 발생을 용인하고 이를 방관한 채 그 의무를 이행하지 아니한 결과, 그 부작위가 작위에 의한 법익침해와 동등한 형법적 가치를 가진다고 볼 수 있어 그 범죄의 실행행위로 평가될 만한 것이라야 한다.

[2] 위 화재가 중대한 과실 있는 선행행위로 발생한 이상 화재를 소화할 법률상 의무는 있다 할 것이나, 화재 발생 사실을 안 상태에서 모텔을 빠져나오면서도 모텔 주인이나 다른 투숙객들에게 이를 알리지 아니하였다는 사정만으로는 화재를 용이하게 소화할 수 있었다고 보기 어렵다는 이유로, 부작위에 의한 현주건조물방화치사상죄의 공소사실에 대해 무죄를 선고한 원심의 판단을 수긍한 사례.

[해 설]

I. 들어가는 말

대상사례에서 검사는 피고인의 행위에 대해 결과적 가중범 규정인 현주건조물방화치사상죄(제164조 제2항)를 적용하여 기소하였다. 검사가 결과적 가중범 규정을 적용하였다는 것은 사람에 대한 사상의 결과에 대해서는 진정결과적 가중범의 경우는 고의 없는 과실로서만,

부진정결과적 가중범(여기서 문제되는 현주건조물방화치사죄)의 경우는 고의로서 발생시킨 것도 포함된다는 의미를 가진다. 그리고 기본범죄인 현주건조물방화죄에 관한 한 예외 없이 고의로서 실행하였다는 것을 전제한다. 그런데 대상사례에서 피고인이 처음부터 모텔을 고의로 방화한 것이 아님은 명백하다. 처음에는 과실로 화재를 일으킨 (중)실화에 해당할 뿐이기 때문이다. 따라서 현주건조물방화죄를 적용하기 위해서는 대상사례와 같이 자신의 (선행) 행위로 인해 모텔에 불이 붙는 것을 알면서도 피고인이 소화하지 않고 이를 부작위로 방치함으로써 그 때부터 고의로 모텔을 방화하였다는 것, 즉 고의 및 부작위에 의한 현주건조물방화를 실행하였다는 것이 우선적으로 인정되어야 한다. 만약 이러한 고의 및 부작위에 의한 현주건조물방화가 인정되지 않는다면 피고인에게는 현주건조물방화치사상죄(결과적 가중범)가 아니라 (중)실화죄(제171조)와 이에 따른 (중)과실치사상죄(제268조)라는 2개의 순수 과실범죄로 나누어 적용되어야 할 것이다. 그런데 대상판결은 전자의 검사가 적용한 현주건조물방화치사상죄가 아니라 후자의 중실화죄와 이에 따른 중과실치사상죄를 최종적으로 인정하였을 뿐이다. 아래에서 검사의 법적용과 달리 판시한 대상판결의 이론적 타당성 여부를 평석하기로 한다. 이를 위해서는 부진정부작위범의 성립요건에 대한 이해가 전제되어야 한다.

II. 대상판결의 분석

대상판결은 피고인에게 보증인지위와 작위의무는 인정된다고 판시하였는데, 이는 타당한 것으로 판단된다. 보증인 지위에 있는 자의 작위의무는 법령, 법률행위, 선행행위 및 조리에 근거하여 인정되는데(대법원 1996. 9. 6. 선고 95도2551 판결), 대상판결의 사례에서 화재는 피고인이 모텔 방에 투숙하여 담배를 피운 후 재떨이에 담배를 끄면서 담뱃불이 완전히 꺼졌는지 여부를 확인하지 않은 채 불이 붙기 쉬운 휴지를 재떨이에 버리고 잠을 잔 중대한 과실 있는 선행행위로 발생한 것이기 때문이다. 그러나 대상판결은 피고인이 이 사건

화재 발생 사실을 안 상태에서 모텔을 빠져나오면서도 모텔 주인이나 다른 투숙객들에게 이를 알리지 아니하였다는 사정만으로는 피고인이 이 사건 화재를 용이하게 소화할 수 있었다고 보기 어렵다는 이유로 부진정부작위범의 다른 성립요소의 충족을 부정하였다.

그런데 작위의무의 사실상 이행가능성 문제는 부작위 행위 시의 구체적 상황에 의해 판단되는 것이다. 그리고 부작위에 의한 현주건조물방화치사상죄의 성립 여부와 관련하여서는 기본범죄인 현주건조물에 대한 방화와 가중결과인 사람에 대한 사상결과의 양면으로 나누어 사실상의 작위가능성 여부가 판단되어야 한다. 전자의 현주건조물방화죄와 관련한 작위 가능성 판단을 위해서는 모텔을 빠져나가는 당시 퍼져나가는 불을 소화할 수 있는 상황, 즉 사실상 소화가능성이 피고인에게 있었는가가 중요하다. 만약 자기 혼자서 또는 모텔 주인이나 투숙객에게 알려 서로 힘을 합하여 목적물에 독립연소상태가 되기 이전에 쉽게 소화할 수 있는 상황이었음에도 불구하고 피고인이 이를 이행하지 않고 불길이 계속 번지는 것을 감수하고서 모텔을 빠져 나갔다면 고의 및 부작위에 의한 현주건조물방화죄의 성립이 인정될 수 있을 것이다. 그리고 피해자에 대한 사상의 결과발생과 관련하여서는 피고인이 모텔 주인이나 투숙객에게 화재발생 사실을 알리는 등의 방법으로 쉽게 그들의 생명을 구조할 수 있는 상황이었음에도 불구하고 이를 이행하지 않고 사상의 결과발생을 감수하고서 그대로 모텔을 빠져나갔다면 고의 및 부작위에 의한 살인죄 내지 상해죄까지 인정될 수 있을 것이다. 반면에 모텔을 빠져 나오는 당시에 이미 소화할 수 없는 상황, 피해자를 구조할 수 없는 상황에까지 불길이 번졌다면, 피고인에게는 처음 불을 나게 한 (중)실화죄와 그에 따라 발생한 사상의 결과에 대한 과실치사상죄로서만 의율되어야 할 것이다. 그리고 객관적 사실적으로 작위가능성이 있었다고 하더라도 피고인이 이를 불가능한 것으로 착오한 경우에도 구성요건적 착오가 되어 고의범이 아니라 과실범으로만 처리되어야 할 것이다. 그런데 대상판결은 부진정부작위범의 성립 요소로서 중요한 작위의무의 사실적 이행가능성과 그에 대한 피고인의 인식 여부에 대한 구체적 판단은 전혀 하지 않고, 모텔 주인이나 다른 투숙객들에게 이를 알리지 아니하였다는 사정만으로는 피고인이 이 사건 화재를 용이하게 소화할 수 있었다고 보기 어렵다는 지극히 형식적인 판단을 하였을 뿐이다.

III. 나오는 말

대상판결은 처음 (중)과실로 불을 나게 한 선행행위를 한 피고인에게 현주건조물방화죄라는 고의범으로 발전되는 것은 물론이고, 사람에 대한 사상의 결과발생이 야기되는 것에 대해서도 이를 방지해야 할 보증인 지위 및 작위의무가 있는 자에 해당한다고 판시한 점과 피고인이 화재 발생 사실을 안 상태에서 모텔을 빠져나오면서도 모텔 주인이나 다른 투숙객들에게 이를 알리지 아니하였다는 사정만으로는 피고인에게 작위의무의 사실상 이행가능성을 인정하기 어렵다고 판시한 점 자체에는 이론적으로 틀린 것이 없는 것으로 판단된다. 다만 대상판결은 작위의무의 사실상 이행가능성과 관련한 더 구체적인 판단은 전혀 내리지 않았다. 물론 피고인이 모텔을 빠져 나오는 당시에 사실상 소화할 수 없는 상황, 내부의 사람을 구조할 수 없는 상황에까지 불길이 번졌다면, 대상판결의 태도와 같이 피고인에게는 처음 불을 나게 한 (중)실화죄와 그에 따라 발생한 사상의 결과에 대한 과실치사상죄로서만 의율되어야 할 것이다. 그러나 쉽게 소화할 수 있는 상황이었음에도 불구하고 피고인이 이를 이행하지 않고 불길이 계속 번지는 것은 물론이고 그를 통해 내부에 있는 사람에 대한 사상의 결과발생까지 감수하고서 모텔을 빠져 나갔다면 오히려 고의 및 부작위에 의한 현주건조물방화죄와 고의 살인죄 내지 상해죄의 성립이 인정될 수 있었을 것이다(따라서 전체적으로는 검사가 의율하였던 현주건조물방화치사상죄가 적어도 성립할 것이다).

[참고문헌] 장영민, "부진정부작위범의 성립요건", 형사판례연구 [2](1994).

[필자: 손동권 교수(건국대)]

제2장

위 법 성

[23] 정당방위의 성립요건으로서 침해의 현재성

[대상판결] 대법원 1992. 12. 22. 선고 92도2540 판결

[사실관계] 甲(여)은 12살 때부터 의붓아버지인 피해자에게 강간을 당한 이후 사건 범행 무렵까지 계속 성관계를 강요받아 왔다. 甲은 남자친구인 乙에게 이러한 사실을 고백하자 乙은 甲과 공모해 피해자를 살해하기로 하였다. 乙은 술에 취해 잠들어 있는 피해자에게 준비해 간 식칼로 겨누어 몇 마디 경고한 뒤 그를 살해하였다.

[판결요지] 정당방위가 성립하려면 침해행위에 의하여 침해되는 법익의 종류, 정도, 침해의 방법, 침해행위의 완급과 방위행위에 의하여 침해될 법익의 종류, 정도 등 일체의 구체적 사정들을 참작하여 방위행위가 사회적으로 상당한 것이어야 하고, 정당방위의 성립요건으로서의 방어행위에는 순수한 수비적 방어뿐 아니라 적극적 반격을 포함하는 반격방어의 형태도 포함되나, 그 방어행위는 자기 또는 타인의 법익침해를 방위하기 위한 행위로서 상당한 이유가 있어야 하는바, 의붓아버지의 강간행위에 의해 정조를 유린당한 후 계속적으로 성관계를 강요받아 온 피고인이 상피고인과 사전에 공모하여 범행을 준비하고 의붓아버지가 제대로 반항할 수 없는 상태에서 식칼로 심장을 찔러 살해한 행위는 사회통념상 상당성을 결여하여 정당방위가 성립하지 아니한다.

[해 설]

Ⅰ. 들어가는 말

정당방위란 자기 또는 타인의 법익에 대한 현재의 부당한 침해를 방위하기 위한 상당한 이유가 있는 행위를 말한다.

문제는 정당방위의 성립범위를 어느 정도로 인정할 것이냐에 있다.

甲과 乙의 입장에서는 자신들의 행위가 정당방위에 해당한다고 주장할 여지가 분명 있어 보인다. 의붓아버지의 행동은 甲의 성적 자기결정권을 침해하는 행위로서 분명 불법적인 것이고, 따라서 '자기보호의 원리'라는 관점에서 보건, '법질서수호의 원리'라는 관점에서

보건 위법성이 조각되어 정당화될 여지도 있어 보이기 때문이다. 하지만 대법원은 정당방위를 주장한 이들의 상고를 기각하였던바, 정당방위의 성립요건에 대한 면밀한 검토가 요구된다고 하겠다.

Ⅱ. 정당방위의 성립요건과 대상판결의 분석

1. 정당방위의 성립요건

일반적으로 정당방위가 성립하기 위해서는 (i) 현재의 부당한 침해가 있고, (ii) 자기 또는 타인의 법익을 방위하기 위한 행위여야 하며, (iii) 상당한 이유가 있어야 한다.

(i)과 관련해 침해의 현재성이란, 과거나 장래의 침해에 대해서는 정당방위를 할 수 없다는 의미로, 법익에 대한 침해가 급박한 상태에 있거나, 방금 막 발생하였거나, 아직 계속되고 있는 상황을 말한다. 침해의 현재성과 관련해 유의해야 할 개념은 반복될 침해의 위험을 방위하기 위한 소위 '예방적 정당방위'란 상황이다. 이를테면 자신을 공격할 계획으로 술을 마시고 있는 취객에게 술집 주인이 술에 수면제를 타서 제공하는 경우가 여기에 해당한다. 또 하나 유의할 개념은 '지속적 위험' 상황이다. 이는 과거부터 침해가 줄곧 있어 왔기 때문에 또 그러한 침해가 반복하여 계속될 염려가 있는 상황을 뜻한다. 예컨대 술을 마시면 폭행을 일삼는 남편이나 부의 반복된 폭행을 피하고자 부를 살해하는 경우가 이에 해당한다. 상기 대상판결은 예방적 정당방위 상황인 동시에 지속적 위험 상황에 해당한다고 볼 수 있다. 예방적 정당방위든 지속적 위험이든 학설은 이에 대해 침해의 현재성을 인정하려는 긍정설과 부정설로 대립되지만, 다수설은 현재성을 부정하는 입장이다.

(ii)와 관련해 방위행위에는 방위의사가 있어야 한다 (이에 관하여는 [24] '방위의 의사' 참조). 방위의사와 관련해 대상판결의 항소심 판결은 "피고인들의 이 사건 범행이 현재의 부당한 침해를 방위할 의사로 행해졌다기보다는 공격의 의사로 행하여졌다"고 판시하여 방위의사를 부인했으나, 이에 대해서 대법원은 "정당방위의

성립요건으로서의 방어행위에는 순수한 수비적 방어뿐 아니라 적극적 반격을 포함하는 반격방어의 형태도 포함된다"는 입장에서 원심법원의 판단이 "적절하지 못하다고 하더라도 정당방위행위가 되지 않는다는 결론에 있어서는 정당하여"라고 판시하고 있다.

정당방위의 성립요건으로 (iii)의 상당성은 침해에 대한 방위가 사회상규에 비추어 상당한 정도를 넘지 아니하고 당연시되는 것을 뜻한다(이에 관하여는 [25] '방위행위의 상당성' 참조).

정당방위의 성립요건 중에서 대상판결에서 다투어진 쟁점과 밀접한 연관이 있는 것은 (i)과 (iii)의 요건이므로 이하에서는 이 두 가지 요건을 중심으로 대상판결을 평석해 보기로 한다.

2. 대상판결의 분석

甲과 乙은 분명 자신의 행위에 대해 정당방위를 주장해 볼 여지는 있다. 하지만 전술한 정당방위의 성립요건에 비추어 보면 정당방위에 해당한다고 말하기 어렵다. (i)의 침해의 현재성 요건과 (iii)의 상당성 요건을 갖추었다고 보기 어렵기 때문이다. 위 사례는 지속적 위험상황에 대처하기 위해 예방적 정당방위를 한 사례로서 다수설적 견해에 의하면 침해의 현재성이 인정되지 않는다. 또 甲과 乙이 공모해 피해자를 살해한 행위는 침해를 효과적으로 제거하기 위한 행위로서의 침해의 최소성이 인정된다고 보기 어렵고, 다른 선택의 여지가 없었다고 보기도 어렵다는 점에서 정당방위의 상당성이 인정되지 않는다. 대상판결의 특징은 이 중에서 (i)의 현재성 요건보다는 (iii)의 상당성 요건에 주목하여 정당방위가 인정되지 않는다고 판시하고 있다는 점이다. 그리고 (i)의 요건과 관련해서는 "그러한 침해행위가 그 후에도 반복하여 계속될 염려가 있었다면, 피고인들의 이 사건 범행 당시 甲의 신체나 자유 등에 대한 현재의 부당한 침해상태가 있었다고 볼 여지가 없는 것은 아니나"라고 설시하여 유보적이긴 하지만 오히려 침해의 현재성을 인정하는 태도를 보이고 있다. 다수설적 견해에 의하면 침해의 현재성을 부정하는 것이 타당하지만, 오히려 대상판결은 예방적 정당방위나 지속적 위험과 관련해 유보적이나마 소수설적 견해를 채택한 것으로 볼 수 있을 것이다. 다만 위 사례에 대해서 다수설적 견해와 달리 침해의 현재성을 인정할

수 있는 논거를 상세히 적시하지 않고 있다는 점에서 굳이 이처럼 정당방위의 침해의 현재성을 확대해석할 법리적 근거와 실익이 과연 무엇인지에 대한 의문이 남는다.

Ⅲ. 나오는 말

일체의 규범은 다른 규범들과의 오랜 상호작용 속에서 가다듬어져 현재의 안정된 형태에 도달한 것으로 볼 수 있을 것이고, 정당방위의 성립요건도 수많은 시행착오를 거치며 다른 법적 원칙들과의 관계하에 법리적으로 조탁(彫琢)되어 왔고 현재의 모습으로 정립된 것이라고 말할 수 있다.

甲과 乙의 행위는 자기 또는 타인의 법익을 침해하는 불법에 저항하는 행위라는 점에서는 정당방위의 근본사상에 부합되지만, 국가의 법질서 통제권한이 엄연히 작동하는 상황에서 정당방위는 제한적으로 인정되어야 하므로 '침해의 현재성'이나 '사회적 상당성'을 구비해야만 정당방위로 인정될 수 있다. 바로 이 점에서 피고인들의 행위는 정당방위의 성립요건을 결하고 있는 것이며, 결론적으로 정당방위가 성립하지 않는다고 판시한 점에서 대상판결은 통설적인 정당방위 법리에 부합되지만 그러한 결론에 이르는 과정에서 '침해의 현재성'을 부정하지 않고 단지 사회통념상 '상당성'을 결여했다고만 설시한 것은 그 법리적 근거와 실익이 무엇인지('매맞는 아내증후군' 등 누적적인 폭력효과의 특수성을 고려하려는 시도인가? 그렇다면 이 사안의 乙은?) 의문을 남긴다고 하겠다.

[참고문헌] 이용식, "정당방위와 긴급피난의 몇 가지 요건", 형사판례연구 [3](1995); 조준현, "정당방위와 긴급피난의 법리에 관한 사례연구", 형사판례연구 [6](1998).

[필자: 안성조 교수(제주대)]

[24] 방위의 의사 — 싸움과 정당방위

[대상판결] 대법원 2000. 3. 28. 선고 2000도228 판결

[사실관계] 1996. 8. 19. 10:00경 피고인의 처남인 피해자의 집에서 피해자가 술에 만취하여 누나인 A와 말다툼을 하다가 A의 머리채를 잡고 때렸으며, 당시 A의 남편이었던 피고인이 이를 목격하고 화가 나서 피해자와 싸우게 되었다. 그 과정에서 몸무게가 85kg 이상이나 되는 피해자가 62kg의 피고인을 침대 위에 넘어뜨리고 피고인의 가슴 위에 올라타 목부분을 누르자 호흡이 곤란하게 된 피고인이 안간힘을 쓰면서 허둥대다가 그 곳 침대 위에 놓여있던 과도로 피해자의 왼쪽 허벅지를 길이 21cm 가량의 과도로 1회 찔러 피해자에게 약 14일간의 치료를 요하는 좌측대퇴외측부 심부자상을 가하였다.

[판결요지] 피고인의 행위는 피해자의 부당한 공격을 방위하기 위한 것이라기보다는 서로 공격할 의사로 싸우다가 먼저 공격을 받고 이에 대항하여 가해하게 된 것이라고 봄이 상당하고, 이와 같은 싸움의 경우 가해행위는 방어행위인 동시에 공격행위의 성격을 가지므로 정당방위 또는 과잉방위행위라고 볼 수 없다.

[해 설]

I. 들어가는 말

대상판결의 쟁점은 두 가지로 압축될 수 있다. 하나는 '싸움 중에 이루어진 가해행위'의 경우 정당방위가 성립하지 않는 이유가 무엇인가(쟁점 ①)이고, 다른 하나는 피고인의 행위가 과연 '싸움 중에 이루어진 가해행위'에 해당하는가(쟁점 ②)이다. 전자에서는 부당한 침해라는 정당방위상황이 인정되지 않기 때문에 정당방위가 성립하지 않는 것인지 아니면 정당방위상황은 인정되지만 방위의사가 인정되지 않기 때문에 정당방위가 성립하지 않는 것인지가 문제되고, 후자에서는 피고인의 행위가 '타인을 위한 정당방위에서 비롯된 가해행위'인지 아니면 '상호공격을 위한 싸움 중에 이루어진 가해행위'인지가 문제된다.

대법원의 판결요지는 쟁점 ②에 대한 자세한 검토 없이 쟁점 ①에 대해서만 답하고 있다. 따라서 쟁점 ①에 대한 학설의 주장과 대법원의 태도를 비교하면서 먼저 설명하고, 쟁점 ②에 대해서도 설명할 필요가 있다.

II. 싸움과 정당방위(쟁점 ①)

원칙적으로 싸움의 경우 정당방위가 성립하지 않는다는 것이 학설과 판례의 일치된 견해이지만, 그 이유에 대해서는 매우 다양한 주장이 있다.

1. 학 설

싸움의 경우 정당방위가 성립하지 않는 이유에 대해 학설상 매우 다양한 주장이 있다. 첫째, 싸움의 경우 대부분 명시적이든 묵시적이든 상호간의 합의나 양해하에 이루어지기 때문에 부당한 침해라는 정당방위상황이 인정되지 않는다는 견해가 있다. 둘째, 싸움의 경우 쌍방의 부당한 침해는 인정되지만 방위의사가 인정되지 않기 때문에 정당방위가 성립하지 않는다는 견해가 있다. 셋째, 싸움의 경우 정당방위상황과 방위의사는 인정되지만 침해를 유발한 것이기 때문에 정당방위의 사회윤리적 제한에 의해 정당방위가 성립하지 않는다는 견해가 있다.

2. 대법원의 태도

싸움의 경우 정당방위가 성립하지 않는 이유에 대해서는 학설과 마찬가지로 대법원의 태도도 매우 다양하다. 즉 부당한 침해가 인정되지 않는다는 이유(대법원 1984. 5. 22. 선고 83도3020 판결), 방위의사를 인정할 수 없다는 이유(대법원 2000. 3. 28. 선고 2000도228 판결), 침해를 유발한 것이라는 이유(대법원 1984. 6. 26. 선고 83도3090 판결) 등으로 대법원의 태도도 일관된 것은 아니다.

3. 검 토

대상판결에서 대법원은 싸움의 경우 가해행위는 방어행위인 동시에 공격행위의 성격을 가지므로 정당방위가 성립하지 않는다고 판시한 것은 분명하지만, 그 이유가 부당한 침해가 인정되지 않기 때문인지 아니면 방위의사를 인정할 수 없기 때문인지 분명하지 않다.

왜냐하면 대법원은 "피고인의 행위는 피해자의 부당한 공격을 방위하기 위한 것이라기보다는 서로 공격할 의사로 싸우다가 먼저 공격을 받고 이에 대항하여 가해하게 된 것이라고 봄이 상당하고, 이와 같은 싸움의 경우 가해행위는 방어행위인 동시에 공격행위의 성격을 가지므로 정당방위 또는 과잉방위행위라고 볼 수 없다"고만 판시하였기 때문이다. 특히 대상판결의 참조판례(대법원 1984. 5. 22. 선고 83도3020 판결)는 "싸움을 하는 경우에는 그 투쟁행위는 상대방에 대하여 방어행위인 동시에 공격행위를 구성하며, 상대방의 행위를 부당한 침해라고 하고 피고인의 행위만을 방어행위라고 할 수 없다"고 하여, 싸움의 경우 정당방위가 성립하지 않는 이유를 '부당한 침해를 인정할 수 없다는 것'으로 보고 있기 때문이다. 다만 참조판례와 달리 대상판결은 '부당한 공격을 방위하기 위한 것이라기보다는 서로 공격할 의사'라는 표현을 사용하고 있기 때문에 싸움의 경우 정당방위가 성립하지 않는 이유를 '방위의사를 인정할 수 없다는 것'으로 보고 있는 것으로 추론할 수 있을 뿐이다.

생각건대 명시적이든 묵시적이든 상호간의 합의나 양해하에 이루어지는 싸움의 경우 원칙적으로 당연히 예상되는 가해행위는 위법성 내지 구성요건해당성이 조각되어 부당한 침해가 되지 않기 때문에 정당방위가 성립하지 않는다고 보아야 한다. 즉 방어행위인 동시에 공격행위의 성격을 가지는 가해행위에 대해서는 방위의사를 인정할 수 없기 때문에 정당방위가 성립하지 않는다고 볼 수도 있지만, 그 이전에 우선 부당한 침해가 인정될 수 없어 정당방위상황이 존재하지 않기 때문에 정당방위가 성립하지 않는 것으로 보아야 한다. 그런데 싸움의 경우 원칙적으로 정당방위가 성립하지 않지만 예외적으로 정당방위가 성립하는 경우가 있다. 예컨대 맨주먹으로 격투를 벌이다가 일방이 흉기를 사용함으로써 서로 양해한 싸움의 범위를 초과한 경우(대법원 1968. 5. 7. 선고 68도370 판결) 또는 일방이 분명히 싸움을 포기하였는데도 다른 일방이 계속 구타한 경우(대법원 1957. 3. 8. 선고 4290형상18 판결)에는 부당한 침해라는 정당방위상황이 인정되고 방위의사도 인정된다는 것은 학설과 판례의 일치된 견해이다.

III. 싸움 중에 이루어진 가해행위 또는 방어행위 (쟁점 ②)

대상판결에서 대법원은 피고인의 행위를 '타인을 위한 정당방위에서 비롯된 가해행위'가 아니라 '상호공격을 위한 싸움 중에 이루어진 가해행위'로 보았다. 그러나 이러한 대법원의 판결은 적절하지 않은 것으로 보인다. 왜냐하면 처음에 피고인의 행위는 타인을 위한 정당방위(긴급구조)에서 비롯되었고, 이에 대해 피해자가 수인의무를 부담함에도 불구하고 갑자기 피고인을 공격한 것은 이제 피고인의 법익에 대한 현재의 부당한 침해가 되어 싸움 중에 이루어진 가해행위가 아니라 정당방위상황에서 이루어진 방어행위가 되기 때문이다.

IV. 나오는 말

(1) 원칙적으로 싸움의 경우 정당방위가 성립하지 않는다는 것이 학설과 판례의 일치된 견해이지만, 그 이유에 대해서는 매우 다양한 주장이 있다. 즉 부당한 침해가 인정되지 않는다는 이유, 방위의사를 인정할 수 없다는 이유, 침해를 유발한 것이라는 이유 등이 그것이다. 대상판결처럼 싸움의 경우 방위의사를 인정할 수 없기 때문에 정당방위가 성립하지 않는다고 볼 수도 있지만, 그 이전에 우선 부당한 침해가 인정될 수 없어 정당방위상황이 존재하지 않기 때문에 정당방위가 성립하지 않는 것으로 보아야 한다. 그런데 예컨대 맨주먹으로 격투를 벌이다가 일방이 흉기를 사용함으로써 서로 양해한 싸움의 범위를 초과한 경우 또는 일방이 분명히 싸움을 포기하였는데도 다른 일방이 계속 구타한 경우에는 예외적으로 정당방위가 성립할 수 있다.

(2) 대상판결에서 대법원은 피고인의 행위를 '타인을 위한 정당방위에서 비롯된 가해행위'가 아니라 '상호공격을 위한 싸움 중에 이루어진 가해행위'로 보았지만, 정당방위상황에서 이루어진 방어행위로 보는 것이 바람직하다. 그렇게 판단하는 것이 일상생활에서 폭력행사를 자제하고 대화로 문제를 해결하는 성숙한 시민사회로 나아가기 위한 지름길이 될 것이다.

〔참고문헌〕 정현미, "유책한 도발과 정당방위", 형사판례연구 [10] (2002).

[필자: 최석윤 교수(한국해양대)]

[25] 방위행위의 상당성

[대상판결] 대법원 2001. 5. 15. 선고 2001도1089 판결

[사실관계] 피고인(여)과 피해자(남)는 별거 중인 부부 사이로 현재 가정법원에 이혼소송이 계류 중에 있다. 피해자는 평소 사소한 이유로 피고인에게 자주 폭행·협박을 가하였고 변태적인 성행위를 강요하여 왔다. 사건 당일 오전 10:40경 피해자가 피고인의 월세방으로 찾아오자 피고인은 피해자가 칼로 행패 부릴 것을 염려하여 부엌에 있던 부엌칼 두 자루를 침실의 침대 밑에 숨겼다. 피고인이 문을 열어주자 방에 들어온 피해자는 밖으로 도망가려는 피고인을 붙잡아 가위로 피고인의 오른쪽 무릎 아래 부분을 긋고 가위를 피고인의 목에 겨누면서 이혼하면 죽여버리겠다고 협박하였다. 또 피해자는 자신의 성교 요구에 피고인이 응하지 않자 손바닥으로 피고인의 뺨을 두세 차례 때리고 재차 피고인에게 침대 위로 올라와 성교할 것을 요구하며 "너 말을 듣지 않으면 죽여버린다"고 소리치면서 침대 위에서 몸을 일으켰다. 그 순간, 계속되는 피해자의 요구와 폭력에 격분한 피고인이 그 상황에서 벗어나고 싶은 생각에서 침대 밑에 숨겨두었던 칼 한 자루를 꺼내 피해자의 복부 명치 부분을 1회 힘껏 찔렀다. 피해자는 복부 대동맥을 관통당해 그 자리에서 실혈로 사망하였다.

[판결요지] 피고인이 이와 같이 피해자로부터 먼저 폭행·협박을 당하다가 이를 피하기 위하여 피해자를 칼로 찔렀다고 하더라도, 피해자의 폭행·협박의 정도에 비추어 피고인이 칼로 피해자를 찔러 즉사하게 한 행위는 피해자의 폭력으로부터 자신을 보호하기 위한 방위행위로서의 한도를 넘어선 것이라고 하지 않을 수 없고, 따라서 이러한 방위행위는 사회통념상 용인될 수 없는 것이므로, 자기의 법익에 대한 현재의 부당한 침해를 방어하기 위한 행위로서 상당한 이유가 있는 경우라거나, 방위행위가 그 정도를 초과한 경우에 해당한다고 할 수 없다.

[해 설]
I. 들어가는 말
형법 제21조 제1항을 분석하면, 정당방위의 성립 여하에 대한 판단은 몇 가지 단계를 거쳐 이루어진다. 첫째, "자기 또는 타인의 법익에 대한 현재의 부당한 침해"가 있어야 한다. 행위자가 처음부터 '방위상황'에 처해 있지 않았다면 그의 반격은 단순한 가해행위가 될 뿐이고 그것이 정당방위인지 과잉방위인지를 따지는 것은 무의미하다. 둘째, 법익에 대한 침해를 "방위하기 위한 행위"가 행하여질 필요가 있다. 행위자가 행한 반격이 '방위행위'라고 평가받지 못한다면 그 역시 단순한 가해행위가 될 뿐이고 그에 대해서는 정당방위는 물론 과잉방위도 성립할 수 없다. 셋째, 방위하기 위한 행위에는 "상당한 이유"가 있어야 한다. 이는 강학상 정당방위의 '상당성' 요건이라 불리어진다.

이 상당성 요건을 결할 때, 다시 말해 방위행위에 상당한 이유가 없는 때에는 정당방위가 아닌 과잉방위가 성립한다. 이를 제21조 제2항은 "방위행위가 그 정도를 초과한 때"라고 표현한다. 그러므로 제21조의 구조에 따르면, 방위행위가 상당한 이유가 있다는 것, 그리고 방위행위가 그 정도를 초과한다는 것은 동전의 양면처럼 맞물리는 관념이라고 봄이 옳다. 제21조 제1항에서 보듯 상당한 이유가 있다는 것은 곧 방위행위가 그 정도를 초과하지 않았다는 뜻이다. 또 동조 제2항에서 보듯 방위행위가 그 정도를 초과하였다는 말도 바로 상당한 이유가 없다는 말이다. "자기 또는 타인의 법익에 대한 현재의 부당한 침해를 방위하기 위한 행위가 상당한 이유가 있는 때"라고 하는 제1항의 문언, 그리고 "방위행위가 그 정도를 초과한 때"라고 하는 제2항의 법문은 위와 같이 유기적인 관계를 가지면서 정당방위와 과잉방위의 요건을 규율하고 있다.

II. 대상판결의 분석
피고인인 아내는 피해자인 남편을 칼로 복부를 1회 찔러 사망에 이르게 하였다. 이는 피해자가 먼저 피고인에게 가위로 폭행하고 죽여버린다고 협박한 데에 대항하여 이루어진 것이었다. 그러므로 위 피고인의 행위에는 정당방위의 요건인 방위상황이 전제되어 있다고 볼 수 있다. 판시의 내용으로 볼 때 이 점에 의문은 없

어 보인다. 또, 피고인의 행위는 일견해서 자신의 법익을 수호하기 위한 방위행위인 것처럼 생각된다. 피해자가 먼저 폭행·협박을 가하였고 그에 맞서 피고인이 반격을 가한 상황은 마치 피고인의 위 행위를 방위행위라고 오해할 법한 여지를 제공한다. 여기에는 정당방위의 기본구도인 '부정 대 정'의 대립이 기본적으로 깔려 있다. 하지만 결론을 말해, 대상판결은 피고인의 행위를 방위행위가 아닌 가해행위로 판단하였다.

대상판결은 피고인의 행위가 "자기의 법익에 대한 현재의 부당한 침해를 방어하기 위한 행위로서 상당한 이유가 있는 경우"가 아니라고 보았다. 이로써 대상판결은 정당방위의 성립을 부정하였다. 또, 대상판결은 피고인의 행위가 "방위행위가 그 정도를 초과한 경우"에도 해당하지 않는다고 하였다. 이로써 대상판결은 과잉방위의 성립마저 부정하였다. 그러므로 대상판결의 판시로서는 피고인의 행위는 정당방위도 아니고 과잉방위도 아니기 때문에 방위행위라는 평가를 받지 못하게 된다. 방위행위라고 인정받은 이상은 정당방위나 과잉방위 둘 중의 하나에 해당할 수밖에 없는데, 대상판결은 이도 저도 아니라고 하고 있으므로 남은 선택지는 피고인의 행위가 방위행위가 아니라고 하는 해석밖에 없는 것이다. 근거로서 대상판결은 피고인의 행위가 "피해자의 폭력으로부터 자신을 보호하기 위한 방위행위로서의 한도를 넘어선 것"이고, 따라서 "이러한 방위행위는 사회통념상 용인될 수 없는 것"이라고 언급하였다. "방위행위로서의 한도", "사회통념상[의] 용인"이라는 두 문구에 본 판결의 법리가 압축되어 있는 것이다.

Ⅲ. 나오는 말

대상판결이 말하는 "방위행위로서의 한도"라는 판시에는 분명 정도의 차의 스펙트럼을 인정하는 사고가 깔려 있다. 그 정도가 일정한 "한도"에 다다르면 더 이상 "방위행위"라고 볼 수 없게 되는 상황을 동 문구는 상정한다. 그런데 앞에서 보듯, 방위행위의 정도는 제21조 제2항이 이미 언급하고 있는 관념이다. 동항은 "방위행위가 그 정도를 초과한 때"에 과잉방위가 성립한다고 규정한다. 이와 같이 과잉방위가 성립하려면 방위행위가 그 정도를 초과하되 방위행위로서의 한도에는 다다르지 말아야 한다. 방위행위가 정도를 초과하여 그 유월이 과잉방위조차 인정하지 못할 수준에 이르면

우리 판례는 방위행위로서의 한도를 넘어섰다고 하며, 이를 다른 말로 사회통념상 용인될 수 없는 방위행위라고 표현한다. 이때에는 피고인의 행위가 과잉방위조차 되지 못하고 단순한 가해행위로 평가된다. 과잉방위와 가해행위를 구분하는 잣대는 방위행위의 정도를 지나치게 초과하였는가, 바꾸어 말해서 상당한 이유를 현저한 일탈하였는가라는 관념으로 요약된다.

상당한 이유를 판단하는 양상에는 몇 가지가 있다. 우선 행위의 관점에서 그것이 필요하고도 최소한의 법익침해 위험을 수반하였는가 라고 하는 필요최소성의 판단이 있을 수 있다. 나아가 결과의 관점에서 그것이 법익의 균형을 이루는 법익침해 결과를 야기하였는가 라고 하는 법익균형성의 판단도 고려될 수 있다. 이 중에서 판례가 중점을 두는 것은 필요최소성의 판단이다. 상당성의 심사가 기본적으로 필요최소성의 판단으로 이루어진다고 하는 점은 학설로부터도 공감을 얻고 있다. 이 필요최소성의 판단은 행위자가 실제 취한 수단보다 경미한 대체수단을 대입하는 가정적 심사를 통해 이루어진다. 실제보다 경미한 대체수단으로도 방위목적을 충분히 실현할 수 있었다고 한다면, 이는 곧 방위수단이 필요하고도 최소한의 것이 아니었다는 의미이다. 그 간극이 현격하게 벌어질 때에 피고인의 행위는 상당성을 현저히 상실했다는 판단을 받고, 방위행위가 아니라는 평가를 받는다.

대상판결에서는 피고인이 굳이 식칼로 피해자의 급소를 찌르지 않고서도 법익을 방위할 수 있었다는 판단이 자리한다. 이는 상당성을 잃은 수단이다. 피고인에게는 그보다 경미한 반격으로도 법익을 방위할 여지가 있었을 수 있다. 그 대체수단이 무엇인지에 대해서는 대상판결은 언급을 하지 않는다. 그 실제와 대체 사이의 간극이 현격하다고 판단했기 때문에 대상판결은 피고인의 행위가 과잉방위조차 아니라고 보았다. 여성의 입장에서, 더욱이 상대가 가위로 협박하는 상황에서 어느 만큼 더 경미한 수단을 취해야 상당하다고 볼 것인지, 판례의 태도가 지나치게 엄격하다는 점에는 비판의 여지가 있다.

[참고문헌] 박강우, "정당방위의 사회윤리적 제한 — 부부 사이의 정당방위의 제한", 형사판례연구 [10](2002).

[필자: 김준호 교수(숭실대)]

[26] 오상방위와 오상과잉방위의 성립범위

[대상판결] 대법원 2004. 3. 25. 선고 2003도3842 판결

[사실관계] 진주경찰서 동부파출소 소속 경찰관인 피고인은, 2001. 11. 27. 밤 동료 경찰관인 A와 함께 순찰차를 타고 동부파출소 관내를 순찰하던 중 진주경찰서 상황실로부터 V가 술병으로 타인을 찌른 사건이 상대파출소 관내에서 발생하였으니 이와 관련하여 상대파출소를 지원하라는 무선지령을 받고 상대파출소로 순찰차를 운전하여 가 V의 처로부터 V가 현재 그의 주거인 꽃집에 있다는 말을 듣고, 23:50경 B와 함께 위 꽃집 앞에 도착하여 A는 꽃집 주위에 있는 막대기를 들고 앞장 서고 피고인은 권총을 꺼내어 안전장치를 풀고 A의 뒤에 서서 따라 위 꽃집 안으로 걸어 들어가, 그 곳에 미리 와 있던 이웃 주민 C에게 "V가 어디에 있느냐?"고 묻는 순간, V가 세면장에서 나오면서 피고인과 A에게 "당신들 뭐야, 이 밤에 왜 왔어? 빨리 가!"라고 소리를 지르며 피고인과 A가 서 있는 곳으로 나오다가 이를 말리는 C와 몸싸움을 하므로, 그만둘 것을 종용하였음에도, V가 계속하여 C와 몸싸움을 하다가 C를 바닥에 넘어뜨리고 출입문 쪽으로 달려나오며 A와 피고인을 밀어 넘어뜨리고 넘어진 A의 몸 위에 올라타 A와 몸싸움을 하자, 피고인이 넘어져 있는 상태에서 소지하고 있던 권총으로 공포탄 1발을 발사하였음에도 V가 이에 굴복하지 아니하고 계속 A의 몸 위에서 A의 목을 누르는 등 A를 일어나지 못하게 하고 있는 것을 목격하였다. 이러한 경우 총기를 소지한 경찰관으로서는 구체적인 사태를 합리적으로 판단하여 가급적 총기사용을 자제하여야 할 뿐만 아니라 가사 총기를 사용하더라도 그 상대방의 대퇴부 이하를 조준하여 발사하여야 할 업무상 주의의무가 있는데, 당시는 피고인과 A 2인이 현장에 출동하여 1명의 범인을 검거하는 상황이라 2인이 힘을 합하면 총기를 사용하지 않고도 V를 제압할 수 있고, 그렇지 않다고 하더라도 최소한 경찰관 2인의 힘이면 A가 V의 몸 밑에 깔린 상황을 해소하고 함께 V에게 대항할 수 있으므로 총기를 사용하기 전에 먼저 V에게 달려들어 A가 일어날 수 있도록 도와 함께 V에게 대항할 궁리를 하여야 함에도, V가 A의 몸 위에서 몸싸움하던 과정에 A의 허리춤에 손을

대는 것을 보고는 V가 A의 총을 꺼낼지도 모른다고 성급하게 생각하고 당황하여 위와 같은 조치를 먼저 취하지 아니하고 바로 V를 향하여 대퇴부 이하를 제대로 조준하지 못하고 권총을 발사한 과실로 인하여 탄환이 V의 흉부를 관통하게 하여 V로 하여금 같은 해 12. 3. 08:55경 병원에서 패혈증 등으로 사망하게 하였다.

[판결요지] 상대파출소 근무자인 경찰관으로부터 'V가 술집에서 맥주병을 깨 다른 사람의 목을 찌르고 현재 자기집으로 도주하여 칼로 아들을 위협하고 있다'는 상황을 고지받고 현장에 도착한 피고인으로서는, V가 칼을 소지하고 있는 것으로 믿었고 또 그렇게 믿은 데에 정당한 이유가 있었다고 할 것이므로, 피고인과 A가 V와의 몸싸움에 밀려 함께 넘어진 상태에서 칼을 소지한 것으로 믿고 있었던 V와 다시 몸싸움을 벌인다는 것은 피고인 자신의 생명 또는 신체에 위해를 가져올 수도 있는 위험한 행동이라고 판단할 수밖에 없을 것이고, 따라서 피고인이 공포탄 1발을 발사하여 경고를 하였음에도 불구하고 V가 A의 몸 위에 올라탄 채 계속하여 A를 폭행하고 있었고, 또 그가 언제 소지하고 있었을 칼을 꺼내어 A나 피고인을 공격할지 알 수 없다고 피고인이 생각하고 있던 급박한 상황에서 A를 구출하기 위하여 V를 향하여 권총을 발사한 것이므로, 이러한 피고인의 권총 사용이 경찰관 직무집행법 제10조의4 제1항의 허용범위를 벗어난 위법한 행위라거나 피고인에게 업무상과실치사의 죄책을 지울만한 행위라고 선뜻 단정할 수는 없다.

[해 설]

I. 들어가는 말

대상판결은 정당방위의 전제사실의 일부에 오인이 있는 사건에 대해 오상방위가 아닌 정당방위 차원에서 해결하고 있다. 즉 총기사용을 허용할 만한 정당방위의 객관적 상황이 존재하지 않음에도 불구하고 존재한 것으로 믿고 방위행위를 행사하였다면 이는 오상방위에 해당할 가능성이 높지만, 대법원은 대상사건에서 결과

적으로 피고인의 행위를 정당한 이유 있는 방위행위로 파악하여 정당방위의 차원에서 처리하고 있다.

그러나 대상판결의 경우, 형법 제21조 제1항에서 말하는 '상당한 이유'에 대해서 정당방위의 행사시에 객관적 사정의 존재 여부의 문제를 전제로 방위행위의 상당성을 따지는 것이 아니라, 이러한 문제를 방위행위를 할 만한 상당한 이유가 있느냐의 문제로 전환시켜 버림으로써 오상방위의 문제를 정당방위의 문제로 처리하게 되는 결과를 초래하게 되어, 과연 이것이 정당화될 수 있는가라고 하는 의문이 제기된다.

한편 대상사건에서는 정당방위상황은 현실적으로 존재하지만 추가적인 공격에 대해 착오하였고, 그로 인해 방위한 것이 상당성을 초과한 경우로도 판단할 수도 있어, 과잉방위와 오상방위가 결합된 오상과잉방위의 경우를 검토할 필요성이 있다.

II. 오상방위와 오상과잉방위의 법적 효과
1. 오상방위의 법적 효과

정당방위의 요건은 ① 현재의 부당한 침해행위, ② 방위의사, ③ 방위행위, ④ 상당한 이유의 네 가지로 이루어진다. 오상방위는 정당방위의 네 가지 요건 가운데 ①의 현재의 부당한 침해행위가 없음에도 불구하고 그것이 있는 것으로 오인하여 방위의사를 가지고 상당성이 인정되는 방위행위를 하는 경우이다. 오상방위의 법적 효과에 대해서는 형법에 명문의 규정은 없다. 오상방위의 법적 효과에 대해서는 사실의 착오로 보아 고의가 조각된다고 보아야 하는가 또는 위법성의 착오로 보아 정당한 이유가 있는 경우에 한하여 책임이 조각된다고 보아야 하는가를 둘러싸고 학설이 대립하고 있다. 다수설은 위법성조각사유의 전제사실에 대한 착오는 위법성의 착오보다는 사실의 착오와 구조적으로 유사하다는 점, 위법성 조각사유의 전제사실에 관한 착오가 있는 경우에는 법적대적 의사로서 심정반가치가 인정되지 않는다는 점을 근거로 제한적 책임설을 취하고 있다. 판례는 학설과 달리 착오에 정당한 이유가 있다면 위법성이 조각된다는 독특한 견해를 취하고 있다.

2. 오상과잉방위의 법적 효과

오상과잉방위란 현재의 부당한 침해가 없음에도 불구하고 존재한다고 오인하고 상당성을 초과한 방어행위를 한 경우를 말한다. 오상과잉방위의 처리에 관하여는 이를 오상방위와 동일하게 취급하여 엄격책임설에 따라 처리해야 한다는 견해와 제한책임설에 따라 처리해야 한다는 견해, 그리고 과잉성을 인식한 오상방위는 과잉방위로, 착오로 그 정도를 초과한 오상방위는 오상방위로 처리하자는 견해가 있다.

III. 나오는 말

(1) 정당방위와 오상방위는 서로 구별되는 개념임에도 불구하고 대법원은 대상사건에서 객관적으로 판단되어야 할 상당성의 문제를 주관적으로 판단함으로써 정당방위와 오상방위의 구분을 혼란케 하는 결과를 초래하고 있다. 현실적 방위상황이 존재하지 않는데도 정당방위를 인정하는 것은 정당방위의 성립요건을 벗어난 것으로서 합당한 법적용이라고 할 수 없다.

(2) 오상방위의 법적 효과에 대해서는 행위자의 행위를 정당화시키는 사실의 불인식을 통해 자기행위의 위법성을 인식하지 못한 경우이기 때문에 이를 위법성의 착오로 파악하는 엄격책임설의 태도가 타당하다.

(3) 오상과잉방위는 많은 경우 정당방위상황이 존재하지 않는 것으로 전제하지만 대상사건과 같이 정당방위상황이 존재하는 경우도 있다. 따라서 오상과잉방위를 인정한다면 오상과잉방위를 오상방위로 취급할 것인지 혹은 과잉방위로 취급할 것인지, 또한 이 경우에 과잉방위규정을 유추적용할 수 있는지의 문제를 검토할 필요가 있다.

〔참고문헌〕 김태명, "경찰관의 무기사용에 대한 정당방위의 성립여부", 형사판례연구 [15](2007); 정현미, "과잉방위와 오상과잉방위", 형사판례연구 [16](2008).

[필자: 안성훈 연구위원(한국형사정책연구원)]

[27] 자초위난

[대상판결] 대법원 1995. 1. 12. 선고 94도2781 판결

[사실관계] 피고인이 피해자의 집에 침입하여 잠을 자고 있는 피해자를 강제로 간음할 목적으로 손을 뻗는 순간 놀라 소리치는 피해자의 입을 왼손으로 막고 오른손으로 음부 부위를 더듬던 중 피해자가 피고인의 손가락을 깨물며 반항하자 물린 손가락을 비틀며 잡아 뽑아 피해자로 하여금 우측하악측절치 치아결손의 상해를 입게 하였다.

[판결요지] 피해자가 입은 위 상해는 결국 피고인이 저지르려던 강간에 수반하여 일어난 행위에서 비롯된 것이라 할 것이고, 기록상 나타난 피해자의 반항을 뿌리친 형태 등에 비추어 보면 그 결과 또한 능히 예견할 수 있었던 것임을 부인할 수는 없다 하겠으니, 위와 같은 소위에 대하여 피고인을 강간치상죄로 처단한 제1심판결을 유지한 원심의 조치는 옳게 수긍이 되고, 거기에 소론과 같이 강간치상죄의 법리를 오해한 위법이 없다.

또 피고인이 스스로 야기한 범행의 와중에서 피해자에게 위와 같은 상해를 입힌 소위를 가리켜 법에 의하여 용인되는 피난행위라 할 수도 없다.

[관련판결] 대법원 1987. 1. 20. 선고 85도221 판결
[사실관계] 피고인은 태풍의 내습을 피하기 위해 휴지선의 닻줄을 늘임으로써 인근 피조개 양식장에 피해를 입혔다.

[판결요지] 태풍에 대비한 선박의 안전을 위하여 선박의 닻줄을 7샤클로 늘여 놓았다면 이는 피조개양식장의 물적 피해를 인용한 것이라 할 것이어서 재물손괴의 점에 대한 미필적 고의를 인정할 수 있고, 위급한 상황에서 선박과 선원들의 안전을 위하여 사회통념상 가장 적절하고 필요불가결하다고 인정되는 조치를 취하였다면, 미리 선박을 이동시켜 놓아야 할 책임을 다하지 아니함으로써 위와 같은 긴급한 위난을 당하였다는 점만으로는 긴급피난을 인정하는 데 아무런 방해가 되지 아니한다.

[해 설]
I. 들어가는 말

형법 제22조 제1항은 "자기 또는 타인의 법익에 대한 현재의 위난을 피하기 위한 행위는 상당한 이유가 있는 때에는 벌하지 아니한다"고 규정함으로써, 긴급피난행위에 대해 위법성조각효를 인정한다. 다만 (권리적 성격을 갖는 정당방위와 달리) 긴급피난은 이익형량을 전제로 타인으로 하여금 법익침해의 수인을 요구한다는 점에서 엄격한 상당성 심사를 요한다. 즉, 긴급피난은 피난행위로 인하여 보호되는 피난자의 법익이 침해되는 타인의 법익에 비해 우월한 경우에 한하여 정당화된다. 문제는 '자초위난'(즉, 피난자의 유책한 사유로 발생한 위난)에 대해서도 긴급피난을 인정할 것인가이다.

II. 자초위난에 대한 긴급피난의 허용 여부
1. 학 설

이와 관련해서는 ① 위난에 대해서는 피난자의 무책을 요구하지 않기 때문에 자초위난에 대해서도 긴급피난이 가능하다고 보는 전면인정설, ② 긴급피난의 '위난'은 천재 및 기타 뜻하지 않게 발생된 법익침해의 사태만을 의미하고, 위난을 자초한 자는 그로 인한 법익침해를 감수해야 한다는 이유로 자초위난에 대한 긴급피난을 부정하는 전면부정설, ③ 자초에 있어서 고의와 과실을 구분하여 고의자초의 경우에는 위난의 전가를 불허함으로써 행위자에게 감수의무를 부과하고, 과실자초의 경우에는 긴급피난을 허용하는 고의·과실자초 구분설, ④ 보호법익과 침해법익 간의 엄격한 이익형량이라는 실질적 기준을 통해서 허용여부를 판단해야 한다고 보는 이익교량설, ⑤ 긴급피난을 권리로 파악하여 피난행위가 권리남용에 해당하는 경우(예컨대, 피난수단으로 대상자의 법익을 침해하려는 의도된 자초 등)에는 긴급피난이 허용되지 않는다는 권리남용설 등이 대립한다.

2. 대법원의 태도

대상판결과 관련하여 대법원은 강간수반행위와 구

성요건적 결과 간의 인과성과 구성요건적 결과에 대한 고의는 인정하면서 피난행위성을 부정하고 있다.

반면 관련판결에서는 위난의 자초성과 구성요건적 결과에 대한 고의는 인정되지만, 피고인의 피난행위가 사회통념상 가장 적절하고 필요불가결하다고 인정되는 (즉, 상당성이 인정되는) 경우에는 자초위난에 대한 긴급피난을 인정한다.

두 판결의 결론상 차이를 어떻게 이해할 것인지와 관련해서는, 자초행위와 위난발생의 관계에 주목하여 관련판결에서는 자초행위(휴지선정박)이 위난발생(태풍의 내습)을 직접적으로 불러일으키지 않은 반면, 대상판결에서는 자초행위(강간시도)가 위난발생(피해자의 저항)을 직접적으로 초래했기 때문이라고 보는 견해가 있다.

하지만 대상판결은 '자초위난'을 논하기 전에 '정당방위'에 대한 긴급행위의 허용문제로, 관련판결은 '자초위난'을 논할 필요 없이 긴급피난의 상당성 요건의 충족 문제로 접근해야 한다. 대법원이 대상판결에서 자초성에 대한 명확한 언급 없이 강간미수행위와 피해자 상해간의 인과성만을 검토한 점과 관련판결에서 상당성 요건 충족 여부를 전제로 긴급피난을 판단하고, 단지 부차적으로만 자초성 여부를 언급한 점 등도 이러한 관점에서 이해해 볼 수 있다.

Ⅲ. 나오는 말

(1) 대상판결에 관한 기존의 평석들은 강간하려다 손가락이 깨물린 상황을 '자초위난'으로 보고 이에 대한 긴급피난의 가능성을 논한다. 그러나 자초행위(강간시도)는 그 자체가 범죄구성요건에 해당하고, 이에 대한 피해자의 저항은 피고인의 '위난'이기 이전에 '피해자의 정당방위에 따른 결과'라는 점(상황의 이중성)을 고려할 필요가 있다.

생각컨대, 긴급피난이 [正 대 正]의 관계를 전제로 하기 때문에 피난행위의 위법여부는 문제되지 않는다는 형식적 논거만을 들어 피해자의 정당방위가 다시 가해자에게는 '위난'이 된다고 간주하고, 이에 대한 긴급피난의 가능성을 검토하는 기존의 접근방식은 타당하지 않다. 정당방위의 '권리성'을 고려한다면 피해자의 정당방위에 대한 가해자의 긴급피난(이익형량으로의 회귀)은 허용하지 않는 것이 바람직하고, 이러한 한도에서 긴급피난에서 말하는 '위난'의 범위를 해석상 제

한할 필요성이 있다.

(2) 한편 관련판결에 대해서는 위난의 발생(태풍의 내습)을 직접적으로 초래하지 않은 행위(휴지선 정박)를 과연 '자초'행위로 볼 수 있을지 의문이다.

자초위난에 있어서 '자초'를 단순히 '(사실적) 인과성'으로만 이해하면 그 범위가 지나치게 넓어져 긴급피난의 인정범위가 축소될 우려가 있는 만큼, 객관적 귀속의 관점에서 규범적 접근이 필요하다. 또한 상당성 심사에 있어서도 통상적인 긴급피난에 비해 자초위난에 대한 긴급피난은 피난자에게 위난의 귀속책임을 물어 보다 엄격히 제한해석할 필요가 있다.

따라서 관련판결 사안에서 태풍의 내습은 피난자에게 귀속될 수 없는 위난으로서 위난발생에 대한 피난자의 귀속책임은 인정되지 않는다. 따라서 긴급피난의 통상적인 상당성 심사를 거쳐 위법성의 조각 여부를 판단하면 족하다.

[필자: 김봉수 교수(전남대)]

[28] 사회상규에 반하는 승낙

[대상판결] 대법원 2008. 12. 11. 선고 2008도9606 판결

[사실관계] 피고인은 피해자와 공모하여 교통사고를 가장하여 보험회사로부터 보험금을 편취하기로 하였다. 피고인은 보험금을 편취하는 데 제출할 진단서를 발급받기 위하여 피해자의 무릎 부위를 검도수련용 죽도와 물을 가득 채운 2리터짜리 생수병으로 각 3회, 어깨 부위를 나무판자로 1회 내리쳐 약 2주간의 치료를 요하는 우측슬관절염좌 및 인대부분손상 등의 상해를 가하였다. 이후 피고인은 자신의 승용차가 보험 가입한 보험회사 보상센터에 전화를 걸어 허위 교통사고신고를 하였고, 피해자로 하여금 위의 고의적 상해로 발급받은 진단서를 보험회사에 제출하게 하였다. 이러한 과정을 통해 피고인은 기망당한 보험회사로부터 보험금 명목으로 피해자 명의의 예금계좌로 금 472,000원을 송금받았다.

[판결요지] 형법 제24조의 규정에 의하여 위법성이 조각되는 피해자의 승낙은 개인적 법익을 훼손하는 경우에 법률상 이를 처분할 수 있는 사람의 승낙이어야 할 뿐만 아니라 그 승낙이 윤리적·도덕적으로 사회상규에 반하는 것이 아니어야 한다. (중략) 피고인이 피해자와 공모하여 교통사고를 가장하여 보험금을 편취할 목적으로 피해자에게 상해를 가하였다면 피해자의 승낙이 있었다고 하더라도 이는 위법한 목적에 이용하기 위한 것이므로 피고인의 행위가 피해자의 승낙에 의하여 위법성이 조각된다고 할 수 없다.

[해 설]

Ⅰ. 들어가는 말

형법은 제24조에서 "처분할 수 있는 자의 승낙에 의하여 그 법익을 훼손한 행위는 법률에 특별한 규정이 없는 한 벌하지 아니한다"라고 규정하여 피해자의 승낙에 의한 행위를 형법 총칙상의 위법성조각사유로 규정하고 있다(통설). 그러나 형법이 두고 있는 '법률상 특별규정'은 승낙살인죄(제252조) 및 승낙낙태죄(제269조)뿐이고, 현실적으로 특히 문제되는 '승낙상해'의 경우 총칙규정의 적용을 배제할 법적 근거가 현재로서는 존재하지 않는다. 법문을 엄격히 해석하면 법익주체의 승낙에 따라 이루어진 상해는 처벌할 수 없다는 뜻이다. 형법의 입법 방식에서 비롯되는 이러한 불합리와 이에 대한 문제의식은 곧 제24조에 대한 사회상규적합성의 요구로 연결되었다. 대법원은 종래 승낙의 사회상규적합성을 요구하고 있고, 학계의 다수 견해 또한 이를 지지하고 있다.

전체 법질서로부터의 가치평가를 의미하는 위법성 판단에서 사회상규의 관점이 전적으로 배제되기는 어렵다. 다수 견해는 제24조에 사회상규적합성 요건을 추가적으로 요구해야 한다는 점에 의견을 같이 하면서도 사회상규적합성 요구의 범위나 정도 및 그 대상에 대하여 의견의 일치를 보지 못하고 있다. 판례 역시 막연히 "승낙이 윤리적·도덕적으로 사회상규에 반하는 것이 아니어야 한다"라고 설시하고 있을 뿐 이와 관련된 명확한 기준을 제시하고 있지 않다.

형법 제24조의 해석론과 관련해서는 사회상규적합성이 '무엇에 대해서, 어느 범위에서, 어느 정도로' 요구되는지가 우선 해명되어야 할 것이며, 더 근본적으로는 사회상규적합성의 요구가 법률상 명문규정이 아니라 법률해석의 형식으로 이루어지고 있는 현재의 상황에 대한 죄형법정주의 관점에서의 평가가 필요할 것으로 본다.

Ⅱ. 사회상규적합성 요구의 범위, 정도, 대상

먼저 사회상규적합성이 요구되는 구성요건의 '범위'에 대해서는 모든 범죄에서 사회상규적합성을 요한다는 견해, 생명·신체의 침해와 관련해서만 사회상규적합성이 문제된다는 견해, 생명·신체 이외에 자유와 같은 중요한 개인적 법익의 경우에도 승낙제한이 필요하다고 보는 절충적인 견해 등이 대립한다.

다음으로 승낙에 의한 행위가 어느 수준에 이르렀을 때 비로소 사회상규적합성이 요구되는 것인지가 사회상규적합성 요구의 '정도' 문제이다. 특히 문제되는 '승낙상해'의 경우, 승낙상해의 위법성조각에는 언제나 사회상규적합성이 요구된다는 사회상규위반설, 승낙상해 중 생명을 위태화하는 중대한 신체상해의 경우에만 요구된다는 중대한 상해설, 제24조의 법문에 충실하여 법률상 특별규정이 없는 한 사회상규적합성을 요구할 수

없다는 불가벌설 등의 견해가 대립하고 있다. 우리나라와 일본의 종래의 통설·판례는 사회상규위반설의 입장에 서 있다.

또한 사회상규적합성이 요구되는 '대상'이 정확히 무엇인지도 문제된다. 형법 제24조의 제호는 '피해자의 승낙'이라고 되어 있으나 실제로 위법성조각으로 인해 정당화되는 대상은 '피해자의 승낙에 의한 행위'이다(통설). 사회상규적합성은 승낙에 의해 위법성이 조각되는 행위가 전체 법질서에 반하는 것이어서는 안 된다는 의미를 담은 위법성조각의 제한사유이므로, 그 대상은 당연히 '승낙으로 인한 법익침해적 행위' 자체라고 할 수 있다. 이러한 점은 다른 위법성조각사유에서 요구되는 위법성조각 제한사유인 '상당한 이유'가 법익침해행위, 즉 방위행위·피난행위·자구행위 자체에 대해 요구되는 것이라는 점을 보더라도 명백하다.

III. 죄형법정주의 관점에서의 평가와 입법론

법익주체의 승낙에 대하여 사회상규 등 제한사유를 적용함으로써 구체적 사안에서 보다 현실적이고 타당한 결론을 얻을 수 있는 것은 사실이다. 그러나 이러한 필요성을 이유로 법률상 '명문규정' 없이 법률의 '해석'에 의해 위법성조각사유의 성립에 사회상규 등 추가적 요건을 요구하는 것이 타당한 일인지에 대해서는 다수의 학자들로부터 의문이 제기되고 있다. 문언의 가능한 의미를 넘어 위법성조각사유의 성립범위를 좁히는 것은 가벌성의 실질적 확장을 가져오고 결국 죄형법정주의 위반으로 연결될 수 있기 때문이다(대법원 2010. 9. 30. 선고 2008도4762 판결 참조). 이러한 문제점의 해소방안으로 제시되는 것이 입법론이다.

이에 관한 입법론으로는 현행 형법 제24조에 '상당한 이유' 등을 규정함으로써 모든 범죄에 대하여 사회상규적합성 요구를 명문화하는 방안, 법률상 특별규정으로서 '승낙상해죄'를 신설하여 현행 제24조를 유지하면서 사회상규적합성 요구의 범위는 상해죄로 한정하는 방안, 형법각칙상 상해죄의 구성요건에 독일 형법 제228조의 '선량한 풍속'과 같은 승낙제한사유를 도입하는 방안 등이 논의되고 있다.

IV. 대상판결의 검토 및 결론

대상판결은 사회상규적합성 요구의 범위, 정도, 대상에 대한 명확한 언급을 하고 있지 않다. 다만, 대법원은 80년대 이후 사회상규적합성과 관련하여 비슷한 취지의 2개 판결(대법원 1985. 12. 10. 선고 85도1892 판결; 대법원 1989. 11. 28. 선고 89도201 판결)을 내놓고 있는바, 이들 비교판례와의 비교·검토를 통해 대법원의 입장을 유추해볼 수 있을 것이다.

사회상규적합성의 '범위'와 관련하여 대상판결은 상해죄에 대하여, 비교판례는 폭행치사죄에 대하여 사회상규적합성을 요구하고 있다. 그 외의 범죄에 대한 대법원의 태도는 아직까지는 분명치 않으나, 적어도 생명·신체를 침해범죄에 대한 사회상규적합성 요구는 확인된 것으로 보인다. 사회상규적합성의 '정도'와 관련하여 대법원은 생명의 박탈이라는 중대한 결과와 전치2주라는 비교적 경미한 신체침해 모두 승낙에 의해 해당 법익침해행위의 위법성이 조각되지 않는 것으로 보고 있다. 전술한 '사회상규위반설'의 입장이라 할 수 있다. 사회상규적합성 요구의 '대상'과 관련하여 대상결과 비교판례는 "승낙이 윤리적·도덕적으로 사회상규에 반하는 것이 아니어야 한다"라고 판시하고 있다. 그러나 전술한 바와 같이 사회상규에 반하지 않아야 하는 것은 승낙으로 인한 '법익침해적 행위 자체'이지 '법익침해적 행위의 동기나 그에 의해 기도된 목적'이 아니다.

V. 나오는 말

이상 살펴본 바와 같이 현행법하에서 해석론에 의해 사회상규적합성의 문제를 해결하는 데는 한계가 있다. 근본적 해결방안은 법률상 승낙제한사유에 관한 명문의 규정을 두는 것이다. 구체적으로는 형법각칙상 상해죄의 장에 "피해자의 승낙을 받아 상해한 자는 그 상해행위가 선량한 풍속에 반하는 경우에 한하여 처벌한다"라는 내용의 규정을 두면 될 것이다. '선량한 풍속'의 기준은 일정 범위 내의 미용목적 의료행위나 신체손상 등의 허용 필요성을 고려할 때, 생명에 위험을 가져오거나 신체를 불가역적으로 훼손하는 등의 중대한 신체침해가 있는 경우로 보면 될 것이다. 형법상 중상해죄(제258조)의 규정이 참고가 될 것으로 본다.

〔참고문헌〕황태정, "불법적·반윤리적 목적의 승낙과 상해", 형사판례연구 [19](2011).

[필자: 황태정 교수(경기대)]

[29] 의사의 설명의무 위반과 피해자의 승낙

[대상판결] 대법원 1993. 7. 27. 선고 92도2345 판결

[사실관계] 산부인과 전문의 수련과정 2년차인 의사인 피고인은 자신의 시진, 촉진결과 등을 과신한 나머지 초음파검사 등 피해자의 병증이 자궁외 임신인지, 자궁근종인지를 판별하기 위한 정밀한 진단방법을 실시하지 아니한 채 피해자의 병명을 자궁근종으로 오진하였다. 피고인은 피해자에게 자궁적출술의 불가피성만을 강조하여서 그 수술에 대한 동의를 받았다. 피고인은 자궁적출술이 반드시 필요로 하는 환자가 아닌 피해자에게 자궁을 적출함으로써 상해에 이르게 하였다.

[판결요지] 피고인의 오진에 근거하여 의학에 대한 전문지식이 없는 피해자에게 자궁적출술의 불가피성만을 강조하였을 뿐 위와 같은 진단상의 과오가 없었으면 당연히 설명받았을 자궁외 임신에 관한 내용을 설명받지 못한 피해자로부터 수술승낙을 받았다면 위 승낙은 부정확 또는 불충분한 설명을 근거로 이루어진 것으로서 수술의 위법성을 조각할 유효한 승낙이라고 볼 수 없다.

[관련판결] 대법원 2011. 4. 14. 선고 2010도10104 판결
[사실관계] 한의사인 피고인은 피해자에게 문진하여 과거 봉침(봉침)을 맞고도 별다른 이상반응이 없었다는 답변을 듣고 알레르기 반응검사를 하지 않은 채 부작용에 대한 충분한 사전 설명 없이 환부에 봉침시술을 하였는데, 시술 직후 피해자에게 호흡을 제대로 할 수 없는 쇼크반응이 나타났다.

[판결요지] 의사가 설명의무를 위반한 채 의료행위를 하여 피해자에게 상해가 발생하였다고 하더라도, 업무상 과실로 인한 형사책임을 지기 위해서는 피해자의 상해와 의사의 설명의무 위반 내지 승낙취득 과정의 잘못 사이에 상당인과관계가 존재하여야 하고, 이는 한의사의 경우에도 마찬가지이다.

[해 설]
I. 들어가는 말
대상판결은 피해자에게 상해를 야기한 의사의 의료

행위가 위법성이 조각되기 위해서는 피해자의 승낙이 요구되며 그 승낙은 자유로운 의사결정에 의해서 이루어져야 하는데 위법성을 조각할 유효한 승낙의 요건이 무엇인지가 쟁점이다(쟁점 ①). 대상판결 ②는 의사가 부작용에 대한 사전 설명 없이 의료행위를 하여 피해자에게 상해를 입힌 경우 의사의 형사책임으로 업무상 과실치상죄가 성립하기 위한 요건이 무엇인지가 쟁점이다(쟁점 ②). 전자는 위법성과 관련하여 의사의 치료행위의 법적 성격을 문제삼는다면, 후자는 의사의 설명의무 위반 시 피해자의 상해에 대한 의료인의 형사책임을 인정하기 위한 요건이 문제된다.

II. 치료행위의 성격과 피해자의 유효한 승낙(쟁점 ①)
의사의 치료행위는 의사가 주관적으로 치료의 목적을 가지고, 객관적으로 의술의 법칙에 맞추어 행하는 신체침해행위를 말한다. 위법성과 관련하여 의사의 치료행위의 법적 성격에 대해서는 견해가 대립하고 있다. 일부 견해는 치료행위의 경우 상해의 고의가 없으며 성공한 경우에는 상해의 결과 자체가 존재하지 않고 실패한 경우라도 의술의 법칙에 따른 한 과실을 인정할 수 없기 때문에 구성요건해당성이 배제된다고 주장한다. 그러나 다수의 견해는 치료행위라도 상해의 결과와 고의를 부정할 수 없으므로 치료행위는 상해죄나 업무상 과실치상의 구성요건에 해당하지만 일정한 요건하에 위법성이 조각된다고 본다. 초기의 판례는 의사의 치료행위는 업무로 인한 행위에 해당하여서 형법 제20조 정당행위로서 위법성이 조각된다는 입장을 취하였다(대법원 1974. 4. 23. 선고 74도714 판결; 대법원 1976. 6. 8. 선고 76도144 판결). 그런데 환자의 의사를 전혀 고려하지 아니한 의사의 전단적 치료행위에 대해 정당행위의 규정으로 위법성 판단을 하는 것은 부당하다는 근거에 따라 의사의 치료행위를 피해자의 승낙에 의한 행위로 파악하는 견해가 유력하다. 대상판결도 업무로 인한 행위로 판단한 것이 아니라 피해자의 승낙의 법리에 따라 의사가 피해자에게 부정확한 또는 불충분한 설명을 근거로 승낙이 이루어진 경우 수술의 위법성을

조각할 유효한 승낙이라고 볼 수 없다고 판시하고 있다.

의료행위의 현실에서는 의사와 환자 사이의 정보의 격차가 존재하며 이러한 격차를 줄이려는 시도가 치료행위상의 의사의 설명의무이다. 치료행위상의 환자의 자기결정권이 제대로 기능하기 위해서는 치료행위에 대한 필요 충분한 정확한 정보가 의사결정자인 환자 측에 제공되어야 한다. 대상판결은 의사의 충분한 설명의무의 이행을 전제로 이에 근거한 피해자의 승낙이 있는 경우에만 유효한 승낙으로 인정되며 위법성이 조각된다는 점을 명시하고 있다.

Ⅲ. 설명의무 위반의 효과와 업무상 과실치상죄의 성립요건(쟁점 ②)

1. 의료사고에서의 의사의 형사책임 요건

의사의 형사책임을 판단하기 위해서는 먼저 의사의 업무상 과실인 주의의무 위반이 있는지 여부를 검토한다. 의사의 주의의무 위반 여부는 구체적인 상황에서 결과발생이 예견가능하고 회피하기 위한 조치를 취할 것을 기대할 수 있는가에 의해서 결정되며, 과실로 인하여 법익이 침해되었거나 과실과 그 결과 사이에 인과관계가 있어야 한다(대법원 2001. 12. 11. 선고 2001도5005 판결; 대법원 2003. 1. 10. 선고 2001도3292 판결).

2. 설명의무 위반의 효과와 적법한 대체행위 기준

설명의무 위반의 효과로서 업무상과실치상죄의 죄책을 지려면, 의사의 승낙 취득 과정의 잘못인 설명의무 위반 행위가 있고, 그로 인한 상해의 결과가 발생하여야 하고, 양자 사이에 인과관계가 있어야 한다. 의사의 설명의무 위반과 피해자의 상해 사이에 상당인과관계가 있다는 사실이 합리적 의심의 여지가 없이 증명되어야 한다(대법원 2015. 6. 24. 선고 2014도11315 판결).

관련판결은 의사의 설명의무 위반 내지 승낙 취득 과정의 잘못이 있지만, 만약 봉침시술에 앞서 설명의무를 다하였더라도 피해자가 반드시 봉침시술을 거부하였을 것이라고 볼 수 없다고 판단하여 설명의무 위반과 결과 사이의 상당인과관계를 부정하고 있다.

한편 다수의 학자들이 취하고 있는 객관적 귀속이론의 판단기준에 따르면 의사의 주의의무 준수라는 적법한 대체행위가 있었더라도 마찬가지로 결과가 발생했을 것이라고 인정될 때에는 그 결과의 귀속을 부정할

수 있다. 관련판결의 경우 명시적으로 객관적 귀속이론을 인용하고 있지는 않지만, 실질적으로 객관적 귀속이론의 적법한 대체행위 내지 주의의무 관련성 기준을 적용한 것과 동일한 논리구조를 취하고 있음을 알 수 있다.

Ⅳ. 나오는 말

(1) 대상판결에 의하면 의사의 치료행의의 법적 성격은 피해자의 승낙에 의해 위법성이 조각되는 행위이며, 피해자의 승낙은 판단능력을 갖고 있는 자의 자유로운 의사결정에 의해서 이루어져야 하며, 의료와 같은 전문분야의 경우 일반인은 의료행위에 대한 전문적 지식이 부족하므로 반드시 의사의 충분한 설명이 필요하고 이에 따라 자신의 법익을 처분하는 승낙을 결정할 수 있었던 경우에만 유효한 승낙이 되고 위법성이 조각될 수 있다.

(2) 설명의무 위반의 효과로서 의사의 형사책임을 인정하기 위해서는 의사의 승낙 취득 과정의 잘못인 설명의무 위반 행위가 있고 그로 인한 상해의 결과가 발생하여야 하고, 양자 사이에 상당인과관계가 있어야 한다. 인과관계를 판단하기 위해서 관련판결은 만약 봉침시술에 앞서 설명의무를 다하였더라도 피해자가 반드시 봉침시술을 거부하였을 것이라고 볼 수 없다고 판단하여 설명의무 위반과 결과 사이의 상당인과관계를 부정하고 있다. 의사의 설명의무 위반으로 인해 업무상과실치상의 형사책임을 인정하기 위한 요건으로 의사의 주의의무위반과 동일하게 결과 사이에 인과관계가 존재해야 하며, 그 인과관계의 인정 여부는 적법한 대체행위 내지 주의의무 관련성 기준에 따라 설명의무를 이행하였다고 하더라도 피해자가 반드시 치료행위를 거부하였을 것이라고 볼 수 있는 상황이었는지를 고려하여 판단해야 할 것이다.

〔참고문헌〕 김성돈, "의사의 설명의무 위반의 효과와 가정적 승낙의 법리", 형사판례연구 [21](2013).

[필자: 이인영 교수(홍익대)]

[30] 정당행위와 사회상규

[대상판결] 대법원 2001. 2. 23. 선고 2000도4415 판결

[사실관계] 피고인은 남편인 피해자를 정신병원에 강제입원시키기 전에 정신과전문의와 상담하여 피고인의 설명을 들은 정신과전문의로부터 피해자에 대한 입원치료가 필요하다는 의견을 들었으나, 아직 피해자를 대면한 진찰이나 병원장의 입원결정이 없는 상태에서 원무과장에게 강제입원을 부탁하여, 원무과장이 자신의 판단으로 피해자를 강제로 구급차에 실어 병원에 데려왔다. 강제입원조치 후 정신과전문의가 피해자를 진찰한 결과 편집성 인격장애 및 알콜의존증의 치료를 위한 입원이 필요하다고 진단하였고, 병원장이 입원을 결정하였다.

[판결요지] 형법 제20조 소정의 '사회상규에 위배되지 아니하는 행위'라 함은 법질서 전체의 정신이나 그 배후에 놓여 있는 사회윤리 내지 사회통념에 비추어 용인될 수 있는 행위를 말하고, 어떠한 행위가 사회상규에 위배되지 아니하는 정당한 행위로서 위법성이 조각되는 것인지는 구체적인 사정 아래서 합목적적, 합리적으로 고찰하여 개별적으로 판단하여야 할 것인바, 이와 같은 정당행위를 인정하려면 첫째 그 행위의 동기나 목적의 정당성, 둘째 행위의 수단이나 방법의 상당성, 셋째 보호이익과 침해이익과의 법익균형성, 넷째 긴급성, 다섯째 그 행위 외에 다른 수단이나 방법이 없다는 보충성 등의 요건을 갖추어야 한다. 피고인이 피해자를 정신병원에 강제입원시키는 과정에서 그를 감금한 행위가 정신보건법에 기한 행위 또는 정당한 업무로 인한 행위로 볼 수도 없고, 사회상규에 위배되지 아니하는 정당한 행위로서 위법성이 조각된다고 평가하기도 어렵다.

[관련판례] 대법원 2011. 3. 17. 선고 2006도8839 전원합의체 판결
[판결요지] 방송사 기자인 피고인이, 구 국가안전기획부 내 정보수집팀이 대기업 고위관계자와 모 중앙일간지 사주 간의 사적 대화를 불법 녹음하여 생성한 녹음테이프와 녹취보고서로서, 1997년 제15대 대통령 선거를 앞두고 위 대기업의 여야 후보 진영에 대한 정치자금 지원 문제 및 정치인과 검찰 고위관계자에 대한 이른바 추석 떡값 지원 문제 등을 논의한 대화가 담겨 있는 도청자료를 입수한 후 그 내용을 자사의 방송프로그램을 통하여 공개하였다. 피고인이 국가기관의 불법 녹음을 고발하기 위하여 불가피하게 위 도청자료에 담겨있던 대화 내용을 공개하였다고 보기 어렵고, 위 대화가 보도 시점으로부터 약 8년 전에 이루어져 그 내용이 보도 당시의 정치질서 전개에 직접적인 영향력을 미친다고 보기 어려운 사정 등을 고려할 때 위 대화 내용이 비상한 공적 관심의 대상이 되는 경우에 해당한다고 보기도 어려우며, 피고인이 위 도청자료의 취득에 적극적·주도적으로 관여하였다고 보는 것이 타당하고, 이를 보도하면서 대화 당사자들의 실명과 구체적인 대화 내용을 그대로 공개함으로써 수단이나 방법의 상당성을 결여하였으며, 위 보도와 관련된 모든 사정을 종합하여 볼 때 위 보도에 의하여 얻어지는 이익 및 가치가 통신비밀이 유지됨으로써 얻어지는 이익 및 가치보다 우월하다고 볼 수 없다는 이유로, 피고인의 위 공개행위가 형법 제20조의 정당행위에 해당하지 않는다.

[해 설]
I. 들어가는 말

형법 제20조는 '정당행위'를 '법령에 의한 행위'와 '업무로 인한 행위'와 '사회상규에 위배되지 아니하는 행위'의 세 가지로 나누고, '벌하지 아니한다'고 규정하고 있다.

정당행위의 법적 성격과 관련하여 정당행위는 상태적 적법행위로서 구성요건을 배제하는 사유라는 견해가 있으나, 정당행위는 구성요건에 해당하는 행위에 대하여 위법성을 조각시키는 사유라고 하겠다.

법령에 의한 행위, 업무로 인한 행위, 사회상규에 위배되지 아니하는 행위 셋이 각각 독자적인 의미와 기능과 폭을 갖는 병존개념이고, 사회상규는 정당행위가 될 수 있는 행위 범위를 확대할 뿐 개별적인 위법성조각사유를 총괄하는 위법성조각사유가 아니라는 견해가

있다. 그러나 앞의 둘은 사회상규에 위배되지 아니하는 행위의 예시에 불과하고, 사회상규에 위배되지 아니하는 행위가 위법성조각의 근본원리로서 개별적 위법성조각사유에 보충적으로 적용되는 일반적·총괄적 위법성조각사유라고 하겠다.

II. 사회상규의 판단기준

형법 제20조, 특히 사회상규에 위배되지 아니하는 행위에 관한 조문을 적용할 경우 사회상규의 개념, 보다 구체적으로는 사회상규의 인식근거 내지 판단기준을 먼저 밝혀야 한다. 대법원은 사회상규를 "그 입법정신에 비추어 국가질서의 존엄성을 기초로 하는 국민 일반의 건전한 도의감"이라고 판시하였다. 사회상규는 법질서가 기초하고 있는 사회학적인 배후와 법질서를 서로 매개하는 접합점으로서 법에 앞서 개개 행위를 평가하는 사회윤리적인 가치구조이다. 다만 국가의 법과 사회의 도덕이 충돌할 때에는 법을 우선해야 할 것이다.

대법원은 1971년 사문서위조 사건(대법원 1971. 6. 22. 선고 71도827 판결)과 1978년 난동사병 폭행 사건에서 실질적 위법성론의 입장에서 위법성조각의 일반원리에 비추어 사회상규에 위배되지 아니하는 행위에 해당하는가 여부를 판단해야 한다고 판시하였다. 또한 대법원은 1983년 광주홍삼 사건(대법원 1983. 2. 8. 선고 82도357 판결)과 최신부 사건(대법원 1983. 3. 8. 선고 82도3248 판결)에서 사회상규를 판단함에 있어 사회적 상당론, 가벌적 위법성론, 목적론에서 주장하는 논리를 종합적으로 고려하되 국법질서가 직업윤리나 종교계율에 우선함을 분명히 하였다. 나아가 대법원은 1969년 받침대 사건(대법원 1969. 12. 30. 선고 69도996 판결)과 1992년 가정주부 행패 사건(대법원 1992. 3. 10. 선고 92도37 판결)에서 정당방위가 인정되지 않더라도 사회통념상 용인될 상당성이 있는 행위라거나 소극적 방어행위라는 이유로 정당행위를 인정하였다. 1997년 백범암살범 살해 사건(대법원 1997. 11. 14. 선고 97도2118 판결)에서 사회상규를 적용할 때 법질서 전체의 정신 또는 사회윤리가 그 판단기준이 된다고 판시하였다. 여기에서 법질서와 사회윤리가 충돌할 경우 어떻게 할 것인가 문제인데, 형법 제20조는 시대와 장소에 따라 달라질 수 있는 사회상규를 실정형법의 우위에 두어 궁극적으로 형벌권이 남용되는 것을 방지하려는 취지에서 비롯한 것이라고 하겠다.

III. 정당행위의 인정요건

대법원은 사회상규에 위배되지 아니하는 정당한 행위로 인정되려면 동기·목적의 정당성, 수단·방법의 상당성, 보호법익과 침해법익의 권형성, 긴급성, 보충성의 5개 요건을 모두 갖추어야 한다고 판시하고 있다. 그러나 정당행위의 인정에 5개 요건이 엄격히 요구된다고 하면 정당행위가 인정되지 않는 경우에 비로소 정당방위, 긴급피난, 자구행위, 피해자의 승낙 등 다른 위법성조각사유의 성립여부를 검토해야 한다는 이상한 결론이 될 것이다. 따라서 정당행위는 다른 위법성조각사유가 성립하지 않는 경우에 보충적으로 적용하되, 5개 요건을 충실히 고려해야 할 것이다.

형법 제20조는 사회상규라는 불확정개념을 포함하고 있는 일반조항이다. 이에 불확정개념이나 일반조항이 일상도덕의 관념들을 형법영역 안으로 받아들이는 통로가 되고, 법적 결정의 성격을 도덕적인 판단이나 여론재판으로 변질시킨다는 점에서 형법영역에서 가능한 한 배제해야 한다는 견해가 있다. 그러나 형법 제20조의 규정은 사회변화에 따른 탄력적인 법적용을 위한 불가피한 선택이라고 하겠다. 다만 막연하게 여론이나 사회통념을 내세울 것이 아니라 법의식 내지 법감정에 대한 실증조사와 그 의미분석을 반드시 거치는 것이 중요하다.

〔참고문헌〕 최병각, "정당행위와 사회상규", 형사판례연구 [10](2002); 이희경, "통신비밀보호법위반죄와 정당행위", 형사판례연구 [20](2012).

[필자: 최병각 교수(동아대)]

제3장

책 임 론

[대상판결] 대법원 1992. 7. 28. 선고 92도999 판결

[사실관계] 피고인은 출장지에서 일행과 회식하면서 술에 만취되어 숙소로 돌아가지 못하고 승용차 안에서 자다가 일행들의 부축으로 겨우 숙소에 들어갈 정도였음에도 불구하고 다음날 숙취에서 벗어나지 않은 상태에서 아침에 소주 1병, 낮 12시에 맥주 3캔, 오후 2시에서 3시 사이에 소주 1병 이상, 저녁에 소주 1병을 마셔 크게 취한 상태가 되었다. 그럼에도 불구하고 피고인은 승용차를 운전해 가다가 피해자를 자신의 승용차로 충돌시켜 쓰러지게 한 후 구체적인 정황을 정확하게 인식하지 못한 채 본능적으로 차를 세운 뒤 피해자를 약 12미터 떨어진 풀 속에 버려두고 다시 차에 돌아와 운전을 계속하였다. 사고로 심한 상처를 입은 피해자는 계속된 출혈로 사망하였다.

[판결요지] 형법 제10조 제3항은 "위험의 발생을 예견하고 자의로 심신장애를 야기한 자의 행위에는 전2항의 규정을 적용하지 아니한다"고 규정하고 있는바, 이 규정은 고의에 의한 원인에 있어서의 자유로운 행위만이 아니라 과실에 의한 원인에 있어서의 자유로운 행위까지도 포함하는 것으로서 위험의 발생을 예견할 수 있었는데도 자의로 심신장애를 야기한 경우도 그 적용 대상이 된다고 할 것이어서, 피고인이 음주운전을 할 의사를 가지고 음주만취한 후 운전을 결행하여 교통사고를 일으켰다면 피고인은 음주 시에 교통사고를 일으킬 위험성을 예견하였는데도 자의로 심신장애를 야기한 경우에 해당하므로 위 법조항에 의하여 심신장애로 인한 감경 등을 할 수 없다.

[해 설]

I. 들어가는 말

'위험의 발생을 예견하고 자의로 심신장애를 야기한 자의 행위'를 원인에 있어서 자유로운 행위(이하, '원자행'이라 한다)라고 한다. 형법 제10조 제3항은 원자행에 대해 책임감경이나 책임조각의 법효과를 부정한다. 위 대상판결의 요지는 '고의에 의한' 원자행 뿐 아니라 '과실에 의한' 원자행이 인정되는 경우도 제10조 제3항이 적용된다고 하면서, 과실에 의한 원자행의 인정요건을 밝히고 있다. 여기서 '과실에 의한 원자행'과 '과실범사례에 대해 원자행이 인정되는 경우'가 동일한 토픽은 아니다. 대상행위에 초점을 맞추면 전자는 '장애상태를 야기하기까지의 원인행위'를 지칭하는 반면, 후자는 그 이후의 시점인 과실'불법행위'를 기준으로 삼아 그와 원인행위와의 관계맥락을 표현하고 있다. 대법원의 태도와 같이 고의에 의한 원자행과 과실에 의한 원자행을 모두 인정한다면, 고의범사례에도 '과실에 의한' 원자행을 인정할 수 있고, 과실범사례에 대해서도 '고의에 의한' 원자행을 인정할 수 있을 것인바, 대법원이 실제로 이러한 태도를 취하는지는 알 길이 없다. 뒤에서 살펴보게 될 고의범사례에 대해서는 '고의에 의한 원자행'을 인정하는데 그치고 있다.

대상판결은 업무상과실치사죄(제268조)의 과실불법을 대상으로 삼아 피고인의 행위가 과실에 의한 원자행 인정요건을 충족시키고 있는지를 다룬다. 형법 제10조 제3항은 원자행의 인정요건으로 '위험발생의 예견'과 '장애상태의 자의적 야기'라는 두 가지 요건을 규정하고 있는데, 여기서 '예견'과 '자의'를 어떻게 해석하느냐에 따라 원자행 인정요건이 달라질 뿐 아니라 고의에 의한 원자행과 과실에 의한 원자행 개념도 달라질 수 있다. 특히 학설은 원자행 인정요건과 관련하여 이른바 4유형론과 8유형론 또는 12유형론 등으로 나뉘고 있는 난맥상을 보여주고 있고, 그 속에서 다시 '예견'과 '자의'개념을 각기 다르게 해석하는 태도로 분화되고 있어 그 지형도를 정확하게 그리기가 어려울 지경이다. 더 나아가 학설은 장애상태하의 행위와 장애상태에 이르기 전의 자유로운 원인행위 가운데 어느 것이 실행행위인지와 관련하여 예외모델과 구성요건모델로 대립하고 있다. 이하에서는 원자행의 분류나 형법이론적인 측면에 관한 설명은 생략하고, 형법 제10조 제3항에 따른 법효과를 피고인에게 인정할 수 있는가 라는 실천적인 측면에 초점을 맞추어 대법원이 '과실범사례에 대해 과실에 의한 원자행'을 인정하기 위한 요건을 어떻게 파악하고 있는지를 살펴본다.

II. 과실범에 대한 과실에 의한 원자행의 인정요건

학설은 형법 제10조 제3항의 '예견'과 '자의'개념을 각각 고의 또는 과실로 해석하고 그 당연한 결과로 '위험발생' 역시 '특정 구성요건의 실현'과 결부시켜 해석하고 있다. 이와는 달리 대법원은 '자의'개념은 법문상의 자의라는 용어를 그대로 사용함으로써 '강제없이' 또는 '자유로운 자기결정'으로 라는 의미로 새기고 있으면서 이를 고의 또는 과실로 해석하지 않지만, '위험발생'과 관련해서는 고의 또는 과실과 결부시키는 태도를 취하고 있는 것 같다. 예견개념에 예견가능성까지 포함시키기 위해 위험발생을 '예견할 수 있었는데도' 자의로 심신장애를 야기한 경우를 과실에 의한 원자행에 해당한다고 하기 때문이다.

여기서 대법원이 — 위 사실관계에서는 피고인이 '예견'까지 한 것임을 인정하고 있음에도 불구하고 — 예견이라는 문언의 의미를 넘어서 굳이 예견개념을 확장한 이유가 바로 고의에 의한 원자행과 별도로 '과실에 의한' 원자행을 인정하기 위한 기반을 찾기 위함으로 평가할 수 있다. 이와 같은 태도를 취하면 최소한 과실범 사례의 경우 위험발생에 대한 예견 없이도 원자행을 인정할 수 있으므로 원자행 인정요건이 현격하게 완화될 수 있고, 그 결과 행위자에게 책임조각 또는 책임감경이라는 법효과를 부여하는 경우의 수를 축소시킬 수 있게 된다.

더 나아가 대법원은 예견 또는 예견가능성의 대상인 '위험발생'에 대해서도 학설의 태도와 결정적으로 차이를 보인다. 만약 대법원이 위험발생을 특정 구성요건적 사실과 결부시켰다면 업무상과실치사죄의 적용과 관련해서도 원인행위 시에 피고인이 음주운전 도중에 '교통사고로 사람을 사망에 이르게 할 것임'에 대해서 예견하였거나 예견하지는 못했지만 적어도 예견할 수 있었을 것(즉, 예견가능성)을 요구했어야 했을 것이다. 하지만 대법원은 '피해자 사망'에 대한 예견(또는 예견가능성)까지를 요구하고 있지 않고 단지 '교통사고를 일으킬 위험성'만 예견(또는 예견가능성)을 요구하였다. 즉 대법원은 학설과 달리 '위험발생'을 고의 또는 과실을 전제로 한 특정 구성요건과 결부시켜 해석하지 않고 그 전단계인 '모종의 법칙침해가 발생하거나 발생할 위험' 정도로만 해석하고 있는 것이다. 이와 같이 대법원이 '위험발생'을 학설과 다르게 해석하고 있는 태도의 실익은 고의범사례에서 보다 분명하게 나타날 수

있는데 이에 관해서는 고의범사례에서 다시 다룬다.

III. 나오는 말

(1) 학설은 물론이고 대법원이 — 과실범사례에서 — '예견'개념에 예견가능성도 포함시켜서 해석하는 것은 허용될 수 없는 확장(유추)해석이다. 예견가능성은 예견을 포함하는 반면, 예견은 예견가능성을 포함할 수 없기 때문이다. 예견에 예견가능성도 포함시키는 해석태도가 타당하려면 형법 제10조 제3항을 예컨대 "위험발생을 '예견할 수 있었음'에 불구하고 장애상태를 자의로 야기한 자의 고의 또는 과실행위에 대해서는 전 2조의 규정을 적용하지 아니한다"는 식으로 개정해야 할 것이다. 반면에 대법원이 '위험발생'을 구성요건실현과 직접 결부시키지 않는 태도를 취한 것은 적극적으로 문언의 의미내용을 넘어서고 있는 태도를 보이고 있는 것이 아니다. '죄의 성립요소인 사실' 또는 '결과발생' 등과 같은 용어를 사용하고 있지 않은 한 특정 구성요건의 실현과 직접 결부시킬 필요는 없는 듯이 보이기 때문이다.

(2) 불법구성요건의 관점에서 볼 때, 원자행규정이 고의범사례뿐 아니라 과실범사례에 대해서도 적용되는 것은 당연하다. 하지만 여기서 고의범인가 과실범인가는 구성요건의 적용문제로서 행위자가 '실행행위'시에 '고의'가 있었느냐 아니면 '과실'만 인정될 뿐이냐에 따라 결정된다. 이러한 의미에서 보면 대상판결도 장애상태하에서의 과실불법행위를 '실행행위'로 인정하는 전제하에서 그 전단계의 원인행위에 초점을 맞추어 원자행 요건의 충족을 물어들어간 것으로 보인다. 이러한 맥락에서 보면 대법원이 행위자가 장애상태를 야기하는 '원인행위'를 실행행위로 보는 '구성요건모델'을 출발점으로 삼고 있는 것이 아니라, 예외모델을 출발점으로 삼고 있고 평가내릴 수도 있다. 과실에 의한 원자행이든 고의에 의한 원자행이든 원자행을 인정하기 위한 두가지 요건(위험발생의 예견과 장애상태의 자의적 야기)은 장애상태하에서의 불법에 대한 비난가능성을 탈락하거나 축소하지 않게 하기 위한 요건이다.

[참고문헌] 조상제, "과실에 의한 원인이 자유로운 행위", 형사판례연구 [4](1996).

[필자: 김성돈 교수(성균관대)]

[대상판결] 대법원 1996. 6. 11. 선고 96도857 판결

[사실관계] 피고인들은 상습적으로 대마초를 흡연하는 자로서 피해자들을 살해하였다. 이들은 피해자들을 살해하기 전 살해의도를 가지고 범행을 공모한 후에 대마초를 흡연하고 심신이 미약한 상태였다(A사건). 피고인은 크게 취한 상태가 되었음에도 불구하고 자신의 승용차를 운전해 가다가 피해자를 자신의 승용차로 충돌시켜 쓰러지게 한 후 구체적인 정황을 정확하게 인식하지 못한 채 본능적으로 차를 세운 뒤 피해자를 약 12미터 떨어진 풀 속에 버려두고 다시 차에 돌아와 운전을 계속하였다. 사고로 심한 상처를 입은 피해자는 계속된 출혈로 사망하였다(B사건).

[판결요지] 피고인들은 상습적으로 대마초를 흡연하는 자들로서 이 사건 각 살인범행 당시에도 대마초를 흡연하여 그로 인하여 심신이 다소 미약한 상태에 있었음은 인정되나, 이는 위 피고인들이 피해자들을 살해할 의사를 가지고 범행을 공모한 후에 대마초를 흡연하고, 위 각 범행에 이른 것으로 대마초 흡연시에 이미 범행을 예견하고도 자의로 위와 같은 심신장애를 야기한 경우에 해당하므로, 형법 제10조 제3항에 의하여 심신장애로 인한 감경 등을 할 수 없다.

[해 설]
Ⅰ. 들어가는 말
'고의범'사례에 대해 원인에 있어서 자유로운 행위(이하, '원자행'이라 한다) 규정을 적용할 수 있다는 점에 대해서도 학설간에도 또 학설과 대법원 사이에도 이견은 없다. 하지만 고의범사례의 경우 (고의 또는 과실에 의한) '원자행'의 인정요건에 대해서는 학설과 대법원의 견해차는 과실범사례의 경우에 비해 훨씬 더 크다. 물론 대상판결에서는 후술하듯이 사실관계(A사건)가 단순명백하므로 그와 같은 견해차가 외부적으로 표면화되지는 않는다. 이 때문에 대법원의 태도를 확인해 보려면 '위험발생의 예견'과 '장애상태의 자의적 야기'라는 두 가지 요건을 어떻게 해석하느냐에 따라 원자행 인정요건에 관한 견해차가 극명하게 달라질 수 있

는 다른 사례(B사건)와 비교해 볼 필요가 있다. 이하에서는 이러한 비교를 통해 고의범사례의 경우 '고의에 의한' 원자행의 인정요건에 관한 대법원의 태도를 따라가보기로 한다. 여기서도 '자의'개념은 쟁점이 되고 있지 않기 때문에 간략하게 설명하는 데 그치기로 한다.

Ⅱ. 고의범사례의 고의에 의한 원자행의 인정요건
학설 가운데 다수의 견해는 고의범의 경우 고의에 의한 원자행이 인정되기 위해서는 원인행위를 '고의'로 할 뿐 아니라 원인행위 시 장차 하게 될 행위에 대해서도 '고의'를 요구한다(이른바 이중의 고의). 여기서 고의는 항상 특정 구성요건의 실현을 전제로 하는 개념이므로 '위험발생'의 해석과 관련하여 학설은 이를 '특정 구성요건의 실현'으로 이해한다. 이와 같은 태도가 형법 제10조 제3항의 '예견'과 '자의'개념을 각각 고의 또는 과실로 해석하는 태도와 결부되어 있음은 앞서 언급한 바 있다.

이에 반해 대법원은 과실범사례에서 '위험발생'을 특정 구성요건의 실현과 결부시키지 않았지만 '예견'개념에 관한 한 고의 또는 과실과 관련하여 해석하는 태도를 취하고 있음은 앞서 언급하였다. 하지만 대상판결은 고의범사례의 경우 '위험발생'에 관한 한 과실범의 경우와는 달리 해석할 수 있는 여지를 보여주고 있다. 대상판결은 '피고인들이 피해자들을 살해할 의사를 가지고 범행을 공모한 후에 대마초를 흡연하고, 위 각 범행에 이른 것'이라고 하고 있기 때문이다. '살해할 의사'를 가지고 '범행'을 예견하였다고 함으로써 보다 적극적으로 예견개념을 고의로 해석하여 '고의에 의한 원자행'을 인정하고 있는 데 그치지 않고 '위험발생'도 특정 구성요건 실현과 연결되도록 '범행'이라는 표현으로 바꾸고 있기 때문이다.

하지만 대상판결의 사실관계인 A사건에는 대법원의 태도변화나 학설과의 편차를 확인해 볼 계기가 생기지 않는다. A사건에서는 피고인들이 원인행위 시(아편흡입 시)에 이미 피해자들을 살해할 의사를 가지고 있었으므로 '예견'요건도 문제없이 충족시킨 것으로 보이고 심지어 장애상태하에서의 살해행위에 대해서도 피고인의

고의가 명백하게 인정되었기 때문이다. 이 때문에 대법원은 "이미 범행을 예견하고도 자의로 위와 같은 심신장애를 야기한 경우에 해당하므로, 형법 제10조 제3항에 의하여 심신장애로 인한 감경 등을 할 수 없다"고 결론 내리고 있다. 무엇보다 A사건에서 피고인이 실제로 살인죄를 범하였으므로 앞의 과실범례에서와 같이 '위험발생'을 '구성요건적 실현'으로 제한해서 해석하지 않고 그 전단계의 '포괄적인 법익침해적 사실'로 해석해야 할 필요성(실익)도 생기지 않는다. 따라서 원자행 인정요건과 관련하여 대법원이 고의범례와 과실범례에서 편차를 보이고 있음을 확인하기 위해서는 앞의 과실범례에서 결론이 유보되었던 B사건에서와 같이 '사고후도주운전죄'라는 고의범례에서 원자행 인정요건을 다시 조명해볼 필요가 있다.

대법원이 고의범례에서 고의에 의한 원자행을 인정하기 위해 이중의 고의(또는 삼중의 고의)를 요구하는 동시에 '위험발생'과 관련해서도 이를 특정 구성요건의 실현으로 해석하는 태도로 변화한 것이라고 평가할 수 있는가? 만약 그렇다면, 도주운전죄와 관련해서도 피고인에게 원인행위 시, 즉 술을 마실 당시 '도주운전'에 대한 예견(고의)이 있었음을 요구해야 할 것이다. 이에 따르면 피고인이 원인행위 시(음주 시) 미리 '도주운전'까지 감행할 것을 예견하지 못했다면 원자행이 인정되지 않는 결과가 된다. 하지만 위험발생을 이렇게 좁게 해석함으로써 비난의 여지가 있는 행위자에게 원자행 요건을 부정하게 되는 법효과인 책임감경(또는 조각)의 혜택을 줘야 하는 것인지에 대해 의문의 여지가 많다. 음주하는 자가 음주당시 사고를 일으킬지도 모른다는 생각까지는 할 수 있을지 몰라도 사고가 일어난 후에 도주부분에 대해서까지 예견(고의)하는 경우란 생각하기 어렵기 때문이다.

하지만 앞의 과실범례에서와 같이 대법원이 예견의 대상인 '위험발생'을 반드시 '구성요건의 실현'으로 제한하고 있지 않는 해석태도를 취하면 결론은 전적으로 달라진다. 비록 과실범례에 대해 맞추어진 판시내용이긴 하지만 대법원은 '구성요건 실현(피해자 사망)'의 전단계 사실인 '교통사고를 일으킬 수 있는 위험'만을 예견의 대상으로 보고 있기 때문이다. 이에 따르면 대법원이 고의범례에서도 예견의 대상을 '구성요건적 결과발생에 앞선 단계인 모종의 법익침해 혹은 그

위험성'으로 해석하고 있다고도 볼 여지는 얼마든지 있다. 대법원의 판시내용의 취지를 이렇게 이해하면 사고후도주운전죄와 관련해서도 행위자가 음주 시에 도주부분에 대한 예견은 없었더라도 '교통사고의 위험'에 대한 예견만 하였다면 원자행이 인정되고 따라서 행위자에 대해서는 사고후도주운전죄의 책임감경(또는 조각)의 법효과가 부여되지 않는 결론으로 될 수 있다. 대법원이 이러한 결론을 실제로 취할 것인지는 장차의 판결을 기다려볼 수밖에 없다.

III. 나오는 말

원자행 요건 가운데 '장애상태의 자의적 야기'에서 자의개념에 관한 한 대법원은 이를 고의 또는 과실개념과 결부지우지 않고 '강요되지 않은 자유로운 자기결정'의 의미로 해석하고 있음은 과실범례의 경우와 동일하다. 최근 학설도 이와 같은 해석태도를 취하는 견해가 늘어가고 있다. 고의범례에서 '위험발생의 예견'이라는 요건에 관한 대법원의 해석은 분명하지 않다. 예견의 대상인 '위험발생'이라는 부분을 '특정 구성요건의 실현'과 결부시키지 않고 그 전단계인 '모종의 법익침해 또는 그 법익침해의 위험'정도로 해석하고 있는지가 과실범례에서와는 달리 고의범례에서는 명시적으로 드러나 있지 않기 때문이다. 고의범례에서 '예견'을 '고의'로 해석하면 예견의 대상인 '위험발생'도 '구성요건의 실현'으로 제한적으로 해석할 가능성이 없지 않다. 하지만 대법원의 판결요지에는 예견을 법문 그대로 예견으로만 표기함으로써 고의 또는 과실개념과 절연시키고 있는 여지를 두고 있다. 이러한 출발점에서 보면 과실범례인 업무상과실치사상죄와 관련해서 행위자가 원인행위 시 '구성요건 실현'에 대해 고의 또는 과실을 가질 것을 요구하지 않듯이 고의범례인 사고후도주죄와 관련해서도 원인행위 시 '구성요건실현'을 예견할 필요가 없다고 해석하는 것이 일관된 태도일 것이다. 다만 A사건에서는 사실관계에서 모든 고의가 인정되었으므로 논의의 실익이 없었을 뿐이다.

〔참고문헌〕 한상훈, "고의의 원인에 있어서 자유로운 행위", 형사판례연구 [10](2002).

[필자: 김성돈 교수(성균관대)]

[33] 책임능력과 심신장애의 판단기준

[대상판결] 대법원 2007. 2. 8. 선고 2006도7900 판결

[사실관계] 피고인은 성폭력범죄의 처벌 및 피해자 보호 등에 관한 법률 위반(13세미만 미성년자강간등)죄로 징역 5년을 선고 받아 2004. 11. 8. 그 형의 집행을 종료한 자인바, 2005. 2. 11. 길을 지나는 피해자(여, 11세)를 발견하고 욕정을 일으켜 강간하기로 마음먹고, 피해자에게 심부름시키는 척 아파트 옥상으로 유인한 뒤 얼굴을 때리고 문구용 칼로 협박하여 반항을 억압한 뒤 강제로 간음하여 강간함으로써 처녀막 파열상을 입게 하고, 현금 6,000원을 빼앗아 강취한 것을 비롯하여 2006. 1. 22.까지 같은 수법으로 12회에 걸쳐 12명의 피해자(9~13세 여아)를 각 강간하였다.

[판결요지] [1] 형법 제10조에 규정된 심신장애는 생물학적 요소로서 정신병 또는 비정상적 정신상태와 같은 정신적 장애가 있는 외에 심리학적 요소로서 이와 같은 정신적 장애로 말미암아 사물에 대한 변별능력과 그에 따른 행위통제능력이 결여되거나 감소되었음을 요하므로, 정신적 장애가 있는 자라고 하여도 범행 당시 정상적인 사물변별능력이나 행위통제능력이 있었다면 심신장애로 볼 수 없다.

[2] 특단의 사정이 없는 한 성격적 결함을 가진 자에 대하여 자신의 충동을 억제하고 법을 준수하도록 요구하는 것이 기대할 수 없는 행위를 요구하는 것이라고는 할 수 없으므로, 사춘기 이전의 소아들을 상대로 한 성행위를 중심으로 성적 흥분을 강하게 일으키는 공상, 성적 충동, 성적 행동이 반복되어 나타나는 소아기호증은 성적인 측면에서의 성격적 결함으로 인하여 나타나는 것으로서, 소아기호증과 같은 질환이 있다는 사정은 그 자체만으로는 형의 감면사유인 심신장애에 해당하지 아니한다고 봄이 상당하고, 다만 그 증상이 매우 심각하여 원래의 의미의 정신병이 있는 사람과 동등하다고 평가할 수 있거나, 다른 심신장애사유와 경합된 경우 등에는 심신장애를 인정할 여지가 있으며, 이 경우 심신장애의 인정 여부는 소아기호증의 정도, 범행의 동기 및 원인, 범행의 경위 및 수단과 태양, 범행 전후의 피고인의 행동, 증거인멸 공작의 유무, 범행 및 그 전

후의 상황에 관한 기억의 유무 및 정도, 반성의 빛의 유무, 수사 및 공판정에서의 방어 및 변소의 방법과 태도, 소아기호증 발병 전의 피고인의 성격과 그 범죄와의 관련성 유무 및 정도 등을 종합하여 법원이 독자적으로 판단할 수 있다.

[해 설]

I. 들어가는 말

범죄의 성립은 행위가 구성요건해당성과 위법성이 있어야 하고, 행위자에 대한 비난가능성, 즉 책임이 있어야 한다. 따라서 행위자에게 적법하게 행위할 수 있는 능력, 즉 책임능력이 없으면 책임이 없고, 책임이 없으면 범죄도 없고, 범죄가 없으면 형벌도 없다.

II. 심신장애

1. 심신장애의 판단방법

형법(제10조)은 심신장애로 인하여 사물을 변별할 능력이 없거나 의사를 결정할 능력이 없는 자의 행위는 벌하지 않으며(제1항), 그 능력이 미약한 자의 행위는 형을 감경한다(제2항)고 규정하고 있다.

따라서, 심신장애의 판단은 생물학적 요소로서의 정신장애와 심리적 요소로서의 사물변별능력 및 의사결정능력을 동시에 판단하는 '혼합적 방법'을 채택하고 있다고 볼 수 있다. 독일 형법이나 미국 모범형법전과 유사한 방식이다. 대법원 판례도 일관하여 "형법 제10조에 규정된 정신장애는 생물학적 요소로서 정신병 또는 비정상적 정신상태와 같은 정신적 장애가 있는 외에 심리학적 요소로서 이와 같은 정신적 장애로 말미암아 사물에 대한 변별능력과 그에 따른 행위통제능력이 결여되거나 감소되었음을 요하므로 정신적 장애가 있는 자라고 하여도 범행당시 정상적인 사물변별능력이나 행위통제능력이 있었다면 심신장애로 볼 수 없다"고 판시하여 혼합적 방법의 채택을 분명히 하고 있다.

2. 심신장애의 유무 및 정도에 대한 판단기준

심신장애 유무에 관한 생물학적 요소는 감정사항에

속하는 사실판단의 문제이나 그 심신장애가 심신상실 또는 심신미약에 해당하는가 하는 점은 법률판단의 문제이다. 따라서 법관이 감정인의 정신의학적, 경험과학적 감정결과를 중요한 증거방법으로 활용하되 행위의 경위, 수단, 범행전후의 행동 등 구체적인 정황을 정밀하게 분석·검토하여 책임능력 유무와 정도를 판단하여야 할 것이다.

대법원 판례도 "심신장애의 유무 및 정도는 법원이 독자적으로 판단할 수 있는 것이다"(대법원 1994. 5. 13. 선고 94도581 판결)라고 판시하여 책임능력의 판단이 감정결과에 반드시 기속되지 않는 규범적 평가임을 분명히 하고 있다.

3. 정신장애의 종류와 소아기호증

형법은 '심신장애'라는 포괄적 일반조항을 두고 있는데, 우리나라 정신보건법 등 특별법에 비추어 정신장애는 ① 정신병[정신분열병, 망상장애, 기분장애(조울증), 기질적 정신병], ② 정신지체(정신박약), ③ 신경증적 장애, ④ 정신병질적 장애(인격장애), ⑤ 알코올 및 습벽있는 물질장애, ⑥ 기타 이에 준하는 중한 정신장애로 분류할 수 있다. 소아기호증은 ⑥에 속하는 성장애의 일종으로서 사회적으로 가끔 문제되는 도착증의 하나이나 다른 장애와 겹치지 않는 한 변별능력이나 의사결정능력이 결여되어 있거나 미약한 경우가 비교적 적은 편이다(정신분열병이 전체 피치료감호자의 69.8%).

Ⅲ. 대상판결의 분석

1. 사건의 경과

피고인은 13세 미만 미성년자 강간 등으로 5년을 선고받아 복역 후 불과 3개월 만에 또다시 약 1년에 걸쳐 12명의 여자어린이를 각 강간하였다. 이와 같은 범죄사실에 대하여 1심 법원은 무기징역형을 선고하였으나 항소심 법원은 피고인에게 변태성욕의 일종인 소아기호증이 있고 그 질환으로 인하여 심신미약의 상태에 있었던 것으로 추정된다는 이유로 징역 15년을 선고하였다. 대법원은 원심 재판 진행 중 피고인이 뒤늦게 소아기호증으로 진단받아 진단서를 제출하기는 하였으나 오히려 치료를 거부하기도 한 것으로 보이는 사실 등이 있다고 지적하고 소아기호증과 같은 질환이 있다는 사정은 그 자체만으로는 형의 감면사유인 심신장애에

해당하지 아니하고, 그 증상이 매우 심각하여 원래의 정신병이 있는 사람과 동등하다고 평가할 수 있거나 다른 심신장애사유와 경합된 경우 등에는 심신장애를 인정할 여지가 있다고 판단하였다. 그런데 원심이 범행 당시 소아기호증의 정도 및 내용 등 여러 사정에 관하여 구체적 심리·검토하지 않은 상태에서 심신미약이라고 판단한 것은 심신장애에 관한 법리를 오해하였다고 평가하고 원심을 파기하였다.

이에 환송심은 감정결과 피고인의 의식은 명료하고 시간·사람·장소에 대한 지각력은 보존되어 있으며, 특별한 감정의 고조나 우울감은 관찰되지 않고, 사고과정 및 내용상 망상은 없으며, 시험적인 판단력은 보존되어 있고, 피고인의 소아기호증이 이 사건 범행에 영향을 끼친 영향은 적다는 것이고, 범행방법과 신분은폐가 계획적이고 치밀한 점, 이 사건 각 범행 당시에도 직업적으로 운전을 하는 등 사회적, 직업적으로 별다른 지장을 받지 않은 점 등을 비롯하여 이 사건 변론에 나타난 범행의 경위, 그 수단과 방법, 범행을 전후한 피고인의 태도, 범행 후의 정황 등에 비추어 보면, 피고인에게 인정되는 소아기호증이 원래의 의미의 정신병을 가진 사람과 동등하다고 평가받을 정도로 심각하다고 보이지 아니한다는 이유로 피고인의 심신장애 주장을 배척하고 피고인의 항소를 기각하여 무기징역형을 확정하였다(서울고법 2007. 4. 20. 선고 2007노500 판결).

2. 결 어

대상판결은 대법원이 심신장애의 판단에 생물학적 요소와 심리학적 요소를 동시에 판단하는 혼합적 방법을 채택하고, 심신장애의 유무와 정도는 감정결과에 기속되지 않고 법원이 규범적으로 판단한다는 일관된 입장을 반영한 전형적인 판례이다. 본 사건은 소아기호증뿐만 아니라 정신분열 증세에 대한 입증이 부족한 사안이지만, 정밀한 정신감정은 정신장애 범죄자의 책임과 처우를 좌우하는 요체라 할 것이다.

〔참고문헌〕 박미숙, "심신장애 판단과 감정", 형사판례연구 [19] (2011).

[필자: 김진환 변호사]

[대상판결] 대법원 2002. 5. 24. 선고 2002도1541 판결

[사실관계] 피고인은 2001. 7. 28. 09:40경부터 같은 날 12:00경까지 사이에 남대문 시장에서 약 31회에 걸쳐 시가 약 3,000,000원에 해당하는 여성 의류 169점을 절취하였다. 피고인은 이 사건 범행 이전에도 유사 범행으로 인한 전력이 있었으며, 전문가로부터 병적 절도(생리전증후군)로 진단받고 치료를 받아야 하는 상황에서 제대로 치료를 받지 못하고 있었고, 이 사건 당시에 피고인은 생리기간중이었다.

[판결요지] 자신의 충동을 억제하지 못하여 범죄를 저지르게 되는 현상은 정상인에게서도 얼마든지 찾아볼 수 있는 일로서, 특단의 사정이 없는 한 위와 같은 성격적 결함을 가진 자에 대하여 자신의 충동을 억제하고 법을 준수하도록 요구하는 것이 기대할 수 없는 행위를 요구하는 것이라고는 할 수 없으므로, 원칙적으로 충동조절장애와 같은 성격적 결함은 형의 감면사유인 심신장애에 해당하지 아니한다고 봄이 상당하지만, 그 이상으로 사물을 변별할 수 있는 능력에 장애를 가져오는 원래의 의미의 정신병이 도벽의 원인이라거나 혹은 도벽의 원인이 충동조절장애와 같은 성격적 결함이라 할지라도 그것이 매우 심각하여 원래의 의미의 정신병을 가진 사람과 동등하다고 평가할 수 있는 경우에는 그로 인한 절도 범행은 심신장애로 인한 범행으로 보아야 한다.

피고인이 생리기간 중에 심각한 충동조절장애에 빠져 절도 범행을 저지른 것으로 의심이 되는데도 전문가에게 피고인의 정신상태를 감정시키는 등의 방법으로 심신장애 여부를 심리하지 아니한 원심판결을 심리미진과 심신장애에 관한 법리오해의 위법이 있다는 이유로 파기한 사례.

[해 설]

I. 들어가는 말

형법상 범죄행위로 인한 행위자에게 형사책임을 묻기 위해서는 먼저 행위자가 형사책임을 부담하기에 충분한 책임능력을 갖고 있어야 한다. 즉 심신장애로 인하여 사물을 변별할 능력이 없거나 의사를 결정할 능력이 없는 자의 행위는 벌하지 아니하며(제10조 제1항), 심신장애로 인하여 심신미약한 자의 행위는 감경한다(동조 제2항)고 규정하고 있다. 따라서 심신장애라고 인정되기 위해서는 심신장애라는 생물학적 기초와, 이러한 생물학적 기초로 인하여 사물을 변별한 능력 또는 의사를 결정할 능력이 없다는 심리적 요소가 있어야 한다.

대상판결에서 보는 바와 같이 대법원은 충동조절장애에 대하여 자신의 충동을 억제하지 못하여 범죄를 저지르는 현상은 정상인에게도 얼마든지 찾아볼 수 있으며, 특단의 사정이 없는 한 위와 같은 성격적 결함을 가진 자에 대하여 자신의 충동을 억제하고 법을 준수하도록 요구하는 것은 기대할 수 있으며, 따라서 원칙적으로 충동조절장애와 같은 성격적 결함은 형의 감면사유인 심신장애에 해당하지 않는다고 본다. 다만 그것이 매우 심각하여 원래의 의미의 정신병을 가진 자와 동등하다고 평가할 수 있을 정도인 경우에 한하여 제한적으로 그로 인한 범행을 심신장애로 인한 범행으로 인정하고 있다.

대상판결의 쟁점은 두 가지로 압축될 수 있다. 하나는 형법 제10조의 심신장애로 인한 책임무능력의 판단 요건은 무엇인가 하는 점과 또 다른 하나는 두 번째는 충동조절장애가 심각하여 정신병을 가진 자와 동등하다고 평가할 수 있는 경우에만 형사책임이 감면된다는 것인데, 이 경우 심신장애로서의 정신병을 가진 사람 수준을 어떤 기준으로 판단할 것인가 하는 점이다

II. 병적 절도(생리전증후군)와 형사책임

정신장애 분류기준인 DSM-IV에 따르면 병적 절도(생리전증후군)는 충동조절장애에 해당한다.

대상판결은 충동조절장애행위는 모두 형의 감면사유인 심신장애에 해당하는 것은 아니라고 본다. 그럼 어떤 요건하에 병적 절도(생리전증후군)가 심신장애에 해당하는지 하는 점에 대하여 간략히 살펴보기로 한다.

1. 학 설

심신장애로 인한 책임무능력 판단은 행위자의 비정상적 상태만으로 바로 책임무능력을 인정하는 방법인 생물학적 판단방법과, 책임의 본질은 달리 행위할 수 있다는 데 대한 비난이므로 사물변별능력이나 의사결정능력이 없으면 책임무능력을 인정하는 심리적·규범적 판단 등이 있다. 현행 형법 제10조 제1항은 "심신장애로 인하여 사물을 변별할 능력이 없거나 의사를 결정할 능력이 없는 자의 행위는 벌하지 않는다"고 규정하여 생물학적 판단방식과 심리학적 판단방식이 혼합되어 있다. 이러한 학설에 따르면 정신장애 등 비정상적인 상태라고 하여 책임무능력이 없는 것은 아니고 사물을 변별할 능력이 없거나 의사를 결정한 능력이 없는 경우에 책임무능력이 인정된다.

2. 대법원의 태도

대상판결에서 충동조절장애와 같은 성격적 결함은 형의 감면사유인 심신장애에 해당하지 아니한다고 봄이 상당하지만, 충동조절장애와 같은 성격적 결함이라 할지라도 그것이 매우 심각하여 원래의 의미의 정신병을 가진 사람과 동등하다고 평가할 수 있는 경우에는 그로 인한 절도 범행은 심신장애로 인한 범행한 것이라고 보고 있다. 즉 심각한 충동조절장애 상태를 심신장애를 판단하기 위한 생물학적 요소로 보고 있다. 심리학적 요소로서 사물변별능력이나 의사결정능력을 판단하기 위해서 대상판결은 충동조절장애가 매우 심각하여 원래의 의미의 정신병을 가진 사람과 동등하다고 평가할 수 있어야 한다고 본다. 문제는 충동조절장애가 원래의 의미의 정신병을 가진 사람 수준으로 심각한 정도의 수준을 어떤 기준으로 판단할 것인가 하는 점이다.

대상판결에서는 그 판단기준으로서 피고인의 전력 및 가정환경, 피고인의 병력, 이 사건범행경위 및 범행당시 상황 등 여러 가지 상황을 종합할 것과 전문가에게 피고인의 정신상태를 감정시키는 등의 방법으로 범행 당시 피고인의 정신상태가 생리의 영향으로 사물을 변별하거나 이에 따라 행동을 제어하는 능력을 상실하였거나 그와 같은 능력이 미약하였는지를 가려보아야 할 것이라고 판시하고 있다.

III. 나오는 말

대상판결에 의하면 병적 절도(생리전 증후군)도 충동조절장애에 포함된다. 즉 생리기에 이르게 되면 자신도 모르는 사이에 긴장 및 불안증세에 이르고 불안으로 인하여 점진적으로 심계항진이 되어 어찌지 못한 상태에서 순간적으로 절도행위를 한 것이며, 이는 정상적 정신상태가 아닌 비정상적 의식상태에서 충동적으로 일어난 것이라는 점에서 충동조절장애 행위에 해당한다.

다만 대상판결은 정신병을 가진 사람과 동등하다고 평가할 수 있을 정도의 심각한 충동조절장애가 심신장애 여부의 생물학적 판단방법인지에 대하여는 명확한 설명을 하고 있지 않다. 정신상태에 대한 판단근거로서의 피고인의 전력·병력·가정환경·범행당시 상황 등이 구체적으로 어떤 심리학적 요소로 볼 수 있는지 등에 대한 명확한 설시도 없다. 대상판결은 심신장애의 판단요소로 생물학적 요소와 심리학적 요소의 구분 없이 종합하여 판단하고 있을 뿐이다. 형법이 심신장애 판단근거로서 심신장애라는 생물학적 요소를 토대로 사물변별능력이나 의사결정능력 등의 심리학적 요소를 책임능력 판단의 토대로 하고 있음에 비추어 충동조절장애로 인한 책임무능력 판단에서도 이 혼합적 방법에 의한 판단요소를 명확히 설시할 필요는 있다.

또한 대상판결은 원심판결이 전문가에게 피고인의 정신상태를 감정하지 않아 사물변별능력이나 의사결정능력을 제대로 가려보지 못하였음을 심신장애에 관한 법리오해 내지 판결결과에 영향을 미친 위법이 있다고 함으로써 심신장애 여부를 판단하는데 전문가의 감정을 중요한 기준으로 제시하고 있다.

〔참고문헌〕 천진호, "2000년대 초기 대법원판례의 동향 — 형법총칙 관련 대법원 판례를 중심으로 —", 형사판례연구 [20](2012).

[필자: 박미숙 선임연구위원(한국형사정책연구원)]

[35] 법률의 착오에서의 정당한 이유

[대상판결] 대법원 2006. 3. 24. 선고 2005도3717 판결

[사실관계] 피고인 甲은 자신의 보좌관인 乙과 낙천대상자 선정에 대한 해명을 위하여 의정보고서를 제작하게 되었다. 2004. 2. 9. 乙은 甲의 지역구 활동에 대한 내용 등을 정리하여 기획 초안을 만든 후 구 선거관리위원회 지도계장이던 A에게 전화하여 위와 같은 내용의 의정보고서를 제작, 배부하는 것이 선거법규에 위반되지 않는지 문의하였는바, A는 확실한 것은 초안을 직접 보아야 알 수 있을 것이라고 답변을 하였다. 그 후 乙은 자신이 만든 기획 초안을 A에게 가지고 가서 보여주면서 甲이 낙천대상자로 선정된 것에 대한 소명의 글과 반론 등을 의정보고서에 수록해도 되는지에 관하여 문의를 하였고, A는 기획 초안의 내용을 乙과 함께 검토하면서 중앙선거관리위원회에서 배포된 업무관련책자와 질의회답책자 등의 내용을 확인하고, 인천광역시 선거관리위원회 담당자인 B와 전화 통화를 하여 상의를 하면서 확인 작업을 하여 의정보고서에 위와 같은 내용을 수록하는 것이 허용된다고 답변을 하였다. 2004. 2. 12. 乙은 최종안을 가지고 가서 A에게 보여주면서 선거법규 위반 여부를 문의하였고, A는 의정보고서로 배부해도 무방하다고 답변을 하였고, 이에 乙은 의정보고서를 제작한 후 2004. 2. 17. 유권자들에게 발송하였다.

[판결요지] 형법 제16조에서 자기가 행한 행위가 법령에 의하여 죄가 되지 아니한 것으로 오인한 행위는 그 오인에 정당한 이유가 있는 때에 한하여 벌하지 아니한다고 규정하고 있는 것은 일반적으로 범죄가 되는 경우이지만 자기의 특수한 경우에는 법령에 의하여 허용된 행위로서 죄가 되지 아니한다고 그릇 인식하고 그와 같이 그릇 인식함에 정당한 이유가 있는 경우에는 벌하지 아니한다는 취지이다. 그리고 이러한 정당한 이유가 있는지 여부는 행위자에게 자기 행위의 위법의 가능성에 대해 심사숙고하거나 조회할 수 있는 계기가 있어 자신의 지적 능력을 다하여 이를 회피하기 위한 진지한 노력을 다하였더라면 스스로의 행위에 대하여 위법성을 인식할 수 있는 가능성이 있었음에도 이를 다하지 못한 결과 자기 행위의 위법성을 인식하지 못

한 것인지 여부에 따라 판단하여야 할 것이고, 이러한 위법성의 인식에 필요한 노력의 정도는 구체적인 행위 정황과 행위자 개인의 인식능력 그리고 행위자가 속한 사회집단에 따라 달리 평가되어야 한다. 甲은 변호사 자격을 가진 국회의원으로서 법률전문가라고 할 수 있는바, 甲으로서는 의정보고서에 앞서 본 바와 같은 내용을 게재하거나 전재하는 것이 허용되는지에 관하여 의문이 있을 경우, 관련 판례나 문헌을 조사하는 등의 노력을 다하였어야 할 것이고, 그렇게 했더라면, 낙천대상자로 선정된 이유가 의정활동에 관계있는 것이 아닌 한 낙천대상자로 선정된 사유에 대한 해명을 의정보고서에 게재하여 배부할 수 없고 더 나아가 낙천대상자 선정이 부당하다는 취지의 제3자의 반론 내용을 싣거나 이를 보도한 내용을 전재하는 것은 의정보고서의 범위를 넘는 것으로서 허용되지 않는다는 것을 충분히 인식할 수 있었다고 할 것이다. 따라서 甲이 그 보좌관인 乙을 통하여 관할 선거관리위원회 직원에게 문의하여 의정보고서에 앞서 본 바와 같은 내용을 게재하는 것이 허용된다는 답변을 들은 것만으로는, 자신의 지적 능력을 다하여 이를 회피하기 위한 진지한 노력을 다하였다고 볼 수 없고, 그 결과 자신의 행위의 위법성을 인식하지 못한 것이라고 할 것이므로 그에 대해 정당한 이유가 있다고 하기 어렵다.

[해 설]

I. 들어가는 말

법률의 착오란 행위자가 일정한 행위를 함에 있어서 구성요건적 사실에 대해서는 인식하였으나 착오로 인하여 그 행위의 위법성을 인식하지 못한 경우, 즉 무엇을 행하는지는 인식하고 있었으나 그 행위가 허용된다고 오인하고, 따라서 불법을 행한다는 의식 없이 구성요건 실현행위로 나아간 경우를 가리킨다. 이와 같이 법률의 착오는 행위자가 자기 행위의 객관적 특성은 올바르게 인식하였으나, 그 행위가 법적 견지에서 허용되지 않는다는 것을 알지 못했거나 허용된다고 오인함으로써 행위시에 행위자에게 위법성의 인식 또는 불법

의식이 결여된 경우이다. 이와 같이 법률의 착오에 있어서 책임비난의 핵심으로 불법의식을 요구하는 것은 책임이념의 구체화, 즉 책임원칙에 기인하고 있다. 따라서 법률의 착오와 관련된 해석학적 논의는 '먼저 행위시에 자기 행위의 위법성에 대한 인식이 있었는가, 둘째로 착오로 인하여 금지되어 있다는 사실을 몰랐다면 그러한 오인에 정당한 이유는 있는가, 셋째로 정당한 이유가 있는가의 가치판단에 따라 그 법적 효과를 어떻게 구성할 것인가'이다.

Ⅱ. 정당한 이유의 구체적 판단척도

대상판결은 "정당한 이유가 있는지 여부는 행위자에게 자기 행위의 위법의 가능성에 대해 심사숙고하거나 조회할 수 있는 계기가 있어 자신의 지적 능력을 다하여 이를 회피하기 위한 진지한 노력을 다하였더라면 스스로의 행위에 대하여 위법성을 인식할 수 있는 가능성이 있었음에도 이를 다하지 못한 결과 자기 행위의 위법성을 인식하지 못한 것인지 여부에 따라 판단하여야 할 것이고, 이러한 위법성의 인식에 필요한 노력의 정도는 구체적인 행위정황과 행위자 개인의 인식능력 그리고 행위자가 속한 사회집단에 따라 달리 평가되어야 한다"라고 하여, 비록 독일 형법이론을 차용하였지만 정당한 이유에 대한 구체적인 판단 기준을 처음으로 제시했다는 점에서 의미를 가지고 있다.

위법성인식의 결여에 정당한 이유가 있느냐를 판단함에 있어서 가장 중요한 척도는 구체적 상황 하에서 자기행위의 법적 성질에 대한 행위자의 개별적인 인식가능성이다. 이런 점에서 정당한 이유를 고도의 양심의 긴장에 따른 심사의무 또는 행위의 법적 성질에 대한 막연한 의심으로 파악해서는 아니 된다. 법규범은 사실판단을 기초로 한 가치판단의 영역이다. 따라서 행위자의 개별적인 인식가능성을 전제로 하여 행위자에게 자기행위의 법적 성질에 대해 생각할 수 있는 계기가 존재하는가를 규범적으로 판단해 보아야 한다. 행위시에 행위자에게 자기행위의 법적 성질에 대하여 심사숙고할 어떠한 계기도 존재하지 않았다면 행위자는 자기에게 객관적으로 주어진 위법성인식의 가능성을 이용할 수 없다.

또한 행위자의 법률의 착오에 정당한 이유가 있는가를 판단하는 데에는 적어도 행위자가 개인적으로 달리 행위할 수 있었다는 것, 즉 법규범에 일치시키는 자기조종을 통해 구체적인 불법행위를 회피할 수 있는 행위자의 능력 이외에도 예방의 목적이 함께 고려되어야 한다.

이와 같이 정당한 이유의 구체적 판단척도는 행위자에게 위법성을 인식할 수 있는 현실적인 가능성이 존재하였는가, 행위자에게 자기행위의 법적 성질에 대하여 생각할 수 있는 구체적인 계기가 주어져 있는가, 그리고 행위자가 처한 객관적 사정과 주관적 능력에 비추어 위법성을 인식할 것으로 기대될 수 있는가가 검토되어야 한다. 즉 행위자에게 위법성을 인식할 구체적 계기가 주어지지 않았고 또한 위법성을 인식할 것을 그에게 기대할 수 없는 경우에는 위법성의 인식가능성이 없는 경우로서 법률의 착오는 정당한 이유가 있는 경우에 해당되어 책임이 배제된다.

Ⅲ. 나오는 말

법률의 착오에 있어 정당한 이유의 구체적인 판단척도는 '먼저 행위자가 처한 객관적 사정과 주관적 능력에 비추어 행위자에게 자기행위의 위법성에 대하여 인식할 수 있는 실질적인 가능성이 존재하였는가, 그리고 행위자가 자기행위의 법적 성질에 대하여 심사숙고하거나 그에 따라 조회할 수 있는 구체적인 계기를 가졌는가, 나아가 주어진 위법성 인식가능성을 이용할 수 있다는 것이 행위자에게 기대가능한가'이다. 또한 계기가 현존하는 경우 행위자가 충분한 확인노력을 기울였는가도 그 판단기준으로 검토되어야 한다. 이와 같이 정당한 이유에 대한 판단은 행위자의 생활관계와 그가 처한 상황을 근거로 하여 그의 개인적 능력과 그에게서 기대할 수 있는 모든 상황으로 볼 때 자신의 행위의 불법을 합리적으로 변별할 수 있으며 이러한 행위자가 심사숙고를 하였을 때 자기행위의 위법성을 인식할 수 있었느냐가 그 기준이 된다. 따라서 사전에 알고 있는 직업영역에서 요구되는 준수사항이나 법률의 효력, 법원의 판결 또는 제3자의 견해 등에 대하여 그 타당성을 신뢰하였고, 자기행위의 올바른 법적 판단에 필요한 전문지식과 객관성을 가지고 심사숙고를 통하여 행위의 법적 성질을 충분히 알 수 있을 때에는 정당한 이유가 인정된다.

[참고문헌] 정현미, "법률의 착오와 정당한 이유의 판단기준", 형사판례연구 [8](2000); 천진호, "2000년대 초기 대법원판례의 동향—형법총칙 관련 대법원 판례를 중심으로—", 형사판례연구 [20](2012).

[필자: 천진호 교수(동아대)]

[36] 법률의 부지

[대상판결] 대법원 1985. 4. 9. 선고 85도25 판결

[사실관계] 피고인은 의정부시에서 디스코클럽을 경영하는 자로서 1983. 12. 23. 20:00경부터 같은 날 23:00경까지 위 디스코클럽에 미성년자인 A 등 10명을 출입시키고 맥주 등 주류를 판매한 사실을 인정하였다. 한편 1983. 4. 15. 14:00경 의정부경찰서 강당에서 개최된 청소년선도에 따른 관련 업주회의에서 18세 이상자나 대학생인 미성년자들의 업소출입 가부에 관한 질의가 있었으나 업주들은 확답을 얻지 못하였다. 같은 달 26일 경기도 경찰국장 명의로 청소년 유해업소 출입단속대상자가 18세 미만자와 고등학생이라는 내용의 공문이 하달되었고, 업주들은 경찰서나 파출소에 직접 또는 전화로 확인하여 그 내용을 알게 되었다. 이후 피고인은 종업원에게 단속 대상자가 18세 미만자와 고등학생임을 알려주고, 그 기준에 맞추어서 만 18세 이상자이고 고등학생이 아닌 위 10명을 출입시키고 주류를 판매하였다.

[판결요지] [1] 형법 제16조에 자기의 행위가 법령에 의하여 죄가 되지 아니한 것으로 오인한 행위는 그 오인에 정당한 이유가 있는 때에 한하여 벌하지 아니한다고 규정하고 있는 것은 단순한 법률의 부지의 경우를 말하는 것이 아니고 일반적으로 범죄가 되는 행위이지만 자기의 특수한 경우에는 법령에 의하여 허용된 행위로서 죄가 되지 아니한다고 그릇 인식하고 그와 같이 그릇 인식함에 있어 정당한 이유가 있는 경우에는 벌하지 아니한다는 취지이다.

[2] 유흥접객업소의 업주가 경찰당국의 단속대상에서 제외되어 있는 만 18세 이상의 고등학생이 아닌 미성년자는 출입이 허용되는 것으로 알고 있었더라도 이는 미성년자보호법 규정을 알지 못한 단순한 법률의 부지에 해당하고 특히 법령에 의하여 허용된 행위로서 죄가 되지 않는다고 적극적으로 그릇 인정한 경우는 아니므로 비록 경찰당국이 단속대상에서 제외하였다 하여 이를 법률의 착오에 기인한 행위라고 할 수는 없다.

[해 설]

I. 들어가는 말

법률의 부지란 행위자가 일정한 행위를 금지하고 있는 규범을 알지 못해서 자신의 행위가 그 금지규범에 위반함을 모르는 경우이다. 규범의 효력에 대한 착오나 해석의 착오는 행위자가 금지규범 자체를 알고 있다는 점에서 금지규범 자체를 모르고 있는 법률의 부지와 구별된다. 이러한 관점에서 대상판결의 쟁점은 세 가지로 압축될 수 있다. 첫째로 법률의 착오를 명시하고 있는 형법 제16조의 적용범위에 법률의 부지가 포함되는 것인지의 여부(쟁점 ①), 둘째로 대상판결의 사실관계는 법률의 착오에 해당되는지, 아니면 법률의 부지에 해당되는 것인지의 여부(쟁점 ②), 셋째로 법률의 부지의 경우에도 위법성의 인식이 없거나 인식가능성이 없을 수 있는데, 이와 같은 경우 법률의 부지라는 이유만으로 처벌해야 할 이론적 근거가 있는지(쟁점 ③)이다.

쟁점 ③은 이미 형법이론상 해결되었으므로 이하에서는 쟁점 ①과 쟁점 ②에 관해서만 논증하기로 한다.

II. 법률의 착오의 적용범위에 법률의 부지가 포함되는지의 여부

1. 학 설

학설에 따르면 형법 제16조의 착오는 위법성에 관한 착오를 의미하며, 이러한 착오는 ① 금지규범 자체를 아예 모르거나(법률의 부지), ② 금지규범 자체를 알고 있지만 효력이 없다고 생각하거나(효력의 착오), 해당 금지규범을 잘못 해석함으로써 적용범위를 잘못 판단하는 '포섭의 착오'를 일으킨 결과, 행위자가 자신의 행위가 금지규범에 해당되지 않는다고 생각하는 경우로 구분할 수 있다고 본다. 따라서 법률의 부지의 경우에도 위법성의 인식에 관한 착오이며, 그러한 착오에 빠지게 하거나 그러한 착오를 할 수밖에 없는 정당한 사유가 존재할 때에는 형법 제16조에 따라 위법성의 인식이 없어 죄가 성립될 수 없다는 결론에 이른다.

2. 대법원의 태도

대법원에 따르면, 형법 제16조의 의미는 "단순한 법률의 부지의 경우를 말하는 것이 아니고 일반적으로 범죄가 되는 행위이지만 자기의 특수한 경우에는 법령에 의하여 허용된 행위로서 죄가 되지 아니한다고 그릇 인식하고 그와 같이 그릇 인식함에 있어 정당한 이유가 있는 경우에는 벌하지 아니한다"는 입장이다. 즉 대법원은 형법 제16조의 적용대상인 '법령'에 의하여 죄가 되지 아니하는 행위의 범위에 대해 행위자가 위반한 금지규범 자체의 불인식(즉 법률의 부지)을 포함시키지 않는 것으로 설시하고, 행위자는 자기 행위의 규범위반성을 알지만 자신의 특수한 경우에는 '법령'에 의하여 그 금지규범의 위반이 적극적으로 허용된 경우라고 한다.

그렇다면 형법 제16조에서 말하는 '법령'은 '법률의 부지'가 문제되는 법령은 포함되지 않고, '그 이외의 법령'으로 파악해야만 대법원의 입장이 다소라도 납득될 수 있어 보인다.

Ⅲ. 대상판결 사안이 법률의 착오에 해당되는지, 법률의 부지에 해당되는지의 여부

1. 학 설

대상판결 사안은 피고인이 해당 미성년자보호법 자체를 전혀 모르는 것이 아니라 알고 있었지만, 적용범위가 18세 이상자인가 아니면 18세 미만자인가를 잘못 알았기 때문에, 잘못된 해석의 결과 적용범위의 착오로 인한 '포섭의 착오'에 해당될 수 있어 보인다. 따라서 법률의 부지에 관한 대법원의 입장을 따른다고 할지라도 위 사안은 법률의 착오로 파악해야 하며, 이에 따라 피고인의 법률의 착오가 정당한 이유를 갖고 있는지를 따져보아야 했다.

2. 대법원의 태도

대법원은 이점에 관해 자세한 언급이 없이 위 사안을 법률의 부지에 해당한다고 판시하고, 그 결과로 피고인의 위법성 인식 가능성에 관한 어떤 검토도 필요없다는 입장을 취한 셈이 되었다.

그러나 대법원의 이러한 태도는 법률의 부지에 관한 본론적인 입장과는 거리가 멀다. 왜냐하면 피고인은 금지규범인 미성년자보호법의 해당조문을 전혀 모르고 있는 것이 아니고, 알고는 있었기 때문에 '단순한 법률

의 부지'일 수 없으며, 피고인의 해당규범에 대한 해석의 잘못으로 적용범위를 오해했을 뿐이기 때문이다.

게다가 대상판결은 법률의 부지라는 이유만으로 행위자에 대한 책임비난의 핵심요소인 위법성의 인식 내지 인식가능성을 요구하는 현대 형법이론학에서 받아들이기 어려운 입장이다.

Ⅳ. 나오는 말

대법원이 1953년 10월 3일 제정형법의 시행 후에도 "법률의 부지는 범죄성립에 영향이 없다"는 입장을 갖게 된 배경에는 다음과 같은 사유들이 작용한 것으로 보인다. 즉 제정형법의 시행 초기 때만 해도 "법률의 부지는 용서받지 못한다"라는 로마법상의 전통이 법조계와 학계에서 지배적이었고, 구형법인 일본형법 제38조 제3항은 법률의 부지의 경우에는 범죄성립에 영향이 없음을 명시하고 있었다. 이러한 내용의 구형법은 1953년 10일 2일까지 우리나라에 적용되었다.

형법의 해석과 적용은 오늘날 범죄성립에 관해 이미 확립된 보편적인 이론에 입각해야 하고, 죄형법정주의의 준수에도 철저해야 한다. 수많은 대법원의 판례는 죄형법정주의와 이것의 준수를 노래하고 있다. 그럼에도 해당 사안과 같은 법률의 착오에 관해서는 합리적인 근거도 없이 법률의 부지라고 평가하거나 혹은 법률의 부지라는 이유만으로 행위자의 그런 착오가 정당한 이유가 있었는지를 검토한 적이 없다. 범죄로 처벌되기 위해서 행위자는 책임을 져야 하는데, 책임을 지기 위해서는 책임능력과 자신의 행위가 위법함을 알거나 알 수 있어야 하며, 적법행위의 기대가능성이 있어야 한다. 법률의 부지의 경우에도 행위자의 위법성의 인식이 가능하지 않을 수도 있는데, 이런 점을 일체 무시하고 있는 대법원 판례의 입장은 정당하다고 할 수 없다. 오늘날 우리나라에서 시행된 700여 개가 넘는 행정형벌에 관한 법률들을 모두 파악할 수 있는 사람은 없으며, 관련 규정의 해석에 관해 관계당국의 의견에 따른 경우까지 처벌한다는 것은 형법 제16조의 입법취지에 반한다고 할 것이다.

[참고문헌] 김영환, "법률의 부지의 형법해석학적 문제점", 형사판례연구 [11](2003); 허일태, "법률의 부지의 효력", 형사판례연구 [1](1993).

[필자: 허일태 교수(동아대)]

[37] 위법성조각사유의 전제사실의 착오

[대상판결] 대법원 1986. 10. 28. 선고 86도1406 판결

[사실관계] 피고인은 소속중대장의 당번병으로서 수시로 영외에 있는 중대장의 관사에 머물면서 중대장 또는 그 처가 시키는 일을 해오고 있었다. 하루는 중대장의 지시로 관사를 지키고 있는데, 밤 12시경 중대장과 함께 외출을 나간 중대장의 처로부터 비가 오고 밤이 늦어 혼자서는 도저히 여우고개를 넘어 귀가할 수 없으니 우산을 들고 관사로부터 1.5킬로미터 정도 떨어진 여우고개까지 마중을 나오라는 연락을 받고 당번병으로서의 임무라고 생각하고 마중을 나가 새벽 1시경 귀가함으로써 군형법상 무단이탈죄(제79조)가 문제되었다.

[판결요지] 소속 중대장의 당번병이 근무시간 중은 물론 근무시간 후에도 밤늦게까지 수시로 영외에 있는 중대장의 관사에 머물면서 집안일을 도와주고 그 자녀들을 보살피며 중대장 또는 그 처의 심부름을 관사를 떠나서까지 시키는 일을 해오던 중 사건당일 중대장의 지시에 따라 관사를 지키고 있던 중 중대장과 함께 외출나간 그 처로부터 24:00경 비가 오고 밤이 늦어 혼자 귀가할 수 없으니 관사로부터 1.5킬로미터 가량 떨어진 지점까지 우산을 들고 마중을 나오라는 연락을 받고 당번병으로서 당연히 해야 할 일로 생각하고 그 지점까지 나가 동인을 마중하여 그 다음날 01:00경 귀가하였다면 위와 같은 당번병의 관사이탈 행위는 중대장의 직접적인 허가를 받지 아니 하였다 하더라도 당번병으로서의 그 임무범위내에 속하는 일로 오인하고 한 행위로서 그 오인에 정당한 이유가 있어 위법성이 없다고 볼 것이다.

[해 설]

Ⅰ. 들어가는 말

대상판결은 상관의 명령에 의한 행위의 형법적 처리에 관한 것으로 두 가지 쟁점을 갖고 있다. 그 하나는 위법명령에 따른 행위가 형법상의 정당행위가 될 수 있을 것인가(쟁점 ①)와, 다른 하나는 사병이 상관의 위법명령을 적법한 명령으로 오인한 경우에 형법적으로

어떻게 해야 하는가(쟁점 ②)이다. 먼저 쟁점 ①과 관련하여 형법 제20조 정당행위에서 법령에 의한 행위 중 상관의 명령에 의한 (직무집행)행위가 정당행위가 성립하여 위법성이 조각되기 위해서는 명령자체가 적법한 것이어야 한다. 대상판결에서 중대장이 당번병에게 사사로운 집안일을 처리하도록 시키는 것은 적법한 명령이라고 할 수 없다. 더욱이 중대장이 아닌 그의 처가 지시한 것이라면 더욱 적법한 명령이라고 할 수 없고, 이러한 위법한 명령에 따른 행위는 정당행위가 성립하지 않는다(다만, 위법한 명령이라고 하더라도 부하로서 거부할 수 없는 구속력이 있다면, 책임이 조각되는 것으로 보는 것이 통설과 판례의 입장이다. 물론 위법한 명령이면서 구속력도 없다면 가벌성이 인정된다).

문제는 피고인이 적법한 명령이 없음에도 "당번병으로서 당연히 해야 할 일로 생각"했다는 것에서 알 수 있듯이 적법한 명령이 존재하는 것으로 오인하였다는 것이다(쟁점 ②). 즉 위법성조각사유의 (객관적) 전제사실에 관한 착오(일명 허용상황의 착오)가 발생한 것이다. 허용상황의 착오에 대해서는 형법상 규정이 없다. 물론 허용상황의 착오는 법률의 착오의 하나이고, 법률의 착오는 형법 제16조에서 착오에 정당한 이유가 있으면 불가벌이 된다([34] '법률의 착오에서의 정당한 이유' 참조). 그렇다면, 착오에 정당한 이유가 인정되지 않을 때 어떻게 처벌할 것인가가 문제되는데, 허용상황의 착오는 사실의 착오와 법률의 착오 양면을 포함하고 있는 특성상 그 처리에 대하여 논란이 있다.

Ⅱ. 적법한 명령이 존재하는 것으로 오인한 수행행위자에 대한 형사책임

1. 학 설

먼저 엄격책임설은 허용상황의 착오를 법률의 착오로 본다. 엄격책임설은 고의와 위법성인식을 분리시켜 위법성인식을 독자적 책임요소로 파악하므로 위법성인식이 결여되어도 고의는 여전히 존재한다. 따라서 허용상황의 착오가 있더라도 고의범 성립에는 영향이 없고, 착오에 대한 정당한 이유의 존재 여부에 따라 형법 제

16조에 따른 불가벌 또는 고의범으로 처벌된다.

제한책임설은 허용상황의 착오를 사실의 착오로 본다. 제한책임설은 정당화상황이 존재하는 것으로 오인한 것은 범죄가 된다는 사실을 인식하지 못한 사실의 착오와 같은 상황이라는 점에서 고의범으로 처벌할 수 없고, 착오에 과실이 있고 그에 대한 처벌규정이 있는 경우에 과실범으로 처벌된다. 구체적인 방법과 관련하여, 유추적용제한책임설은 허용상황의 착오는 다른 금지착오와 달리 사실착오의 성격을 갖고 있으므로 형법 제15조를 유추적용해서 사실의 착오처럼 처벌한다. 법효과제한책임설은 허용상황의 착오의 본질은 금지착오이므로 금지착오로 해결하지만, 사실착오의 측면도 있으므로 법효과만 사실착오와 동일하게 취급한다.

위법성조각사유를 소극적 구성요건요소로 구성요건 단계에서 고려해야 한다는 소극적 구성요건요소이론에 따르면 허용상황의 착오는 구성요건 착오가 되어 고의를 조각하게 되고, 착오에 과실이 있고 과실범 처벌규정이 있으면 과실범으로 처벌된다.

2. 대법원의 태도

대법원은 종래 위법성인식이 고의의 성립요소가 된다는 고의설(대법원 1978. 1. 31. 선고 77도3332 판결)을 취하고 있는 것으로 보인다(오상방위에 있어서 엄격책임설과 일치하는 표현을 쓴 경우가 있다고 보는 견해도 있다). 따라서 피고인의 오인에 정당한 이유가 있으면 고의범으로 처벌되지 않고, 그러한 오인에 과실이 있으면 과실범으로 처벌된다.

그런데 대법원은 대상판결에서 피고인의 행위는 "당번병으로서의 그 임무범위 내에 속하는 일로 오인하고 한 행위로서 그 오인에 정당한 이유가 있어 위법성이 없다"고 판시하고 있다. 즉 허용상황의 착오를 사실의 착오나 법률의 착오라는 형식적인 착오의 범주에서 파악하지 않고, '위법성 조각'이라는 독자적인 판단을 하고 있어 이에 대한 다양한 해석이 제기되기도 한다.

III. 나오는 말

대상판결에서 대법원은 당번병이 중대장의 처를 마중나간 행위가 임무범위 내에 속하는 것으로 오인한 행위로서 그 오인에 '정당한 이유'가 있다고 하여 형법 제16조의 법률의 착오를 적용하고 있지만, 그 법적 효과에 대해서는 "위법성이 없다"고 하여 고의설의 입장인지, 책임설의 입장인지 명확하게 드러나지 않는다. 이에 대법원이 대상판결과 같이 부하가 상관의 위법한 명령에 따른 행위가 범죄에 해당한다는 인식을 하지 못한 경우에는 구속력 있는 위법한 명령을 수행한 행위로서 위법성이 조각된다고 판단한 것이라고 보는 견해가 있는가 하면, 대법원이 대상판결과 같은 위법명령의 수행행위를 금지착오가 아닌 독자적인 위법성조각사유로 판단한 것이라고 보는 견해도 있다.

대법원이 대상판결에서 피고인의 행위를 "오인에 정당한 이유가 있어 위법성이 없다"고 판시한 것은 자칫 법률의 착오가 아니라 위법성조각사유로 판단하고 있는 것으로 보일 수 있어 문제가 있고, 무엇보다도 상관의 명령을 위법하다고 판단하면서 동시에 그러한 위법명령의 수행행위를 적법하다고 판단하는 것은 적절하지 않다고 본다. 따라서 위법성조각사유의 (객관적) 전제사실에 관한 착오로 정당한 이유가 존재한다면, 책임조각이 되어 무죄가 된다고 보아야 할 것이고, 정당한 이유가 존재하지 않는다면, 오인에 과실이 있고 과실범 처벌규정이 있으면 과실범으로 처벌하는 법효과제한책임설이 타당할 것으로 본다.

〔참고문헌〕하태훈, "상관의 명령에 복종한 행위", 형사판례연구 [9](2001).

[필자: 김혜정 교수(영남대)]

[38] 기대가능성

[대상판결] 대법원 2004. 7. 15. 선고 2004도2965 전원합의체 판결

[사실관계] 피고인은 여호와의 증인이라는 종교의 신자로서 현역병으로 입영하는 것이 위 종교의 교리에 반한다는 이유로 현역병입영을 거부하였다.

검사는 피고인이 정당한 사유없이 입영을 거부하였다는 범죄사실(병역법 제88조 제1항 위반)로 공소를 제기하였다. 항소심에서 1심과 마찬가지로 유죄판결을 선고하자 피고인은 피고인의 입영거부는 양심적 병역거부이므로 죄로 되지 아니한다고 상고를 제기하였다.

[판결요지] 입영기피에 대한 처벌조항인 병역법 제88조 제1항의 '정당한 사유'는 원칙적으로 추상적 병역의무의 존재와 그 이행 자체의 긍정을 전제로 하되 다만 병무청장 등의 결정으로 구체화된 병역의무의 불이행을 정당화할 만한 사유, 즉 질병 등 병역의무 불이행자의 책임으로 돌릴 수 없는 사유에 한하는 것으로 보아야 할 것이고, 다만 다른 한편, 구체적 병역의무의 이행을 거부한 사람이 그 거부 사유로서 내세운 권리가 우리 헌법에 의하여 보장되고, 나아가 그 권리가 위 법률조항의 입법목적을 능가하는 우월한 헌법적 가치를 가지고 있다고 인정될 경우에 대해서까지도 병역법 제88조 제1항을 적용하여 처벌하게 되면 그의 헌법상 권리를 부당하게 침해하는 결과에 이르게 되므로 이때에는 이러한 위헌적인 상황을 배제하기 위하여 예외적으로 그에게 병역의무의 이행을 거부할 정당한 사유가 존재하는 것으로 봄이 상당하다. 양심적 병역거부자에게 그의 양심상의 결정에 반한 행위를 기대할 가능성이 있는지 여부를 판단하기 위해서는, 행위 당시의 구체적 상황하에 행위자 대신에 사회적 평균인을 두고 이 평균인의 관점에서 그 기대가능성 유무를 판단하여야 할 것인바, 양심적 병역거부자의 양심상의 결정이 적법행위로 나아갈 동기의 형성을 강하게 압박할 것이라고 보이기는 하지만 그렇다고 하여 그가 적법행위로 나아가는 것이 실제로 전혀 불가능하다고 할 수는 없다고 할 것인바, 법규범은 개인으로 하여금 자기의 양심의 실현이 헌법에 합치하는 법률에 반하는 매우 드문 경우에는 뒤로 물러나야 한다는 것을 원칙적으로

요구하기 때문이다.

[해 설]
I. 들어가는 말

대상판결은 특히 병역법상의 병역의무의 이행을 거부하는 자에게 병역의무이행의 기대가능성이 존재하였는지 여부에 대한 검토를 위하여 적용될 기준이 무엇인지를 제시하고 있다. 여기에서 기대가능성은 행위자에게 범죄행위가 아닌 적법한 행위를 기대할 수 있는 적법행위의 기대가능성이다. 기대가능성이 있는 경우 행위자에 대하여 책임 비난이 가능하다. 바꾸어 말하면, 기대가능성이 부재하는 경우 행위자의 책임이 조각된다. 통설적 견해는, 기대불가능성은 책임조각사유의 기본원리이므로 이에 의하여 초법규적 책임조각사유를 인정하는 결과가 되는 것으로 설명한다. 이하에서는 이러한 통설적 견해의 전제에서, 과연 기대가능성 존재 여부를 판단하기 위하여 적용될 수 있는 기준으로 무엇이 타당한지에 대하여 학설과 판례의 입장을 중심으로 간략히 검토하도록 한다.

II. 기대가능성 인정 여부
1. 학 설

기대가능성을 초법규적 책임조각사유로 인정하는 견해에 따르더라도, 다음과 같이 기대가능성의 유무를 판단하는 기준을 어디에 둘 것인지에 대하여는 다시 견해의 대립이 존재한다.

우선 행위자표준설은 적법한 행위의 기대가능성 유무를 행위 당시 행위자의 구체적 사정을 표준으로 하여 판단해야만 한다는 견해로 요약될 수 있다. 다시 말하자면, 행위 당시 행위자가 처하고 있던 객관적 부수사정을 행위자의 입장에서 검토하라는 의미이다. 이러한 행위자표준설에 따르면, 행위자의 행위 당시에 행위자가 그러한 범죄행위 대신에 다른 적법한 행위를 할 수 있다고 기대할 수 있는가에 따라 기대가능성 여부가 판단된다. 행위자표준설은 행위자 본인과 무관하게 기대가능성 여부를 검토하게 되는 것이 결과적으로 행

위자에게 인간을 초월하는 행위를 요구하게 되는 것과 다르지 않다고 하면서, 형사책임의 일반원칙 및 기대가능성의 본질에 비추어 행위자 개인 능력 및 개인 사정에 따라 기대가능성의 존재 여부가 판단되어야 함을 논거로 제시한다.

이에 비하여 다수의 견해라고 할 수 있는 평균인표준설은 기대가능성 유무를 개별적인 행위자 개인이 아니라 사회의 평균인을 기준으로 하여 판단해야 한다는 견해라고 요약될 수 있다. 즉 행위 당시 행위자 자신이 처하고 있던 객관적 부수가정을 행위자가 아닌 법공동체내의 양심적인 일반적 평균인의 관점에서 평가하여야 한다는 것이다. 평균인표준설에 따르면, 기대가능성 존재 여부를 판단하기 위하여, 사회의 평균인이 행위자의 위치에 있었다면 적법한 행위가 기대 가능했겠느냐 여부를 검토하게 된다고 한다. 즉 기대가능성의 판단의 대상 자체는 행위자이지만, 평균인에 의한 객관적 판단에 따라야 한다는 것이다.

2. 대법원의 태도

대법원은 이 중에서도 다수의 견해인 평균인표준설과 같은 입장을 취하고 있는 것으로 해석된다. 즉 대상판결에서도 "행위 당시의 구체적 상황하에 행위자 대신에 사회적 평균인을 두고 이 평균인의 관점에서 그 기대가능성 유무를 판단하여야 할 것"이라고 하여, 평균인표준설이 취하는 관점을 거의 그대로 채택하고 있는 것으로 보인다. 대법원은 이후에도 평균인표준설을 계속하여 지지하고 있는 것으로 보인다. 예를 들어 형법상 위증죄의 적용여부가 문제된 사안인 대법원 2008. 10. 23. 선고 2005도10101 판결을 통하여 "피고인에게 적법행위를 기대할 가능성이 있는지 여부를 판단하기 위하여는 행위 당시의 구체적인 상황하에 행위자 대신에 사회적 평균인을 두고 이 평균인의 관점에서 그 기대가능성 유무를 판단하여야 한다"고 하는 등 기대가능성의 존재 여부에 대한 판단에 있어서 명시적으로 행위자표준설의 적용을 부정하고 평균인표준설을 취하고 있다.

Ⅲ. 나오는 말

학계의 다수 견해와 대법원이 취하고 있는 평균인표준설의 경우, 평균인 개념의 추상성 내지는 불명확성이 문제점으로 지적될 수 있을 것이다. 그러나 평균인표준설 대신 행위자표준설에 따르게 된다면, 그렇지 않아도 초법규적 책임조각사유로 기능하고 있는 기대가능성이 지나치게 확장적으로 적용될 수 있는 문제가 있다. 구체적 행위자를 기준으로 적법한 행위의 기대가능성을 개별화하게 되면, 각각의 행위자별로 책임비난 여부·정도가 모두 달라지고 법규범의 통일적 실현이 어려워져 형벌법규의 무력화 가능성이 우려될 것이라는 점도 간과할 수 없다. 결국에는 특히 확신범에 대하여 기대가능성이 없다는 판단을 하게 될 가능성이 높다는 문제도 발생할 것이다. 즉 행위자표준설에 따를 경우 책임비난의 과도한 주관화 가능성이 상존하게 되는 것이다. 이렇게 되면, 예를 들어 행정형법상 등에 규정되어 있는 의무위반형태의 범죄는 물론이며, 일부 부진정부작위범 형태의 범죄에 있어서 책임이 용이하게 조각되는 결과가 발생할 수 있다고 예상된다. 그에 비하여 평균인표준설에 의하게 되면, 비록 판단기준이 객관적이면서 동시에 추상적일지라도, 판단의 대상은 여전히 행위자 개인이라는 점을 중시할 필요가 있다. 또한 평균인표준설은 행위자표준설이 갖는 형벌법규 운용의 과도한 개별화 가능성이라는 문제점을 방지할 수 있다. 결국 우리 대법원과 학계의 다수의 견해가 취하고 있는 평균인표준설이 타당하다고 생각된다.

[필자: 임정호 연구위원(한국형사정책연구원)]

제4장

———

미 수 론

[39] 실행의 착수시기

[대상판결] 대법원 2000. 6. 9. 선고 2000도1253 판결

[사실관계] 피고인은 강간할 마음으로 피해자의 방에 들어가 피해자의 팔을 잡아 침대에 눕히고 몸으로 눌러 반항을 억압한 후 갑자기 입술을 빨고, 계속하여 저항하는 피해자에게 "너는 대학생이니까 괜찮다"고 하면서 유방과 엉덩이를 만지고 팬티를 벗기려고 하여 피해자가 이를 뿌리치고 동생 방으로 건너갔다. 당시 피고인은 매우 취한 것으로 보였고, 피해자는 자기 가슴과 엉덩이를 만질 때 피고인이 술주정하는 것으로 생각했으며, 힘없이 흐느적거리며 만졌기 때문에 피해자가 마음대로 할 수 있었다고 생각했고, 갑자기 팬티를 벗기려고 하여 너무 놀라 뿌리치고 동생 방으로 건너갔다.

[판결요지] 피고인에게 강간미수죄가 인정되었다. 강간죄는 부녀를 간음하기 위하여 피해자의 항거를 불능하게 하거나 현저히 곤란하게 할 정도의 폭행 또는 협박을 개시한 때에 그 실행의 착수가 있고, 폭행 또는 협박에 의하여 피해자의 항거가 불능하게 되거나 현저히 곤란하게 되어야만 실행의 착수가 있는 것은 아니다(대법원 1991. 4. 9. 선고 91도288 판결 참조). 피고인이 술에 취하여 실제로 피해자의 항거를 불능하게 하거나 현저히 곤란하게 하지 못하여 강간죄의 실행행위를 종료하지 못한 것에 불과한 것이 강간죄의 실행에 착수하였다고 판단하는 데 장애가 되는 것은 아니다.

[해 설]
Ⅰ. 강간죄에서의 실행의 착수시기
1. 폭행 시와 성교행위 시
강간죄는 성교행위 개시 시가 아니라 폭행개시 시에 실행에 착수가 있다. 간첩죄에서도 간첩의 목적으로 외국 또는 북한에서 국내에 침투 또는 월남하는 경우에는 기밀탐지가 가능한 국내에 침투, 상륙시점에 실행의 착수를 인정한다(대법원 1984. 9. 11. 선고 84도1381 판결). 한편 절도죄에서는 "물건에 대한 타인의 지배를 침해하는 밀접한 행위를 개시한 시점"(대법원 2003. 6. 24. 선고 2003도1985 판결), 문화재반출죄에서는 "반출 행위에 근접, 밀착된 행위를 한 시점"(대법원 1999. 11. 26. 선고

99도2461 판결)을 실행의 착수시기로 인정한다.

강간죄의 보호법익이 '성적 자기결정권'이라는 점에서 폭행의 시작 시점을 실행의 착수로 볼 수도 있다. 그러나 성교로 강간죄가 기수에 이르는 이상 이에 밀접 내지 밀착된 행위가 이루어지는 시점을 실행의 착수시기로 인정하는 것이 합리적이 아닌가에 관한 검토가 필요하다. 이 입장을 취한다고 해도 '밀접', '밀착', '근접' 등 포괄·추상적 개념을 판단, 결정할 기준을 정하기는 어렵다.

2. 폭행·협박의 정도
대상판결보다 10년 전 판결에서 대법원은 "강간할 목적으로 피해자의 집에 침입했다 해도 안방에 들어가 누워 자고 있는 피해자의 가슴과 엉덩이를 만지면서 간음을 기도하였다는 사실만으로는 강간의 수단으로 피해자에게 폭행이나 협박을 개시했다고 하기는 어렵다"(대법원 1990. 5. 25. 선고 90도607 판결)는 이유에서 실행의 착수를 부정한 바 있다. 대상판결에서 팔을 잡아 침대에 눕히고 몸으로 눌러 반항을 억압한 것이 강간죄의 요건인 피해자의 반항을 불가능하게 하거나 현저히 곤란하게 할 정도의 폭행(대법원 2013. 5. 16. 선고 2012도14788 전원합의체 판결)에 해당하는지는 공시된 판결에서 확실치 않다.

한편 간음할 목적으로 여자 혼자 있는 방문 앞에서 방문을 열어주지 않으면 부수고 들어갈 듯한 기세로 방문을 두드리고 피해자가 창문에 걸터앉아 가까이 오면 뛰어 내리겠다고 하는데도 베란다를 통하여 창문으로 침입하려고 한 것은 폭행과 강간의 착수라는 판결도 있다(대법원 1991. 4. 9. 선고 91도288 판결). 폭행·협박의 정도가 판단기준이라는 것이 판례의 입장으로 보이는데, 실행의 착수시점을 정하는 기준의 객관화에 도움이 되지만 내용도 수긍할 수 있는 것인지 더 면밀히 검토되어야 할 것이다.

Ⅱ. 실행의 착수에 관한 기준
(1) 강간죄는 결합범으로 제1행위인 폭행을 개시한

때 실행의 착수를 인정한다는 견해가 문헌에서 다수로 보인다.

(2) 실행의 착수에 관한 기준으로는 주관설, 객관설, 절충설 등이 거론된다. 간첩죄에서 판례는 주관설의 입장이라고 설명되어 있다. 절도와 문화재반출죄에서는 객관설 또는 절충설과 가깝다. 강간죄에서는 폭행, 즉 구성요건의 일부를 실현한 때에 실행의 착수를 인정한 것으로 객관설에 가깝다. 문헌에서 실행의 착수를 정하는 대표적 견해는 이른바 '개별적 객관설' 또는 '주관적 객관설'이다. 후자는 '범죄의사'가 주관적, '구성요건실현을 위한 직접적 행위'가 객관적 기준이라는 견해로서 구성요건의 실현을 위한 직접적 행위는 구성요건적 행위와 시간적·장소적으로 접근한 경우에 인정된다고 설명하고 있다. 전자는 '구성요건실현에 밀접한 또는 접근한 행위'가 객관적 기준이고 '범행계획'이 주관적 기준이라는 견해이다. 전자에서는 '시간적·장소적 접근', 후자에서는 '직접적 행위'를 결정할 객관적 기준이 무엇인지 명확하게 정하기 어렵다는 것은 여전히 해결되지 않은 문제로 판례보다 명확한 기준이라고 인정하기 어렵다.

(3) 실행의 착수시점은 형법총론에서 해결이 가장 어려운 문제 중 하나로 분류된다. 이유는 주관설, 객관설 모두 유효한 기준이 될 수 있으나 미흡하다는 점. 절충설을 취한다고 해도 '직접적 위험의 발생', '구성요건의 실현시도에 가장 접근한 단계'를 정하는 시점을 결정하는 객관적 기준을 만들어 내기 어렵다는 사실 등이다.

(4) 판례, 문헌 모두에서 간과된 점은 착수미수와 실행미수에서 실행의 착수시기를 정하는 기준이 달라야 한다는 사실이다. 착수미수에서는 다음 두 가지가 기준이다: ① 구성요건의 실현과 시간적으로 임박·직결된 행위부분이 이루어졌는가? ② 이 행위부분은 이미 행위대상이 영향력 및 통제범위로 넘어가 영향을 주었는가? 사태의 진행이 아직 행위자의 통제범위에 있다면 구성요건과 직결된 행위가 이루어졌다고 인정할 수 없기 때문에 이 기준이 필요하다. 절도의 목적으로 차안의 대상물을 물색하고(대법원 1985. 4. 23. 선고 85도464 판결) 문이 열렸나 확인해보는 행위(대법원 1986. 12. 23. 선고 86도2256 판결)는 바로 절취행위로 이어질 것이 예상되므로 구성요건의 실현과 시간적으로 임박·직결된 행위로 인정될 수 있다. 그러나 차안 물건에 대한 소유자의 통제에 영향력을 주지 못해 실행의 착수로 인정되지 않는다. 차안에 손을 넣어 물건을 잡으려는 행위를 시작해야 실행의 착수가 인정된다.

실행미수에서는 다음 두 가지가 기준이다: ① 행위자의 행위(부분)로 사건의 진행의 그의 통제범위를 벗어났는가? ② 행위대상자에게 직접적 위험이 초래되었는가? 둘 중 어느 하나만 충족되면 실행의 착수는 인정된다. 남편이 귀가하면 항상 냉장고의 우유 한 잔을 마시는 것을 이용해 그를 살해하려고 처가 냉장고 우유에 독을 넣은 순간 살인죄 실행의 착수는 성립한다.

III. 나오는 말

판례와 통설은 강간죄에서 실행의 착수는 폭행시점이라는 데에 의견이 일치하고 있으나, 착수미수와 실행미수의 구별과 각각의 경우 객관적 기준의 마련이 필요하다. 대상판결에서 범행시도자는 강간의 의도로 폭행한 것으로 나타나 있고 실행미수에 해당한다. 피해자에게 강간의 직접적 위험이 발생했는지는 확실히 드러나지 않았으나 사태의 진행이 자신의 통제범위를 벗어난 것으로 인정되므로 강간미수 판결은 결과에서 타당하다.

[참고문헌] 정영일, "절도죄에 있어서 실행의 착수시기", 형사판례연구 [2](1996).

[필자: 한정환 교수(선문대)]

[40] 중지미수의 성립요건 — 중지의 자의성

[대상판결] 대법원 1997. 6. 13. 선고 97도957 판결

[사실관계] 피고인은 자신의 아버지 방에서 라이터로 휴지에 불을 붙여 장롱 안에 있는 옷가지에 불을 놓아 건물을 소훼하려 하였으나 불길이 치솟는 것을 보고 겁이 나서 물을 부어 진화하였다.

[판결요지] 범죄의 실행행위에 착수하고 그 범죄가 완수되기 전에 자기의 자유로운 의사에 따라 범죄의 실행행위를 중지한 경우에 그 중지가 일반 사회통념상 범죄를 완수함에 장애가 되는 사정에 의한 것이 아니라면 이는 중지미수에 해당한다. 피고인이 장롱 안에 있는 옷가지에 불을 놓아 건물을 소훼하려 하였으나 불길이 치솟는 것을 보고 겁이 나서 물을 부어 불을 끈 것이라면, 위와 같은 경우 치솟는 불길에 놀라거나 자신의 신체안전에 대한 위해 또는 범행 발각시의 처벌 등에 두려움을 느끼는 것은 일반 사회통념상 범죄를 완수함에 장애가 되는 사정에 해당한다고 보아야 할 것이므로, 이를 자의에 의한 중지미수라고는 볼 수 없다.

[해 설]

Ⅰ. 들어가는 말

중지미수란 구성요건을 실현할 범죄결의를 갖고 범죄의 실행에 착수한 자가 그 범죄가 기수에 이르기 전에 '자의'로 범행을 중단하거나 결과의 발생을 방지하는 경우를 말한다(제26조). 중지의 자의성 여부에 따라 중지미수의 필요적 감면의 혜택을 받느냐 아니면 장애미수의 임의적 감경규정의 적용을 받느냐가 정해지므로 '자의'의 의미와 판단방법에 관한 논의는 매우 중요하다. 대상판결은 자의성에 관하여 판례의 일관된 입장인 절충설을 확인한 판결이다.

Ⅱ. 자의성 판단에 관한 학설

1. 객관설

외부적 사정에 의한 중지인가, 내부적 동기에 의한 중지인가를 구별하여 전자를 장애미수, 후자를 중지미수로 본다. 인간의사의 발동은 어떠한 외부적 사정에 의하여 유발되는 것이 대부분이기 때문에 외부적 사정과 내부적 동기를 구별하는 것이 쉽지 않고, 내부적 동기를 해석함에 있어서 행위자의 심리상태에 의존해야 하기 때문에 중지 미수가 지나치게 확대될 위험성이 있다. 이 견해에 따르면 경찰이 실제 오지 않았음에도 불구하고 온다고 착각하여 중지하면 자의성을 인정해야 한다.

2. 주관설

후회 또는 연민 등과 같은 윤리적 동기로 그만 둔 경우를 중지 미수로 보고 그 이외의 경우를 장애미수로 본다. 이 견해는 자의성과 윤리성을 혼동하고 있고, 윤리적 동기로 중지한 경우만 중지미수를 인정하기 때문에 중지 미수의 인정 범위가 지나치게 좁게 된다는 비판을 받는다. 예컨대 실행에 착수한 자가 꿈자리가 사나운 것을 떠올리고 그만 둔 경우나 실행 도중 돌아가신 선친의 모습이 떠올라 그만 둔 경우는 자의적 중지가 아니다.

3. 프랑크(Frank)공식

할 수 있었음에도 하기 원하지 않아서 그만 둔 경우가 중지미수이고, 하려고 하였지만 할 수 없어서 중지한 경우는 장애미수다. 이 견해는 어쩔 수 없이 포기할 수밖에 없어서 중지한 경우도 자의성을 인정하는 불합리한 점이 있다.

4. 절충설

일반 사회 관념상 범죄수행에 장애가 될 사유가 있어 그만 둔 경우는 장애미수이고, 이러한 사유가 없음에도 자유로운 의사에 의하여 중지한 경우가 중지미수이다. 중지의 동기가 자율적인 동기인가 타율적인 동기인가를 구별하여 전자만 자의성을 인정하는 견해이다.

Ⅲ. 절충설에 따른 구체적 사례유형 해결

1. 내적 동기에 의한 중지: 두려움 또는 용기 상실의 경우

사정변경이 없었음에도 또는 외적인 범행수행상의 어려움이 없었음에도 중지의 의사형성의 계기가 행위자의 내면(예컨대 후회, 연민의 정, 불쌍한 생각, 양심의 가책, 수치심, 공포, 용기 상실 등)에 기인하는 경우에는 자

의성이 인정된다. 강간피해자가 다음에 친해지면 응해 주겠다고 간곡히 부탁하여 중지한 경우도 중지의 동인은 외부에 있지만 이는 내적 및 외적 강요상태에서의 의사결정이 아니므로 자율적 동기에 해당한다(대법원 1993. 10. 12. 선고 93도1851 판결). 운이 나쁘다고 생각하고 그만 둔 경우나 꿈자리가 사납다고 중지한 경우도 범죄수행에 장애가 될 만한 사정 때문에 중지한 것이 아니기 때문에 자의성을 인정할 수 있다.

판례는 대상판결처럼 범죄수행상 가질 수 있는 일반적인 두려움이나 용기 상실을 이유로 그만 둔 경우 중지 미수를 인정하지 않는다. 피고인이 피해자의 목 부위와 왼쪽 가슴 부위를 칼로 수회 찔렀으나 피해자의 가슴 부위에서 많은 피가 흘러나오는 것을 보고 겁을 먹고 그만 둔 경우에 자의에 의한 중지미수를 부정한다(대법원 1999. 4. 13. 선고 99도640 판결).

2. 구체적 사정에 기인한 범행발각 또는 처벌의 두려움

의사형성의 계기가 제3자에 의한 발각이나 인지처럼 외부에 기인하는 경우도 그로 인해서 애당초의 의사의 추진력이 마비될 정도가 아니라면 자율적 동기를 인정할 수 있다.

이에 반해서 구체적인 사정에 의해서 처벌 또는 발각의 두려움이나 위험성이 나타난 경우는 사후적인 위험증대로 행위자가 상황을 지배할 수 없는 상태에 놓이게 되며, 따라서 자신의 의사결정을 지배할 수 없는 상태가 되므로 타율적 동기에 의한 중지로 자의성이 부정된다. 예컨대 강간에 착수했으나 아는 여자라서 형사고소의 두려움 때문에, 발각되었다고 믿고 두려워서 그만 둔 경우에는 타율적 동기에 의한 중지가 된다(대법원 1997. 6. 13. 선고 97도957 판결). 강간하려 했으나 아이가 잠에서 깨어나서 그만 두었거나, 피해자의 남편이 시장에서 돌아온다고 하면서 임신 중이라고 말하자 그만 둔 경우는(대법원 1993. 4. 13. 선고 93도347 판결) 상황이 불리해졌기 때문에 중지한 경우이고, 세관원이 잠복근무 중이어서 범행이 발각될까 두려워서 그만 둔 경우(대법원 1986. 1. 21. 선고 85도2339 판결), 피고인이 갑에게 위조 예금통장 사본을 보여주며 외국회사에서 투자금을 받았다고 기망하여 자금 대여를 요청하였으나, 갑과 함께 입금 여부를 확인하기 위해 은행에 가던 중 범행이 발각될 것이 두려워 포기한 경우(대법원 2011.

11. 10. 선고 2011도10539 판결)도 중지미수를 인정할 수 없다.

3. 강한 정신적 장애로 인한 범죄의 실행 또는 완성이 불가능한 경우

범죄의 실행 또는 완성이 불가능할 정도(예컨대 강간하려다가 쇼크로 성욕상실 또는 성교불능상태에 빠진 경우)로 쇼크나 두려움이 극심한 정신적 압박으로 작용했다면 자율적 동기로 볼 수 없어 자의성은 부정된다.

4. 본질적인 사태의 변화 내지 상황이 불리해진 경우

본질적인 사태의 변화 내지 상황이 불리해서(예컨대 부녀가 생리 중이어서 성교에 부적합하다고 판단한 경우, 절도하려 했으나 재물의 가치가 적어서, 피해자의 저항이나 제3자의 출현, 특정한 범행대상을 발견하지 못한 경우 등) 그만 두었다면 외부적 장애로 보아야 한다. 예컨대 강간하려고 피해자를 폭행한 후 피해자가 수술한 지 얼마 되지 않아 배가 아프다면서 애원하여 그만 두었다면 불쌍히 여겼거나 설득되어 중지했다고 볼 수도 있으나 복부수술로 인한 통증으로 상황이 불리해졌기 때문에 중지한 것으로 보아야 한다.

Ⅳ. 나오는 말

대상판결에서는 놀라거나 두려움을 느껴 그만 둔 경우는 일반 사회통념상 범죄를 완성함에 장애가 되는 사정에 해당한다고 보아 자의성을 부정하고 있다.

그러나 대상판결에 대해서는, 그러한 두려움은 이미 행위 당시에 예상할 수 있는 사정에 의한 것이고 다른 구체적인 외부적 사정변경이 없음에도 불구하고 범행 자체에 대한 일반적인 공포나 두려움을 느끼고 용기가 상실되어 그만 두었기 때문에 자율적 동기에 의한 중지로 보아야 한다는 비판이 가능하다. 중지미수의 특혜가 불가벌이 아니라 필요적 감면이므로 자의성을 넓게 인정하는 것이 형사정책적으로 타당하다는 이유다. 다만 치솟는 불길에 의한 신체위해의 위험성이 중지의 의사결정을 압박할 정도였다면 자의성이 부정될 수 있다.

[참고문헌] 하태훈, "중지미수의 성립요건", 형사판례연구 [7](1999).

[필자: 하태훈 교수(고려대)]

[41] 예비의 중지

[대상판결] 대법원 1991. 6. 25. 선고 91도436 판결

[사실관계] 피고인들은 무우말랭이인 것처럼 위장하여 수입면허를 받아 부정하게 수입한 참깨(100톤)를 공모하여 면허 없이 반송할 것을 예비한 이후에(구 관세법 제181조는 무면허반송죄를, 동법 제182조 제2항은 그 예비의 처벌을 규정하고 있음) 자의로 중지하였다.

[판결요지] 중지범은 범죄의 실행에 착수한 후 자의로 그 행위를 중지한 때를 말하는 것이고, 실행의 착수가 있기 전인 예비음모의 행위를 처벌하는 경우에 있어서는 중지범의 관념은 이를 인정할 수 없다.

[해 설]

Ⅰ. 들어가는 말

예비란 특정범죄를 실현할 목적으로 행하여지는 준비행위로서 아직 실행의 착수에 이르지 않은 일체의 행위를 말한다. 이러한 예비는 고의의 특정범죄를 실현하기 위한 객관적인 준비행위를 의미하기 때문에, 내부적 범죄 결심이나 결심의 단순한 표명만으로는 부족하고 기본범죄의 실행을 가능·용이하게 하는 객관적·외부적 준비행위가 있어야 한다. 이에 따라 甲이 A를 살해하기 위하여 乙, 丙 등을 고용하면서 그들에게 대가의 지급을 약속한 경우 살인예비죄가 인정되고(대법원 2009. 10. 29. 선고 2009도7150 판결), 본범 이외의 자가 본범이 절취한 차량이라는 정을 알면서 본범의 강도행위를 위해 그 차량을 운전해 준 경우 강도예비죄가 인정된다(대법원 1999. 3. 26. 선고 98도3030 판결). 예비는 실행의 착수 이전의 개념이라는 점에서, 그 이후의 개념인 미수·기수와 구별된다.

이러한 예비와 관련하여 대상판결의 쟁점은 두 가지로 나누어 살펴볼 수 있다. 하나는 실행의 착수가 있기 이전인 예비단계에서 자의로 범행을 중지하여 실행행위에 나아가지 않은 경우(예비의 중지) 그 중지자에게 중지미수의 특례조항(제26조)을 유추적용할 수 있는가(쟁점 ①)이고, 다른 하나는 대상판결과 같이 2인 이상의 자가 공모하여 범죄를 실현하고자 하였으나 가벌적 예비단계에 그친 경우 예비죄의 공동정범이 인정될 수

있는가(쟁점 ②)이다. 전자에서는 예비는 미수의 이전 단계로서 법익침해의 위험성이 더 적을 뿐만 아니라 예비단계에서 범인을 합법의 세계로 되돌리기 위한 황금의 다리를 놓아줄 형사정책적 필요성이 있으며, 실행에 착수한 후에 중지한 경우 중지범으로서 형의 필요적 감면사유에 해당됨에 비하여, 실행을 개시하기 전에 예비행위를 중지한 경우 예비죄로 처벌되므로 양자 간에 형의 불균형이 있게 된다. 예컨대, 甲이 강도를 하려고 식칼을 구입하였으나 여의치 않자 결국 범행을 포기한 경우 甲에게 중지행위를 인정하여 형법 제26조를 적용하면 甲에게는 형면제까지 가능하지만, 이를 부정하면 甲은 강도예비죄(제343조)로서 7년 이하의 징역에 처해진다. 이러한 처벌의 불균형을 시정하기 위하여 형법 제26조를 예비 단계에서 자의로 중지한 자에게도 유추적용할 수 있는지, 없다면 형의 불균형을 어떻게 해소할 것인가의 문제가 대두된다. 후자에서는 예비행위는 무정형·무한정의 성격을 갖는데 그 실행행위성을 인정하여 공동정범의 성립을 인정할 수 있는가의 문제이다.

대법원의 판결요지에서는 쟁점 ①에 대해서만 답을 하고, 쟁점 ②에 대해서는 별도의 언급이 없다. 다만 대법원은 쟁점 ②에 대해 이미 대법원 1976. 5. 25. 선고 75도1549 판결([44] '예비죄의 방조범' 참조)에서 답하고 하고 있기 때문에 특별한 언급을 하고 있지 않은 것으로 판단된다. 이러한 두 가지 쟁점에 대해 학설의 주장과 판례의 태도를 비교하면서 설명하면 다음과 같다.

Ⅱ. 예비의 중지(쟁점 ①)

1. 학 설

유추적용 부정설은 형법 제26조 중지범의 특례규정을 예비의 중지에 유추적용할 수 없다는 견해이다. 그 논거로 중지미수도 미수의 일종이므로 실행의 착수가 있을 것을 요하는데, 실행에 착수하지 아니한 예비행위를 중지한 때에는 중지미수의 형감면을 유추적용할 수 없다거나, 예비행위 자체의 기수와 미수, 더 나아가 장애미수와 중지미수를 객관적 기준에 따라 구별한다는

것이 현실적으로 어려우므로, 그러한 구별은 실제로는 범인의 주장에 의존할 수밖에 없고 그렇게 되면 결과적으로 모든 예비행위에 대하여 중지미수의 특례를 적용해야 한다는 문제점이 있다고 한다. 다만 형의 불균형 문제를 해결하는 방법으로, ① 예비를 범죄로 처벌하는 경우에는 중지미수에 대하여도 형의 면제를 허용하지 말아야 한다는 견해, ② 예비는 능동적 후회(Tätige Reue)의 한 표현으로 자수에 이르렀을 때에만 예비죄의 자수에 대한 필요적 감면규정(제90조 제1항 단서, 제101조 제1항 단서 등)을 유추적용하여 처벌의 불균형을 시정할 수 있다는 견해, ③ 작량감경규정 및 자수감경규정 등에 의하여 형 감경을 할 수 있다는 견해가 있다.

유추적용 긍정설은 중지범에 대한 관대한 법률적·형사정책적 근거가 예비의 중지에도 그대로 유효하게 타당하고, 형의 불균형 문제를 해소하기 위해서는 예비의 중지에도 중지미수의 규정을 유추적용해야 한다는 견해이다. 다만 중지미수의 규정이 유추적용되는 범위에 관하여 다시, ① 예비의 형이 중지미수의 형보다 무거워 형이 불균형한 때에만 형의 균형상 중지미수의 규정을 유추적용해야 한다는 견해(제한적 유추적용설: 다수설), ② 예비의 중지는 기수의 중지가 아니라 예비행위를 중지하는 것이므로 감면의 대상형은 기수형이 아니라 예비죄의 법정형이어야 한다는 견해(전면적 유추적용설)가 있다.

2. 대법원의 태도

대상판결에서 대법원은 "실행의 착수가 있기 전인 예비음모의 행위를 처벌하는 경우에 있어서는 중지범의 관념은 이를 인정할 수 없다"고 하여 유추적용부정설의 입장임을 분명히 하고 있다.

III. 예비죄의 공동정범(쟁점 ②)

예비죄의 공동정범이란 2인 이상의 자가 공동하여 범죄를 실현하고자 하였으나 공범자 전원이 가벌적 예비단계에 그친 경우 예비죄의 공동정범이 성립하는가의 문제를 말한다. 이 문제는 예비죄에도 구성요건적 실행행위성이 인정될 수 있는가와 밀접한 관련을 맺고 있다. 이와 관련하여 기본범죄에 대해서만 실행행위성을 인정하는 것은 실행행위의 상대적·기능적 성격을 무시한 것이고 예비죄의 처벌규정이 있는 이상 당연히 처벌규정의 실행행위성을 인정할 수 있다는 긍정설(다수설)과 실행행위는 정범의 실행행위에 한정되고 예비행위는 무정형·무형식적인 것이므로 예비의 독자적인 실행행위성을 인정할 수 없다는 부정설이 대립한다. 예비죄의 공동정범이 성립하는가와 관련하여 예비죄의 실행행위성을 부정하는 입장에서 예비죄의 공동정범을 부정하는 부정설과 예비죄의 실행행위성을 인정하여 이를 인정하는 긍정설(다수설)의 대립이 있다.

대법원이 예비행위의 실행행위성을 인정하는지에 관한 명백한 판단자료는 없으나, "정범이 실행의 착수에 이르지 아니하고 예비단계에 그친 경우에는, 이에 가공한다 하더라도 예비의 공동정범이 되는 때를 제외하고는 종범으로 처벌할 수 없다"(대법원 1976. 5. 25. 선고 75도1549 판결; 대법원 1979. 5. 22. 선고 79도552 판결)고 판시하여 예비죄의 공동정범만큼은 인정하고 있다.

IV. 나오는 말

예비의 중지는 예비죄에 관한 처벌규정이 있는 범죄(내란죄, 내란목적 살인죄, 살인죄, 강도죄 등)에서만 문제된다. 이렇게 법이 금지하는 예비죄가 이미 실현된 상태에서 중지한 것에 대하여 완전한 형면제의 법효과는 인정받기 어렵다. 이 경우 형면제의 가능성을 배제한다면 유추적용 부정설도 설득력을 지니게 된다. 왜냐하면 굳이 중지미수의 형감경규정을 준용하지 않더라도 형법상 작량감경규정 내지 자수감경규정 등에 의하여 예비단계에서 중지한 자에 대하여 충분히 형감경이 이루어지기 때문이다.

그리고 예비죄도 형법상 범죄구성요건으로 설정되어 있고 그렇기 때문에 당연히 그에 상응하는 범죄행위를 규정하고 있으므로 그 행위를 공동으로 한 이상 공동정범을 인정하는 것이 타당하다.

결론적으로 대상판결이 예비의 중지에 대해 중지범의 관념을 인정하지 않고 피고인들을 예비죄의 공동정범으로 처벌한 것은 타당하다.

〔참고문헌〕 손동권, "중지(미수)범의 특수문제―특히 예비단계에서의 중지", 형사판례연구 [5](1999).

[필자: 김재윤 교수(건국대)]

[42] 공동정범과 중지미수

[대상판결] 대법원 1986. 3. 11. 선고 85도2831 판결

[사실관계] 피고인 甲은 乙과 함께 피해자가 운영하는 A 상회 사무실의 금품을 절취하기로 공모하여, 甲은 인근 포장마차에 있고 乙은 A 상회의 열려진 출입문을 통하여 안으로 들어가 물건을 물색하고 있었다. 甲은 자신의 범행 전과 등을 고려하여 스스로 결의를 바꾸어 피해자에게 乙의 침입사실을 알리고 피해자와 함께 乙을 체포하였다.

[판결요지] 형법 제26조는 "범인이 자의로 실행에 착수한 행위를 중지하거나 그 행위로 인한 결과의 발생을 방지한 때에는 형을 감경 또는 면제한다"고 규정한다. 특정범죄 가중처벌 등에 관한 법률 제5조의4 제1항(주: 2016. 1. 6. 삭제)은 '상습으로 형법 제329조 내지 제331조의 죄 또는 그 미수죄를 범한 자를 무기 또는 3년 이상의 징역'에 처하도록 규정하고 있는바, 이는 절도, 야간주거침입절도, 특수절도 및 그 미수죄의 상습 범행을 형법 각칙이 정하는 형보다 무겁게 가중처벌하는데 입법목적이 있는 것으로 형법 총칙상 중지미수에 관한 제26조의 적용이 배제된다고 할 수 없다. 乙이 A 상회에서 절취행위를 하던 중 甲이 피해자에게 이를 알리고 피해자와 함께 乙을 체포하여 그 범행을 중지하여 결과발생을 방지하였다는 피고인의 소위는 중지미수의 요건을 갖추었다고 할 것이니 같은 취지에서 형법 제26조를 적용하여 피고인에 대한 형을 면제한 제1심판결을 유지한 원심조치는 정당하여 아무런 위법이 있다고 할 수 없다.

[해 설]

I. 들어가는 말: 공범과 중지미수

형법 제26조의 중지미수는 임의적 감경의 대상인 장애미수, 임의적 감면의 대상인 불능미수와 달리 형벌의 필요적 감경 또는 면제를 가능케 하는 규정으로 피고인에게 가장 유리한 미수 규정으로 그 해석에 상당한 쟁점을 내포하고 있다. 대상판결은 이 중 다수 범죄참가의 한 형태인 공동정범에 중지미수에 관한 형법 제26조가 적용되기 위한 요건에 관해 대법원의 입장을

제시하고 있다. 대상판결을 통해 대법원은 "공동정범의 범행을 중지하여 결과발생을 방지하였다는 것이므로 피고인의 소위(所爲)는 중지미수의 요건을 갖추었다"고 판시하면서, 특별형법에 특별한 규정이 없어도 중지미수의 위의 법리는 적용됨을 판시하고 있다. 이는 단독 범행시에 나타나는 착수미수와 실행미수의 구별이 공동의 범죄참가 형태에서는 나타나지 않고, 오직 결과발생 방지행위를 요구하는 실행미수가 중지미수의 요건으로 중요하게 대두됨을 제시해 주고 있다.

대상판결을 통한 대법원의 이와 같은 태도는 판결이유를 통해 잘 나타나 있고, 적용대상 법률인 특별형법인 특정범죄 가중처벌 등에 관한 법률에 중지미수에 관한 별다른 규정이 없는 경우에도 형법총칙상 중지미수 규정이 적용될 수 있다고 판시하고 있다.

II. 중지미수와 공범론

1. 중지미수의 유형으로서 실행미수

단독범행을 전제로 전개된 미수론에 따르면, 중지미수의 유형은 실행에 착수하여 구성요건 해당행위를 전부 충족하지 못하는 경우인 착수미수, 실행에 착수하여 구성요건 해당행위를 전부 충족시킨 후 구성요건적 결과 발생을 저지하는 행위를 하여 이에 성공한 실행미수로 구분된다. 착수미수에 해당하기 위해서는 구성요건적 행위를 자의로 중단함으로써 결과의 불발생에 이른 때 중지미수가 가능한 반면, 실행미수에 해당하기 위해서는 자의로 결과발생을 저지하는 행위를 함으로써 구성요건에 해당하는 결과발생이 방지되어야 한다.

2. 중지미수로서 실행미수의 요건

다수의 범죄 참가인 공범, 특히 범행계획을 포함하는 공모를 통한 범행의 역할 분담이 이루어지는 공동정범(제30조)의 경우에는 중지미수는 구성요건적 행위를 전부 하였는지를 불문하고 실행미수 요건을 충족시키는 자에게 인정된다. 공모한 당사자 중 1인의 실행의 착수 이후에는 공모 참여자 중 어느 누구라도 ① 자의로 결과발생을 저지(방지)하는 행위를 하고, ② 이로 인

해 구성요건적 결과발생을 저지(즉, 결과의 불발생)시킴으로써, 그리고 결과발생 저지행위와 결과의 불발생과의 ③ 인과관계를 충족해야 중지미수를 주장할 수 있는 것이다(통설). 또한 결과발생 저지행위는 단순한 부작위로는 부족하고 인과의 진행을 의식적으로 중단시키는 적극적 행위를 해야 하며(적극성), 결과의 발생을 방지하는 데 객관적으로 적합한 행위이어야 하며(상당성), 원칙적으로 행위자 자신이 하여야 하지만(직접성), 방지행위가 행위자의 진지한 주도하에 행해지고 제3자에 의한 결과의 방지가 범인 자신이 방지한 것과 동일시 될 수 있을 정도인 때에는 타인의 도움을 받아도 된다. 이 경우 그 타인은 행위자로 인해 행위하였어야 하며, 제3자에 의한 결과 방지가 범인 자신의 결과발생의 방지와 동일시 할 수 있을 정도의 노력을 요한다.

3. 실행미수 요건에 관한 대법원의 수용적 태도와 중지미수 규정의 형사특별법 적용

(1) 대법원의 실행 미수론 수용

대법원은 대법원 1969. 2. 25. 선고 68도1676 판결을 통해서 "다른 공범자의 범행을 중지케 한 바 없으면 범의를 철회하여도 중지미수가 될 수 없다"는 판시를 통해 공동정범 중 1인에게 중지미수의 성립을 인정하기 위해서는 '단순한 행위 중단이 아닌 자의에 의해 다른 공범자의 범행 중지케 하였을 것'을 필요로 함을 제시한 바 있다. 그런데, 다른 공범자의 범행을 중지케 하였을 것이라는 점은 '결과발생 저지행위'와 '그로 인한 결과의 불발생'을 모두 요구하는 것으로 해석될 수 있어서 종래 학계의 실행 미수 이론을 수용한 것으로 볼 수도 있다.

대상판결도 乙에 대한 체포를 통해 결과발생을 적극적으로 저지한 甲의 행위는 결과발생 방지행위, 결과의 불발생과 인과관계의 요건을 충족시킨다. 더군다나, 공모한 범행을 피해자에게 알리고 피해자와 합세하여 乙을 체포하였기 때문에 결과발생 방지행위의 적극성, 상당성 및 직접성을 모두 충족시킨다. 중지미수로서의 실행미수의 전형적인 예에 해당한다고 볼 수 있다. 이에 따라, 대법원은 중지미수에 의한 형 면제를 인정한 원심 판결을 승인하여 검사 측의 상고를 기각한 것이다. 판시를 통해 대법원이 실행미수의 요건인 결과발생 저지행위에 필요한 적극성, 상당성 및 직접성을 명시적으로 인정하였으면 공범에서의 중지미수 요건에 관해 좀 더 확실한 가이드라인을 제시할 수 있었을 것이라는 아쉬움이 있다.

(2) 중지미수 규정의 형사특별법으로의 적용

특별형법인 특정범죄 가중처벌 등에 관한 법률 제5조의4에 단순·야간주거침입·특수절도와 그 미수범에 대한 가중형벌을 규정하면서, 중지미수에 관해 별다른 규정이 없는 경우에, 형법총칙상 중지미수의 규정이 적용될 수 있는가가 문제되었다. 이에 미수범 처벌규정이 있는 형사특별법에서 중지미수 규정이 없는 경우에도 형법총칙상 중지미수 규정과 그 해석론은 적용될 수 있음을 분명히 한 판결이다. 이는 형법 제8조를 통해서도 근거지워지는바, 대상판결은 이를 확인하였다는 의미가 있다고 하겠다.

III. 나오는 말

대상판결은 공동정범의 실행의 착수 후 중지미수에 관해 실행미수의 요건 - ① 자의에 의한 결과발생 방지행위, ② 결과의 불발생, ③ 인과관계 - 에 관한 형법학계의 이론을 수용한 대법원 판례의 한 예로 평가된다. 또한, 공범에서의 중지미수에 관한 법리를 형사특별법에도 적용된다는 판시는 "다른 법령에 특별한 규정이 없으면 형법총칙에 관한 규정이 적용된다"고 규정하고 있는 형법 제8조를 다시 한 번 확인하였다.

하지만 중지미수의 한 유형인 실행미수의 요건인 '결과발생 방지행위'에 대해 학계에서 제시되고 있는 세부 요건 - 적극성, 상당성 및 직접성 - 에 대한 구체적이거나 명시적인 언급이 없는 점은 공동정범에서 중지미수의 인정에 관한 법리적 가이드가 부족하다는 평가를 받을 여지가 있다. 결과발생 방지행위에 관해 향후 좀 더 구체적인 판시를 통해 공동정범 중지미수 또는 실행미수의 성립에 관한 법리의 발전을 기대해 본다.

[참고문헌] 하태훈, "중지미수의 성립요건", 형사판례연구 [7](1999).

[필자: 이상현 교수(숭실대)]

[43] 불능미수(장애미수와의 구별)

[대상판결] 대법원 1978. 3. 28. 선고 77도4049 판결, 대법원 2019. 3. 28. 선고 2018도16002 전원합의체 판결

[사실관계] 피고인이 에페트린과 빙초산 등 화공약품을 혼합하고 섭씨 80도~90도로 가열하여 메스암페타민(속칭 '히로뽕') 1kg을 제조했으나 그의 제조기술과 경험부족으로 히로뽕 완제품 아닌 염산메칠에페트린을 생성시켰을 뿐으로 미수에 그친 사실을 인정하고, 그가 예비한 염산메칠에페트린으로 히로뽕을 생성하기 위하여서는 염산에페트린이 원료로 사용되어야 하고 염산에페트린은 염산메칠에페트린에 의하여 생성시킬 가능성을 인정할 수 있(다).

[판결요지] 불능[미수]범의 판단기준으로서 위험성 판단은 피고인이 행위 당시에 인식한 사정을 놓고 이것이 객관적으로 일반인의 판단으로 보아 결과발생의 가능성이 있느냐를 따져야 하므로 히로뽕제조를 위하여 에페트린에 빙초산을 혼합한 행위가 불능[미수]범이 아니라고 인정하려면 위와 같은 사정을 놓고 객관적으로 제약방법을 아는 과학적 일반인의 판단으로 보아 결과발생의 가능성이 있어야 한다.

[관련판결] 대법원 2019. 3. 28. 선고 2018도16002 전원합의체 판결

[사실관계] 피고인은 자신의 집에서 피해자와 함께 술을 마시다가 피해자를 따라 안방에 들어간 뒤, 피해자가 실제로는 반항이 불가능할 정도로 술에 취하지 아니하여 '항거불능의 상태에 있는 피해자'를 강간할 수 없음에도 불구하고, 피해자가 술에 만취하여 항거불능의 상태에 있다고 오인함으로써 누워 있는 피해자의 바지와 팬티를 벗긴 후 1회 간음하였다. 이로써 피고인은 피해자의 항거불능 상태를 이용하여 피해자를 강간하려고 하다가 미수에 그쳤다.

[판결요지] 피고인이 피해자가 심신상실 또는 항거불능의 상태에 있다고 인식하고 그러한 상태를 이용하여 간음할 의사로 피해자를 간음하였으나 피해자가 실제로는 심신상실 또는 항거불능의 상태에 있지 않은 경우에는, 실행의 수단 또는 대상의 착오로 인하여 준

강간죄에서 규정하고 있는 구성요건적 결과의 발생이 처음부터 불가능하였고 실제로 그러한 결과가 발생하였다고 할 수 없다. 피고인이 준강간의 실행에 착수하였으나 범죄가 기수에 이르지 못하였으므로 준강간죄의 미수범이 성립한다. 피고인이 행위 당시에 인식한 사정을 놓고 일반인이 객관적으로 판단하여 보았을 때 준강간의 결과가 발생할 위험성이 있었으므로 준강간죄의 불능미수가 성립한다.

[해 설]

I. 들어가는 말

판례와 학설은 가벌적 불능미수의 성립을 위해서는 실행의 착수, 결과발생의 불가능 그리고 위험성의 존재 가능성을 적시하고, 이들 3요소가 결합할 때 불능미수가 성립한다고 본다. 이런 불능미수범이 성립하는데 결정적 요소는 '위험성의 존재'를 인정해야 한다고 본다. 그 이유는 불능미수를 규정한 형법 제27조(이하에서는 '제27조'로 언급함)가 "…결과발생이 불가능하더라도 '위험성이 있는 때에는 처벌'한다."고 명시하고 있기 때문이다. 여기서 말하는 위험성의 대상은 행위객체에 대한 침해를 문제 삼는다. 이런 종류의 위험성의 기준에 대해 국내에서는 크게는 추상적 위험설과 구체적 위험설로 대별할 수 있다. 자세히 살피면 많은 학설들이 난무하고 있다.

II. 형법 제27조에서 '위험성'의 의미

1. 대법원의 입장

대법원은 가벌적 불능미수범을 구별하는 기준으로서 행위대상에 대한 사실상의 위험성 여부에 두고 있다. 즉 불능미수범의 판단기준으로서 위험성 판단은 피고인이 행위 당시에 인식한 사정을 놓고, 이것이 객관적으로 일반인의 판단으로 보아 결과발생의 가능성이 있느냐를 따져 본다.

이에 따라 대상판결에서 "피고인의 행위의 위험성을 판단하려면 피고인이 행위 당시에 인식한 사정, 즉 원심이 인정한 대로라면 에페트린에 빙초산을 혼합하여 80~90의 가열하는 그 사정을 놓고 이것이 객관적으로 제약방법을 아는 일반인(과학적 일반인)의 판단으로 보아

결과발생의 가능성이 있느냐를 따졌어야 할 것"이라고 설시하고 있다. 그러면서 "이점에 관한 심리절차 없이, 다시 말해서 어째서 위험성이 있다고 하는지 그 이유를 밝힌 바 없어 위험성이 있다고 판단한 조치에는 이유불비의 위법 아니면 불능범 내지는 위험성의 법리를 오해한 잘못이 있다고 하리니 이점을 들고 있는 논지 부분도 이유 없다고 할 수 없다."고 판시하고, 해당사건을 원심법원에 파기 환송하였다. 즉 원심법원이 제27조가 명시한 '위험성'의 존재이유를 객관설을 근거로 밝혔어야 하는데, 이를 밝히지 않았다는 점을 지적하고 있다.

불능미수범의 위험성 판단에 관련하여 관련판결 역시 피고인의 행위 당시에 인식한 사정과 그 사정을 놓고 일반인의 판단으로 보아 결과발생의 가능성이 있어야 한다는 입장이다. 즉 대법원은 "피고인이 행위 당시에 인식한 사정을 놓고 일반인이 객관적으로 판단하여 보았을 때 준강간의 결과가 발생할 위험성이 있었으므로 준강간죄의 불능미수가 성립한다."고 판시하고 있다.

2. 학 설

학설은 추상적 위험설이나 구체적 위험설을 따르는 입장으로 대별된다. 후자는 행위자의 행위 당시에 인식한 사정과 일반인이 인식할 수 있었던 사정을 기초로 일반적 경험법칙에 따라 사후적으로 결과발생의 개연성이 있다고 인정할 때에는 구체적 위험성이 있다고 보고, 이런 경우 처벌해야 한다는 입장이다. 그러나 행위자가 인식한 사정과 일반인이 인식할 수 있었던 사정이 일치하지 않으면 무엇을 기준으로 해야 하는지가 여전히 남는다. 구체적 위험설에 충실하기 위해서는 행위 당시 일반인이 인식할 수 있었던 사정만을 기초로 하여 일반인의 입장에서 결과발생의 가능성 유무를 판단하여 위험성 유무를 결정해야 한다는 주장도 있다.

Ⅲ. 장애미수와 불능미수의 구별

대법원은 "장애미수 또는 중지미수는 범죄실행에 착수할 당시 실행행위를 놓고 판단하였을 때 행위자가 의도한 범죄의 기수가 성립할 가능성이 있었으므로 처음부터 기수가 될 가능성이 객관적으로 배제되는 불능미수와 구별된다."고 한다. 불능미수의 성립요건인 '위험성'은 피고인이 행위 당시에 인식한 사정을 놓고 일반인이 객관적으로 판단하여 결과발생의 가능성이 있는지 여부를 따져야 하므로, 관련 판결의 사안은 피고

인이 인식한 사정에서 결과발생이 불가능하므로 장애미수가 될 수 없고, 불능미수에 해당한다고 본다.

Ⅳ. 나오는 말

제27조의 '위험성'에 관한 의미에 대해 판례와 학계의 입장인 행위대상에 대한 침해위험성의 입장에 동의하기 어렵다. 제27조에서 '결과 발생이 불가능'하다는 것은 범죄기수의 불가능뿐만 아니라 범죄실현의 불가능을 포함한다. 결과발생이 불가능하다면, 결과발생의 위험성은 현실적으로 가능하지 않고, 결과발생의 위험성은 논리적으로 존재할 수 없다. 그럼에도 결과발생이 불가능하더라도 위험성이 있을 때에는 처벌한다는 형법상의 규정 때문에 학자들은 위험성의 판단대상과 기준을 '결과발생의 초래위험성', '구성요건실현의 위험성' 혹은 '독자적 위험성개념'에서 찾고 있다.

모든 가벌적 범죄행위는 법익침해의 위험성을 가져야 하므로, 제27조의 '위험'성은 법익침해에 대한 위험성이어야 한다. 왜냐하면 형법 제27조의 입법 취지도, 행위자가 의도한 대로 구성요건을 실현하는 것이 객관적으로 보아 애당초 가능하지 않아서 원칙적으로 미수범으로도 처벌의 대상이 되지 않을 것이지만 규범적 관점에서 볼 때 위험성 요건을 충족하는 예외적인 경우 미수범으로 인정하여 형사처벌을 가능하게 하자는 데 있기 때문이다. 장애미수는 결과발생의 가능성이 현실적으로 존재할 수 있음에 반해, 불능미수는 존재하지 않는데 양자의 차이점이 있다. 행위대상에 대한 침해위험성이 현실적으로 가능하다면 장애미수는 성립될 수 있어도 불능미수는 불가능하다. 형법상 모든 형태의 미수범은 실행행위가 종료된 사후적 시점에서 판단하면 모두 결과발생이 없다는 점에서 동일하다. 행위결과가 실제로 발생하지 않았다는 것과 애초부터 불가능하다는 점을 구분하지 않는다면 장애미수와 불능미수는 구별될 수 없다. 관련판결의 사안은 결과발생이 현실적으로 가능하기에 장애미수라고 봄이 옳다. 불능미수의 경우라면 결과발생이 아예 불가능하지만 법적대적 의사에 의한 불법행위를 범했을 때 일반인의 관점에서 법익침해의 위험성을 느껴야 하기 때문이다.

〔참고문헌〕 허일태, "불능미수범에 있어서 위험성의 의미", 형사판례연구 [8](2000).

[필자: 허일태 교수(동아대)]

[44] 예비죄의 방조범

[대상판결] 대법원 1976. 5. 25. 선고 75도1549 판결

[사실관계] 피고인 甲은 무직인 乙, 丙에게 "있는 놈 것 얻어먹는다고 생각하고 강도질해서 한탕해오면 장물을 모두 매수해주겠다"라고 조언 격려하고 이에 乙, 丙이 강도를 결의하고 담배가게를 범행장소로 결정하고 답사를 마친 다음 같은 날 남대문시장에서 범행에 사용할 단도 2자루를 매수하고 범행시간을 심야로 정하였다(판결문상 나타나지 않으나 이후 乙, 丙이 검거되어 강도 실행에 착수하지 못한 것으로 보임).

검사는 乙과 丙을 강도예비, 甲을 강도예비방조로 각 기소하였다. 1심은 사실관계를 인정하면서도 乙, 丙에 대하여만 징역형을 선고하고 甲에 대하여 아래와 같이 무죄를 선고하였다. 무죄판결에 대하여 검사가 항소 및 상고하였고, 대법원은 최종적으로 상고를 기각하였다.

[판결요지] 형법 제32조 제1항의 타인의 범죄를 방조한 자는 종범으로 처벌한다는 규정의 타인의 범죄란 정범이 범죄를 실현하기 위하여 착수한 경우를 말하는 것이라고 할 것이므로 종범이 처벌되기 위하여는 정범의 실행의 착수가 있는 경우에만 가능하고 정범이 실행의 착수에 이르지 아니한 예비의 단계에 그친 경우에는 이에 가공하는 행위가 예비의 공동정범이 되는 경우를 제외하고는 이를 종범으로 처벌할 수 없다. 예비죄의 실행행위는 무정형 무한정한 행위이고 종범의 행위도 무정형 무한정한 것이고 형법 제28조에 의하면 범죄의 음모 또는 예비행위가 실행의 착수에 이르지 아니한 때에는 법률에 특별한 규정이 없는 한 벌하지 아니한다고 규정하여 예비죄의 처벌이 가져올 범죄의 구성요건을 부당하게 유추 내지 확장해석하는 것을 금지하고 있기 때문에 형법각칙의 예비죄를 처단하는 규정을 바로 독립된 구성요건개념에 포함시킬 수는 없다고 하는 것이 죄형법정주의의 원칙에도 합당하는 해석이라 할 것이기 때문이다. 따라서 형법전체의 정신에 비추어 예비의 단계에 있어서는 그 종범의 성립을 부정하고 있다고 보는 것이 타당한 해석이라고 할 것이다.

[해 설]

I. 대상판결의 분석

(1) 범죄의 실현단계에서 범죄구성요건을 충족하지 못한 경우로 예비·음모에 그친 경우와 실행에 착수하였으나 미수에 그친 경우를 생각해볼 수 있다. 형법은 총칙에서 미수의 경우 "처벌할 죄를 각 본조에 정한다"라고 규정하고(제29조), 예비·음모의 경우에는 "법률에 특별한 규정이 없는 한 벌하지 아니한다"라고 규정한다(제28조). 각칙에서 예비·음모죄를 처벌하는 경우는 미수범보다 적다. 각칙은 살인, 강도와 같이 매우 중한 범죄에서 "… 죄를 범할 목적으로 예비 또는 음모"한 자를 처벌한다는 형태로 규정하고 있다. 형법 제31조 제2항, 제3항은 교사자가 교사하였으나 피교사자가 실행을 승낙하지 않은 경우, 승낙하고서 실행에 착수하지 않은 경우를 음모 또는 예비에 준하여 처벌하도록 규정하고 있다.

위 규정들의 해석, 특히 예비죄의 법적 성격이나 공범 인정 여부에 관하여 여러 학설이 있다. 대상판결은 형법 체계상 예비죄를 기본범죄로부터 독립된 범죄로 파악할 수 없고 예비죄의 방조범도 인정할 수 없다는 점을 명확히 하고 있는 주요 판례이다.

(2) 1심판결은 무죄 이유로 형법상 예외적으로 처벌되는 예비죄의 방조행위를 종범 이론으로 처벌할 수 없음이 법리에 합당하다는 점, 형법 제31조 제2항이 교사자를 예비 또는 음모에 준하여 처벌하도록 규정할 뿐이지 종범에 관한 아무런 규정을 두고 있지 않은 점을 들고 있다. 검사는 상고이유에서 예비죄가 독립하여 처벌되는 경우 수정된 구성요건을 충족하는 행위를 실행행위로 보아야 하고 형법 제343조가 강도예비를 각 본조에 규정하고 있는 이상 형법총칙의 종범 규정의 적용을 배제할 필요가 없으며, 실행행위의 개념이 확대되더라도 사회통념상 한계가 있어 이를 무정형 무한정한 것이라 볼 수 없고, 예비죄의 방조를 인정하여야 법익 침해가 심하고 반사회성이 농후한 자를 처벌할 수 있다는 점 등을 주장하였다. 대법원은 1심의 논지 외에 예비죄를 독립된 구성요건 개념으로 보기 어렵고 죄형법정주의의 원칙에 비추어 예비죄 구성요건을 유추, 확

장할 수 없어 예비죄의 방조범을 인정할 수 없다는 점을 명확히 하였다.

대상판결 이후 여러 판례들이 일관되게 그 취지를 따르고 있다. '밀항단속법위반의 예비행위에 가공한 것에 불과한 행위'(대법원 1979. 5. 22. 선고 79도552 판결), '밀수자금을 부탁을 받고 선박 내에 은닉해 준 행위'(대법원 1979. 11. 27. 선고 79도2201 판결) 등을 예비죄의 방조에 불과한 것으로 보고 무죄를 선고하였다.

Ⅱ. 학 설

1. 예비 · 음모죄의 법적 성격

이에 관해서는 '기본범죄의 수정형식으로서 위법행위의 정형성을 갖추지 아니한 다양한 발현형태를 형사처벌의 대상으로 삼는 것이다'라는 입장('발현형태설'), '기본범죄와 일정한 거리를 두고 독자적으로 설정된 구성요건'이라는 입장('독립구성요건설'), '기본범죄의 수정형식인 경우와 독립범죄인 경우로 이분할 수 있다'라는 입장('이분설') 등이 있다. 대상판결은 발현형태설을 따르고 있다고 평가된다.

2. 예비죄의 방조범 성립 여부

이에 관해서는 긍정설과 부정설이 있다. 부정설은 예비죄는 독립범죄가 아니므로 예비행위 자체로 구성요건적 불법이 실현되었다고 보기 어려워 총칙의 공범규정을 적용할 수 없고 예비나 방조행위 모두 그 방법에 제한이 없고 무정형이므로 인정시 법적안정성을 해친다고 한다. 형법 제28조, 제31조 제2항 규정 취지도 부합하는 논거로 제시된다. 긍정설은 각칙에서 예비죄 처벌규정을 두고 있는 이상 그 구성요건을 실현하는 실행행위의 개념도 인정할 수 있으며 형법 제32조의 "타인의 범죄"라는 개념에 그러한 예비행위도 포함되므로 예비죄의 방조범을 인정할 수 있다고 한다.

사견으로 예비죄의 방조를 인정한다면 논리적으로 음모죄의 방조죄로 인정되는 등 예비 · 음모죄의 처벌범위가 지나치게 확대될 우려가 있어 법적안정성이 크게 훼손될 수 있으므로 부정설의 입장이 설득력이 있다고 생각한다.

Ⅲ. 관련문제

(1) 판례와 다수 학설은 예비죄의 공동정범을 인정한다. 이에 따르면 2인 이상이 목적범죄의 준비행위를 공동으로 분담한 경우 예비죄의 공동정범으로 처벌이 가능하다. 구성요건이 무정형인 예비죄의 특성상 개별 사안에서 예비죄의 공동정범인지 방조점인지를 구별하기 어려울 수 있다. 예비죄의 교사범에 대하여는 형법 제31조 제2항, 제3항이 '음모 또는 예비'에 준하여 처벌하도록 규정하여 입법적으로 해결하고 있다.

(2) 타인의 범죄실행행위를 위하여 준비행위를 하는 경우 이를 예비죄의 정범으로 처벌할 수 있는지에 관한 논란이 있다. 이는 스스로 범죄행위를 준비하는 '자기 예비'와 구별되어 '타인 예비'로 불린다. 타인 예비를 인정하는 입장도 있으나 인정 시 예비죄의 범위가 너무 확대되고, 예비단계에 머무르면 정범인데 타인이 실행행위에 나아가면 공범이 되는 부당한 결론이 될 수 있다는 점 등을 이유로 반대하는 입장이 많다. 예비죄의 정범으로 인정할 수 없다면 결국 예비죄의 공범(방조범)의 형태로 보는 셈이 될 것이다.

[필자: 박형관 교수(가천대)]

제5장

공 범 론

[45] 편면적 대향범에 대한 공범규정 적용

[대상판결] 대법원 2001. 12. 28. 선고 2001도5158 판결

[사실관계] 제약회사 간부인 피고인들은 공모하여, A가 약국개설자도 아니고 의약품도소매허가도 없어 의약품을 판매하거나 판매목적으로 취득할 수 없음에도, A가 마약대용물로 남용되고 있는 전문의약품인 염산날부핀을 대량구입하여 이를 시중의 일반인들에게 유통시킨다는 정을 알면서도, A에게 염산날부핀 100,000 앰플을 84,000,000원에 판매하여, A가 의약품인 염산날부핀을 일반인들을 상대로 판매하거나, 판매목적으로 취득할 수 있도록 공급하였다.

검사는 피고인들을 구 약사법 제35조 제1항(현행 제44조 제1항) 위반죄의 방조범으로 기소하였다. 원심은 약사법위반방조의 점에 대하여 유죄를 선고하였다.

[판결요지] 매도, 매수와 같이 2인 이상의 서로 대향된 행위의 존재를 필요로 하는 관계에 있어서는 공범이나 방조범에 관한 형법총칙 규정의 적용이 있을 수 없고, 따라서 매도인에게 따로 처벌규정이 없는 이상 매도인의 매도행위는 그와 대향적 행위의 존재를 필요로 하는 상대방의 매수범행에 대하여 공범이나 방조범관계가 성립되지 아니한다. (중략) 위 공소사실 부분은 정범인 A의 판매목적의 염산날부핀 취득행위라는 범죄사실에 대하여 피고인들이 A에게 염산날부핀을 판매, 공급함으로써 A의 범행을 방조하였다는 것인바, 이와 같이 의약품을 판매할 수 없는 A가 판매의 목적으로 의약품을 취득한 범행과 대향범관계에 있는 피고인들의 A에 대한 의약품 판매행위에 대하여는 형법총칙상 공범이나 방조범 규정의 적용이 있을 수 없으므로, 피고인들을 A의 범행에 대한 방조범으로 처벌할 수 없다.

[해 설]

Ⅰ. 들어가는 말

'대향범'은 2인 이상의 관여자가 동일한 목표를 추구하되 서로 다른 방향에서 서로 다른 행위를 행함으로써 하나의 범죄실현에 관여하는 '필요적 공범'의 한 형태이다. 우리 형법에는 대향자 일방만을 처벌하는 범죄가 규정되어 있다. 예컨대, 범인은닉·도피죄(제151조 제

1항), 음화판매죄(제243조), 촉탁승낙살인죄(제252조 제1항), 업무상비밀누설죄(제317조) 등이다. 이런 경우를 '편면적 대향범'이라고 부른다.

대상판결이 다루고 있는 구 약사법 제35조 제1항(현행 제44조 제1항)은 "약국개설자가 아니면 의약품을 판매하거나 판매의 목적으로 취득할 수 없다"라고 규정하고 있는바, 약국개설자인 판매자는 처벌하지 않고 있다. 대상판결의 사안에서 제약회사 간부인 피고인들은 약국개설자가 아닌 A가 판매 목적으로 의약품을 취득한다는 사실을 알면서도 공모하여 A에게 의약품을 판매했다. 이 사건에서 대법원은 동조가 피고인에게 적용되지 않는다고 전제하고, 피고인들을 A의 공범으로 처벌할 수 있는지 여부를 검토하였다. 그리고 '편면적 대향범' 중 처벌되지 않는 자에게 임의적 공범규정을 적용하여 처벌을 확보할 수 있는가에 대한 입장을 선명히 밝히고 있다.

Ⅱ. '편면적 대향범'에 대한 임의적 공범규정의 적용 여부

1. 통설과 판례 — 입법자의사설

통설은 쌍방이 처벌되는 대향범이든, 일방만 처벌되는 대향범이든 불문하고 대향범의 내부에서는 총칙상의 공범규정의 적용이 배제된다는 입장을 취하고 있다. 대상판결을 위시하여 많은 판례는 이 점을 반복하여 밝히고 있다(대법원 1985. 3. 12. 선고 84도2747 판결; 대법원 1988. 4. 25. 선고 87도2451 판결; 대법원 2007. 10. 25. 선고 2007도6712 판결; 대법원 2011. 4. 28. 선고 2009도3642 판결 등).

그 근거로는 필요적 공범에 있어서는 구성요건이 수인의 협력에 의하여 비로소 성립하며, 각자에 적용될 형벌도 각칙에 별도로 규정되어 있다, 정범으로 처벌될 수 없는 자는 공범으로도 처벌할 수 없기 때문에 결국 공범규정의 적용이 배제되어야 한다, 법정형이 동일한 대향범의 경우는 교사, 방조의 적용 여지가 없는 반면, 법정형이 상이하거나, 일방이 처벌되지 않는 경우에 교사, 방조의 규정이 적용된다면, 이는 균형에 맞지 않다

등이 제시되고 있다.

이러한 통설의 견해는 입법자가 애초에 일방만을 처벌해야겠다는 의사를 명시적으로 표시한 이상 이를 존중해야 한다는 것으로, '입법자의사설'이라 명명된다. 판례 역시 임의적 공범적용을 부인하는 근거로 '입법취지'를 들고 있는바, 이 입장을 취하고 있는 것으로 보인다(대법원 2004. 10. 28. 선고 2004도3994 판결).

2. 소수설 — 개별적 실질설

이와 달리 소수설은 불가벌의 이유를 입법자의 의사라는 형식적 기준이 아니라 불법 내지 책임의 결여라는 실질적 기준에서 구하면서, 해당 범죄의 특성, 가담행위의 유형, 가담의 정도를 고려하여 공범 적용 여부를 개별적으로 판단한다. 그리하여 이 입장은 '개별적 실질설'로 불린다. 이는 현재 독일과 일본의 통설과 판례의 입장이다.

이 입장은 대향자 중 일방만이 처벌되도록 규정된 대향범의 경우의 입법자의 의사를 단선적으로 보지 않고, 입법자가 상정한 정형적인 가담의 틀 내에 있는 대향자의 행위는 불가벌이지만 이를 초과하는 대향자의 행위는 공범으로 처벌된다고 본다. 그렇지만 ① 촉탁살인죄의 피해자, 미성년자 의제강간·강제추행죄에 가담한 13세 미만의 부녀 등과 같이 처벌되지 않는 대향자가 당해 구성요건의 보호법익의 향유자인 경우는 어떤 경우에도 불가벌로 보며, ② 가담자가 긴급피난과 유사한 상황에 타인의 은닉·도피행위를 거부할 수 없는 경우에도 공범 성립을 부정한다.

판례 중에서도 대향범에는 형법총칙 규정의 적용이 있을 수 없고 따라서 상대방의 범행에 대하여 공범관계도 성립되지 않는다는 입장을 밝히면서도, 그 논거에서는 정형적 가담의 범위를 넘지 않았다는 점을 밝히고 있는 경우도 있다(대법원 1998. 4. 25. 선고 87도2451 판결).

III. 나오는 말

(1) 불가벌적 대향자 중 대향범이 상정하는 정형적 관여행위를 넘어서는 가담행위를 한 자에 대하여 임의적 공범 규정을 적용할 수 있는가의 문제는 형법해석학의 기본방법론과 관련하여 심각한 고민거리를 던져준다. 대향범이 상정하는 정형적 관여행위를 넘어서는 가담행

위를 한 경우 처벌의 흠결이 생기며, 이 흠결은 종종 법감정에 배치되는 결과를 야기한다. 그러나 판례와 다수설은 이 경우 처벌을 택하는 것은 형법의 보장적 기능에 반한다고 판단하고, 임의적 공범 규정의 적용을 거부하고 있다.

(2) 모두에서 서술했듯이 대상판결은 피고인들에게 구 약사법 제35조 제1항이 적용되지 않음은 전제하고 있다. 이는 피고인들이 정범으로 기소되지 않았기 때문이라고 추정한다. 피고인들은 약국개설자가 아니라 제약회사 간부였던바, 동조의 문리해석에 따르면 이들은 동조 위반의 정범으로 처벌될 수 있었다. 그렇지만 검찰은 동조는 제약업체의 부정한 판매행위를 포괄하지 않는다는 목적론적 축소해석을 한 것으로 보인다.

[참고문헌] 김태명, "편면적 대향범에 가담한 자에 대한 형법총칙상의 공범규정의 적용가부", 형사판례연구 [21](2013); 조국, "대향범 중 불가벌적 대향자에 대한 공범규정 적용", 형사판례연구 [11](2003).

[필자: 조국 교수(서울대)]

[46] 부작위범에서 정범과 공범의 구별

[대상판결] 대법원 1997. 3. 14. 선고 96도1639 판결

[사실관계] 피고인 甲은 A 백화점 잡화부 소속 직원으로, 잡화매장 관리업무를 담당하면서 수시로 매장에 나가 고객들의 불만이 있는지를 조사하고 계약된 물품이 매장에 있는지를 확인하는 업무를 수행하여 왔다. 사건 당시 피고인 甲은 담당 매장을 하루에도 10여 차례씩 순회하여, 피고인 乙이 운영하는 잡화매장에서 가짜 캘빈 클라인(CALVIN KLEIN), 세린느(CELINE), 디케이엔와이(DKNY), 게스(GUESS) 상표가 새겨진 혁대를 진열하여 판매하는 것을 알고 있었다. 그럼에도 불구하고 해당 점주나 종업원에게 이를 제지하거나 시정을 요구하지도 아니하고, 자신의 상급자에게 보고하여 판매를 금지하도록 하는 조치를 취하지도 아니하였다. 그 결과 乙이 위 가짜 상표가 새겨진 혁대 등을 고객들에게 계속하여 판매하도록 방치하였다.

[판결요지] [1] 형법상 방조행위는 정범의 실행행위를 용이하게 하는 직접·간접의 모든 행위를 가리키는 것으로서 작위에 의한 경우뿐만 아니라 부작위에 의하여도 성립된다.

[2] 형법상 부작위범이 인정되기 위하여는 형법이 금지하고 있는 법익침해의 결과발생을 방지할 법적인 작위의무를 지고 있는 자가 그 의무를 이행함으로써 결과발생을 쉽게 방지할 수 있었음에도 불구하고 그 결과의 발생을 용인하고 이를 방관한 채 그 의무를 이행하지 아니한 경우에, 그 부작위가 작위에 의한 법익침해와 동등한 형법적 가치가 있는 것이어서 그 범죄의 실행행위로 평가될 만한 것이라면, 작위에 의한 실행행위와 동일하게 부작위범으로 처벌할 수 있다.

[3] 백화점에서 바이어를 보조하여 특정매장에 관한 상품관리 및 고객들의 불만사항 확인 등의 업무를 담당하는 직원은 자신이 관리하는 특정매장의 점포에 가짜 상표가 새겨진 상품이 진열·판매되고 있는 사실을 발견하였다면 고객들이 이를 구매하도록 방치하여서는 아니 되고 점주나 그 종업원에게 즉시 그 시정을 요구하고 바이어 등 상급자에게 보고하여 이를 시정하도록 할 근로계약상·조리상의 의무가 있다고 할 것임에도

불구하고, 이러한 사실을 알고서도 점주 등에게 시정조치를 요구하거나 상급자에게 이를 보고하지 아니함으로써 점주로 하여금 가짜 상표가 새겨진 상품들을 고객들에게 계속 판매하도록 방치한 것은 작위에 의하여 점주의 상표법위반 및 부정경쟁방지법위반 행위의 실행을 용이하게 하는 경우와 동등한 형법적 가치가 있는 것으로 볼 수 있으므로, 백화점 직원인 피고인은 부작위에 의하여 점주의 상표법위반 및 부정경쟁방지법위반 행위를 방조하였다고 인정할 수 있다.

[해 설]

I. 들어가는 말

대상판결은 乙에게 상표법위반과 부정경쟁방지법위반의 정범을 인정하고, 甲에 대하여는 부작위에 의한 방조의 성립을 인정하였다. 부작위범은 형법이 금지하고 있는 법익침해의 결과발생을 방지할 법적인 작위의무를 지고 있는 자가 그 의무를 이행하지 아니한 경우에 성립한다. 즉 부작위범이 성립하기 위해서는 ① 형법이 금지하고 있는 법익침해의 결과발생을 방지할 법적인 작위의무를 지고 있는 자가(보증인지위), ② 그 의무를 이행함으로써 결과발생을 쉽게 방지할 수 있었음에도 불구하고(결과회피가능성), ③ 그 결과의 발생을 용인하고 이를 방관한 채 그 의무를 이행하지 아니한 경우에(보증의무의 불이행), ④ 그 부작위가 작위에 의한 법익침해와 동등한 형법적 가치가 있는 것이어서 그 범죄의 실행행위로 평가될 만한 것이라면(작위와의 동가치성) 작위에 의한 실행행위와 동일하게 부작위범으로 처벌할 수 있다. 대상판결은 甲에게 보증의무의 발생근거에 대해서 '근로계약상·조리상의 의무'를 인정하였으며, 점주나 종업원에게 즉시 가짜상품의 진열과 판매의 시정을 요구하는 등 결과를 회피할 수 있었음에도 이를 방관하였다. 또한 대상판결은 甲의 부작위가 작위에 의한 법익침해와 동등한 형법적 가치가 있는 것이어서 그 범죄의 실행행위로 평가될 만한 것이라고 보았다. 문제는 부작위범의 성립에 필요한 모든 요건을 충족하였음에도 甲에게 정범이 아닌 공범의 성립을 인

정한 것이다. 이것은 부작위범에서 정범과 공범의 구별을 어떠한 근거에 의해서 구별할 것인가에 대한 문제를 제기하고 있다.

II. 부작위범에서 정범과 공범의 구별

부작위범에서 정범과 공범을 구별하는 기준은 완전히 다른 토대에서 출발할 수 있다. 즉 부작위에 의한 참가문제를 ① 작위범에서 발전된 정범과 공범의 구별이론을 부작위범의 영역에도 적용하는 입장, ② 부작위범의 구조적 특수성으로부터 나오는 독자적인 기준을 적용하는 입장이 있다.

①의 입장은 작위범의 영역에서 정범과 공범을 구별하는 기준인 범행지배설, 주관설, 객관설 등을 부작위범에도 그대로 적용하여 정범과 공범의 여부를 판단한다. 이 입장에 의하면 주로 범행지배설에 따라 정범과 공범이 구별되므로 통상 작위로 가담하는 자가 범행을 지배하게 되어 정범이 되고, 부작위로 가담하는 자는 공범이 된다.

②의 입장은 부작위범의 구조적 특수성 가운데 어떤 요소가 정범 또는 공범을 근거 지우는가에 따라 다양한 입장들이 주장된다. 첫째, 부작위범의 특성을 결과발생 방지의무에 두고 해당 의무를 위반하는 자는 모두 정범이며, 보증인이 아닌 자가 결과발생을 방지하지 아니한 경우에는 범죄의 성립이 부정된다는 입장이 있다(단일정범설 또는 유일정범설). 둘째, 의무범설의 입장에서 보증의무를 위반한 자에게는 원칙적으로 정범이 성립하나 구성요건상 정범의 성립에 보증의무 이외에 추가적인 구성요건표지를 요구하는 경우(예컨대 자수범의 경우) 이를 결하게 되면 보증인에게는 공범이 성립한다는 입장이다. 셋째, 보증의무의 구별에 따라 감독보증의무를 위반한 보증인은 원칙적으로 공범이고, 보호보증의무를 위반한 자는 정범으로 보는 입장이다. 넷째, 부작위의 작위와의 상응성(동가치성), 즉 보증인의 부작위가 '작위에 의한 정범의 구성요건실현행위'에 상응하는가 '작위에 공범의 구성요건실현행위'에 상응하는가에 따라, 전자의 경우에는 정범을, 후자의 경우에는 공범을 인정한다.

III. 나오는 말

판례는 부작위범에서 정범과 공범의 구별에 대하여 명확한 입장을 나타내고 있지는 않지만 범행지배설에 가까운 것으로 평가되고 있으며(대법원 2006. 4. 28. 선고 2003도4128 판결), 대상판결은 "실행을 용이하게 하는 경우와 동등한 형법적 가치가 있는 것으로 볼 수 있으므로"라고 표현하여 동가치성설에 근접한 것으로 보인다. 개인적으로는 보증의무를 결과회피의무로 이해하고, 이를 위반하는 보증인은 원칙적으로 정범이 성립한다고 보아야 한다. 이러한 결과회피의무는 존부만이 문제가 되고 그 많고 적음은 문제가 되지 않기 때문에 보증인의 종류나 보호법익에 대한 위험의 원인, 동가치성은 구별기준이 아니다. 다만 부작위에 의한 공범은 부작위 행위자가 정범의 성립요건을 충족함이 없이 법적 척도에 따라 범죄에 가담한 것으로 보이는 곳에서 성립가능하다고 보인다.

[참고문헌] 전지연, "부작위범에서 정범과 공범의 구별", 형사판례연구 [13](2005); 김태명, "부작위에 의한 살인죄의 공동정범의 성립요건", 형사판례연구 [24](2016).

[필자: 전지연 교수(연세대)]

[47] 간접정범

[대상판결] 대법원 1997. 4. 17. 선고 96도3376 전원합의체 판결

[사실관계] 피고인들은 국헌문란의 목적을 달성하기 위하여 그러한 목적이 없는 계엄군을 이용하여 난폭하게 시민들의 시위행위를 진압하였다. 피고인들은 군사반란으로 군의 지휘권을 장악한 후, 헌법기관인 국무총리와 국무회의의 권한을 사실상 배제하고자 하는 국헌문란의 목적을 달성하기 위하여, 비상계엄을 전국적으로 확대하는 것이 전군지휘관회의에서 결의된 군부의 의견인 것을 내세워 그와 같은 조치를 취하도록 대통령과 국무총리를 강압하고, 병기를 휴대한 병력으로 국무회의장을 포위하고 외부와의 연락을 차단하여 국무위원들을 강압 외포시키는 등의 폭력적 불법수단을 동원하여 비상계엄의 전국 확대를 의결·선포하게 하였다.

[판결요지] 범죄는 '어느 행위로 인하여 처벌되지 아니하는 자'를 이용하여서도 이를 실행할 수 있으므로(형법 제34조 제1항), 내란죄의 경우 '국헌문란의 목적'을 가진 자가 그러한 목적이 없는 자를 이용하여 이를 실행할 수도 있다고 할 것이다. (중략) 위 비상계엄 전국확대가 국무회의의 의결을 거쳐 대통령이 선포함으로써 외형상 적법하였다고 하더라도, 이는 피고인들에 의하여 국헌문란의 목적을 달성하기 위한 수단으로 이루어진 것이므로 내란죄의 폭동에 해당하고, 또한 이는 피고인들에 의하여 국헌문란의 목적을 달성하기 위하여 그러한 목적이 없는 대통령을 이용하여 이루어진 것이므로 피고인들이 간접정범의 방법으로 내란죄를 실행한 것으로 보아야 할 것이다.

[해 설]

I. 들어가는 말

대상판결은 다양한 형사법상 논점을 담고 있는 것이지만, 여기에서는 내란죄의 간접정범 성립 문제를 다룬다. 대법원은 이 판례에서 피고인들에게 내란죄의 간접정범 성립을 인정하였는데, 폭력적 시위진압에 동원된 국헌문란의 목적이 없는 군인들과 비상계엄 전국 확대를 선포한 국헌문란의 목적이 없는 대통령을 이용한 것이다.

간접정범은 타인을 범행매개자로 하여 자신의 범죄를 실행하는 것이다. 형법 제34조 제1항의 간접정범은 피이용자의 범위가 고의범의 귀책성이 없는 자로 제한되어 있고, 처벌은 공범의 예에 의한다는 점에 특색이 있다. 간접정범을 정범으로 본다면, 간접정범의 정범성 표지는 다수설인 행위지배설에 따를 때 의사지배이다. 형법상 간접정범이 성립하기 위한 기본적인 요건은 먼저 피이용자가 고의범의 귀책성이 없는 자이어야 하고, 다음으로 배후의 이용자는 정범성 표지로서 의사지배를 갖추어야 한다.

대상판결은 목적범인 내란죄의 간접정범 성립 문제를 다루고 있다. 목적범에서 목적이 없는 행위자는 구성요건해당성이 없고 처벌되지 않으므로 간접정범의 피이용자가 될 수 있다. 대상판결에서 먼저, 국헌문란의 목적 없는 군인들을 이용한 내란죄의 간접정범 사례는 군인들이 피고인들의 내란 목적을 알았다고 보기 어렵기 때문에 단순한 '목적 없는 도구' 사례이다. 반면, 대통령을 이용한 내란죄의 간접정범 사례는 '목적 없는 고의 있는 도구' 사례로 보아야 할 것이다.

II. '목적 없는 도구'를 이용한 간접정범

대상판결에서 시위진압에 동원된 국헌문란 목적이 없는 군인들을 이용한 경우는 '목적 없는 도구'를 이용한 형태의 간접정범에 관한 것이지 '목적 없는 고의 있는 도구'를 이용한 형태의 간접정범에 관한 것이라고 보기는 어렵다. 이 사례에서 군인들에게 폭동의 내용으로서의 폭행·협박에 대한 고의가 있다는 것은 인정될 수 있으나, 그 점에서 군인들을 '고의 있는 도구'라고 할 수는 없다. 군인들이 국헌문란의 목적을 위한 내란죄에 이용되고 있다는 것을 안 경우에만, 고의 있는 도구의 사례가 될 것이다. 그러나 이 사례에서 군인들이 국헌문란의 목적에 이용되는 정황을 알고 있었다는 점은 나타나고 있지 않다. 따라서 배후의 이용자에게 의사지배가 인정되고, 피이용자는 목적이 없어서 내란죄로 처벌되지 아니하는 자에 해당하므로 이용자는 형법상 내란죄의 간접정범이 될 수 있다.

대상판결에서는 다루어지지 않은 논점이지만, 만약

시위진압 군인들이 살인을 했고 살인죄로 처벌된다면, 배후의 피고인들이 '단순살인죄의 직접정범 배후의 내란죄의 간접정범'이라는 일종의 '정범 배후의 정범'이 되는지가 문제될 수 있다. 그러나 피이용자가 살인죄로 처벌되는 경우라도 내란죄로는 처벌되지 않는 자이므로, 우리 형법상 배후의 피고인은 내란죄로 처벌되지 않는 자를 이용한 내란죄의 일반적인 간접정범에 해당하는 것으로 보아야 한다. 이는 정범개념의 구성요건 관련성과 행위지배는 개별 구성요건에 따라 존재한다는 점에서도 타당하다.

III. '목적 없는 고의 있는 도구'를 이용한 간접정범

국헌문란 목적이 없는 대통령을 이용한 경우는 '목적 없는 고의 있는 도구' 사례이다. 대통령으로서는 비상계엄 전국 확대를 결의케 한 배후인물들의 국헌문란 목적을 알았다고 보이기 때문이다. 이 경우 간접정범 성립에 있어서 문제는 배후 인물의 피이용자에 대한 의사지배를 인정할 수 있는지 여부이다. 간접정범의 정범성 표지로서 의사지배를 '사실상의 우월한 인식에 기초한 심리적 지배'로 이해한다면, '목적 없는 고의 있는 도구' 사례에서 배후자의 의사지배는 부정되므로 간접정범의 성립도 부정되어야 한다. 그러나 국내의 다수 견해는 간접정범의 의사지배를 엄격한 '사실상의 심리적 행위지배'로 이해하지 않고, 좀 더 넓은 '규범적인 심리적 행위지배'로 이해한다. 즉, '목적 없는 고의 있는 도구' 사례에서 배후자에게 사실상의 심리적 지배라는 의미의 의사지배는 존재하지 않지만, 배후자가 목적을 가지고 사건의 중심인물이 되어 형법적으로 의미 있는 사건을 만들고 있으므로 규범적 관점에서는 의사지배가 존재하는 것으로 본다. 이러한 이론상 문제점에 관한 인식은 없었던 것으로 보이지만, 대상 판례는 간접정범의 의사지배를 규범적인 심리적 지배로 이해하면서 배후자의 행위지배를 인정하여 '목적 없는 고의 있는 도구'를 이용한 내란죄의 간접정범 성립을 긍정한 것으로 이해될 수 있다.

문제는 우리 형법상 간접정범은 독일 형법상 간접정범과 달리 피이용자의 범위가 고의범의 귀책성이 없는 자로 제한되어 있고, 공범의 예에 따라 처벌된다는 점에서 완전한 정범으로 보기는 어렵다는 점이다. 우리 형법상 간접정범도 정범과 공범의 이분법 하에서는 정범으로 분류되겠지만, 독일 형법학상 행위지배론에서 말하는 엄격한 의미의 의사지배를 그 정범성 표지로 한다고 해석하기는 어렵다. '목적 없는 고의 있는 도구'를 이용한 간접정범 성립과 관련하여 '사실상 심리적 행위지배 개념'과 '규범적인 심리적 행위지배 개념'을 둘러싼 독일 형법하의 논쟁이 우리 형법상 간접정범에 그대로 적용될 수는 없다. 그러나 기존의 논의에 비추어 본다면, 우리 형법상 간접정범은 공범종속성 원칙 하에서 가벌성의 공백을 메우기 위한 결함보충물로서 고안된 것이고, 공범으로 처벌된다는 점에서 그 정범성 표지로서 의사지배는 다수설과 같이 규범적인 관점을 고려해 다소 넓게 해석해도 좋으리라 판단된다. 대상판결이 이 문제에 관한 입장을 밝히고 있는 것은 아니지만, 결론적으로 간접정범을 인정한 것은 타당했다고 판단된다.

다만, 직접정범의 간접정범에 대한 우위성과 우리 형법상 직접정범은 정범으로 처벌되지만 간접정범은 공범의 예에 따라 처벌된다는 점에서 직접정범의 성립이 가능한 경우 간접정범의 성립을 인정해서는 안 될 것이다. 따라서 이 사안에서 피고인들이 병력을 동원하여 대통령과 국무위원들을 강압·외포케 한 일련의 행위를 폭동으로 해석하는 것이 가능하다면, 피고인들에게 내란죄의 간접정범이 아니라 직접정범이 성립한다고 이론 구성하는 것이 타당했으리라 판단된다.

IV. 나오는 말

대상판결에서 대법원은 대통령을 이용한 경우와 시위진압 군인들을 이용한 경우를 구별하고 있지 않으나, 전자는 '목적 없는 고의 있는 도구' 사례이고 후자는 단순한 '목적 없는 도구' 사례이다. 목적 없는 고의 있는 도구를 이용한 사례는 우리 형법상 간접정범은 공범처럼 처벌된다는 점에 비추어 규범적 관점을 고려해 행위지배의 개념을 넓게 해석해도 되리라 판단되며, 대상판결에서 간접정범의 성립은 가능하다. 다음으로, 시위진압에 동원된 계엄군을 이용한 경우는 단순한 '목적 없는 도구'를 이용한 간접정범 사례이다. 이 경우는 피이용자에 관한 요건과 행위지배에 관한 요건을 갖추어 대상판결과 같이 무리 없이 간접정범을 인정할 수 있다.

[참고문헌] 오영근, "내란죄의 간접정범과 간접정범의 본질", 형사판례연구 [10](2002).

[필자: 김종구 교수(조선대)]

[48] 공동정범의 성립요건 — 기능적 범행지배

[대상판결] 대법원 2003. 3. 28. 선고 2002도7477 판결

[사실관계] 피고인 甲은 2002. 3. 10. 20:30경 마산시 소재 피시방 앞에서 乙이 인터넷 채팅을 통하여 알게 된 피해자 V₁ 및 그 친구들인 V₂, V₃을 乙의 승용차에 태우고 함께 창원시 소재 주남저수지 부근을 드라이브하던 중, 피해자 일행이 잠시 차에서 내린 사이에 丙의 제의로 각각 강간하자고 제의하였으나, 甲은 아무런 반대의 의사표시를 하지 않았다.

다음날인 11일 01:00경 경남 함안군 소재 야산 입구에 이르러 乙과 丙이 피해자들을 강간하기 위하여 숲 속으로 끌고 갈 때 甲은 야산입구에 앉은 채 V₃에게 "우리 그대로 가만히 앉아 있자"고 하면서 담배를 피우면서 이야기를 나누었다. 이후 乙은 V₂를, 丙은 V₁를 강간하였다. 乙은 丙이 V₁을 자기 쪽으로 데리고 오자 다시 강간하고 이로 인하여 약 2주간의 치료를 요하는 다발성좌상 등을 입게 하였다.

[판결요지] [1] 형법 제30조의 공동정범은 2인 이상이 공동하여 죄를 범하는 것으로서, 공동정범이 성립하기 위하여는 주관적 요건으로서 공동가공의 의사와 객관적 요건으로서 공동의사에 기한 기능적 행위지배를 통한 범죄의 실행사실이 필요하고, 공동가공의 의사는 타인의 범행을 인식하면서도 이를 제지하지 아니하고 용인하는 것만으로는 부족하고 공동의 의사로 특정한 범죄행위를 하기 위하여 일체가 되어 서로 다른 사람의 행위를 이용하여 자기의 의사를 실행에 옮기는 것을 내용으로 하는 것이어야 한다.

[2] 피해자 일행을 한 사람씩 나누어 강간하자는 피고인 일행의 제의에 아무런 대답도 하지 않고 따라 다니다가 자신의 강간 상대방으로 남겨진 V₃에게 일체의 신체적 접촉도 시도하지 않은 채 다른 일행이 인근 숲속에서 강간을 마칠 때까지 V₃와 함께 이야기만 나눈 경우, 피고인에게 다른 일행의 강간 범행에 공동으로 가공할 의사가 있었다고 볼 수 없다고 한 사례.

[해 설]

I. 들어가는 말

공동정범은 2인 이상의 자가 공동의 범행계획에 따라 각자 실행의 단계에서 본질적인 기능을 분담하여 이행함으로써 성립하는 정범형태를 말한다. 공동정범의 정범성 표지는 기능적 범행지배 즉, 분업적 행위실행과 기능적 역할분담이다. 따라서 전체계획 중 일부만을 실행한 경우라도 기능적 행위지배를 했다면 발생한 결과 전체에 대하여 정범책임을 진다. '일부실행, 전부책임의 원칙'이 적용된다.

대상판결의 논점은 공동정범의 성립요건과 공동가공의 의사의 내용이다. 이 사건의 경우 甲, 乙, 丙의 범행을 각각 별개로 본다면 乙은 강간죄와 강간치상죄, 丙은 강간죄가 성립하며, 甲은 乙과 丙의 범행과 관련하여 방조범이 될 것이다. 만약 甲, 乙, 丙이 합동하여 강간한 것으로 볼 수 있다면 성폭력범죄의 처벌 등에 관한 특례법의 특수강간치상죄와 특수강간죄가 성립할 것이다. 여기서 乙과 丙은 특수강간죄가 성립한다는 것은 문제가 없으나 甲에게 이들 죄로 처벌할 수 있는지가 문제된다.

이 사건에서 대법원은 공동가공의 의사를 중심으로 판단하고 있으나 공동정범이 성립하기 위해서는 주관적 요소로서 공동가공의 의사와 객관적 요소로서 기능적 행위지배에 의한 실행분담이 요구되므로 이에 대한 검토도 필요하다.

II. 공동정범의 정범표지로서 '기능적 범행지배'

다수인이 특정범죄에 가담한 경우 누가 정범이 될 것이며, 누가 공범으로 평가될 수 있는가에 대한 구별기준에 대해서 입법자의 의도가 분명하게 드러나 있지 않다. 이에 대하여 주관설과 객관설의 대립이 있어 왔지만, 현재는 주관설과 객관설을 결합한 범행지배설 또는 행위지배설이 통설과 판례이다.

행위지배설은 주관적·객관적 요소로 형성된 행위지배의 개념을 정범과 공범의 구별에 관한 지도원리로 삼는 견해이다. 여기에서 행위지배란 '구성요건에 해당

하는 사건진행의 장악'을 말한다. 즉 정범은 행위지배를 통하여 그의 의사에 따라서 구성요건의 실현을 저지하거나 진행하게 할 수 있는 자이며, 공범은 자신의 행위지배 없이 단순히 행위를 야기하거나 촉진하는 자이다. 행위지배설에 따를 경우 행위지배가 있으면 정범이며, 행위지배가 없으면 공범이 된다.

정범은 다시 단독정범, 공동정범, 간접정범이 있기 때문에 행위지배 역시 정범유형에 따라 그 내용이 달라진다. 단독정범의 경우 그 자신이 구성요건의 내용을 직접 실행하는 경우이므로 '실행지배'가 있어야 한다. 간접정범의 경우 타인을 생명 있는 도구로 이용하여 자기의 범행계획에 따라 간접적으로 구성요건적 결과를 실현하는 경우이므로 '의사지배'가 있어야 한다. 공동정범은 공동의 결의에 따라 분업적인 협력으로 전체적 범행계획을 실현함에 있어서 기능적으로 불가결한 행위기여를 하는 경우이므로 '기능적 행위지배'가 있어야 한다.

공동정범이 성립하기 위해서는 주관적 요건으로서 공동가공의 의사와 객관적 요건으로서 공동의사에 기한 기능적 행위지배를 통한 범죄의 실행사실이 필요하다는 것이 판례의 입장이다.

III. 공동가공의 의사

공동가공의 의사는 2인 이상이 실행행위를 공동으로 하려는 의사이다. 공동의 범행결의라고도 한다. 공동가공의 의사는 기능적 범행지배의 본질적 요건이며, 공동가공의 의사가 있어야만 개별적인 행위를 전체적으로 하나로 결합할 수 있으므로 공범자 전체로서 실행된 행위 전체에 대한 책임인정이 가능하다.

공동가공의 의사는 모두 각자의 역할분담과 공동작용에 대한 상호이해가 필요하다. 다른 공동정범의 행위내용을 세부적으로 미리 알고 있어야 할 필요는 없으며 일반적으로 파악하면 충분하다. 공동가공의 의사는 상호적인 것이기 때문에 어느 일방에게만 공동가공의 의사가 있다면 공동정범이 성립할 수 없다.

또한 공동가공의 의사는 법률상 어떤 정형을 요구하는 것은 아니며 2인 이상이 공모하여 범죄에 공동가공하여 범죄를 실현하려는 의사의 결합만 있으면 되는 것으로서, 비록 전체적인 모의과정이 없었다고 하더라도 수인 사이에 순차적으로 암묵적으로 상통하여 그

의사의 결합이 이루어지면 인정된다.

다만 공동가공의 의사는 타인의 범행을 인식하면서도 이를 제지하지 아니하고 용인하는 것만으로는 부족하고 공동의 의사로 특정한 범죄행위를 하기 위하여 일체가 되어 서로 다른 사람의 행위를 이용하여 자기의 의사를 실행에 옮기는 것을 내용으로 하는 것이어야 한다.

IV. 나오는 말

대상판결은 공동정범이 되기 위해서는 공동가공의 의사가 있어야 하는데, 이 사건의 경우 공동가공의 의사가 있다고 보기 어렵다고 보았다. 즉, 주관적 요건으로서의 공동가공의 의사는 타인의 범행을 인식하면서도 이를 제지하지 아니하고 용인하는 것만으로는 부족하다고 한다. 甲의 경우 乙과 丙의 범행을 인식하였지만 이를 제지하지 아니하고 용인하는 정도에 불과한 것으로 본 것이다. 甲이 공동정범이 되기 위해서는 일체가 되어 서로 다른 사람의 행위를 이용하여 자기의 의사를 실행에 옮기는 것을 내용으로 하는 것이어야 한다. 대상판결은 아무런 의사표시를 하지 아니한 채 가만히 있었다는 점만으로는 강간범행을 공모하였다고 볼 수 없다고 한다.

〔참고문헌〕 하태훈, "기능적 범행지배의 의미", 형사판례연구 [12] (2004).

[필자: 최호진 교수(단국대)]

[49] 공모공동정범

[대상판결] 대법원 2007. 4. 26. 선고 2007도235 판결

[사실관계] 포항지역 건설노조 조합원 중 약 2,500명은 조합장인 피고인 甲의 주도 아래 2006. 7. 13. 14:15경부터 7. 21. 04:00경까지 A 회사 본사 건물을 점거하였다. 건물 점거는 2차에 걸쳐 이루어졌다. 우선 甲의 주도 아래 조합원 약 500명이 7. 13. 14:15경 A 회사 본사 건물에 침입하여 업무방해 및 손괴를 하였고, 그때부터 23:30경까지 B 은행 및 A 회사 직원들을 감금하였다(1차 침입). 건설노조 집행부는 2006. 7. 14. 오후쯤 A 회사 본사 건물을 상당기간 점거하기로 최종 결정하고, 7. 15. 02:00경 조합원 약 2,000명이 본사 건물에 진입하여 각 건조물 침입, 업무방해, 손괴, 폭행, 상해 등의 행위를 하였다(2차 침입). 건물 점거를 직접 지휘한 甲을 비롯한 건설노조 집행부 약 7~8명은 점거기간 동안 건물 9층에 머물면서 지휘 계통을 통하여 조합원들의 행동을 통제하고 이탈을 방지하는 등 조합원들의 점거행위를 지휘·통제하였다.

피고인 乙은 건설노조의 상급단체인 민주노동조합총연맹 경북지역 본부장으로서 1차 침입한 후인 7. 13. 22:00경 본사 건물에 도착하였다가 귀가 후 7. 14. 09:00경 다시 나와 건설노조 집행부와 함께 머무르면서 점거경위와 협상 내지 투쟁계획 등에 대하여 설명을 듣고 상의하는 등 조합원들의 투쟁을 지지하는 태도를 취하였다. 乙은 7. 15. 02:00경 위 조합원들과 함께 본사 건물로 들어가 집행부와 함께 생활하면서 투쟁방식을 상의하는 등 행동을 같이 하였다. 乙은 주로 민주노동조합총연맹 등 외부상황을 조합장 甲에게 알려주고 교섭 창구를 통해 교섭을 추진하는 역할을 담당하였다.

[판결요지] 형법 제30조의 공동정범은 공동가공의 의사와 그 공동의사에 기한 기능적 행위지배를 통한 범죄 실행이라는 주관적·객관적 요건을 충족함으로써 성립하는바, 공모자 중 구성요건 행위 일부를 직접 분담하여 실행하지 않은 자라도 경우에 따라 이른바 공모공동정범으로서의 죄책을 질 수도 있는 것이기는 하나, 이를 위해서는 전체 범죄에 있어서 그가 차지하는 지위, 역할이나 범죄 경과에 대한 지배 내지 장악력 등을 종합해 볼 때, 단순한 공모자에 그치는 것이 아니라 범죄에 대한 본질적 기여를 통한 기능적 행위지배가 존재하는 것으로 인정되는 경우여야 한다.

[해 설]

I. 들어가는 말

형법은 "2인 이상이 공동하여 죄를 범한 때에는 각자를 그 죄의 정범으로 처벌한다"고 공동정범을 규정하고 있다(제30조). 공동정범은 2인 이상이 공동하여 죄를 범하는 경우로서 공동실행의 의사와 공동실행의 사실이 있어야 한다. 대상판결에서도 공동정범은 공동가공의 의사와 그 공동의사에 기한 기능적 행위지배를 통한 범죄 실행이라는 주관적·객관적 요건을 충족함으로써 성립한다고 설시하고 있다.

그런데, 공동실행의 사실이 없는 경우에도 공동정범이 인정될 수 있는지 문제된다. 2인 이상의 자가 공모하여 그 공모자 가운데 일부가 공모에 따라 범죄의 실행에 나아간 때에는 실행행위를 담당하지 아니한 공모자에게도 공동정범이 성립한다는 이론을 공모공동정범이론이라 한다. 대상판결의 쟁점은 공모공동정범이론을 인정할 수 있을 것인가, 있다면 어떤 요건하에서 인정할 것인가이다.

II. 종래 판례의 흐름과 학설

종래 대법원은 공모공동정범이론을 인정하여 왔다. 그 이론적 근거에 관한 대법원의 흐름은 세 가지로 정리할 수 있다. 첫 번째 흐름은 공동의사주체설이다. 형법상 2인 이상이 죄를 공동으로 범하려는 합의가 있으면 공동의사주체가 형성되고 그 공동의사주체 중 일부가 범죄를 실행하면 그 효과는 공동의사주체에 귀속되어 실행행위를 분담하지 아니한 공모자도 공동정범으로서 책임을 지게 된다는 것이다. 이는 민법상 조합이론을 차용한 것이라 할 수 있다. 판례 중에는 공모에 의하여 공동의사주체가 형성된다는 점을 명시한 경우도 있고(대법원 1983. 3. 8. 선고 82도3248 판결), 단순히

공모가 이루어진 이상 실행행위에 직접 가담하지 아니더라도 다른 공모자의 실행한 행위에 의하여 공동정범의 죄책을 진다라고만 설시하는 경우도 있다(대법원 2006. 1. 26. 선고 2005도8507 판결 등).

둘째 흐름은 간접정범유사설이다. 공동정범은 직접 범죄를 실행하는 자를 도구로 이용하여 자기의 범죄를 실현하는 간접정범과 유사하기 때문에 실행행위가 없는 공모자도 공동정범이 된다는 것이다. 공모에 참여한 사실이 인정되는 이상 직접 실행행위에 관여하지 않았더라도 다른 사람의 행위를 자기 의사의 수단으로 하여 범죄를 하였다는 점에서 자기가 직접 실행행위를 분담한 경우와 형사책임의 성립에 차이를 둘 이유가 없다는 것이다(대법원 2005. 3. 11. 선고 2002도5112 판결). 이 설에 의하면 공동실행의사는 타인의 범행을 인식하면서도 이를 제지하지 아니하고 용인하는 것만으로 부족하고 공동의 의사로 특정한 범죄행위를 하기 위하여 일체가 되어 서로 다른 사람의 행위를 이용하여 자기의 의사를 실행에 옮기는 것이어야 한다.

이러한 판례의 태도에 대해 학계에서는 형법 제30조가 공동정범의 요건으로 2인 이상이 공동하여 죄를 범할 것을 규정하고 있음에도 불구하고 실행행위를 분담하지 않은 공모자를 공동정범으로 처벌하는 것은 죄형법정주의에 반하고, 실제로 교사범이나 방조범에 처벌하면 그만인 자를 공동정범으로 처벌하는 과잉처벌의 문제를 야기하고 있다는 비판이 있어왔다.

이에 따라 대상판결을 비롯하여 최근 대법원의 세 번째 흐름은 이른바 확장된 기능적 행위지배설의 관점에서 공모공동정범을 인정하는 것이다. 즉 공모자 중 구성요건 행위 일부를 직접 분담하여 실행하지 않은 자라고 하더라도, 전체 범죄에 있어서 그가 차지하는 지위, 역할이나 범죄 경과에 대한 지배 내지 장악력 등을 종합해 볼 때 단순한 공모자에 그치는 것이 아니라 범죄에 대한 본질적 기여를 통한 기능적 행위지배가 존재하는 것으로 인정되는 때에는, 다른 공모자에 의하여 실행된 범행에 대하여 공모공동정범으로서의 죄책을 진다고 하여 그 성립범위를 제한하고 있다(대법원 2015. 7. 23. 선고 2015도3080 판결 등 참조).

대상판결에서 대법원은 제2차 점거 후 폭행 등 범죄행위에 대해서는 乙이 직접 분담하여 실행하지는 않았다고 하더라도, 乙의 지위, 역할이나 쟁의행위 중인 노동조합이라는 조직화된 단체의 지휘계통을 통한 범죄 경과에 대한 지배 내지 장악력 등을 종합해 볼 때, 乙은 위 각 범행의 단순한 공모자에 그치는 것이 아니라 범죄에 대한 본질적 기여를 통한 기능적 행위지배가 존재하는 자로 인정하여 건설노조 조합원들이 행한 각 범행에 대한 공모공동정범으로서의 죄책을 인정하였다.

그러나 제1차 점거 후 손괴 등 범죄행위에 대해서는 乙이 조합장 甲 등 건설노조 집행부와 A 회사 본사 건물 침입을 사전에 미리 공모하였다거나 본사 건물을 상당기간 점거하기로 한 건설노조 집행부의 최종 결정에 동조하였다거나 나아가 7. 15. 02:00경 본사 건물에 함께 침입하기 이전에 이루어진 건설노조 조합원들의 행위에 대하여도 건설노조 집행부를 통하여 범죄 경과를 지배 내지 장악하는 등 영향력을 미쳤다고 인정할 만한 증거는 찾아보기 어렵다고 하여 乙에게 각 범행에 대한 본질적 기여를 통한 기능적 행위지배가 존재한다고 보기 어려우므로 이 부분에 대하여는 공모공동정범의 죄책을 인정할 수 없다고 하였다.

Ⅲ. 나오는 말

대상판결에서 나타난 바와 같이 공모공동정범의 성립범위를 의사 연락 내지 공모 내용이라는 주관적 요소만으로 제한하려 했던 대법원이 범죄 전체에 대한 본질적 기여를 통한 기능적 행위지배라는 객관적 요소를 통하여 제한하려 하는 것은 긍정적인 변화라고 할 것이다. 다만, 공동실행행위를 현실적인 실행분담으로 제한하지 않고 각자가 전체범행 계획의 범위 안에서 공동하여 결과를 실현하는 데 불가결한 요건을 실현한 경우로 확장하는 것이 타당한지, 그 한계를 어떻게 지울 것인지는 계속 검토되어야 할 것이다. 나아가 기능적 행위지배라는 객관적 요소를 공모공동정범의 성립요건으로 한다면, 굳이 단순 공모자도 공동정범이 인정될 수 있다는 오해를 불러일으킬 수 있는 공모공동정범의 개념을 계속 사용할 것인지 검토할 일이다.

〔참고문헌〕 천진호, "'공모'공동정범에 있어서 공모의 정범성", 형사판례연구 [9](2001).

[필자: 문성도 교수(경찰대)]

[50] 과실범의 공동정범

[대상판결] 대법원 1997. 11. 28. 선고 97도1740 판결

[사실관계] 성수대교 교량의 시공을 맡은 X 건설회사 기술이사인 피고인 甲과 같은 공장의 철구부장 乙은 교량 트러스(Truss)를 설계도대로 정밀하게 제작하도록 트러스 제작자들을 지휘·감독할 업무상의 주의의무가 있음에도 이를 게을리하여 하자있는 트러스를 제작·출고하게 하였고, 성수대교 공사현장에서 기술적 지휘·감독을 할 의무가 있는 X 건설회사 현장소장 丙도 그 의무를 게을리하여 잘못 제작된 트러스를 교량가설에 사용토록 하는 등 시공상의 잘못을 방치하게 하였다. 한편 성수대교 교량건설에 대한 발주청인 서울특별시의 현장감독공무원 丁과 戊는 각 트러스가 설계도면대로 용접, 제작, 조립되는지 여부 등을 확인하는 등 현장감독을 철저히 할 구체적인 주의의무가 있음에도 이를 게을리하여 철저한 현장확인 등을 하지 아니하였다. 이로 인해 1994. 10. 21. 07:30경 성수대교 제5번과 제6번 교각 사이의 에스트러스의 수직재가 끊어져 붕괴되어 한강으로 떨어져 때마침 그 곳을 지나던 자동차 6대가 한강으로 떨어졌고, 피해자 V 등 49명이 한강으로 추락하여 그 가운데 32명이 사망하였다.

제1심과 제2심은 피고인 甲, 乙, 丙, 丁, 戊에게 업무상과실치사상죄, 업무상과실일반교통방해죄, 업무상과실자동차추락죄의 공동정범으로 유죄를 인정하였다. 이에 피고인들은 원심법원이 과실범의 공동정범에 관한 법리를 오해하였다는 취지로 대법원에 상고하였다.

[판결요지] 이 사건 성수대교와 같은 교량이 그 수명을 유지하기 위하여는 건설업자의 완벽한 시공, 감독공무원들의 철저한 제작시공상의 감독 및 유지·관리를 담당하고 있는 공무원들의 철저한 유지·관리라는 조건이 합치되어야 하는 것이므로, 위 각 단계에서의 과실 그것만으로 붕괴원인이 되지 못한다고 하더라도, 그것이 합쳐지면 교량이 붕괴될 수 있다는 점은 쉽게 예상할 수 있고, 따라서 위 각 단계에 관여한 자는 전혀 과실이 없다거나 과실이 있다고 하여도 교량붕괴의 원인이 되지 않았다는 등의 특별한 사정이 있는 경우를 제외하고는 붕괴에 대한 공동책임을 면할 수 없다고 봄

이 상당하다 할 것이다. 이 사건의 경우, 피고인들에게는 트러스 제작상, 시공 및 감독의 과실이 인정되고, 감독공무원들의 감독상의 과실이 합쳐져서 이 사건 사고의 한 원인이 되었으며, 한편 피고인들은 이 사건 성수대교를 안전하게 건축되도록 한다는 공동의 목표와 의사연락이 있었다고 보아야 할 것이므로, 피고인들 사이에는 이 사건 업무상과실치사상등죄에 대하여 형법 제30조 소정의 공동정범의 관계가 성립된다고 보아야 할 것이다.

[해 설]

Ⅰ. 들어가는 말

과실범의 공동정범이란 2인 이상이 공동의 과실로 인하여 과실범의 구성요건적 결과를 발생하게 한 경우를 말한다. 과실범의 공동정범을 인정하면 공동의 과실행위로 과실범의 구성요건적 결과를 발생시킨 모든 행위자가 과실범으로 처벌된다. 이에 반해 이러한 법형상을 부정하면 각 행위자에 대해 개별적으로 과실범의 구성요건 실현여부를 검토하여 행위자의 가벌성을 따지게 되고, 이 과정에서 동시범(제19조)과 그 특례(제263조)가 적용될 여지가 있다. 과실범의 공동정범 인정 여부는 공동정범(제30조)의 주관적 요건인 의사연락의 내용을 어떻게 파악할 것인가에 달려있다.

Ⅱ. 과실범의 공동정범 인정 여부

과실범의 공동정범 인정 여부에 관해서는 학설과 판례가 대립되고 있고, 학설에서도 다양한 견해가 주장되고 있다.

1. 학 설

공동정범에서의 '공동'을 특정한 범죄의 공동으로 이해하지 않고 전구성요건적 행위의 공동으로 파악하는 행위공동설에 의하면, 공동정범에서 가담자 상호간의 의사연락은 반드시 고의의 공동을 요하지 않으므로 과실행위에 있어서도 사실상의 행위를 공동으로 할 의사의 연락이 있으면 공동정범이 성립할 수 있다고 이

해한다. 공동의 행위를 하면 하나의 주체가 되어 누구의 행위에 의하여 결과가 발생하든 공동정범이 성립한다는 공동행위주체설과 주의의무위반의 공동과 구성요건 실현행위의 공동이 있으면 공동정범이 성립한다는 과실공동·행위공동설도 과실범의 공동정범의 성립을 인정한다.

이에 반해 공동정범의 성립요건인 '공동하여 범한 죄'가 '고의를 공동으로 하는 특정한 범죄'라고 이해하는 범죄공동설과 공동정범의 본질이 공동가공의 범행결의에 기초한 역할분담을 내용으로 하는 기능적 행위지배설의 입장에서는 과실범에 고의의 공동이 결여되어 있거나 행위지배를 인정할 수 없으므로 과실범의 공동정범 성립을 부정한다.

2. 대법원의 태도

초기의 대법원 판례는 이른바 '태신호' 사건에서 과실범의 공동정범 성립을 부정하였다(대법원 1956. 12. 21. 선고 4289형상276 판결). 그러나 대법원은 운전자와 합승한 화물주인이 합의하에 검문소를 통과하다가 단속 경찰관을 상대로 교통사고를 낸 이른바 '그대로 가자' 사건에서, "형법 제30조에 '공동하여 죄를 범한 때'의 '죄'는 고의범이고 과실범이고를 불문하므로 공동정범의 주관적 요건인 공동의 의사도 고의 행위이고 과실 행위이고 간에 그 행위를 공동으로 할 의사이면 족하다고 해석하여야 할 것이므로 2인 이상이 어떠한 과실행위를 서로의 의사연락 아래 하여 범죄되는 결과를 발생케 한 것이라면 과실범의 공동정범이 성립된다"고 판시(대법원 1962. 3. 29. 선고 4294형상598 판결)한 이후, 일관되게 과실범의 공동정범을 인정하고 있다. 이러한 판례의 태도는 행위공동설에 입각한 것으로 볼 수 있다. 대상판결에서도 대법원은 "피고인들은 이 사건 성수대교를 안전하게 건축되도록 한다는 공동의 목표와 의사연락이 있었다고 보아야 할 것이므로, 피고인들 사이에는 이 사건 업무상과실치사상등죄에 대하여 형법 제30조 소정의 공동정범의 관계가 성립된다"고 판시하여 과실범의 공동정범을 긍정하고 있다. 그러나 수인이 함께 행위를 했다 하더라도 실제로 주의의무위반의 과실행위가 없는 자에게는 과실범의 공동정범이 인정될 수 없다(대법원 1984. 3. 13. 선고 82도3136 판결).

III. 나오는 말

대상판결에서 대법원의 판시내용은 대형 건설사고로 인한 인명피해가 발생하는 사건에서 당해 건설사고에 책임이 있는 관계자들을 모두 처벌해야 한다는 일반국민의 법감정을 고려한 것으로 보인다. 그러나 공동정범의 본질을 기능적 행위지배로 보는 통설과 판례의 입장에 따르면 기능적 행위지배는 고의범에 국한되는 것으로 보아야 할 것이다. 과실범에서는 기능적 행위지배의 본질적인 요소인 '공동의 범행결의'가 불가능하기 때문이다. 따라서 과실범의 공동정범을 부인하는 한 각 가담자에 대하여 과실범의 구성요건을 충족했는지 검토해야 할 것이다. 나아가 대상판결에서는 피고인들간에 공동의 의사연락이 있었다는 점을 인정하였으나 어떤 의사연락이 있었는지에 관해서는 분명하게 밝히지 못하고 있다.

〔참고문헌〕 이용식, "과실범의 공동정범", 형사판례연구 [7](1997).

[필자: 이진국 교수(아주대)]

[51] 승계적 공동정범

[대상판결] 대법원 1997. 6. 27. 선고 97도163 판결

[사실관계] P 농업협동조합(이하, '농협'이라 한다)의 조합장인 피고인 乙과 전무 丙은 서로 공모하여 A 등 7명의 양곡업자에게 1994. 8. 25.부터 1996. 3. 26.까지 모두 27억 656만 9,750원 상당의 백미를 외상 판매하면서 농협의 대출규정, 신용조사요령 그리고 판매사업취급요령 등을 준수하지 않았다. 이들 규정에 따르면 외상거래를 하기 위해서는 외상거래계약을 체결하기 전에 상대방에 대한 신용조사를 실시하여야 하고, 담보물에 대한 감정평가를 하여 담보가치가 있는 담보물을 취득하는 등 채권확보를 위한 조치를 하여야 하며, 거래를 시작한 후에도 외상공급한도를 지키도록 되어 있다. 그러나 乙과 丙이 양곡업자들로부터 제공받은 담보물은 담보가치가 전혀 없는 것이었으며 결국 외상판매대금은 회수가 어렵게 되었다. 한편 피고인 甲은 외상거래가 시작된 후 2개월 뒤인 1994. 10. 24.부터 외상판매가 종료된 직후인 1996. 3. 30.까지 같은 농협 판매부장으로 근무하였다.

[판결요지] 원심판결(주: 甲, 乙, 丙 모두 업무상배임죄 인정)이 1994. 8. 25.부터 같은 해 11. 15.까지의 A와의 거래행위까지 모두 업무상 배임행위로 본 취지라면, 원심이 인용한 제1심판결 기재 범죄사실에 의하더라도 피고인 甲은 1994. 10. 24.부터 1996. 3. 30.까지 위 조합의 판매부장으로 근무하였다는 것이고, 원심판결이 인용하고 있는 제1심판결 이유에서 들고 있는 증거들을 기록에 의하여 검토하여 보아도, 甲이 위 조합의 판매부장으로 부임하기 이전인 1994. 8. 25.부터 위 조합을 위하여 스스로 위 A와의 사이에 양곡외상거래를 한 사실을 인정할 자료가 없고, 다만 甲은 1994. 10. 24.경 위 조합의 판매부장으로 부임한 이후에도 1994. 8. 24.자로 체결된 거래계약에 기하여 종전에 계속하여 온 위 A와의 거래를 계속한 사실을 인정할 수 있을 뿐이다. 그런데 이와 같이 계속된 거래행위 도중에 공동정범으로 범행에 가담한 자는 비록 그가 그 범행에 가담할 때에 이미 이루어진 종전의 범행을 알았다 하더라도 그 가담 이후의 범행에 대하여만 공동정범으로 책임을 지는 것이라고 할 것이므로(대법원 1982. 6. 8. 선고 82도884 판결 참조), 비록 이 사건에서 위 A와의 거래행위 전체가 포괄하여 하나의 죄가 된다 할지라도 위 피고인에게 그 가담 이전의 거래행위에 대하여서까지 유죄로 인정할 수는 없다 할 것이다 .

[해 설]

Ⅰ. 들어가는 말

공동정범이란 구성요건을 전부 충족시키지 않더라도 '기능적 역할분담'을 하였기 때문에 다른 공범과 함께 저지른 전체 범죄에 대해서 형사책임을 지는 경우를 말한다. 여기서 기능적 역할분담의 내용이 반드시 구성요건의 일부에 해당하여야만 하는 것은 아니다. 예를 들어 다른 공범들이 구성요건 해당행위를 하는 동안 망을 본 것만으로도 기능적 역할분담이 인정된다.

이처럼 공동정범은 여러 행위자가 '공동으로' 범죄행위를 저지른 경우인데 무엇을 공동으로 하는 것이 공동정범인가 하는 점에 따라 같은 경우이더라도 공동정범이 될 수도 있고 그렇지 않을 수도 있다. 공동정범의 본질과 관련해서 몇 가지 학설이 대립하고 있는 가운데 현재 통설은 행위지배공동설이다. 판례도 최근에는 기능적 행위지배가 있어야 공동정범이 된다는 방향으로 입장을 정리하고 있다.

대상판결에서 피고인 甲은 외상거래계약이 체결되어 있는 상황에서 뒤늦게 판매부장으로 부임하였고 기존의 계약에 따라 거래를 지속하였다. 여기서 문제는 ① 외상거래계약 체결행위로 배임죄가 완결되는가 아니면 그 이후의 외상거래까지 포함해서 배임죄를 구성하는가 하는 점과 ② 이미 체결되어 있는 계약내용에 따라 거래를 진행시키는 행위 자체를 배임으로 볼 수 있는가 하는 점이다. 그리고 각각의 경우에 甲이 공동정범이 되는가에 대한 판단이 이어져야 할 것이다.

Ⅱ. 배임죄의 성립범위

1. 계약체결 행위와 계약내용 이행행위

매매계약이 체결되면 매도인은 목적물의 소유권을

이전시킬 의무를 매수인은 대금을 납부할 의무를 가지게 된다. 그런데 외상거래가 되면 목적물은 인도하면서 대금 납부는 유예된다. 만약 매수인이 물품대금을 정해진 기간 내에 납부하지 않으면 매도인의 입장에서는 재산상 손해를 감수해야 하는 상황이다. 이처럼 재산상 손해가 현실화하는 단계에 이르기 전 상황에서 위험한 계약을 체결하였다는 점만을 근거로 배임죄를 인정할 것인가 문제이다.

이와 관련하여 판례는 시종일관 '재산상 실해 발생의 위험'도 손해로 보아야 한다고 하고 있다. 물론 그 위험은 실제적인 위험이어야 한다. 그렇기 때문에 외상거래의 상대방인 매수인의 신용상태가 양호하고 충분한 담보가 확보되어 있다면 위험이 실제로 존재한다고 보기 어려울 것이다. 이러한 위험을 방지하기 위해서 농협은 대출규정 등 자체적으로 지침을 가지고 있기도 하다. 그럼에도 이들 규정을 위반하였다면 일단 '임무에 위배되는 행위'라고 보기에 충분하고, 나아가 신용평가도 제대로 하지 않은 채 담보도 확보하지 않고 계약을 체결하였다면 '재산상 실해 발생의 위험'이 구체화 되었다고 할 수 있다. 따라서 계약체결 자체가 배임에 해당한다.

계약체결 이후에 계약 내용에 따라 백미를 공급한 행위는 '재산상 실해'가 현실화하는 과정이다. 이미 배임죄는 기수에 이르렀지만 대금회수가 곤란해질 상황에서 백미를 거듭 공급하는 행위는 계속해서 배임에 해당하게 된다. 그리하여 마지막으로 백미를 공급하는 순간 범죄행위는 기수 이후 종료의 단계에 도달하는 것이다. 따라서 계약체결과 이행행위 모두가 반복적인 배임에 해당한다.

2. 기존 계약상의 의무를 이행한 행위

판매부장이라면 판매업무를 총괄하는 직위이고 외상거래의 경우 외상공급한도가 준수되도록 주의하여야 할 의무를 가지고 있다고 할 것이다. 그런데 甲이 판매부장으로 부임하였을 시점에는 외상공급계약이 이미 체결되어 있었고, 이는 甲의 입장에서는 매수인에 대한 신용조사와 담보물 확보가 완료되었으며 그에 따른 외상공급한도도 설정되어 있었음을 의미한다. 만약 전임자가 체결한 계약의 타당성을 신임 담당자가 전부 다시 확인하여야 할 법적 작위의무가 인정된다면 이를 이행하지 않았음을 근거로 부작위에 의한 임무위배행위가 있었다고 평가할 수 있을 것이다. 하지만 신용조사와 담보물 확보 의무는 신규 계약 체결의 경우에 인정되는 것이지 체결되어 있는 모든 계약에 대하여 새로 임명된 담당자가 전수조사를 해야 할 대상이라고 보기는 어렵다. 따라서 외상거래의 상대방에게 신용상 문제가 있다는 점 또는 담보물이 전혀 가치가 없다는 점을 甲이 알고 있었던 경우이거나 설정된 공급한도를 초과한 경우가 아니라면 배임과 관련하여 기능적 역할 분담이 인정될 수 없고 이에 따라 공동정범이 된다고 할 수도 없다.

III. 나오는 말

대상판결의 경우 '재산상 손해'에 해당하는 외상거래계약의 체결과 그에 따른 외상거래 과정에서 피고인 甲의 임무위배행위 관련 기능적 역할분담을 찾아볼 수 없다. 이에 따라 승계적으로 배임죄의 공동정범이 된다는 점을 인정하기 곤란하다고 한 대상판결의 입장은 정당한 것으로 평가된다.

〔참고문헌〕 오영근, "2011년도 대법원 형법판례회고", 형사판례 연구 [20](2012).

[필자: 김성천 교수(중앙대)]

[대상판결] 대법원 1998. 5. 21. 선고 98도321 전원합의체 판결

[사실관계] 피고인 甲은 속칭 삐끼주점의 지배인으로 피해자로부터 신용카드를 강취하고 신용카드의 비밀번호를 알아낸 후, 현금자동지급기에서 인출한 돈을 삐끼주점의 분배관례에 따라 분배할 것을 전제로 하여 피고인 乙(삐끼), 丙(삐끼주점업주) 및 A(삐끼)와 공모하기를, 피고인 甲은 삐끼주점 내에서 피해자를 계속 붙잡아 두면서 감시하는 동안 乙, 丙, A 3인이 피해자의 신용카드를 이용하여 현금자동인출기에서 현금을 인출하기로 하였다. 이에 따라 甲을 제외한 위 3인은 1997년 4월 18일 오전 4시경 서울 강남구 삼성동 소재 엘지마트편의점에서 합동하여 현금자동인출기에서 현금 473만 원을 인출하였다.

[판결요지] 3인 이상의 범인이 합동절도의 범행을 공모한 후 적어도 2인 이상의 범인이 범행현장에서 시간적, 장소적으로 협동관계를 이루어 절도의 실행행위를 분담하여 절도범행을 한 경우에는 공동정범의 일반이론에 비추어 그 공모에는 참여하였으나 현장에서 절도의 실행행위를 직접 분담하지 아니한 다른 범인에 대하여도 그가 현장에서 절도 범행을 실행한 위 2인 이상의 범인의 행위를 자기 의사의 수단으로 하여 합동절도의 범행을 하였다고 평가할 수 있는 정범성의 표지를 갖추고 있다고 보여지는 한 그 다른 범인에 대하여 합동절도의 공동정범의 성립을 부정하여야 할 이유가 없다고 할 것이다. 형법 제331조 제2항 후단의 규정이 위와 같이 3인 이상이 공모하고 적어도 2인 이상이 합동절도의 범행을 실행한 경우에 대하여 공동정범의 성립을 부정하는 취지라고 해석해야 할 이유가 없을 뿐만 아니라, 만일 공동정범의 성립가능성을 제한한다면 직접 실행행위에 참여하지 아니하면서 배후에서 합동절도의 범행을 조종하는 수괴는 그 행위의 기여도가 강력함에도 불구하고 공동정범으로 처벌받지 아니하는 불합리한 현상이 나타날 수 있다. 그러므로 합동절도에서도 공동정범과 교사범·종범의 구별기준은 일반원칙에 따라야 하고, 그 결과 범행현장에 존재하지 아니한 범인도 공동정범이 될 수 있으며, 반대로 상황에 따라

서는 장소적으로 협동한 범인도 방조만 한 경우에는 종범으로 처벌될 수도 있다.

[해 설]

I. 들어가는 말

합동범의 '합동' 개념에 대해서는 오늘날 '시간적·장소적 협동'으로 해석(소위 현장설)하는 데 학설과 판례가 일치한다. 대상판결의 쟁점은 합동범 구성요건에서 합동의 표지를 결여한 행위자에 대하여 형법 제30조를 적용하여 합동범의 공동정범을 인정할 수 있는가 여부이다. 이 판결은 합동범의 공동정범 성립을 부정하였던 종전 판례의 입장을 변경한 것이다. 대법원은 3인 이상의 범인이 합동절도를 공모한 후 2인 이상의 범인이 범행현장에서 시간적·장소적 협동관계를 이루어 절도의 실행행위를 분담하여 절도 범행을 한 경우에 현장에서 실행행위를 분담하지 아니한 다른 범인에 대하여도 "그가 현장에서 절도범행을 하였다고 평가할 수 있는 정범성의 표지를 갖추고 있다고 보여지는 한" 합동범의 공동정범으로 처벌할 수 있다고 판시하였다.

합동범의 공동정범 인정 여부는 합동의 개념에 관하여 현장설을 취할 때 문제가 된다. 현장설에 따르면, 합동범 구성요건은 필요적 공범 내지 공동정범의 특수한 형태로 취급될 수 있기 때문에 현장에 있지 않았던 행위자에 대하여 형법 제30조의 적용이 과연 가능한가가 논란이 될 수밖에 없다.

II. 합동범의 공동정범 성립 여부

현장설에 의하면 최소한 현장에서 2인 이상의 시간적·장소적 협동이 있어야 합동에 해당하므로, 수인이 공모하였더라도 현장에서 실행행위에 관여한 자가 1인뿐이라면 단순절도의 공동정범의 문제일 뿐, 합동범의 문제는 아니다. 그런데 대상판결 사례처럼 3인 이상 공모하고 그 중 2인 이상이 실행행위의 합동관계에 있었을 때 합동관계에 있지 않았던 자를 공동정범에 관한 총칙규정을 적용하여 합동절도범으로 처벌한다면 합동의 개념을 현장설에 따라 엄격하게 해석하는 취지

에 반한다는 비판이 제기된다. 그런 이유로 통설은 합동범 구성요건에서 현장성의 요건을 갖추지 못한 자에 대해 형법 제30조를 적용하여 합동범의 공동정범으로 처벌할 수는 없다고 본다. 통설은 대법원의 태도에 비판적이다.

1. 합동범의 공동정범 성립을 인정한 대법원 판결의 논증

대상판결에서 대법원은 합동범 구성요건에 대해서도 공동정범의 일반이론이 적용될 수 있다고 하였다. 논거로는, 첫째, "형법 제331조 제2항 후단의 규정이 3인 이상이 공모하고 적어도 2인 이상이 합동절도의 범행을 실행한 경우에 대하여 공동정범의 성립을 부정하는 취지라고 해석할 이유가 없다"고 하며, 둘째, "만일 공동정범의 성립가능성을 제한한다면 직접 실행행위에 참여하지 아니하면서 배후에서 합동절도의 범행을 조종하는 수괴는 그 행위의 기여도가 강력함에도 불구하고 공동정범으로 처벌받지 아니하는 불합리한 현상이 나타날 수 있다"는 점도 정책적 논거가 된다.

2. 합동범의 공동정범을 부정하는 통설의 논증

학계의 통설은 합동의 개념에 관하여 현장설을 취하는 한 합동범의 공동정범은 성립할 수 없다고 본다. 현장에서 시간적·장소적 협동관계를 이루어 실행행위를 분담한 행위자만 합동범의 정범이 될 수 있다는 것이다. 합동범은 '필요적 공범' 내지 '공동정범의 특수한 형태'이기 때문에 합동범 구성요건에 대해서는 형법총칙상의 공동정범 규정이나 공동정범의 일반이론이 적용될 수 없다는 점이 주된 논거이다. 그렇게 해석하지 않으면, 현장설의 엄격한 해석의 취지가 사실상 무의미해지고, 합동범의 처벌범위가 부당하게 확장될 것이라고 비판한다.

집단범죄의 수괴나 배후인물에 대한 처벌 필요성에 관하여 통설은 그러한 행위자가 아예 처벌되지 않는 것이 아니라, 의사형성과정 및 행위기여도에 따라 단순절도죄의 공동정범 내지 합동절도의 교사 혹은 방조범으로 처벌할 수 있기 때문에 크게 문제되지 않는다고 한다.

III. 나오는 말

(1) '2인 이상이 합동하여'라는 요건은 행위불법을 가중하는 구성요건표지이다. 형법 제331조 제2항이 '흉기의 휴대'와 '2인 이상의 합동'을 병렬적으로 규정했다는 점을 봐도 그렇다. 제331조 제2항 전단의 경우에 위험한 물건을 휴대하지 않은 자도 상대방이 위험한 물건을 휴대하고 있음을 인식하고 실행행위를 분담하였다면 제331조 제2항 전단의 특수절도의 공동정범이 되는 것처럼, 합동절도의 경우에도 3인 이상이 공모하였고 그 중 2인 이상이 현장에서 실행행위를 합동하였다면 합동 사실을 인식한 나머지 1인도 기능적 행위지배의 여부에 따라 공동정범의 성립이 가능하다고 보는 것이 타당하다. 2인 이상의 합동은 행위태양에 관련된 불법가중표지일 뿐이며 그것이 형법총칙상의 공동정범 규정의 적용을 배제하는 이유가 될 수 없다. 그런 점에 대상판결의 결론은 설득력이 있다.

합동범을 '필요적 공범' 내지 최소한 '공동정범의 특수한 형태'라고 이해하더라도 이로 인해 공동정범이 성립을 당연히 부정해야 하는 것은 아니다. 필요적 공범이라는 개념은 본래 그 내부자 사이에 형법총칙의 임의적 공범규정이 적용되지 않는다는 점에서 개념의 실익이 있는데, 외부가담자에 대하여 전적으로 공동정범 규정의 적용을 배제한다는 의미는 아니기 때문이다.

(2) 다만, 대법원은 (공모)공동정범의 범위를 비교적 넓게 인정하는 태도를 취하고 있기 때문에 합동범의 공동정범의 성립 범위가 부당하게 확대될 우려가 있다. 그러나 이 문제는 합동범의 공동정범 인정 여부와 직결된 문제가 아니라 (공모)공동정범 일반론으로 해결해야 할 문제이다.

〔참고문헌〕 이호중, "합동절도의 공동정범", 형사판례연구 [7](2000); 정영일, "합동범에 관한 판례연구", 형사판례연구 [7](2000).

[필자: 이호중 교수(서강대)]

[53] 부작위범 사이의 공동정범

[대상판결] 대법원 2008. 3. 27. 선고 2008도89 판결

[사실관계] 피고인 甲은 케어코리아 압구정점의 실장이고, 피고인 乙, 丙, 丁, 戊는 각각 동 업체 신촌점, 소공점, 삼성점, 부산점의 실장인바, 피고인들은 동 업체 한국지사장인 A와 공동하여 관할관청에 신고를 하지 아니하고, 2003년 10월 경부터 2006년 4월 경까지 자신이 근무하는 업체 지점에서 마사지실 등을 설치하고 그곳에 온 손님에게 전신오일을 바르고 손으로 전신을 주물러 온몸의 근육긴장을 풀어주고, 얼굴 팩, 두피마사지, 크림 등을 발라주는 등 피부관리를 하여주고, 그 대가로 1회당 10만 원 상당의 금품을 교부받아 영리목적으로 미용행위를 업으로 하였다.

검사는 공중위생영업을 하고자 하는 자는 일정한 시설과 설비를 갖추고 시장·군수·구청장에게 신고하여야 한다는 공중위생관리법상의 신고의무를 공동으로 위반한 혐의(공중위생관리법 제20조, 제3조 제1항 위반죄)로 피고인들을 기소하였다.

[판결요지] 공중위생관리법 제3조 제1항 전단은 "공중위생영업을 하고자 하는 자는 공중위생영업의 종류별로 보건복지부령이 정하는 시설 및 설비를 갖추고 시장·군수·구청장에게 신고하여야 한다"고 규정하고 있고, 제20조 제1항 제1호는 '제3조 제1항 전단의 규정에 의한 신고를 하지 아니한 자'를 처벌한다고 규정하고 있는바, 그 규정 형식 및 취지에 비추어 신고의무 위반으로 인한 공중위생관리법위반죄는 구성요건이 부작위에 의하여서만 실현될 수 있는 진정부작위범에 해당한다고 할 것이고, 한편 부작위범 사이의 공동정범은 다수의 부작위범에게 공통된 의무가 부여되어 있고 그 의무를 공통으로 이행할 수 있을 때에만 성립한다고 할 것이다. (중략) 피고인들에게 공통된 신고의무가 부여되어 있지 않은 이상 부작위범인 신고의무 위반으로 인한 공중위생관리법위반죄의 공동정범도 성립할 수 없다.

[해 설]

I. 들어가는 말

대상판결은 부작위범들 사이의 공동정범을 인정할 수 있는가 하는 문제에 대하여 처음으로 일정한 요건을 제시하였다는 점에서 의미를 가진다. 즉 다수인이 일정한 작위행위의 기능적 분담을 사전에 공모하고 공모된 바에 따라 개별행위자가 분담된 기능적 행위를 수행함으로써 성립하게 되는 형법 제30조의 공동정범이, 일정한 행위를 '하지 않는 것'을 성립요건으로 하는 부작위범 간에도 성립할 수 있는 것인가의 문제에 대해서 "부작위범 사이의 공동정범은 다수의 부작위범에게 공통된 의무가 부여되어 있고 그 의무를 공통으로 이행할 수 있을 때에만 성립한다"고 하여 가능함을 전제로 일정한 제한적 요건을 제시하고 있다. 그런데 형법상 부작위범은 범죄구성요건이 처음부터 일정한 부작위행위를 규정하고 있는 진정부작위범과 작위행위로 규정된 범죄구성요건을 일정한 부작위행위로 실현하는 경우에 성립하는 부진정부작위범으로 나누어 진다. 진정부작위범과 부진정부작위범은 보증인지위(의무)와 동가치성의 필요여부 등에서 성립요건의 차이가 있으므로 부작위범 사이의 공동정범의 성립여부에 대해서도 이를 나누어 살펴볼 필요가 있는데, 대상판결은 그 중에서도 진정부작위범 사이의 공동정범의 성립요건에 대해서 설시하고 있다.

II. 부작위범 사이의 공동정범 성립 여부와 요건

1. 진정부작위범의 경우

대상판결에서 문제가 된 범죄유형은 공중위생관리법상의 신고의무를 다하지 않는 것을 처벌의 대상으로 하고 있으므로 순수한 부작위를 구성요건으로 하는 진정부작위범이다. 이러한 진정부작위범이 여러 명이 있을 때 이들 간에 해당 진정부작위범의 공동정범이 성립할 수 있는지 여부에 대하여 대법원은 ① 다수의 부작위범에게 공통의 의무가 부여되어 있을 것, ② 그 의무를 공통으로 이행할 수 있을 것을 요건으로 공동정범이 성립할 수 있다고 하고 있다. 이를 좀 더 상세히 풀어보면 '① 공통의 의무가 부여됨'이라는 요건은 관여된 다수의 사람들에게 동일한 내용의 의무가 부여되어 있다는 것을 의미하는 것이고, '② 의무를 공통으로

이행할 수 있음'이라는 요건은 그 의무는 혼자서는 이행할 수 없고 관여자 모두의 조력과 협력이 있어야만 이행이 가능한 경우를 의미하는 것이다. 이러한 설명은 진정부작위범의 공동정범 성립을 위해서는 의무의 내용으로 자신의 역할을 이행하는 것뿐만 아니라 타인에 대한 협조의무까지 요구하는 것으로 볼 수 있다.

이러한 대법원의 요건제시에 대해서는 첫째로 '동일한 내용의 의무'라는 것의 구체적 내용이 한 사람도 행할 수 있는 일정한 행위도 포함하는지, 아니면 의무의 내용자체가 '공동의 (협조)의무'인지가 불명확하고, 둘째로 한 명의 범죄행위자를 염두에 두고 만들어진 부작위구성요건에 대해 혼자서는 할 수 없고 공동의 협력에 의해서만 실행이 가능해야 한다는 조건을 제시하는 것이 논리모순이 아닌가 하는 지적이 가능하다.

2. 부진정부작위범의 경우

대상판결에서 설시한 내용은 진정부작위범에 대한 것이지만 부진정부작위범까지 적용될 수 있는, 즉 부작위범 전반을 아우르는 포괄적인 기준을 제시한 것이라고 볼 여지도 있다. 그러나 개별적인 신분관계와 구체적인 행위가능성에 기반한 일신전속적인 보증인지위와 의무를 요구하는 부진정부작위범의 경우에는 대상판결이 설시하는 바와 같은 공통의 의무, 의무의 공통이행이라는 요건만으로는 설명이 부족하다. 부진정부작위범에 있어서 공동정범의 성립에 대해서는 대법원이 앞서 판결을 한 바가 있다. 즉 대법원 2006. 2. 23. 선고 2005도8645 판결에서는 부작위에 의한 기망행위(계약상 중요내용의 불고지행위)로 사기죄를 인정한 바 있는데, 이때 기망행위에 가담한 여러 명의 행위자에 대해 '공모'가 있었고 '필수적인 역할'을 수행하였다는 점을 근거로 부작위에 의한 사기죄의 (공모)공동정범을 인정하였다. 이 판결은 (명시적이지는 않지만) 부진정부작위범의 요건인 보증인의무를 지는 자들이 의무를 이행하지 않기로 서로 '공모'하고 각자가 이를 실행에 옮기면 이들 간에는 부진정부작위범의 공동정범이 성립하는 것이라고 설시한 것으로 평가할 수 있다. 대상판결과 비교해 보면 공통의 의무는 '공모'로 대체가 되었다고 할 수 있지만, 의무의 '공통이행'이라는 점은 부진정부작위범의 경우에는 '각자이행'으로 충분하다고 하여 완화되어 있는 것으로 보인다.

Ⅲ. 나오는 말

대상판결의 경우는 피고인들에게 당해 법이 요구하는 신고의무의 주체로 인정되지 않아서, 즉 의무의 존재조차 인정되지 않아서 부작위범(의 공동정범)이 인정되지 않았는데, 만약 신고의무의 주체로 인정되었더라고 하더라도 대법원이 제시한 요건에 의하면 피고인들에게는 동일한 내용의 신고의무(공통의 의무)가 부여되어 있었어야 하고 그러한 의무는 피고인들 모두가 협력하고 조력하여야 이행이 가능한 의무라는 점이 입증되어야 부작위범인 공중위생관리법위반죄의 공동정범이 성립할 수 있다.

그러나 부작위범은 단일행위자의 일신전속적인 의무불이행을 기본구조로 하고 있으므로 행위의 기능적 분담이라는 개념을 사용하기 곤란하고, 현행 형법에는 '공동작위의무'를 도출할 수 있는 규정이 없다는 점에서 대법원이 제시한 요건은 극복해야 할 이론상의 난점을 가지고 있다고 할 수 있다.

〔참고문헌〕 김성룡, "부작위범 사이의 공동정범", 형사판례연구 [17](2009).

[필자: 류부곤 교수(경찰대)]

[54] 교사범

[대상판결] 대법원 1991. 5. 14. 선고 91도542 판결

[사실관계] 피고인 甲은 피고인 乙, 丙, 丁이 절취하여 온 장물을 상습으로 19회에 걸쳐 시가의 3분의 1 내지 4분의 1의 가격으로 매수하여 취득하여 오다가, 乙과 丙에게 일제 드라이버 1개를 사주면서 "丁이 구속되어 도망 다니려면 돈도 필요할 텐데 열심히 일을 하라(도둑질을 하라)"고 말하여 이들의 절도를 교사하였다.

[판결요지] [1] 교사범이란 타인(정범)으로 하여금 범죄를 결의하게 하여 그 죄를 범하게 한 때에 성립하는 것이고 피교사자는 교사범의 교사에 의하여 범죄실행을 결의하여야 하는 것이므로, 피교사자가 이미 범죄의 결의를 가지고 있을 때에는 교사범이 성립할 여지가 없다.

[2] 교사범의 교사가 정범이 죄를 범한 유일한 조건일 필요는 없으므로, 교사행위에 의하여 정범이 실행을 결의하게 된 이상 비록 정범에게 범죄의 습벽이 있어 그 습벽과 함께 교사행위가 원인이 되어 정범이 범죄를 실행한 경우에도 교사범의 성립에 영향이 없다.

[3] 막연히 "범죄를 하라"거나 "절도를 하라"고 하는 등의 행위만으로는 교사행위가 되기에 부족하다 하겠으나, 타인으로 하여금 일정한 범죄를 실행할 결의를 생기게 하는 행위를 하면 되는 것으로서 교사의 수단 방법에 제한이 없다 할 것이므로, 교사범이 성립하기 위하여는 범행의 일시, 장소, 방법 등의 세부적인 사항까지를 특정하여 교사할 필요는 없는 것이고, 정범으로 하여금 일정한 범죄의 실행을 결의할 정도에 이르게 하면 교사범이 성립된다.

[해 설]

Ⅰ. 들어가는 말

형법 제31조는 "타인을 교사하여 죄를 범하게 한 자는 죄를 실행한 자와 동일한 형으로 처벌한다"고 하여 교사범을 규정하고 있다. 공범인 교사범의 성립 여부는 정범인 피교사범죄의 성립 여부에 종속되어 있으므로 피교사범죄가 성립되는지를 우선적으로 검토하여야 한다. 그리고 피교사범죄가 성립되는 경우에 교사자의 행

위가 형법상 '교사'에 해당하는 가를 검토하여야 한다.

형법은 단순히 '교사'라는 추상적 개념만을 제시하고 있는데, 일반적으로 교사란 스스로는 범죄행위를 실행하지 않고 다른 사람으로 하여금 범죄를 결의하고 실행하게 하는 행위를 말한다. 구체적으로 어떠한 요건이 구비되었을 때 이를 형법이 규정하고 있는 교사라고 볼 수 있을 것인가는 오로지 학설과 판례에 맡겨져 있다. 대상판결은 교사범의 성립요건 중 특히, 교사행위의 내용과 구체성에 관하여 아래와 같이 세 가지 판단기준을 제시하고 있다.

Ⅱ. 새로운 범죄결의의 유발

교사가 성립하기 위해서는 교사자가 피교사자로 하여금 범죄의 고의를 가지도록 만들어야 한다. 피교사자가 마음속으로 범죄를 하겠다는 결심을 하게 되면, 이 조건은 충족된다. 교사행위를 하였으나 피교사자로 하여금 범죄결의를 유발시키지 못한 경우에는 교사행위가 있었다고 할 수 없다. 예를 들어 교사자는 나름대로의 방법을 동원하여 범죄결의가 있도록 노력하였으나 전혀 영향을 미치지 않는 상태에서 정범 스스로의 결정에 의해 범죄의사가 형성된 경우에는 교사범이 성립되지 않는다.

그런데 교사자의 교사에 의한 피교사자의 범죄결의는 새로운 범죄에 대한 결의이어야 한다. 교사란 범죄의사가 없는 사람이 범죄의사를 가지도록 만드는 것을 의미하는 것이어서 이미 특정한 범죄를 행할 의사를 가지고 있는 사람에게는 교사가 될 수 없기 때문이다. 대상판결도 피교사자인 乙, 丙이 甲의 교사행위 이전에 이미, 甲이 교사한 절도행위를 결의하고 있었다고 인정되지는 않는다는 점에 주목하여, 甲의 교사행위에 의해 비로소 乙, 丙은 새로운 절도의 범죄결의를 하게 된 것으로 인정하고 있다.

Ⅲ. 범죄결의 원인의 비유일성

교사자의 교사행위가 유일한 원인이 되어 피교사자의 범죄결의를 유발할 필요는 없다. 교사행위에 의하여

정범이 실행을 결의하게 된 이상, 비록 정범에게 범죄의 습벽이 있어 그 습벽과 함께 교사행위가 원인이 되어 정범이 범죄를 실행한 경우에도 교사범의 성립에는 영향이 없는 것이다.

대상판결은 乙, 丙이 절도의 습벽이 있었고 甲의 교사 이전에도 다른 절도행위를 여러 차례 한 바 있었다고 하여도, 甲이 이들에게 드라이버를 사주면서 절도를 하라고 교사하여 이로써 절도를 한 것인 이상, 甲의 그 교사행위가 단순히 그 절도의 동기를 부여한 것이라고만 할 수는 없고, 乙, 丙이 절도의 결의를 하게 된 원인을 제공한 것으로 판단하여, 甲에 대한 교사범의 성립을 인정하고 있다.

Ⅳ. 교사행위의 구체성 정도

교사범이 성립하기 위해서는 범행의 일시, 장소, 방법 등의 세부적인 사항까지를 특정하여 교사할 필요는 없는 것이고, 정범으로 하여금 일정한 범죄의 실행을 결의할 정도에 이르게 하면 교사범이 성립된다.

대상판결은 "피고인 甲이 공동피고인 乙, 丙, 丁 등이 절취하여 온 장물을 상습으로 19회에 걸쳐 시가의 3분의 1 내지 4분의 1의 가격으로 매수하여 취득하여 오다가, 乙, 丙에게 일제 드라이버 1개를 사주면서 '丁이 구속되어 도망 다니려면 돈도 필요할 텐데 열심히 일을 하라(도둑질을 하라)'고 말하였다면, 그 취지는 종전에 丁과 같이 하던 범위의 절도를 다시 계속하여 하라, 그러면 그 장물은 매수하여 주겠다는 것으로서 절도의 교사가 있었다고 보아야 할 것이고, 구체적으로 언제, 누구의 집에서, 무엇을 어떠한 방법으로 절도 하라고 특정하여 말하지 아니 하였다고 하여 이와 같은 甲의 말이 너무 막연해서 교사행위가 아니라거나 절도교사죄가 성립하지 않는다고 할 수는 없다"고 판시함으로써 교사행위의 구체성 정도의 판단기준을 제시하고 있다.

Ⅴ. 나오는 말

대상판결은 형법 제31조에 추상적으로 규정되어 있는 교사범의 성립요건 가운데, 특히 교사자의 교사행위의 인정요건을 구체적으로 제시하고 있는 점에 의의를 둘 수 있다. 대상판결이 제시하고 있는 교사범의 성립요건에 관하여 학설도 이견 없이 이를 인정하고 있으며, 이 기준을 부정하고 다른 기준을 제시하는 판례 또

한 나타나지 않고 있다.

대상판결은 교사행위가 성립하기 위하여는 첫째, 교사자의 교사행위로 인하여 피교사자가 비로소 새로운 범죄결의를 하여야 하며, 둘째, 피교사자의 그 결의가 오로지 교사자의 교사행위에 기인할 필요는 없고, 셋째, 교사자는 범행의 일시, 장소, 방법 등의 세부적인 사항까지를 특정하여 교사할 필요는 없으며, 정범으로 하여금 일정한 범죄의 실행을 결의할 정도에만 이르게 하면 된다고 보고 있다.

[참고문헌] 홍성무, "교사범에 있어서 교사행위의 특정정도 및 실행행위와 사이의 인과관계", 대법원판례해설 제15호(1991 상반기)(1992).

[필자: 김형준 교수(중앙대)]

[55] 공범과 착오 — 피교사자의 초과실행

[대상판결] 대법원 1993. 10. 8. 선고 93도1873 판결

[사실관계] 피고인 甲은 관객을 상대로 한 영지두 중이라는 건강식품판매를 위한 가설극장터의 확보와 동 영업에 관해 사사건건 방해를 하고 협박을 해온 피해자에 대해 보복을 하는 한편 다시는 자신의 영업 등을 방해하는 일이 없도록 하기 위해 피해자의 경호원으로 있다가 사이가 나빠져 동인과 알력관계에 있는 A를 피고인 乙로부터 소개받고 A에게 착수금 명목으로 돈 500만 원을 제공하면서 A로 하여금 피해자에게 중상을 입혀 활동을 못하게 만들도록 교사하였다. 이에 따라 A는 그와 평소 가까이 지내는 피고인 丙과 공모 합동하여 생선회칼로 귀가 중인 피해자의 온몸을 난자하여 살해하였다.

[판결요지] 교사자가 피교사자에 대하여 상해 또는 중상해를 교사하였는데 피교사자가 이를 넘어 살인을 실행한 경우 일반적으로 교사자는 상해죄 또는 중상해죄의 교사범이 되지만 이 경우 교사자에게 피해자의 사망이라는 결과에 대하여 과실 내지 예견가능성이 있는 때에는 상해치사죄의 교사범으로서의 죄책을 지울 수 있다.

[해 설]

Ⅰ. 들어가는 말

대상판결은, 피고인이 피해자를 상해해서 활동을 못하게 만들도록 교사한 바 피교사자가 피해자를 살해한 사실에 관한 것으로서, '공범의 착오' 가운데에서도 교사의 착오, 즉 교사자가 인식(·인용)한 범죄사실과 피교사자가 야기한 범죄사실이 불일치하는 경우에 관한 것이다.

공범의 착오란 공범이 인식(·인용)한 범죄사실과 정범이 실행한 범죄사실이 상이한 경우를 말한다. 교사범에 있어서는 교사의 고의가 그 성립요건이 되는 점에서, 교사자의 고의를 벗어나는 범죄사실이 피교사자인 정범에 의해 실현된 경우에 교사자는 어느 범위까지 죄책을 지는 것인지가 문제된다. 위 사실관계와 같이 교사자가 인식(·인용)한 범위를 초과하는 범행이 피교

사자에 의해 이루어진 경우를 일컬어 특히 (양적) 초과실행(피교사자의 과잉)이라고 한다. 그와 같은 경우에도 기본적으로는 단독(정)범에 있어서의 착오에 관한 법리가 적용된다.

Ⅱ. 교사의 착오, 특히 양적 초과실행에 있어서의 교사자의 죄책에 관한 사고방식

1. 학 설

교사자가 인식(·인용)한 실행행위와 피교사자인 정범이 실현한 범죄사실이 상이한 범죄구성요건에 걸쳐 있는 때에는 양 범죄구성요건이 중첩하는 한도에서 교사범의 성립을 인정하는 것이 일반적이다. 따라서 피교사자의 범행과 교사자가 인식(·인용)한 실행행위가 질적으로 상이한 경우에는 교사범은 성립되지 않는다. 가령 살인을 교사한바 피교사자가 절도를 실행한 경우에는 교사범은 성립되지 않는다(다만, 살인교사에 대한 승낙이 있었던 한에서는 효과 없는 교사(제31조 제2항)에 해당되므로 교사자를 살인죄의 예비·음모에 준해서 처벌할 수 있다). 그와는 달리 피교사자의 범행과 교사자가 인식(·인용)한 실행행위가 양적으로 상이한 경우에는 경한 죄의 교사범이 성립된다. 예컨대, 특수강도를 교사한바 피교사자가 단순강도를 범한 경우에는 단순강도죄의 교사범이 성립하고, 존속살해를 교사한바 피교사자가 보통살인을 범한 경우에는 보통살인죄의 교사범이 성립한다. 한편, 피교사자의 범행이 교사자가 인식(·인용)한 실행행위를 양적으로 초과한 경우에도 교사의 고의의 범위 내에서 교사범으로서의 죄책이 인정된다. 가령 절도를 교사한바 피교사자가 강도를 범한 경우에는 절도죄의 교사범이 성립한다. 교사자로서는 피교사자에 의해 초과실행된 부분에 대해서는 책임을 지지 않는 것이다. 교사의 양적 착오에 관한 그와 같은 처리방식은 대체로 죄질부합설 및 공범종속성설의 관점에 상응하는 것으로 이해된다. 그와 같이 보면, 가령 상해를 교사한바 피교사자가 살인을 범한 경우에도 상해죄의 교사범이 성립될 뿐이라고 보아야 할 것인데, 그와 같은 경우에 교사자에게 사망의 결과에 대한 과실이 인정되는 한

에서는 상해치사죄의 교사범이 성립하는 것으로 보는 입장이 유력하다.

피교사자의 양적 초과실행과 관련해서 결과적 가중범에 대한 교사범을 인정할 수 있는지에 관해서는, 교사자가 중한 결과의 발생을 예견하지 못했더라도 그것에 대한 예견가능성이 긍정되면 결과적 가중범에 대한 교사범을 인정하는 입장이 우세하지만, 결과적 가중범에 관한 형법 제15조 제2항의 규정이 어디까지나 정범에 관한 규정인 점에서 (협의의) 공범인 교사범에게까지 그 규정을 적용하는 것은 피고인에게 불리한 유추적용이 되는 것으로 보는 입장도 있다. 후자의 입장에 따르면, 가령 상해를 교사한바 피교사자가 살인을 범한 경우에는 원칙적으로 상해죄의 교사범이 성립하지만 사망의 결과에 대한 예견가능성이 긍정되는 때에는 과실치사죄가 성립하고 양자는 상상적 경합의 관계에 있다고 보아야 할 것이다.

2. 대법원의 태도

대상판결에서 보는 바와 같이 판례는 피교사자의 양적 초과실행에 관해서 초과부분에 대한 예견가능성이 긍정되는 때에는 결과적 가중범에 대한 교사범이 성립될 수 있다는 입장을 취하고 있다. 대상판결 외에도 대법원 1997. 6. 24. 선고 97도1075 판결과 대법원 2002. 10. 25. 선고 2002도4089 판결이 마찬가지의 입장을 견지하고 있다.

III. 나오는 말

(1) 대상판결은, 교사자가 상해 또는 중상해를 교사한 이상 교사자에게는 초과부분에 관해 (특별한) 주의의무가 부여되어 있다고 보아서 교사자에게 그 초과부분에 대한 과실이 긍정되는 한에서는 그것에 대한 교사자의 책임이 부정되지 않는다고 보는 것이라고 풀이된다. 그런데 '결과적 가중범에 대한 교사범'이라는 것이 결과적 가중범의 특수한 성질에 기해서―따라서 과실범에 대한 교사범을 부정하는 경우에도―인정되는 것이라면, 그것은 피교사자인 정범의 초과실행 자체가 결과적 가중범에 해당되는 때에 비로소 개념적으로 무리가 없다고 생각된다. 피교사자의 초과실행에 관해 피교사자의 범행 자체가 결과적 가중범에 해당되지 않는 때에도 초과부분에 대한 예견가능성이 인정되는 한

결과적 가중범의 교사범을 인정하는 사고방식은 공범행위로서의 교사행위를 정범의 '실행행위'와 마찬가지로, 말하자면 (수정된) 범죄(구성요건)의 '실행행위'로 파악하는 것이라고 본다.

(2) 앞서 언급한 것처럼 대상판결은 사실의 착오에 관한 법리로서의 죄질부합설의 관점과는 다소 거리가 있다고 본다. 한편, 구성요건부합설의 관점에서 위 사실관계를 평가하면 상해의 교사범과 (사망의 결과에 대한 과실이 인정되는 한에서) 과실치사죄가 성립하고 양자의 상상적 경합이 된다고 보아야 할 것이므로 대상판결은 구성요건부합설에 따른 결론과도 상응하지 않는 것이다.

〔참고문헌〕 이재상, "1997년의 형사판례 회고", 형사판례연구 [6](1998); 조상제, "결과적 가중범의 공범 인정 여부: 상해치사죄의 교사범", 형사판례연구 [12](2004).

[필자: 김성규 교수(한국외대)]

[56] 방조범의 성립범위

[대상판결] 대법원 2007. 12. 14. 선고 2005도872 판결

[사실관계] 피고인들은, 사용자가 선접속자 5,000명과 서버를 통해 연결되어 해당음악파일 보유자로부터 복제, 전송받아 직접 듣거나 자신의 디렉토리에 저장하여 전송할 수 있도록 하는 소리바다 프로그램(이하, 'S'라 지칭)을 개발한 다음, 2000. 5. 20.경부터 서버 3대를 설치하고, 음악파일 공유서비스 제공목적으로 인터넷 사이트 '소리바다'를 개설한 후 S를 홈페이지를 통하여 무료로 배포하였다. 그 후 S의 설치·실행을 통하여 450만 명의 회원들이 언제든지 쉽게 음악파일을 복제·전송받아 사용하게 되었는데, 이처럼 복제·전송되는 음악파일의 대부분은 타인의 음악저작권을 침해하는 것이었다. 피고인들은 프로그램 개발자 및 인터넷서비스제공자(ISP)로서 사용자들이 타인의 음악저작권을 침해한다는 사실을 알고 있음에도 불구하고 그 침해를 방지하기 위한 적절한 조치를 취하지 아니하였다.

[판결요지] 저작권법이 보호하는 복제권의 침해를 방조하는 행위란 정범의 복제권 침해를 용이하게 해주는 직접·간접의 모든 행위로서, 정범의 복제권 침해행위 중에 이를 방조하는 경우는 물론, 복제권 침해행위에 착수하기 전에 장래의 복제권 침해행위를 예상하고 이를 용이하게 해주는 경우도 포함하며, 정범에 의하여 실행되는 복제권 침해행위에 대한 미필적 고의가 있는 것으로 충분하고 정범의 복제권 침해행위가 실행되는 일시, 장소, 객체 등을 구체적으로 인식할 필요가 없으며, 나아가 정범이 누구인지 확정적으로 인식할 필요도 없다. 따라서 P2P 프로그램을 이용하여 (중략) MP3 파일을 다운로드 받은 이용자의 행위는 구 저작권법(2006. 12. 28. 전문 개정되기 전) 제2조 제14호의 복제에 해당하고, 소리바다 서비스 운영자의 행위는 구 저작권법상 복제권 침해행위의 방조에 해당한다.

[해 설]
I. 들어가는 말

대상판결에서 소리바다 서비스제공자의 형법상 방조범 성립은 행위 유형에 따라 두 가지로 접근해 볼 수 있다. 첫째, 작위에 의한 방조범 성립여부이다. 피고인들은 2000. 5. S를 무료로 배포하였다. 비록 정범의 행위 이전이기는 하나, 사후에 정범이 최소한 가벌적 행위의 실행에 착수하였다면, 프로그램의 배포는 정범의 처벌여부와 관계없이 작위에 의한 방조범 여부가 검토되어야 할 것이다. 둘째, 부작위에 의한 방조범 성립여부이다. 이는 S 배포 이후 정범에 의한 전송권침해라는 저작권법위반 행위가 실제로 발생할 경우 이를 방지해야 할 보증인적 지위가 피고인들에게 발생하는가의 문제이다. ISP에게는 정범의 불법행위에 대하여 이를 기술적으로 또는 현실적으로 차단할 수 있는 가능성이 존재함에도 불구하고 이를 하지 않았을 경우 형법상 방조범 성립을 인정하는 것이 일반적이다. 그렇다면 게시판운영자 등 일반 ISP와 P2P 프로그램제공 운영자를 동등하게 평가해야 할 것인지 아니면 P2P 방식의 특성으로 인하여 후자에게는 부작위범으로서의 보증인적 지위를 부정할 수 있을 것인지 문제된다.

II. 작위에 의한 방조의 성립시기와 법률의 개정
1. 방조범의 성립시기 또는 범위

방조행위는 정범의 실행행위 착수 전후에 걸쳐 가능하다. 판례 역시 저작권법이 보호하는 복제권의 침해를 방조하는 행위란 정범의 복제권 침해를 용이하게 해주는 직접·간접의 모든 행위로서, 정범의 복제권 침해행위 중은 물론 복제권 침해행위에 착수하기 전에 장래의 복제권 침해행위를 예상하고 이를 용이하게 해주는 경우도 포함한다고 판시하고 있다. 따라서 실행착수 이전에 정범의 범행을 용이하게 하는 행위는, 정범이 실행의 착수로 나아간 이후에 비로소 방조행위로 평가되나, 정범이 실행의 착수에 이르지 않은 때에는 타인예비를 인정하지 않는 판례 및 학설의 태도에 따라 방조범이나 예비죄가 성립하지 아니한다.

2. 정범 및 공범의 실행행위시점과 법률개정

2000. 1. 12. 개정된 저작권법 제2조 제14호는, '복제'를 인쇄·사진·녹음·녹화 그 밖의 방법에 의하여 유형

물에 고정하거나 유형물로 다시 제작하는 것으로 정의하여 복제의 개념에 "유형물에 고정하는 것"을 추가하였다. 그러나 동 판결에서의 문제는 동법 부칙 제1호가 개정된 저작권법의 시행일을 2000. 7. 1.로 정하였다는 점이다. 소리바다 제공자가 S를 개발하여 배포한 시점은 2000. 5.이므로, 배포시점을 기준으로 한다면 저작권법이 개정되어 공포되었으나 시행되기 이전이다. 소급효금지의 원칙에 따르면 비록 공포는 되었으나 법률 시행일 이전의 행위에 대하여는 개정된 법률로 의율할 수 없다. 따라서 정범의 실행의 착수가 2000년 7월 1일 이후에 이루어졌다 하더라도 법 시행 이전에 이루어진 방조행위는 사전행위로서의 방조범이 성립될 수 없다고 보아야 할 것이다.

III. 부작위에 의한 방조와 작위의무

1. 부작위에 의한 방조범의 성립

동 판결에서는 피고인들이 S 배포 이후 S를 이용하여 이용자들이 용이하게 음악 MP3파일을 다운로드 받아 자신의 컴퓨터 공유폴더에 담아 둘 수 있게 하고, 소리바다 서비스가 저작권법에 위배된다는 경고와 서비스 중단요청을 받고도 이를 계속한 것이 복제권 침해행위의 방조에 해당하는지 문제된다. 이는 피고인들에게 사용자들이 저작권법에 위반되는 무단복제를 하지 못하도록 방지해야 할 작위의무가 존재하는가의 문제이다.

2. 작위의무의 발생근거

형식설에 의하면 부작위범의 작위의무 발생근거는 법령, 계약, 선행행위, 조리 등이다.

2006. 12. 28. 전면개정된 저작권법에 의하면, 피해자의 요구가 있는 경우 ISP에게는 그 저작물 등의 복제·전송을 중단시키는 등의 의무가 발생한다. 그러나 피고인들이 S를 배포한 시점은 동법 시행 전이며, S의 P2P 방식은 피고인들의 개입 없이 이용자들 간에 직접 이루어지는 행위이므로 법령에 의한 작위의무를 인정하기는 어렵다. 또한 피고인들과 피해자들 사이에 어떠한 계약이 존재한 바가 없다.

선행행위로 인한 작위의무를 인정하기 위해서는 ① 선행행위는 결과발생에 대한 직접적이고 상당한 위험을 야기할 수 있는 것이어야 하고, ② 선행행위 자체가 객관적으로 의무에 위반하였거나 위법한 것이어야 하며, ③ 의무위반은 규범을 침해하여야 한다. 그런데 S의 배포 당시에는 음악파일의 복제가 범죄행위가 아니었으므로 배포행위 역시 위법한 선행행위로 볼 수 없다. 또한 S가 비록 음악파일의 불법복제에의 사용가능성이 있더라도, 개발행위 자체는 건전한 음악의 공유와 개인의 음악 선전 등에의 사용 목적이라면, 이는 결과 발생에 대한 직접적이고 상당한 위험을 야기할 수 있는 위법한 선행행위가 아니다. 즉, 막연하고 추상적으로 법익침해의 위험을 창출할 개연성이 있다는 것만으로는 법익침해의 직접적 위험의 초래행위라고 보기 어렵다.

조리에 의한 작위의무의 경우, 위험원에 대한 실질적인 지배를 기준으로 판단하여야 한다. 예컨대 인터넷 포털사이트 팀장이 음란물 게시에 관한 일반적 통제권한을 보유하여 사전 통제가 가능하였다면 조리상의 의무가 있다(대법원 2006. 4. 28. 선고 2003도4128 판결). 그러나 P2P 방식은 냅스터와는 달리 사전에 행위자 또는 행위시기를 알 수 없기 때문에 현실적으로 침해행위 방지의 기대가능성이 없다.

IV. 나오는 말

방조범은 정범에 제한적 종속형식을 취하여 성립되지만, 방조행위는 정범의 실행행위 전후를 불문하고 언제나 성립할 수 있다. 그러므로 대상판결은 방조범의 성립을 인정한다. 그러나 대상판결은 방조행위의 성립 및 법률적용 여부는 법률개정시점을 기준으로 판단하여야 함을 간과하였다. 또한 ISP의 부작위는 일반적으로 방조범이 되지만, 작위의무는 개별 ISP의 특성을 고려하여 인정하여야 한다.

〔참고문헌〕이용식, "승계적 종범의 성립범위", 형사판례연구 [15] (2007).

[필자: 김혜경 교수(계명대)]

[57] 부작위에 의한 방조

[대상판결] 대법원 2006. 4. 28. 선고 2003도4128 판결

[사실관계] 피고인 甲은 인터넷 포털사이트의 오락 채널 총괄팀장이며, 乙은 위 오락채널 내 만화사업의 운영 직원으로, 이들은 포털사이트의 유료전환을 위한 수익사업으로 성인만화방을 개설하고 성인대상 채널을 중점적으로 관리하였다. 포털사이트와 콘텐츠 제공업체들 간의 계약에 따르면 콘텐츠 제공업체들은 성인만화방에 게재될 만화 콘텐츠의 개발, 입력 등의 업무를 수행하고 포털사이트는 온라인시스템의 유지관리, 운영 업무를 수행하며, 분담 업무에 관해 상호협의하기로 되어 있었다. 이에 따라 甲과 乙은 사전에 콘텐츠 제공업체들과 협의하였고, 실제 게재여부 및 정상 서비스 여부에 대해 확인하는 등 일반적 통제권한을 보유하여 콘텐츠의 내용을 실시간으로 쉽게 검색, 파악할 수 있었다. 또한 포털사이트는 콘텐츠 제공업체들과 콘텐츠에 사회윤리를 침해하는 내용의 정보를 담아서는 안 되며 이러한 의무의 위반 시 계약해지가 가능하다고 약정하였고, 乙은 이러한 해지권을 근거로 일부 만화들에 대해 직접 삭제 및 삭제하게 하였으며, 이 사건 만화들 중 일부가 게재된 것을 알았다. 甲도 성인만화방에 게재된 만화의 내용을 알았으며 직접 검색하여 문제되는 콘텐츠는 乙에게 삭제조치를 지시하였으나, 음란성의 수위를 조절하도록 지시하면서도 비정상적인 남녀관계를 설정해서 변태적인 성행위를 노골적·사실적·집중적으로 묘사하는 등의 이 사건 만화들에 대해서는 안일하게 방치하였다.

[판결요지] 형법이 금지하고 있는 법익침해의 결과 발생을 방지할 법적인 작위의무를 지고 있는 자가 그 의무를 이행함으로써 결과발생을 쉽게 방지할 수 있었음에도 불구하고 그 결과의 발생을 용인하고 이를 방관한 채 그 의무를 이행하지 아니한 경우에, 그 부작위가 작위에 의한 법익침해와 동등한 형법적 가치가 있는 것이어서 그 범죄의 실행행위로 평가될 만한 것이라면, 작위에 의한 실행행위와 동일하게 부작위범으로 처벌할 수 있고, 여기서 작위의무는 법령, 법률행위, 선행행위로 인한 경우는 물론, 기타 신의성실의 원칙이나 사회상규 혹은 조리상 작위의무가 기대되는 경우에도 인정된다.

[해 설]

I. 들어가는 말

범죄는 단독정범 외에도 다양한 참여자에 의해 완수된다. 이처럼 다수인이 범죄에 참가하는 다수인의 범죄 참가형태 중의 하나가 방조범이다. 부작위범과 관련된 대상판결의 주요 쟁점은 피고인들의 행위가 정범으로서의 행위인지 방조범의 행위인지, 방조범이라고 할 경우 방조행위의 유형과 그 성립요건이 문제된다.

II. 부작위에 의한 방조의 성립 여부와 그 요건

1. 부작위에 의한 방조범과 정범의 구별

대상판결의 쟁점인 부작위에 의한 방조를 논하기 위해서는 선결문제로 피고인들의 행위가 방조범의 행위인지부터 검토되어야 한다. 작위범에게 부작위로 범행에 가담한 자가 방조범이 되는지 구별할 필요가 있는데, 이에 관해서는 견해가 대립되고 있다. ① 정범설은 보증인 의무가 존재하는 이상 원칙적으로 정범이며, 절도처럼 정범의 성립을 위한 구성요건에 추가적인 요소가 필요하거나 신분범 등의 경우에만 종범이 된다고 한다. ② 종범설은 일반적으로 종범이 되는 것이 원칙이라고 하면서 부작위에 의한 종범의 성립을 인정한다. 이에 대해 ③ 구별설은 정범과 종범 모두 성립가능하며 그 구별기준은 보증인지위의 종류(보호보증의무를 위반한 경우 정범)에 따라 또는 작위행위와의 동가치성 정도(작위에 의한 정범의 구성요건실현행위에 상응하면 정범)라고 한다. 대법원은 명확하지는 않지만 대체로 공범을 인정하는 입장이다. 즉, 법률상 정범의 범행을 방지할 의무가 있는 자가 그 범행을 알면서도 방지하지 아니하여 범행을 용이하게 한 때에는 부작위에 의한 종범이 성립한다고 본다(대법원 1984. 11. 27. 선고 84도1906 판결). 이러한 관점에서 대법원은 대상판결에서도 피고인에게 방조범을 인정하였다.

2. 부작위에 의한 방조행위의 성립 여부와 요건

방조행위에는 제한이 없다는 것이 일반적인 견해이며, 물리적, 유형적 방법은 물론 무형적, 정신적 방법도 포함되며, 직·간접적인 방법 모두 가능하다. 여기서 부작위에 의한 교사를 부정하듯이 부정해야 한다는 소수의 견해도 있지만, 적극적 작위는 물론 부작위에 의해서도 원칙적으로 방조범은 성립할 수 있다고 하겠다(통설). 대법원도 대상판결에서 부작위에 의한 방조행위의 성립을 긍정하였다.

부작위에 의한 방조, 특히 부진정부작위범이 성립하기 위해서는 인과관계와 객관적 귀속이 인정되는 결과가 발생하여야 하며, 그 결과는 방조자가 보증인적 지위에서 부작위로 나아갔기 때문에 초래되어야 한다. 이때 방조자의 부작위는 작위와의 동가치성이 인정되어야 한다.

대법원도 대상판결에서 부작위범의 성립요건을 동일하게 요구하고 있다. 그리고 작위의무의 발생근거로 법령, 법률행위, 선행행위에 더하여 기타 신의성실의 원칙이나 사회상규 혹은 조리를 인정하였다.

생각건대 형법 제18조는 위험의 발생을 방지할 의무가 있는 자라고 규정하고 있으므로, 구성요건 실현의 방지를 위한 행위자(작위의무자)의 지위로서 보증인지위가 인정되어야 한다. 아울러 형법은 작위의무의 내용을 구체적으로 규정하고 있지 않으므로 죄형법정주의 원칙상 보증인지위에 있는 자의 부작위가 작위적 방법에 의한 구성요건의 실현과 동등한 것으로 평가될 수 있어야 한다. 다만 작위의무의 경우 신의칙이나 조리의 경우까지 근거로 확대하는 것은 작위의무를 불명확하게 하고 부작위범의 성립범위를 지나치게 확장하므로 타당하지 않다.

대상판결은 종래 부작위에 의한 방조를 인정해오던 기존 입장을 재확인한 것이다. 대상판결에서는 인터넷 포털사이트 내 오락채널의 총괄팀장과 만화사업의 운영직원인 甲과 乙에게 부작위에 의한 방조범을 인정하였다. 즉, 피고인들에게는 계약내용에 비추어 음란만화 게재로 인한 형법상 금지되는 법익침해를 방지할 법적인 작위의무가 있으며, 삭제, 삭제요구, 계약해지 등으로 작위의무를 이행할 경우 결과발생을 쉽게 방지할 수 있었음에도, 이 사건 음란만화들을 방치한 부작위는 작위에 의하여 만화 콘텐츠 제공업체의 전기통신역무

이용음란물반포등 죄의 실행을 용이하게 하는 경우와 동등한 형법적 가치가 있는 것으로 볼 수 있는 것이다.

대법원의 이러한 결론은 타당하나 피고인들에게 조리상 의무를 인정한 것은 적절하지 않다. 작위의무의 근거는 되도록 제한하여야 하며, 피고인들은 포털사이트의 고용 직원이며 소속 회사가 만화 콘텐츠제공자들과 체결한 계약에 따라 만화를 관리하였으므로 조리상 의무가 아니라 계약상 의무를 인정하였어야 한다.

III. 나오는 말

부작위의 동가치성 등 개념에 대한 명확한 설시의 결여와 피고인들에게 보증인의무로서 조리상 의무를 인정한 점이 아쉽기는 하지만, 대상판결은 기존의 입장을 재확인하면서 부작위에 의한 방조범을 인정하고 그 요건을 면밀히 검토하였다. 이러한 판례의 입장은 타당하다고 하겠다. 그리고 이처럼 부작위에 의한 방조를 인정하는 판례의 경향은 이후에도 지속되고 있다.

〔참고문헌〕 신양균, "부작위에 의한 방조", 형사판례연구 [6](1993).

[필자: 이승준 교수(충북대)]

[58] 중립적 행위에 의한 방조

[대상판결] 대법원 2005. 10. 28. 선고 2005도4915 판결

[사실관계] 주식회사 X 극장 창업주이자 1인 주주가 사망한 다음 사실상 모든 주식을 양수받은 피고인 甲과 그의 동생이 번갈아 가면서 대표이사를 역임하면서 상속세 납부, 회사의 채무변제 등을 위해 극장 소유의 부동산에 근저당권 설정등기를 해준 상태에서, 금융사정이 어려워지자 극장을 처분하기로 하고 Y 극장 대표와 주식매각의 방식으로 계약을 체결하였다. 甲은 매수인인 피고인 乙 등이 계약을 해제하려고 하자 매매대금을 감액해주는 한편, 극장 부동산에 대해 소유권이전청구권 가등기를 해주기로 임시주주총회에서 결의하였다.

그 후 乙 등은 여러 차례에 걸쳐 주식매매대금 150억원 가운데 100억 원을 지급하고 극장 주식 3만주 가운데 1만 5천주를 받았으며, 극장경영이 어렵게 될 것을 예상하여 전세금 30억 원으로 하는 전세권설정등기와 소유권이전청구권가등기를 경료하였다. 그 후 乙은 매도인들에게 35억 원을 추가로 지급하고 극장이 부도가 나자 나머지 대금 15억 원 가량의 지급을 유보한 채 위 약정에 따라 극장의 이사로 취임하고 그 무렵 극장의 운영권을 넘겨받아 극장영업을 계속하다가 이 사건 부동산 중 건물에 관하여 Y 극장 앞으로 소유권이전등기를 마치고 지하 1층, 지상 5층 규모의 건물로 증축하였다.

[판결요지] 거래상대방의 대향적 행위의 존재를 필요로 하는 유형의 배임죄에 있어서 거래상대방으로서는 기본적으로 배임행위의 실행행위자와는 별개의 이해관계를 가지고 반대편에서 독자적으로 거래에 임한다는 점을 감안할 때, 거래상대방이 배임행위를 교사하거나 그 배임행위의 전 과정에 관여하는 등으로 배임행위에 적극가담함으로써 그 실행행위자와의 계약이 반사회적 법률행위에 해당하여 무효로 되는 경우 배임죄의 교사범 또는 공동정범이 될 수 있음은 별론으로 하고, 관여의 정도가 거기에까지 이르지 아니하여 법질서 전체적인 관점에서 살펴볼 때 사회적 상당성을 갖춘 경우에 있어서는 비록 정범의 행위가 배임행위에 해당한다는 점을 알고 거래에 임하였다는 사정이 있어 외견상 방조행위로 평가될 수 있는 행위가 있었다 할

지라도 범죄를 구성할 정도의 위법성은 없다고 봄이 상당하다 할 것이다.

위와 같은 법리에 비추어 살피건대, 원심이 인정한 바와 같이 피고인 甲 등은 상속세 납부자금 마련을 주된 목적으로 하는 주식매매계약이라는 개인적 거래에 수반하여 독립된 법인 소유의 이 사건 부동산을 피고인 2에게 담보로 제공하였고 피고인 乙은 이러한 사정을 알면서 이 사건 가등기의 설정을 요구하고 그 등기를 경료한 것에 불과하다면, 거래상대방의 지위에 있는 乙에게 배임행위의 교사범 또는 공동정범의 책임뿐만 아니라 방조범의 책임도 물을 수 없다 할 것이다.

[해 설]

I. 들어가는 말

대상판결은 배임죄와 관련된 다양한 논점들을 포함하고 있는데, 그 가운데 특히 거래상대방이 배임죄의 정범의 행위에 관여한 경우 공동정범에 해당하지 않더라도 방조범이 될 수 있는지 여부의 문제도 포함되어 있다. 배임적 거래행위의 상대방은 일상적인 거래활동을 통해 배임행위를 용이하게 한 것이기 때문에 그 자체가 공동정범은 물론 방조범도 성립하지 않는다고 볼 수도 있기 때문이다.

II. 중립적 행위에 의한 방조에 대한 검토

1. 의 의

방조범은 정범의 실행을 용이하게 하는 범죄로서, 형법은 그 행위태양이나 방법에 아무런 제한을 두고 있지 않다. 그러나 이로 인해 방조범의 성립범위가 지나치게 넓어질 수 있으므로 방조범의 성립범위를 제한하려는 다양한 시도들이 행해지고 있다. 그 가운데 대표적인 것이 '중립적 행위에 의한 방조'의 문제이다.

중립적 행위에 의한 방조라 함은, 일상적인 거래나 직업에 따른 통상적인 활동의 경우처럼 외형상 전혀 범죄와 무관해 보이는 행동이 구체적인 사건에서 범죄행위의 수행을 가능하게 하거나 용이하게 한 경우를 말한다. 예컨대 철물점에서 칼이나 드라이버를 판매하

면서 구매자가 그것을 흉기로 사용할 지도 모른다고 생각했는데 실제로 이것을 범행도구로 사용한 경우 등이 여기에 해당한다.

2. 학 설

우리나라에서는 아직 이 문제에 대한 논의가 활발하지는 않다. 크게 보면 ① 중립적 행위에 의한 경우를 일반적인 방조와 구별하여 특별히 주관적 혹은 객관적 측면에서 방조범의 성립범위를 제한하는 견해와 ② 중립적 행위에 의한 경우도 일반적인 방조와 구별하지 않고 다만 위험증가와 같은 객관적 귀속척도에 따라 방조범의 성립을 제한하려는 견해로 구분할 수 있다. 그 가운데, 중립적 행위가 가지는 '범죄적 의미연관'을 기준으로 하여, 정범의 행위 자체가 범죄적 성격을 지니고 있는 경우에 중립적 행위를 통하여 그의 행위를 촉진하였다면 그 행위는 정범의 행위와 범죄적 의미연관성이 인정된다는 견해가 유력한 것처럼 보인다.

3. 판례의 태도

대법원은 종래 중립적 행위에 의한 방조의 유형이라고 볼 수 있는 사건에 관해 특별한 의미를 부여하지 않고, 방조범의 일반적 성립요건에 따라 방조범의 성립을 긍정하는 경향을 보이고 있다. 예컨대 유명한 '소리바다' 사건에서 "저작권법이 보호하는 복제권의 침해를 방조하는 행위란 정범의 복제권 침해를 용이하게 해주는 직접·간접의 모든 행위로서, 정범의 복제권 침해행위 중에 이를 방조하는 경우는 물론, 복제권 침해행위에 착수하기 전에 장래의 복제권 침해행위를 예상하고 이를 용이하게 해주는 경우도 포함하며, 정범에 의하여 실행되는 복제권 침해행위에 대한 미필적 고의가 있는 것으로 충분하고 정범의 복제권 침해행위가 실행되는 일시, 장소, 객체 등을 구체적으로 인식할 필요가 없으며, 나아가 정범이 누구인지 확정적으로 인식할 필요도 없다"고 판시하고 있다([56] '방조범의 성립범위' 참조).

그러나 대상판결은 처음으로 중립적 행위의 성격을 가진 행위에 대해 방조범의 성립을 부정하면서, 법질서 전체적인 관점에서 살펴볼 때 사회적 상당성을 갖춘 경우에는 비록 정범의 행위가 배임행위에 해당한다는 점을 알고 거래에 임하였다는 사정이 있어 외견상 방조행위로 평가될 수 있는 행위가 있었다 할지라도 범

죄를 구성할 정도의 위법성은 없다고 판시하였다.

4. 대상판결의 검토

대상판결이 중립적 행위에 의한 방조에 대해 그 가벌성을 제한한 점은 주목할 만하다. 그러나 판례는 중립적 행위 자체에 초점을 맞추기보다 배임죄의 특성에 중점을 두고 있는 점에 유의할 필요가 있다. 즉 무엇보다 배임행위 자체가 거래상대방의 대향적 행위의 존재를 요구하고 있다는 점에서 출발하여, 그러한 대향적 행위란 통상 거래상대방이 배임행위자와 대립적인 이해관계를 가지고 배임행위를 용이하게 하는 형태의 것이므로 통상의 방조행위와 달리 배임행위에 가담한 것만으로는 방조범이 성립하지 않는다고 한다. 즉 범죄와 직접 관련이 없는 중립적 행위가 정범에 대한 대향범의 형태로 이루어진 경우에는 일반적인 방조행위와는 달리 평가할 필요가 있다고 본 것이다.

다만 대상판결은 방조범의 성립을 부정하는 논거로서, 정범의 행위가 배임행위에 해당한다는 점을 알고 거래에 임하는 정도의 행위는 법질서 전체적인 관점에서 살펴볼 때 사회적 상당성을 갖춘 것으로서 위법성이 없다고 판시하였다. 그러나 위법성은 예외적인 성격을 가지므로 '일상적인 거래행위'를 정당화시키기에 적합한 위치라고 보기 어렵다. 또한 거래상대방의 행위가 사회적 상당성을 갖춘 것이라면 구성요건 단계에서 검토해야 할 문제라고 보아야 할 것이다.

III. 나오는 말

대상판결은 중립적 행위에 의한 방조의 독자성을 인정한 판례라기보다 배임죄에 한해서 위법성의 차원에서 방조범의 성립범위를 제한한 것이라고 보는 것이 타당할 것이다. 다만 대법원이 중립적 행위로 보이는 사례들을 보통의 방조범과 같은 차원에서 판단하고 있는 것은 타당하다고 생각한다. 그러나 인과관계와 객관적 귀속의 차원에서 명확한 규범적 평가 없이 단순히 '방조행위'나 '미필적 고의'라는 느슨한 요건을 통해 방조범의 성립을 긍정하는 것은 필요적 감경사유라는 양형을 고려하더라도 재검토가 필요한 점이라고 할 수 있다.

[참고문헌] 신양균, "배임행위의 거래상대방의 형사책임", 형사판례연구 [15](2009).

[필자: 신양균 교수(전북대)]

[59] 공모관계의 이탈 (1) — 실행의 착수 전

[대상판결] 대법원 1996. 1. 26. 선고 94도2654 판결

[사실관계] 피고인은 청주 시내 유흥업소를 활동무대로 하여 폭행, 공갈 등을 목적으로 하는 '시라소니'파 범죄단체조직의 조직원으로 활동하고 있다. 피고인은 친구들과 같이 술을 마시고 있다가 같은 조직원으로부터 연락을 받고 롤러스케이트장에 가보니, 같은 날 20:30경 반대파 조직 '파라다이스'파로부터 피고인 소속 조직원들이 칼에 찔려 피해를 입자 '파라다이스'파 조직원들을 공격하여 상해를 가하거나 살해하는 방법으로 보복을 하러 간다는 말을 듣고, 다른 조직원들이 8대의 차량에 분승하여 출발하려고 할 때 사태의 심각성을 실감하고 범행에 휘말리기 싫어서 그곳에서 택시를 타고 집에 왔다. 그러나 다른 조직원들은 생선회칼, 손도끼, 낫 등 흉기를 들고 청주 덕산 나이트클럽에 이르러 반대파 조직원인 A를 찾았으나 없자 종업원인 피해자 V_1을 폭행하고, 위와 같이 위 A와 '파라다이스'파 조직원들을 찾았으나 보이지 않자, '파라다이스'파 두목 C, D를 살해하기로 결의, 같은 날 23:20경 청주관광호텔 나이트클럽에 이르러 흉기를 소지하고 잠자는 피해자 V_2를 깨워 무차별 찔러 흉부자창으로 같은 날 23:50경 실혈사로 사망케 하였다.

[판결요지] 피고인의 피해자 V_1에 대한 폭력행위 등 처벌에 관한 법률위반 및 피해자 V_2에 대한 살인의 점에 대하여 다른 조직원들과의 사이에 '파라다이스'파 조직원들을 공격하여 상해를 가하거나 살해하기로 하는 모의가 있었다고 보기 어렵고, 가사 공모관계가 인정된다 하더라도 다른 조직원들이 범행에 이르기 전에 그 공모관계에서 이탈한 것이라 할 것이므로 피고인은 공모관계에서 이탈한 이후의 행위에 대하여는 공동정범으로의 책임을 지지 않는다.

[해 설]

I. 들어가는 말

공동정범이 성립하기 위해서는 2인 이상의 자 사이에 주관적인 공동의 범행의사 이외에 객관적으로 실행행위의 공동이 있어야 하는데, 특히 공동정범의 객관적

요건인 실행행위의 공동과 관련하여 범죄공모에만 가담하고 실행행위를 분담하지 않은 자에 대해서도 공모사실만으로 실행행위 전체의 공동정범을 인정할 것인지 논란이 되고 있다. 이러한 논의에서는 '공모공동정범'의 인정여부와 더불어 범행의 공모에 가담한 자가 공모를 함께 한 다른 공모자가 실행의 착수에 이르기 전에 그 공모관계에서 이탈한 경우, 즉 '공모관계의 이탈'이 문제가 된다. 대상판결에서는 피고인이 공모 그 자체에 가담했는지 여부가 하나의 쟁점이기도 하지만, 더 중요한 쟁점은 공모관계가 인정되는 경우라도 공모자인 조직원들이 실행에 착수하기 전에 공모관계에서 이탈한 피고인의 형사책임이라고 할 수 있다.

II. 공모관계의 이탈

'공모관계의 이탈'이란 공모자 중 1인이 다른 공모자가 실행에 착수하기 전에 공모관계에서 이탈한 경우에는 이탈로 인하여 공모관계가 소멸되고, 실행행위의 분담도 없기 때문에 이탈한 이후의 다른 공모자의 행위에 대해서 공동정범이 성립하지 않는다는 것을 말한다. '공모관계의 이탈'을 공모공동정범과 연결시켜 이해하고 공모공동정범을 인정하지 않는 입장에서는 공모에 관여했더라도 실행행위를 분담하지 않았다면 공동정범은 성립하지 않는다. 따라서 다른 공범자에 의해서 행해진 범죄의 공동정범이 성립하는가의 여부를 논의할 필요조차 없다고 보며, '공모관계의 이탈'의 법리는 공모공동정범을 인정하는 입장에서 그 성립범위를 제한하기 위한 불가피한 구제이론이라고 본다. 그러나 공동정범의 표지를 기능적 범행지배로 이해하는 견해에 의하면 '공모관계의 이탈'은 공모에 가담한 자가 다른 공모자의 실행의 착수(공동정범의 실행의 착수를 전체적 해결설을 전제로 함) 전에 자신의 기능적 범행지배를 제거한 경우로 이해하므로, '공모관계의 이탈'의 문제가 공모공동정범에만 한정되는 문제로 보지는 않는다.

'공모관계의 이탈'과 관련해서 두 가지 문제가 논의의 대상이 된다. 첫째, 실행의 착수 전에 범행결의를 포기한 공모자가 그 사실을 다른 공모자에게 표시하여

야 하는지 여부이다(주관적 요건). 둘째, 실행의 착수 전에 이탈한 공모자가 자신의 기여분을 실행 착수 전에 이미 수행한 경우에 이탈자가 이탈의 의사표시뿐만 아니라 추가로 결과발생의 인과성을 제거해야 하는지 여부이다(객관적 요건).

1. 학 설

먼저 이탈의 의사표시가 필요한지 여부에 대해서 필요설은 다른 공모자가 이탈한 사실을 알지 못하면 이탈자의 기존의 기여가 전체 사건의 진행에 계속적인 영향을 미치므로 이탈의 의사는 명시적 또는 묵시적으로 필요하다고 한다. 이에 대해서 불필요설은 이탈에 의하여 공모관계는 실행행위 시에 존재하지 않게 되어 기능적 행위지배는 제거된 것이므로 이탈의 의사표시는 필요하지 않다고 한다.

이탈자가 의사표시뿐만 아니라 추가로 결과발생에 대한 인과성을 제거하여야 하는지에 대해서 인과성 제거필요설은 공동정범의 이탈을 인정하기 위해서는 범행결과에 대한 인과성을 제거하여야 한다고 하면서, 그러한 인과성 제거라는 요건은 공모관계를 만들어 낸 주모자이건 평균적인 공모자이건 상관없이 적용된다고 한다. 한편 주모자의 경우에는 자신이 미친 영향력이나 인과성을 제거하여야 하지만, 평균적 공모자의 경우에는 이탈의 의사표시만으로 공모관계의 이탈을 인정할 수 있다는 주모자와 평균적 공모자 구별설이 있다. 이에 대해서 공모자는 자신의 기여행위를 예비단계에서 행하였더라도 공동의 범행결의에서 이탈한 자는 기능적 행위지배가 결여되기 때문에 이탈의 의사표시만으로 공동정범이 부정된다고 하는 인과성 제거불요설이 있다.

2. 대법원의 태도

'공모관계의 이탈'을 인정하기 위해서 이탈의 의사표시가 필요한지에 대해서 판례는 이탈의 표시는 반드시 명시적임을 요하지 않는다고 하고 있으나, 적어도 묵시적 의사표시는 인정되어야 하는 것으로 보고 있다. 그리고 인과성 제거 여부와 관련해서 공모관계에서의 이탈은 공모자가 공모에 의하여 담당한 기능적 행위지배를 해소하는 것이 필요하므로 공모자가 공모에 주도적으로 참여하여 다른 공모자의 실행에 영향을 미친

때에는 범행을 저지하기 위하여 적극적으로 노력하는 등 실행에 미친 영향력을 제거하지 아니하는 한 공모관계에서 이탈하였다고 할 수 없다고 하여 인과성 제거 필요설의 입장에 있다.

Ⅲ. 나오는 말

'공모관계의 이탈'을 논의하기 위해서는 먼저 '공모'가 인정되어야 한다. 판례는 2인 이상이 범죄에 공동가공하는 공범관계에서 공모는 법률상 어떤 정형을 요구하는 것이 아니라고 한다. 그리고 이러한 공모관계를 인정하기 위해서는 엄격한 증명이 요구되지만, 피고인이 범죄의 주관적 요소인 공모의 점을 부인하는 경우에는 사물의 성질상 이와 상당한 관련성이 있는 간접사실 또는 정황사실을 증명하는 방법으로 이를 증명할 수밖에 없다는 입장이다. 결국 공모관계의 인정범위는 매우 넓고 더 나아가 그 입증방법은 까다롭지 않은 실무의 관점을 고려한다면, 실행의 착수 전에 '공모관계의 이탈'의 법리가 피고인이 공동책임에서 벗어날 수 있는 유용한 방어수단이라는 점은 분명하다. 그러므로 '공모관계의 이탈'의 법리를 공모공동정범이론의 부속물로서가 아니라 기능적 범행지배론의 연속선상에서 이해하는 것이 바람직하다.

[참고문헌] 이용식, "공동자 중 1인의 실행착수 이전 범행이탈: 공동정범의 처벌한계", 형사판례연구 [11](2003).

[필자: 류전철 교수(전남대)]

[60] 공모관계의 이탈 (2) — 기능적 행위지배의 해소

[대상판결] 대법원 2008. 4. 10. 선고 2008도1274 판결

[사실관계] 피고인 甲은 21세로서 이 사건 강도상해의 범행 전날 밤 11시경에 14세 또는 15세의 피고인 乙, 丙, 丁과 강도 모의를 하였는데 이때 甲이 삽을 들고 사람을 때리는 시늉을 하는 등 주도적으로 그 모의를 하였고, 甲은 乙 등과 이 사건 당일 새벽 1시 30분경 특수절도의 범행을 한 후 함께 일대를 배회하면서 새벽 4시 30분경 이 사건 강도상해 범행을 하기까지 강도 대상을 물색하였다. 새벽 4시 30분경 乙이 피해자를 발견하고 "저 사람이 어떠냐"고 말하자 甲, 丙, 丁도 모두 이에 동의하여 피해자를 범행대상으로 선정하였다. 乙, 丙이 피해자를 쫓아가자 甲은 "어?"라고만 하고 丁에게 따라가라고 한 후 자신은 비대한 체격 때문에 乙, 丙을 뒤따라가지 못하고 범행현장에서 200m 정도 떨어진 곳에 앉아 있었다. 결국 乙, 丙은 피해자를 쫓아가 폭행하여 항거불능케 한 다음 피해자의 뒷주머니에서 지갑을 강취하고 피해자에게 약 7주간의 치료를 요하는 우측 무릎뼈골절 등의 상해를 입히는 강도상해의 범행을 저질렀다.

[판결요지] 공모공동정범에 있어서 공모자 중의 1인이 다른 공모자가 실행행위에 이르기 전에 그 공모관계에서 이탈한 때에는 그 이후의 다른 공모자의 행위에 관하여는 공동정범으로서의 책임은 지지 않는다 할 것이나, 공모관계에서의 이탈은 공모자가 공모에 의하여 담당한 기능적 행위지배를 해소하는 것이 필요하므로 공모자가 공모에 주도적으로 참여하여 다른 공모자의 실행에 영향을 미친 때에는 범행을 저지하기 위하여 적극적으로 노력하는 등 실행에 미친 영향력을 제거하지 아니하는 한 공모관계에서 이탈하였다고 할 수 없다.

[해 설]
I. 들어가는 말
다른 공모자가 실행의 착수에 이르기 전에 명시적 또는 묵시적인 방법으로 공동가담의 의사를 철회한 경우 이탈자(철회자)는 원칙적으로 공동정범으로서의 죄

책을 지지 않는다. 그러나 공동가담의 의사를 철회한 사람이 예비단계에서 행한 기여도가 아직 유효하게 존속하는 경우에는 어떻게 할 것인가? 기능적 행위지배의 관점에서 공동정범의 죄책을 인정할 것인가 아니면 공모관계의 이탈을 인정할 것인가? 대상판결은 공모관계의 이탈이 인정되기 위해서 공동의 범행의사를 철회하는 것 외에 기능적 행위지배의 요소까지 해소할 것이 요구되는지 여부에 대해 다루고 있다.

II. 공모관계의 이탈을 위해 기능적 행위지배를 해소할 것이 요구되는지
1. 학 설
이 쟁점에 대해 학설은 나뉜다. ① 기능적 행위지배 해소 필요설은 공모관계의 이탈이 인정되기 위해서는 공동범행의사의 철회뿐만 아니라 기능적 행위지배까지 해소되어야 한다는 견해이다. 이 경우 이탈자가 공모관계에 있어서 주모자의 역할을 하였건 평균적 일원이었건 가리지 않는다. ② 해소 불요설은 공모자가 예비단계에서 기능적 행위기여를 하였더라도 공동의 범행결의에서 이탈하게 되면 기능적 행위지배가 결여되기 때문에 이탈의 의사표시만으로 공동정범의 죄책에서 벗어난다는 견해이다. ③ 주모자와 평균적 일원의 구별설은 이탈자가 주모자로서 다른 공모자의 실행에 강하게 영향을 미친 때에는 실행에 미친 영향력이나 인과성을 제거하거나 제거하기 위한 진지한 노력이 필요하지만 공모자 가운데 평균적 일원에 불과한 때에는 이탈의 의사표시만으로 족하다는 견해이다.

2. 대법원의 태도
대법원은 공모관계에서의 이탈이 성립하기 위해서는 공동가담의 의사를 철회하는 것 외에 원칙적으로 공모자가 공모에 의하여 담당한 기능적 행위지배를 해소하는 것이 필요하다는 입장이다. 다만 주모자와 평균적 일원에 대해 차별적인 요건을 요구하는지 여부는 분명치 않다. 즉 대법원은 "공모관계에서의 이탈은 공모자가 공모에 의하여 담당한 기능적 행위지배를 해

소하는 것이 필요하므로 공모자가 공모에 주도적으로 참여하여 다른 공모자의 실행에 영향을 미친 때에는 범행을 저지하기 위하여 적극적으로 노력하는 등 실행에 미친 영향력을 제거하지 아니하는 한 공모관계에서 이탈하였다고 할 수 없다"라고 판시하고 있다. 대상판결의 사례에서 대법원은 공모자들 중 甲만이 유일하게 성인이라는 점, 강도 모의과정에서 甲이 삽을 들고 사람을 때리는 시늉을 하는 등 주도적으로 모의를 이끌었다는 점, 범행시각까지 함께 강도대상을 물색하고 다녔다는 점 등에 주목하여 甲의 기능적 행위지배를 인정한 후 이를 제거하거나 제거하기 위한 적극적 노력이 없었다는 점에서 공모관계의 이탈을 인정할 수 없다고 판시한 것이다.

이러한 판례의 태도는 甲이 乙과 공모하여 가출 청소년 A를 유인하고 성매매 홍보용 나체사진을 찍은 후, 자신이 별건으로 체포되어 수감 중인 동안 A가 乙의 관리 아래 성매수의 상대방이 된 대가로 받은 돈을 A, 乙 및 甲의 처 등이 나누어 사용한 사안에서, 甲은 乙과 함께 미성년자유인죄, 구 청소년의 성보호에관한법률위반죄의 책임을 진다고 본 판결(대법원 2010. 9. 9. 선고 2010도6924 판결)에서도 그대로 유지되었다.

대상판결에서 대법원은 "공모자가 공모에 주도적으로 참여하여 다른 공모자의 실행에 영향을 미친 때에는 …"이라고 언급하여 마치 주모자의 경우에만 기능적 행위지배가 인정되는 것으로 이해하는 듯한 인상을 주고 있으나, 이 사례에서 주모자의 역할은 기능적 행위지배를 인정하기 위한 한 요소에 불과하고 주모자만이 기능적 행위지배를 할 수 있다고 단정하지 않고 있음에 유의해야 한다. 즉, 판례는 비주모자도 기능적 행위지배를 할 수 있는지(공모에 따라 비주모자도 기능적 행위기여를 할 수 있음은 물론이다) 그리고 비주모자의 경우에도 기능적 행위지배를 해소해야 하는지 여부에 대해서 명확한 언급을 하지 않고 있다. 이런 점에서 대법원이 공모관계의 이탈을 위해 공동가담의사의 철회 이외에 기능적 해위지배의 해소를 요구하면서도 주모자와 평균적 일원에 대해서 차별적인 요건을 요구하는지 여부는 분명하지 않다고 평가할 수 있다.

3. 이탈자의 형사책임

공모관계의 이탈이 성립하는 경우 이탈자에게 공동

정범의 죄책은 성립하지 않으나 다른 정범의 행위에 대한 방조범의 성립가능성은 여전히 남는다. 다만 이탈자가 다른 정범이 실행에 착수하기 전 자신이 담당한 기능적 행위지배를 완전히 해소하여 정범의 범죄실행이나 결과발생에 하등 영향을 미치지 못한 것이 인정된다면 방조범의 성립도 부인될 수 있을 것이다. 그리고 당해 범죄의 예비·음모가 처벌되는 경우에는 이탈자에게 예비·음모죄가 성립할 수도 있다.

III. 나오는 말

공동정범이 성립하기 위한 기능적 행위지배가 반드시 실행행위 단계에서 뿐만 아니라 그 이전 예비단계에서의 본질적 행위기여까지 포함하는 넓은 개념으로 보게 되면, 일단 공동모의에 참여한 자가 공동정범의 죄책을 면하기 위해서는 공동가담의 의사를 표시하는 것뿐만 아니라 자신이 예비단계에서 이루어 놓은 기능적 행위기여의 효력까지 제거해야만 한다(기능적 행위지배의 해소). 그리고 이 요건은 이탈자가 주모자이건 평균적 일원이건 아무런 차이가 없다고 해야 한다. 이 점에 있어서 판례의 태도가 명확치 않음은 앞서 언급한 바와 같다.

〔참고문헌〕 오영근, "2010년도 형법판례 회고", 형사판례연구 [19](2011); 류전철, "공범관계의 해소", 형사판례연구 [22](2014).

[필자: 서보학 교수(경희대)]

[61] 공범과 신분 (1) — 형법 제33조 본문과 단서의 해석 ⚖️

[대상판결] 대법원 1997. 12. 26. 선고 97도2609 판결

[사실관계] H 상호신용금고를 포함한 그룹 운영의 전반을 총괄하고 있는 H 그룹의 총회장인 피고인 뿌은 H 상호신용금고의 대표이사인 A와 공모하여 A로 하여금 그 업무에 위배한 행위로 동일인 대출한도의 35배 이상을 초과하는 금 43,258,100,000원을 자금조달 및 담보가 불분명한 H 철강에 대출해 주도록 하였다.

제1심은 피고인에게 상호신용금고법위반죄를 적용하여 유죄를 인정하였다. 이에 대하여 항소심에서는 상호신용금고법 제39조 제1항 제2호 소정의 업무상배임으로 인한 죄는 위 법조에 따라 상호신용금고의 발기인, 임원, 관리인, 청산인, 지배인 기타 상호신용금고의 영업에 관한 어느 종류 또는 특정한 사항의 위임을 받은 사용인이 그 업무에 위배하여 배임행위를 한 때 1년 이상 10년 이하의 징역 또는 1천만 원 이상 1억 원 이하의 벌금으로 처벌하는 것으로서, 위에 열거된 신분관계에 있지 아니한 자는 위 법 위반죄를 저지를 수 없고, 그러한 신분관계에 있는 자와 공모하여 상호신용금고에 손해를 끼치는 배임죄를 저질렀다 하여도, 이는 신분관계로 인하여 형의 경중이 있는 경우이므로, 그러한 신분관계가 없는 자에 대하여는 형법 제33조 단서에 의하여 형법 제355조 제2항에 따라 일반 배임죄로 처단하여야 한다고 판시하였다.

[판결요지] 상호신용금고법 제39조 제1항 제2호 위반죄는 상호신용금고의 발기인·임원·관리인·청산인·지배인 기타 상호신용금고의 영업에 관한 어느 종류 또는 특정한 사항의 위임을 받은 사용인이 그 업무에 위배하여 배임행위를 한 때에 성립하는 것으로서, 이는 위와 같은 지위에 있는 자의 배임행위에 대한 형법상의 배임 내지 업무상배임죄의 가중규정이고, 따라서 형법 제355조 제2항의 배임죄와의 관계에서는 신분관계로 인하여 형의 경중이 있는 경우라고 할 것이다. 그리고 위와 같은 신분관계가 없는 자가 그러한 신분관계에 있는 자와 공모하여 위 상호신용금고법위반죄를 저질렀다면, 그러한 신분관계가 없는 자에 대하여는 형법 제33조 단서에 의하여 형법 제355조 제2항에 따라 처

단하여야 할 것인바, 그러한 경우에는 신분관계가 없는 자에게도 일단 업무상배임으로 인한 상호신용금고법 제39조 제1항 제2호 위반죄가 성립한 다음 형법 제33조 단서에 의하여 중한 형이 아닌 형법 제355조 제2항에 정한 형으로 처벌되는 것이다.

[해 설]

Ⅰ. 들어가는 말

대상판결은 과거에 거물급 정치인 다수가 연루된 기업대출비리 사건에 대한 것으로서 국회의원에 대한 소위 '포괄적 뇌물죄'의 성립 여부 등 많은 쟁점을 가지고 있는 흥미로운 판례로서 일독해볼 필요가 있다. 다만 여기에서 '공범과 신분'에 관한 쟁점은 특기할 만한 것 없이 죄명은 중한 죄를 적용하되 법정형은 경한 죄의 법정형에 따른다고 하는 종전의 대법원 입장이 그대로 나타나 있다(쟁점 ①). 다만 원심이 형법 제33조 제2항을 지적하지 않고 곧바로 단순 배임인 형법 제355조 제2항을 적용한 잘못이 있지만, 어차피 같은 죄의 형으로 처벌되는 것이므로, 이 점을 지적하는 검사의 상고를 받아들이지 않은 것이다.

다만 그 전제로서 상호신용금고업법 제39조 제1항 제2호 위반과 형법 제355조 제2항 위반의 죄가 당연히 형법 제33조 제2항이 적용되는 '신분관계로 인하여 형의 경중이 있는 경우'에 해당하는 것인가를 살펴볼 필요가 있다(쟁점 ②). 아래에서는 이를 나누어 설명하기로 한다.

Ⅱ. 제33조의 해석론

1. 학설과 판례의 태도(쟁점 ①)

다수설은 제33조 본문은 '진정신분범의 성립과 처벌'에 관한 규정이고, 동조 단서는 '부진정신분범의 성립과 처벌'에 관한 규정이라고 본다. 이에 의하면 비신분자가 진정신분범에 가공한 경우에는 제33조 본문이 적용되어 비신분자가 진정신분범의 공범의 죄책을 지고 진정신분범의 공범으로 처벌된다. 또한 비신분자가 부진정신분범에 가공한 경우에는 제33조 본문은 적용

되지 않고, 곧바로 단서가 적용되고, 단서의 "중한 죄로 벌하지 않는다"는 것은 책임개별화 원칙을 의미하므로, 비신분자는 비신분범의 공범의 죄책을 지고 비신분범의 형벌로 처벌된다고 한다. 반면에 소수설은 제33조 본문의 '신분관계로 성립되는 범죄'에는 진정신분범뿐 아니라 부진정신분범도 포함되고, 동조 단서는 '부진정신분범의 처벌'을 규정하고 있는 것으로 해석한다. 이 같은 견해 차이는 부진정신분범에서 나타나는데, 소수설에 의하면 비신분자가 부진정신분범에 가공한 경우 형법 제33조 본문이 일차적으로 적용되어 비신분자도 부진정신분범의 '죄명'을 적용받지만, 처벌시에는 제33조 단서가 적용되어 비신분범 규정이 정한 형벌로 '처벌'된다는 것이다. 판례도 제33조 본문과 단서의 관계에 대해서 소수설과 동일한 입장이라는 점이 대상판결에서 분명하게 지적되고 있는 것이다.

2. '신분 관계로 인하여 형의 경중이 있는 경우'의 의미(쟁점 ②)

대상사건에서 항소심과 대법원은 모두 구 상호신용금고법 소정의 죄가 형법 제355조 제2항의 단순 배임죄와 '신분관계로 인하여 형의 경중이 있는 때'에 해당하는 것으로 당연히 판단하고 있다. 그러나 자세히 들여다보면, 구 상호신용금고법 제39조 제1항은 보다 직접적으로는 형법 제356조 업무상배임죄의 특별규정으로 보아야 하며, 업무상배임죄가 또한 단순 배임죄와 특별관계에 있으므로, 구 상호신용금고법 소정의 죄와 단순 배임죄는 2중으로 '신분관계로 인하여 형의 경중이 있는 경우'라고 할 수 있다. 대상판결은 이 점에 관한 검토를 생략하였다.

그런데 형법 제355조 제2항의 단순 배임죄는 '타인의 사무를 처리하는 자'만 주체가 될 수 있는 진정신분범으로서 피고인 甲이 H 상호신용금고를 포함한 H 그룹의 총회장이기는 하지만, '본인'으로서의 H 상호신용금고와의 관계에서는 사무처리자로 볼 수는 없으므로, 사무처리자인 乙의 범행에 가담하는 형식으로만 배임죄가 성립하는 것, 즉 형법 제33조 본문이 적용되는 '신분관계로 인하여 성립될 범죄에 가공'한 것으로 보아야 한다. 다시 말해서 제1심은 상호신용금고법 제39조 제1항 제2호 위반을 인정하면서 그 '신분'에 대한 특별한 검토를 하지 않았는데, 항소심과 대법원은 상호

신용금고법 제39조 제1항 제2호 위반죄의 신분범적 성격을 지적하면서도 형법 제355조 제2항의 단순 배임죄와의 관계만 따져서 '신분관계로 인하여 형의 경중이 있는 경우'로 파악하였다. 그러나 형법 제355조 제2항의 단순 배임죄 자체가 또 다른 신분범으로서 '타인의 사무를 처리하는 자'일 것을 요한다는 점에 대해 특별한 설시가 없다. 이 신분성이 인정되지 않는다면 피고인은 단순 배임죄로서 처벌되어서는 안 된다. 물론 항소심의 판결문 중에 "피고인이 H 그룹의 총회장으로서 H 상호신용금고를 포함한 그룹 운영의 전반을 총괄하고 있기는 하지만"이라는 표현이 나타나는데, 과연 이것만으로 피고인이 H 상호신용금고에 대하여 '사무처리자'인지가 충분히 논증되었다고 판단하기에는 턱없이 부족해 보인다. '그룹 총회장'이라는 지위 자체가 사실적으로는 몰라도 법적으로 쉽게 평가할 수 없는 성질을 가지기 때문이다. 만약 '사무처리자'로서의 신분성이 긍정되지 않는다면, 형법 제33조 본문에 의하여 상호신용금고업법위반의 죄책을 인정하였어야 할 것이다. 또한 '사무처리자'로서 인정한다 하더라도 '사무의 타인성'에 대한 쟁점은 여전히 남는다. 이 점에 대해서도 법원은 판단하지 않았다. 최종적으로 피고인의 형량에 있어서는 대법원의 판단이 타당하다고 하더라도 법리적으로는 보다 세심한 판단 과정이 필요하였던 것으로 보인다.

Ⅲ. 나오는 말

대상사건 자체가 거물급 정치인과 기업인이 다수 연루된 사건으로서 많은 사실관계가 얽히어 있었던 것인 만큼, 쟁점을 파악하기에 쉽지 않은 것이 사실이다. 그러나 대법원은 법률심으로서 향후 하급심의 지침이 되고, 학문적으로도 상당한 영향력을 갖는 판례로 인정되는 것이니 만큼 보다 상세한 법적 논증을 통하여 스스로의 판단을 뒷받침할 필요가 있어 보인다.

[참고문헌] 이재상, "1992년의 형법 주요판례", 형사판례연구 [1](1993).

[필자: 이근우 교수(가천대)]

[62] 공범과 신분 (2) ― 목적과 신분

[대상판결] 대법원 1994. 12. 23. 선고 93도1002 판결

[사실관계] 피고인이 1984. 12.경 A를 모해할 목적으로 B에게 위증을 하도록 교사하여 B가 자기의 기억에 반하는 내용의 증언을 하였다.

[판결요지] [1] 형법 제33조 소정의 이른바 신분관계라 함은 남녀의 성별, 내·외국인의 구별, 친족관계, 공무원인 자격과 같은 관계뿐만 아니라 널리 일정한 범죄행위에 관련된 범인의 인적관계인 특수한 지위 또는 상태를 지칭하는 것이다.

[2] 형법 제152조 제1항과 제2항은 위증을 한 범인이 형사사건의 피고인 등을 '모해할 목적'을 가지고 있었는가 아니면 그러한 목적이 없었는가 하는 범인의 특수한 상태의 차이에 따라 범인에게 과할 형의 경중을 구별하고 있으므로, 이는 바로 형법 제33조 단서 소정의 '신분관계로 인하여 형의 경중이 있는 경우'에 해당한다고 봄이 상당하다.

[3] 피고인이 A를 모해할 목적으로 B에게 위증을 교사한 이상, 가사 정범인 B에게 모해의 목적이 없었다고 하더라도, 형법 제33조 단서의 규정에 의하여 피고인을 모해위증교사죄로 처단할 수 있다.

[4] 형법 제31조 제1항은 협의의 공범의 일종인 교사범이 그 성립과 처벌에 있어서 정범에 종속한다는 일반적인 원칙을 선언한 것에 불과하고, 신분관계로 인하여 형의 경중이 있는 경우에 신분이 있는 자가 신분이 없는 자를 교사하여 죄를 범하게 한 때에는 형법 제33조 단서가 형법 제31조 제1항에 우선하여 적용됨으로써 신분이 있는 교사범이 신분이 없는 정범보다 중하게 처벌된다.

[해 설]
Ⅰ. 들어가는 말
형법 제33조는 '공범과 신분'이라는 표제 아래 신분 없는 자가 신분범죄에 가공한 경우 그 범죄가 '신분관계로 인하여 성립될 범죄'인가 아니면 '신분관계로 인하여 형의 경중이 있는 범죄'인가로 구분하여 그 성립과 처벌을 달리 규정하고 있다. 그러나 제33조를 적용

하기 위한 전제인 신분의 의의에 대해서는 형법이 규정하고 있지 않기 때문에 신분이 무엇인가를 둘러싸고 견해가 나뉘고 있다.

대상판결은 신분의 개념과 모해위증죄의 모해목적이 이러한 신분에 해당하는지 여부 그리고 제33조와 제31조 제1항의 관계에 대하여 판단한 최초의 판결이다. 또한 이 판결은 신분 있는 자가 신분 없는 자의 범죄에 가공한 경우에 제33조 단서가 적용되는지에 대해서도 판시하였다. 여기서는 앞의 두 가지 쟁점, 즉 신분의 개념과 모해할 목적이 신분에 해당하는지에 대하여 살펴보기로 한다.

Ⅱ. 모해목적과 형법상 신분
1. 형법상 신분의 개념
형법상 신분이란 남녀의 성별·내외국인의 구별·친족관계·공무원의 자격 등과 같은 관계뿐만 아니라 널리 일정한 범죄행위에 대한 범인의 인적 관계인 특수한 지위나 상태를 말한다는 것이 통설이며, 대상판결에서 대법원도 이와 동일하게 파악하였다.

따라서 통설과 판례에 의하면, 신분은 성별·국적·연령·친족과 같이 인간의 정신적·육체적·법적 본질요소가 되는 인적 성질, 공무원 또는 의사와 같이 사회생활에서의 지위인 인적 관계 그리고 상습성·영업성과 같은 인적 상태로 나뉜다. 통설의 이러한 신분개념과 관련하여 신분에 계속성이 필요한지에 대하여 견해가 대립하고 있다.

다수설은 형법 제33조의 신분은 계속성을 요하지 않는다고 하여, 행위자에 관련된 요소라면 상습성이나 영업성과 같은 일시적 상태나 지위도 신분에 해당한다고 본다(계속성 불요설). 대상판결도 '모해할 목적'을 범인의 특수한 상태라고 하여 신분에 포함시킴으로써 다수설과 같이 계속성 불요설의 입장이라고 할 수 있다.

이에 대하여 신분이라는 문언의 사전적 내지 일상적 의미는 어느 정도의 계속성을 띠는 것을 뜻하며, 독일 형법의 '특별한 인적 표지'와는 달리 형법은 '신분'이라고 하고 있으므로 독일과는 다르게 해석하여야 한다는

점을 들어 어느 정도 계속성이 필요하다는 소수설(계속성 필요설)이 있다. 이 견해는 만약 계속성을 요하지 않는다면, 심신상실상태나 흥분상태 등도 신분이 될 수 있다고 한다.

또한 신분은 계속성과 함께 객관적 요소를 본질적 요소로 하는 것으로 순주관적·심리적 요소는 신분에 해당되지 않는다는 견해(객관적 신분개념)도 있다. 이에 의하면 주관적·심리적 요소는 행위자관련요소인가 행위관련요소인가를 불문하고 제33조의 신분에 해당되지 않게 된다.

2. 모해목적과 신분

신분의 개념 자체에 대해서는 통설과 판례의 입장이 일치하지만, 위증죄의 '모해할 목적'이 신분에 해당하는가를 둘러싸고는 대립하고 있다. 또한 신분개념을 통설과는 달리 파악하면서도 대상판결에 대해서는 비판적인 견해도 있다. 이하에서 이들 견해를 간단히 소개한다.

(1) 모해목적은 신분이 아니라는 견해

대상판결과는 달리 모해목적은 신분에 해당하지 않는다는 것이 현재의 지배적인 견해이다. 그 근거로, 신분은 행위자관련요소이어야 하는데 모해할 목적은 고의와 같이 주관적 불법요소로서 행위관련요소라는 점 또는 신분은 계속적 성질을 갖는 것이므로 일시적·심리적인 목적은 신분이 될 수 없다는 점을 들고 있다.

또한 신분은 어느 정도의 계속성과 객관적 요소를 요하므로(객관적 신분개념) 순주관적 요소인 고의·목적·동기 등은 신분에 포함될 수 없다는 주장도 있다.

(2) 모해목적도 신분이라는 견해

모해목적도 신분이라고 하여 대상판결을 지지하는 견해가 있다. 즉 신분은 행위자관련요소이고 행위관련요소는 신분에 포함되지 아니하므로 고의·목적·불법영득의사는 신분에 포함되지 않지만, 모해목적은 행위자 개인의 특수한 위험심정을 나타내는 행위자관련적 주관요소로 해석하는 것이 타당하다는 것이다. 또한 형사책임의 개별주의적 성격과 국민일반의 법감정과 일치하는 법적용이라는 측면에서 볼 때 목적범에 있어서의 목적은 적어도 형법 제33조 단서 소정의 신분에는 해당하는 것으로 보는 것이 옳다는 견해도 있다.

Ⅲ. 나오는 말

신분은 그 개념적 속성에 비추어 볼 때 행위자관련요소로서 계속성이 필요하다고 본다. 물론 계속성은 상대적 개념으로 현재 계속성이 있느냐의 관점이 아니라 어느 정도 계속될 수 있는 성질이냐의 문제로 파악하여야 한다. 상습성·영업성은 행위자관련요소이며 계속적 성질이 있고, 일시적 보관자일지라도 보관 자체는 계속성을 가질 수 있으므로 신분에 해당한다. 이에 반해 모해할 목적은 고의나 불법영득의사와 같이 행위관련요소이지 행위자관련요소는 아니므로 제33조의 신분에는 해당하지 않는다고 생각된다.

대상판결은 형법 제33조의 신분의 개념을 밝힌 최초의 판결로서, 모해위증죄의 초과주관적 구성요건요소인 '모해할 목적'도 신분에 해당하며, 형법 제33조 단서가 형법 제31조 제1항에 우선하여 적용됨으로써 신분 있는 교사범이 신분 없는 정범보다 중하게 처벌된다고 판시한, 제33조의 해석에 관한 매우 의미 있는 중요한 판결이다. 이 판결에 의하면, 제33조 단서는 신분 없는 자가 신분 있는 자의 범죄에 가공한 경우는 물론 신분 있는 자가 신분 없는 자에게 가공한 경우에도 적용된다.

[참고문헌] 전병식, "목적범의 목적과 형법상 신분", 대법원판례해설 제22호(1994 하반기)(1995); 정영일, "목적범에 관한 판례연구", 형사판례연구 [9](2001).

[필자: 강동범 교수(이화여대)]

제6장

죄 수 론

[63] 연속범의 개념과 죄수

[사실관계] 피고인은 2010. 4. 10.경부터 2010. 9. 21.경까지 인터넷 파일공유 웹스토리지 사이트 2개를 운영하면서, 위 각 파일공유 웹스토리지 사이트를 통하여 저작재산권의 대상인 디지털 콘텐츠가 불법 유통되고 있음을 알면서도 성명불상의 회원들로 하여금 수만 건에 이르는 불법 디지털 콘텐츠를 업로드하게 한 후 다수의 회원들로 하여금 이를 수십만 회에 걸쳐 다운로드하게 하여 저작재산권의 침해를 방조하였다.

[판결요지] 저작재산권 침해행위는 저작권자가 같더라도 저작물별로 침해되는 법익이 다르므로 각각의 저작물에 대한 침해행위는 원칙적으로 각 별개의 죄를 구성한다고 할 것이다. 다만 단일하고도 계속된 범의 아래 동일한 저작물에 대한 침해행위가 일정기간 반복하여 행하여진 경우에는 포괄하여 하나의 범죄가 성립한다고 볼 수 있다

[해 설]

Ⅰ. 들어가는 말

대상판결의 사안은 여러 명의 회원이 저작재산권을 불법으로 업로드하거나, 이를 다른 회원들이 다운로드할 때마다 저작재산권의 침해가 발생하는 것이지만, 그러한 행위를 알면서도 이를 방조하는 피고인의 행위는 단일한 저작재산권에 대하여는 포괄하여 일죄가 성립할 뿐 경합범이 성립하지 아니한다는 취지로서, 대상판결이 각각 독립한 수개의 침해행위를 방조하는 행위에 대하여, 연속범의 개념을 전제한 후 전체를 포괄일죄로 보고 있는 것인지 여부가 문제되는 것이라고 할 수 있다.

Ⅱ. 연속범의 개념과 포괄일죄의 인정

1. 연속범의 개념

연속범의 개념에 대하여는 학설과 판례가 반드시 일치하는 것은 아니나, 일반적으로 구형법에 따라 연속한 수개의 행위가 동일한 죄명에 해당하는 경우를 연속범이라고 할 수 있을 것이다. 다만 여기서 동일한 죄명이

란 동종의 죄명을 포함하는 개념으로 이해하여야 하며, 연속한 수개의 행위란 계속 범행할 의사를 가지고 동일한 법익에 대하여 일정한 기간 동안 동종의 범행방법으로 반복해서 행하여진 수개의 행위를 의미한다고 할 수 있다. 대법원도 "동일 죄명에 해당하는 수개의 행위 혹은 연속된 행위를 단일하고 계속된 범의 하에 일정 기간 계속하여 행하고 그 피해법익도 동일한 경우에는 이들 각 행위를 통틀어 포괄일죄로 처단하여야 할 것"이라고 판시하여(대법원 2012. 3. 29. 선고 2011도14135 판결) 연속범의 개념을 인정하고 있는 것으로 생각된다.

다만, 연속범의 개념은 접속범의 개념과 구별하여야 한다. 판례는 접속범은 "서로 접속하여 동종의 행위를 반복하는 것을 말하며, 이 반복된 동종의 행위는 구성요건을 한 번만 충족하는 것으로 평가되는 것"을 의미한다고 한 후 4년 3개월간에 걸친 업무상 횡령행위를 접속범으로 보고 있다는 점에서(대법원 1984. 8. 14. 선고 84도1139 판결) 시간적·장소적 밀접성만으로 접속범과 연속범을 구별하기는 어렵다고 생각된다. 한편 동 판례는 연속범의 개념과 관련하여 "연속범은 독립된 수개의 행위의 존재를 전제로 하고 있는 점 등에서 접속범과 구별되며"라고 판시하여 연속범과 접속범을 행위의 독립성에 의하여 구별하고 있는 것으로 보인다. 다만 연속범의 경우에 있어서도 접속범과 동일하게 피해법익의 단일성과 범의의 계속성, 죄명의 동일성 등은 인정되어야 할 것이므로, 결국 연속범과 접속범의 구별은 수개의 행위에 대하여 각각의 독립성을 인정할 수 있을 것인가에 따르는 것이 상당하다고 할 것이다.

2. 연속범과 포괄일죄

연속범은 그 죄수를 어떻게 볼 것인가가 가장 중요한 문제라고 할 수 있다. 다수의 학자들과 판례 및 실무는 일반적으로 연속범의 개념을 인정하면서, 그 죄수를 포괄일죄로 보고 있다. 즉, 구성요건을 충족하는 수개의 행위가 각각 독립성을 가지는 경우에도 그것이 단일하고 계속된 범의에 의하여 이루어지는 경우 이를

포괄적으로 1개의 범죄로 취급하고 있는 것이다.

이와 같이 연속범의 개념을 인정하는 것은 두 가지 측면에서 그 필요성이 인정되기 때문이라고 할 수 있는데, 첫째는 연속범을 포괄일죄로 인정하는 것은 피고인의 이익에 부합하기 때문이라고 할 수 있다.

연속범은 실제로 수개의 범죄로서 경합범으로 가중처벌될 수 있음에도 이를 포괄일죄로 봄으로써 가중처벌을 면하게 할 수 있을 뿐 아니라, 범죄사실 중 일부에 대한 판결의 효력은 나머지 범죄사실에 대하여도 미치게 되므로, 범죄사실 중 일부에 대하여 처벌을 받은 경우, 다시 처벌할 수 없기 때문에 피고인의 이익에 부합하게 된다고 할 수 있는 것이다.

다른 한편 연속범의 개념을 인정하여 이를 포괄일죄로 벌하는 경우 소송경제에도 부합한다고 할 수 있다. 연속범을 실체적 경합범으로 보게 되면 각각의 행위를 별개의 범죄로 보게 되므로 모든 행위를 개별적으로 특정하여 공소장 또는 판결문에 적시하여야 하지만, 포괄일죄로 인정하게 되면, 일부의 범죄사실만을 특정하여 공소를 제기하거나, 유죄판결을 선고할 수 있으므로 수사와 재판 실무에 있어서 유용성을 인정할 수 있게 되기 때문이다.

3. 학설 및 판례

연속범의 개념을 인정한 후 이를 포괄일죄로 보고 있는 다수설과 판례의 태도에 대하여는, 독립성을 가지지 아니한 반복된 동종의 행위가 구성요건을 한번만 충족한다고 보는 접속범의 경우와는 달리, 구성요건을 충족하는 수개의 행위가 독립성을 가지는 경우에는 이를 경합범으로 볼 수 있을 뿐 이를 포괄하여 일죄로 보는 것은 타당하지 않다고 비판하는 소수설과 일정한 경우 연속범을 경합범으로도 볼 수 있는 듯 판시한 판례가 있고, 그러한 소수의 견해가 죄수론과 관련하여 하나의 구성요건을 충족하는 행위나 하나의 독립된 행위는 1죄에 해당한다는 구성요건표준설 또는 행위표준설의 입장에서 이론적 일관성은 있다고 할 수 있으나, 반대로 연속범의 개념을 인정하여 포괄일죄로 보게 되는 경우 피고인의 이익에 부합할 뿐 아니라 소송경제의 측면에서도 장점이 있다는 정책적 측면을 경시하고 있는 것으로 생각된다.

물론, 동일한 피해자에 대하여 동종의 행위를 일정한 기간 동안 반복하는 경우에도, 단일하고 계속된 범의가 인정되지 아니하는 경우에는 이를 연속범으로 볼 수 없다. 판례가 동일한 피해자를 1시간 동안 장소를 달리하여 2회 강간한 사안에 대하여, 포괄일죄가 성립하는 것이 아니라 실체적 경합범이 성립한다고 보고 있는 것은(대법원 1987. 5. 12. 선고 87도694 판결), 수개의 강간행위에 대하여 범의의 단일성과 계속성을 인정할 수 없기 때문에 연속범이 성립한다고 할 수 없으므로 실체적 경합범으로 본 것이라고 할 수 있다.

Ⅲ. 나오는 말

대상판결과 관련하여, 대법원이 동일한 저작재산권을 여러 번에 걸쳐 불법으로 업로드하거나 이를 다른 사람이 불법으로 다운로드한 각각의 독립한 행위들에 대하여 이를 상습범이나 영업범으로 인정하지 아니하면서도 포괄일죄로 보고 있는 것은 접속범 또는 연속범을 전제하고 있는 것으로 보아야 한다.

그러나 접속범에 대한 위 판례의 취지에 따른다면, 대상판결의 사안과 같이 수인에 의하여 위법하게 저작재산권이 업로드되거나 다운로드되는 행위는 각각이 모두 독립된 행위이며, 이를 방조하는 행위도 역시 각각이 독립된 행위로 평가받아야 한다는 점에서 접속범으로 이해하기는 어려울 것으로 생각된다.

따라서 이는 연속범이라고 보아야 하며, 대상판결이 이러한 행위를 경합범이 아닌 포괄일죄를 인정하고 있는 것은 연속범의 개념을 인정한 후 이를 포괄일죄로 보고 있는 실무 및 다수설의 태도와 그 취지를 같이 하는 것이라고 할 수 있을 것이다.

〔참고문헌〕허일태, "연속범의 죄수", 형사판례연구 [5](1997).

[필자: 박홍식 교수(충남대)]

[대상판결] 대법원 2007. 3. 29. 선고 2007도595 판결

[사실관계] 피고인은 서울 강북구 미아동에 있는 주상복합상가에서 스크린 경마 게임기 42대를 설치하고 'X 게임랜드'라는 상호로 일반게임장을 운영하면서, 사행성간주게임물의 경우 경품을 제공할 수 없음에도, 2005. 6. 16.경부터 같은 해 9. 4.경까지 사이에 위 게임장에서, 사행성간주게임물인 게임기에 경품으로 해피머니 문화상품권을 넣은 후 점수에 따라 손님들에게 제공함으로써 문화관광부장관이 고시하는 방법에 의하지 아니하고 경품을 제공하였고, 이러한 공소사실로 기소되었다(이하, 이를 '제1사건'이라 한다). 피고인은 같은 게임장에서 2006. 3. 23. 20:30경 게임을 한 손님들에게 점수에 따라 해피머니 문화상품권을 제공함으로써 문화관광부장관이 정하여 고시하는 종류 외의 경품을 제공하는 행위를 하였다는 공소사실로 다시 기소되었다(이하, 이를 '제2사건'이라 한다). 피고인은 제1사건과 제2사건은 동일한 죄명에 해당하고 동일한 장소에서 동일한 게임물을 이용하여 게임장을 운영하는 과정에서 동일한 방법으로 상품권을 지급한 것일 뿐만 아니라 시간적으로도 근접하여 이루어졌으므로, 모두 단일하고 계속된 범의하에 연속적으로 이루어진 것으로, 포괄일죄의 관계에 있다고 주장하면서, 제2사건에 관한 기소는 이중기소이므로 공소기각되어야 한다고 주장하였다.

[판결요지] [1] 단일하고 계속된 범의하에 일정기간 계속하여 행하고 그 피해법익도 동일한 경우의 죄수관계(＝포괄일죄)

[2] 게임장에서 사행성간주게임물인 게임기에 경품으로 문화상품권을 넣은 후 점수에 따라 손님들에게 제공함으로써 문화관광부장관이 고시하는 방법에 의하지 아니하고 경품을 제공하였다는 공소사실로 두 차례 기소된 경우, 각 공소사실은 모두 단일하고 계속된 범의하에 동일 죄명의 범행을 일정기간 반복하여 행한 것으로서 그 피해 법익도 동일한 것이므로 포괄일죄에 해당한다고 한 사례

[해 설]

Ⅰ. 들어가는 말

대상판결은 연속범과 관련하여 포괄일죄와 실체적 경합을 어떻게 구분하는가에 관한 판례이다. 포괄일죄로 인정하는 것은 피고인에게 유리한 측면이 있는바, 일사부재리의 효과이다. 즉 이중기소나 면소 관련하여, 포괄일죄의 관계에 있는 범죄행위가 먼저 기소되거나 확정된 경우, 그와 함께 재판받을 수 있었던 범죄행위에 대하여는 이중기소라는 이유로 공소기각되거나 확정판결이 있다는 이유로 면소가 선고된다. 다만 피고인에게 불리한 측면으로 볼 수 있는 것은, 검사에게 입증부담이 경감될 수 있다는 점이다. 즉 언제부터 언제까지 사이의 포괄일죄의 경우 시기와 종기에 피고인이 범죄행위를 하였다는 것의 입증이 있으면, 검사가 그 사이의 범죄행위까지 일일이 입증을 하지 아니한다고 하여도 그 사이의 범죄행위는 입증된 것으로 실무상 처리된다. 법원의 입장에서도 심리의 부담이나 소송경제상 포괄일죄로 판단하는 것이 편리할 수 있기 때문이다.

그러나 연속범에 대하여 포괄일죄를 쉽게 인정하는 것은, 행위책임의 원칙에 부합하지 아니할 수 있다. 행위태양 등 포괄일죄의 요건을 구비하였다면, 범죄행위를 10회 저지른 행위자가 1회 저지른 행위자와 같게 처벌될 가능성이 있는바, 형평에 부합하지 아니하게 된다. 또한 반드시 피고인에게 유리한 것이 아닌바, 입증의 정도가 완화되어, 피고인에게 불리하게 작용될 수도 있다. 따라서 포괄일죄의 성립은 가능하면 제한적으로 인정할 필요가 있다. 대상판결은, 범의의 단일성과 계속성, 피해법익의 동일성을 포괄일죄의 인정기준으로 삼아서, 그 사실관계에 대하여, 단일하고 계속된 범의하에 일정기간 계속하여 행하고 그 피해법익도 동일한 경우여서, 포괄일죄에 해당할 수 있다고 보았다. 그러나 반드시 그러할까? 이하에서는 대상판결과 같이 포괄일죄와 실체적 경합이 문제된 사례를 살펴본다.

Ⅱ. 포괄일죄와 실체적 경합이 문제된 사례들

대법원 2010. 11. 11. 선고 2007도8645 판결은 "동일

죄명에 해당하는 수개의 행위를 단일하고 계속된 범의 하에 일정기간 계속하여 행하고 그 피해법익도 동일한 경우에는 이들 각 행위를 통틀어 포괄일죄로 처단하여야 할 것이나, 범의의 단일성과 계속성이 인정되지 아니하거나 범행방법이 동일하지 않은 경우에는 각 범행은 실체적 경합범에 해당한다"라고 판시하여, 범의의 단일성, 계속성, 범행방법의 동일성, 피해법익의 동일성 등을 포괄일죄와 실체적 경합의 구별기준으로 들었다. 위 2007도8645 판결 사안은 구 음반·비디오물 및 게임물에 관한 법률(2006. 4. 28. 법률 제7943호로 폐지된 것) 위반 범죄사실에 관한 것이다. 즉 사행성 간주 게임물의 경우 경품을 지급할 수 없음에도 피고인이 2005. 3. 2.경부터 같은 해 7. 14.경까지 및 2006. 1. 11. 17:00경 자신의 스크린 경마 게임장에서 사행성 간주 게임기를 설치하고 취득한 점수에 따라 고객에게 경품으로 상품권을 지급하였다는 내용의 범죄사실(1차 범행)과 위 판결 확정 이전에 범하여진 이 사건 각 공소사실, 즉 사행성 간주 게임물의 경우 경품을 지급할 수 없음에도 피고인이 2006. 7.경부터 같은 해 9. 1. 12:30경까지, 같은 해 9. 3. 19:00경부터 같은 달 4일 02:40경까지, 같은 해 10. 1. 10:00경부터 같은 달 3일 02:45경까지, 같은 해 10. 15. 21:30경, 같은 해 10. 16. 06:00경 및 같은 해 10. 26. 21:30경 위 게임장에서 위 게임기를 설치하고 취득한 점수에 따라 고객에게 경품으로 상품권을 지급하였다는 내용의 범죄사실(이 사건 범행들)에 대하여, 피고인은 1차 범행에서 관련된 압수물이 몰수된 점, 1차 범행으로 인한 영업정지처분으로 2006. 6. 27.부터 40일 정도 영업을 하지 못한 점, 그 후 이 사건 범행들과 같이 반복하여 게임장 영업을 재개하다가 단속되어 관련 증거물이 압수된 점 등에 비추어, 피고인이 운영한 위 게임장이 단속되어 관련 증거물이 압수된 후 영업을 재개할 때마다 범의의 갱신이 있고 별개의 범죄가 성립한다고 보아 위 각 공소사실을 모두 유죄로 인정한 원심판결을 정당하다고 한 사례였다. 1차 범행으로 압수된 물건이 몰수된 후 새로이 물건을 구입하여 범죄행위에 제공하였다는 점, 1차 범행 이후 6개월가량 지난 후에 영업을 간헐적으로 하게 된 점 등에 비추어 범의의 동일성을 인정하기 어렵다고 보았다. 게임물의 몰수 여부가 포괄일죄 판단의 기준이 될 수는 없다는 점을 전제하면, 대상판결과 사안 내용이 대

동소이하다고 볼 수 있음에도 포괄일죄를 부정하였다. 대법원 2011. 1. 27. 선고 2010도13188 판결, 대법원 2011. 4. 28. 선고 2011도1297 판결도 게임물에 관한 사례들로 포괄일죄를 부정하였다.

대법원 2013. 5. 24. 선고 2011도9549 판결도 문제된 범죄행위에 대하여 원심에서 인정한 포괄일죄를 부정하였다. 사안의 내용은 "피고인이 2009. 11. 16.부터 2009. 12. 2.까지 Y 산업개발로부터 위탁받은 무기성 오니 약 920톤을 용인시 처인구 양지면 대대리 488 일원의 농경지에 무단으로 매립하였다는 내용으로 약식명령이 청구되어 2010. 4. 9. 벌금 500만 원의 약식명령을 발령받았으나 정식재판을 청구하여 2010. 12. 23. 벌금 300만 원을 선고받고 2010. 12. 31. 그 판결이 확정되었다(1차 범행). 그 후 2010. 7. 8. 검사는 피고인이 2009. 6. 14.경부터 2010. 1. 17.경까지 Z 주식회사와 Y 산업개발로부터 위탁받은 사업장폐기물인 무기성 오니 합계 6,720톤을 농경지에 무단으로 매립하였다"는 범죄사실로 공소제기하였다. 피고인은 포괄일죄의 관계에 있기 때문에 면소를 주장하였고, 원심은 긍정하였으나, 대법원은 보호법익 관련하여 폐기물의 매립장소가 포괄일죄 인정의 중요한 기준이 된다는 전제에서 "폐기물의 매립과 관련하여 범의의 단일성과 계속성이 인정되는지를 판단하기 위해서는 위와 같은 폐기물 매립장소에 더하여 매립의 경위와 기간, 방법, 도구 등은 물론 폐기물위탁처리업체와의 거래경위나 거래방식이 어떠하고 거기에 변경이 있는지 등을 함께 고려하여야 한다"고 판시하여 원심판결을 파기하였다.

III. 나오는 말

포괄일죄의 인정이 피고인에게 유리하게, 검사나 법원에 편리하게 작용하는 측면이 있기는 하다. 하지만 행위책임의 원칙을 충실히 관철하기 위하여는 그 성립범위는 가급적 제한하는 것이 타당하다고 생각된다. 대법원의 판단도 포괄일죄의 인정을 보다 엄격하게 하는 방향으로 흐르는 것이 아닌가 생각된다.

〔참고문헌〕 김혜경, "영업범의 개념과 죄수관계: 포괄일죄 또는 실체적 경합 성립 여부", 형사판례연구 [19](2011).

[필자: 우인성 판사(서울서부지법)]

[65] 상상적 경합과 실체적 경합의 구분

[대상판결] 대법원 2010. 1. 14. 선고 2009도10845 판결

[사실관계] 피고인은 자동차 운전면허 없이, 술에 취하여 정상적인 운전이 곤란한 상태에서 차량을 운전하여 진행하던 중, 전방에 신호대기로 정차하고 있던 피해자 V₁이 운전하는 차량의 뒷부분을 피고인이 운전한 차량의 앞 범퍼 부분으로 들이받아 그 충격으로 위 차량이 그 앞에 정차하고 있던 피해자 V₂가 운전하는 차량을 들이받도록 하여 V₁에게 약 2주간의 치료를 요하는 상해를 입게 함과 동시에, V₁이 운전한 위 차량과, V₂가 운전한 위 차량을 각 손괴하였다.

[판결요지] [1] 음주의 영향으로 정상적인 운전이 곤란한 상태에서 자동차를 운전하여 사람을 상해에 이르게 함과 동시에 다른 사람의 재물을 손괴한 때에는 특정범죄가중처벌등에관한법률위반(위험운전치사상)죄 외에 업무상과실 재물손괴로 인한 도로교통법위반죄가 성립하고, 위 두 죄는 1개의 운전행위로 인한 것으로서 상상적 경합관계에 있다.

[2] 자동차 운전면허 없이 술에 취하여 정상적인 운전이 곤란한 상태에서 차량을 운전하던 중 전방에 정차해 있던 차량을 들이받아 그 차가 밀리면서 그 앞에 정차해 있던 다른 차량을 들이받도록 함으로써, 피해자에게 상해를 입게 함과 동시에 위 각 차량을 손괴하였다는 범죄사실에 대하여, 각 범죄 중 도로교통법위반(음주운전)죄와 도로교통법위반(무면허운전)죄 상호간만 상상적 경합관계에 있고 특정범죄가중처벌등에관한법률위반(위험운전치사상)죄와 각 업무상과실 재물손괴로 인한 도로교통법위반죄는 실체적 경합관계라고 본 원심판결은 죄수관계에 관한 법리를 오해한 위법이 있다.

[해 설]

I. 들어가는 말

대상판결의 쟁점은 특정범죄가중처벌등에관한법률위반(위험운전치사상)죄(이하, '위험운전치사상죄'라 한다)와 업무상과실 재물손괴로 인한 도로교통법위반죄(이하, '과실재물손괴죄'라 한다) 사이의 죄수관계이다. 위험운전치사상죄는 음주 또는 약물의 영향으로 정상적인

운전이 곤란한 상태에서 자동차를 운전하여 사람을 상해에 이르게 한 자를 처벌하는 규정이고(특가법 제5조의11), 과실재물손괴죄는 차의 운전자가 업무상 필요한 주의를 게을리 하거나 중대한 과실로 다른 사람의 건조물이나 그 밖의 재물을 손괴한 경우 처벌하는 규정이다(도로교통법 제151조). 대상판결 이전에는 위험운전치사상죄와 과실물손괴죄 사이의 죄수 관계를 판시한 대법원판결은 없었다.

II. 행위의 개수(상상적 경합 또는 실체적 경합)

형법은 상상적 경합에 대하여 "1개의 행위가 수 개의 죄에 해당하는 경우에는 가장 중한 죄에 정한 형으로 처벌한다"고 규정하고 있다(제40조). 이와 달리 2개의 행위로 인정되는 경우 실체적 경합으로 가중 처벌한다(제38조). 이 사건에서 상상적 경합으로 볼 경우(징역형 선택) 법정형이 징역 12년 이하인 반면, 실체적 경합으로 볼 경우에는 징역 14년 이하가 된다. 상상적 경합이 1죄인가 또는 수죄인가에 대하여는 견해의 대립이 있으나 실질적으로는 수죄이나 과형상의 일죄라는 것이 통설적 견해다. 상상적 경합은 행위가 1개인 점에서 법조경합과 같지만 실질적으로 수죄에 해당하여 수 개의 구성요건이 적용된다는 점에서 법조경합과 구별되고, 행위가 1개임을 요한다는 점에서 수 개의 행위를 요건으로 하는 실체적 경합과 다르다.

1. 행위의 수 판단 기준

수죄의 구성요건에 해당하는 경우 행위의 수가 1개인지 수개인지에 따라 상상적 경합과 실체적 경합이 구분된다. 피고인의 행위가 위험운전치사상죄와 과실재물손괴죄의 구성요건을 모두 충족하므로 이를 1개의 행위로 보면 상상적 경합으로 인정되고, 2개의 행위로 보면 실체적 경합으로 인정된다. 행위의 개수를 정할 때 일체의 법률적 관점을 배제하고 순수하게 자연적 관점에서 행위의 단일성을 판단할 수는 없고 규범적 평가가 필요하다. 즉, 행위와 구성요건의 관계에 대한 해석 등을 통해 규범적 요소 또는 합목적적 요소까지

고려하여 행위의 수를 판단하여야 한다. 판례와 학설에 따르면 '구성요건에 나타난 규범적 요소를 고려하여 실행행위의 동일성이 인정되는 경우'에 1개의 행위로 볼 수 있다.

2. 대상사건에서 상정 가능한 견해

상상적 경합설은, 위험운전치사상과 과실재물손괴는 1개의 행위가 수개의 죄에 해당하는 경우로서 상상적 경합범이라는 견해이다. 형법 제40조의 '1개의 행위'란 "수개의 죄를 구성하는 각각의 구성요건 실행행위가 전부 또는 일부 중첩되는 경우"라고 할 수 있는데, 위험운전치사상과 과실재물손괴는 구성요건적 실행행위가 1개로 전부 중첩되므로 이 사건 피고인의 행위는 1개의 행위가 수개의 죄에 해당하는 상상적 경합범이다.

실체적 경합설에 의하면 행위가 서로 긴밀히 연관되어 있어 사회관념상 1개의 행위로 볼 여지가 있더라도, 구성요건과의 관계에서 볼 때 그 법적 평가를 달리할 수 있다면 이는 1개의 행위가 아니라 수개의 행위라고 보아야 한다. 이 사건 위험운전치사상과 과실재물손괴는 사람을 상해한 것과 재물을 손괴한 것이라는 다른 구성요건적 요소를 포함하고 있다는 점에서 규범적으로 다른 행위로 볼 수 있으므로, 이 사건 피고인의 행위는 수개의 행위가 수개의 죄에 해당하는 실체적 경합범이다.

3. 검 토

상상적 경합설의 입장이 판례의 취지에 부합한다고 생각된다. 1개의 행위인지 여부에 관하여 피고인은 술에 취하여 정상적인 운전이 곤란한 상태에서 하나의 동일한 행위로 V₁에게 상해를 가하고 그의 재물을 손괴하였고, V₂의 재물을 손괴하였다. 이는 동일한 과실로 인한 하나의 행위로 자연적, 규범적 관점에서 실행행위의 동일성이 인정된다. 사람을 상해한 것과 재물을 손괴한 것은 행위가 다른 것이 아니라 동일한 행위의 결과가 다르게 나타난 것에 불과하다. 나아가 위험운전치사상죄가 신설되기 전에 업무상과실치상으로 인한 교통사고처리특례법위반죄와 과실재물손괴죄를 상상적 경합으로 인정하여 왔는데, 위험운전치사상죄는 아래에서 보는 바와 같이 교통사고처리특례법위반죄를 흡수하므로 위 두 죄의 관계도 상상적 경합으로 보는 것이 기존 판례의 입장과 부합한다.

4. 관련문제

위험운전치사상죄와 교통사고처리특례법위반죄에 관하여 대법원은, 음주로 인한 위험운전치사상죄는 그 입법 취지와 문언에 비추어 볼 때, 주취상태의 자동차 운전으로 인한 교통사고가 빈발하고 그로 인한 피해자의 생명·신체에 대한 피해가 중대할 뿐만 아니라, 사고발생 전 상태로의 회복이 불가능하거나 쉽지 않은 점 등의 사정을 고려하여, 형법에서 규정하고 있는 업무상과실치사상죄의 특례를 규정하여 가중처벌함으로써 피해자의 생명·신체의 안전이라는 개인적 법익을 보호하기 위한 것이어서 그 죄가 성립하는 때에는 형법 제268조의 죄를 범한 것을 내용으로 하는 교통사고처리특례법위반죄는 그 죄에 흡수되어 별죄를 구성하지 아니한다(대법원 2008. 12. 11. 선고 2008도9182 판결)고 판단하였다.

위험운전치사상죄와 도로교통법위반(음주운전)죄와의 관계에 관하여 대법원은, 음주로 인한 위험운전치사상죄와 도로교통법위반(음주운전)죄는 입법 취지와 보호법익 및 적용 영역을 달리하는 별개의 범죄로서 양 죄가 모두 성립하는 경우 두 죄는 실체적 경합관계에 있는 것으로 보아야 할 것(대법원 2008. 11. 13. 선고 2008도7143 판결)이라고 한다.

III. 나오는 말

수죄의 구성요건에 해당하는 경우 행위의 수가 1개인지 수개인지에 따라 상상적 경합과 실체적 경합이 구분된다. 행위의 개수를 정할 때 행위와 구성요건의 관계에 대한 해석 등을 통해 규범적 요소 또는 합목적적 요소까지 고려하여 행위의 수를 판단하여야 한다. 대법원이 위험운전치사상죄와 도로교통법위반(음주운전)죄를 실체적 경합으로 보고, 위험운전치사상죄와 과실재물손괴죄를 상상적 경합으로 보는 것도 그러한 취지라고 할 수 있다.

〔참고문헌〕 이기헌, "경합범과 상상적 경합", 형사판례연구 [13] (1999).

[필자: 이인석 변호사]

[66] 연결효과에 의한 상상적 경합

[대상판결] 대법원 2001. 2. 9. 선고 2000도1216 판결

[사실관계] 피고인은 구청에서 도시계획도 관리업무를 담당하는 공무원인데, 건축사 사무실의 직원인 A로부터 300만 원의 뇌물을 받고, 도시계획도의 토지경계선을 A에게 유리하게 변조한 후 이를 비치하였다.

[판결요지] 형법 제131조 제1항의 수뢰후부정처사죄에 있어서 공무원이 수뢰 후 행한 부정행위가 공도화변조 및 동행사죄와 같이 보호법익을 달리하는 별개범죄의 구성요건을 충족하는 경우에는 수뢰후부정처사죄 외에 별도로 공도화변조 및 동행사죄가 성립하고 이들 죄와 수뢰후부정처사죄는 각각 상상적 경합 관계에 있다고 할 것인바, 이와 같이 공도화변조죄와 동행사죄가 수뢰후부정처사죄와 각각 상상적 경합범 관계에 있을 때에는 공도화변조죄와 동행사죄 상호간은 실체적 경합범 관계에 있다고 할지라도 상상적 경합범 관계에 있는 수뢰후부정처사죄와 대비하여 가장 중한 죄에 정한 형으로 처단하면 족한 것이고 따로이 경합범 가중을 할 필요가 없다.

[해 설]

Ⅰ. 들어가는 말

대상판결의 사안에서 피고인이 수뢰후부정처사죄(제131조 제1항)를 범한 것은 명백하다. 또한 부정처사의 행위가 공도화변조죄(제225조)와 변조공도화행사죄(제229조)에 해당됨도 이견 없이 수용된다. 그런데 문제는 죄수관계이다. 공도화변조죄와 변조공도화행사죄는 실체적 경합이지만, 양 죄와 수뢰후부정처사죄는 상상적 경합의 관계에 놓인다. 따라서 3자의 관계를 어떻게 처리해야 하는지 여러 견해가 제시될 수 있다. 실체적 경합을 우선시키면 '가장 중한 죄에 정한 형의 2분의 1 가중'이라는 공식이 사용될 수 있고, 상상적 경합에 중점을 두면 '가장 중한 죄에 정한 형'만으로 처단하는 것이 가능해진다. 대상판결의 입장을 확인하기에 앞서 제시될 수 있는 해결방안을 정리해 보기로 한다.

Ⅱ. 제시될 수 있는 해결방안

1. 이중적 처리 – 상상적으로 경합하는 두 단위의 실체적 경합

대상판결의 사안에서 피고인은 300만 원의 뇌물을 수수한 후에 부정처사의 방법으로 공도화를 변조하여 비치(행사)하였다. 따라서 시간적 순서에 따라 자연적으로 고찰하면, 수뢰후부정처사죄(A)와 공도화변조죄(B)가 상상적 경합으로 행해진 후에, 수뢰후부정처사죄(A)와 변조공도화행사죄(C)가 한 번 더 상상적 경합으로 행해진 모양새이다. 그러면서 전자(A&B)와 후자(A&C)는 실체적 경합의 관계에 있다. 즉, 두 건의 상상적 경합이 실체적으로 경합하는 구조로 파악된다. 이러한 구조를 그대로 처단형의 산정에 연결시키면, 상상적 경합의 각 단위에서는 수뢰후부정처사죄(A)에 정한 형(1년 이상의 유기징역)이 중한 형으로 선정되고, 그러한 두 개의 단위가 다시 실체적으로 경합하므로 그것의 2분의 1 가중이 처단형으로 산출된다.

2. 연결효과이론 – 3죄의 상상적 경합

앞에서 제시한 해법은 수뢰후부정처사죄(A)가 이중으로 평가된다는 문제점을 지닌다. 행위자는 A, B, C의 3개의 죄를 범했을 뿐인데, 처단형의 산정에서는 A와 B가 한번 재단된 후 또 다시 A와 C가 재단되므로 결국 A는 두 번 평가의 도마에 오르게 되는 것이다. 이러한 이중평가를 피하기 위해서는 A, B, C의 3죄를 모두 한 묶에 묶어서 상상적 경합이든 실체적 경합이든 어느 한 쪽으로 처리해야 한다. 그래서 제안된 하나의 방안이 연결효과이론이다. 동 이론은 상상적 경합으로의 처리를 택하는바, 핵심내용은 다음과 같다. "실체적 경합관계에 있는 수 개의 죄(B와 C)가 각기 제3의 죄(A)와 상상적 경합관계에 놓이면 관련된 모든 죄(A, B, C)가 상상적 경합으로 취급된다." 여기서 하등의 행위동일성을 갖추지 못한 B와 C가 어떻게 상상적 경합으로 엮어질 수 있는지 해명이 요구되는데, 이때 주목하는 점이 바로 양 죄가 각기 상상적 경합의 관계인 A와 연결되어 있다는 사실이다. 즉, A를 연결고리로 하여 B와 C

도 상상적 경합으로 결합된다는 이해이며, 그래서 연결효과이론이라고 한다. 이를 택하면 피고인에게 적용되는 처단형은 수뢰후부정처사죄(A)에 정한 형(1년 이상의 유기징역)이 된다.

3. 또 다른 방안 – 3죄의 실체적 경합

A의 이중평가를 방지하기 위해 제시될 수 있는 또 다른 해법은 3개의 죄를 모두 실체적 경합으로 처리하는 방안이다. 연결효과이론의 처단형 완화에 불만을 가지는 경우에 제시될 수 있는 강경책이다. 실제에 있어서, 연결효과이론은 연결고리인 A의 형이 B와 C의 형보다 경한 사안에서는 처단형의 불합리한 완화를 초래할 수 있다. A가 없었으면 B와 C의 실체적 경합으로 중하게 처리될 사안이 스스로 범한 A의 개재로 말미암아 모두 상상적 경합의 경한 처단에 함몰되어 버리기 때문이다. 그래서 또 다른 선택은 B와 C의 실체적 경합을 근거로 A까지 실체적 경합의 무대에 올리는 방안을 제시한다. B와 C의 이질성을 지렛대로 사용하여 A와 B의 행위동일성 및 A와 C의 행위동일성을 해체시키고, 3개의 죄를 모두 실체적 경합으로 처리하는 것이다. 따라서 처단형은 수뢰후부정처사죄(A)에 정한 형(1년 이상의 유기징역)의 2분의 1 가중으로서 이중적 처리의 방안에서와 같아진다.

Ⅲ. 대법원의 선택

대상판결의 사안에서 원심법원은 3죄를 실체적 경합으로 처리하였다. 즉, 세 번째 방안을 택한 것이다. 하지만 대법원은 원심법원이 죄수판단을 잘못하여 처단형의 범위에 차이가 생겼다고 판단하면서, 위 판결요지의 법리를 판시하였다. 내용은 연결효과이론의 방안과 유사하다. 공도화변조죄(B)와 변조공도화행사죄(C)가 수뢰후부정처사죄(A)와 각기 상상적 경합의 관계에 있기 때문에 공도화변조죄(B)와 변조공도화행사죄(C)가 실체적 경합의 관계에 있을지라도 상상적 경합의 관계에 있는 수뢰후부정처사죄(A)와 대비하여 가장 중한 죄에 정한 형으로 처단하면 족하다는 것이다. 따라서 피고인에게 적용되는 처단형은 수뢰후부정처사죄(A)에 정한 형(1년 이상의 유기징역)이 된다. 참고로, 이러한 대법원의 입장은 수뢰후부정처사의 방법이 허위공문서작성과 동 행사로 행해진 사안(대법원 1983. 7. 26. 선고 83

도1378 판결)에서도 동일하게 확인된다. 예비군 중대장이 민원인으로부터 금품을 받은 후 허위로 훈련에 참여한 것처럼 중대학급편성명부를 작성하고 비치한 사안인데, 여기서도 같은 법리로 수뢰후부정처사죄에 정한 형을 처단형으로 선택하였다.

Ⅳ. 나오는 말

앞에서 적시한 바와 같이 연결효과이론은 연결고리의 죄(A)가 실체적 경합의 양 죄(B와 C)보다 경한 경우에 처단형이 불합리하게 완화되는 문제점을 지닌다. 그래서 'A의 형이 B와 C의 법정형보다 중하거나 동일한 경우'에만 적용하자는 보완이론이 제시되기도 한다. 아울러 대법원의 위 판시가 연결효과이론을 액면 그대로 수용한 것인지에 대해서도 이견이 제시될 수 있다. 대법원은 '연결효과'라는 표현을 사용하고 있지 않을 뿐 아니라, 상상적 경합의 대상을 3개의 죄로 명시하고 있지도 않기 때문이다. 하지만 일반적으로는 대상판결의 법리를 '연결효과에 의한 상상적 경합'으로 설명하는 바, 연결효과이론을 다듬어내고 대법원의 법리를 보다 명확하게 발전시키는 일은 향후의 과제이다.

〔참고문헌〕 김성돈, "이중평가금지와 연결효과에 의한 상상적 경합" 형사판례연구 [10](2002); 이승호, "상상적 경합의 비교단위", 형사판례연구 [10](2002).

[필자: 이승호 교수(건국대)]

[67] 형법 제37조 경합범의 범위

[대상판결] 대법원 2014. 3. 27. 선고 2014도469 판결

[사실관계] 피고인은 마약류취급자가 아님에도 2012. 1. 5. 향정신성의약품인 메트암페타민(속칭 필로폰. 이하 필로폰이라 한다) 11.5g을 400만 원에 매수하고, 2012. 1. 17. 필로폰 10g을 매수하고, 2012. 3. 23. 필로폰 10g을 매수하고, 2012. 4. 6. 필로폰 10g을 매수하고, 2012. 12. 하순 일자불상경 필로폰 약 3g을 250만 원에 매수하고, 2013. 1. 5. 필로폰 0.08g을 투약하고, 2013. 1. 31. 필로폰 0.08g을 투약하고, 2013. 2. 1. 필로폰 1.74g을 소지하였다.

피고인은 2011. 9. 20. 서울중앙지방법원에서 마약류관리에관한법률위반(향정)으로 징역 1년, 집행유예 2년을 선고받아 그 형이 2011. 11. 20. 확정되었다. 또한 피고인은 2010. 6. 27. 마약류관리에관한법률위반(향정) 범행을 하여 이로 인해 2012. 2. 21. 서울중앙지방법원에서 징역 8월, 집행유예 2을 선고받아 2012. 2. 29. 그 판결이 확정되었다.

[판결요지] [1] 형법 제37조 후단 및 제39조 제1항의 문언, 입법취지 등에 비추어 보면, 아직판결을 받지 아니한 죄가 이미 판결이 확정된 죄와 동시에 판결할 수 없었던 경우에는 형법 제37조 후단의 경합범 관계가 성립할 수 없고, 형법 제39조 제1항에 따라 동시에 판결할 경우와 형평을 고려하여 형을 선고하거나 그 형을 감경 또는 면제할 수도 없다고 해석함에 타당하다.

[2] 아직 판결을 받지 아니한 수개의 죄가 판결 확정을 전후하여 저질러진 경우 판결 확정 전에 범한 죄를 이미 판결이 확정된 죄와 동시에 판결할 수 없었던 경우라고 하여 마치 판결이 존재하지 않는 것처럼 수개의 죄 사이에 형법 제37조 전단의 경합범 관계가 인정되어 형법 제38조가 적용된다고 볼 수도 없으므로, 판결 확정을 전후한 각각의 범죄에 대하여 별도로 형을 정하여 선고할 수밖에 없다.

[해 설]

Ⅰ. 들어가는 말

형법 제37조는 경합범을 정의하면서 전단에는 판결이 확정되지 아니한 수개의 죄를, 후단에는 금고이상의

형에 처한 판결이 확정된 죄와 그 판결확정 전에 범한 죄를 경합범으로 하고 있다. 후단의 법적 효과는 수죄의 사이에 판결이 확정된 죄가 있는 경우 확정판결 전의 범죄와 확정판결 후의 범죄로 분리되는 점에 실무상 중요한 의의가 있다.

한편 제39조 제1항에서는 "판결을 받지 아니한 죄가 있는 때에는 그 죄와 판결이 확정된 죄를 동시에 판결할 경우와 형평을 고려하여 그 죄에 대하여 형을 선고한다. 이 경우 그 형을 감경 또는 면제할 수 있다"고 하여 제37조 후단의 경합범의 경우 형을 정하는 방법을 규정하고 있다.

그런데 제39조 제1항의 문언상 동시에 판결할 수 없었던 경우에는 제39조 제1항이 적용될 여지가 없다고 해석할 여지가 있게 되고 그러면 이러한 경우는 어떻게 판결을 선고하여야 하는지 문제된다. 대상판결 사례에서 2012. 1. 5. 범행과 2012. 1. 17. 범행은 그 이후인 2012. 2. 29. 확정판결 전의 범행이기는 하다. 그러나 피고인에게는 2011. 11. 20. 확정된 판결이 또 있다. 2012. 2. 29. 확정판결의 범행일이 2010. 6. 27.로서 2011. 11. 20. 확정판결 이전이므로 두 죄는 제37조 후단의 경합범이다. 따라서 2012. 2. 29.자 확정판결의 2010. 6. 27.자 범행과 대상판결 사례에서의 2012. 1. 5. 범행 및 1. 17. 범행을 2012. 2. 29. 확정판결의 2010. 6. 27.자 범행과 동시에 재판을 한다고 하여도 2010. 6. 27.자 범행에 대해 1개의 형을 선고하고(2011. 11. 20.자 확정판결 때문에), 2012. 1. 5. 범행 및 2012. 1. 17. 범행에 대해 1개의 형을 선고해야 하기 때문에 결과적으로 2012. 1. 5. 및 2012. 1. 17. 범행과 2012. 2. 29. 확정된 죄는 동시에 판결할 수 없는 경우에 해당한다.

Ⅱ. 형법 제37조 후단 경합범의 범위

1. 입법 연혁

현행 형법 제39조 제1항이 개정되기 전의 법문은 "경합범중 판결을 받지 아니한 죄가 있는 때에는 그 죄에 대하여 형을 선고한다"고 규정하고 있었다.

그런데 종전 법규정하에서는 제37조 전단의 경합범

으로서 동시에 판결을 하는 경우에 비하여 제39조 후단의 경합범이 불리한 경우가 발생할 수 있었다. 그 이유는 제37조 전단의 경합범의 경우는 제38조에 따라 형을 정하면서 1개의 형을 선고하는데 제37조 후단의 경합범은 제39조 제1항에 따라 확정판결을 기준으로 하여 수개의 형이 선고될 수 있기 때문이다.

이와 같이 수개의 죄가 중간에 확정판결이 있는지라는 우연한 상황에 따라 1개의 형을 받는지 또는 수개의 형을 받는지가 결정되고 결과적으로 형에 차이가 날 수 있는 불합리성을 해결하기 위해 2005년도에 제39조를 개정하여 '동시에 판결할 경우와 형평을 고려'하도록 법을 개정한 것이다.

2. 동시에 재판할 수 없었던 경우의 문제

(1) 무제한설

제37조 후단은 판결이 확정된 죄와 그 판결 확정전에 범한 죄를 경합범으로 하고 있을 뿐 다른 제한문구를 두고 있지 않으므로 동시에 판결할 수 있었는지 여부를 묻지 않고 제37조 후단의 경합범으로 보는 것이다. 다만, 제39조 제1항은 동시에 판결할 수 있었던 경우에 관한 조문이므로 제37조 후단의 경합범 중 동시에 판결할 수 있었던 경우만 제39조 제1항에 따라 형을 정한다(대법원 2011. 10. 27. 선고 2009도9948 판결).

이는 경합범 중 판결을 받지 아니한 죄가 있는 때에는 그 죄에 대하여 형을 선고한다는 종전 규정을 전제로 하여 그렇게 함에 있어 그 죄와 판결이 확정된 죄를 동시에 판결할 경우와 형평을 고려하여라는 의미로 해석하는 것이다. 이렇게 해석하면 대상판결 사례와 같이 동시에 판결할 수 없었던 경우는 제37조 후단의 경합범이기는 한데 제39조 제1항을 적용할 수는 없지만 존재하는 확정판결에 의해 제37조 후단의 경합범으로 묶이는 효력은 남는다. 따라서 대상판결 사례에서 2012. 2. 29. 확정판결 이전에 범한 2개의 범행에 대해서는 확정판결과 제37조 후단의 경합범으로서 1개의 형을 정하고, 이후의 5개 범행에 대해서는 확정판결 이후에 범한 별도의 범죄들로서 1개의 형을 정하면 된다.

(2) 제한설

제39조 제1항 규정을 제37조 후단의 경합범을 제한하는 문구로 이해하여 판결을 받지 아니한 죄가 이미 판결이 확정된 죄와 동시에 판결할 수 있었던 경우만

제37조 후단의 경합범으로 보는 견해로서 대상판결의 입장이다(대법원 2011. 6. 10. 선고 2011도2351 판결).

그런데 이 견해는 동시에 판결할 수 없었던 경우는 판결이 확정된 죄와 경합범이 아니라고 하므로 그 확정판결은 아무런 법적 효과가 없는가 하는 의문이 제기될 수 있다. 만약 그렇다면 대상판결 사례와 같이 그 확정판결 이전의 2개 범행뿐만 아니라 그 후의 5개 범행도 있는 경우에 7개의 범행이 모두 제37조 전단의 경합범이 되어 1개의 형을 정하면 되는 것이 아닌가 하는 논리가 전개될 수 있을 것이며 이 사건 항소심 판결이 이러한 논리에 따라 7개 범행에 대해 1개의 형을 선고하였다(서울중앙지법 2013. 12. 19. 선고 2013노2692 판결).

이에 대해 대상판결은 그렇다고 하여 마치 판결이 존재하지 않는 것처럼 수개의 죄 사이에 형법 제37조 전단의 경합범 관계가 인정된다고 볼 수도 없으므로, 판결 확정을 전후한 각각의 범죄에 대하여 별도로 형을 정하여 선고할 수밖에 없다고 하였다(대법원 2011. 6. 10. 선고 2011도2351 판결). 경합범 관계는 아니라고 하면서 확정판결이 이를 기준으로 죄들을 분리하는 효과는 그대로 인정한 것이다.

III. 나오는 말

2005년의 법개정 시에 제39조 제1항의 문구를 "경합범중 판결을 받지 아니한 죄가 있는 때에는 그 죄에 대하여 형을 선고한다. 다만, 판결을 받지 아니한 죄와 판결이 확정된 죄를 동시에 판결할 경우와 형평을 고려하여 그 죄에 대하여 형을 선고한다. 이 경우 그 형을 감경 또는 면제할 수 있다"라고 하였으면 경합범 여부는 제37조 후단의 문구에 따라 정하고 그 경합범에 대해서는 제39조 제1항 본문에 따라 형을 선고하되, 동시에 판결할 수 있었던 경우는 단서에 따라 형평을 고려하여 형을 정하는 것으로 정연하게 이해될 수 있었을 것으로 본다.

[필자: 이완규 변호사]

제3편

형벌론

[68] 징벌적 추징

[대상판결] 대법원 1998. 5. 21. 선고 95도2002 전원합의체 판결

[사실관계] 피고인들은 구 외국환관리법위반의 범행으로 원화 금 1,702,100,000원을 취득하여 그 중 피고인 甲이 금 1,656,100,000원을 피고인 乙이 금 46,000,000원을 각각 나누어 소비하였다.

원심은 피고인들 각자에 대하여 그 전액을 추징하였고, 이에 대하여 피고인들이 상고한 것이다.

[판결요지] [다수의견] 외국환관리법 제33조 규정 취지와 외국환관리법의 입법목적(제1조)에 비추어 보면, 외국환관리법상의 몰수와 추징은 일반 형사법의 경우와 달리 범죄사실에 대한 징벌적 제재의 성격을 띠고 있다고 할 것이므로, 여러 사람이 공모하여 범칙행위를 한 경우 몰수대상인 외국환 등을 몰수할 수 없을 때에는 각 범죄자 전원에 대하여 그 취득한 외국환 등의 가액 전부의 추징을 명하여야 하고, 그 중 한 사람이 추징금 전액을 납부하였을 때에는 다른 사람은 추징의 집행을 면할 것이나, 그 일부라도 납부되지 아니하였을 때에는 그 범위 내에서 각 범칙자는 추징의 집행을 면할 수 없다고 해석하여야 할 것이다.

[반대의견] 외국환관리법 제33조를 몰수 추징에 관한 일반규정인 형법 제48조와 대비해 보면, 몰수의 대상을 형법 제48조 제1항 제2호 후단의 '범죄행위로 인하여 취득한 물건'만으로 한정하는 한편, 이를 필요적인 것으로 규정하고 있다. 그리고 아래에서 보는 바와 같이 관세법과 달리 몰수와 추징에 관하여 그 대상자를 하나의 조문에 동일하게 규정하고 있다. 외국환관리법 제33조의 몰수·추징에 관한 규정을 문리에 따라 해석하여 보면, 몰수의 대상이 된 외국환 등을 '취득한 사람'만이 추징의 대상자가 되는 것으로 해석함이 마땅하고, 관세법위반 외에 외국환관리법위반의 경우에까지 공동연대 추징의 유추해석을 도출한다는 것은 죄형법정주의 원칙에 위배된다고 하지 않을 수 없다.

[해 설]

Ⅰ. 들어가는 말

우리 형법은 몰수·추징을 부가형으로 하고 원칙적으로 임의적 몰수·추징을 규정하고 있는데, 몰수·추징의 법적 성격에 관하여 다양한 견해가 있다. 몰수는 형식적으로는 형벌이지만 대물적 보안처분이라고 보는 것이 통설이고, 추징은 몰수의 대체수단으로서 환형처분이지만 몰수보다 재산형적 색채가 농후하다. 추징은 원칙적으로 이득의 박탈을 목적으로 하는 것이므로, 수인의 공범자인 공동피고인으로부터 추징하는 경우에 개별 추징을 하여야 하고, 수인이 공동하여 뇌물을 수수한 경우 각자로부터 실제로 분배받은 금원만을 개별적으로 몰수하거나 그 가액을 추징하여야 하며, 개별액을 알 수 없으면 평등 분할액을 추징한다는 것이 확립된 판례이다. 그런데 특별법위반의 공범자들로부터 몰수할 수 없는 때에 공범자들 상호간에 연대추징이 가능한가 문제가 되고 있으며, 이때 공동연대의 추징을 하는 것은 이득의 박탈을 넘어서서 일종의 재산형의 성격을 띠게 되는 것인데, 이 문제가 바로 이른바 '징벌적 추징'의 문제이다.

Ⅱ. 징벌적 추징의 허용 여부

1. 현행법상의 추징

일반적으로 형법상 수뢰죄나 변호사법위반, 특가법상 수재죄, 상법상 배임수재 등 금품수수나 이득을 내용으로 하는 범죄의 경우에 추징은 몰수에 대신하여 범인이 범죄로부터 받은 부당한 이익을 취하지 못하게 하는 이득 박탈의 측면을 파악하고 있는 것으로 본다. 반면에 개별 영역의 목적에 따라 형법(뇌물, 아편에 관한 죄)이나 특별법상 몰수·추징이 많이 있는데, 이 경우의 몰수·추징은 원칙적으로 필요적인 것으로 규정되어 있으며, 그 법률의 목적에 따라 대상이 특정되어 있다. 특별법상의 몰수·추징은 특수한 목적에 의하여 일반적인 경우와 달리 파악된다는 점에서, 판례는 관세법의 규정에 의한 몰수와 추징은 관세법의 입법목적과 취지에 따라 범죄공용물의 훼기나 그 징벌적인 목적이 있어 형법상의 몰수·추징과는 구별된다고 하며, 아직 실현되지 아니한 이득에 대한 추징도 허용하고 있어 그 추징의 징벌적 성격을 인정하고 있다. 그밖에 재산 국

외도피행위에 관한 특경가법 및 향정신성의약품관리법상의 추징도 그 물품의 범칙 당시의 가액을 그 물품의 소유 또는 점유사실의 유무를 불문하고 범죄자 전원으로부터 공동연대로 추징할 것이라고 한다. 또 독일과 일본의 판례 경향도 범죄행위에 다수인이 관여된 경우에 공범자를 위하여 공동으로 사용된 경우에는 공동연대로 추징을 명할 것이라고 한다.

2. 외국환거래법위반의 경우, 공범자에 대한 연대추징의 문제

구 외국환관리법 제33조(현행 외국환거래법 제30조와 같음)에 의하면, 같은 법 위반자들이 당해 행위로 인하여 취득한 외국환 기타 증권·귀금속·부동산 및 내국지급수단은 이를 몰수하며, 몰수할 수 없는 때에는 그 가액을 추징한다고만 되어 있는데, 외국환거래법 위반행위에 다수인이 관여한 경우에 공동연대의 추징이 허용되는 것으로 해석될 수 있는지가 이 사건의 쟁점이다.

외국환관리법위반의 추징의 경우, 판례는 엇갈렸지만, 대상판결로 추징의 징벌적 성격이 인정되었고, 공동연대의 추징은 그 귀결로 파악되고 있다. 본 판결의 다수의견은 형사정책적 필요나 법률의 목적에 따른 해석을 근거로 하는 것으로 보이지만, 추징도 부가형으로서 형벌이고 몰수의 환형처분이므로 특별규정이나 명확한 근거 없이 당해 물건을 점유하고 있지도 아니하고 그로부터 어떠한 이득도 받은 일이 없는 다른 공범자에게까지 몰수에 갈음하여 그의 일반재산에 영향을 주는 추징을 선고하는 것은 죄형법정주의에 위배된다는 의심이 있다. 단 마약류나 공무원 범죄에 관하여 불법수익의 추징과 그 보전에 관하여 특례나 제도가 별도로 있는 경우는 그에 따를 것은 물론이다.

생각건대, 외국환관리법위반뿐만 아니라 기타 특별법위반의 경우에도 특별규정이 없는 한, 공범자들 각자 받은 이익을 알 수 있다면 각자 받은 이익을 개별 추징하되, 다만 각자 받은 이익을 알 수 없거나 당해 물건이 공범자들 전원을 위하여 사용된 경우에는, 종전 판례와 같이 민법상 분할채무의 원칙에 따를 것이 아니라 민법 제760조에 따라 '공동불법행위자의 부진정 연대책임'의 규정에 의하여 공동연대의 추징을 명하는 것이 타당한 해석이라고 본다. 이 경우 공범자에는 교사 방조자도 포함된다(민법 제760조 제3항).

III. 나오는 말 — 이른바 단계적 추징의 문제

관세법위반의 경우, 각 범칙행위마다 필요적 몰수·추징을 규정하고 있는데, 예컨대 관세포탈품이 밀수입되어 양여, 취득 등의 각 단계를 거쳐 전전유통된 경우에 그 물품은 동일한 것이라 하더라도 각 범행단계마다 몰수나 추징이 가능한 것인지가, 이른바 '단계적 추징'의 문제이다. 이 경우, 각 단계의 범칙자가 상호 공범이 되는 것이 아니므로 공범자들 사이의 공동연대 추징 문제가 아니라 대향적 공범들 간의 상호 추징관계가 어떻게 되는가 하는 것이 문제가 된다.

이 문제에 관한 명시적인 대법원 판례는 없고, 종래 하급법원의 견해는 다소 엇갈리고 있었다. 몰수의 환형처분이라는 추징의 본질에 비추어 보거나 명문의 근거 없이 재산형적인 처분을 가하는 것은 죄형법정주의 위배의 의심이 있다는 점에서, 원칙적으로 대향적 공범들에 대한 단계적·중첩적 추징은 허용될 수 없다고 보아야 할 것이다. 만일 대향적 공범도 널리 공범의 한 종류라고 볼 수 있다는 이유로 단계적 중첩적 추징이 허용되는 경우라도 이미 일부가 몰수되어 있다면 어느 단계의 범인으로부터 몰수되었든 추징의 대상에서 제외되어야 하고, 또 여러 단계의 범인들에 대하여 부진정 연대의 각자 추징이 선고된 경우에 추징이 전부 또는 일부가 집행된 경우에는 그 범위 내에서 다른 공범들로부터 그 금액을 중첩적으로 징수할 수는 없다고 보아야 할 것이다.

〔참고문헌〕 김대휘, "징벌적 추징에 관하여", 형사판례연구 [8] (2000).

[필자: 김대휘 변호사(세종대 석좌교수)]

[69] 몰수와 비례원칙

[대상판결] 대법원 2013. 5. 23. 선고 2012도11586 판결

[사실관계] 피고인은 A와의 명의신탁약정에 따라 이 사건 부동산(토지 및 건물)에 관하여 피고인 명의로 매매계약(매도인 선의)을 체결하고 소유권이전등기를 마쳤다. A는 위 부동산에서 안마시술소를 운영하면서 여종업원들로 하여금 손님들과 성매매를 하도록 알선하였는데, 5층 건물 중 1층은 사무실 등 용도로, 5층은 직원 숙소 등 용도로 사용하고, 2, 3, 4층은 객실로서 그 대부분을 성매매장소로 제공하였다. 피고인은 '과장'으로서 월급을 받으면서 위 업소의 자금을 전반적으로 관리하였다. 피고인은 A와 공모하여 영업으로 성매매알선 등 행위를 하였다는 사실로 유죄가 인정되었다.

[판결요지] 형법 제48조 제1항 제1호에 의한 몰수는 임의적인 것이므로 그 몰수의 요건에 해당되는 물건이라도 이를 몰수할 것인지의 여부는 일응 법원의 재량에 맡겨져 있다 할 것이나, 형벌 일반에 적용되는 비례의 원칙에 의한 제한을 받으며, 이러한 법리는 범죄수익은닉의 규제 및 처벌에 관한 법률(이하, '범죄수익법'이라 한다) 제8조 제1항의 경우에도 마찬가지로 적용된다. 그리고 몰수가 비례의 원칙에 위반되는 여부를 판단하기 위하여는, ① 몰수 대상 물건(이하, '물건'이라 한다)이 범죄 실행에 사용된 정도와 범위 및 범행에서의 중요성, ② 물건의 소유자가 범죄 실행에서 차지하는 역할과 책임의 정도, ③ 범죄 실행으로 인한 법익 침해의 정도, 범죄 실행의 동기, 범죄로 얻은 수익, ④ 물건 중 범죄 실행과 관련된 부분의 별도 분리 가능성, 물건의 실질적 가치와 범죄와의 상관성 및 균형성, 물건이 행위자에게 필요불가결한 것인지 여부, ⑤ 물건이 몰수되지 아니할 경우 행위자가 그 물건을 이용하여 다시 동종 범죄를 실행할 위험성 유무 및 그 정도 등 제반 사정이 고려되어야 할 것이다.

[해 설]

I. 들어가는 말

영업으로 성매매알선 등 행위를 한 사람은 성매매알선 등 행위의 처벌에 관한 법률 제19조 제2항 제1호에 의하여 처벌된다. 여기서 '성매매알선 등 행위'란 (i) 성매매를 알선, 권유, 유인 또는 강요하는 행위, (ii) 성매매의 장소를 제공하는 행위, (iii) 성매매에 제공되는 사실을 알면서 자금, 토지 또는 건물을 제공하는 행위를 의미한다(제2조 제1항 제2호). 한편, 범죄수익법은 '범죄수익'을 몰수대상으로 규정하면서(제8조 제1항 제1호), 위 (iii)의 죄에 관계된 자금 또는 재산을 '범죄수익'의 개념에 포함시키고 있다(제2조 제2호 나목). 대상판결의 피고인은 (i) 및 (iii)의 행위를 하였다고 유죄로 인정되었다. 대상판결의 원심판결은 이 사건 부동산이 (iii)의 죄에 관계된 재산이라 하여 몰수를 선고하였다. 대상판결은 (iii)에는 (i) 또는 (ii)의 행위를 하는 타인에게 제공하는 경우뿐만 아니라 스스로 (i) 또는 (ii)의 행위를 하는 경우도 포함된다고 하면서 이 사건 부동산이 몰수대상임을 인정하였다. 그런데 부동산은 상당히 고가의 재산인데, 이처럼 범죄와 관련되어 몰수대상이기만 하면 아무리 고가의 재산이라도 몰수를 할 수 있는가 하는 의문이 생긴다.

II. 비례원칙

1. 임의적 몰수와 필수적 몰수

형법은 총칙에서 범죄의 종류를 제한하지 아니하고 그 정한 요건에 해당하는 물건은 "그 전부 또는 일부를 몰수할 수 있다"고 규정하는 한편(제48조), 각칙에서는 특정한 범죄에 관하여 그 정한 요건에 해당하는 물건을 "몰수한다"고 규정하고 있다(제134조, 제206조, 제357조). 이에 총칙의 몰수는 요건에 해당하더라도 몰수할 것인지 여부가 법원의 재량에 맡겨져 있는 반면 각칙의 몰수는 요건에 해당하면 반드시 몰수를 하여야 한다고 일반적으로 해석되고 있다. 전자를 '임의적 몰수'라고 하고(대법원 2002. 9. 4. 선고 2000도515 판결 참조), 후자를 '필수적 몰수' 또는 '필요적 몰수'라고 한다(대법원 2015. 10. 29. 선고 2015도12838 판결; 대법원 2009. 6. 25. 선고 2009도2807 판결 등). 특별법상의 몰수에도 임의적 몰수와 필수적 몰수가 있는데 후자가 많다. 대상판결에서 문제된 몰수는 범죄수익법 제8조 제1항 제1호에 기한 몰수로서

"몰수할 수 있다"라고 규정한 임의적 몰수에 해당한다.

2. 몰수재량과 비례원칙

대상판결에서 임의적 몰수는 몰수의 요건에 해당하더라도 몰수 여부가 일응 법원의 재량에 맡겨져 있다고 확인한 법리는 이미 선행 판례들이 누차 선언한 바 있다(대법원 2002. 9. 4. 선고 2000도515 판결; 대법원 2002. 9. 24. 선고 2002도3589 판결; 대법원 2008. 4. 24. 선고 2005도8174 판결; 대법원 2013. 2. 15. 선고 2010도3504 판결). 그런데 이러한 법원의 재량에는 아무런 제한이 없는가.

2000도515 판결은 법원의 재량에 맡겨져 있다고만 하였을 뿐 거기에 어떠한 제한이나 기준이 있는지 여부에 관하여는 명시하지 않았지만, 비례원칙을 몰수에 적용시킬 수 있는 징검다리를 놓은 것이라 평가된다. 2002도3589 판결은 위 재량을 자유재량이라고 하면서도 당해 사안에서 한 몰수가 가혹한 결과가 아니라고 함으로써 과잉금지원칙으로서의 비례원칙을 시사하였다. 2005도8174 판결은 "형벌 일반에 적용되는 비례의 원칙에 의한 제한을 받는다"고 함으로써 비례원칙이 몰수에 적용됨을 명시적으로 인정하였다. 2010도3504 판결은 원심이 '재량권에 내재된 한계'를 벗어나지 않았다고 함으로써 몰수재량에 내적 한계가 있음을 명시하였다.

이상 판례의 법리는 '임의적 몰수에 있어서, 몰수 요건이 충족되더라도 법원은 몰수 여부를 결정할 재량이 있지만 이 재량에는 내재적 한계가 있어 비례원칙에 의한 제한을 받는다'라고 요약할 수 있다. 대상판결은 이러한 법리의 토대 위에서 나오게 되었다.

3. 비례원칙의 의미

형사법상 책임원칙은 범행의 경중과 행위자의 책임, 즉 형벌 사이에 비례성을 갖추어야 함을 의미하고 우리 헌법상 실질적 법치국가의 이념은 범죄에 대한 법정형이 죄질과 그에 따른 행위자의 책임 사이에 적절한 비례관계가 지켜질 것을 요구한다(헌법재판소 2004. 12. 16. 선고 2003헌가12 결정). 형법은 몰수를 형벌의 일종으로 규정하고 있고(제41조), 대상판결은 몰수가 '형벌 일반에 적용되는 비례원칙'의 제한을 받는다고 하였다. 몰수가 비례원칙에 의한 제한을 받는다는 것은, 요건으로서의 범죄(죄책)와 효과로서의 몰수(책임) 사이에 균형이 이루어져야 함을 의미한다.

4. 비례원칙의 판단기준

비례원칙 위반 여부를 판단하는 기준은 무엇인가. 대상판결은 바로 이에 대한 대답을 하고 있는 판결로서 의미가 있다. 대상판결은 비례원칙 위반 여부를 판단함에 있어 제반사정을 고려하여야 한다고 하면서 여러 요소를 제시하였다. ③은 범죄의 경중, ⑤는 재범의 위험성, ① 및 ④의 상관성은 관련성, ②는 소유자 죄책을 평가하는 요소로서, '각 요건으로서의 범죄'에 관련되고, ④(균형성, 상관성 제외)는 '효과로서의 몰수'에 관련된다. ④의 균형성은 고려의 목표로서 기능한다.

판례가 범죄의 경중뿐만 아니라 재범의 위험성도 고려한 것은 비례원칙을 책임비례원칙 및 예방비례원칙을 포함하는 개념으로 이해한 것이라 할 수 있다. 한편, 비례균형을 평가할 때 효과(책임)의 면에 몰수만을 고려할 것인지 여부가 문제되는데, 판례는 주형과 몰수를 통산하여 고려한다고 한다(대법원 2012. 2. 9. 선고 2011도5013 판결).

III. 필수적 몰수

필수적 몰수에서는 구체적 사건에서 비례원칙을 고려할 여지가 없게 되어 위헌이 아닌가 하는 의문이 있을 수 있다. 판례는 필수적 몰수라는 이유만으로 위헌인 것은 아니며 필수적 몰수를 규정한 각 법률에 대하여 비례원칙을 적용하여 그 위헌성 여부를 개별적으로 판단하는 입장을 취하고 있다(대법원 2012. 2. 9. 선고 2011도5013 판결; 헌법재판소 2012. 12. 27. 선고 2012헌바46 등 결정).

IV. 나오는 말

대상판결은 결론적으로 이 사건 부동산 전부에 대한 몰수가 정당하다고 하였다. 그러나 이는 비례원칙을 적용한 결과 당해 사안에서 전부에 대한 몰수가 타당하다는 취지로서 사안에 따라서는 몰수가 부정되거나 몰수의 범위가 제한될 수 있음을 전제한 것이다. 향후 구체적 사례의 집적을 통하여 보다 현실적인 기준이 제시될 것을 기대한다.

[참고문헌] 이상원, "몰수와 비례원칙", 형사판례연구 [12](2004); 우인성, "성매매업소 몰수와 비례원칙 위반 여부", 사법 26호(2013).

[필자: 이상원 교수(서울대)]

[70] 형의 선고유예와 몰수형

[대상판결] 대법원 1973. 12. 11. 선고 73도1133 전원합의체 판결

[사실관계] 피고인은 월남 파병 군인으로 귀국할 때 가지고 온 물건을 관세포탈 혐의로 압수당하였다. 원심법원은 피고인의 범죄사실에 대하여 징역 1년의 주형은 그 선고를 유예하면서 부가형으로 이 사건 관세포탈로 인하여 취득한 물건의 몰수를 선고하였다.

[판결요지] 형법 제49조 본문에 의하면 "몰수는 타형에 부가하여 과한다"라고 하여 몰수형의 부가성을 명정하고 있으나 같은 법조 단서는 "행위자에게 유죄의 재판을 아니 할 때에도 몰수의 요건이 있는 때에는 몰수만을 선고할 수 있다"고 규정함으로써 일정한 경우에 몰수의 부가형성에 대한 예외를 인정하고 있는 점으로 보아 형법 제59조에 의하여 형의 선고의 유예를 하는 경우에도 몰수의 요건이 있는 때에는 몰수형만의 선고를 할 수 있다고 해석해야 한다.

[해 설]
Ⅰ. 들어가는 말

대상판결은 전원합의체판결로서 "주형의 선고를 유예하더라도 몰수의 요건이 있는 때에는 몰수형의 선고가 가능하다"고 판시함으로써 '주형과 그 부가형인 몰수나 추징을 분리하여 각각 별개로 선고할 수 없다'는 종전 판례(대법원 1970. 6. 30. 선고 70도993 판결)를 폐기하였다. 이 전원합의체 판결이 있은 후에 대법원은 ① "추징은 성질상 몰수와 다를 바 없으므로 주형을 선고유예하고 추징만을 선고할 수 있으며"(대법원 1981. 4. 14. 선고 81도614 판결; 대법원 1990. 4. 27. 선고 89도2291 판결), ② "필요적 몰수의 경우라도 주형을 선고 유예하는 경우에는 몰수나 또는 몰수에 갈음하는 추징도 선고유예를 할 수 있으나"(대법원 1978. 4. 25. 선고 76도2262 판결; 대법원 1980. 12. 9. 선고 80도584 판결), ③ "그 주형에 대하여 선고를 유예하지 아니하면서 이에 부가할 추징에 대하여서만 선고를 유예할 수는 없다"(대법원 1979. 4. 10. 선고 78도3098 판결)고 보았다. 판례의 입장을 요약하면, 주형의 선고를 유예하는 경우에는 몰수나 추징만을 선고할 수도 있고 몰수나 추징의 선고를 그 주형과 함께 유예할 수도 있으나 주형은 선고하되 그에 따른 몰수나 추징의 선고만 별도로 유예할 수 없다는 것이다. 더 나아가서 "우리 법제상 공소의 제기 없이 별도로 몰수만을 선고할 수 있는 제도가 마련되어 있지 아니하므로" "공소사실이 인정되지 않거나 공소사실에 관하여 이미 공소시효가 완성되어 유죄의 선고를 할 수 없는 경우에는 몰수나 추징만을 선고할 없고"(대법원 1992. 7. 28. 선고 92도700 판결), "실체 판단에 들어가 공소사실을 인정하는 경우가 아닌 면소의 경우에는 원칙적으로 몰수도 할 수 없다"(대법원 2007. 7. 26. 선고 2007도4556 판결)는 것이 판례의 입장이다.

형법 제49조 본문은 몰수를 그 주형에 부가적으로 부과하게 되어 있으나, 같은 조 단서는 유죄의 재판을 하지 아니하는 때에는 그 주형과 별도로 몰수만 선고할 수 있는 예외를 두고 있다. 주형의 선고를 유예하면서 그 부가형의 성격을 지닌 몰수만 별도로 선고할 수 있는지 여부는 몰수의 법적 성격을 부가적 형벌로 볼 것인지 아니면 독립적인 보안처분의 일종으로 볼 수 있는지와 연관되어 있으며, 주형의 선고를 유예하는 것을 형법 제49조 단서의 '유죄의 재판을 아니 할 때'로 볼 수 있는지도 문제된다. 따라서 대상판결의 쟁점은 형법 제49조 본문과 단서 규정의 해석과 관련하여 몰수의 법적 성격과 선고유예의 법적 성격을 각각 어떻게 볼 것인가의 문제로 귀착된다.

Ⅱ. 몰수의 법적 성격 ─ 부가형성의 원칙과 예외
1. 학 설

몰수의 법적 성격에 관해서는 ① 재산박탈을 내용으로 하고 있는 부가적 성격의 재산형으로 이해하는 견해, ② 범죄의 예방을 위한 대물적 보안처분으로 이해하는 견해, ③ 몰수를 규율하고 있는 법률규정의 성질에 따라 개별적으로 논해야 한다는 견해, ④ 형식적으로는 형벌의 일종이지만 실질적으로는 대물적 보안처분으로 보아야 한다는 견해(다수설)가 대립하고 있다.

2. 대법원의 태도

대법원이 몰수의 법적 성격을 어떻게 보고 있는지는 명확히 나타나 있지 않다. 다만, 주형의 선고를 유예하였음에도 불구하고 이와 별도로 몰수만 선고할 수 있다고 함으로써 몰수를 순전히 부가형으로만 보지 아니하고 몰수의 독자성을 예외적으로 인정하고 있다.

III. 선고유예의 법적 성격 — 선고유예의 요건과 대상

1. 선고유예를 '유죄의 재판을 아니 할 때'로 볼 수 있는지 여부

선고유예는 피고인에게 유죄를 인정하면서도 그 형의 선고만 유예하는 것이므로 유죄판결의 일종이라는 점에는 이견이 없다. 그런데 이처럼 선고유예를 유죄판결로 본다면, 주형의 선고를 유예하는 경우에는 형법 제49조 단서를 적용하기 어렵게 된다. 이러한 비판을 피하기 위해서는 — 다소 궁색한 논증이기는 하지만 — 형법 제49조 단서의 '유죄의 재판'을 '유죄판결'보다 넓은 개념으로 해석하여 선고유예 자체는 '유죄판결'이 맞지만, 형의 선고를 유예하는 것은 넓은 의미에서 유죄의 재판을 뒤로 미룬 것으로 이해하는 방법이 있다. 즉, 주형의 선고유예를 광의의 '유죄의 재판을 아니 할 때'로 보아 형법 제49조 단서규정에 포섭되도록 해석하는 것이다. 그러나 주형의 선고를 유예하는 것이 형법 제49조 단서의 '행위자에게 유죄의 재판을 아니 할 때'로 볼 수 없기 때문에 주형을 선고유예하면서 별도로 몰수나 추징만 선고할 수는 없다는 비판도 제기되고 있다.

2. 몰수나 추징의 선고만 유예할 수 있는지 여부

선고유예는 형법 제59조 제1항에 따라 '1년 이하의 징역이나 금고, 자격정지 또는 벌금의 형을 선고할 경우'에 한정되어 있으므로 몰수나 추징의 선고는 원칙적으로 유예될 수 없다. 그러나 대법원은 몰수가 형법 제49조 본문 규정에 의하여 주형에 부가적으로 부과될 수 있으므로 주형의 선고를 유예하면서 그 부가형인 몰수의 선고를 유예하는 것도 가능하다고 보고 있다. 즉, 주형의 선고유예의 효과로 인하여 그 부가형인 몰수나 추징의 선고를 유예할 수 있다는 것이다. 이와 달리 주형을 선고하면서 그 부가형인 몰수나 추징의 선고만 유예하는 것은 독자적인 처분으로서의 몰수에 대한 선고를 유예하는 것이어서 형법 제59조 제1항의 선고유예 요건을 충족시키지 못한다고 판시하였다. 이에 대하여 경한 형벌인 몰수의 선고를 유예할 수 없도록 규정한 것은 입법의 흠결이며, 형법 제59조 제2항에 따라 병과형의 경우 일부의 형에 대한 선고유예가 가능하다고 되어 있으므로 주형을 선고하면서 부가형인 몰수나 추징의 선고만 유예하는 것도 얼마든지 가능하다고 해석하는 일부 학설도 존재한다.

IV. 나오는 말

주형의 선고를 유예하면서 몰수나 추징만 선고할 수도 있고 몰수나 추징의 선고를 유예할 수도 있으나, 주형을 선고하면서 그 부가형인 몰수나 추징의 선고만 유예할 수 없다는 것이 판례의 태도다. 이에 대하여 주형의 선고를 유예하는 경우 몰수나 추징의 선고도 함께 유예해야 한다는 비판과, 이와 반대로 주형을 선고하면서 부가형인 몰수나 추징의 선고만 유예하는 것도 가능하다는 비판이 각각 제기되고 있다.

[참고문헌] 서정걸, "몰수·추징의 부가성의 의미 및 그 예외", 형사판례연구 [2](1994); 이승현, "특별법상 추징의 법적 성격", 형사판례연구 [18](2010).

[필자: 한영수 교수(아주대)]

[71] 집행유예기간 중의 범죄에 대하여 재차 집행유예를 선고할 수 있는가

[대상판결] 대법원 2007. 2. 8. 선고 2006도6196 판결

[사실관계] 피고인은 동사무소 공익근무요원으로 근무하다 무단결근(제1 무단결근행위)하여 2005년 2월 병역법위반 혐의로 '징역 6월 집행유예 1년'을 선고받고 형이 확정되었다. 피고인은 집행유예 기간 중이던 2005년 7월 또 다시 10일 동안 출근하지 않아(제2 무단결근행위) 병역법위반 혐의로 재차 기소되었다. 제2 무단결근행위에 대하여 제1심과 항소심은 피고인에게 다시 '징역 1년 집행유예 2년'을 선고하였다. 피고인은 공판정에서 자신의 잘못을 깊이 뉘우치는 모습을 보였다. 제1심이 제2 무단결근행위에 대하여 피고인에게 판결을 선고한 시점은 제1 무단결근행위에 대한 유죄판결이 확정된 때로부터 그 집행유예기간(1년)이 이미 경과한 시점이었다.

검사는 "ⓐ 본 사안처럼 유예기간(1년)이 경과되어 집행 가능성이 소멸되었기 때문에 집행종료나 집행면제의 시기를 특정할 수 없게 된 경우도 형법 제62조 제1항 단서("다만, 금고 이상의 형을 선고한 판결이 확정된 때부터 그 집행을 종료하거나 면제된 후 3년까지의 기간에 범한 죄에 대하여 형을 선고하는 경우에는 그렇지 않다") 조항의 요건(집행유예결격사유)에 포함된다고 보아야 하고, ⓑ 집행유예를 선고한 판결이 있는 때에는 그 유예기간의 장단 및 경과 여부를 불문하고 일률적으로 그 판결의 확정시로부터 3년간이 결격기간으로 되는 것으로 유추해석하여야 하며, ⓒ 집행유예 기간이 경과한 때는 위 결격기간의 종기에 해당하는 것으로 해석하여야 한다"고 주장하며 상고하였다.

[판결요지] ① 형법 제62조 제1항 단서에서 규정한 '금고 이상의 형을 선고한 판결이 확정된 때'는 실형뿐만 아니라 형의 집행유예를 선고한 판결이 확정된 경우도 포함된다. ② (중략) 그러나 ③ 형벌법규는 그 규정 내용이 명확하여야 할 뿐만 아니라 그 해석에 있어서도 엄격함을 요하고, 명문규정의 의미를 피고인에게 불리한 방향으로 지나치게 확장해석하거나 유추해석하는 것은 죄형법정주의의 원칙에 어긋나는 것으로서 허용되지 않는다. 따라서 위 단서 조항이 형의 집행종료나

집행면제 시점을 기준으로 집행유예 결격기간의 종기를 규정하고 있는 만큼, 이를 무시한 채 유예기간이 경과되어 집행 가능성이 소멸되었기 때문에 집행종료나 집행면제의 시기를 특정할 수 없게 된 경우까지를 위 단서 조항의 요건에 포함된다고 볼 수는 없고, 상고이유의 주장과 같이 (중략) 유추해석할 수도 없다. 또한, 이와 달리 ④ '집행유예 기간이 경과한 때를 위 결격기간의 종기에 해당하는 것으로 해석'(검사의 주장)하는 것도 같은 이유로 허용될 수 없다. 그렇다면 ⑤ 집행유예 기간 중에 범한 죄에 대하여 형을 선고할 때에 위 단서 소정의 요건에 해당하는 경우란, 이미 집행유예가 실효 또는 취소된 경우와, 그 선고 시점에 미처 유예기간이 경과하지 않아 형 선고의 효력이 실효되지 않은 채로 남아 있는 경우로 국한된다. 이에 반하여 집행유예가 실효 또는 취소됨이 없이 유예기간을 경과한 때에는, 형의 선고가 이미 그 효력을 잃게 되어 '금고 이상의 형을 선고'한 경우에 해당한다고 보기 어려울 뿐 아니라, 집행의 가능성이 더 이상 존재하지 않아 집행종료나 집행면제의 개념도 상정하기 어려우므로 위 단서 소정의 요건에의 해당 여부를 논할 수 없다. 이 점은 ⑥ 집행유예 기간 중에 범한 죄에 대한 기소 후 그 재판 도중에 유예기간이 경과한 경우라 하여 달리 볼 것은 아니다. 결국, 피고인에게 징역형의 집행을 유예한 제1심의 판단을 그대로 유지한 원심의 조치는 정당하다.

[해 설]

I. 들어가는 말

2005년 개정된 형법 제62조 제1항 단서는 집행유예처분의 혜택을 입을 수 없는 사유(집행유예결격사유)를 법정하고 있다. 그것은 "금고 이상의 형을 선고한 판결이 확정된 때(결격사유의 시기)부터 그 집행을 종료하거나 면제된 후 3년까지의 기간(결격사유의 종기)에 범한 죄"이다. 본 사안에서 문제가 된 범죄는 '집행유예 기간 중이던 2005년 7월'에 무단결근한 피고인의 제2 무단결근행위(병역법위반)이고 이 행위의 범행시점(행위

시)은 유예기간 중이지만 피고인의 제2 무단결근행위를 근거로 제1심이 유죄판결을 선고하는 시점(선고 시)에서는 이미 유예기간이 경과한 상태이다. 그런데 62조 1항 단서는 '형의 집행종료나 집행면제 시점을 기준으로 집행유예 결격기간의 종기를 규정'하는 형식의 조문이고, '유예기간이 경과되어 집행 가능성이 소멸되었기 때문에 집행종료나 집행면제의 시기를 특정할 수 없게 된 경우'에 대하여는 말하는 바 없다. 따라서 이 경우에 어떻게 할 수 있는가의 물음에 대해서는 외관상 '규범의 흠결' 현상이 생긴다.

Ⅱ. 죄형법정주의를 중시하는 대법원의 해석론

대법원은 검사의 주장을 일부 수용(판결요지 ①, ②가 그렇고, 이 부분에서는 여죄설로 해석되는 대법원 1989. 9. 12. 선고 87도2365 전원합의체 판결의 판지가 연속되는 것처럼 보인다)하기는 하였지만 죄형법정주의의 원칙을 중시하여 "명문규정의 의미를 피고인에게 불리한 방향으로 지나치게 확장해석하거나 유추해석하는 것"을 경계한다. 그리하여 대법원은 ⓐ, ⓑ, ⓒ와 같은 검사의 유추해석(재차의 집행유예선고를 가능하게 하는 범위를 축소)을 부당하다고 배척하고, '재판요지 ④, ⑤, ⑥처럼 해석하여야 한다(결과적, 실질적으로 재차의 집행유예선고를 가능하게 하는 범위를 확장)'고 판시하여 결국 정상에 참작할 만한 사유가 있을 때에는 적어도 사실심 변론종결시까지 전소의 집행유예기간이 경과하기만 하면 재차의 집행유예 선고가 가능하게 만들었다(실질적으로 대법원 1989. 9. 12. 선고 87도2365 전원합의체 판결의 입장으로부터의 이탈이다). 이렇게 되면 집행유예결격사유는 "⑤ 집행유예가 실효 또는 취소된 경우와, 그 선고 시점에 미처 유예기간이 경과하지 않아 형 선고의 효력이 실효되지 않은 채로 남아 있는 (아주 좁은) 범위로 국한된다." 이것은 일견 집행유예결격사유를 지나치게 좁게 설정하여 법조비리의 빌미를 제공하는 이론이 아닌가 하는 의심을 불러 일으킬 소지가 있을 정도로 재차의 집행유예선고 가능 범위를 넓힌 것이다.

Ⅲ. 나오는 말

본 사안과 비슷한 경우에 집행유예결격사유가 있다고 볼 것인지 의문이 들기 때문에 일본형법은 명시적인 조항(제25조 제2항, 전소의 형이 1년 이하의 징역이나 금고일 때에만 재차의 집행유예가 가능)을 두고 있다. 대상판결의 입장을 따르면 검사가 우려하듯 장차 재차의 집행유예를 받으려고 판결의 확정을 늦추려는 피고인 측의 응소전략이 생길 가능성이 있다. 그러나 유럽각국(독일·오스트리아·프랑스)은 모두 집행유예 전과를 집행유예의 결격사유로 삼지 않고 조금이라도 실형선고의 가능성을 좁히려는 노력을 경주하고 있다. 아마도 대상판결은 위와 같은 글로벌 추세(재차의 집행유예 선고가 가능한 범위를 가급적 넓히려는 형사정책)에 부응하려는 형사정책적 판결로 보인다.

〔참고문헌〕 최동열, "형법 제62조 제1항 단서의 '금고 이상의 형을 선고한 판결'에 집행유예를 선고한 판결이 포함되는지 여부 및 집행유예 기간 중 재범한 피고인에 대하여 형을 선고할 때에 집행유예 기간이 이미 도과한 경우 재차 집행유예의 선고가 가능한지 여부", 대법원판례해설 제70호(2008 상반기)(2008).

[필자: 심희기 교수(연세대)]

제 2 부

형법각론

제1편

개인적 법익에 대한 죄

제1장

생명과 신체에
대한 죄

[72] 사람의 시기

[대상판결] 대법원 2007. 6. 29. 선고 2005도3832 판결

[사실관계] 조산사인 피고인은 임신 5개월째에 내원한 산모인 피해자 V₁으로부터 자연분만을 의뢰받으면서, 자연분만 경험이 없는 V₁(제왕절개로 두 딸 출산)에게 당뇨증상 및 양수과다증상이 있음을 알게 되었다. 이러한 경우 산모의 당뇨증상으로 인하여 태아가 사산이나 난산 또는 기형출산 등의 위험이 크므로, 조산사로서는 혈당치를 지속적으로 측정·관찰하여 정상 수치를 초과하거나 출산예정일을 2주나 도과하는 때에는 산부인과 전문병원으로 전원시켜 전문의로 하여금 태아를 안전하게 출산하도록 조치하여야 할 의무가 있다. 그럼에도 불구하고 피고인은 위 의무를 위반하여 출산예정일을 약 2주 경과한 시점에 내원한 V₁를 약 6시간 동안 조산원 대기실에 방치한 업무상과실로, 그 무렵 V₁의 당뇨증상으로 거대아로 성장한 피해자인 신생아 V₂가 V₁의 자궁 내에서 분만 전 저산소성 손상으로 인한 심폐정지로 사망하게 하였다.

[판결요지] 사람의 생명과 신체의 안전을 보호법익으로 하고 있는 형법의 해석으로는 규칙적인 진통을 동반하면서 분만이 개시된 때(소위 진통설 또는 분만개시설)가 사람의 시기라고 봄이 타당하다고 함은 종래 대법원이 취하여 온 견해이다(대법원 1982. 10. 12. 선고 81도2621 판결, 대법원 1998. 10. 9. 선고 98도949 판결 등 참조).

위 법리에 비추어 기록을 살펴보면, 원심이 V₁에게 분만의 개시라고 할 수 있는 규칙적인 진통이 시작된 바 없었으므로 이 사건 태아는 아직 업무상과실치사죄의 객체인 '사람'이 되었다고 볼 수 없다는 이유 등으로 이 부분 공소사실에 관하여 무죄를 선고한 것은 정당하고, 거기에 상고이유 주장과 같은 채증법칙 위배 또는 업무상과실치사죄의 객체에 관한 법리 오해 등의 위법이 없다.

[해 설]

Ⅰ. 사건의 경과

검사는 처음에 피고인이 '피해자 V₁으로 하여금 대학병원에서 태아를 반출하기 위한 제왕절개수술을 받

도록 하여 치료일수 미상의 상해를 입게 하였다'며 피고인을 V₁에 대한 업무상과실치상죄로 기소하여 항소심에서 유죄가 인정되었으나, 대법원은 피고인의 과실과 제왕절개수술에 의한 상해 사이에 상당인과관계가 있다고 단정할 수 없다며 무죄 취지로 원심판결을 파기 환송하였다(대법원 2004. 3. 26. 선고 2003도6570 판결). 이후 환송 후 원심에서 공소사실을 '태아가 자궁 내에서 사망하게 하여 치료일수 미상의 상해를 입게 한 것이다'로 변경하고, 택일적으로 위 사실관계와 같이 V₂에 대한 업무상과실치사를 추가하는 내용의 공소장변경신청이 허가되었으나, 원심은 피고인에 대한 조산사로서의 과실은 인정하면서도 V₁의 자궁 내에 있던 태아는 아직 '사람'이 되었다고 볼 수 없다는 이유로 V₂에 대한 업무상과실치사죄는 물론 V₁에 대한 업무상과실치상죄도 모두 무죄를 선고하였고(서울중앙지법 2005. 5. 12. 선고 2004노1677 판결), 이에 검사가 상고하였다.

Ⅱ. 사람의 시기

1. 학 설

살인죄(제250조 제1항)의 객체인 '사람'은 출생하면서부터 사망할 때까지의 살아있는 사람이라고 할 수 있다. 사람은 배아, 태아를 거쳐 분만을 통하여 출생하고, 살다가 사망하면 사체가 되는데, 어디부터가 사람의 시기이고, 어디가 종기인지가 문제된다.

사람의 시기에 대해서는 종래 ① 규칙적인 진통을 수반하면서 태아의 분만이 개시된 때라고 하는 진통설(또는 분만개시설), ② 태아의 신체 일부가 모체에서 노출된 때라고 하는 일부노출설, ③ 모체로부터 완전히 분리된 때라고 하는 전부노출설, ④ 모체에서 완전히 분리되어 독립하여 폐에 의한 호흡을 할 때라는 독립호흡설의 대립되고 있다. 통설은 우리 형법 제251조에서 영아살해죄를 범죄로 규정하고, 분만 직후의 영아뿐 아니라 '분만 중인 영아'도 그 객체로 하고 있는 점에 비추어 ①의 진통설이 타당하다고 한다.

2. 대법원의 태도

대상판결은 사람의 시기는 진통설 또는 분만개시설에 의하여 규칙적인 진통을 동반하면서 분만이 개시된 때라고 해석하는 종래의 대법원판결을 다시 한 번 확인한 판결이다. 다만, 대법원 1982. 10. 12. 선고 81도2621 판결이 분만개시 시점을 '태반으로부터 이탈되기 시작한 때'라고 보다 구체적으로 판시한 것과는 달리, 그 시점에 관하여 특별한 언급이 없다. 의학적으로 분만을 개시하는 진통에는 자궁부와 자궁경부가 열리는 개방진통(분만 1기)과 태아가 모체 밖으로 배출되는 압박진통(분만 2기)이 있는데, 구체적으로 이를 구분하여 태반이탈 시점을 확인하기 어려운 점을 고려한 것으로 판단된다.

진통설은 자연분만을 전제로 한 것이므로 제왕절개수술에 의한 분만인 경우는 다른 기준에 따라 사람의 시기를 판단해야 한다. 원심은 양수가 터짐으로써 인위적으로 분만을 개시하여야 하는 경우 또는 제왕절개수술의 방법으로 분만을 하는 경우 등과 같이 주기적 진통 여부와는 상관없이 분만하는 경우에는, '자연분만에 있어서의 분만개시에 준하는 분만 전 처치가 시작된 때'라고 판단하였다. 대상판결은 이에 대한 명시적인 기준을 밝히지 않고, 검사가 주장한 '의학적으로 제왕절개 수술이 가능하였고 규범적으로 수술이 필요하였던 시기'는 판단하는 사람 및 상황에 따라 다를 수 있어, 사람의 시기가 불명확하게 된다는 이유로 이를 배척하였다.

III. 관련문제

1. 태아 살해 또는 치사행위와 임산부에 대한 상해 또는 치상 여부

태아를 살해(또는 치사)한 행위가 임산부에 대한 상해죄(또는 과실치상죄)에 해당하는지 문제된다. 상해죄(또는 과실치상죄)의 성립을 부정하는 것이 통설인데, 대상판결도 이를 부정하였다. 즉, 대상판결은 "현행 형법이 사람에 대한 상해 및 과실치사상의 죄에 관한 규정과는 별도로 태아를 독립된 행위객체로 하는 낙태죄, 부동의 낙태죄, 낙태치상 및 낙태치사의 죄 등에 관한 규정을 두어 포태한 부녀의 자기낙태행위 및 제3자의 부동의 낙태행위, 낙태로 인하여 위 부녀에게 상해 또는 사망에 이르게 한 행위 등에 대하여 처벌하도록 한 점, 과실낙태행위 및 낙태미수행위에 대하여 따로 처벌규정을 두지 아니한 점 등에 비추어보면, 우리 형법은 태아를 임산부 신체의 일부로 보거나, 낙태행위가 임산부의 태아양육, 출산 기능의 침해라는 측면에서 낙태죄와는 별개로 임산부에 대한 상해죄를 구성하는 것으로 보지는 않는다고 해석된다. 따라서 태아를 사망에 이르게 하는 행위가 임산부 신체의 일부를 훼손하는 것이라거나 태아의 사망으로 인하여 그 태아를 양육, 출산하는 임산부의 생리적 기능이 침해되어 임산부에 대한 상해가 된다고 볼 수는 없다"고 판시하였다(대법원 2009. 7. 9. 선고 2009도1025 판결도 같은 취지).

2. 사람의 종기

사람의 시기와 마찬가지로 사람의 종기, 즉 사망한 때에 대해서도 논란이 있다. 이에 대해서는 ① 호흡이 영구적으로 그쳤을 때라는 호흡종지설, ② 심장의 고동이 영구적으로 정지한 때라는 맥박종지설, ③ 뇌기능이 종국적으로 정지된 때라는 뇌사설(통설)이 있다. 1992년 「장기등 이식에 관한 법률」이 제정되어 뇌사자의 장기적출을 인정하고 있지만, 동법이 살아 있는 사람, 뇌사자, 사망한 사람을 구별하고 있는 점(제4조 제6호)에 비추어 뇌사설을 인정한 것이라고 볼 수는 없다. 대법원은 의학적으로 환자가 의식의 회복가능성이 없고 생명과 관련된 중요한 생체기능의 상실을 회복할 수 없으며 환자의 신체상태에 비추어 짧은 시간 내에 사망에 이를 수 있음이 명백한 이른바 '회복불가능한 사망의 단계'에서 연명치료를 하는 것은 죽음의 과정이 시작되는 것을 막는 것이 아니라 자연적으로는 이미 시작된 죽음의 과정에서의 종기를 인위적으로 연장시키는 것으로 볼 수 있다고 판시하여(대법원 2009. 5. 21. 선고 2009다17417 전원합의체 판결), '생명과 관련된 중요한 생체기능이 상실된 때'를 사람의 종기로 보고 있다.

[필자: 조균석 교수(이화여대)]

[73] 무의미한 연명치료 중단과 살인죄

[대상판결] 대법원 2009. 5. 21. 선고 2009다17417 전원합의체 판결

[사실관계] 원고 甲(이하, 김 할머니라 한다)은 저산소증에 의한 뇌손상을 입고 피고 A 병원의 중환자실에서 인공호흡기를 부착하고 치료를 받는 환자이다. 김 할머니는 2008. 2. 18. 폐암발병여부를 확인하기 위하여 피고병원에 기관지내시경을 이용한 폐종양조직검사를 받던 중 과다출혈 등으로 인하여 심정지가 발생하여 인공호흡기를 부착하였고, 이때부터 대법원 판결 선고일인 2009. 5. 21.까지도 지속적 식물인간상태에 있으며, 인공호흡기를 제거하면 곧 사망에 이를 것으로 추정되고 있는 상태였다.

이에 김 할머니와 그 자녀들은 피고병원을 상대로 "김 할머니는 이미 의식이 회복불가능한 상태로서 생명징후만을 단순히 연장시키는 것에 불과하여 의학적으로 의미가 없고, 김 할머니는 평소 무의미한 생명연장을 거부하고 자연스러운 사망을 원한다는 의사를 표시한 바 있어 김 할머니에 대하여 인공호흡기를 제거하여야 한다"고 주장하였으나 거절당하자, 서울서부지방법원에 '무의미한 연명치료장치제거 등' 청구의 소를 제기하였고, 피고병원은 "김 할머니는 현재 의식불명으로 그 의사를 확인할 수 없을 뿐만 아니라 치료의 중단은 곧 김 할머니의 사망을 초래하므로 환자에 대한 생명보호의무가 우선하는 피고병원으로서는 김 할머니에 대한 치료를 중단할 수 없다"며 연명치료중단을 거부하고 응소하였다.

[판결요지] 의학적으로 환자가 의식의 회복가능성이 없고 생명과 관련된 중요 생체기능의 상실을 회복할 수 없으며 환자의 상태에 비추어 짧은 기간 내에 사망에 이를 수 있음이 명백한 경우(이하, '회복 불가능한 사망의 단계'라 한다)에 이루어지는 진료행위(이하, '연명치료'라 한다)는, 원인이 되는 질병의 호전을 목적으로 하는 것이 아니라 질병의 호전을 사실상 포기한 상태에서 오로지 현 상태를 유지하기 위하여 이루어지는 치료에 불과하여, 연명치료를 환자에게 강요하는 것이 오히려 인간의 존엄과 가치를 해하게 되므로, 이와 같은 예외적인 상황에서 죽음을 맞이하려는 환자의 의사

결정을 존중하여 환자의 인간으로서의 존엄과 가치 및 행복추구권을 보호하는 것이 사회상규에 부합되고 헌법정신에도 어긋나지 아니한다. 그러므로 회복 불가능한 사망의 단계에 이른 후에 환자가 인간으로서의 존엄과 가치 및 행복추구권에 기초하여 자기결정권을 행사하는 것으로 인정되는 경우에는 특별한 사정이 없는 한 연명치료의 중단이 허용될 수 있다.

[해 설]

I. 들어가는 말

대상판결은 직접적으로는 무의미한 연명치료장치의 제거를 구하는 민사소송에 대한 것이나, 우리나라 사법 사상 최초로 식물인간상태의 환자에게 부착된 인공호흡기의 제거를 허용한 획기적 판결이라는 점에서 그 역사적 의미가 클 뿐만 아니라 형법상으로도 많은 시사점을 주는 판결이다. 안락사 문제가 우리나라에서 현실적으로 뜨거운 이슈로 등장한 것은 환자의 처에게 살인죄, 처의 퇴원요구에 응한 의사들에게 살인방조죄의 유죄를 선고한 2004년의 '보라매병원 사건' 판결이 그 계기가 되었다고 할 수 있다. 그러나 보라매병원 사건은 환자의 의사도 묻지 않고 치료 가능한 환자의 치료를 포기하여 사망케 했던 사안이라는 점에서 대상판결과는 확연히 그 성격이 다르다.

무의미한 연명치료 장치를 제거함으로서 환자가 사망한 경우에, 형법학계에서는 주로 안락사, 그 중에서도 소극적 안락사 문제로 다루어 왔다. 인간의 존엄성을 유지한 사망이라는 측면에서 존엄사라고도 한다. 연명치료를 중단함으로써 사망의 결과를 초래한 자에게 살인죄의 죄책을 물을 수 있는가 하는 점에 초점이 맞추어 진다. 치료 불가능한 환자라도, 본인의 의사에 반한다면 살인죄, 본인의 진지한 촉탁이나 승낙에 의한 경우에는 촉탁·승낙 살인죄가 각 문제된다. 여호와의 증인 신도가 종교적 이유로 수혈을 거부함으로써 환자를 사망하게 한 경우와 같이 보호의무를 게을리 한 때에는 유기치사죄의 문제가 발생하며, 또한 의사가 환자의 자살을 도와 사망케 하는 자살조력행위에 대해서는

자살교사·방조죄의 성립 여부가 문제된다. 여기서는 무의미한 연명치료 중단으로 인한 사망에 한정하여 보기로 한다.

II. 연명치료 중단과 살인죄의 성부

1. 학 설

소극적 안락사란 소생의 가망이 없는 불치의 환자가 자연적으로 죽을 수 있도록 생명유지장치를 제거하거나 연명치료를 중단하는 경우를 말한다. 통설은 소극적 안락사의 허용요건이 갖추어질 경우 사회상규에 반하지 않는 행위로서 위법성이 조각되어 살인죄의 성립을 부인한다.

허용요건으로 다음의 이유를 든다. ① 사람의 생명에 대한 권리는 사람의 자연적인 죽음과 인간다운 죽음에 대한 권리를 포함한다. ② 환자의 동의 또는 추정적 승낙이 없는 때에는 의사는 원칙적으로 치료행위를 할 수 없으며, 환자의 의사에 반하여 생명과 고통의 연장을 강요할 수 없다. ③ 환자의 생명을 유지하여야 할 의사의 의무도 환자에게 소생이나 치료의 가능성이 소멸되고 사기가 임박하여 죽음을 피할 수 없는 때에는 인정할 수 없다고 해야 한다.

그러나 환자의 의사에 반하여 의사가 생명연장조치를 하지 않는 경우에는 살인죄가 성립될 수 있다.

2. 대법원의 태도

회복 불가능한 사망의 단계에 이른 후에 환자가 인간으로서의 존엄과 가치 및 행복추구권에 기초하여 자기결정권을 행사하는 것으로 인정되는 경우에는 특별한 사정이 없는 한 연명치료의 중단이 허용될 수 있고, 환자가 의식불명인 경우에는 환자의 평소 가치관이나 신념 등에 비추어 환자에게 자기결정권을 행사할 수 있는 기회가 주어지더라도 연명치료의 중단을 선택하였을 것이라고 볼 수 있는 경우에는, 그 연명치료 중단에 관한 환자의 의사를 추정할 수 있다고 인정하는 것이 합리적이고 사회상규에 부합된다고 하였다.

연명치료 중단 허용의 법적 근거를 자기결정권의 행사에서 구하고 있다. 자기결정권은 헌법 제10조에 규정한 개인의 인격권과 행복추구권에 의해서 보장되는 것이며, 그 내용은 환자가 생명과 신체의 기능을 어떻게 유지할 것인지에 대하여 스스로 결정하고 진료행위를 선택하는 것이라 한다. '안락사'라는 용어를 전혀 쓰지 않고 있음이 주목된다.

대상판결은 원치 않는 인공호흡기의 부착은 헌법상 보장된 환자의 프라이버시권을 침해한다는 취지의 1976년 미국 뉴저지 주 대법원의 퀸란(Quinlan) 사건판결과 유사하다.

III. 나오는 말

학계나 대법원의 접근 방식은 무의미한 연명치료중단 합법화의 길은 열어 놓았으나, 형법의 대명제인 「사람의 생명은 어느 누구도 처분할 수 없다」는 절대적 생명보호의 원칙과의 충돌이라는 피할 수 없는 난제에 봉착하게 되었다.

안락사는 적극적이든 소극적(부작위)이든 환자의 인위적 생명단축을 그 본질적 내용으로 하므로, 타인에 의한 생명박탈 '안락 살해'로 볼 수밖에 없는 측면이 있다. '사람을 죽일 권리'의 존부에 대한 해묵은 논쟁에서 자유로울 수는 없다. 한편 대법원이 제시하는 자기결정권의 내용은 환자가 생명과 신체의 기능을 어떻게 유지할 것인지에 대하여 스스로 결정하고 진료행위를 선택하는 것이라는 것으로, 환자의 자기결정권이 곧 자기 생명에 대한 처분권, 환자의 부작위에 의한 자살을 합법적으로 선택할 수 있다는 취지로 볼 여지가 있다. 반대의견이 지적하는 바와 같이 이와 같은 환자의 요구에 응하여 생명유지장치를 제거하고 치료를 중단하는 것은 어쩌면 자살에 관여하는 것으로서 자살관여죄가 문제될 수 있다. 자기결정권의 이론을 도입함으로써, '사람을 죽일 권리'를 인정할 수 있는가라는 안락사 문제에 수반되는 난처한 질문을 피해갈 수는 있었으나, '죽을 권리' 또는 '자살할 권리'에 대한 자연법적 논쟁은 피할 수 없게 되었다. 이와 같은 해법이 없는 자연법적 난제를 해소하기 위하여 위 자기결정권의 내용을 '자기 또는 타인의 생명에 대한 처분권'이 아니라, 환자 자신에 대한 '임종절차선택권'으로 파악하려는 의견도 있다.

〔참고문헌〕 안성준, "무의미한 연명치료중단의 형사법적 검토", 형사판례연구 [18](2010).

[필자: 김영철 교수(건국대)]

[74] 상해의 의의

[대상판결] 대법원 1996. 12. 23. 선고 96도2673 판결

[사실관계] 피고인은 경찰관인 피해자 V가 국가보안법위반으로 구속영장이 발부된 자신을 체포하려하자 피해자와 실랑이를 하였다. 이 과정에서 V의 좌측팔 부분에 약간의 멍이 생겼다. 그 멍의 크기는 동전 크기 정도였으며, 별도의 병원치료를 받을 정도의 상처는 아니어서 V는 며칠 뒤 파스를 붙인 것 이외에는 따로 치료를 받지도 않았다. 위 상해 부분에 대한 의사의 소견서의 기재도 단순히 약 1주간의 안정을 요한다는 취지였다. V는 위 상처를 입은 후 경찰단계에서는 고소를 하지 않았으며 이 부분의 수사가 이루어지지 않았다. 피고인이 검찰에 송치된 후에도 묵비권을 행사하는 등 수사에 비협조적이자 V는 상해죄로 구두 고소하였으며, 사법경찰관이 이 부분을 인지·수사하여 검찰에 추송하였다.

[판결요지] 위 상해는 피고인이 피해자와 연행문제로 시비하는 과정에서 치료도 필요 없는 가벼운 상처로서 그 정도의 상처는 일상생활에서 얼마든지 생길 수 있는 극히 경미한 상처이므로 굳이 따로 치료할 필요도 없는 것이어서 그로 인하여 인체의 완전성을 해하거나 건강상태를 불량하게 변경하였다고 보기 어려우므로 피해자가 입은 위 상처를 가지고서 상해죄에서 말하는 상해에 해당된다고 할 수 없다.

[해 설]

I. 들어가는 말

대상판결은 대법원이 단순상해죄(제257조 제1항)의 상해를 어떻게 판단하고 있는지 보여주고 있다. 대법원은 인체(신체)의 완전성을 해하거나 건강상태를 불량하게 변경한 것을 상해로 보고 있으며, 상해 판단에 있어 문제가 되는 경미한 상처의 경우 치료필요성을 가지고 상해 여부를 판단하고 있다.

이러한 대법원의 태도에는 두 가지 문제점이 있다. 첫째, 신체의 완전성을 해하는 것을 상해로 보게 되면 폭행과 상해를 엄격하게 구분하고 있는 우리 형법체계에서 볼 때 상해와 폭행이 어떻게 구분되는지 불명확하다. 둘째, 신체의 완전성과 건강상태의 불량한 변경

이라는 것이 무엇을 의미하는지 명확하지 않고, 특히 '건강상태의 불량한 변경'이라는 표현은 적절하지 않은 것으로 보이며, '완전성과 불량한 변경'은 그 정도에서 차이가 많이 나기 마련인데 이 두 가지가 병립할 수 있는 개념인지 그리고 상해의 의의로 적절한 것인지 의문이 생긴다. 이러한 이유 때문인지는 몰라도 대법원은 결과적 가중범의 상해나 결합범의 상해 판단에 있어서도 상해에 대한 통일적 해석기준을 제시하지 못하고 있으며, 사안의 경중에 따라 상해 판단을 달리하고 있는 것처럼 보인다. 이 사안에서도 대법원은 피고인이 수사에 비협조적이자 보복적 차원에서 상해죄로 경찰관이 고소하였다는 점을 상해 판단에 중요한 근거로 삼고 있다. 이러한 문제들 때문에 상해를 통일적으로 해석할 필요성이 대두되고 있다.

II. 상해의 의의

1. 학 설

상해의 의의는 상해죄와 폭행죄의 구별이 전제되어야 한다. 학설은 두 죄의 보호법익과 관련하여, 모두 신체의 완전성 내지 불가침성으로 같으나 보호의 정도에서 상해죄는 침해범, 폭행죄는 형식범이라는 견해(불구별설)와 상해죄의 보호법익은 신체의 건강 또는 생리적 기능이고, 폭행죄의 보호법익은 신체의 건재라는 견해(구별설, 다수설)가 있다. 구별설은 상해를 좁게 생리적 기능의 장애로 이해하고 있다(생리적 기능장애 내지 훼손설). 여기에서 생리적 기능장애란 일반적으로 건강침해, 즉 육체적·정신적인 병적 상태의 야기와 증가를 말하고, 병적 상태는 병리학적 상태를 의미하는 것으로서 생리적 기능의 훼손은 질병을 일으키는 경우에 한하지 아니하고 신체에 상처를 내거나 신체 일부를 박탈하는 경우도 포함하는 것으로 본다. 다수설에 따르면 피해자가 외상은 없을지라도 수면장애, 식욕감퇴, 실신, 질병전염 등의 상태에 빠지면 상해에 해당하지만 모발이나 손톱절단 등 외관에 변경을 가한 경우에는 생리적 기능장애를 야기한 것이 아니므로 상해에 해당하지 않는다고 한다.

2. 대법원의 태도

대법원은 '상해'를 구성요건으로 하고 있는 단순상해죄를 비롯하여 결과적 가중범의 치상, 강도상해죄 등과 같은 결합범의 상해에 대한 판단을 사안에 따라 조금씩 다르게 하고 있으며, 통일된 명확한 해석기준을 제시하고 있지 못하다. 대상 판례는 단순상해죄(제27조 제1항)의 상해를 '인체의 완전성을 해하거나 건강상태를 불량하게 변경'한 것으로 해석하고 있지만, 종전에는 '신체의 완전성을 해하는 행위'(대법원 1982. 12. 28. 선고 82도2588 판결)라고만 해석한 경우도 있고, '신체의 완전성을 훼손하거나 생리적 기능에 장애를 초래하는 것'(대법원 2000. 2. 25. 선고 99도4305 판결)으로 해석한 경우도 있다. 특가법 제5조의3 도주차량 운전자의 가중처벌과 관련한 상해의 판단에서는 단순상해죄의 상해로 평가될 수 있어야 상해가 된다고 하면서 그 기준으로 '극히 하찮은 상처로서 굳이 치료할 필요가 없는 것이어서 그로 인하여 건강상태를 침해하였다고 보기 어려운 경우'(대법원 2008. 10. 9. 선고 2008도3078 판결)에는 이 죄가 성립하지 않는다고 판시하여 건강상태의 침해를 상해의 기준으로 삼고 있다.

강간상해나 강간치상의 경우에는 "타인의 신체에 폭행을 가하여 보행불능, 수면장애, 식욕감퇴 등 기능의 장해를 일으킨 때에는 외관상 상처가 없더라도 형법상 상해를 입힌 경우에 해당한다"고 판시한 이후(대법원 1969. 3. 11. 선고 69도161 판결), 강간치상죄의 상해는 '신체의 건강상태가 불량하게 변경되고 생활기능에 장애가 초래되는 것'으로 정의하고 있으며(대법원 2004. 3. 11. 선고 2004도483 판결), 상해의 판단은 대체적으로 '자연적으로 치유되는 상처인가'(치료의 필요성), '일상생활에 지장을 초래하는 상처인가'(일상생활의 장애성) 등을 기준으로 하고 있다. 그러면서 피해자의 건강상태가 나쁘게 변경되고 생활기능에 장애가 초래된 것인지는 객관적, 일률적으로 판단할 것이 아니라 '피해자의 연령, 성별, 체격 등 신체, 정신상의 구체적 상태'를 기준으로 판단하여야 할 것으로 본다(대법원 2005. 5. 26. 선고 2005도1039 판결). 그러나 이와는 다르게 "피고인이 피해자의 반항을 억압하는 과정에서 주먹으로 피해자의 얼굴과 머리를 때려 피해자가 코피를 흘리고 콧등이 부었다면 비록 병원에서 치료를 받지 않더라도 일상생활에 지장이 없고 또 자연적으로 치료될 수 있는 것이라 하더라도 강간치상죄에 있어서의 상해에 해당한다"고 판시한 경우도 있다(대법원 1992. 4. 10. 선고 91도1832 판결). 성폭력처벌법상 상해와 관련해서는 피해자의 신체의 완전성을 훼손하거나 생리적 기능에 장애를 초래하는 것으로, 생리적 기능에는 육체적 기능뿐만 아니라 정신적 기능도 포함된다고 판시하였다(대법원 1999. 1. 26. 선고 98도3732 판결). 강도상해죄의 상해에 대해서는 피해자 신체의 건강상태가 불량하게 변경되고 생활기능에 장애가 초래되는 것을 말한다고 판시하였다(대법원 2009. 7. 23. 선고 2009도5022 판결).

III. 나오는 말

상해죄와 폭행죄를 엄격하게 구별하고 있는 우리 형법체계에서 보면 신체의 완전성 침해라는 개념을 가지고 상해와 폭행을 구별하기는 어렵기 때문에 생리적 기능장애 내지 훼손으로 상해를 이해하는 것이 보다 더 타당하다. 그리고 상해의 판단은 통일적 해석기준을 가지고 하는 것이 법적용의 형평성 측면에서 보면 더 바람직하다. 이와 관련하여 학설 중에는 상해의 정도는 구성요건의 목적, 내용, 보호법익, 형벌 등을 종합적으로 고려하여, 예컨대 강도상해·치상은 형벌이 무겁기 때문에 상해를 엄격하게 해석해야 하고, 상해죄나 폭행치상죄의 상해는 이보다 넓게 해석할 수 있다는 견해도 있다. 이와 유사하게 단순상해죄의 상해와 결과적 가중범의 상해를 다르게 해석하는 '상대적 상해개념'이 주장되고 있지만, 대법원은 강간치상죄에서 상해를 넓게 해석하는 경우도 있기 때문에 상대적 상해개념과는 다른 것으로 평가할 수 있다.

상해의 판단에 있어 문제되는 사례들은 상처가 경미한 경우인데, 이러한 사례들의 경우 대법원이 현재 사용하고 있는 개념 중에 치료의 필요성과 생리적 기능의 장애로 상해를 해석하면 될 것으로 본다. 왜냐하면 치료의 필요성이 있다는 것은 생리적 기능장애가 발생하였다는 것을 의미하기 때문이다. 다만, 여기에 중복하여 피해자의 연령, 성별, 신체, 정신상의 구체적 상태 등으로 상해를 다시 판단하는 것은 불필요한 것으로 보인다. 왜냐하면 이미 치료의 필요성과 생활기능의 장애에는 연령, 성별, 체격 등의 상태가 전제되기 때문이다.

[참고문헌] 오영근, "강간치상죄에서 상해의 개념", 형사판례연구 [3] (1995); 김정환, "상해행위를 통한 공갈행위", 형사판례연구 [17](2009).

[필자: 윤상민 교수(원광대)]

[75] 상해죄의 동시범 특례

[대상판결] 대법원 2000. 7. 28. 선고 2000도2466 판결

[사실관계] 피고인 甲과 乙은 공원에서 노숙자생활을 하던 중, 1999. 7. 31. 13:00경 공원 내 노상에서 피고인 甲은 평소 좋지 않은 감정을 가지고 있던 피해자(52세)의 다리에 걸려 넘어지자 이에 격분하여 벤치에 앉아 있는 피해자의 얼굴과 다리를 손과 발로 수회 때려 피해자를 넘어뜨린 후 피해자가 일어나 꿇어앉자 다시 무릎과 발로 피해자의 얼굴 등을 수회 때리고, 피고인 乙은 같은 날 15:30경 위 공원 내에서 바닥으로부터 약 50센티미터 높이의 벤치에 누워있는 피해자를 발견하고 그 벤치를 차지할 생각으로 엉덩이로 피해자를 밀어 피해자로 하여금 그 벤치에서 떨어지게 하여 피해자를 각 폭행하고, 피고인들의 각 폭행으로 인하여 피해자로 하여금 두부손상에 의한 경막하출혈로 같은 해 8. 4. 12:20경 의료원에서 사망에 이르게 하였다.

1심에서 피고인들은 각 징역 1년 6월이 선고되어 피고인들과 검사가 모두 항소하였고, 원심인 항소심에서 검사의 피고인 甲에 대한 양형부당의 항소이유만 인정되어 피고인 甲은 징역 2년 6월이 선고되었고, 피고인 乙만 상고하였다.

[판결요지] [1] 원심에서 피고인 乙이 의자에 누워있는 피해자를 밀어 땅바닥에 떨어지게 함으로써 이미 부상하여 있던 피해자로 하여금 사망에 이르게 하였다는 이 사건 범죄사실을 유죄로 본 1심 판결을 유지하여 피고인의 항소를 기각한 것은 정당하다. 원심판결(벤치에 누워있는 사람을 바닥으로 떨어뜨리는 행위는 신체에 대한 유형력의 행사이므로 이는 바로 폭행에 해당되고, 벤치에 누워있는 사람을 바닥으로 떨어뜨리는 경우에는 그 벤치의 높이가 50센티미터에 불과하다 할지라도 그로 인하여 사람이 바닥에 떨어지면서 머리에 손상을 입을 수 있으리라고 충분히 예상할 수 있으며, 나아가 피고인 乙의 위와 같은 행위로 인하여 피해자가 사망의 원인이 된 뇌경막하 출혈상을 입었다는 점이 판명되지 아니하였다 하여도, 위 인정사실에 의하면 피해자 사망의 결과가 피고인들의 각 폭행이 경합하여 발생한 것임이 명백하므로 피고인들은 형법 제263조의 법리에 의하여 폭행치사죄의 공동정범의 죄책을 면할 수 없다 할 것임)에는 심

리를 제대로 하지 아니한 채 채증법칙을 위반하여 사실을 잘못 인정한 위법이 없다.

[2] 시간적 차이가 있는 독립된 상해행위나 폭행행위가 경합하여 사망의 결과가 일어나고 그 사망의 원인된 행위가 판명되지 않은 경우에는 공동정범의 예에 의하여 처벌할 것이므로, 2시간 남짓한 시간적 간격을 두고 피고인 乙이 두번째의 가해행위인 이 사건 범행을 한 후 피해자가 사망하였고 그 사망의 원인을 알 수 없다고 보아 피고인 乙을 폭행치사죄의 동시범으로 처벌한 원심판단은 옳다.

[해   설]
I . 상해죄의 동시범 특례의 의의와 성질
1. 의   의

동시범이란 2인 이상이 공동의 의사없이 개별적으로 동일 객체에 대해서 범죄를 실행하는 경우이고 원칙적으로 형법 제19조에 의하여 경합된 독립행위의 결과발생의 원인된 행위가 판명되지 아니한 때에는 각 행위를 미수범으로 처벌한다. 그런데 상해의 동시범의 경우에는 형법 제263조에 의하여 원인행위가 판명되지 아니한 때에는 의사연락이 있었던 것과 같이 공동정범으로 처벌한다는 특례규정의 적용을 받게 되는 것이다.

2. 성   질

형법 제263조의 법적 성질에 대하여는 학설이 나뉜다. ① 거증책임전환설은 피고인이 자신의 행위에 의하여 상해의 결과가 발생하지 않았다는 사실을 증명할 거증책임을 부담하고 만일 행위와 상해의 결과 사이에 인과관계가 없음을 증명하지 못하면 공동정범으로 처벌된다고 보는 견해이고, ② 이원설은 형법 제263조를 실체법적으로는 공동정범의 성립을 위한 의사연락을 의제하고 소송법적으로는 거증책임의 전환을 규정한 것으로 보는 견해이고, ③ 위헌설은 형법 제263조는 헌법상 무죄추정의 원칙에 반하는 위헌규정이라면서 상해죄의 동시범에서만 형법 제19조의 예외를 인정해야 할 이유가 없다는 견해이다.

검토해 보면, 형법 제263조는 "원인된 행위가 판명되지 아니한 때에는 공동정범의 예에 의한다"고 하여 거증책임의 전환을 명시하고 있으며, 상해죄의 동시범의 경우에는 그 인과관계를 증명하는 것이 매우 어려운 반면에 폭행에 의해 상해의 결과가 발생하였다고 보는 것이 오히려 합리적인 판단이 된다는 정책상의 이유로 피고인에게 거증책임을 전환한 규정으로 보는 것이 타당하다.

Ⅱ. 상해죄의 동시범 특례의 적용요건

형법 제263조의 동시범의 특례가 적용되기 위해서는 ① 2개 이상의 행위가 서로 의사의 연락없이 독립하여 동일 객체에 대해 경합하여야 하며, ② 상해의 결과가 발생하여야 하고, ③ 상해의 원인된 행위가 어느 행위로 인하여 발생하였는지 판명되지 않아야 한다.

형법 제19조에서 동시뿐만 아니라 이시의 독립행위가 경합한 때에도 동시범으로 규정하고 있는 바와 같이 제263조의 동시범의 경우에도 이시의 독립행위인 경우가 포함된다고 하겠지만 실제 위와 같은 요건을 충족하는 상해죄의 동시범은 거의 발생하지 않고 있다.

Ⅲ. 상해죄의 동시범 특례의 적용범위

형법 제263조는 '상해의 결과를 발생하게 한 경우'에 적용되므로 상해죄와 폭행치상죄에 대하여 적용되는 것은 당연하지만, 상해 내지 폭행치상의 요소를 포함하는 상해치사죄와 폭행치사죄, 강도치상죄와 강간치상죄 등의 적용범위가 문제된다.

먼저 상해치사죄와 폭행치사죄에 대하여, ① 긍정설은 상해의 결과를 발생하게 한 이상 상해의 범위를 넘어 사망에 이른 때에도 적용된다고 하고, ② 부정설은 상해의 결과가 아닌 사망의 결과가 발생한 경우까지 적용하는 것은 유추해석금지의 원칙에 반하기 때문에 적용될 수 없다고 한다.

다음으로 강도치상죄와 강간치상죄와 같이 비록 상해 내지 치상의 요소를 포함하더라도 그 보호법익을 달리하는 경우에는 제263조의 적용범위를 입법취지와 달리 필요이상으로 확대하는 것이어서 적용되지 않는다는 것이 통설이고, 판례도 강간치상죄에서 같은 입장을 취하고 있다(대법원 1984. 4. 24. 선고 84도372 판결).

Ⅳ. 대상판결의 검토

대상판결의 사안에서는 2시간 30분 간격으로 피고인 甲의 상해행위와 乙의 폭행행위가 독립하여 피해자에게 경합한 결과 사망에 이르게 되었는데, 이에 대하여 대상판결은 형법 제263조의 적용을 인정하였다. 이미 판례는 폭행행위와 폭행행위의 경합에 의한 폭행치사의 경우(대법원 1970. 6. 30. 선고 70도991 판결)와 상해행위와 상해행위의 경합에 의한 상해치사의 경우(대법원 1985. 5. 14. 선고 84도2118 판결)에도 형법 제263조의 적용을 인정한 바 있기에 상해치사죄와 폭행치사죄도 상해죄의 동시범 특례의 적용범위에 포함된다는 입장이 확고한 것으로 보인다.

그러나 상해죄의 동시범 특례규정은 형법 제19조의 예외규정으로서 책임주의 원칙에 반할 뿐만 아니라 무죄추정의 원칙에도 합치하지 않는다는 비판을 받고 있다. 또한 판례가 강간치상죄에 대해서는 상해죄와 그 보호법익이 다르다는 논거로 그 적용을 배제하고 있는데, 이는 사망이라는 결과에 이르는 상해치사죄나 폭행치사죄에서도 마찬가지로 적용될 수 있는 것이다. 따라서 형법 제263조는 그 규정대로 '상해의 결과를 발생하게 한 경우'에 한하여 제한적으로 그 적용범위를 인정함이 타당하므로 상해의 결과를 넘어서는 경우에까지 적용할 수는 없다고 하겠다.

[필자: 이창현 교수(한국외대)]

[76] 위험한 물건의 휴대의 개념

[대상판결] 대법원 1997. 5. 30. 선고 97도597 판결

[사실관계] 피고인은 1996. 1. 5. 11:20경 주차장 내 견인차 사무소에서 주차위반을 하지 않았음에도 교통관리공사 직원인 피해자가 견인료를 납부하라고 요구하면서 그곳을 떠나려는 피고인 운전의 승용차의 앞을 가로막았다는 이유로 승용차의 앞 범퍼 부분으로 피해자의 다리 부분을 들이 받아 넘어뜨리는 등 피해자에게 폭행을 가하였다.

[판결요지] 폭력행위 등 처벌에 관한 법률 제3조 제1항(2016. 1. 6. 법개정으로 삭제됨)에 있어서 '위험한 물건'이라 함은 흉기는 아니라고 하더라도 널리 사람의 생명, 신체에 해를 가하는 데 사용할 수 있는 일체의 물건을 포함한다고 풀이할 것이므로, 본래 살상용·파괴용으로 만들어진 것뿐만 아니라 다른 목적으로 만들어진 (중략) 자동차 등은 (중략) 사람의 생명·신체에 해를 가하는 데 사용되었다면 본조의 '위험한 물건'이라 할 것이며, 한편 이러한 물건을 '휴대하여'라는 말은 소지뿐만 아니라 널리 이용한다는 뜻도 포함하고 있다 할 것인데(대법원 1984. 10. 23. 선고 84도2001, 84감도319 판결 참조), (중략) 피고인의 이러한 행위는 위험한 물건인 자동차를 이용하여 피해자를 폭행하였다 할 것이다.

[해 설]
Ⅰ. 들어가는 말
2016. 1. 6. 개정 전의 폭력행위 등 처벌에 관한 법률 제3조 제1항은 '흉기나 그 밖의 위험한 물건을 휴대하여' 폭행죄 등을 범한 사람을 단순 폭행죄 등에 비하여 가중처벌하도록 규정하고 있었다. 피고인이 자동차의 앞 범퍼로 피해자를 밀어 넘어뜨린 경우에 자동차가 위 법조의 '위험한 물건'에 해당하는지(쟁점 ①), 또 그 행위가 위험한 물건을 '휴대하여' 한 것에 해당하는지(쟁점 ②)가 문제로 되었다. 이와 같이 '위험한 물건을 휴대하여'를 가중구성요건으로 하여 처벌하는 규정들은 위 특별법에서 삭제되었으나 이와 같은 가중구성요건은 형법에 다수 규정되어(제261조 특수폭행, 제258조의2 특수상해 등) 있기 때문에 이 사건 쟁점에 관한 논의는

현재도 여전히 의미가 있다.

Ⅱ. 자동차가 '위험한 물건'인가?
(1) '위험한 물건'에 관한 일반적 정의는 그 물건의 객관적 성질과 사용방법에 따라 사람을 살상할 수 있는 물건을 말하고 그것이 사람을 살상하기 위하여 제조된 것임을 요하지 아니한다고 해석함이 통설이다. 대법원판례도 이 사건 이전부터 통설과 같은 입장이었고(대법원 1984. 10. 23. 선고 84도2001 판결) 대상판결도 같은 견해를 따른 것이다. '위험한 물건을 휴대하여' 범한 죄를 가중처벌하는 근거는 결과 때문이 아니라 행위의 수단과 방법이 피해자에게 중대한 침해를 야기할 위험이 있고 피해자의 방어기회를 없게 한다는 점에 있다고 할 것이므로 통설·판례의 '위험한 물건'에 관한 위와 같은 해석은 타당하다.

(2) 자동차의 경우 살상의 목적으로 만들어진 물건은 아니지만 이 사건의 경우와 같이 피해자를 밀어 넘어뜨리는 데 사용한다면 객관적으로 위험성이 증대된다고 볼 수 있어 '위험한 물건'에 해당한다고 할 것이다. 대상판결 이전의 대법원 1984. 10. 23. 선고 84도2001, 84감도319 판결이 같은 취지에서 승용차도 형법 제144조의 특수공무집행방해죄의 '위험한 물건'에 해당한다고 판시한 바 있고, 또한 대상판결 이후에도 이러한 판례의 입장은 유지되고 있다(대법원 2010. 11. 11. 선고 2010도10256 판결 등). 그러므로 이 사건 사실관계를 본다면 승용차를 '위험한 물건'으로 인정한 대상판결의 판시는 타당하다.

Ⅲ. '휴대하여'에 해당하는가?
1. '휴대하여'의 의미
(1) '휴대'의 사전적 의미는 글자의 뜻 그대로 '손에 들거나 몸에 지님'이라고 풀이한다. 그러나 승용차를 '운전하여' 이를 수단으로 하여 가해행위를 하는 경우는 도저히 승용차를 '손에 들거나 몸에 지닌 것'이라고 해석할 수는 없을 것이므로 사전적 의미에서는 승용차 운전을 수단으로 하여 가해행위를 한 경우는 위험한 물

건을 '휴대하여' 행위한 것이라고 말할 수 없을 것이다.

(2) 학설로는 '휴대하여'의 의미를 사전적 의미 그대로 '몸에 지니는 것을 의미한다'고 해석하는 협의설, '휴대하여'의 의미를 '몸에 지니는 것을 의미한다'고 해석하면서도 반드시 손에 집어 들어야 하는 것은 아니므로 맹견을 휘파람으로 불어 사주하는 행위나 자동차로 피해자를 난폭하게 몰아붙이는 경우도 휴대에 해당한다고 한다고 해석하는 중간설과 '휴대하여'의 의미를 사전적 의미와는 달리 이를 소지하는 것에 한정하지 아니하고 널리 '이용하여'와 같은 의미라고 해석하는 광의설 등이 있다.

(3) 대법원은 "'휴대하여'라는 말은 소지뿐만 아니라 널리 이용한다는 뜻도 포함하고 있다"라고 하면서 승용차를 수단으로 한 가해행위도 위험한 물건을 '휴대하여' 행위한 것으로 해석하고 있는데, 이러한 입장은 현재도 유지되고 있다. 이러한 판례의 일반론 설시는 광의설을 취한 것으로 보인다.

2. 해석인가, 유추인가?

(1) 문리해석은 형법해석에 있어서 가장 기초적인 해석인 동시에 해석의 한계로 기능하는 것으로서 '가능한 문언의 범위 내에서 언어관행'에 따라 해석하는 것이다. '가능한 문언의 의미'의 해석한계 기능에 관하여 우리 판례가 이를 긍정함에 있어서 확고하고, 통설도 같다. 그러므로 법률을 실재화한 언어의 '가능한 문언의 의미'를 넘어서는 해석은 그 언어가 갖는 외연을 그와 유사한 다른 것에 연장한 것이므로 곧 유추가 되고 이렇게 되면 국민의 법률에 대한 예측가능성을 보장할 수 없으므로 금지되는 것이다.

(2) 앞에서 본 바와 같이 '휴대하여'의 사전적 의미는 '사용 또는 이용하여, 수단으로 하여' 등과 다르며 그 언어사용례에 있어서도 다르다. '휴대하여'는 소지하기만 하면 되고 그것이 범행의 수단으로 사용되어야만 하는 것은 아님에 비하여 '이용하여'는 반드시 소지할 필요는 없고 그것이 범행의 수단으로 사용되어야만 하는 것이다. 이 사건에서 피고인이 자동차로 피해자를 밀어붙인 행위는 '자동차를 이용하여 폭행하였다'라고 할 수 있겠지만 '자동차를 휴대하여 폭행하였다'라고는 언어관행상 말할 수 없다. 그러므로 이 사건에서 '휴대하여'의 의미를 '이용하여'의 의미로 해석하는 광의설

은 문리해석을 넘어선 것으로서 '휴대하여'에 속하지 아니하는 사상인 '휴대하지 아니한 채 수단으로만 이용하는' 사상에 대해 비슷하다는 이유로 '휴대하여'로 규정된 법규정을 적용하려는 것이므로 유추임이 분명하고, 중간설 역시 같은 비판을 면할 수 없다.

3. 예외적으로 허용되는 해석인가?

실화죄에 관한 대법원 1994. 12. 20. 자 94모32 전원합의체 결정의 반대의견에 따르면, 우리의 보통의 언어관행상 '휴대'한다고 말할 수 없는 자동차를 도구로 이용한 경우를 '위험한 물건의 휴대'로 인정함은 유추임이 분명하다. 나아가, 위 결정의 다수의견을 따르더라도 '휴대하여'의 범위를 달리 해석한다고 하여 위의 실화죄의 경우와 같이 경한 행위는 처벌하면서 오히려 중한 행위를 처벌할 수 없게 되는 것은 아니고 적용법률의 차이로 인하여 단지 법정형이 다르게 될 뿐이어서 법체계상의 모순이나 입법편찬상의 과오라고 할 여지는 없으므로 '휴대'가 불가능한 자동차로 밀어붙인 행위를 '휴대하여'에 해당한다고 해석하여야 할 근거는 전혀 없는 것이다. 따라서 이 사건에서 승용차를 이용하여 피해자를 폭행한 행위를 구 폭력행위 등 처벌에 관한 법률 제3조 제1항의 위험한 물건을 '휴대하여' 행위한 것으로 인정한 대상판결은 유추해석금지의 원칙을 위반하였다고 할 것이므로, 찬성할 수 없다.

Ⅳ. 나오는 말

과학기술의 급속한 발달과 더불어 새로이 출현한 다양한 위험물들이 범행의 수단으로 사용되는바, 반드시 피고인이 '휴대하여' 범행하지 아니하여도 그 위험성은 크게 증대되므로 가중처벌할 형사정책적 필요성은 충분하다. 따라서 입법론으로서 형법 제261조 등의 가중요건인 '위험한 물건을 휴대하여'는 휴대할 수 없는 위험한 물건을 '이용하여' 범행한 경우를 포섭할 수 있도록 '위험한 물건을 이용하거나 이를 휴대하여'로 개정하는 것이 타당하다고 생각된다.

〔참고문헌〕 강용현, "자동차를 이용한 폭행과 '위험한 물건의 휴대'", 형사판례연구 [7](1999).

[필자: 강용현 변호사]

[77] 폭행죄에서의 폭행의 의의

[대상판결] 대법원 2003. 1. 10. 선고 2000도5716 판결

[사실관계] 피고인 甲은 (1) 피해자의 집으로 전화를 하여 피해자에게 "트롯트 가요앨범진행을 가로챘다, 일본노래를 표절했다, 사회에 매장시키겠다"라고 수회에 걸쳐 폭언을 하는 등 일주일에 4 내지 5일 정도, 하루에 수십 회 반복하여 그 피해자에게 "강도 같은 년, 표절가수다"라는 등의 폭언을 하면서 욕설을 하고 (2) 피해자의 바뀐 전화번호를 알아내어 전화를 한 다음 "전화번호 다시 바꾸면 가만 두지 않겠다"라는 등으로 폭언을 하고 (3) 전화를 하여 "미친년, 강도 같은 년, 매장될 줄 알아라"라는 등으로 폭언을 하면서 심한 욕설을 하고 (4) 피해자의 집 자동응답전화기에 "제가 가수 甲이라는 사람인데 A라는 분이 음반회사에 전화를 해 가지고 말도 안 되는 소리를 했던 사람인가, 피해자가 살인 청부교사범 맞어, 남의 작품을 빼앗아 간 여자, 피해자 도둑년하고 살면서, 미친년 정신 똑바로 차려"라는 욕설과 폭언을 수회에 걸쳐 녹음하여 듣게 하고 (5) 같은 방법으로 "또라이년, 병신 같은 년, 뒷구녁으로 다니면서 거짓말을 퍼뜨리고 있어, 사기꾼 같은 년, 강도년, 피해자 이 또라이년"이라고 녹음하여 듣게 함으로써 피해자를 각 폭행하였다.

[판결요지] 피해자의 신체에 공간적으로 근접하여 고성으로 폭언이나 욕설을 하거나 동시에 손발이나 물건을 휘두르거나 던지는 행위는 직접 피해자의 신체에 접촉하지 아니하였다 하더라도 피해자에 대한 불법한 유형력의 행사로서 폭행에 해당될 수 있는 것이지만(대법원 1956. 12. 12. 선고 4289형상297 판결, 대법원 1990. 2. 13. 선고 89도1406 판결 등 참조), 거리상 멀리 떨어져 있는 사람에게 전화기를 이용하여 전화하면서 고성을 내거나 그 전화 대화를 녹음 후 듣게 하는 경우에는 특수한 방법으로 수화자의 청각기관을 자극하여 그 수화자로 하여금 고통스럽게 느끼게 할 정도의 음향을 이용하였다는 등의 특별한 사정이 없는 한 신체에 대한 유형력의 행사를 한 것으로 보기 어렵다 할 것이다.

[해 설]

I. 대상판결의 의의

폭행죄의 보호법익은 '신체의 건재, 즉 완전성'이다. 대법원은 폭행죄에서의 폭행을 '사람의 신체에 대한 불법한 유형력의 행사'라고 정의한다(대법원 1990. 2. 13. 선고 89도1406 판결; 대법원 1991. 1. 29. 선고 90도2153 판결 등).

대상판결은 폭행은 성질상 반드시 신체상 가해를 야기함에 족한 완력의 행사를 요하거나 육체상 고통을 수반하는 것을 요하지는 않는다는 기존 판례(대법원 1956. 12. 12. 선고 4289형상297 판결; 폭언을 수차 반복하여 고혈압상태에 있는 상대방으로 하여금 정신적 충격과 흥분으로 인하여 뇌출혈을 야기하여 사망케 한 폭행치사사건)의 입장에 더하여 '신체적 고통을 주는' 음향 등 힘의 작용도 폭행에 해당할 수 있다고 판시한다. 아울러 '사람의 신체에 대한'의 의미를 '사람과의 접촉을 요하지는 않는다'는 점도 명백히 하고 있다.

대상판결은 전통적인 폭행 개념의 외연을 확장하는 것처럼 보이지만 한편 해석상으로는 폭행을 '협박'과는 엄격히 구별하려는 태도를 보임에 주목하여야 한다.

II. 폭행죄에서의 폭행

형법에 규정된 여러 죄의 구성요건에서 사용되는 폭행의 개념은 대상과 정도에 따라 보통 최광의, 광의, 협의, 최협의의 4종류로 구별하는 것이 통설적 견해이다. 광의의 폭행 개념이 공무집행방해죄(제136조) 등과 같이 '사람'에 대한 직접·간접적인 유형력의 행사라면 폭행죄에 있어서의 폭행은 이른바 협의의 폭행 개념으로 '사람의 신체'에 대한 (직접적인) 유형력의 행사를 말한다. 실제로 폭행의 방법은 상당히 다양할 수밖에 없다. 폭행의 개념을 이루는 요소별로 나누어 살펴본다.

1. '유형력'의 행사

유형력이란 무형력에 반대되는 개념으로 전통적으로는 가시성(可視性)을 전제로 하는 힘의 작용을 말한다. 손이나 물건으로 사람의 신체를 때리는 행위, 몸이

나 옷을 미는 행위, 침을 뱉는 행위, 안수기도에 수반하여 단순히 손을 얹거나 약간 누르는 정도가 아니라 가슴과 배를 반복하여 누르거나 때리는 행위(대법원 1994. 8. 23. 선고 94도1484 판결) 등이 그것이다. 그 밖에 머리카락이나 수염을 자르는 행위도 이에 포함된다.

대상판결에 따르면 전형적인 물리력뿐 아니라 바로 옆에서 큰 소음을 내거나 심한 폭언, 전화를 걸어 큰 벨소리나 음향을 송신하는 방법도 유형력의 행사가 될 수 있다. 나아가 초음파나 화학물질은 물론 빛, 열 등의 에너지를 이용하는 경우도 해당된다. 과학기술의 발전에 따라 유형력 개념의 범위도 넓어지고 있다.

그러나 전화를 계속 걸거나 단순히 욕설이나 폭언을 하는 행위 그 자체만으로는 폭행에 해당하지 않는다.

2. '사람의 신체'에 대한 유형력의 행사

'사람의 신체'에 대한 유형력의 행사가 있어야 한다. 신체를 직접적으로 접촉하는 경우는 물론이지만 반드시 신체의 접촉을 요하지는 않는다. 따라서 사람을 향하여 던진 돌이 몸 주위를 스치거나 바로 옆에 맞아 신체가 위험에 빠지게 하는 경우도 이에 해당된다. 상대방의 신체에 근접하여 고성으로 폭언이나 욕설을 하거나 동시에 손발이나 물건을 사람에게 근접하여 때릴 듯이 휘두르는 경우(대법원 1990. 2. 13. 선고 89도1406 판결)도 포함된다. 공간적인 거리와는 상관없이 전화 등을 통하여도 폭행은 가능하다. 특히 과학기술의 발달로 공간적인 거리의 의미는 점차 퇴색할 것이다.

다만, 사람의 '신체'에 대한 경우에만 폭행에 해당된다. 판례는 타인의 집 마당에 인분을 던지거나(대법원 1977. 2. 8. 선고 75도2673 판결) 방안에 있는 사람에 대하여 죽여 버리겠다고 폭언을 하면서 방문을 발로 찬 것(대법원 1984. 2. 14. 선고 83도3186 판결), 욕설을 하면서 대문을 발로 찬 것(대법원 1991. 1. 29. 선고 90도2153 판결)이 막바로 또는 당연히 상대방의 신체에 대하여 유형력을 행사한 경우에 해당한다고 할 수 없다고 판시한다. 특히 상대방의 신체에 국한되며, 이 점에서 공무원을 보조하는 제3자에 대하여 유형력을 행사하여도 성립하는 공무집행방해죄와는 다르다.

대상판결은 폭행의 개념에 '신체적 고통을 일으키는 경우'를 포섭하고 있음을 주목하여야 한다. 따라서 신체의 기관(촉각에 한정되지 않고, 청각, 후각, 시각, 미각 등 오감기관)을 자극하여 그 사람으로 하여금 고통스럽게 느끼게 할 정도에 이르렀다면 '사람의 신체'에 대한 것이다. 대법원은 "의사전달수단으로서 합리적 범위를 넘어서 상대방에게 고통을 줄 의도로 음향을 이용하였다면 이를 폭행으로 인정할 수 있을 것"이라고 판시하여(대법원 2009. 10. 29. 선고 2007도3584 판결) 이러한 태도를 견지하고 있다.

III. 나오는 말 — 협박과의 구별

폭행 개념의 외연을 넓히다 보면 육체적 고통을 일으키는 물리적 작용뿐 아니라 정신적 고통을 가하는 일체의 작용 또는 일정한 무형력의 행사도 폭행죄에 포함시키려는 견해도 있을 수 있다. 그러나 이는 폭행죄 외에 협박죄를 별도의 구성요건으로 규정한 우리 형법의 해석상 옳지 않다.

폭행은 말이나 문자 등을 이용하여 상대방에게 공포심을 줄 정도의 해악을 고지함으로써 성립하는 협박과는 구별되어야 한다. 따라서 소음을 일으키거나 폭언을 하는 등의 행위는 신체적 고통을 일으키는 특수한 사정이 없다면 이는 폭행의 개념에 포섭하지 아니하고 협박죄 등 다른 구성요건의 충족 여부만이 검토될 수 있다. 대상판결도 입법론적으로는 몰라도 해석론으로서는 폭행죄에 있어서의 폭행이 협박과는 구별되어야 한다는 전제를 가진다.

실제 폭행과 협박은 이를 구분하기 어려운 사례가 다수 발생하고, 또 동시에 폭행(또는 상해)과 협박이 성립되는 행위도 있다. 판례는 협박행위가 상해사실과 같은 시간 같은 장소에서 동일한 피해자에게 가해진 것임이 명백하여 달리 특별한 사정이 있었음을 찾아볼 수 없다면, 상해의 단일범의하에서 이루어진 하나의 폭언에 불과하여 상해죄에 포함되는 행위라고 봄이 상당하다고 판시한다(대법원 1976. 12. 14. 선고 76도3375 판결).

[필자: 양동철 교수(경희대)]

[대상판결] 대법원 2011. 11. 24. 선고 2011도12302 판결

[사실관계] 피고인은 신정 연휴를 앞둔 2010. 12. 31. 오후 피해자에게 자신의 주점으로 술 마시러 오도록 권유하였다. 이에 응하여 피해자는 회식으로 술에 취한 상태에서 같은 날 22:48경 위 주점에 와서 2011. 1. 3. 오전까지 3일 동안, 식사는 한 끼도 하지 아니한 채 계속하여 술을 마셨는데, 2011. 1. 1.경부터는 두 차례 자신의 의지와 무관하게 옷에 소변을 보는 등 만취한 상태에 있었다. 실종신고를 받은 경찰관들에 의해 2011. 1. 3. 19:20경 발견되었을 때, 피해자는 영하의 추운 날씨에 트레이닝복만 입고 양말까지 벗은 채로 난방이 제대로 되지 아니한 주점 내 소파에서 이불이나 담요도 없이 잠을 자면서 정신을 잃고 있었다. 피해자는 바로 국립중앙의료원으로 후송되어 치료를 받았으나 그 다음날 저체온증 및 대사산증으로 사망하였다.

[판결요지] [1] 유기죄에 관한 형법 제271조 제1항은 그 행위의 주체를 "노유, 질병 기타 사정으로 부조를 요하는 자를 보호할 법률상 또는 계약상 의무 있는 자"라고 정하고 있다. 여기서의 '계약상 의무'는 간호사나 보모와 같이 계약에 기한 주된 급부의무가 부조를 제공하는 것인 경우에 반드시 한정되지 아니하며, 계약의 해석상 계약관계의 목적이 달성될 수 있도록 상대방의 신체 또는 생명에 대하여 주의와 배려를 한다는 부수적 의무의 한 내용으로 상대방을 부조하여야 하는 경우를 배제하는 것은 아니라고 할 것이다. 그러나 그 의무 위반의 효과로서 주로 손해배상책임이 문제되는 민사영역에서와는 달리 유기죄의 경우에는 당사자의 인적 책임에 대한 형사적 제재가 문제된다는 점 등을 고려하여 보면, 단지 위와 같은 부수의무로서의 민사적 부조의무 또는 보호의무가 인정된다고 해서 형법 제271조 소정의 '계약상 의무'가 당연히 긍정된다고는 말할 수 없고, 당해 계약관계의 성질과 내용, 계약당사자 기타 관련자들 사이의 관계 및 그 전개양상, 그들의 경제적·사회적 지위, 부조가 필요하기에 이른 전후의 경위, 필요로 하는 부조의 대체가능성을 포함하여 그 부조의 종류와 내용, 달리 부조를 제공할 사람 또는 설비

가 있는지 여부 기타 제반 사정을 고려하여 위 '계약상의 부조의무'의 유무를 신중하게 판단하여야 한다.

[2] 피해자가 피고인의 지배 아래 있는 주점에서 3일 동안 과도하게 술을 마시고 추운 날씨에 난방이 제대로 되지 아니한 주점 내 소파에서 잠을 자면서 정신을 잃은 상태에 있었다면, 피고인은 주점의 운영자로서 피해자의 생명 또는 신체에 대한 위해가 발생하지 아니하도록 피해자를 주점 내실로 옮기거나 인근에 있는 여관에 데려다 주어 쉬게 하거나 피해자의 지인 또는 경찰에 연락하는 등 필요한 조치를 강구하여야 할 계약상의 부조의무를 부담한다고 판단하여 유기치사죄를 인정한 원심판결은 정당하다.

[해 설]
I. 들어가는 말

형법상 유기죄를 규정한 형법 제271조 제1항은 일제하의 의용형법(依用刑法)과 달리, '노유, 질병' 이외에 '기타 사정으로 인하여 부조를 요하는 자'를 그 객체로 추가하면서 보호의무의 발생근거를 '법률상 또는 계약상의 의무'에 한정하여 보호책임 없는 자를 유기죄의 주체에서 제외하고 있다. 여기에서 보호의무의 발생근거가 반드시 이에 제한되는가에 대하여 학설상 논란이 있고, 대법원은 유기죄의 입법취지에 비추어 '법률상 또는 계약상의 의무 있는 자'만이 그 주체가 될 수 있다고 본다(대법원 1977. 1. 11. 선고 76도3419 판결).

대상판결은 유기죄에서 보호의무의 발생근거로서 '계약상의 의무'에 '계약상의 부조의무', 즉 상대방의 신체 또는 생명에 대하여 주의와 배려를 한다는 부수적 의무도 이에 해당한다고 하였다. 이는 학설상 '계약상의 의무'에 해당하는지가 문제되는 경우이다.

II. 계약상 보호의무 있는 자의 범위
1. 학 설

학설로는 유기죄에서 보호의무의 발생근거가 '법률상 또는 계약상 의무'로서 보호책임을 지는 자에 제한된다는 입장(①설)과 부진정부작위범(제18조)의 작위의

무와 같이 이해하여 널리 선행행위나 조리에 의하여 보호의무를 지는 자도 본죄의 주체가 될 수 있다는 입장(②설)이 대립한다. ①설은 다시 어느 범위까지 '계약상 의무'를 인정할 것인가와 관련하여, 널리 묵시적 계약에 의한 의무 또는 '계약상의 의무'에 준하는 의무로까지 확장될 수 있다는 입장(①-1설)과 '계약상의 의무'를 엄격하게 해석하여 '사무의 본래적 성질'상 당연히 인정되는 것이 아닌 묵시적 계약에 의한 보호의무는 인정되지 않는다는 입장(①-2설)으로 나뉜다. 대상판결의 경우, ①-1설에 의하면 묵시적 계약에 의하여 계약상의 의무가 있다고 인정될 여지가 크나, ①-2설에 의하면 보호의무가 인정되지 않을 것이다. 한편, ②설에 의하면 조리 또는 선행행위의 의하여 보호의무가 인정된다.

2. 대법원의 태도

대상판결은 유기죄에서의 '계약상 의무'에는 "간호사나 보모와 같이 계약에 기한 주된 급부의무가 부조를 제공하는 것인 경우"뿐만 아니라 "계약의 해석상 계약관계의 목적이 달성될 수 있도록 상대방의 신체 또는 생명에 대하여 주의와 배려를 한다는 부수적 의무의 한 내용으로 상대방을 부조하여야 하는 경우"도 포함될 수 있다고 하여 계약상 의무의 범위를 넓게 인정하였다. 그러면서도 '민사적 부조의무'와는 달리 형사책임이 문제되는 유기죄에서는 "당해 계약관계의 성질과 내용, 계약당사자 기타 관련자들 사이의 관계 및 그 전개양상, 그들의 경제적·사회적 지위, 부조가 필요하기에 이른 전후의 경위, 필요로 하는 부조의 대체가능성을 포함하여 그 부조의 종류와 내용, 달리 부조를 제공할 사람 또는 설비가 있는지 여부 기타 제반 사정을 고려하여 위 '계약상의 부조의무'의 유무를 신중하게 판단하여야 한다"고 이를 다시 제한한다.

III. 나오는 말

(1) 대상판결은 '계약상 의무'를 소위 민법상의 '부조의무' 내지 '보호의무'가 인정되는 경우까지 계약의 해석을 통하여 그 외연을 확장하면서도 유기죄의 보호법익이라는 형사처벌의 관점에서 이를 일정한 경우로 다시 제한한 것이다. 이는 종래 대법원이 법률혼에 준하는 보호를 받는 사실혼 배우자의 경우에도 '민법 규정의 취지 및 유기죄의 보호법익에 비추어' 부부간의 부양의무(민법 제826조 제1항)라는 '법률상 의무'에 의한 보호책임이 인정된다고 한 것(대법원 2008. 2. 14. 선고 2007도3952 판결)과 궤를 같이한다.

(2) 대법원은 유기죄에서 보호의무의 발생근거를 형법이 명문에서 인정한 '법률상 또는 계약상의 의무'로 한정하면서도 그 범위를 실질적으로 확장한 것은 구체적 사안에서의 형사정책적 필요성에 대처한 것으로 보인다. 그러나 이러한 해석은 유기죄의 성립범위를 해석으로 확장한다는 점에서 문제가 있다. 대상판결에서는 '계약상의 부조의무'가 '계약의 해석상' 도출될 수 있다고 하고 있지만, 그러한 설명이 죄형법정주의 위반(피고인에게 불이익한 유추)의 의심을 완전히 해소할 만큼 충분하다고 보이지는 않는다.

(3) 한편, 입법론상으로는 사회연대의 사상에 따라 보호책임 없는 자의 구조의무를 인정하자는 견해(소위 '착한 사마리아인 법'의 도입)와 도덕상의 의무를 형벌로 강제하는 것은 부적절하다는 견해가 대립하고 있다.

[필자: 오병두 교수(홍익대)]

제 2 장

자유에 대한 죄

[79] 협박의 개념과 협박죄의 기수시기

[대상판결] 대법원 2007. 9. 28. 선고 2007도606 전원합의체 판결

[사실관계] A는 대학 설립 추진을 빙자하여 투자자 B에게 대학 설립을 위한 학교부지 가운데 상가 및 택지로 조성될 부지 중 일부를 분양해주겠다고 약정하고 B로부터 3회에 걸쳐 개발비 명목으로 6억 원을 교부받았다. 그러나 대학 설립을 위한 재원이 마련되지 않아 학교 설립이 무산될 위기에 처하게 되자 B는 A에게 자신이 투자한 6억 원의 반환을 수차례 요구하였으나 A로부터 투자금 6억 원을 전혀 반환받지 못했다. 그러자 B는 피고인 甲에게 6억 원을 반환받을 수 있도록 도와달라고 부탁하였다. 이를 승낙한 甲은 그 자리에서 A에게 전화를 걸어 "나는 X 경찰서 정보과에 근무하는 형사 甲이다. B가 집안 동생인데 돈을 언제까지 해 줄 것이냐, 빨리 안 해주면 상부에 보고하여 문제를 삼겠다"라고 말하였다.

[판결요지] [다수의견] 협박죄가 성립하려면 고지된 해악의 내용이 행위자와 상대방의 성향, 고지 당시의 주변 상황, 행위자와 상대방 사이의 친숙의 정도 및 지위 등의 상호관계, 제3자에 의한 해악을 고지한 경우에는 그에 포함되거나 암시된 제3자와 행위자 사이의 관계 등 행위 전후의 여러 사정을 종합하여 볼 때에 일반적으로 사람으로 하여금 공포심을 일으키게 하기에 충분한 것이어야 하지만, 상대방이 그에 의하여 현실적으로 공포심을 일으킬 것까지 요구하는 것은 아니며, 그와 같은 정도의 해악을 고지함으로써 상대방이 그 의미를 인식한 이상, 상대방이 현실적으로 공포심을 일으켰는지 여부와 관계없이 그로써 구성요건은 충족되어 협박죄의 기수에 이르는 것으로 해석하여야 한다. 결국, 협박죄는 사람의 의사결정의 자유를 보호법익으로 하는 위험범이라 봄이 상당하고, 협박죄의 미수범 처벌 조항은 해악의 고지가 현실적으로 상대방에게 도달하지 아니한 경우나, 도달은 하였으나 상대방이 이를 지각하지 못하였거나 고지된 해악의 의미를 인식하지 못한 경우 등에 적용될 뿐이다.

[반대의견] 사람이 현실적으로 공포심을 일으켰는지 여부를 판단할 만한 객관적인 기준 및 개별 사건에서 쌍방의 입증과 그에 의하여 인정되는 구체적인 사정 등을 모두 종합하여, 당해 협박행위로 상대방이 현실적으로 공포심을 일으켰다는 점이 증명된다면 협박죄의 기수에 이르렀다고 인정하고, 이에 대한 증명이 부족하거나 오히려 상대방이 현실적으로 공포심을 일으키지 않았다는 점이 증명된다면 협박죄의 미수에 그친 것으로 인정하면 될 것이다. 기수에 이르렀는지에 대한 의문을 해결하기 어렵다고 하여 모든 경우에 기수범으로 처벌하는 것은 형사법의 일반원칙과도 부합하지 아니하며 형벌과잉의 우려를 낳을 뿐이다. 결국, 현행 형법의 협박죄는 침해범으로서 일반적으로 사람으로 하여금 공포심을 일으킬 수 있는 정도의 해악의 고지가 상대방에게 도달하여 상대방이 그 의미를 인식하고 나아가 현실적으로 공포심을 일으켰을 때에 비로소 기수에 이르는 것으로 보아야 한다.

[해 설]

Ⅰ. 들어가는 말

형법 제283조 제1항의 협박죄에서 '협박'의 구체적인 의미는 전적으로 해석론에 맡겨져 있다. 또한, 협박죄의 기수시기에 관해서는 위험범설과 침해범설 간의 논쟁도 대립하고 있다. 대상판결은 협박죄에서 협박의 구체적인 의미와 협박죄의 기수시기에 관한 해석상의 문제를 제기하고 있다.

Ⅱ. 협박의 개념과 협박죄의 기수시기

1. 협박의 개념

형법상 협박의 개념은 각 구성요건의 보호법익에 따라 크게 세 가지로 구분된다. 광의의 협박개념에 의하면, 공포심을 일으키게 할 만한 일체의 해악고지만 있으면 상대방이 공포심을 느꼈는가의 여부를 불문하고 협박으로 인정된다(예: 소요죄, 공무집행방해죄). 협의의 협박개념은 사람으로 하여금 공포심을 일으킬 수 있을 정도의 해악의 고지만 있으면 협박이 인정되고 별도로 상대방의 반항이 억압될 정도일 것까지는 요구되지 않는다(예: 협박죄, 강요죄 등). 이에 반해 최협의의 협박개

념에 의하면, 상대방의 반항을 불가능하게 하거나 현저히 곤란하게 할 정도의 해악의 고지가 있어야 협박이 인정된다(예: 강간죄, 강도죄). 대상판결은 협의의 협박개념에 기초하여 판시하고 있다. 따라서 천재지변 등 해악의 고지가 행위자에 의하여 좌우될 수 없는 경우, 단순한 감정적 욕설에 불과한 경우(대법원 2006. 8. 25. 선고 2006도546 판결) 등은 협박죄의 '협박'에 해당하지 않지만, 사람으로 하여금 공포심을 일으킬 수 있는 정도의 해악을 고지하는 한 그 내용은 불법한 것일 필요가 없고, 고소하겠다거나 언론매체에 폭로하겠다고 말하는 것도 협박이 될 수 있다.

2. 협박의 상대방

협박죄에서 고지되는 해악의 내용, 즉 침해하겠다는 법익의 종류나 법익의 향유 주체 등에는 아무런 제한이 없다. 따라서 피해자 본인이나 그 친족뿐만 아니라 그 밖의 '제3자'에 대한 법익 침해를 내용으로 하는 해악을 고지하는 것이라고 하더라도 피해자 본인과 제3자가 밀접한 관계에 있어 그 해악의 내용이 피해자 본인에게 공포심을 일으킬 만한 정도의 것이라면 협박죄가 성립할 수 있다. 이때 '제3자'에는 자연인뿐만 아니라 법인도 포함된다. 예컨대 채권추심회사 지사장이 회사로부터 자신의 횡령행위에 대한 민·형사상 책임을 추궁당할 지경에 이르자 이를 모면하기 위하여 회사 본사에 "회사의 내부비리 등을 금융감독원 등 관계기관에 고발하겠다"는 취지의 서면을 보내는 한편, 위 회사 경영지원본부장이자 상무이사인 A에게 전화를 걸어 자신의 횡령행위를 문제삼지 말라고 요구하면서 위 서면의 내용과 같은 취지로 발언한 경우에는 'A'에 대한 협박죄가 성립한다(대법원 2010. 7. 15. 선고 2010도1017 판결).

3. 협박죄의 기수시기

협박죄의 기수시기에 관해서는 침해범설과 위험범설이 대립하고 있다. 침해범설은 형법이 협박죄의 미수범 처벌규정을 두고 있고, 기수범의 성립범위를 가급적 제한하여야 하므로 피해자가 현실적으로 공포심을 느낀 경우에는 협박죄의 기수가 되는 반면 현실적으로 공포심을 느끼지 않은 경우에는 협박죄의 미수가 된다고 이해한다. 이에 반해 위험범설은 미수범 처벌규정을

두고 있다는 사실이 침해범을 인정할 본질적 이유가 되지 못하고, 침해범설에 의하면 피해자의 주관적 사정에 의하여 협박죄의 성립이 좌우되는 난점이 있다는 점 등을 근거로 해악의 고지가 상대방에게 도달된 이상 피해자가 현실적으로 공포심을 느끼지 않았더라도 협박죄의 기수가 된다고 이해한다. 대상판결의 다수견해는 위험범설에 기초하고 있다.

III. 나오는 말

협박죄의 기수시기와 관련하여 위험범설에 따르면 기수범으로 처벌되는 범위가 넓어질 우려가 있을 수 있으나 피해자의 심약(心弱)의 정도에 따라 기수와 미수가 달라지지 않도록 하기 위해서는 협박죄를 위험범으로 해석하는 것이 타당하다. 협박죄에서 '협박'은 의사결정의 자유를 침해할 위험이 있는 정도이면 인정될 수 있기 때문이다.

[참고문헌] 한영수, "협박의 의미와 대상", 형사판례연구 [19] (2011); 김성돈, "침해범/위험범, 결과범/거동범, 그리고 기수/미수의 구별기준", 형사판례연구 [17](2009).

[필자: 이진국 교수(아주대)]

[80] 권리의 행사와 협박죄

[대상판결] 대법원 2002. 2. 8. 선고 2001도6468 판결

[사실관계] 친권자가 자에게 거짓말을 하였다는 이유로 야구방망이로 때릴 듯한 태도를 취하면서 "죽여 버린다"고 말하였다.

[판결요지] 친권자는 자를 보호하고 교양할 권리의무가 있고(민법 제913조) 그 자를 보호 또는 교양하기 위하여 필요한 징계를 할 수 있기는 하지만(민법 제915조) 인격의 건전한 육성을 위하여 필요한 범위 안에서 상당한 방법으로 행사되어야만 할 것인데, 스스로의 감정을 이기지 못하고 야구방망이로 때릴 듯이 피해자에게 "죽여 버린다"고 말하여 협박하는 것은 그 자체로 피해자의 인격 성장에 장해를 가져올 우려가 커서 이를 교양권의 행사라고 보기도 어렵다.

[관련판결] 대법원 2008. 12. 11. 선고 2008도8922 판결
[사실관계] 공군중사인 피고인은 상관인 피해자로부터 2005. 9. 15. 10:00경에 폭언을 들었다며 피해자를 고소한 사건으로 공군 제1전투비행단 법무실에서 조사받은 후인 2005. 10. 14. 11:15경 피해자에게 파렴치목록이라는 문건을 보이면서 "지난번에 욕설한 사실을 인정하라, 욕설한 것만 일단 인정해 주면 징계위 등에서 징계수위를 낮추거나 징계를 유예하거나 그런 것은 나중에 개인적으로 해줄 수 있다. 그러나 계속 욕설한 사실을 부인하면 파렴치목록을 제출하여 낼 수밖에 없다"는 취지의 말을 하고, 피해자가 먼저 나와 사무실로 가자 위 파렴치목록을 피해자의 책상 위에 놓고 갔다.

[판결요지] 원심은 (중략) 피고인이 피해자의 비위 등을 기록한 내용을 피해자에게 제시하면서 피해자가 피고인에게 폭언한 사실을 인정하지 아니하면 그 내용을 상부기관에 제출하겠다고 한 행위는 객관적으로 보아 사람으로 하여금 공포심을 일으키게 하기에 충분한 정도의 해악의 고지에 해당한다고 할 것이므로, 피해자가 그 취지를 인식하였음이 명백한 이상 설령 피해자가 현실적으로 공포심을 느끼지 못하였다 하더라도 그와는 무관하게 상관협박죄의 기수에 이르렀다고 보아

야 한다는 이유로, 이 부분 공소사실을 유죄로 인정하였는바, 관계 법리와 기록에 비추어 살펴보면, 위와 같은 원심의 사실인정과 판단도 옳은 것으로 수긍이 간다(주: 관련판결은 대법원 2008. 5. 29. 선고 2006도6347 판결의 환송 후 판결인데, 2006도6347 판결의 원심은 "피고인이 피해자에 대한 고소사건에서 수사를 받는 과정에서 피해자에게 진실규명을 촉구하며 항의하다가 감정이 격앙되어 결례를 저지른 것에 불과할 뿐이고 상대방이 공포심을 느낄 만한 해악을 고지한 것이라고 할 수는 없어 협박에 해당한다고 볼 수 없으며, 설령 협박에 해당한다고 하더라도 사회통념상 용인할 수 없는 정도의 것이라고 볼 수 없다"고 판단하였다. 이에 대하여 2006도6347 판결은 군형법상의 상관협박죄와 형법상의 협박죄에서의 협박의 개념은 같은 것을 전제로, "피고인이 피해자를 폭언 혐의로 고소하였다가 피해자의 부인으로 도리어 자신이 무고로 처벌받을 처지에 놓이게 되자 과거 피해자를 고발하고자 만들어둔 피해자의 비리목록을 제시하며 만약, 피해자가 폭언 사실을 시인하지 아니하면 위 문건으로 피해자를 처벌받도록 하겠다는 취지의 해악을 고지한 것은 피해자의 과거 비리정보를 소지하고 있음을 기화로 피해자로 하여금 수사과정에서의 진술번복을 강요하는 것이어서 사회상규에 위배되지 아니하는 정당한 행위라고 할 수도 없다"고 판시하였다).

[해 설]

Ⅰ. 들어가는 말

대상판결은 친권자가 자녀에 대한 교양권 행사 시 권한의 범위를 초과한 수단에 대해 위법성을 인정할 것인가라는 쟁점을 담고 있다. 본래 친권자의 훈육을 위한 징계행위는 형법 제20조의 정당행위에 해당하여 위법성이 조각된다. 즉, 권리 내지 권한을 보유하고 있는 자의 권리 내지 권한 행사는 정당한 것으로 평가되어 위법성이 배제될 수 있다. 그러나, 친권자가 훈육을 위하여 자신의 친권을 행사한 경우라도 일정한 조건에 해당한 경우는 정당성을 상실하게 된다. 권리 내지 권한의 행사는 목적이 정당해야 하며, 수단이 상당하고 필요해야 하고, 목적과 수단 간의 견련관계가 확보되어야지 위법성이 조각될 수 있다.

II. 친권자의 권한을 초과한 징계행위

1. 학 설

권리자의 협박의 정당성은 목적과 수단의 관계에 비추어 결정된다. 즉, 권리자가 권리행사를 빙자하거나 권리를 남용하여 해악을 고지하는 경우에는 협박죄가 성립한다. 이 경우 권리행사의 정당성은 사회상규를 기준으로 하여 평가된다. 즉, 목적의 정당성과 수단의 상당성을 바탕으로 사회상규에 해당하는지 여부가 판단된다. 또한, 위해의 의사표시의 이 목적과 수단 사이에는 내적인 연관이 있어야 정당하다고 볼 수 있다.

일부 견해에 따라서는 사회통념상 용인되는 해악의 고지는 위법성이 조각되는 것이 아니라 아예 구성요건 해당성이 없는 경우라고 보기도 한다. 그러나 해악을 고지한 이상 협박죄의 구성요건에 해당한다고 보아야 하며 이에 대해 사회통념, 즉 사회상규에 위배되지 않는지 여부를 바탕으로 가벌성을 판단해야 한다.

2. 대법원의 태도

권리자의 해악의 고지는 위법성이 조각될 수 있다. 따라서, 상대방에게 해악을 고지하여 공포심을 불러일으켰다고 하더라도 정당한 권리행사에 속하는 합법적 노동쟁의행위는 위법성이 조각된다. 또한, 고소권자가 고소하겠다는 의사표시로 공포심을 불러일으킨 경우에도 불법한 목적이 없는 경우 위법성이 조각된다.

다만, 대법원은 대상판결에서 나타난 바와 같이 비록 외견상 권리행사의 의사표시로 행해졌다고 하더라도 사회통념상 용인될 수 있는 해악의 고지만이 위법성이 조각되어 정당하다고 판시해왔다. 즉, 훈육의 상당성을 넘어선 해악의 고지는 협박죄가 성립한다.

3. 검 토

훈육을 위하여 해악을 고지한 경우에는 일반적으로 사회상규에 위배되지 않는 행위로 보아 위법성이 조각된다. 그러나, 권리의 범위를 넘어선 해악의 고지에 대해서는 위법성을 배제할 수 없다. 대상판결과 같이 비록 친권자가 자녀의 인격의 건전한 형성이라는 훈육을 외견상의 목적으로 하고 있지만 자신의 감정을 이기지 못하여 피해자에게 "죽여버린다"는 표현을 한 것은 해당 훈육이 필요한 범위에서 상당한 방법으로 하지 않은 경우에 해당한다.

III. 나오는 말

대상판결과 같이 외견상 권리의 행사로 보이는 경우에도 그것이 실질적으로 권리의 남용이 되어 사회상규에 위배되는 때에는 협박죄가 성립한다. 관련판결의 경우, 피고인이 상관인 피해자의 비위사실을 고발하겠다는 의사표시를 한 것은 해악을 고지하는 것으로서 협박죄의 구성요건에 해당된다고 판시하였다.

자신의 권리·권한 범위를 벗어나는 의사표시를 한 경우에는 형법 제20조의 정당행위로서 위법성이 조각될 수 없다. 무엇보다, 해악의 의사표시가 권리 범위 내에서 정당하기 위해서는 목적과 수단 사이에 견련관계가 확보되어야 한다. 비록 상관의 비위를 고발하겠다는 의사표시였지만 해당 의사표시의 목적이 자신에게 폭언한 사실을 인정하고 사과하라는 취지였다면, 의사표시의 목적과 수단 간의 견련관계가 확보되지 않아 상당성을 잃은 것이다.

〔참고문헌〕 강우예, "권리·권한실행 의사표시의 협박죄 성립", 형사판례연구 [19](2011).

[필자: 강우예 교수(한국해양대)]

[81] 보호감독자에 의한 미성년자약취죄와 국외이송약취죄

[대상판결] 대법원 2013. 6. 20. 선고 2010도14328 전원합의체 판결

[사실관계] 피고인은 베트남 국적의 여성으로서 2006. 2. 16. 대한민국 국적의 A와 혼인하고, 같은 해 4. 30. 입국하여 대한민국 내에서 거주하던 중 2007. 8. 12. 아들인 B를 출산하였다. A와 공동으로 B를 보호·양육하던 피고인은 A로부터 학대를 받거나 가혹행위를 당한 적은 없으나, 평소 A나 시집 식구들이 자신이 외국인이라는 이유로 차별하고 무시한다는 생각을 갖고 있었다. 2008. 9. 3.경 피고인은 A가 출근한 사이에 B를 데리고 베트남으로 출국하였고, 이후 피고인은 B의 양육비를 벌기 위해 B를 베트남 친정에 맡겨둔 채 2008. 9. 17. 다시 우리나라에 입국하였다. A에게 발각된 피고인은 A의 고소에 의해 2010. 4. 16. 구속되었고, 같은 해 5. 27. 보석으로 석방되었으며, 구속 중이던 2010. 5. 13. 피고인과 A는 협의이혼의사확인을 받으면서 B에 대한 양육자를 피고인으로 정하였다.

[판결요지] 형법 제287조의 미성년자약취죄, 제288조 제3항 전단의 국외이송약취죄 등의 구성요건요소로서 약취란 폭행, 협박 또는 불법적인 사실상의 힘을 수단으로 사용하여 피해자를 그 의사에 반하여 자유로운 생활관계 또는 보호관계로부터 이탈시켜 자기 또는 제3자의 사실상 지배하에 옮기는 행위를 의미하고, 구체적 사건에서 어떤 행위가 약취에 해당하는지 여부는 행위의 목적과 의도, 행위 당시의 정황, 행위의 태양과 종류, 수단과 방법, 피해자의 상태 등 관련 사정을 종합하여 판단하여야 한다. 미성년의 자녀를 부모가 함께 동거하면서 보호·양육하여 오던 중 부모의 일방이 상대방 부모나 그 자녀에게 어떠한 폭행, 협박이나 불법적인 사실상의 힘을 행사함이 없이 그 자녀를 데리고 종전의 거소를 벗어나 다른 곳으로 옮겨 자녀에 대한 보호·양육을 계속하였다면, 그 행위가 보호·양육권의 남용에 해당한다는 등 특별한 사정이 없는 한 설령 이에 관하여 법원의 결정이나 상대방 부모의 동의를 얻지 아니하였다고 하더라도 그 행위에 대하여 곧바로 형법상 미성년자에 대한 약취죄의 성립을 인정할 수는 없다.

[해 설]
I. 들어가는 말

미성년자약취죄와 국외이송약취죄는 사람의 장소선택의 자유를 보호하는 범죄로서, 형법 제31장 '약취, 유인 및 인신매매의 죄'에서 규정되고 있다. 미성년자 약취·유인죄와 관련해서는 그 보호법익을 무엇으로 볼 것인지에 대해서 견해가 대립되고 있는데, 현재 우리나라의 통설은 피약취된 미성년자의 자유권을 주된 보호법익으로, 보호자의 감독권을 부차적 보호법익으로 파악하고 있다. 국제결혼으로 인한 다문화가정이 늘어나면서 국적을 달리하는 공동친권자 중 일방이 배우자의 동의 없이 자녀를 본국으로 데리고 가는 상황이 벌어지고 있는데, 본 사안에서는 미성년자 약취·유인죄의 구성요건 중 '약취'의 의미와 그 판단 기준이 검토되었다. 또한 미성년자를 보호·감독하는 사람이 해당 미성년자에 대한 약취죄의 주체가 될 수 있는지와 함께 미성년 자녀의 부모 일방에 대하여 자녀에 대한 약취죄가 성립하기 위한 요건 등이 논하여졌다.

II. 미성년자약취죄와 국외이송약취죄의 성립 요건
1. 행위주체

현행법상 미성년자약취죄나 국외이송약취죄의 행위주체에 대해서는 아무런 제한이 없다. 다만 미성년자가 행위객체인 경우에 그 보호감독자도 범죄의 주체가 될 수 있는지가 문제되는데, 종래 판례는 미성년자를 보호·감독하는 자라 하더라도 다른 보호감독자의 감호권을 침해하거나 자신의 감호권을 남용하여 미성년자 본인의 이익을 침해하는 경우에는 미성년자 약취·유인죄의 주체가 될 수 있다고 밝혔다(대법원 2008. 1. 31. 선고 2007도8011 판결). 대상판결에서는 자녀를 공동으로 보호·양육하던 부모 중 일방이 타방의 감호권을 배제한 채 유아를 데리고 종전의 거소를 벗어났을 때 미성년자약취죄의 주체가 되는지가 문제되었다. 우선 다수의견은 부모 중 일방이 상대방이 단독으로 양육하고 있던 자녀를 탈취하여 자신의 지배하에 옮긴 행위와 공동으로 양육하던 자녀를 상대방의 의사에 반하여 자신의 단독 지

배하에 옮긴 행위의 유형을 구분하였다. 그리하여 전자의 경우에는 특별한 사정이 없는 한 미성년자약취죄의 구성요건해당성을 인정할 수 있으나 후자의 경우에는 그 행위가 보호·양육권의 남용에 해당한다는 등 특별한 사정이 없는 한 곧바로 구성요건해당성을 인정할 수 없다고 판단하였다. 한편 반대의견은 우리나라가 가입한 '국제적 아동탈취의 민사적 측면에 관한 협약'에 따라 아동에 대한 부모의 단독 보호·양육 상태를 침해하는 행위와 공동 보호·양육 상태를 침해하는 행위가 모두 불법적인 아동탈취행위로 규정되고 있는바, 양자 모두가 정당한 절차와 방법을 거치지 않고 상대방의 자녀에 대한 보호·양육권을 침해하였다는 점에서 그 본질이 같은 것이라고 파악하였다. 그러나 민사적 측면에서의 협약이 형법 해석의 절대적인 준거가 될 수는 없다고 생각된다. 형법상의 점유가 순수한 사실상의 개념이라는 점에서 민법상의 점유와 구별되는 것처럼 형사법적 쟁점은 민사적 측면과는 다른 차원에서 검토되어야 한다.

2. 행위태양

대상판결 사건에서 피고인이 생후 13개월가량 된 자녀를 데리고 간 행위는 전형적인 폭행이나 협박에 해당하지 아니하는바, 이러한 행위가 '약취'에 해당하는지는 일차적으로 피고인이 '사실상의 힘'을 행사한 것으로 볼 수 있는지에 따라 달라진다. 다수의견은 형법상 약취죄에서의 사실상의 힘이라 함은 폭행이나 협박에 준하는 불법성을 갖추어야 하는데, 미성년인 자녀를 보호·양육해오던 부모 중 일방이 자녀를 데리고 간 행위는 이러한 불법성이 인정되지 않는다고 보았다. 이에 대하여 반대의견은 사실상의 물리력 행사에 초점을 맞추고 있으나, 다른 공동친권자의 보호·양육권을 침해한 피고인의 행위는 민법 위반일 뿐만 아니라 다른 공동친권자로부터 보호·양육을 받을 수 있는 유아의 이익도 현저히 침해하였으므로 불법성이 인정된다고 주장하였다. 반대의견에 대해서는 사실상의 힘을 불법적인 것에 한정하지 않고 자연적·물리적인 개념으로 이해한 것으로서 '약취'라는 법문언의 가능한 의미를 벗어나는 유추해석을 통해 죄형법정주의의 원칙을 위배하였다는 비판이 제기되었다.

한편 약취가 인정되기 위해서는 폭행이나 협박을 한 것만으로는 부족하고 피인취자를 자기 또는 제3자의 '사실적 지배하'에 두어야 한다. 피고인이 B를 데리고 베트남으로 떠난 행위는 어떠한 실력을 행사하여 평온하던 종전의 보호·양육 상태로부터 B를 이탈시킨 것이 아니라, 친권자인 모로서 출생 이후 줄곧 맡아왔던 B에 대한 보호·양육 상태를 계속 유지한 것이므로 이를 두고 폭행·협박 또는 불법적인 사실상의 힘을 사용하여 피해자를 자기 또는 제3자의 지배하에 옮긴 약취 행위라고 할 수 없다는 것이 대상판결의 입장이다. 이에 대하여 반대의견은 부모 중 일방이 상대방과 동거하면서 공동으로 보호·양육하던 유아를 국외로 데리고 나갔다면, 이는 '사실상의 힘'을 수단으로 사용하여 유아를 자신 또는 제3자의 사실상 지배하에 옮긴 것이라고 주장하였다. 그러나 정당한 감호권자로서 종전부터 B의 양육을 맡아온 피고인으로서는 B를 이탈시켜 새롭게 자신의 실력적 지배하에 둔 것이 아니므로 불법적인 사실상의 힘을 이용했다고 하더라도 약취행위로 인정하지 않는 것이 형법 해석의 엄격성 원칙에 부합한다.

III. 나오는 말

대법원은 베트남 여성이 배우자의 동의 없이 자녀를 데리고 친정에 간 행위가 약취에 해당하지 아니한다고 판시하였으나, 재판관 13명 중 5명이라는 적지 않은 수가 이에 대한 반대의견을 표명하였다. 미성년자약취죄와 국외이송약취죄 등을 형법전에 규정했던 당시의 입법자들은 교통과 통신의 발달로 인해 외국과의 교류가 활발해지면서 국제결혼 건수가 늘어나고, 공동친권자 중 일방이 폭행이나 협박 또는 불법적인 사실상의 힘 등을 행사하지 않은 채 임의로 상대방 몰래 자녀를 데리고 국외로 나가는 경우를 미처 상정하지 못했을 것이다. 대상판결에서 대법원은 형법이 예정한 범위를 벗어나 가벌성을 확장하려는 시도를 경계하고 있는데, 이러한 태도는 형법의 보충성 원칙과 엄격 해석의 원칙에 부합한다. 다만, 부모 중 일방이 상대방의 동의나 가정법원의 결정 없이 미성년인 자녀를 데리고 국외로 나가는 행위로 인해 발생하고 있는 사회문제의 심각성을 고려할 때, 향후 이를 해결할 수 있는 입법적·행정적 조치가 신속하게 마련되어야 할 것이다.

〔참고문헌〕 윤지영, "보호감독자에 의한 미성년자약취죄와 국외이송 약취죄 —베트남 여성의 자녀 약취 사건—", 형사판례연구 [22](2014).

[필자: 윤지영 연구위원(한국형사정책연구원)]

[82] 강제추행죄에서 폭행·협박의 정도

[대상판결] 대법원 2002. 4. 26. 선고 2001도2417 판결

[사실관계] 피고인은 피고인의 처가 경영하는 식당의 지하실에서 종업원들인 피해자(35세의 유부녀) 및 다른 종업원 A가 노래를 부르며 놀던 중, A가 노래를 부르는 동안 피해자를 뒤에서 껴안고 부루스를 추면서 피해자의 유방을 만졌다.

[판결요지] [1] 강제추행죄는 상대방에 대하여 폭행 또는 협박을 가하여 항거를 곤란하게 한 뒤에 추행행위를 하는 경우뿐만 아니라 폭행행위 자체가 추행행위라고 인정되는 경우도 포함되는 것이며, 이 경우에 있어서의 폭행은 반드시 상대방의 의사를 억압할 정도의 것임을 요하지 않고 상대방의 의사에 반하는 유형력의 행사가 있는 이상 그 힘의 대소강약을 불문한다.

[2] 추행이라 함은 객관적으로 일반인에게 성적 수치심이나 혐오감을 일으키게 하고 선량한 성적 도덕관념에 반하는 행위로서 피해자의 성적 자유를 침해하는 것이라고 할 것인데, 이에 해당하는지 여부는 피해자의 의사, 성별, 연령, 행위자와 피해자의 이전부터의 관계, 그 행위에 이르게 된 경위, 구체적 행위태양, 주위의 객관적 상황과 그 시대의 성적 도덕관념 등을 종합적으로 고려하여 신중히 결정되어야 한다.

[3] 피해자와 춤을 추면서 피해자의 유방을 만진 행위가 순간적인 행위에 불과하더라도 피해자의 의사에 반하여 행하여진 유형력의 행사에 해당하고 피해자의 성적 자유를 침해할 뿐만 아니라 일반인의 입장에서도 추행행위라고 평가될 수 있는 것으로서, 폭행행위 자체가 추행행위라고 인정되어 강제추행에 해당된다.

[관련판결] 대법원 2003. 10. 24. 선고 2003도5322 판결

[사실관계] 피고인은 2003. 3. 29. 14:20경 광명시 소재 아파트 피해자(여, 37세)의 집 안방에서, 정신분열병을 앓고 있는 피해자에게 험악한 인상을 지으며 주먹으로 때릴 듯한 태도를 보여 그녀의 반항을 억압한 후, 피해자의 팬티를 벗기고 그녀의 가슴과 음부를 수회 만지며 상체를 껴안아 넘어뜨린 뒤 피해자를 간음

하려고 하였으나, 그녀가 크게 소리를 질러 피해자의 딸인 B가 오는 바람에 그 뜻을 이루지 못하여 미수에 그쳤다.

[판결요지] 피해자는 형법 제302조에서 말하는 심신미약의 상태에 있었다고 볼 수는 있겠으나, 성폭력범죄의 처벌 등에 관한 특례법(이하, 성폭력처벌법이라 한다) 제6조는 신체적인 또는 정신적인 장애로 항거불능인 상태에 있음을 이용하여 여자를 간음하거나 사람을 추행한 자를 강간 또는 강제추행의 죄에 정한 형으로 처벌하도록 규정하고 있는바, 위 죄는 정신적·신체적 사정으로 인하여 성적인 자기방어를 할 수 없는 사람에게 성적 자기결정권을 보호해 주는 것을 보호법익으로 하고 있으므로, 여기에서 항거불능의 상태라 함은 심리적 또는 물리적으로 반항이 절대적으로 불가능하거나 현저히 곤란한 경우를 의미한다고 보아야 할 것이고, 이러한 요건은 형법 제302조에서 미성년자 또는 심신미약자에 대하여 위계 또는 위력으로써 간음 또는 추행을 한 자의 처벌에 관하여 따로 규정하고 있는 점에 비추어 더욱 엄격하게 해석하여야 한다.

[해 설]
I. 들어가는 말

대상판결의 쟁점은 강제추행죄에서 어느 정도의 폭행·협박이 구성요건에 해당되는가이다. 폭행 또는 협박의 의미는 강간죄와 동일하나 그 정도에 대해서는 학설과 판례가 대립하고 있다.

II. 강제추행죄에서의 폭행 또는 협박의 정도
1. 학 설

강제추행죄에서 폭행 또는 협박의 정도는 학설상 강간죄와 동일하게 상대방의 항거불능을 야기하게 하거나 현저히 곤란하게 할 정도를 요한다는 견해와 강제추행죄는 강간죄와 달리 벌금형이 규정되어 있어 강간죄와 폭행죄·협박죄의 중간 정도의 폭행·협박으로 항거가 보통 일반인으로 하여금 곤란을 느끼게 할 정도,

즉 상대방의 임의성을 잃게 할 정도면 충분하다는 견해가 있다.

2. 대법원의 태도

대법원의 입장은 폭력행위 자체가 추행행위라고 인정하는 경우도 포함되며, 폭행이 반드시 상대방의 의사를 억압할 정도의 것임을 요하지 않고, 다만 상대방의 의사에 반하는 유형력의 행사가 있는 이상 그 힘의 대소강약은 불문한다는 입장으로 앞의 학설 중 후자의 견해와 동일하다.

III. 관련문제 — 형법과 성폭력처벌법상의 항거불능의 해석

관련판결에서 대법원은 성폭력처벌법 제6조의 항거불능이라는 조항을 형법 제302조의 심신미약보다 엄격하게 해석하고 있다. 이렇게 해석할 경우, 위 조항은 신체적인 또는 정신적인 장애자에 대하여 불합리하게 작용하게 되어 가해자가 무죄판결을 받을 수 있는 독소조항이 된다. 즉, 관련판결의 쟁점은 신체적인 또는 정신적인 장애자에 대한 항거불능상태를 어떻게 판단할 것인가 여부이다.

형법 제299조(준강간·준강제추행)의 형법상 '항거불능의 상태'란 심신상실 이외의 원인으로 심리적·육체적으로 반항이 불가능하거나 현저히 곤란한 경우를 말한다. 그런데 성폭력처벌법 제6조 제4항은 신체적인 또는 정신적인 장애로 성적인 자기방어를 할 수 없는 사람에게 성적 자기결정권을 보호해 주는 것을 보호법익으로 하고 있고, 위 법률규정에서의 항거불능의 상태라함은 심리적 또는 물리적으로 반항이 절대적으로 불가능하거나 현저히 곤란한 경우를 의미한다고 보아야 한다. 따라서 성폭력처벌법 제6조의 구성요건에 해당하기 위해서는 피해자가 신체장애 또는 정신상의 장애로 인하여 성적인 자기방어를 할 수 없는 항거불능의 상태에 있었어야 하고, 이러한 요건은 형법 제302조에서 미성년자 또는 심신미약자에 대하여 위계 또는 위력으로써 간음 또는 추행을 한 자의 처벌에 관하여 따로 규정하고 있는 점에 비추어 더욱 엄격하게 해석하여야 한다.

IV. 나오는 말

(1) 대상판결에 대한 대법원의 입장은 강제추행의

범위가 확대될 우려가 있으며, 상대방의 의사에 반하는 유형력의 행사만 있으면 그 힘의 대소강약을 불문하고 범죄가 성립하게 되므로 강제추행과 단순한 추행의 한계가 모호하다. 특히 공중밀집장소에서의 추행죄(성폭력처벌법 제12조)에서는 폭행·협박을 요건으로 하지 않으므로 이의 구별이 어렵다는 점 때문에 강간죄와 동일하게 보는 것이 타당하다고 생각한다.

(2) 성폭력처벌법상의 항거불능의 정도는 형법 제302조의 심신미약보다는 엄격하게 해석하여야 한다는 것이 대법원의 입장이다. 즉 관련판결에서 정신상의 장애가 있기는 하였으나 그로 인하여 항거불능의 상태에 있었던 것은 아닌 피해자를 피고인이 폭행·협박 또는 위력으로써 반항을 쉽게 억압한 뒤 피해자를 간음하려다가 그 뜻을 이루지 못한 것으로 볼 수는 있을지언정, 피해자가 정신상의 장애로 인하여 항거불능인 상태에 있음을 이용하여 피고인이 피해자를 간음하려다가 미수에 그친 것이라고 볼 수는 없다고 판시하여 무죄를 선고하였다.

〔참고문헌〕 김혜정, "성폭력범죄에 있어서 '항거불능인 상태'의 의미", 형사판례연구 [14](2006).

[필자: 오경식 교수(국립강릉원주대)]

[83] 기습추행과 미수

[대상판결] 대법원 2015. 9. 10. 선고 2015도6980 판결

[사실관계] 피고인은 밤에 혼자 술을 마시고 배회하던 중 버스에서 내려 혼자 걸어가는 피해자(여, 17세)를 발견하고 마스크를 착용한 채 200m 정도 뒤따라가다가 인적이 없고 외진 곳에 이르러 피해자에게 가까이 접근하여 양팔을 높이 들어 피해자를 껴안으려고 하였으나 피해자가 뒤돌아보면서 "왜 이러세요?"라고 소리치자 그 상태로 몇 초 동안 피해자를 쳐다보다가 다시 오던 길로 되돌아갔다.

[판결요지] [1] 강제추행죄는 상대방에 대하여 폭행 또는 협박을 가하여 항거를 곤란하게 한 뒤에 추행행위를 하는 경우뿐만 아니라 폭행행위 자체가 추행행위라고 인정되는 경우도 포함되며, 이 경우의 폭행은 반드시 상대방의 의사를 억압할 정도의 것일 필요는 없다. 추행은 객관적으로 일반인에게 성적 수치심이나 혐오감을 일으키게 하고 선량한 성적 도덕관념에 반하는 행위로서 피해자의 성적 자유를 침해하는 것을 말하며, 이에 해당하는지 여부는 피해자의 의사, 성별, 연령, 행위자와 피해자의 이전부터의 관계, 그 행위에 이르게 된 경위, 구체적 행위태양, 주위의 객관적 상황과 그 시대의 성적 도덕관념 등을 종합적으로 고려하여야 한다. 그리고 추행의 고의로 상대방의 의사에 반하는 유형력의 행사, 즉 폭행행위를 하여 그 실행행위에 착수하였으나 추행의 결과에 이르지 못한 때에는 강제추행미수죄가 성립하며, 이러한 법리는 폭행행위 자체가 추행행위라고 인정되는 '기습추행'의 경우에도 마찬가지로 적용된다.

[2] 피고인이 피해자에게 가까이 접근하여 갑자기 뒤에서 피해자를 껴안는 행위는 일반인에게 성적 수치심이나 혐오감을 일으키게 하고 선량한 성적 도덕관념에 반하는 행위로서 피해자의 성적 자유를 침해하는 행위라 할 것이어서 그 자체로 '기습추행' 행위로 볼 수 있으므로, 피고인의 팔이 피해자의 몸에 닿지는 않았더라도 양팔을 높이 들어 갑자기 뒤에서 껴안으려는 행위는 피해자의 의사에 반하는 유형력의 행사로서 폭행행위에 해당하며, 그 때 '기습추행'에 관한 실행의 착

수가 있는데 마침 피해자가 뒤돌아보면서 소리치는 바람에 몸을 껴안는 추행의 결과에 이르지 못하고 미수에 그쳤으므로 피고인의 행위는 아동·청소년에 대한 강제추행미수죄에 해당한다.

[해 설]
Ⅰ. 들어가는 말

대상판결의 쟁점은 추행의 고의로 폭행행위를 하여 실행행위에 착수하였으나 추행의 결과에 이르지 못한 경우 강제추행미수죄가 성립하는지 여부 및 이러한 법리가 폭행행위 자체가 추행행위라고 인정되는 이른바 '기습추행'의 경우에도 마찬가지로 적용되는지 여부이다. 이를 판단하기 위해서는 강제추행죄에서 폭행의 형태와 정도 및 추행의 의미와 판단기준, 실행의 착수시기를 살펴볼 필요가 있고, 이를 바탕으로 '피해자에게 가까이 접근하여 양팔을 높이 들어 뒤에서 껴안으려는 행위'에 대하여 강제추행죄에 있어서 폭행행위로 보아 실행의 착수가 있다고 보아 강제추행미수죄가 성립하는지 여부에 대하여 살펴보도록 하겠다.

Ⅱ. 강제추행죄에서 '폭행'의 형태와 정도
1. 학 설

강제추행죄에서의 폭행도 강간죄와 동일하게 상대방의 반항을 불가능하게 하거나 현저히 곤란하게 할 정도에 이를 것을 요한다는 견해와 강간죄의 그것보다 다소 낮추어 해석하여 일반인으로 하여금 항거에 곤란을 느끼게 할 정도 또는 상대방의 의사의 임의성을 잃게 할 정도에 이르면 족하다는 견해가 있다.

2. 대법원의 태도

대법원은 폭행행위 후 추행행위를 하는 경우의 폭행은 반항을 곤란하게 할 정도의 것임을 요하나, 폭행행위 자체가 추행행위라고 인정되는 기습추행의 경우의 폭행은 반드시 상대방의 의사를 억압할 정도의 것임을 요하지 않고 상대방의 의사에 반하는 유형력의 행사가 있는 이상 그 힘의 대소강약은 불문한다고 본다.

III. '추행'의 의미와 판단기준 및 고의

추행이란 객관적으로 일반인에게 성적 수치심이나 혐오감을 일으키게 하고 선량한 성적 도덕관념에 반하는 행위로서 피해자의 성적 자유를 침해하는 것을 말한다. 이에 해당하는지 여부는 피해자의 의사, 성별, 연령, 행위자와 피해자의 이전부터의 관계, 그 행위에 이르게 된 경위, 구체적 행위태양, 주위의 객관적 상황과 그 시대의 성적 도덕관념 등을 종합적으로 고려하여 판단하여야 한다. 따라서 피해자에게 가까이 접근하여 갑자기 뒤에서 피해자를 껴안는 행위는 일반인에게 성적 수치심이나 혐오감을 일으키게 하고 선량한 성적 도덕관념에 반하는 행위로서 피해자의 성적 자유를 침해하는 행위라 할 것이어서 그 자체로 '기습추행' 행위로 볼 수 있다. 또한 피고인과 피해자의 관계, 피해자의 연령과 의사, 위 행위에 이르게 된 경위와 당시의 상황, 위 행위 후의 피해자의 반응 및 위 행위가 피해자에게 미친 영향 등을 고려하여 보면, 피해자를 껴안아 추행하기 위하여 뒤따라간 것으로 보이고 그 외에 다른 의도가 있었다고 보기 어려우므로 추행의 고의가 인정된다.

IV. 강제추행죄의 실행의 착수시기

강제추행죄는 폭행행위와 추행행위가 결합된 범죄이므로 폭행행위 후 추행행위를 하는 경우 피해자의 반항을 곤란하게 할 정도의 폭행이 개시된 때에, 폭행행위 자체가 추행행위라고 인정되는 기습추행의 경우 상대방의 의사를 억압할 정도의 폭행을 요하지 않으므로 상대방의 의사에 반하는 유형력의 행사가 있는 때에 실행의 착수가 있다고 보아야 한다. 따라서 기습추행의 경우 추행의 고의로 상대방의 의사에 반하는 유형력의 행사, 즉 폭행행위를 하여 그 실행행위에 착수하였으나 추행의 결과에 이르지 못한 경우 강제추행미수죄가 성립한다.

본건의 경우 피해자에게 가까이 접근하여 양팔을 높이 들어 갑자기 뒤에서 껴안으려는 행위에 대하여 기습추행에 있어서 폭행행위로 보아 실행의 착수가 있다고 볼 수 있는지, 이때 피해자의 몸을 껴안는 추행의 결과에 이르지 못한 경우 강제추행미수죄가 성립하는지 문제된다.

이에 대하여, 원심은 "그 행위 자체로 피해자에 대한 추행행위에 해당하는 폭행행위가 존재하지 아니하여 기습추행에 해당하지 아니하고, 양팔을 높이 들어 벌린 자세를 취한 행위나 몇 초 동안 피해자를 빤히 쳐다본 행위만으로는 피해자의 항거를 곤란하게 하는 정도의 폭행이라고 보기 어려워 실행의 착수가 있다고 볼 수 없다"고 하였으나, 대법원은 "실제로 피고인의 팔이 피해자의 몸에 닿지는 않았다 하더라도 위와 같이 양팔을 높이 들어 갑자기 뒤에서 피해자를 껴안으려는 행위는 피해자의 의사에 반하는 유형력의 행사로서 폭행행위에 해당하고, 그 때에 기습추행에 관한 실행의 착수가 있다고 볼 수 있고, 피해자가 뒤돌아보면서 소리치는 바람에 피해자의 몸을 껴안는 추행의 결과에 이르지 못하였으므로 강제추행미수죄에 해당한다"고 보았다.

V. 나오는 말

(1) 강간의 경우 '기습간음'이라는 형태를 상정하기 어려우나 폭행행위 자체가 추행행위로 인정되는 '기습추행'은 얼마든지 발생할 수 있고, 현실적으로 그러한 행위를 처벌하여야만 할 형사정책적 필요성이 있다.

(2) 기습추행의 경우 실행의 착수시기를 신체에 접촉한 시점으로 엄격히 해석한다면 그 때 이미 기수에 이르기 때문에 사실상 미수범이 성립될 수 없는 문제가 발생하므로 기습추행의 실행의 착수시기는 신체접촉을 실제로 한 시점이 아니라 신체접촉을 시도한 시점으로 보아야 한다. 또한 피고인이 피해자를 껴안았을 때에는 강제추행으로 처벌할 수 있는 것과 비교해 볼 때, 피고인이 껴안으려는 행위를 시작하였음에도 단지 껴안는데 성공하지 못하였다는 이유만으로 처벌하지 못한다면 형사정책적으로 부당하므로 대법원의 위와 같은 해석은 타당하다.

[필자: 전윤경 교수(한양대)]

[84] 강제추행죄의 주관적 요소

[대상판결] 대법원 2013. 9. 26. 선고 2013도5856 판결

[사실관계] 피고인(남, 47세)과 피해자(여, 40세)는 2년 가량 사귀었던 사이인데, 평소 피고인이 피해자에 대해 험담을 하고 다닌다는 소문을 듣고 2012. 4. 23. 00:40경 피해자가 피고인 운영의 주점으로 찾아 가 이를 항의하면서 피고인과 다투던 중, 피해자가 피고인의 머리채를 잡는 등 폭행을 가하자 피고인도 피해자의 양팔을 잡고 피해자의 입술과 귀를 깨물고 피해자의 셔츠와 속옷을 끌어내린 다음 피해자의 유두와 가슴, 어깨를 깨무는 등의 방법으로 피해자에게 약 3주의 치료를 요하는 다발성 좌상을 가하였다.

[판결요지] [1] '추행'이란 객관적으로 일반인에게 성적 수치심이나 혐오감을 일으키게 하고 선량한 성적 도덕관념에 반하는 행위로서 피해자의 성적 자유를 침해하는 것이고, 이에 해당하는지는 피해자의 의사, 성별, 연령, 행위자와 피해자의 이전부터의 관계, 행위에 이르게 된 경위, 구체적 행위태양, 주위의 객관적 상황과 그 시대의 성적 도덕관념 등을 종합적으로 고려하여 신중히 결정되어야 한다. 그리고 강제추행죄의 성립에 필요한 주관적 구성요건으로 성욕을 자극, 흥분, 만족시키려는 주관적 동기나 목적이 있어야 하는 것은 아니다.

[2] 피고인이 알고 지내던 여성인 피해자가 자신의 머리채를 잡아 폭행을 가하자 보복의 의미에서 피해자의 입술, 귀, 유두, 가슴 등을 입으로 깨문 행위는 객관적으로 일반적이고 평균적인 사람으로 하여금 성적 수치심이나 혐오감을 일으키게 하고 선량한 성적 도덕관념에 반하는 것으로서 여성인 피해자의 성적 자유를 침해하였다고 봄이 타당하므로 이와 같은 피고인의 행위는 강제추행죄의 '추행'에 해당한다.

[해 설]

I. 사건의 경과

대상판결 사례에서 피해자는 피고인을 고소하였고, 검사는 피고인을 강제추행치상죄로 기소하였다. 피고인은 피해자를 상대로 사실관계와 같은 행위를 하였음은 모두 인정하면서도 "이는 피해자가 자신을 폭행하므로 피해자에 대항하기 위한 행위였을 뿐 피해자를 추행할 의도로 한 것은 아니다"며 강제추행의 범의를 부인하였다.

1심은 피고인의 주장을 받아들여 "피고인이 주관적으로 피해자에게 성적 수치심이나 혐오감을 야기할 만한 행위를 행한다는 인식 하에 위와 같은 행위를 하였다고 보기 어렵고, 달리 피고인이 강제추행의 고의를 가지고 피해자의 성적 자유(성적 자기결정권)를 폭력적으로 침해하였다고 인정하기도 어렵다"면서 강제추행치상에 대해 무죄를 선고하였다.

검사는 '피고인이 피해자의 가슴, 유두 등을 깨문 행위 자체가 객관적으로 피해자의 성적수치심이나 혐오감을 일으키게 하는 것으로서 강제추행에 해당한다고 할 것임에도 1심이 강제추행의 법리를 오해하였다'고 항소를 하면서 항소심에서 예비적 공소장변경을 통해 '상해'를 추가하였으나, 항소심(원심)도 1심과 같은 이유로 피고인에 대한 강제추행의 점은 무죄를 선고하고 상해만 유죄를 인정하였다.

II. 대상판결의 쟁점 – 강제추행죄 성립에 '성욕을 자극, 흥분, 만족시키려는 주관적 동기나 목적이 있어야 하는지' 여부

강제추행죄는 상대방에 대하여 폭행 또는 협박을 가해 항거를 곤란하게 한 뒤 추행행위를 하는 경우뿐만 아니라 폭행행위 자체가 추행행위라고 인정되는 경우도 포함되는 것이며, 이 경우에 있어서 폭행은 반드시 상대방의 의사를 억압할 정도의 것임을 요하지 않고 상대방의 의사에 반하는 유형력의 행사가 있는 이상 그 힘의 대소강약을 불문한다. 또한 '추행'이라 함은 객관적으로 일반인에게 성적 수치심이나 혐오감을 일으키게 하고 선량한 성적 도덕관념에 반하는 행위로서 피해자의 성적 자유를 침해하는 것을 말하는데, 이에 해당하는지 여부는 피해자의 의사, 성별, 연령, 행위자와 피해자의 이전부터의 관계, 그 행위에 이르게 된 경위, 구체적 행위태양, 주의의 객관적 상황과 그 시대의

성적 도덕관념 등을 종합적으로 고려하여 신중히 결정되어야 한다(대법원 2015. 9. 10. 선고 2015도6980 판결).

그런데 사안에 따라서는 폭행행위 자체가 추행행위라고 인정될 수 있는 경우도 있는데 본 사건에서 원심은 "강제추행죄의 구성요건이 '폭행 또는 협박으로 사람에 대하여 추행한 자'라고 규정되어 있는 이상, 행위자가 행한 거동이나 행태가 상대방에 대한 유형력의 행사라고 볼 수 있는 행위에 해당하고, 그러한 행위 그 자체가 성욕의 흥분, 자극 또는 만족을 목적으로 하는 행위로서 건전한 상식있는 일반인이 성적 수치심이나 혐오의 감정을 느끼게 하는 것이라고 볼 만한 징표를 가지고 있는 것이어야 함은 물론 주관적으로 그러한 행위를 통해 성욕을 충족하려는 의도가 있어야 하는 것은 아니라 하더라고 적어도 상대방에게 성적 수치심이나 혐오감을 야기할 만한 행위를 행한다는 인식 하에 일반적인 입장에서 성욕의 자극이나 만족을 구하려는 행태로 볼 만한 경향성이 드러나 상대방의 성적 자유(성적 자기결정권)를 폭력적 행태에 의하여 침해한 경우라고 평가할 수 있는 경우에야 비로소 강제추행죄의 죄책이 성립한다"고 판시하였다.

이와 같은 관점에서 보면, 본 사건의 피고인은 피해자의 폭행행위에 대항하거나 이를 제지할 동기에서 피해자의 입술, 귀, 유두와 가슴, 어깨 등을 물은 것이기 때문에 일응, 피해자에게 성적 수치심이나 혐오감을 야기할 만한 행위를 행한다는 인식이 결여되어 강제추행죄를 인정하기 어려울 수 있다.

그러나 법규정상으로도 강제추행은 '폭행 또는 협박으로 사람에 대해 추행을 함'으로써 성립하는 것이지(제298조) '성욕을 자극, 흥분, 만족시키려는 주관적 목적이나 동기' 내지 '성욕의 자극이나 만족을 구하려는 경향성'을 요구하지 않는다. 그리고 '추행'에 해당하는지 여부는 일반인의 입장에서 객관적으로 판단하여야 한다(대법원 2012. 6. 14. 선고 2012도3893 판결 등 다수).

사안으로 돌아가, 비록 피고인이 피해자의 폭행에 대항하거나 이를 제지할 생각이었다고 하더라도 당시 피고인과 피해자의 연령, 피고인과 피해자가 2년 정도 내연의 관계로 지냈으나 이후 사이가 나빠져 범행 무렵에는 서로 좋지 않은 감정을 가지고 있었다는 점, 범행 당시 주점 안에는 피고인과 피해자만 있었을 뿐 다른 사람은 없었다는 점, 피해자의 입술과 귀, 더 나아

가 피해자가 입고 있던 티셔츠와 속옷까지 아래로 내리고 피해자의 유두와 가슴을 드러내 입으로 물어버린 피고인의 행위 태양(여성인 피해자의 폭행을 제압하기 위해 피해자보다 건강한 피고인이 굳이 피고인의 입술, 귀, 유두와 가슴까지 물었어야 하는지의 점도 의문이다), 피고인의 행위로 피해자가 심한 성적 수치심을 느낀 나머지 피고인을 강제추행으로 고소한 사후 정황 등을 종합하면 피고인의 행위는 일반인의 입장에서 성적 수치심이나 혐오감을 일으키게 하는 행위로서 강제추행에 해당하고, 피고인의 행위가 이와 같은 이상 피해자의 성적 수치심이나 혐오감을 일으키게 할 의사(강제추행의 고의)도 객관적으로 인정된다고 생각된다.

III. 나오는 말

대상판결은 강제추행죄의 성립에 필요한 주관적 구성요건으로 '성욕을 자극, 흥분, 만족시키려는 주관적 동기나 목적'을 배제한 채 일반인의 객관적 입장에서 제반 사정을 종합하여 추행 여부를 판단하였다는 점에서 타당하다. 이는 종전 강제추행의 인정요건을 재확인한 것이다.

실무상 '제반 사정' 중 가장 중요한 것으로 보는 요소는 '구체적 행위 태양'이라 할 수 있다. 그러므로 여성의 성적 수치심을 자극할 만한 부위를 성적 수치심을 자극할 만한 방법으로 접촉하였다면 추행의 죄책을 벗어나기 어렵다.

대상판결이 '강제추행죄의 성립을 위해 성욕을 자극, 흥분, 만족시키려는 주관적 동기나 목적을 필요로 하지 않는다'고 해서 쉽게 강제추행죄를 인정하여서는 위험하고, 개별 사례마다 행위 태양, 그와 같은 행위에 이르게 된 경위, 행위 당시의 상황, 행위 태양을 통해 엿보이는 피의자의 의사 등을 종합적으로 면밀히 따져보아야 할 것이다.

〔참고문헌〕 이경재, "강제추행죄를 둘러싼 몇 가지 문제점", 형사판례연구 [23](2015).

[필자: 김영기 변호사]

[84-1] 아동·청소년 위계간음죄

[대상판결] 대법원 2020. 8. 27. 선고 2015도9436 전원합의체 판결

[사실관계] 36세의 피고인은 2014. 7. 중순경 스마트폰 채팅 애플리케이션 '낯선 사람 랜덤채팅'을 통하여 알게 된 14세의 피해자에게 자신을 '고등학교 2학년생인 김○○'이라고 거짓으로 소개하고 다른 사람의 사진을 자신의 사진인 것처럼 피해자에게 전송한 뒤 채팅을 계속하여 피해자와 사귀기로 하였다. 그러다가 피고인은 김○○을 스토킹하는 여성의 행세를 하며 피해자에게 자신도 김○○을 좋아하는데 그를 좋아하면 무엇이든 해야 한다고 도발하였다. 피고인은 2014. 8. 초순경 피해자에게 '사실은 나(김○○)를 좋아해서 스토킹하는 여성이 있는데, 나에게 집착을 해서 너무 힘들다. 죽고 싶다. 우리 그냥 헤어질까'라고 거짓말하면서 '스토킹하는 여성을 떼어내려면 나의 선배와 성관계하면 된다'는 취지로 이야기하였다. 이러한 도발과 부탁은 여러 차례 반복되었다. 처음에는 거절하였던 피해자는 김○○과 헤어질 것이 두려워 김○○의 선배를 만나 성관계하는 데에 동의하였고, 이를 위해 새벽에 고속버스를 타고 피고인이 지정한 장소로 이동하였다. 약속한 장소에서 피해자를 만난 피고인은 김○○의 선배 행세를 하며 피해자를 차량에 태워 인접한 해수욕장 근처 공터로 가 차량 뒷좌석에서 스스로 옷을 벗게 한 후 1회 간음하였다.

[판결요지] 위계에 의한 간음죄에서 '위계'란 행위자의 행위목적을 달성하기 위하여 피해자에게 오인, 착각, 부지를 일으키게 하여 이를 이용하는 것을 말한다. 이러한 위계의 개념 및 성폭력범행에 특히 취약한 사람을 보호하고 행위자를 강력하게 처벌하려는 입법 태도, 피해자의 인지적·심리적·관계적 특성으로 온전한 성적 자기결정권 행사를 기대하기 어려운 사정 등을 종합하면, 행위자가 간음의 목적으로 피해자에게 오인, 착각, 부지를 일으키고 피해자의 그러한 심적 상태를 이용하여 간음의 목적을 달성하였다면 위계와 간음행위 사이의 인과관계를 인정할 수 있고, 따라서 위계에 의한 간음죄가 성립한다. 왜곡된 성적 결정에 기초하여 성행위를 하였다면 왜곡이 발생한 지점이 성행위 그 자체인지 성행위에 이르게 된 동기인지는 성적 자기결정권에 대한 침해가 발생한 것은 마찬가지라는 점에서 핵심적인 부분이라고 하기 어렵다. 피해자가 오인, 착각, 부지에 빠지게 되는 대상은 간음행위 자체일 수도 있고, 간음행위에 이르게 된 동기이거나 간음행위와 결부된 금전적·비금전적 대가와 같은 요소일 수도 있다.

한편 위계에 의한 간음죄가 보호대상으로 삼는 아동·청소년, 미성년자, 심신미약자, 피보호자·피감독자, 장애인 등의 성적 자기결정 능력은 그 나이, 성장과정, 환경, 지능 내지 정신기능 장애의 정도 등에 따라 개인별로 차이가 있으므로 간음행위와 인과관계가 있는 위계에 해당하는지 여부를 판단할 때에는 구체적인 범행 상황에 놓인 피해자의 입장과 관점이 충분히 고려되어야 하고, 일반적·평균적 판단능력을 갖춘 성인 또는 충분한 보호와 교육을 받은 또래의 시각에서 인과관계를 쉽사리 부정하여서는 안 된다.

[해 설]

Ⅰ. 들어가는 말

판례와 다수적 견해는 과거와 달리 오늘날 성범죄는 부인의 정조와 같은 사회적 법익에 대한 침해가 아니라 성적 자기결정권이라는 개인적 법익에 대한 침해로 이해한다. 그런데 아동·청소년, 미성년자, 심신미약자, 피보호자·피감독자, 장애인 등 사회적 약자의 경우 내적 또는 외적 이유로 자신의 성적 자기결정권을 온전히 행사할 수 없는 처지에 놓이게 됨으로써 그들에 대한 특별한 보호필요성이 제기된다. 따라서 형법 제297조 강간죄의 "폭행 또는 협박"의 수단이 아니어도 이러한 인적 범위의 성적 자기결정권을 침해할 수 있는 행위유형을 정하여 법으로 금지시키고 이를 어길 시 중한 형벌을 부과하고 있다. 위계를 수단으로 하는 성범죄는 이중 하나이다.

정신적·육체적으로 미성숙한 아동·청소년 및 미성년자를 대상으로 하는 소위 위계간음죄는 형법 제302조(미성년자 등에 대한 간음)와 아동·청소년의 성보호에 관한 법률(이하 '청소년성보호법'이라 한다) 제7조 제5항

(아동·청소년에 대한 강간·강제추행 등) 그리고 성폭력범죄의 처벌 등에 관한 특례법 제7조(13세 미만의 미성년자에 대한 강간, 강제추행 등)에 규정되어 있는데, 위의 사실관계에 적용될 수 있는 규정은 형법과 청소년성보호법이다. 후자는 전자에 대해 특별관계에 놓여 있기 때문에 여기서는 청소년성보호법의 적용이 문제된다.

II. 청소년성보호법 제7조 제5항의 성립 여부

1. '위계'의 의미

과거 판례의 입장에 따르면 "위계란 행위자가 간음 또는 추행의 목적으로 상대방에게 오인, 착각, 부지를 일으키고는 상대방의 그러한 심적 상태를 이용하여 간음 또는 추행의 목적을 달성하는 것을 말하고, 여기에서 오인, 착각, 부지라고 함은 간음행위 또는 추행행위 자체에 대한 오인, 착각, 부지를 말하는 것이지, 간음행위 또는 추행행위와 불가분적 관련성이 인정되지 않는 다른 조건에 관한 오인, 착각, 부지를 가리키는 것이 아니"라고 하였다. 여기서 간음행위 자체에 대한 착오로 볼 수 있는 것은 종교적 행위 또는 의료행위로 기망된 간음행위 등이다. 그런데 변경된 판례의 입장에서는 "피해자가 오인, 착각, 부지에 빠지게 되는 대상은 간음행위 자체일 수도 있고, 간음행위에 이르게 된 동기이거나 간음행위와 결부된 금전적·비금전적 대가와 같은 요소일 수도 있다"고 하여 처벌되는 위계의 범위가 확장되었다.

이렇게 위계의 범위가 확장된 데에는 성폭력범행에 특히 취약한 사람을 보호하고 행위자를 강력하게 처벌하려는 입법태도와 피해자의 인지적·심리적·관계적 특성으로 온전한 성적 자기결정권 행사를 기대하기 어려운 사정 등이 고려된 것으로 이는 국가가 사회적 약자의 성보호에 적극적으로 개입하겠다는 국가후견주의의 발로이다.

2. 위계와 간음행위의 '인과관계'

한편, 대상판례는 청소년성보호법의 아동·청소년 위계간음죄가 성립하기 위해서는 위계뿐만 아니라 위계와 간음행위 사이에 "인과관계"가 인정되어야 함을 요구한다. 이러한 요소는 과거 유사한 사안을 대상으로 한 판례에서 "불가분적 관련성"이라는 용어로 표현되기도 하였다.

대상판례의 입장에 따를 때 이러한 인과관계를 판단하기 위해서는 구체적인 범행 상황에 놓인 피해자의 입장과 관점이 충분히 고려되어야 하고, 일반적·평균적 판단능력을 갖춘 성인 또는 충분한 보호와 교육을 받은 또래의 시각에서 인과관계를 쉽사리 부정하여서는 안 된다고 한다.

이는 과거 판례가 "사리판단력이 있는 청소년"을 기준으로 하여 인과관계(불가분적 관련성)를 판단하던 입장을 바꾼 것으로 사회적 약자인 피해자를 보다 두텁게 보호하고자 하는 형사정책적 입장이 고려된 해석론이다.

3. 검토 및 사견

이러한 판례변경에도 불구하고 적지 않은 학설상 견해는 여전히 위계의 의미를 과거의 판례와 마찬가지로 좁게 파악하고 있다. 오인, 착각, 부지의 대상이 간음행위를 넘어 그것의 동기까지 확장된다면 가벌성이 지나치게 확장되고 이러한 동기의 착오까지 성적 자기결정권의 내용으로 포섭하여 보호해야 하는가라는 의구심이 들기 때문이다.

생각건대, 해당 규정의 보호법익이 순수한 의미에서 아동·청소년의 성적 자기결정권이라면 위계의 내용이 되는 오인, 착각, 부지의 대상은 '구성요건적 행위'로서 간음행위로 제한된다. 다만 이러한 간음행위의 의미를 보다 넓게 해석하는 것이 타당하리라 보인다. 따라서 행위의 속성에 대한 착오뿐만 아니라 간음행위 상대방의 정체성에 관한 착오도 간음행위 자체의 착오로 보아 위계간음죄가 성립한다고 보아야 할 것이다.

대상판례의 사안도 피해자의 입장에서는 간음행위의 동기에 관한 착오라기보다는 간음행위 그 자체, 즉 간음행위 상대방의 정체성에 관한 착오이다. 성적 자기결정권의 행사라는 측면에서 성행위 상대방이 누구인가는 중요한 요소이다. 따라서 해당 사안은 기존의 판례의 입장에 따를 때에도 피고인이 처벌될 수 있는 사안으로 판단된다.

[필자: 허황 부연구위원(한국형사정책연구원)]

제3장

명예와 신용에
대한 죄

[85] 명예훼손죄에서의 공연성

[대상판결] 대법원 2000. 5. 16. 선고 99도5622 판결

[사실관계] 피고인은 A의 친생자가 아니지만 A에 의해 친생자로 출생신고가 되었다. A가 사망한 후 상속 관련 분쟁이 발생하게 되자, A의 친생자 B는 피고인을 상대로 피고인과 A 사이의 친생자관계부존재확인을 구하는 소를 제기하였다. 피고인은 그 소송계속 중위 분쟁과 관련하여 주간신문 기자와 전화인터뷰를 하면서 "C(B의 모친)를 만나면서 아버지(A)가 집을 나가셨고 우리집은 사실상 파탄된 셈이며 C는 가정파괴범이다"라는 취지의 말을 하여 C의 명예를 훼손하고, "생전에 C 외에도 아버지의 여자관계가 복잡해 어머니가 무척 고생하였으며, 아버지가 바람을 많이 피워 호적에조차 올리지 않은 자식이 또 있다"라는 취지의 말을 하여 사망한 A의 명예를 훼손하였다.

[판결요지] [1] 명예훼손죄의 구성요건인 공연성은 불특정 또는 다수인이 인식할 수 있는 상태를 의미하고, 비록 개별적으로 한 사람에 대하여 사실을 유포하였다고 하더라도 그로부터 불특정 또는 다수인에게 전파될 가능성이 있다면 공연성의 요건을 충족하지만 이와 달리 전파될 가능성이 없다면 특정한 한 사람에 대한 사실의 유포는 공연성을 결한다.

[2] 통상 기자가 아닌 보통 사람에게 사실을 적시할 경우에는 그 자체로서 적시된 사실이 외부에 공표되는 것이므로 그 때부터 곧 전파가능성을 따져 공연성 여부를 판단하여야 할 것이지만, 기자를 통해 사실을 적시하는 경우에는 기사화되어 보도되어야만 적시된 사실이 외부에 공표된다고 보아야 할 것이므로 기자가 취재를 한 상태에서 아직 기사화하여 보도하지 아니한 경우에는 전파가능성이 없다고 할 것이어서 공연성이 없다고 봄이 상당하다.

[해 설]
I. 들어가는 말

형법 제307조 제1항은 '공연히 사실을 적시하여 사람의 명예를 훼손한 자'를, 같은 조 제2항은 '공연히 허위의 사실을 적시하여 사람의 명예를 훼손한 자'를, 제

308조는 '공연히 허위의 사실을 적시하여 사자의 명예를 훼손한 자'를 각 처벌하는 규정을 두고 있다. 여기서 '공연히'의 의미에 관해서는 판례 및 대다수의 학설이 '불특정 또는 다수인이 인식할 수 있는 상태'를 말한다고 보고 있다(대법원 2000. 2. 11. 선고 99도4579 판결 등). 그런데 '불특정'이라고 해서 행위시에 상대방이 구체적으로 특정되어 있지 않다는 것은 아니며, 상대방이 특수한 관계에 의하여 한정된 범위에 속하지 않음을 의미한다. 또한 '다수'의 개념은 상대적인 것으로서 특정성이 강할수록 다수를 이루는 데 필요한 숫자가 늘어날 여지가 있다.

대상판결은 공연성 판단과 관련하여 종래 견해인 전파가능성이론(혹은 전파성이론)을 다시 한 번 확인함과 동시에 사실 적시의 상대방이 일반인이 아닌 기자인 경우에는 전파가능성이론의 적용에 있어 달리 취급할 필요가 있음을 적시하고 있는데, 공연성 판단에 있어서 전파가능성이론이 적절한지(쟁점 ①), 이를 적용함에 있어 사실 적시의 상대방이 일반인인지 아니면 기자인지에 따라 취급을 달리함이 적절한지(쟁점 ②)가 문제된다.

II. 공연성과 전파가능성이론(쟁점 ①)

판례는 공연성 판단과 관련하여 종전부터 일관되게 전파가능성이론을 취해 오고 있다. 전파가능성이론이란 '비밀이 잘 보장되어 외부에 전파될 염려가 없는 경우가 아닌 이상 비록 개별적으로 한 사람에 대하여 사실을 유포하더라도 이로부터 불특정 또는 다수인에게 전파될 가능성이 있다면 공연성의 요건을 충족한다'고 보는 견해를 말한다. 대상판결 역시 이러한 전파가능성이론을 전제로 하고 있다. 대다수의 학설은 '불특정 또는 다수인이 인식할 수 있는 상태'란 '불특정 또는 다수인에게 전파될 가능성'이 아니라 '불특정 또는 다수인이 직접으로 견문하려면 견문할 수 있는 상태'를 의미한다는 이유로 전파가능성이론에 반대한다. 학설이 전파가능성이론에 반대하는 논거는 ① '공연히'의 의미에 관하여 부당한 유추해석에 해당한다, ② 적시된 사실의 전파 여부 및 범죄의 성립 여부가 상대방의 의사

에 좌우되는 결과가 된다, ③ 공연성을 전파가능성으로 대체하는 것은 범죄행위의 태양을 범죄의 보호법익과 혼동한 것이다, ④ 전파가능성 유무에 관한 판단이 자의적인 것이 될 가능성이 높다 등이다. 대체로 학설은 전파가능성이론이 명예훼손죄 성립의 외연을 부당하게 확장할 수 있다는 점을 우려한다. 이러한 학설의 비판에 대해서는, 직접적이든 간접적이든 불특정 또는 다수인이 인식할 수 있는 상태를 초래한 이상 공연성의 요건은 충족되며, 전파가능성 유무의 판단이 제반 사정에 기초하여 객관적·규범적으로 이루어지고 있다는 반론이 제기된다. 전파가능성과 관련한 판례를 살펴보면, 사실 적시의 상대방이 피해자를 위하여 혹은 사실 적시자를 위하여 이를 비밀로 지켜줄 만한 일정한 친족관계 내지 친분관계가 있거나 혹은 이를 직무상 취급하는 관계로 그 적시된 사실의 비밀이 보장될 수 있는 경우 전파가능성을 부인하는 반면, 사실 적시의 상대방에게 이를 비밀로 지켜줄 만한 관계나 사정이 존재하지 않는 경우 전파가능성을 인정하고 있다.

Ⅲ. 기자에게 사실을 적시한 경우와 공연성(쟁점 ②)

대상판결은 기자에게 사실을 적시한 경우와 기자가 아닌 일반인에게 사실을 적시한 경우를 구분하여 전파가능성 유무의 판단방법을 달리하고 있다. 대상판결은 대법원 1994. 4. 12. 선고 93도3535 판결이 "타인을 비방할 목적으로 허위사실인 기사의 재료를 신문기자에게 제공한 경우에 기사를 신문지상에 게재하느냐의 여부는 오로지 당해 신문의 편집인의 권한에 속한다고 할 것이나 편집인이 이를 신문지상에 게재한 이상 기사재료의 제공행위는 출판물에 의한 명예훼손죄의 죄책을 면할 수 없다"고 판시한 것과 궤를 같이하는 것처럼 보이기도 한다. 그러나 초과 주관적 구성요건요소인 '사람을 비방할 목적'을 필요로 하는 출판물에 의한 명예훼손죄에서는 그러한 목적이 없는 고의 있는 도구(기자 또는 언론사)를 이용하는 간접정범의 형태를 상정해 볼 수 있는 것과 달리 대상판결에 있어서와 같은 명예훼손죄에서는 고의 있는 도구(기자 또는 언론사)라는 개념을 생각하기 어려우므로 위 대법원 판결의 틀로 대상판결을 해석하기는 곤란하다.

전파가능성 유무의 판단과 관련하여 대상판결과 같이 기자에게 사실을 적시한 경우와 일반인에게 사실을 적시한 경우를 굳이 구별하여 설시할 이유는 부족해 보인다. 기본적으로 전파가능성 유무는 사실의 적시가 있었던 때를 기준으로 판단하는 것이 논리적이며 그 이후 시점을 기준으로 한 판단은 '전파가능성 유무'가 아닌 '실제 전파 여부'의 판단이 될 것이다.

다만, 기자에게 사실을 적시한 경우는 기사화 및 보도 여부를 통해 적시된 사실의 전파 여부를 명확히 확인할 수 있다는 점, 그 기사화 및 보도 여부가 기자 또는 언론사의 평가에 좌우될 여지가 많다는 점 등에서 일반인에게 사실을 적시한 경우와는 다른 특징을 갖는다. 단순히 기자에게 사실을 적시하였다는 것만으로 바로 전파가능성을 인정하기 곤란한 이유이다. 그러한 맥락에서 대상판결이 기자에게 사실을 적시한 경우 그 적시된 사실이 기사화되어 보도되었는지를 가려 전파가능성 유무를 판단하는 것은 수긍할 수 있다. 따라서 전파가능성 유무의 판단은 통상의 경우와 마찬가지로 기자에게 사실을 적시한 때를 기준으로 하되, 만일 기자가 문제의 사실 적시 부분을 제외하고 기사를 작성하였다거나 아예 기사 작성을 하지 않았다면 이러한 사정을 전파가능성을 부인하는 근거로 삼을 수 있을 것이다. 앞서 인용한 대법원 99도4579 판결에서도 상대방이 들은 말을 다른 사람에게 전파하였다고 볼 자료가 없다는 점을 전파가능성을 부인하는 한 요소로 제시하고 있는데, 대상판결도 이러한 취지로 이해하는 것이 바람직하지 않을까 생각된다.

〔참고문헌〕 김우진, "명예훼손죄에 있어서의 공연성", 형사판례연구 [9](2001); 안경옥, "명예훼손죄의 공연성 해석의 재검토", 형사판례연구 [13](2005).

[필자: 김우진 판사(울산지법)]

[대상판결] 대법원 1998. 10. 9. 선고 97도158 판결

[사실관계] 피고인은 1995. 6. 15.경 실시된 서울특별시 개인택시운송사업조합(이하, 이 사건 조합이라고 한다) 이사장 선거에 출마하여 경쟁 후보자였던 피해자와 당선 경쟁을 하면서 선거운동을 하던 중 조합원들에게 "피해자 후보에게 공개질의 합니다. 도덕성 결여로 조합이 몸살을 앓고 있는 데 대하여, 92년도 A 이사장을 탄생시킨 주역이 과연 누구였습니까? 또한 사진표 비리로 인하여 불신임을 당하고 구속된 A 전 이사장을 추종하였던 피해자 후보가 조합을 상대로 소송을 제기한 저의는 무엇입니까 (중략) 합동유세는 물론 라디오 TV토론도 적극 찬성한다는 말과 인원동원 및 장소 비용을 부담하라는 말에 대하여, 본인은 이미 5월 24일 합동유세를 공개 제의하였는바, 피해자 후보는 2주일이 넘도록 함구로 일관하다가 선거일 3~4일을 남겨 놓고서야 가정 서신으로 반박한 저의는 조합원을 기만하고 우롱하는 행위가 아닙니까?"라는 내용의 가로 25cm 세로 35cm 정도 되는 일정한 제호가 표시되지 아니한 낱장의 종이에 인쇄된 인쇄물을 제작하여 김포공항과 서울역 등의 택시 승차대, 택시 가스 충전소, 기사 식당 등지에서 투표권자인 조합원들을 상대로 수천부를 배포하였다.

[판결요지] [1] 형법 제309조 제1항 소정의 '사람을 비방할 목적'이란 가해의 의사 내지 목적을 요하는 것으로서 공공의 이익을 위한 것과는 행위자의 주관적 의도의 방향에 있어 서로 상반되는 관계에 있다고 할 것이므로, 형법 제310조의 공공의 이익에 관한 때에는 처벌하지 아니한다는 규정은 사람을 비방할 목적이 있어야 하는 형법 제309조 제1항 소정의 행위에 대하여는 적용되지 아니하고 그 목적을 필요로 하지 않는 형법 제307조 제1항의 행위에 한하여 적용되는 것이고, 반면에 적시한 사실이 공공의 이익에 관한 것인 경우에는 특별한 사정이 없는 한 비방 목적은 부인된다고 봄이 상당하므로 이와 같은 경우에는 형법 제307조 제1항 소정의 명예훼손죄의 성립 여부가 문제될 수 있고 이에 대하여는 다시 형법 제310조에 의한 위법성 조각

여부가 문제로 될 수 있다.

[2] 형법 제310조에서 '오로지 공공의 이익에 관한 때'라 함은 적시된 사실이 객관적으로 볼 때 공공의 이익에 관한 것으로서 행위자도 주관적으로 공공의 이익을 위하여 그 사실을 적시한 것이어야 하는 것인데, 여기의 공공의 이익에 관한 것에는 널리 국가·사회 기타 일반 다수인의 이익에 관한 것뿐만 아니라 특정한 사회집단이나 그 구성원 전체의 관심과 이익에 관한 것도 포함하는 것이고, 적시된 사실이 공공의 이익에 관한 것인지 여부는 당해 적시 사실의 내용과 성질, 당해 사실의 공표가 이루어진 상대방의 범위, 그 표현의 방법 등 그 표현 자체에 관한 제반 사정을 감안함과 동시에 그 표현에 의하여 훼손되거나 훼손될 수 있는 명예의 침해 정도 등을 비교·고려하여 결정하여야 하며, 행위자의 주요한 동기 내지 목적이 공공의 이익을 위한 것이라면 부수적으로 다른 사익적 목적이나 동기가 내포되어 있더라도 형법 제310조의 적용을 배제할 수 없다.

[해 설]

I. 서 론

형법 제310조의 적용과 관련하여 대상판결의 쟁점은 두 가지로 압축될 수 있다. (1) 형법 제309조(출판물 명예훼손)와 제307조 제1항(사실적시 명예훼손)와 제310조(위법성조각) 규정의 상호관계는 어떠한가. 즉, 직접적으로 제307조 제1항에 해당하지 않는 경우에도 제310조에 의해서 위법성이 조각될 수 있는 것인가의 문제로서 제310조의 적용범위에 관한 문제이다(쟁점 ①). (2) 제310조의 위법성조각의 요건인 공공의 이익의 개념과 판단 방법은 무엇인가(쟁점 ②).

II. 형법 제309조(출판물 명예훼손)와 제307조 제1항(사실적시 명예훼손죄)과 제310조(위법성조각) 규정의 상호관계(쟁점 ①)

제310조가 적용되기 위해서는 행위자는 진실한 사실이라는 것을 인식하고 공공의 이익이라는 목적으로 가지고 사실을 적시하여야 한다. 따라서 행위자의 주관적

측면은 일단 진실과 공공의 이익이라는 점에 대한 인식과 의사가 있어야 한다. 이때 출판물 명예훼손죄에 해당하지 않는 경우 – 출판물이 아니거나(대상판결은 이 사건 인쇄물은 형법 제309조 제1항 소정의 '기타 출판물'에 해당하지 않는다고 판시), 비방의 목적이 부인되는 경우 – 에 제307조 1항의 사실적시 명예훼손죄가 성립되는 경우에도 피고인은 제310조의 적용을 주장할 수 있는 지가 문제로 된다. 이 문제는 제310조의 적용범위에 관한 문제로서 이를 인정할 경우 피고인은 자신의 행위가 사실이고 그리고 공공의 이익에 관한 것이라는 점을 입증함으로서 위법성조각의 혜택을 받을 수 있다.

이에 대해 대상판결을 비롯한 판례는 제310조는 원칙적으로 제307조 제1항에만 적용되지만, 출판물에 의한 명예훼손의 경우에는 적시한 사실이 공공의 이익에 관한 것인 때에는 비방의 목적은 부인되며, 이 경우에는 제307조 제1항이 문제되고 따라서 제310조의 해당여부도 검토될 수 있다고 한다.

결국 판례는 출판물 명예훼손죄로 공소가 제기된 경우에 비방의 목적 부존재 → 공공의 이익 존재 → 진실성 존재(제307조 제1항 여부 검토) → 제310조 해당의 순서로 심사를 하고 있다.

이러한 판례의 태도는 다음과 같은 점에서 타당하다고 본다. 우선은 형법의 보충성의 관점이다. 형법은 사회질서 위반에 대한 최후의 수단으로 작용되어야 한다. 따라서 출판물 명예훼손이 성립하지 않는 경우에 바로 제307조 제1항의 성립을 확정할 것이 아니라 행위자의 불법을 배제할 수 있는지를 검토하여야 한다. 이때 그 불법 배제의 근거조항이 제310조의 위법성조각이다. 즉 입법자는 다시 한 번 더 사회상규의 관점에서 행위자의 불법여부를 평가할 수 있는 단계를 마련한 것이다. 이것은 헌법상의 표현의 자유와 형법의 보충성이 결합되고 있는 조항이라고 할 수 있다.

III. 공공의 이익의 개념과 판단 방법(쟁점 ②)

'공공의 이익'에는 널리 국가·사회 기타 일반 다수인의 이익에 관한 것뿐만 아니라 특정한 사회집단이나 그 구성원 전체의 관심과 이익에 관한 것도 포함된다. 그리고 적시된 사실이 객관적으로 볼 때 공공의 이익에 관한 것으로서 행위자도 주관적으로 공공의 이익을 위하여 그 사실을 적시한 것이어야 하는 것이며, 반드시 이를 유일한 동기로 하는 경우에 제한할 필요는 없다. 따라서 공인의 공적 활동과 밀접한 관련이 있는 사안에 관하여 진실을 공표한 경우에는 원칙적으로 '공공의 이익'에 관한 것이라는 증명이 있는 것으로 보아야 하며, 행위자의 주요한 동기 내지 목적이 공공의 이익을 위한 것인 이상 부수적으로 다른 개인적인 목적이나 동기가 내포되어 있더라도 형법 제310조의 적용을 배제할 수 없는 것이다(대법원 2005. 4. 29. 선고 2003도2137 판결).

IV. 나오는 말

대법원은 제310조의 적용에 있어서 제307조 제1항을 전제로 하면서도, 출판물 명예훼손죄의 경우에도 제307조 제1항의 죄로 밝혀진 경우에는 제310조 적용의 가능성을 열어두고 있다. 이러한 태도는 헌법상 표현의 자유의 보장과 형법의 보충성의 관점에서 타당성을 가지고 있다고 본다. 다만, 출판물 명예훼손죄의 경우에는 일반 명예훼손에 비해 훼손의 범위와 정도가 더 크다는 점에서 공공의 이익의 판단에 있어서 보다 확실한 논거가 필요하다고 본다.

따라서 적시된 사실이 공공의 이익에 관한 것인지 여부는 당해 적시 사실의 내용과 성질, 당해 사실의 공표가 이루어진 상대방의 범위, 당해 명예훼손적 표현으로 인한 피해자가 공무원 내지 공적 인물과 같은 공인인지 아니면 사인에 불과한지 여부, 그 표현이 객관적으로 국민이 알아야 할 공공성, 사회성을 갖춘 공적 관심 사안에 관한 것으로 사회의 여론형성 내지 공개토론에 기여하는 것인지 아니면 순수한 사적인 영역에 속하는 것인지 여부, 피해자가 그와 같은 명예훼손적 표현의 위험을 자초한 것인지 여부, 그리고 그 표현에 의하여 훼손되는 명예의 성격과 그 침해의 정도, 그 표현의 방법과 동기 등 제반 사정을 고려하여 판단하여야 할 것이다.

[참고문헌] 박상기, "출판물에 의한 명예훼손죄", 형사판례연구 [3](1995); 오경식, "출판물에 의한 명예훼손" 형사판례연구 [6](1998).

[필자: 권오걸 교수(경북대)]

[87] 명예훼손죄에서의 사실의 진실성에 관한 착오

[대상판결] 대법원 1994. 10. 28. 선고 94도2186 판결

[사실관계] 피고인은 1992. 3. 8. 자신이 경영하던 공장에서 원인불명의 화재가 발생하자 같은 해 5. 21. 관할 경찰서에 동 건물의 관리인이던 피해자 V₁을 방화범으로 고소하였으나, 관할 검찰청에서 수사 결과 혐의없음 처분을 내렸다. 이에 피고인은 V₁이 방화범임에도 당시 국회의원이었던 피해자 V₂의 압력에 의해 사건이 왜곡되어 혐의없음 처분을 한 것으로 단정하고, 1993. 8. 24. A 신문과 같은 달 26.자 B 신문에 '호소문'이라는 제목으로 V₁을 방화범으로 고소한 이유 17가지를 적시하면서, V₁는 'V₂의 자금책의 하수인'으로서 V₂의 압력에 의해 방화사건이 왜곡되어 검찰이 V₁에 대해 무혐의처분을 하였고, C가 1992. 11. 13. 법무부 차관실에 방문하여 철저히 수사할 것을 요청할 때, 당시 C와 차관 D와의 대화내용, D와 관할지청장 E 사이의 전화내용이 자신의 주장을 뒷받침한다는 취지의 광고를 게재하였다.

[판결요지] [1] 형법 제309조 제2항의 출판물 등에 의한 명예훼손죄가 성립하려면 그 적시하는 사실이 허위이어야 할 뿐 아니라 범인이 그와 같은 사실이 허위라고 인식을 하여야만 된다 할 것이고, 만일 범인이 그와 같은 사실이 허위라는 인식을 하지 못하였다면 형법 제309조 제1항의 죄로서 벌하는 것은 별론으로 하고 형법 제309조 제2항의 죄로서는 벌할 수 없다.

[2] 형법 제309조 제1항의 허위의 점에 대한 인식, 즉 범의에 대한 입증책임은 검사에게 있다.

[해 설]

I. 들어가는 말

대상판결의 쟁점은 첫째, 피고인이 출판물에 적시한 사실이 허위라고 인식하지 못한 경우에도 형법 제309조 제2항의 허위사실적시 출판물에 의한 명예훼손죄가 성립하느냐, 둘째 이 경우 허위 사실에 대한 인식(고의)의 입증책임이 누구에게 있느냐이다. 대법원의 판결요지는 첫째, 형법 제309조 제2항의 허위사실적시 출판물에 의한 명예훼손죄는 그 적시하는 사실이 허위임과

동시에 적시한 사실이 허위임을 피고인이 인식한 경우에만 성립하므로, 만일 피고인이 그 사실이 허위임을 인식하지 못한 경우에는 본 죄가 성립하지 않는다는 점과 둘째, 그 경우 적시사실에 대한 허위의 인식(범의)에 대한 입증책임은 검사에게 있다는 점을 밝힘으로써, 피고인이 허위사실을 진실한 사실로 오인한 경우 고의가 없음을 이유로 형법 제309조 제2항의 성립을 제한하고 있다.

II. 피고인이 출판물에 적시한 사실을 허위라고 인식하지 못한 경우, 형법 제309조 제2항의 허위사실적시 출판물에 의한 명예훼손죄가 성립하는지 여부(쟁점 ①)

원심은 '호소문'의 내용이 뚜렷한 근거가 없는 허위의 사실이고, 피고인이 위 각 신문에 그와 같은 내용의 '호소문'을 게재한 것이 오로지 수사의 공정성을 촉구하기 위한 것으로 볼 수는 없고, 피해자들의 명예를 훼손할 목적이 있었다고 판단하여 피고인에 대한 그 판시 범죄사실을 유죄로 인정한 1심판결을 유지하였다. 그러나 대상판결은 범인이 적시하는 사실이 허위라는 인식을 하지 못하였다면 형법 제309조 제1항의 죄로서 벌하는 것은 별론으로 하고 제309조 제2항의 죄로서는 벌할 수 없다고 판시하면서 범의에 관하여 더 심리하도록 원심판결을 파기환송하였다.

대상판결과 마찬가지로 허위사실을 진실한 사실로 오인하고 적시하여 타인의 명예를 훼손한 경우에는 불법가중사유를 인식하지 못한 경우이므로 사실의 착오에 관한 형법 제15조 제1항이 적용되어 형법 제309조 제1항의 사실적시 출판물에 의한 명예훼손죄가 성립한다고 보는 것에 학설상 이견이 없다.

III. 형법 제309조 제2항에서 적시사실의 허위성의 인식(고의)에 대한 입증책임(쟁점②)

대상판결은 형법 제309조 제2항의 허위사실적시 출판물에 의한 명예훼손죄의 경우, 적시사실의 허위성에 대한 피고인의 인식, 즉 범의에 대한 입증책임이 검사

에게 있다고 보았는데, 이에 대해서도 학설상 이견이 없다.

Ⅳ. 나오는 말

(1) 대상판결은 형법 제309조 제2항의 허위사실적시 출판물에 의한 명예훼손죄는 그 적시하는 사실이 허위임과 동시에 적시한 사실이 허위임을 피고인이 인식한 경우에만 성립하므로, 만일 피고인이 그 사실이 허위임을 인식하지 못한 경우에는 본 죄가 성립하지 않으며, 적시사실에 대한 허위의 인식(범의)에 대한 입증책임을 검사에게 귀속시키고 있다. 학설 역시 이에 대한 이견이 없다.

(2) 참고로 판례에 따르면 출판물에 의한 명예훼손의 경우에도 피고인에게 비방의 목적이 인정되지 않는 경우에는 제309조 제1항의 사실적시 출판물에 의한 명예훼손죄가 아니라 제307조 제1항의 명예훼손죄의 성립 여부가 문제시되고 따라서 형법 제310조에 의거하여 위법성이 조각될 여지가 있다(대법원 1995. 6. 30. 선고 95도1010 판결). 이 경우 적시사실의 진실성에 대한 착오는 위법성조각사유의 전제사실에 대한 착오에 해당되고 그 법적 효과에 대해 학설상 다양한 견해가 대립하는데, 판례는 적시된 사실이 공공의 이익에 관한 것이면 진실한 것이라는 증명이 없다고 하더라도 행위자가 진실한 것으로 믿었고 또 그렇게 믿을 만한 상당한 이유가 있는 경우에는 위법성이 조각된다고 보고 있다(대법원 1996. 8. 23. 선고 94도3191 판결). 즉, 적시사실의 진실성에 대한 착오가 적용 법령에 따라 한편으로는 고의의 조각사유로 다른 한편으로는 위법성 조각사유로 작동하게 되는 것이다. 형법 제310조의 적용과 관련하여 적시사실의 진실성과 공익성에 대한 입증책임을 검사가 아닌 피고인에게로 전환시키는 것이 종래 판례의 태도임을 고려할 때(대법원 1996. 10. 25. 선고 95도1473 판결), 만일 피고인이 상당한 이유로 허위사실을 진실한 사실로 오인하고 오로지 공익을 위해 출판물에 적시한 경우에는 적시사실의 진실성/허위성 또는 진실한 것으로 믿은 데에 상당한 이유가 있음/없음을 검사가 입증해야 하는지 아니면 피고인이 입증해야 하는지의 물음에 대한 답변이 판례의 태도를 비추어 볼 때 불분명하다. 형법 제310조의 적용과 관련해서도 적시사실의 허위성 및 허위성의 인식에 대한 입증책임을 피

고인이 아닌 검사에게 귀속시키는 것이 무죄추정원칙에도 부합하고 대상판결과의 충돌가능성도 피할 수 있어 더욱 바람직하다고 본다.

〔참고문헌〕 박상기, "출판물에 의한 명예훼손죄", 형사판례연구 [3](1995); 오경식, "출판물에 의한 명예훼손" 형사판례연구 [6](1998).

[필자: 주승희 교수(덕성여대)]

[88] 업무방해죄의 '업무'와 '공무'

[대상판결] 대법원 2009. 11. 19. 선고 2009도4166 전원합의체 판결

[사실관계] 피고인들은 충남지방경찰청 1층 민원실에서 자신들이 진정한 사건의 처리와 관련하여 지방경찰청장의 면담 등을 요구하면서 이를 제지하는 경찰관들에게 큰소리로 욕설을 하고 행패를 부렸다.

[판결요지] [다수의견] 형법상 업무방해죄의 보호법익은 업무를 통한 사람의 사회적·경제적 활동을 보호하려는 데 있으므로, 그 보호대상이 되는 '업무'란 직업 또는 계속적으로 종사하는 사무나 사업을 말하고, 여기서 '사무' 또는 '사업'은 단순히 경제적 활동만을 의미하는 것이 아니라 널리 사람이 그 사회생활상의 지위에서 계속적으로 행하는 일체의 사회적 활동을 의미한다. 한편, 형법상 업무방해와 별도로 규정한 공무집행방해죄에서 '직무의 집행'이란 널리 공무원이 직무상 취급할 수 있는 사무를 행하는 것을 의미하는데, 이 죄의 보호법익이 공무원에 의하여 구체적으로 행하여지는 국가 또는 공공기관의 기능을 보호하고자 하는 데 있는 점을 감안할 때, 공무원의 직무집행이 적법한 경우에 한하여 공무집행방해죄가 성립하고, 여기에서 적법한 공무집행이란 그 행위가 공무원의 추상적 권한에 속할 뿐 아니라 구체적 직무집행에 관한 법률상 요건과 방식을 갖춘 경우를 가리키는 것으로 보아야 한다. 이와 같이 업무방해죄와 공무집행방해죄는 그 보호법익과 보호대상이 상이할 뿐만 아니라 업무방해죄의 행위유형에 비하여 공무집행방해죄의 행위유형은 보다 제한되어 있다. 즉 공무집행방해죄는 폭행, 협박에 이른 경우를 구성요건으로 삼고 있을 뿐 이에 이르지 아니하는 위력 등에 의한 경우는 그 구성요건의 대상으로 삼고 있지 않다. 또한, 형법은 공무집행방해죄 외에도 여러 가지 유형의 공무방해행위를 처벌하는 규정을 개별적·구체적으로 마련하여 두고 있으므로, 이러한 처벌조항 이외에 공무의 집행을 업무방해죄에 의하여 보호받도록 하여야 할 현실적 필요가 적다는 측면도 있다. 그러므로 형법이 업무방해죄와는 별도로 공무집행방해죄를 규정하고 있는 것은 사적 업무와 공무를 구별하여 공무에 관해서는 공무원에 대한 폭행, 협박 또는 위계의 방법으로 그 집행을 방해하는 경우에 한하여 처벌하겠다는 취지라고 보아야 한다. 따라서 공무원이 직무상 수행하는 공무를 방해하는 행위에 대해서는 업무방해죄로 의율할 수는 없다고 해석함이 상당하다.

[해 설]

Ⅰ. 들어가는 말

대상판결 사건의 쟁점은 직무를 집행하는 공무원에게 폭행 또는 협박의 정도에 이르지 않은 위력을 행사하여 공무수행을 방해한 경우 업무방해죄가 성립하는지 여부이다. 현행 형법상 공무집행방해죄로 처벌되는 행위태양은 폭행·협박·위계로 국한되어 있고 위력은 포함되지 않는다. 하지만 위력의 경우에도 해석론적 측면에서 업무방해죄가 성립할 여지는 있다. 즉, 업무방해죄는 허위의 사실을 유포하거나 위계 또는 위력으로 타인의 업무를 방해함으로써 성립하는 범죄이기에 여기의 '업무'에 공무도 포함되는 것으로 보게 되면 업무방해죄가 성립할 수도 있다.

Ⅱ. 공무방해행위를 업무방해죄로 의율할 수 있는지 여부

1. 학 설

학설은 크게 긍정설, 부정설, 절충설로 나뉘어 있다. 우선 ① 긍정설은 문언상 공무를 제외해야 할 마땅한 이유가 없고, 공무를 제외할 경우 허위사실유포나 위력에 의한 공무집행방해는 공무집행방해죄나 업무방해죄에도 해당하지 않아 형법상 처벌이 불가하다는 점을 논거로 든다. 이 견해에 따르면 공무집행방해죄와 업무방해죄는 법조경합 특별관계에 있어 전자가 성립하면 후자는 성립하지 않는다. 반면 ② 부정설은 그 근거로, 공무와 관련해서는 형법이 업무방해죄 외에 별도의 공무집행방해죄를 두고 있고, 공무집행방해죄의 행위태양을 폭행·협박·위계로 제한한 것은 공무의 실정에 비추어 그 밖의 행위는 처벌하지 않겠다는 취지이며, 업무방해죄는 개인의 경제활동의 자유를 보호하기 위한 죄로서 보호법익과 보호대상에 있어 공무집행방해죄와 다르다는 점을 내세운다. 그리고 ③ 절충설은 공

무원에 의한 공무수행이라도 폭행·협박·위계 이외의 수단, 즉 허위사실유포나 위력으로 공무수행을 방해한 경우 혹은 비권력적 공무수행이라도 업무 자체의 성격상 사회적 활동으로서의 보호필요성이 인정되면 업무방해죄의 업무에 포함되는 것으로 보고자 한다.

2. 대법원의 태도

종래의 대법원판례 중에는 공무원들에게 위력을 행사함으로써 정상적인 업무수행이 방해되거나 업무방해의 결과를 초래할 위험이 야기되었다고 보아 업무방해죄의 성립을 인정한 판결이 있다(대법원 1996. 1. 26. 선고 95도1959 판결). 하지만 이 사안에서 대법원은 부정설의 입장을 분명히 하였는데(다수의견), 그 근거는 다음과 같다. 첫째, 업무방해죄와 공무집행방해죄는 그 보호법익과 보호대상이 서로 다르다. 즉 업무방해죄는 업무를 통한 사람의 사회적·경제적 활동의 자유를 보호하고자 하는 죄로서 여기서의 업무란 널리 사람이 그 사회생활상의 지위에서 계속적으로 행하는 일체의 사회적 활동을 의미하는 반면, 공무집행방해죄는 공무원에 의해 행해지는 국가 또는 공공기관의 기능을 보호하고자 하는 죄로서 여기서의 직무란 널리 공무원이 직무상 취급할 수 있는 사무를 말한다. 둘째, 공무집행방해죄의 행위유형은 업무방해죄의 행위유형에 비해 보다 제한되어 있다. 즉 공무집행방해죄는 폭행·협박에 이른 경우를 구성요건으로 삼고 있을 뿐 이에 이르지 아니하는 위력 등에 의한 경우는 그 대상으로 삼고 있지 않다. 셋째, 형법은 공무집행방해죄 외에도 여러 유형의 공무방해행위를 처벌하는 규정을 개별적·구체적으로 마련하고 있어, 이러한 처벌조항 이외에 공무의 집행을 업무방해죄에 의해 보호받도록 해야 할 현실적 필요가 적다. 넷째, 형법이 업무방해죄와는 별도로 공무집행방해죄를 규정한 취지는 사적 업무와 공무를 구별하여 공무에 관해서는 공무원에 대한 폭행·협박·위계의 방법으로 그 집행을 방해하는 경우에 한해 처벌하겠다는 것이다.

이에 대하여 반대의견은 직무를 집행하는 공무원에게 폭행 또는 협박의 정도에 이르지 않는 위력을 가해 공무수행을 방해한 경우에는 업무방해죄가 성립한다고 한다. 그 근거는 첫째, 공무원이 직무상 수행하는 공무 역시 공무원이라는 사회생활상의 지위에서 계속적으로 종사하는 사무이므로, 업무방해죄의 업무에 공무를 제외한다는 명문의 규정이 없는 이상, 업무방해죄의 '업무'의 개념에 당연히 포함된다. 둘째, 형법이 컴퓨터 등 정보처리장치에 대한 손괴나 데이터 부정조작의 방법에 의한 업무방해죄의 규정을 신설하면서 같은 내용의 공무집행방해죄를 따로 규정하지 않은 것은 컴퓨터 등 정보처리장치에 대한 손괴나 데이터 부정조작의 방법에 의한 업무방해죄의 규정에 의하여 이러한 방법에 의한 공무방해행위를 처벌할 수 있기 때문이라고 보아야 한다. 셋째, 공무에 대해서는 업무방해죄가 성립하지 아니한다고 보게 되면 입법자가 예상하지 아니한 형벌의 불균형을 초래하고 현실적으로 공공기관에서 많은 민원인들의 감정적인 소란행위를 조장하는 결과를 초래하게 될 위험이 있다.

III. 나오는 말

업무방해죄와 공무집행방해죄는 형법상 서로 다른 형태의 범죄군에 편입되어 있어(개인적 법익과 국가적 법익) 그 보호법익과 보호대상이 다르다는 점, 공무집행방해죄의 행위태양을 폭행·협박·위계로 제한한 것은 위력 등에 의한 경우는 공무방해의 처벌대상에서 제외하겠다는 입법취지가 담긴 것으로 볼 수 있다는 점 등을 고려할 때 판례의 태도(다수의견)는 적절하다고 본다. 반대의견은 위력에 의한 공무방해에 대해 업무방해죄의 성립을 부정하게 되면 처벌의 불균형 내지 공백이 초래되며, 그 결과 공공기관에서 민원인들의 소란행위가 조장될 수 있을 것이라고 우려한다. 물론 그런 우려가 현실화될 수도 있다는 점에서 전혀 일리가 없는 지적은 아닌 듯하다. 하지만 처벌의 불균형이나 공백(처벌필요성이나 예방과 같은 형사정책적인 측면)을 형법해석 및 판단의 논거로 삼는 것은 원칙상 적절치 않아 보인다. 왜냐하면 형법의 영역에서는 그런 논거에 기대어 처벌의 범위를 확장하는 방향으로 나아가기보다는 형벌 외의 다른 제재수단을 통한 해결방식을 구하거나 (굳이 형사처벌의 필요성이 인정된다면) 새로운 처벌규정을 신설하는 방식의 해결방안을 꾀하는 것이 형법의 보충성과 죄형법정원칙 및 명확성원칙에 충실을 기하는 태도라 여겨지기 때문이다.

〔참고문헌〕 유현종, "공무원에 대하여 업무방해죄가 성립하는지 여부", 대법원판례해설 제82호(2009 하반기)(2010).

[필자: 변종필 교수(동국대)]

[89] 파업과 업무방해죄

[대상판결] 대법원 2011. 3. 17. 선고 2007도482 전원합의체 판결

[사실관계] 전국철도노동조합과 한국철도공사는 2005. 8. 31.부터 2005. 11. 4.까지 단체교섭을 진행하였으나 합의에 이르지 못하였다. 이에 전국철도노조는 2005. 11. 10. 중앙노동위원회에 노동쟁의조정신청을 하자, 중앙노동위원회가 구성한 특별조정위원회는 2005. 11. 25. 본 조정회의를 개최하여 노사 간의 쟁점사항을 조정하고자 노력하였으나 노사 간의 현격한 주장차이로 인하여 조정성립 가능성이 없다고 판단, 조정안을 제시하지 않고 조정을 종료하였다.

이에 전국철도노조 측이 '파업 없이 성실히 교섭할 것을 서면으로 확약한다'는 확약서를 제출하자, 특별조정위원회는 '향후 노동조합이 약속을 지키지 않고 쟁의행위에 돌입할 가능성이 현저한 경우에는 당해 사업장을 중재에 회부할 것을 권고한다'는 내용의 2005. 11. 25.자 조건부 중재회부 권고를 하였고, 중앙노동위원회 위원장은 그 취지를 존중하여 2005. 11. 25.과 2005. 12. 16. 두 차례에 걸쳐 위와 같은 취지의 중재회부보류결정을 하였다가 전국철도노조와 한국철도공사 간의 단체교섭이 2006. 2. 28. 최종적으로 결렬되자 같은 날 21:00부로 직권중재회부결정을 하였다. 그럼에도 불구하고, 피고인을 비롯한 전국철도노조 집행부는 2006. 2. 7.자 결의에 따라 예정대로 파업에 돌입하여 이를 지속할 것을 지시하였으며, 이에 전국철도노조의 조합원들은 2006. 3. 1. 01:00경부터 같은 달 4. 14:00경까지 전국 641개 사업장에 출근하지 않은 채 업무를 거부하여 KTX 열차와 새마을호 열차 운행이 중단되도록 하였고, 그로 인해 한국철도공사는 총 135억 원 상당의 손해를 입게 되었다.

[판결요지] 근로자는 근로조건 향상을 위한 자주적인 단결권·단체교섭권 및 단체행동권을 가지므로(헌법 제33조 제1항), 쟁의행위로서 파업이 언제나 업무방해죄에 해당하는 것으로 볼 것은 아니고, 전후 사정과 경위 등에 비추어 사용자가 예측할 수 없는 시기에 전격적으로 이루어져 사용자의 사업운영에 심대한 혼란 내지 막대한 손해를 초래하는 등으로 사용자의 사업계속에

관한 자유의사가 제압·혼란될 수 있다고 평가할 수 있는 경우에 비로소 집단적 노무제공의 거부가 위력에 해당하여 업무방해죄가 성립한다.

한국철도공사로서는 노동조합이 필수공익사업장으로 파업이 허용되지 않는 사업장에서 노동조합 및 노동관계조정법상 직권중재회부 시 쟁의행위 금지규정 등을 위반하면서까지 파업을 강행하리라고는 예측할 수 없었다는 점, 파업의 결과 수백 회에 이르는 열차 운행이 중단되어 한국철도공사의 사업운영에 예기치 않은 중대한 손해를 끼친 점 등을 들어 위 파업은 사용자의 자유의사를 제압·혼란케 할 만한 세력으로서 형법 제314조 제1항에서 정한 '위력'에 해당한다.

[해 설]

I. 업무방해죄와 파업의 정당성

대상판결 이전의 대법원 판례에 의하면 근로자의 쟁의행위가 형법상 정당행위가 되기 위해서는 ① 주체가 단체교섭의 주체로 될 수 있는 자이어야 하고, ② 목적이 근로조건의 향상을 위한 노사 간의 자치적 교섭을 조성하는 데에 있어야 하며, ③ 사용자가 근로자의 근로조건 개선에 관한 구체적인 요구에 대하여 단체교섭을 거부하였을 때 개시하되 특별한 사정이 없는 한 조합원의 직접·비밀·무기명투표에 의한 찬성결정 등 법령이 규정한 절차를 거쳐야 하고, ④ 수단과 방법이 사용자의 재산권과 조화를 이루어야 하고 폭력의 행사에 해당되지 않아야 한다(대법원 2001. 10. 25. 선고 99도4837 전원합의체 판결).

II. 불가예측성, 전격성, 혼란 내지 손해발생

대상판결은 행위주체와 목적 및 수단과 방법 등이 모두 적법한 경우에 한하여 위법성이 조각될 수 있으며 파업은 당연히 업무방해죄의 위력행사에 해당한다는 종전의 입장에서 벗어난 판결로서 그 의미가 있다. 즉, 종전 판례는 근로자들이 집단적으로 근로의 제공을 거부하여 사용자의 정상적인 업무운영을 저해하고 손해를 발생하게 한 행위는 당연히 업무방해죄의 위력에

해당한다고 보았다. 이에 비해 대상판결은 업무방해죄 성립요건을 강화한 것이다. 즉, 쟁의행위로서의 파업은 사용자가 예측할 수 없는 시기에 전격적으로 이루어져 사용자의 사업운영에 심대한 혼란 내지 막대한 손해를 초래하는 등으로 사용자의 사업계속에 관한 자유의사가 제압·혼란될 수 있다고 평가할 수 있는 경우에 비로소 집단적 노무제공의 거부가 위력에 해당하여 업무방해죄가 성립한다는 것이다.

Ⅲ. 쟁의행위의 정당성 요건 약화

(1) 2014년 이후 판결은 쟁의행위가 추구하는 목적 가운데 일부가 정당하지 못한 경우에는 만일 부당한 요구사항을 뺐더라면 쟁의행위를 하지 않았을 것이라고 인정될 때에는 그 쟁의행위 전체가 정당성을 갖지 못한다는 입장이다.

이에 따라 전국철도노조 소속 피고인들이 주도한 전국적인 순환파업 및 전면파업은 한국철도공사 측에 거액의 영업수익 손실이 발생하게 하였고, 철도공사에 사업계속에 관한 자유의사를 제압·혼란하게 할 만한 세력으로서, 업무방해죄의 위력에 해당한다고 판시하였다(대법원 2014. 8. 20. 선고 2011도468 판결).

(2) 나아가 비록 그 일정이 예고되거나 알려지고 철도운행이 필요한 필수유지업무 종사자가 파업에 참가하지 않았더라도 마찬가지로 전격성이 인정된다고 판시하였다(대법원 2014. 8. 26. 선고 2012도14654 판결).

Ⅳ. 파업에 대한 업무방해죄 적용의 문제점

1. 파업과 위력성

대상판결에서 순환파업과 전면파업은 한국철도공사의 사업 계속에 관한 자유의사를 제압·혼란하게 할 만한 세력으로서 업무방해죄의 위력에 해당한다고 판시하였다. 그러나 이러한 논리는 파업의 본질과 상충되는 것으로서 내재적 모순을 안고 있다. 왜냐하면 단체행동권으로서 파업은 사용자에 대한 압박을 본질적 속성으로 하기 때문이다.

2. 파업과 영업 손실 유무

파업은 사용자 측의 손실발생을 본질적 속성으로 한다. 바로 이 점에서 사용자와의 관계에서 협상력이 생기는 것이다. 아무리 예측 가능하여 대비를 하더라도

파업이 없는 상태에서 정상적인 회사운영을 하는 경우와 비교해서 손실이 발생하는 것은 피할 수 없다. 노사 간의 협상이 성공하여 손실이 발생하지 않는 것이 최상의 결과이지만 산업사회에서 파업으로 인한 손실발생은 사회적 비용으로서 감수하는 수밖에 없다.

파업으로 인한 불가피한 생산활동의 저하는 모두가 수인(受忍)하여야 할 노동기본권 보장의 결과이다. 그렇기 때문에 경제발전을 위하여 이를 제한하는 것은 허용되지 않는다는 것이 국제노동기구(ILO)의 입장이다.

[참고문헌] 박상기, "파업과 업무방해죄", 형사판례연구 [20](2012).

[필자: 박상기 교수(연세대)]

제4장

사생활의 평온에
대한 죄

[90] 주거침입죄의 보호법익

[대상판결] 대법원 1984. 6. 26. 선고 83도685 판결

[사실관계] 피고인은 A의 처인 B와 간통하기 위해 A가 아직 집에 돌아오기 전에 B의 승낙을 받고 A의 집에 들어갔다. 피고인은 주거침입죄로 기소되었다.

항소심인 청주지방법원은 비록 피고인이 A의 집에 들어갔다고 하더라도 A의 처인 B의 승낙을 얻어 들어간 이상 주거의 평온을 해치는 것이 아니므로 주거침입죄가 성립되지 않는다는 이유로 피고인에게 무죄를 선고하였다.

이에 검사가 상고하였다. 대법원은 항소심이 복수주거자의 주거의 평온의 침해에 관한 법리를 오해하였다는 이유로 항소심판결을 파기하고 사건을 청주지방법원에 환송하였다.

[판결요지] [1] 형법상 주거침입죄의 보호법익은 주거권이라는 법적 개념이 아니고 사적 생활관계에 있어서의 사실상 주거의 자유와 평온으로서 그 주거에서 공동생활을 하고 있는 전원이 평온을 누릴 권리가 있다 할 것이나 복수의 주거권자가 있는 경우 한 사람의 승낙이 다른 거주자의 의사에 직접·간접으로 반하는 경우에는 그에 의한 주거에의 출입은 그 의사에 반한 사람의 주거의 평온, 즉 주거의 지배·관리의 평온을 해치는 결과가 되므로 주거침입죄가 성립한다.

[2] 동거자 중의 1인이 부재 중인 경우라도 주거의 지배관리관계가 외관상 존재하는 상태로 인정되는 한 위 법리에는 영향이 없다고 볼 것이니 남편이 일시 부재중 간통의 목적하에 그 처의 승낙을 얻어 주거에 들어간 경우라도 남편의 주거에 대한 지배관리관계는 여전히 존속한다고 봄이 옳고 사회통념상 간통의 목적으로 주거에 들어오는 것은 남편의 의사에 반한다고 보여지므로 처의 승낙이 있었다 하더라도 남편의 주거의 사실상의 평온은 깨어졌다 할 것이므로 이러한 경우에는 주거침입죄가 성립한다고 할 것이다.

[해 설]
Ⅰ. 주거침입죄의 보호법익에 대한 학설
주거침입죄의 보호법익에 대해서는 학설이 대립한

다. ① 구주거권설은 주거침입죄의 보호법익은 주거권인데 이는 가장 또는 호주만이 가지는 주거에 대한 허락권이라고 한다. 일본의 판례가 취하였던 것으로서 과거 우리나라의 판례도 이 견해를 취하였다. ② 신주거권설은 주거침입죄의 보호법익은 주거권이지만, 주거권은 호주만이 아니라 모든 구성원이 갖는 주거에 대한 권리라고 한다. 여기에서 주거권은 '아무런 방해없이 일정한 공간을 지배할 수 있고 그 안에서 마음대로 활동할 수 있는 권능', '일정한 보호구역 안에서 누가 그 안에 머물 수 있으며 누구는 안 되는지를 결정할 수 있는 자유'를 의미한다. 통설·판례인 ③ 주거의 사실상 평온설은 주거침입죄의 보호법익을 주거를 지배하고 있는 사실관계, 즉 주거에 대한 공동생활자 전원의 사실상의 평온이라고 한다. ④ 개별화설은 주거침입죄의 객체에 따라 보호법익을 달리 파악한다. 예를 들어 주거의 경우에는 사적 비밀이 보호법익이지만, 사무소의 경우 사적 비밀이라기 보다는 사무소의 비밀과 업무라는 것이다. 또한, 공무나 교통을 위해 폐쇄된 구역의 경우에는 국가비밀 또는 공무가 보호법익이고, 울타리 쳐진 토지의 경우 주거권자의 형식적 법적 지위가 보호법익이라고 한다.

Ⅱ. 학설에 대한 평가
주거권을 호주에게만 인정하는 구주거권설이 부당함은 두말할 필요가 없다. 개별화에 대해서는 주거침입죄에서만 객체에 따라 보호법익을 개별화할 뚜렷한 근거를 발견하기 어렵다는 비판이 가능하다.

주거의 사실상 평온설과 주거권설의 경우 주거의 사실상 평온설이 주거침입죄의 성립범위를 제한한다는 점에서 좀더 타당하다고 할 수 있다. 주거권설에 의하면 대상판결과 같은 사건은 물론 ① 친구부모의 외출 중 친구와 함께 그 집에서 음란비디오를 본 학생, ② 배우자를 살해하기 위해 외부에서 독약을 사서 집으로 들어온 상대배우자, ③ 아무도 들이지 말라고 가정부에게 명령하고 주인이 외출하였다는 것을 알면서도 가정부의 승낙을 받고 그 집에 들어간 사람 등에 대해서도

주거침입죄를 인정해야 할 것이다. 왜냐하면 이 사례에서 주거의 사실상 평온이 침해되지는 않았지만, 부모나 배우자 또는 주인의 주거권이라는 권리는 침해되었다고 할 수 있기 때문이다.

그러나 위의 사례들에서 주거침입죄를 인정하지 말아야 하는데, 이것은 주거의 사실상 평온설과 논리적으로 조화된다. 따라서 주거의 사실상 평온설이 타당하도, 이 입장에 따르면 대상판결의 사건에서 피고인에게 주거침입죄를 인정하지 말았어야 할 것이다.

Ⅲ. 대상판결의 평가

구주거권설, 신주거권설, 개별화설 등에 의하면 주거권이라는 권리의 침해가 중요하므로 현실적으로 주거의 출입이 평온하게 이루어졌는지의 여부는 별로 중요하지 않다. 따라서 대상판결과 같은 사건에서 피고인에게 주거침입죄를 인정할 수 있을 것이다. 그러나 주거의 사실상 평온설에 의하면 남편의 부재 중 그 처의 허락을 받고 주거에 들어간 경우 주거의 평온이 깨졌다는 현실적 요소가 없어서 보호법익이 침해되었다고 하기 어렵기 때문에 주거침입죄를 인정할 수 없을 것이다.

그런데 대상판결은 주거의 사실상 평온설을 따르면서도 피고인에게 주거침입죄를 인정하고 있다. 이는 구체적 타당성을 위해 이 사건에서만 주거의 사실상 평온설을 포기한 것이라고 보아야 할 것이다. 대법원은 종종 논리일관성과 법적 안정성 보다는 구체적 타당성을 우선시하는데, 대상판결은 그 전형적인 예라고 할 수 있다. 그러나 이것은 매우 부당하다.

Ⅳ. 복수의 주거자의 문제

예컨대 A와 B가 함께 쓰고 있는 기숙사방에 A의 친구 甲이 들어왔고 A는 그것을 허락하였지만 B는 허락하지 않았다고 할 경우 甲에게 주거침입죄가 성립하는지 문제될 수 있다. 이것은 주거권설을 따르든 주거의 사실상 평온설을 따르든 똑같이 발생할 수 있는 문제이다. 주거권설에서는 B의 주거권이 침해되었다고 할 것이고, 주거의 사실상 평온설에서는 B의 반대를 무릅쓰고 들어왔으니 주거의 사실상 평온이 침해되었다고 할 것이기 때문이다.

이 경우 "복수의 주거권자가 있는 경우 한 사람의 승낙이 다른 거주자의 의사에 직접·간접으로 반하는 경우에는 그에 의한 주거에의 출입은 그 의사에 반한 사람의 주거의 평온 즉 주거의 지배·관리의 평온을 해치는 결과가 되므로 주거침입죄가 성립한다"고 하는 대상판결의 논리를 따른다면 주거침입죄를 인정해야 할 것이다(대법원 2010. 3. 11. 선고 2009도5008 판결도 같은 입장이다). 또한 공동소유는 타인소유로 보고 대등한 관계에서의 공동점유는 타인점유로 보는 재산범죄에서의 사고를 따른다면 역시 甲에게 주거침입죄를 인정할 것이다.

그러나 이러한 경우에도 무조건 주거침입죄를 인정해서는 안 될 것이다. 왜냐하면 주거는 재산에 비해 좀 더 인격적 법익으로서의 요소를 지니고 있기 때문이다. 다시 말해 같은 주거에 거주하는 사람들은 공동사용부분에 대해서 자신이 사용할 권리뿐만 아니라 다른 사람의 사용을 수인할 의무도 부담하고 있기 때문이다. 위의 예에서 甲이 들어오도록 한 A의 행위는 B의 주거권을 침해한 것이라고 할 수 있지만 역으로 甲이 들어오지 못하도록 하는 B의 행위 역시 A의 주거권을 침해한 것일 수도 있다. 따라서 복수의 주거자가 있는 경우에는 복수주거자의 관계, 이들과 들어가려는 사람과의 관계, 주거에 들어가는 동기나 방법 등 행위당시의 상황 등을 종합적으로 고려하여 주거침입죄에의 해당 여부나 위법성조각 여부를 결정해야 할 것이다.

[필자: 오영근 교수(한양대)]

[91] 주거침입죄의 객체 — 위요지

[대상판결] 대법원 2010. 4. 29. 선고 2009도14643 판결

[사실관계] 피해자의 주거용 건물, 축사 4동, 비닐하우스 2동의 시설과 이에 이르는 시멘트 포장의 통로는 차량통행이 빈번한 도로에 바로 접하여 있다. 그리고 도로에서 이러한 시설로 들어가는 입구 등에는 그 출입을 통제하는 문이나 담 기타 인적·물적 설비가 전혀 없었고, 시멘트 포장이 된 노폭 5m 정도의 통로를 통하여 누구나 통상의 보행으로 축사 앞 공터에 이르기까지 자유롭게 드나들 수 있었다. 또한 통로 입구 오른쪽 전주 아래편에 '관계자 외 출입금지'라는 팻말이 있으나, 그 바로 뒤에 '○○축산'이라는 커다란 간판이 붙어 있는 비닐하우스가 있어서 이 팻말로는 위 비닐하우스 외에 이 사건 시설이나 통로 등 전체에 대하여 외부인의 출입이 제한된다는 점은 쉽게 알 수 없었다. 이러한 상황에서 피고인들은 차를 몰고 피해자의 허락 없이 위 통로로 진입하여 축사 앞 공터에 정차한 후 피해자의 축사건물들에 대하여 사진촬영 등의 행위를 하였고, 이에 피해자는 피고인들이 들어온 것에 대해 강력하게 항의하였다.

[판결요지] 주거침입죄에서 침입행위의 객체인 '건조물'은 주거침입죄가 사실상 주거의 평온을 보호법익으로 하는 점에 비추어 엄격한 의미에서의 건조물 그 자체뿐만이 아니라 그에 부속하는 위요지를 포함한다고 할 것이나, 여기서 위요지라고 함은 건조물에 인접한 그 주변의 토지로서 외부와의 경계에 담 등이 설치되어 그 토지가 건조물의 이용에 제공되고 또 외부인이 함부로 출입할 수 없다는 점이 객관적으로 명확하게 드러나야 한다. 따라서 건조물의 이용에 기여하는 인접의 부속 토지라고 하더라도 인적 또는 물적 설비 등에 의한 구획 내지 통제가 없어 통상의 보행으로 그 경계를 쉽사리 넘을 수 있는 정도라고 한다면 일반적으로 외부인의 출입이 제한된다는 사정이 객관적으로 명확하게 드러났다고 보기 어려우므로, 이는 다른 특별한 사정이 없는 한 주거침입죄의 객체에 속하지 아니한다고 봄이 상당하다.

[해 설]

I. 들어가는 말

대상판결은 주거침입죄(제319조)를 판단하는 데 있어서 '위요지'를 행위객체로서 인정한 비교적 최근의 판례이다. 대법원은 1967년도 첫 판례(대법원 1967. 12. 26. 선고 67도1439 판결) 이래로 이러한 태도를 일관되게 취하고 있다. 그런데 우리 형법은 제319조 제1항에서 규정하고 있는 주거침입죄에서 행위객체는 '사람의 주거, 관리하는 건조물, 선박이나 항공기 또는 점유하는 방실'로만 제한적으로 열거하고 있을 뿐, '위요지'는 명문화하고 있지 않다는 점에서 과연 '위요지'를 동 죄의 행위객체로 인정하는 근거가 어디에 있으며 그 기준이 무엇인지가 논란이 되고 있다. 그러나 '위요지'의 기준이 불명확한 상태에서 '위요지'의 범위를 폭넓게 인정하게 되면 주거침입죄 성립이 확장됨으로써 시민의 자유영역이 지나치게 축소된다는 점에서 논란의 여지가 있다.

II. 위요지의 기준

1. 행위객체로서 위요지의 부속성(쟁점 ①)

대상판결에서는 "건조물이라 함은 단순히 건조물 그 자체만을 말하는 것이 아니고 그에 부속하는 위요지를 포함한다"고 판시하고 있다. 이는 건조물뿐만 아니라 주거 또한 마찬가지인데, 특히 '주거'의 경우 사람이 기거하고 침식에 사용하는 장소라는 점에서 주거의 경우에도 단순히 가옥 자체만을 말하는 것이 아니라, 그 부속물인 복도, 정원 등도 주거에 포함한다고 봄이 판례(대법원 1983. 3. 8. 선고 82도1363 판결) 및 통설이므로 주거에 인접한 위요지의 경우 당연히 주거에 포함되는 개념이라는 점은 크게 논란이 되지 않는다. 이러한 해석에 따르면 주거침입죄에서 위요지는 주거 및 건조물에 포함되는 개념이므로, 주거 및 건조물과 병렬하는 독립적인 개념은 아님을 알 수 있다.

2. 위요지의 기준(쟁점 ②)

대상판결은 '위요지'가 되기 위하여는 ⓐ 건조물에

인접한 그 주변 토지로서 관리자가 ⓑ 외부와의 경계에 문, 담 등을 설치하여 ⓒ 그 토지가 건조물의 이용에 제공되고 또 ⓓ 외부인이 함부로 출입할 수 없다는 점이 객관적으로 명확하게 드러나야 함을 밝히고 있다. 즉, '위요지'란 ⓐ 주거 및 건조물에 부속된 개념으로서 주거침입죄 규정에서 명문화하고 있는 객체인 '주거, 건조물 등'이 주(主)가 되는 것이고 이를 전제로 하여 인접한 공간이어야 주거침입죄의 행위객체로서의 '위요지'로 인정되는 것이다. 이는 판례(대법원 2010. 4. 29. 선고 2009도14643 판결) 및 다수설에서 취하고 있는 '사실상의 평온'이라는 주거침입죄의 보호법익의 취지에도 부합한다. 왜냐하면 주거 및 건조물과 별개의 독립된 공간은 '사실상의 평온'과는 다소 거리가 있는 개념이기 때문이다.

물론 주거 및 건조물에 인접하고 있는 공간이라고 하더라도 무작정 광범위하게 '위요지'로 보호되는 것은 아니다. '인접'이라는 개념이 추상적이 다소 불명확한 개념이기 때문이다. 따라서 '위요지' 범위를 축소하기 위해 판례는 다시 ⓑ 문, 담과 같은 설치를 통하여 외부와의 경계를 표시하도록 하고 있다. 이는 위요지의 형식적인 요건으로 이해될 수 있다. 그러나 이러한 형식적인 요건 또한 '위요지' 범위를 축소하는데 최소한의 요건이 될 뿐 충분요건이 되지는 못한다. 왜냐하면 문, 담 등과 같은 설비를 주(主)가 되는 주거 및 건조물에서 멀리 떨어진 공간에 설치하여 비록 형식적인 요건을 갖춘다 하더라도 이러한 먼 거리의 공간은 '사실상의 평온'이라는 법익과는 다소 거리가 멀기 때문이다.

이에 대한 보완으로 판례는 다시 실질적인 요건으로서 ⓒ 그 토지가 건조물의 이용에 제공되고 있음을 명확히 드러내도록 하고 있다. 물론 이러한 추가적 요건(ⓒ)의 필요성에 대하여 학설에서는 의견일치를 보이고 있지 않으나, 판례는 대체로 위요지의 요건으로서 부가하고 있다. 이러한 실질적인 요건은 '위요지'가 주거 및 건조물, 즉 '사실상의 평온'과 밀접한 관련이 있음을 드러내는 것으로서 보호범위의 명확성 측면에 기여하고 있는 것으로 보인다.

더 나아가 대상판결에서는 ⓓ 외부인의 출입금지표시가 객관적으로 명확하게 드러나도록 요구하고 있다. 이러한 ⓓ의 요건은 그 동안 판례의 '위요지'의 요건에서 보다 더 구체화한 것으로 보여지는데, 대상판결에

앞서 판시된 퇴거불응죄에서의 '위요지'를 판단한 판결(대법원 2010. 3. 11. 선고 2009도12609 판결)에서는 ⓐ~ⓒ의 요건으로만 '위요지'를 판단하였다.

3. 사안에의 적용

이러한 요건을 사안에 적용해보면, 대상판결은 사안에서 이러한 '위요지'의 요건 중에서 ⓑ와 ⓓ의 요건이 충족되지 않아 주거침입죄 성립을 부정하였다. 즉 경계를 표시하는 문, 담 등 기타 인적·물적 설비가 없다는 점(ⓑ)에서 주거자 및 관리자의 출입통제가 없으므로 통상적으로 쉽게 보행이 가능하고, '출입금지'의 표지판이 있으나 다른 시설물로 인하여 일반인이 쉽게 알아보기 어렵다는 점(ⓓ)에서 그 표시가 객관적으로 명확하게 드러나지 않는다 하여 주거침입죄를 인정하지 않았다.

Ⅲ. 나오는 말

(1) 주거침입의 죄는 주거자, 관리자, 점유자의 사실상의 평온이라는 사생활을 보호하기 위한 목적을 갖는다. 그러나 이러한 형법의 보호목적은 ─ 다른 범죄와 마찬가지로 ─ 죄형법정주의 아래 일반인의 통상적인 예측가능성 범위 안에서 실현되어야 정당성을 인정받을 수 있다. 오늘날 주거 및 건조물의 형태가 복잡·다양화되고, 특히 공동주택이라는 주거의 형태가 증가하면서 과거에는 상상하지 못했던 엘리베이터, 복도, 주차장 등의 실내 공용공간뿐만 아니라 놀이터, 운동시설 등의 실외 공용공간과 같은 다양한 형태의 공간이 생기고 있다. 이에 따라 주거침입죄의 객체로서 인정되는 '위요지' 범위가 어디까지인가는 향후 계속 논란이 될 것으로 보인다.

(2) 이러한 배경 속에서 대상판결은 '위요지'의 요건을 한층 더 구체화하여 일반인들로 하여금 주거자 및 관리자로부터 출입이 제한되는 공간임을 쉽게 알 수 있도록 그 의사표시를 객관적으로 명확히 하도록 요건화하여 위요지를 제한하고 있음을 알 수 있다. 그러나 다양화되는 주거 및 건조물의 '위요지'의 변화 속에 이러한 대법원의 판단은 위요지의 세부적인 기준을 제시하고 있지는 않다는 점에서 앞으로 이러한 기준이 보다 더 정립될 필요가 있다.

[필자: 홍승희 교수(원광대)]

제5장

재산에 대한 죄

[92] 불법 신용카드 사용 현금자동인출과 절도죄

[대상판결] 대법원 1996. 4. 9. 선고 95도2466 판결

[사실관계] 피고인은 신용카드를 사용하여 은행으로부터 대출받는 대출금을 정상적으로 결제할 의사나 능력이 없었다. 그럼에도 마치 대출금을 정상적으로 결제할 것처럼 가장하여 신용카드를 발급받은 다음, 그 신용카드를 사용하여 현금자동지급기에서 22회에 걸쳐 현금서비스를 받았다.

[판결요지] 신용카드사용행위는 카드회사로부터 일정한 한도 내에서 신용공여가 이루어지고, 그 신용공여의 범위 내에서는 정당한 소지인에 의한 카드사용에 의한 금전대출이 카드 발급 시에 미리 포괄적으로 허용되어 있는 것인바, 현금자동지급기를 통한 현금대출도 카드회사로부터 그 지급이 미리 허용된 것이고, 단순히 그 지급방법만이 사람이 아닌 기계에 의해서 이루어지는 것에 불과하다. 피고인이 카드사용으로 인한 대금결제의 의사와 능력이 없으면서도 있는 것 같이 가장하여 카드회사를 기망하고, 카드회사는 이에 착오를 일으켜 일정 한도 내에서 카드사용을 허용해 줌으로써 피고인은 기망당한 카드회사의 신용공여라는 하자 있는 의사표시에 편승하여 자동지급기를 통한 현금대출도 받고 가맹점을 통한 물품구입대금 대출도 받아 카드발급회사로 하여금 같은 액수 상당의 피해를 입게 함으로써, 카드사용으로 인한 일련의 편취행위가 포괄적으로 이루어진다. 따라서 카드사용으로 인한 카드회사의 손해는 그것이 자동지급기에 의한 인출행위이든 가맹점을 통한 물품구입행위이든 불문하고 모두가 피해자인 카드회사의 기망당한 의사표시에 따른 카드발급에 터 잡아 이루어지는 사기의 포괄일죄라 할 것이다.

[해 설]

I. 들어가는 말

신용카드를 사용하여 현금자동지급기에서 현금서비스(현금대출)를 받았는데, 그 사용이 정상적인 사용이 아닌 경우에 현금자동지급기를 이용하여 현금서비스를 받은 행위의 형사책임이 문제된다. 대상판결은, 정상적인 사용이 아닌 것 중 신용카드 사용대금의 지불의사

나 지불능력이 없이 자기 명의로 신용카드를 발급받아 현금자동지급기에서 현금서비스를 받는 행위는 사기죄에 해당한다고 밝히고 있다. 정상적 사용이 아닌 사용의 형태로는 대상판결의 사안과 같은 경우 외에 크게 타인이 이미 발급받은 신용카드를 부정하게 취득하여 사용하는 경우와 타인의 명의를 도용하여 자신이 마치 그 타인인 것처럼 행세하여 타인 명의로 발급받은 신용카드를 사용하는 경우를 들 수 있다. 소지자로부터 절취, 편취, 갈취, 강취한 신용카드를 사용하는 경우는 전자의 대표적 예이다.

II. 학설과 대법원 판결

1. 타인이 이미 발급받은 신용카드를 부정하게 취득하여 사용한 경우

타인의 신용카드를 부정하게 취득하여 현금자동지급기에서 현금서비스를 받거나 현금을 인출하는 경우에 여신전문금융업법상의 신용카드 부정사용죄에 해당한다(대법원 1998. 2. 27. 선고 97도2974 판결). 그런데 신용카드 부정사용죄 외에 어떤 형사책임이 성립하느냐에 관하여는 학설이 대립한다.

① 절도죄설은 기계에 대하여는 기망이 불가능하므로 사기죄가 성립할 수 없고, 현금자동지급기를 설치·관리하는 은행은 정당한 권한을 가진 신용카드 소지인에게 현금서비스를 하겠다는 의사표시를 한 것일 뿐이므로, 타인의 신용카드를 부정하게 취득하여 현금서비스를 받는 행위는 현금자동지급기 관리자의 의사에 반하여 현금에 대한 점유를 취득한 것이라고 한다. ② 컴퓨터등사용사기죄설은 타인의 신용카드를 습득하여 비밀번호를 알아내고 현금자동지급기로부터 현금을 인출함에 있어, 알아낸 비밀번호는 허위의 정보가 아니라 진실한 정보이지만 비밀번호를 사용할 권한이 없다는 점에서 부정한 명령의 입력에 해당하고, 현금인출은 넓은 의미의 재산상 이익에 포함될 수 있음을 논거로 한다. ③ 절도죄 및 사기죄 불성립설은 현금자동지급기의 관리자는 신용카드 소지 여부와 비밀번호가 맞는지를 확인하도록 기계장치를 해놓는 방법으로 현금자동지급

기를 사용할 수 있는 자인가를 확인하여 부정사용을 방지하고 있는데, 이는 신용카드와 비밀번호를 제대로 입력하기만 하면 아무런 유보 없이 현금을 지급하겠다는 조건 없는 점유이전의 의사표시를 한 것이고 이때 현금자동지급기 관리자의 점유배제는 존재하지 않으므로 절도죄가 성립하지 아니하고, 사람에 대한 기망행위나 착오에 의한 재산상의 처분행위도 없으므로 사기죄에도 해당하지 않는다는 견해이다.

신용카드를 부정하게 사용한 행위의 형사책임에 관한 대법원 판결을 정리하면 다음과 같다. 절취한 타인의 신용카드를 사용하여 현금자동지급기에서 현금서비스를 받는 행위는 절도죄에 해당한다(대법원 1995. 7. 28. 선고 95도997 판결). 편취하거나 갈취한 신용카드를 사용하여 현금자동지급기에서 현금을 인출한 행위는 그 신용카드를 편취하거나 갈취한 행위와 포괄하여 하나의 사기죄 또는 공갈죄가 성립하고 별도로 절도죄가 성립하지 아니한다(대법원 2005. 9. 30. 선고 2005도5869 판결). 비록 하자 있는 의사표시이기는 하지만 신용카드 소유자의 승낙에 의하여 사용권한을 부여받은 이상, 그 소유자가 승낙의 의사표시를 취소하기까지는 신용카드를 적법, 유효하게 사용할 수 있으며, 은행 등 금융기관은 신용카드 소유자의 지급정지 신청이 없는 한 카드 소유자의 의사에 따라 그의 계산으로 적법하게 예금을 지급할 수밖에 없다는 점을 근거로 한다. 반면 강도죄는 공갈죄와는 달리 피해자의 반항을 억압할 정도로 강력한 정도의 폭행·협박을 수단으로 재물을 탈취하여야 성립하는 것이므로, 피해자로부터 신용카드를 강취한 경우에는 피해자로부터 그 사용에 관한 승낙의 의사표시가 있었다고 볼 여지가 없으므로, 현금자동지급기에서 예금을 인출한 행위는 피해자의 승낙에 기한 것이라고 할 수 없고 현금자동지급기 관리자의 의사에 반하여 그의 지배를 배제하고 현금을 자기의 지배하에 옮겨 놓는 것이 되어서 강도죄와는 별도로 절도죄를 구성한다(대법원 2007. 5. 10. 선고 2007도1375 판결).

한편 피고인이 절취한 타인의 신용카드를 사용하여 현금자동지급기에서 피해자의 계좌에 있던 돈을 피고인의 계좌로 이체한 행위는 컴퓨터등사용사기죄에 해당함은 별론으로 하고 절취행위라고 볼 수는 없고, 위 계좌이체 후 현금자동지급기를 이용하여 피고인의 계좌에서 현금을 인출한 행위는 자신의 신용카드나 현금

카드를 사용한 것이어서 현금지급기 관리자의 의사에 반한다고 볼 수 없어 역시 절취행위에 해당하지 않는다는 것이 대법원 판결이다(대법원 2008. 6. 12. 선고 2008도2440 판결).

2. 타인의 명의를 도용하여 발급받은 신용카드를 부정하게 사용한 경우

타인 명의를 도용하여 발급받은 신용카드를 사용하여 현금자동지급기에서 현금을 인출한 행위에 관하여는 ① 컴퓨터등사용사기죄설과 ② 절도죄와 컴퓨터등사용사기죄가 모두 성립한다는 견해가 있다.

대법원은 이 경우 절도죄가 성립한다고 한다(대법원 2002. 7. 12. 선고 2002도2134 판결). 비록 카드회사가 기망당하여 피도용자 명의로 발급된 신용카드를 교부하고, 사실상 지정한 비밀번호를 입력하여 현금자동지급기에 의한 현금서비스를 받을 수 있도록 하였더라도, 카드회사의 내심 의사는 물론 표시된 의사도 카드명의인인 피도용자에게 이를 허용하는 데 있을 뿐, 도용자에게 이를 허용한 것은 아니라서 사기죄에 해당하지 않고(대법원 2006. 7. 27. 선고 2006도3126 판결), 형법 제347조의2에서 규정하는 컴퓨터등사용사기죄의 객체는 재물이 아닌 재산상의 이익에 한정되어 있으므로, 타인의 명의를 도용하여 발급받은 신용카드로 현금자동지급기에서 현금을 인출하는 행위를 위 법조항을 적용하여 처벌할 수 없음(위 2002도2134 판결)을 근거로 한다.

III. 나오는 말

신용카드를 사용하여 현금자동지급기에서 현금을 인출하거나 현금서비스를 받는 행위의 형사책임은 신용카드를 취득한 행위의 유형에 따라 달라질 뿐만 아니라, 재물과 재산상 이익이란 개념을 어떻게 해석하느냐에 따라서도 좌우된다. 학설과 대법원 판결의 차이도 그와 같은 데에 기인한다. 대상판결과 위에서 본 대법원 판결이 취한 결론은 절도죄, 사기죄, 컴퓨터등사용사기죄 등의 구성요건, 포괄일죄의 법리 등과 부합하는 해석이란 점에서 충분히 수긍할 수 있다.

〔참고문헌〕안경옥, "타인 명의를 모용·발급받은 신용카드를 이용한 현금인출행위와 컴퓨터등 사용사기죄", 형사판례연구 [11](2003).

[필자: 김대웅 판사(서울고법)]

[93] 절도죄에서의 사자의 점유

[대상판결] 대법원 1993. 9. 28. 선고 93도2143 판결

[사실관계] 피고인은 부엌칼로 피해자의 배 부분을 1회, 허벅지 부분을 2, 3회, 얼굴과 몸통을 십여 차례 힘껏 찌르는 등의 행위를 하여 고의로 피해자를 살해하였다. 그 후 피고인은 사망한 피해자 곁에 4시간 30분쯤 있다가 그 곳 피해자의 자취방 벽에 걸려있던 피해자가 소지하는 물건들을 영득의 의사로 가지고 나왔다.

[판결요지] 피해자를 살해한 방에서 사망한 피해자 곁에 4시간 30분쯤 있다가 그곳 피해자의 자취방 벽에 걸려 있던 피해자가 소지하는 물건들을 영득의 의사로 가지고 나온 경우 피해자가 생전에 가진 점유는 사망 후에도 여전히 계속되는 것으로 보아야 한다.

[관련판결] 대법원 2012. 4. 26. 선고 2010도6334 판결
[판결요지] 피고인이 내연관계에 있는 A와 아파트에서 동거하다가, A의 사망으로 상속인인 B 및 C 소유에 속하게 된 부동산 등기권리증 등이 들어 있는 가방을 위 아파트에서 가지고 가 절취하였다는 내용으로 기소된 사안에서, 피고인이 가방을 들고 나온 시점에 B 등이 아파트에 있던 가방을 사실상 지배하여 점유하였다고 볼 수 없어 피고인의 행위가 절도죄를 구성한다고 할 수 없는데도, 절도죄를 인정한 원심판결에 법리오해 등의 위법이 있다고 한 사례.

[해 설]

Ⅰ. 들어가는 말

대상판결에서 피고인이 피해자를 살해하고 물건을 가지고 간 추가행위에 대해 절도죄(제329조) 또는 점유이탈물횡령죄(제360조)의 성립이 문제되었다. 절도죄와 점유이탈물횡령죄 사이에는 행위객체에서 본질적인 차이가 있다. 절도죄의 객체로 규정된 '타인의 재물'은 타인 소유물이면서 타인이 점유하는 재물을 의미하고, 점유이탈물횡령죄의 객체로 규정된 '점유이탈'이란 절도죄와 같이 타인 소유물인 것은 전제하지만 — 행위자 아닌 — 타인의 점유자가 없는 재물을 의미한다. 따라서 피고인이 가져간 재물에 대해 타인 점유가 인정되

면 절도죄, 타인 점유가 부정되면 점유이탈물횡령죄가 적용되어야 한다. 그런데 대상판결은 피해자가 생전에 가진 점유는 사망 후에도 여전히 계속되는 것으로 보아 절도죄의 성립을 긍정하였다. 즉, 살인 피해자인 사자 자체의 점유를 어느 정도 인정하는 판시를 한 것이다. 그런데 관련판결은 피고인이 함께 동거하다가 자연사한 자가 소유 및 점유하였던 가방을 가져갔음에도 불구하고 절도죄의 성립을 부정하고서 — 절도죄의 성립을 긍정하였던 — 원심을 파기환송하였다. 두 판결에서 핵심쟁점으로 제기된 사자 자체의 점유와 상속인 점유의 문제에 대해 아래에서 더욱 구체적으로 살펴본다.

Ⅱ. 재산범죄에서의 점유개념과 대상판결 및 관련판결의 평석

절도죄의 행위객체는 '타인의 재물'이다. 더 정확히 표현하면 타인이 소유하고 행위주체 이외의 타인이 점유하는 재물을 말한다. 여기서 점유란 지배의사에 의한 사실상의 재물의 지배를 말한다. 그런데 재물의 소유자가 사망하면 그 소유권은 상속인에게 상속된다(상속인이 없으면 국가에 소유권이 귀속될 것임). 따라서 재물의 소유자가 사망하더라도 그 재물은 피고인의 입장에서 보면 타인 소유물인 것은 명백하기 때문에 이를 영득하면 적어도 점유이탈물횡령죄는 성립할 수 있다. 더 나아가 사자의 점유 또는 점유의 자동 상속까지 인정하면 그 재물을 영득한 피고인에게 절도죄가 성립될 수 있을 것이다. 그런데 사자 자신의 점유에 대해서는 인정되지 않는다는 견해가 관련판결을 비롯하여 지배적 학설에 해당한다. 사람이 사망하면 점유개념의 주관요소인 점유의사가 없게 되는 것은 명백하기 때문이다. 따라서 야산에서 이미 죽은 지 오래된 사자가 품고 있는 지갑을 가져가는 행위는 객관적으로 피고인 아닌 타인에 의한 점유가 없는 물건, 즉 점유이탈물의 횡령죄가 성립될 뿐이다. 그런데 대상판결의 사례에서는 피고인이 사람을 살해한 이후 집안에 있는 재물을 가져간 것이고, 관련판결의 사례에서는 피고인이 자연적으로 사망한 사람이 소유 및 점유하였던 재물을 가져갔

지만 그 이후 상속인이 소유는 물론이고 점유까지 상속을 주장한 것에 특징이 있다. 그런데 피고인이 '처음부터 재물취득의 목적으로' 사람을 살해한 이후 실제로 재물을 영득한 경우에는 생전점유가 사후 일정 시간 계속되는 사자의 점유 또는 재산범죄 실행착수 시 피해자가 살아있었기 때문에 산 자의 점유를 인정하여야 한다는 것이 지배적 견해에 해당한다. 다만 이 경우는 —단순한 재물 절취가 아니라— 사람 살해를 수단으로 재물을 강취하는 것이기 때문에 종국적으로 적용되어야 할 구성요건은 강도살인죄(제338조)가 될 것이다. 다음으로 대상판결의 사례, 즉 피고인이 처음에는 살인 의사만 가지고 '살해한 이후 비로소 재물취득의 의사가 생겨' 재물을 가져간 경우가 있다. 이에 대하여는 사망 후 4시간 30분쯤 경과한 경우에는 피해자가 생전에 가진 점유가 사망 후에도 여전히 계속되는 것으로 보아야 한다는 대상판결이 취하는 견해(절도죄설)와 사자는 점유의사를 가질 수 없기 때문에 재산범죄 착수 시에 이미 죽은 사자의 점유는 확정적으로 인정될 수 없다는 견해(점유이탈물횡령죄설)의 대립이 있다. 판단컨대, 사람이 죽으면 점유의사를 가질 수 없고, 사망 후 경과된 시간의 길이 여부에 따라 사자의 점유를 인정하려는 것은 그 한계판단이 불투명하기 때문에 후자의 견해가 일단 타당한 것으로 귀결되어야 한다. 그런데 사자 자체의 점유는 부정되더라도 피고인 아닌 제3자의 타인 점유자가 있으면 절도죄가 여전히 성립되어야 한다. 대상판결의 사례에서 사망 장소 및 재물이 놓여 있는 위치가 자취방이기 때문에 그 자취방 주인(피고인 아닌 타인)이 일단 점유하는 것으로 얼마든지 해석될 수 있다. 그리고 관련판결의 사례에서도 상속인의 타인점유 개시가 특별히 문제되었다. 그런데 민법에서는 소유권은 물론이고 상속에 의한 점유의 이전(민법 제193조)도 인정되지만, 형법에서는 상속인에 의한 사실상의 재물지배가 새로이 개시되지 않는 한 자동적인 점유의 상속은 인정되지 않는다. 특히 관련판결은 피고인이 가방을 가져가는 시점에 상속인은 가방의 존재를 몰랐고 그 후 피고인에게 반환 청구를 한 사실도 없기 때문에 상속인의 점유를 인정하지 않았다. 생각건대, 관련판결이 상속인이 가방의 존재를 몰랐다는 것(따라서 점유의사가 없었다는 것)에 근거하여 상속인의 점유를 부정한 것에 대해서는 이론적으로 올바르다고 평가할

수 없다. 상속인은 상속재산의 발견과는 관계없이 상속재산이 실제로 있다면 이를 지배하려는 잠재적 일반적 점유의사를 가진 것으로 해석되어야 하기 때문이다. 따라서 관련판결의 사례에서 절도죄의 성립을 부정하려면 그 근거는 가방이 위치한 장소가 피해자와 피고인이 함께 거주하였던 집이었기 때문에 상속인에게 —소유권은 자동 상속되었지만— 아직 사실상 지배라는 형법상 객관적 점유요소의 충족이 이루어지지 않았다는 점에서 찾았어야 할 것이다.

III. 나오는 말

대상판결이 피고인의 재산범죄에 대한 고의 발생과 실행 착수 이전에 이미 피살된 사자의 점유를 사망 후 길지 않은 경과 시간을 고려하여 인정한 것은 이론적으로 타당하다고 볼 수 없다. 사자는 점유의사를 가질 수 없고, 이 점은 사망 후 경과한 시간이 길지 않다고 하여 달라지는 것은 아니기 때문이다. 다만, 피고인이 가져간 재물이 놓인 위치가 자취방이었기 때문에 그 재물에 대한 집 주인(피고인 아닌 타인)의 점유가 인정된다고 해석하여 여전히 절도죄의 성립을 긍정할 수는 있었을 것으로 판단된다. 그리고 관련판결이 상속대상인 재물을 상속인이 발견하지 못해 점유의사가 개시되지 않았다는 것에 근거하여 종국적으로 상속인의 점유를 부정한 것도 이론적으로 타당하다고 볼 수 없다. 상속인은 상속재산에 대해 —그 재물을 발견하지 못하였더라도— 일반적 잠재적 점유의사는 있는 것으로 해석하는 것이 타당하기 때문이다. 오히려 그 재물이 놓인 장소가 피해자와 피고인이 함께 거주하였던 곳이기 때문에 피고인이 가방을 가져가는 행위 시 상속인의 그 재물에 대한 객관적 사실적 점유가 아직 개시되지 않았다는 점에서 절도죄의 성립을 부정하는 것이 이론적으로 더욱 합당하였을 것으로 판단된다.

〔참고문헌〕 김성룡, "형법에서 사자의 점유", 형사판례연구 [21] (2013); 손동권, "재산죄(절도죄)에서의 사자의 점유(?)와 불법영득의 의사", 형사판례연구 [13](2005).

[필자: 손동권 교수(건국대)]

[94] 절도죄의 객체

[대상판결] 대법원 2002. 7. 12. 선고 2002도745 판결

[사실관계] 피고인은 자신이 근무하던 피해자 회사의 연구개발실에서 그 곳 노트북 컴퓨터에 저장되어 있는 직물원단고무코팅시스템의 설계도면을 A2용지 2장에 출력하여 가지고 나왔다.

[판결요지] 절도죄의 객체는 관리가능한 동력을 포함한 '재물'에 한한다 할 것이고, 또 절도죄가 성립하기 위해서는 그 재물의 소유자 기타 점유자의 점유 내지 이용가능성을 배제하고 이를 자신의 점유하에 배타적으로 이전하는 행위가 있어야만 할 것인바, 컴퓨터에 저장되어 있는 '정보' 그 자체는 유체물이라고 볼 수도 없고, 물질성을 가진 동력도 아니므로 재물이 될 수 없다 할 것이며, 또 이를 복사하거나 출력하였다 할지라도 그 정보 자체가 감소하거나 피해자의 점유 및 이용가능성을 감소시키는 것이 아니므로 그 복사나 출력행위를 가지고 절도죄를 구성한다고 볼 수도 없다.

[해 설]

I. 들어가는 말

우리 형법은 재산죄의 객체를 재물과 재산상의 이익으로 구분하며, 형법 제329조의 절도죄는 재물을 행위객체로 하는 대표적인 재물죄이다. 과거에는 절도죄의 재물개념을 시각과 촉각에 의해 구체화되는 유체물로 제한하더라도 큰 문제가 없었다. 하지만 과학기술이 발달하면서 동력, 권리, 역무(service), 정보 등 재산적 가치를 가진 것들 중에는 감각적으로 지각할 수는 없지만 관리가 가능한 대상들이 늘어나고 있다. 이익절도를 부정하는 현행 형법체계에서 동력이나 권리, 역무, 정보 등이 절도죄의 객체가 될 수 있는지 그 여부를 확인하는 것은 절도죄의 보호범위와 관련된 중요한 문제이다. 대상 판례에서는 컴퓨터에 저장되어 있는 "정보"가 재물로서 절도죄의 객체가 되는가가 쟁점이 되었다(제1쟁점).

한편 재산적 가치를 평가할 때에는 종종 물체 자체의 가치보다 물체의 기능가치가 중요한 경우가 있다. 예를 들면 예금통장은 통장자체의 가치보다는 예금인출기능이라는 기능가치가 더 중요한데, 타인의 예금통장을 훔쳐 예금만 인출하고 통장을 반환한 경우에 절

도죄가 성립하는지가 문제된다. 물체의 기능가치가 절도죄의 영득대상인가에 대해서는 여전히 논란이 있지만, 컴퓨터 시스템에서 정보를 출력한 경우에 정보 및 컴퓨터시스템의 기능가치에 영향을 미치는가는 절도죄의 성립범위를 결정하는 중요한 쟁점이 된다. 대상판례에서는 컴퓨터에 저장되어 있는 정보를 피고인이 출력하여 가져간 경우, 그 "출력물"이 절도죄의 객체로서 재산상의 가치를 가지는지 여부가 쟁점이 되었다(제2쟁점).

II. 정보의 재물성 판단(제1쟁점)

절도죄의 객체인 재물은 유체물을 의미한다. 공간을 차지하면서 감각을 통해 지각할 수 있는 것이면 고체 외에도 물과 같은 액체나 가스와 같은 기체도 유체물에 포함된다. 그런데 형법 제346조는 관리할 수 있는 동력도 재물로 간주한다고 규정함으로써, 유체물 이외에 전기, 화력, 원자력 등과 같은 관리 가능한 동력도 절도죄의 객체가 된다.

재물개념의 범위와 관련하여 학설은 절도죄의 재물개념을 유체물로 한정하면서 형법 제346조를 예외규정으로 이해하는 유체성설이 있는가 하면, 형법 제346조를 당연규정으로 이해하면서 재물에는 유체물 이외에 관리가능한 무체물도 포함된다는 관리가능성설도 있다. 특히 관리가능성설은 동력 외에도 정보나 권리, 역무(service)와 같은 관리가능한 무체물에 대해서도 절도죄의 객체성을 인정할 여지가 있다. 그러나 관리가능성설에 입각한 재물개념의 확장은 구성요건의 정형성을 부정함으로써 절도죄의 가벌성을 부당히 확대할 염려가 있다. 권리 및 역무, 정보가 재산상의 가치를 가지는 경우에는 재산상의 이익으로 이익죄의 대상이 되며, 동력 이외에 관리가능한 무체물에 대해서는 재물죄로서 절도죄의 성립을 부정하는 것이 타당하다.

판례는 타인의 전화를 무단으로 사용한 행위에 대해 이러한 역무는 물리적 관리의 대상이 될 수 없어 재물이 아니라고 하거나(대법원 1998. 6. 23. 선고 98도700 판결), 광업권과 같이 물질적(또는 물리적)으로 관리가능하지 않고 사무적으로 관리 가능한 채권이나 그 밖의 권리 등은 재물죄인 횡령죄의 객체가 될 수 없다고 함으로써(대법원 1994. 3.

제1편 개인적 법익에 대한 죄

8. 선고 93도2272 판결) 역무나 권리처럼 사무적으로 관리 가능한 무체물의 재물성을 부인하였다. 판례의 입장이 유체성설인지 아니면 관리가능성설인지는 분명하지 않지만, 물질적(또는 물리적) 관리가능의 범주에서 유체물과 동력에 한해서 재물죄의 객체를 긍정하는 것은 분명하다.

대상 판례는 컴퓨터에 저장된 정보의 재물성이 문제된 사건으로, 대법원은 컴퓨터에 저장된 정보인 설계자료는 유체물 또는 동력이 아니므로 절도죄의 객체가 될 수 없다고 한다. 정보는 가상공간의 데이터에 불과할 뿐 실제 공간에서는 감각적으로 지각할 수 없으므로 유체물이라고 할 수 없으며, 기계적 에너지로 변환 가능한 동력도 아니다. 그러므로 컴퓨터에 저장된 정보인 설계자료는 역무, 권리와 마찬가지로 물리적(또는 물질적) 관리의 대상이 될 수 없는 것으로서 절도죄의 객체가 될 수 없다. 그런데 대상판례는 동력의 물질성을 긍정하는 듯한 논거를 취하면서 컴퓨터에 저장된 정보는 유체물도 동력도 아니므로 절도죄의 객체가 될 수 없다고 한다. 동력은 물리적으로 관리가능하지만 물질성을 가지는 객체가 아니며, 물질성을 가지는 유체물과 함께 재물죄의 객체가 되는 것이다. 따라서 동력이 물질성을 가진다는 전제에서 정보가 동력은 아니라는 판례의 입장은 결론의 타당성에도 불구하고 그 논지에는 공감하기 어렵다.

III. 정보출력물의 재산적 가치 판단(제2쟁점)

한편 재산적 가치가 있는 무체물을 유체물에 고정할 수 있다면 물질성이나 물리적 관리가능성을 인정할 수 있다. 권리와 역무처럼 물리적 관리가 힘든 무체물의 경우와 달리, 정보의 경우에는 물질성을 가진 매체에 고정할 수 있는 기술이 발달함으로써 유체물이 될 여지가 있다. 이는 정보를 고정한 출력물을 절도죄의 객체로 인정할 수 있느냐와 관련된다. 대상판례도 컴퓨터 시스템에 저장된 설계자료를 출력하여 그 출력물(설계도면)을 가져간 피고인의 행위가 절취행위에 해당하는가를 판단하였다.

정보를 종이에 출력한 경우에 그 출력물은 유체물이다. 그러나 출력물의 경우에는 종이자체의 가치보다 종이에 화체된 정보의 가치가 재산적으로 더 큰 의미를 가진다. 출력물이 절도죄의 객체가 될 수 있는가는 불법영득의사를 가진 행위자의 영득대상에 정보에 대한 가치가 포함될 수 있는가와 결부된다. 학설은 영득죄의 영득행위 대상은 물체에 한정된다는 물체설, 물체에 화체된 경제적 가치가 대상이 된다는 가치설, 그리고 물체와 함께 물체에 화체된 가치가 대상이라는 결합설이

대립한다. 물체설에 의하면 타인의 예금통장을 사용하여 현금을 인출하고 반환한 경우에는 절도죄의 성립을 긍정할 수 없다는 문제가 있고, 가치설은 재물죄와 이익죄의 구별을 어렵게 한다는 문제가 있다. 따라서 결합설이 타당하며, 우리 판례도 결합설의 관점에서 물체의 가치를 영득행위의 대상으로 판단한다(대법원 1981. 10. 13. 선고 81도2394 판결). 결합설의 관점에서 대상판례를 살펴보면 정보를 출력한 출력물 가운데 종이 자체의 절취가 문제되었다면 피고인에게 절도죄의 성립을 긍정할 수 있다. 그러나 대상판례에서는 검사가 설계도면 생성에 사용된 용지 절취행위를 기소한 것은 아니라는 점을 분명히 하고 있다. 결국 컴퓨터에 저장된 설계자료의 출력행위가 해당 정보의 가치 감소를 수반하는가가 절도죄 성립의 관건이 된다. 절도죄에 있어 영득행위의 대상이 되는 가치는 단순한 사용가치가 아니라 재물에 결합된 특수한 기능가치이며, 영득행위로 인해 재물의 기능가치가 감소한 경우에 절도죄의 성립을 긍정할 수 있다. 그런데 컴퓨터 시스템에 저장된 설계자료를 종이에 출력한 경우에는 정보 및 정보저장매체인 컴퓨터 시스템의 기능가치에 아무런 영향을 주지 않는다. 대상판례도 해당 설계도면은 회사가 보관하고 있던 것이 아니라 피고인이 생성한 문서로서, 문서 생성과정에서 정보자체의 감소나 피해자의 점유 및 이용가능성의 감소를 인정할 수 없다는 이유로 절도죄의 성립을 부정하였다.

IV. 나오며

재산죄는 객체가 재물인지 아니면 재산상의 이익인지에 따라 적용되는 구성요건이 구분된다. 컴퓨터에 저장된 정보가 재산상의 가치를 가진다 하더라도 정보는 유체물도 관리가능한 동력도 아니므로 재물이 아닌 재산상의 이익으로 보아야 한다. 특히 컴퓨터 시스템에 저장된 정보는 우리 형법이 전자기록 등 특수매체기록이라는 별도의 객체를 인정하고 있고, 영업비밀이나 지식재산권의 성질을 가지는 경우에는 관련 특별형법(예를 들면 부정경쟁방지 및 영업비밀보호법이나 저작권법, 특허법 등)의 보호를 받을 수 있다는 점에서 정보나 정보의 출력물을 절도죄의 객체인 재물로 볼 수 없다.

〔참고문헌〕 이주현 "컴퓨터에 저장된 정보에 대한 절도죄의 성립 여부", 대법원 판례해설, 법원도서관(2003)

[필자: 박성민 교수(경상대)]

[95] 절도죄에서의 불법영득의사

[대상판결] 대법원 1998. 11. 10. 선고 98도2642 판결

[사실관계] 피고인은 피해자로부터 지갑을 잠시 건네받아 멋대로 지갑에서 피해자 소유의 외환은행 현금카드를 꺼내어 그 즉시 위 현금카드를 사용하여 현금자동지급기에서 70만 원의 현금을 인출한 후 위 현금카드를 곧바로 피해자에게 반환하였다.

[판결요지] 타인의 재물을 점유자의 승낙 없이 무단사용하는 경우에 있어서 그 사용으로 인하여 물건 자체가 가지는 경제적 가치가 상당한 정도로 소모되거나 또는 사용 후 그 재물을 본래 있었던 장소가 아닌 다른 곳에 버리거나 곧 반환하지 아니하고 장시간 점유하고 있는 것과 같은 때에는 그 소유권 또는 본권을 침해할 의사가 있다고 보아 불법영득의 의사를 인정할 수 있을 것이나 그렇지 아니하고 그 사용으로 인한 가치의 소모가 무시할 수 있을 정도로 경미하고 또한 사용 후 곧 반환한 것과 같은 때에는 그 소유권 또는 본권을 침해할 의사가 있다고 할 수 없어 불법영득의 의사를 인정할 수 없다.

[관련판결] 대법원 2010. 5. 27. 선고 2009도9008 판결
[사실관계] 피고인은 피해자의 현장소장으로 근무하던 중 월급 등을 제대로 지급받지 못할 것을 염려하여 피해자 공소외 주식회사의 사무실에서 피해자 명의의 농협 통장을 몰래 가지고 나와 예금 1,000만 원을 인출한 후 다시 이 사건 통장을 제자리에 갖다 놓았다.

[판결요지] 예금통장은 예금채권을 표창하는 유가증권이 아니고 그 자체에 예금액 상당의 경제적 가치가 화체되어 있는 것도 아니지만, 이를 소지함으로써 예금채권의 행사자격을 증명할 수 있는 자격증권으로서 예금계약사실 뿐 아니라 예금액에 대한 증명기능이 있고 이러한 증명기능은 예금통장 자체가 가지는 경제적 가치라고 보아야 하므로, 예금통장을 사용하여 예금을 인출하게 되면 그 인출된 예금액에 대하여는 예금통장 자체의 예금액 증명기능이 상실되고 이에 따라 그 상실된 기능에 상응한 경제적 가치도 소모된다. 그

렇다면 타인의 예금통장을 무단사용하여 예금을 인출한 후 바로 예금통장을 반환하였다 하더라도 그 사용으로 인한 위와 같은 경제적 가치의 소모가 무시할 수 있을 정도로 경미한 경우가 아닌 이상, 예금통장 자체가 가지는 예금액 증명기능의 경제적 가치에 대한 불법영득의 의사를 인정할 수 있으므로 절도죄가 성립한다.

[해 설]
I. 들어가는 말

절도죄의 성립에 필요한 불법영득의 의사란 권리자를 배제하고 타인의 물건을 자기의 소유물과 같이 이용·처분할 의사를 말하는데, 영구적으로 그 물건의 경제적 이익을 보유할 의사가 필요하지 아니하여도 소유권 또는 이에 준하는 본권을 침해하는 의사, 즉 목적물의 물질을 영득할 의사나 물질의 가치만을 영득할 의사라도 불법영득의 의사가 있다고 할 것이다. 이와 같이 타인의 재물을 점유자의 승낙 없이 사용할 목적으로 그 점유를 침탈한 경우에는 개별적인 행위태양에 따라 불법영득의 의사 존부가 결정되는데, ① 그 사용으로 인하여 물건 자체가 가지는 경제적 가치가 상당한 정도로 소모되는 경우, ② 곧 반환하지 아니하고 상당한 장시간 점유하고 있는 경우, ③ 사용 후 그 재물을 본래 있었던 장소가 아닌 다른 장소에 유기하는 경우 등에 있어서는 이를 일시 사용하는 경우라고는 볼 수 없어 불법영득의 의사를 인정할 수 있다.

대법원은 소위 '사용절도'에 있어서 불법영득의 의사를 인정할 수 있는 3가지 행위태양 가운데 그 사용으로 인하여 물건 자체가 가지는 경제적 가치가 상당한 정도로 소모되는가 아니면 가치의 소모가 무시할 수 있을 정도로 경미한 것인가 여부에 대한 판단을 하고 있는데, 일시 사용 후 반환한 현금카드의 경우(대상판결)에는 불법영득의 의사를 부정하는 반면에, 일시 사용 후 반환한 예금통장의 경우(관련판결)에는 불법영득의 의사를 인정하고 있다. 이와 같은 대상판결들의 상반된 태도가 타당한 것인지 여부를 판단하기 위해서는 현금카드와 예금통장 자체가 가지고 있는 경제적 가치

가 과연 무엇인지를 밝히는 것이 필요하다.

II. 현금카드와 예금카드 자체가 가지고 있는 경제적 가치

종래 대법원은 무단으로 일시 사용한 후 반환한 현금카드(대법원 1998. 11. 10. 선고 98도2642 판결), 직불카드(대법원 2006. 3. 9. 선고 2005도7819 판결), 신용카드(대법원 1999. 7. 9. 선고 99도857 판결) 등(이하, '카드'라고 한다)의 사례에 있어서는 "그 카드 자체가 가지는 경제적 가치가 인출 또는 계좌이체된 금액만큼 소모되었다고 할 수 없다"는 이유로 불법영득의 의사를 일관되게 부정하고 있다. 반면에 관련판결에서 보는 바와 같이 예금통장 사례에 있어서는 "예금통장은 예금사실과 예금액에 대한 증명기능이 있고, 이러한 증명기능은 예금통장 자체가 가지는 경제적 가치라고 보아야 한다"고 전제한 뒤 예금통장을 사용하여 예금을 인출하게 되면 '그 인출된 예금액'에 대하여 예금통장 자체의 예금액 증명기능이 상실되고, 이에 상응한 경제적 가치가 소모된다는 이유로 불법영득의 의사를 인정하고 있다.

이와 같이 대법원이 카드 및 예금통장 자체가 가지고 있는 경제적 가치를 판단하는 기준인 '예금사실과 예금액에 대한 증명기능'이 과연 양자 사이에 다르게 나타나고 있는지를 검토해 본다. 우선 예금통장의 증명기능에 대하여 살펴보면, 과거와 달리 최근의 상황에서 예금통장 그 자체만으로 예금사실과 예금액에 대한 증명이 가능한지는 의문이다. 왜냐하면 예금통장을 직접 이용하는 거래보다는 예금통장과 결부된 카드 또는 인터넷뱅킹, 폰뱅킹 등이 일상화되어 있는 거래현실에서 예금통장에 기재된 잔액이 과연 실제의 잔액을 의미하는 것인지는 매우 불확실하기 때문이다. 예금통장에 1억 원의 잔액이 기재되어 있다고 하더라도 실제에 있어서는 1만 원의 잔고가 있을 수 있고, 반대로 1만 원의 잔액이 기재되어 있다고 하더라도 실제로는 1억 원의 잔고가 충분히 있을 수도 있다. 게다가 예금통장은 실시간으로 거래되는 시·분·초 단위가 아닌 단순히 거래일자별로 잔고가 기재되기 때문에 예금통장에 잔고가 기재된 일자가 오늘이라고 하여도 예금통장을 바라보는 시점에 기재된 잔액이 실제 잔액으로 증명된다고 보는 것은 무리이다. 그러므로 카드이든 예금통장이든 그 자체가 가지고 있는 경제적 가치라고 할 수 있는 예금사실과 예금액에 대한 증명기능은 이를 인정할 수 없기 때문에 대상판결과 달리 이에 대한 상당한 가치의 소모를 이유로 예금통장에 대한 불법영득의 의사를 인정하고 있는 관련판결의 태도는 타당하지 않다.

III. 나오는 말

대법원은 재물이 가지는 경제적 가치의 소모 정도에 따라 불법영득의 의사 인정 여부를 구별하고 있지만, 그 구체적인 기준에 대해서는 함구하고 있다. 특히 70만 원이 인출된 대상판결은 어떠한 근거에서 가치의 소모가 무시할 정도인지에 대한 언급이 없는 반면에, 1,000만 원이 인출된 관련판결은 상당한 가치의 소모를 인정하고 있다. 한편 앞서 소개한 직불카드(2005도7819 판결) 사안의 경우에는 인출액이 1,700만 원에 이르지만 역시 가치의 소모가 무시할 정도라고 결정한 판례도 있다. 이는 인출한 액수의 정도가 중요한 것이 아니라 카드와 예금통장이 가지고 있는 고유한 기능에서 그 본질적인 차이를 찾을 수밖에 없지만, 앞서 살펴보았듯이 양자의 본질적인 차이는 발견할 수가 없었다. 이러한 점에서 앞으로 대법원은 카드와 예금통장의 법적 성격을 비교·검토하여 상반된 결론에 이르고 있는데 대하여 보다 명확한 이유 설명의 노력을 기울여야 할 것이다.

[참고문헌] 오영근, "2010년도 형법판례 회고", 형사판례연구 [19] (2010).

[필자: 박찬걸 교수(대구가톨릭대)]

[96] 상습절도와 주거침입의 관계

[대상판결] 대법원 1984. 12. 26. 선고 84도1573 전원합의체 판결

[사실관계] 피고인은 절도의 습벽이 있는 자로서, 1984. 1. 27. 상습으로 절도 및 절도미수의 범행을 저질렀다는 내용의 특정범죄 가중처벌 등에 관한 법률 제5조의4 제1항 위반죄의 유죄판결이 확정되었다. 그런데 피고인은 "1974. 4. 27. 10:00 피해자의 집에 세들어 사는 자신의 친구 A의 방에 기거하던 중 피해자의 재물을 편취할 목적으로 피해자 거주의 안방에 침입한 것이다"라는 공소사실로 다시 기소되었다.

1심법원은 피고인에 대하여 유죄판결을 선고하였으나 2심법원은 위 확정판결이 있는 범죄사실과 이 사건 공소사실이 특가법 제5조의4 제1항 위반의 포괄1죄의 관계에 있고 위 판결의 기판력은 이 사건 공소사실에도 미친다는 이유로 면소판결을 선고하였다.

[판결요지] [1] 형법 제330조 및 제331조 제1항에 규정된 야간주거침입절도죄와 손괴특수절도죄를 제외하고 일반적으로 주거침입은 절도죄의 구성요건이 아니므로 절도범인이 그 범행수단으로 주거침입을 한 경우에 그 주거침입행위는 절도죄에 흡수되지 아니하고 별개로 주거침입죄를 구성하며 절도죄와는 실체적 경합의 관계에 서는 것이 원칙이다.

[2] 그러나 특정범죄 가중처벌 등에 관한 법률 제5조의4 제1항에 규정된 상습절도등 죄를 범한 범인이 그 범행의 수단으로 주거침입을 한 경우에 주거침입행위는 상습절도등 죄에 흡수되어 위 법조에 규정된 상습절도등 죄의 1죄만이 성립하고 별개로 주거침입죄를 구성하지 않으며, 또 위 상습절도등 죄를 범한 범인이 그 범행외에 상습적인 절도의 목적으로 주거침입을 하였다가 절도에 이르지 아니하고 주거침입에 그친 경우에도 그것이 절도상습성의 발현이라고 보여지는 이상 주거침입행위는 다른 상습절도등 죄에 흡수되어 위 법조에 규정된 상습절도등 죄의 1죄만을 구성하고 이 상습절도등 죄와 별개로 주거침입죄를 구성하지 않는다고 보아야 할 것이다.

[관련판결] 대법원 2015. 10. 15. 선고 2015도8169 판결

[사실관계] 피고인은 절도의 상습성이 인정되는 자로서 2014. 5. 20. 주간에 A의 주거에 침입하여 재물을 절취하고, 6. 1. 야간에 B의 주거에 침입하여 재물을 절취하였다. 피고인은 6. 3. 주간에 C의 집에 물건을 훔치러 들어갔다가 베이비시터 E에게 발각되어 도망쳤고 6. 7. 주간에 D의 집에 물건을 훔치러 들어갔다 발각되어 도망쳤다.

검사는 6. 1.과 6. 3.의 범행을 주거침입죄로 기소하였는데, 1심법원은 대상판결과 같이 판단하였으나 2심법원은 주거침입죄를 유죄로 인정하였다.

[판결요지] [1] 형법 제332조는 상습으로 단순절도, 야간주거침입절도와 특수절도 및 자동차 등 불법사용의 죄를 범한 자는 그 죄에 정한 각 형의 2분의 1을 가중하여 처벌하도록 규정하고 있으므로, 위 규정은 주거침입을 구성요건으로 하지 않는 상습단순절도와 주거침입을 구성요건으로 하고 있는 상습야간주거침입절도 또는 상습특수절도(야간손괴침입절도)에 대한 취급을 달리하여, 주거침입을 구성요건으로 하고 있는 상습야간주거침입절도 또는 상습특수절도(야간손괴침입절도)를 더 무거운 법정형을 기준으로 가중처벌하고 있다. 따라서 상습으로 단순절도를 범한 범인이 상습적인 절도범행의 수단으로 주간에 주거침입을 한 경우에 주간 주거침입행위의 위법성에 대한 평가가 형법 제332조, 제329조의 구성요건적 평가에 포함되어 있다고 볼 수 없다.

[2] 그러므로 형법 제332조에 규정된 상습절도죄를 범한 범인이 범행의 수단으로 주간에 주거침입을 한 경우 주간 주거침입행위는 상습절도죄와 별개로 주거침입죄를 구성한다. 또 형법 제332조에 규정된 상습절도죄를 범한 범인이 그 범행 외에 상습적인 절도의 목적으로 주간에 주거침입을 하였다가 절도에 이르지 아니하고 주거침입에 그친 경우에도 주간 주거침입행위는 상습절도죄와 별개로 주거침입죄를 구성한다.

[해 설]

Ⅰ. 들어가는 말

형법은 절도죄에 관하여 야간주거침입절도(제330조)와 특수절도(제331조)와 함께 상습범에 대한 가중처벌 규정도 두고 있다(제332조). 그러나 상습절도에 대한 가중처벌조문으로는 구 특가법 제5조의4 제1항이 주로 활용되었는데, 이 조문은 법정형으로 무기징역 또는 3년 이상의 징역형을 규정하고 있었다. 특가법 제5조의4에는 5명 이상이 공동으로 상습절도한 경우에 대한 가중처벌(제2항)과 누범에 대한 가중처벌(제5항)도 규정되어 있다. 절도죄의 적용에 관해서는 몇 가지 문제점이 지적되었다. 첫째, 절도죄의 가중구성요건요소가 중첩되는 사안에서 어느 조문을 어떻게 적용할 것인가이다. 야간에 주거에 침입하여 절취한 자에 대해서는 형법 제330조가 적용되나 주간에 주거에 침입하여 절취한 자에 대해서는 주거침입죄와 절도죄의 경합범이 성립한다. 대법원은 특가법 제5조의4 제5항 위반죄와 주간에 한 주거침입죄도 경합범으로 보며(대법원 2008. 11. 27. 선고 2008도7820 판결), 2인 이상이 합동하여 주간에 절도의 목적으로 타인의 주거에 침입하였다 하여도 아직 절취할 물건의 물색행위를 시작하기 전이라면 특수절도죄의 실행에는 착수한 것으로 볼 수 없다고 판단한다(대법원 2009. 12. 24. 선고 2009도9667 판결). 그 외 제330조와 제331조 제1항, 제2항의 각 조문이 중첩될 때 어떤 조문을 적용할 것인지에 대해서는 학설이 엇갈리며 대법원의 입장은 분명하지 않다. 둘째, 구 특가법 제5조의4 제1항은 형법 제332조와 동일한 구성요건이면서 형량만을 가중하는 문제점이 있었으며, 헌법재판소 2015. 2. 26. 선고 2014헌가16 결정은 "상습 절도 및 장물취득 행위에 대하여 특별히 형을 가중할 필요가 있다는 사정이 인정된다고 할지라도, 형법 조항과 똑같은 구성요건을 규정하면서 법정형만 상향 조정한 심판대상조항은 형사특별법으로서 갖추어야 할 형벌체계상의 정당성과 균형을 잃은 것"이라는 이유로 이 조문이 위헌이라고 판단하였다. 이에 따라 이 조문은 2016. 1. 6. 삭제되었으며 현재는 상습절도에 대해서는 형법 제332조가 적용된다.

Ⅱ. 판결의 분석

대상판결과 관련판결은 주거침입이 절도죄의 가중 구성요건의 일부로 규정되어 있을 때 이외에는 절도범인이 그 범행수단으로 주거침입을 한 경우에 그 주거침입행위는 절도죄에 흡수되지 않으며 주거침입죄와 절도죄는 실체적 경합관계라고 본다는 점에서 동일하다(각 판결요지 [1]). 두 판결의 차이점은, 대상판결은 구 특가법 제5조의4 제1항의 상습절도에 주거침입죄가 흡수되므로 주거침입죄가 별도로 성립하지 않는다고 본 반면(판결요지 [2]), 관련판결은 형법 제332조의 상습절도와 주간의 주거침입행위는 구별해야 한다고 보면서(판결요지 [2]) 구별의 근거를 제시하였다(판결요지 [1]).

Ⅲ. 나오는 말

대법원은 상습절도범이 주간에 절도를 위하여 주거침입을 한 경우에 별도의 주거침입죄가 성립하는지에 대해 엇갈린 판단을 하다가 대상판결을 통하여 입장을 정리한 바 있다. 범죄론 및 죄수론의 일반원칙보다 개별적 사안에서의 타당성을 중요하게 보았다고 이해할 수 있으며, 그 바탕에는 구 특가법 제5조의4 제1항이 있었다. 상습절도에 대한 법정형이 달라졌으므로 관련판결의 취지는 이해할 수 있으나, 대법원은 입장을 다시 변경한 것이므로 전원합의체 판결의 형태를 갖추는 편이 나았다고 생각한다.

〔참고문헌〕조원철, "절도습벽의 발현에 의한 형법 제331조의2 소정의 자동차등불법사용의 범행과 특정범죄가중처벌등에관한법률 제5조의4 제1항 소정의 상습절도죄의 관계", 대법원판례해설 제41호(2002 상반기)(2002); 최준혁, "범죄목적을 숨긴 출입은 주거침입인가?", 형사판례연구 [23](2015).

[필자: 최준혁 교수(인하대)]

[97] 친족상도례

[대상판결] 대법원 2011. 4. 28. 선고 2011도2170 판결

[사실관계] 피고인은 사돈(딸의 시아버지)인 피해자에게 마치 자신이 A 그룹 부회장 등 고위층과의 상당한 친분이 있는 양 과시하면서 틀림없이 백화점에 돈가스 전문점을 입점시켜 줄 수 있는 것 같은 태도를 보여 안심시킨 다음, 2004. 4. 20.경 피해자에게 전화하여 "돈 5,000만 원을 준비하라"고 한 후 2004. 5. 4.경 피해자에게 전화하여 "오늘 돈 5,000만 원을 입금시켜 달라. 엊그제 A 그룹 부회장을 만나서 90퍼센트 이상 합의를 보았으니 걱정하지 말라"고 거짓말을 하고, 이에 속은 피해자로부터 같은 날 14:42경 피고인 명의의 은행계좌를 통하여 입점비 명목으로 5,000만 원을 송금받았다.

1심판결은 피고인과 피해자가 2촌의 인척(사돈지간)인 친족이라는 이유로 위 범죄를 친족상도례가 적용되는 친고죄라고 판단한 후 피해자의 고소가 고소기간을 경과하여 부적법하다고 보아 공소를 기각하였다. 검사는 불복하여 항소하였고, 항소심법원은 1심판결을 유지하며 검사의 항소를 기각하였다. 이에 검사는 불복하여 상고하였고, 대법원은 상고이유와 무관하게 직권으로 판단하여 1심판결 및 항소심판결에 친족의 범위에 관한 법리오해의 위법이 있다고 하여 파기환송하였다.

[판결요지] 친족상도례가 적용되는 친족의 범위는 민법의 규정에 의하여야 하는데, 민법 제767조는 배우자, 혈족 및 인척을 친족으로 한다고 규정하고 있고, 민법 제769조는 혈족의 배우자, 배우자의 혈족, 배우자의 혈족의 배우자만을 인척으로 규정하고 있을 뿐, 구 민법(1990. 1. 13. 법률 제4199호로 개정되기 전의 것) 제769조에서 인척으로 규정하였던 '혈족의 배우자의 혈족'을 인척에 포함시키지 않고 있다. 따라서 사기죄의 피고인과 피해자가 사돈지간이라고 하더라도 이를 민법상 친족으로 볼 수 없다.

[해 설]

I. 들어가는 말

친족상도례란 친족 사이의 재산죄에 대하여는 친족이라는 신분을 고려하여 그 범죄성이나 처벌에 있어 일반인의 범죄보다 범인을 유리하게 특별 취급하는 특례를 말한다. 이를 인정하는 이유는 친족간의 가족적 정의(情誼)를 존중하여 가급적 가정 내부에 법이 간섭하지 말자는 점에 근거하고 있으며, 친족 사이의 범죄를 특별 취급하는 법적 성질에 대해서는 인적 처벌조각(감경)사유설이 통설이다.

친족 사이의 재산죄에 대해서 우리 형법은 가까운 친족(직계혈족, 배우자, 동거친족, 동거가족 또는 그 배우자의 신분관계가 있는 때)인 경우에는 형면제(제328조 제1항), 먼 친족인 경우에는 친고죄(제328조 제2항)로 하는 입법형식을 따르고 있다. 또한 친족상도례는 강도의 죄와 손괴의 죄를 제외한 모든 재산죄와 권리행사방해죄 및 그 미수범과 피해자 사이에 적용되며, 특정경제범죄 가중처벌 등에 관한 법률(제3조 제1항) 등 특별법에도 그 적용을 배제한다는 명시규정이 없는 한 동일하게 적용된다. 다만, 장물죄에 대해서는 ① 장물범과 피해자 사이에 가까운 친족인 때에는 형을 면제하며, 먼 친족관계인 때에는 친고죄로 하였고, ② 장물범과 본범 사이에 가까운 친족관계가 있는 때에는 그 형을 감경 또는 면제하도록 규정하였다(제365조).

대상판결의 쟁점은 친족관계를 판단하는 기준이다. 사돈이라는 관계가 친족상도례가 적용되는 먼 친족이라면, 1심판결 및 원심판결과 같이 친족간의 재산범죄로서 친고죄가 되어 고소기간의 도과 여부가 쟁점이 될 것이다. 그러나 친족상도례가 적용되지 않는 관계라면, 단순 사기사건으로서 고소 여부는 범죄성립에 문제가 되지 않는다. 그러므로 친족상도례가 적용되는 친족의 범위가 대상판결의 중요 쟁점이 되는 것이다.

대법원은 판결요지에서 위 쟁점에 대하여 친족상도례가 적용되는 친족·가족의 정의와 범위는 형법 독자적으로 판단하는 것이 아니라, 민법에 의하여야 한다는 것을 명시적으로 밝히고 있다.

II. 친족상도례의 적용범위

1. 친족의 범위

친족상도례가 적용되는 직계혈족, 배우자, 동거친족,

동거가족의 정의와 범위는 민법에 따른다(대법원 1980. 4. 22. 선고 80도485 판결).

따라서 민법에 의하면, 직계혈족은 자기의 직계존속과 직계비속을 말하고(민법 제768조), 자연혈족과 법정혈족(양친자 관계)도 이에 포함된다. 동거 유무는 묻지 않는다. 혼인 외 출생자는 인지한 후에만 친족상도례가 적용된다. 배우자는 법률혼만을 의미하므로 사실혼 또는 내연관계에 있는 자는 배우자가 아니라고 해석해야 한다.

동거친족은 직계혈족과 배우자를 제외하고 동일한 주거에서 일상생활을 함께 하는 친족을 말한다. 친족은 배우자, 혈족, 인척을 말하고(민법 제767조), 또한 인척은 혈족의 배우자, 배우자의 혈족, 배우자의 혈족의 배우자를 말한다(민법 제769조). 이러한 민법의 규정에 의하면 '혈족의 배우자의 혈족'인 사돈은 인척의 범위에 들어갈 수 없는 것이다(그러나 1990. 1. 13. 법률 제4199호로 개정되기 전의 구 민법 제769조에서는 '혈족의 배우자의 혈족'을 인척으로 규정하고 있었다).

가족은 배우자, 직계혈족 및 형제자매, 생계를 같이 하는 직계혈족의 배우자, 배우자의 직계혈족, 배우자의 형제자매를 말한다(민법 제779조). 계모자관계는 인척이지만 직계혈족인 아버지의 생존시에 한하여 혈족의 배우자가 되어 가족에 포함된다.

2. 친족관계의 범위

(1) 시간적 범위

친족관계는 행위시에 존재하면 족하고, 그 후에 소멸되어도 친족상도례는 적용된다. 혼인 외의 출생자에 대한 인지는 소급하여 효력이 발생하므로(민법 제860조) 범행 후에 인지되어도 친족상도례는 소급 적용된다는 것이 판례의 태도이다.

(2) 인적 범위

친족상도례가 적용되는 친족관계는 재물의 소유자 또는 점유자 어느 쪽에 존재해야 하느냐가 문제된다. ① 절도죄의 보호법익은 소유권이므로 친족관는 행위자와 소유자 사이에 있어야 한다는 소유자관계설과, ② 재산죄는 소유권 및 점유를 보호하기 위한 것이고, 입법취지에 비추어 소유자와 점유자 쌍방이 친족관계가 있어야 한다는 소유자·점유자관계설이 대립하는 데 후자가 판례의 태도이다.

III. 나오는 말

대상판결이 의미하는 것은 친족상도례가 적용되는 친족의 범위를 정하는 것은 '현행 민법'에 의하여야 한다는 것이다. 친족이라는 개념이 국민들에 따라서는 민법상의 규정과 다르게 생각될 수도 있겠지만, 이러한 것을 객관적인 법률해석의 기준으로 할 수는 없기에 대법원이 태도는 당연한 결론이라고 할 수 있다.

1심판결과 원심판결은 이미 20여 년 전의 민법에 규정되어 있던 '혈족의 배우자의 혈족'(본 사례에서는 사돈지간)을 친족상도례가 적용되는 인척으로 파악하였는데(판결문의 사실관계만으로는 이유를 정확히 파악할 수 없지만, 필자의 생각으로는 사회관념상의 친족이라는 개념을 인정한 것으로 판단됨), 이는 현행 민법의 규정에 의하면 당연히 인정될 수 없는 것이라고 하겠다.

[필자: 김대원 교수(성균관대)]

[98] 강도죄에서 폭행·협박의 정도

[대상판결] 대법원 2007. 12. 13. 선고 2007도7601 판결

[사실관계] 피고인 甲과 乙은 빌린 승용차를 함께 타고 돌아다니며 범행대상으로 할 여성을 발견하면 甲이 범행대상을 쫓아가 돈을 빼앗고 乙은 차에서 대기하다 범행을 끝낸 甲을 태워 도주하기로 공모한 다음, 피해자(여, 55세)가 현금인출기에서 돈을 인출하여 가방에 넣고 나오는 것을 발견하고 甲이 차에서 내려 피해자를 뒤따라가다 피해자의 뒤쪽 왼편으로 접근하여 피해자의 왼팔에 끼고 있던 손가방의 끈을 오른손으로 잡아당겼다. 그러나 피해자가 가방을 놓지 않으려고 버티다 몸이 돌려지면서 등을 바닥 쪽으로 하여 넘어졌고, 甲이 가방 끈을 잡고 계속하여 당기자 피해자는 바닥에 넘어진 상태로 가방 끈을 놓지 않은 채 약 5m 가량 끌려가다 힘이 빠져 가방을 놓쳤다. 이로 인해 피해자는 왼쪽 무릎 등에 상해를 입었다.

[판결요지] 소위 '날치기'와 같이 강제력을 사용하여 재물을 절취하는 행위가 때로는 피해자를 넘어뜨리거나 상해를 입게 하는 경우가 있고, 그러한 결과가 피해자의 반항 억압을 목적으로 함이 없이 점유탈취의 과정에서 우연히 가해진 경우라면 이는 강도가 아니라 절도에 불과하지만, 그 강제력의 행사가 사회통념상 객관적으로 상대방의 반항을 억압하거나 항거 불능케 할 정도의 것이라면 이는 강도죄의 폭행에 해당한다. 그러므로 날치기 수법의 점유탈취 과정에서 이를 알아채고 재물을 뺏기지 않으려는 상대방의 반항에 부딪혔음에도 계속하여 피해자를 끌고 가면서 억지로 재물을 빼앗은 행위는 피해자의 반항을 억압한 후 재물을 강취한 것으로서 강도에 해당한다.

[해 설]

I. 들어가는 말

형법은 제38장에서 '절도와 강도의 죄'라는 제목으로 절도죄와 강도죄를 함께 규정하고 있다. 강도죄는 타인이 점유하는 타인 소유의 재물을 그 의사에 반하여 취득하는 점에서는 절도죄와 동일하나, 재물 외에 재산상 이익도 그 대상이 될 수 있고, 재물이나 재산상 이익의 탈취를 위해 폭행 또는 협박이라는 방법을 사용한다는 점이 절도죄와 다르다.

그런데 강도죄의 구성요건인 폭행, 협박은 다른 범죄에서의 폭행, 협박과는 의미가 같지 않다. 흔히 최광의, 광의, 협의, 최협의 등으로 나누어 여러 범죄에서 등장하는 폭행과 협박의 의미를 설명하기도 하는데, 통설과 판례는 강도죄의 폭행, 협박은 재물탈취의 방법으로 행하여진다는 점에서 상대방의 반항을 억압하거나 현저히 곤란하게 할 정도의 가장 강력한 유형력의 행사(최협의)라고 설명한다. 이러한 설명은 행사되는 유형력의 정도를 기준으로 한 것인데, 개개의 사안에서 행사된 유형력이 그 정도에 비추어 강도죄에 있어서의 폭행, 협박에 해당된다고 볼 수 있는지 여부가 강도죄의 주요 쟁점이라 할 수 있다.

즉 다른 범죄를 구성하기에 충분한 폭행, 협박이라도 강도죄의 폭행, 협박 정도에 이르지 못하는 것이 있는가 하면, 반대로 설령 다른 범죄의 폭행, 협박이 되기에 미흡한 것이라도 상대방의 반항을 억압할 정도여서 강도죄의 폭행, 협박에 해당할 수 있는 경우도 있다.

아울러, 반항을 억압함에 족한 정도인지 여부를 판정하는 것은 피해자 개인이나 범인의 주관을 기준으로 하지 않고, 피해자와 같은 상황에 놓인 일반인을 기준으로 하여 사회통념상 객관적으로 상대방의 반항을 억압함에 족할 정도의 폭행, 협박에 해당할 것임을 요한다는 것이 통설과 판례의 입장이다.

II. 날치기 또는 소매치기 범행에서의 폭행의 정도

폭행의 방법에 의한 강도죄의 가장 전형적인 사례는 아마도 피해자가 반항을 하지 못하도록 피해자의 신체에 직접적인 폭력을 행사한 다음, 그러한 상태를 이용해 피해자의 재물을 탈취하는 경우일 것이다. 날치기나 소매치기와 같은 범행의 경우도 그 과정에서 반드시 어느 정도의 유형력을 행사하게 될 것이기는 하나, 이는 반항을 하지 못하도록 피해자에게 직접적인 폭력을 행사하는 것이라기보다는 피해자의 재물을 순식간에 탈취하기 위해 순간적으로 유형력을 행사하는 경우이

거나, 피해자의 주의를 잠시 다른 곳으로 돌린 후 그 틈을 이용해 재물을 탈취하기 위해 일부러 몸을 부딪치는 등으로 유형력을 행사하는 경우일 것이다.

즉 이러한 사안들은 당초부터 피해자의 반항을 억압하겠다는 목적이 있었다고 보기는 어렵고 그 유형력의 정도도 항상 강력하다고 볼 수는 없다는 점에서, 전형적인 강도 사례와는 분명히 다른 측면이 있다. 여기서 이러한 유형력의 행사를 피해자의 반항을 억압할 정도의 것으로 보고 강도로 인정할 것인지, 아니면 그 정도에 이르지 않은 것이어서 절도로만 인정할 것인지가 문제된다.

다만, 날치기나 소매치기 수법의 범행이라 하더라도, 골목길에서 지나가던 피해자의 등을 세게 차서 넘어뜨려 상해를 입힌 후 그 틈을 이용해 피해자의 핸드백을 탈취한 경우에는 피해자를 차서 넘어뜨린 행위가 느닷없이 이루어진 것이라고 하여도 피해자의 반항을 억압할 수 있을 정도의 폭행에 해당한다고 본 사례(대법원 1972. 1. 31. 선고 71도2114 판결), 맞은편에서 걸어오는 피해자의 얼굴을 돌멩이로 1회 때려 상해를 입히고 가방을 빼앗은 것이라면 반항을 억압한 것으로 본 사례(대법원 1986. 12. 23. 선고 86도2203 판결) 등에서 보듯이, 앞서의 경우와는 달리 피해자의 반항을 억압하여 불가능하게 할 정도의 급격한 공격을 가한 것은 물론 반항 억압이라는 목적도 인정될 수 있는 경우로 당연히 강도죄가 성립한다고 볼 것이다.

Ⅲ. 대상판결 사안에서의 폭행의 정도

대상판결 이전에 대법원은, 승용차를 이용해 피해자에게 접근한 다음 창문으로 손을 내밀어 피해자의 손가방을 낚아채가고 그 과정에서 피해자가 넘어져 상해를 입은 사안에서, 피해자의 상해는 차를 이용한 날치기 수법의 점유탈취 과정에서 우연히 가해진 것에 불과하고, 그에 수반된 강제력의 행사도 피해자의 반항을 억압하기 위한 목적이라거나 피해자의 반항을 억압할 정도의 것이 아니라고 판단한 사례가 있다(대법원 2003. 7. 25. 선고 2003도2316 판결).

이와 유사한 맥락에서, 대상판결의 원심판결은 피고인 甲이 피해자의 가방 끈을 붙잡고 약 5m 가량 넘어진 피해자를 끌고 간 행위가 피해자의 반항을 억압할 정도에는 이르지 못하였다고 판단하여 강도죄가 아닌 절도죄로 의율하였다.

그러나 대상판결의 사안은 가방을 빼앗기지 않으려는 피해자의 반항이 존재하였고 피고인은 이를 배제하고자 의식적으로 피해자를 약 5m 가량이나 끌고 갔다는 점에서, 피해자의 손가방을 낚아채가면서 순식간에 범행이 종료된 앞서의 사례와는 기본적인 사실관계가 동일하지 않다. 이러한 사정을 고려하여, 피고인 甲이 피해자로부터 가방을 탈취하면서 피해자에게 행사한 유형력이 단지 피해자로부터 순간적이고 강제적인 방법으로 가방을 빼앗는 날치기 수법의 범행 과정에서 우연히 가해진 것에 불과하다고 볼 수는 없고, 가방을 빼앗기지 않으려는 피해자의 반항에 부딪혔음에도 계속하여 피해자를 끌고 가면서 억지로 가방을 빼앗은 것이므로 이는 피해자의 반항을 억압하기 위한 목적에서 행해진 것이며, 또한 피해자의 반항을 억압하기에 충분한 정도의 폭행에 해당한다는 것이 대상판결의 결론이다.

〔참고문헌〕 이창한, "날치기 수법에 의한 절도범이 점유탈취 과정에서 우연히 피해자에게 상해를 입힌 경우의 죄책", 대법원판례해설 제48호(2003 하반기)(2004).

[필자: 한제희 검사(법무연수원)]

[99] 준강도죄의 기수 및 미수 판단기준

[대상판결] 대법원 2004. 11. 18. 선고 2004도5074 전원합의체 판결

[사실관계] 피고인 甲은 공소외인 乙과 합동하여 양주를 절취할 목적으로 장소를 물색하던 중, 2003. 12. 9. 06:30경 부산 부산진구 부전2동 소재 5층 건물 중 2층의 피해자 V₁이 운영하는 주점에 이르러, 乙은 1층과 2층 계단 사이에서 甲과 무전기로 연락을 취하면서 망을 보고, 甲은 위 주점의 잠금장치를 뜯고 침입하여 위 주점 내 진열장에 있던 양주 45병 시가 1,622,000원 상당을 미리 준비한 바구니 3개에 담고 있던 중, 계단에서 서성거리고 있던 乙을 수상히 여기고 위 주점 종업원 피해자 V₂가 주점으로 돌아오려는 소리를 듣고서 양주를 그대로 둔 채 출입문을 열고 나오다가 V₂가 甲을 붙잡자, 체포를 면탈할 목적으로 甲의 목을 잡고 있던 V₂의 오른손을 깨무는 등 폭행하였다.

[판결요지] [다수의견] 형법 제335조에서 절도가 재물의 탈환을 항거하거나 체포를 면탈하거나 죄적을 인멸할 목적으로 폭행 또는 협박을 가한 때에 준강도로서 강도죄의 예에 따라 처벌하는 취지는, 강도죄와 준강도죄의 구성요건인 재물탈취와 폭행·협박 사이에 시간적 순서상 전후의 차이가 있을 뿐 실질적으로 위법성이 같다고 보기 때문이다. 그러므로 피해자에 대한 폭행·협박을 수단으로 하여 재물을 탈취하고자 하였으나 그 목적을 이루지 못한 자가 강도미수죄로 처벌되는 것과 마찬가지로, 절도미수범인이 폭행·협박을 가한 경우에도 강도미수에 준하여 처벌하는 것이 합리적이라 할 것이다. 만일 강도죄에 있어서는 재물을 강취하여야 기수가 됨에도 불구하고 준강도의 경우에는 폭행협박을 기준으로 기수와 미수를 결정하게 되면 재물을 절취하지 못한 채 폭행·협박만 가한 경우에도 준강도죄의 기수로 처벌받게 됨으로써 강도미수죄와의 불균형이 초래된다. 위와 같은 준강도죄의 입법 취지, 강도죄와의 균형 등을 종합적으로 고려해 보면, 준강도죄의 기수 여부는 절도행위의 기수 여부를 기준으로 하여 판단하여야 한다고 봄이 상당하다.

[별개의견] 폭행·협박행위를 기준으로 하여 준강도죄의 미수범을 인정하는 외에 절취행위가 미수에 그친

경우에도 이를 준강도죄의 미수범이라고 보아 강도죄의 미수범과 사이의 균형을 유지함이 상당하다.

[반대의견] 강도죄와 준강도죄는 그 취지와 본질을 달리한다고 보아야 하며, 준강도죄의 주체는 절도이고 여기에는 기수는 물론 형법상 처벌규정이 있는 미수도 포함되는 것이지만, 준강도죄의 기수·미수의 구별은 구성요건적 행위인 폭행 또는 협박이 종료되었는가 하는 점에 따라 결정된다고 해석하는 것이 법규정의 문언 및 미수론의 법리에 부합한다.

[해 설]

Ⅰ. 들어가는 말

대상판결은 준강도죄의 미수·기수의 구별기준에 대한 종래의 대법원의 견해(폭행·협박기준설)를 변경하면서 그 기준을 명확히 하였다는 점에서 의미가 있다. 즉, 대상판결의 다수의견은 '절취행위기준설'을 따르면서 "이와 달리 절도미수범이 체포를 면탈하기 위해 폭행을 가한 경우 준강도의 미수로 볼 수 없다고 한 종전 대법원 1964. 11. 20. 선고 64도504 판결, 1969. 10. 23. 선고 69도1353 판결 등은 (중략) 변경하기로 한다"라고 하여 입장변경을 분명히 하였다. 또한, 대상판결은 대법원이 '준강도미수'를 인정한 최초 판결이라는 점에서도 그 의의를 찾아 볼 수 있다.

그러나 대상판결(다수의견)은 — 기본적으로는 발전적 방향으로의 판례변경으로 평가할 수 있지만 — 구체적이고 명확한 논증 없이 단순히 준강도죄의 입법취지 및 형의 불균형만을 이유 들어 '절취행위기준설'을 취하고 있다는 점에서 문제가 있다.

Ⅱ. 준강도죄의 기수 및 미수 판단기준에 관한 논의
1. 견해의 대립

준강도죄의 기수 및 미수 판단기준에 관하여는 절취행위기준설, 폭행·협박기준설 및 종합설이 대립하고 있다. 절취행위기준설은 재물절취의 기수·미수 여부를 기준으로 준강도죄의 기수·미수를 구별해야 한다는 견해로서 준강도죄의 재산범으로서의 본질과 강도죄와의

형의 불균형 문제 등을 근거로 한다. 폭행·협박기준설은 준강도의 강도죄와 행위구조의 차이, 본죄의 구성요건행위가 폭행·협박으로 되어 있다는 점 등을 근거로 폭행·협박의 기수·미수 여부에 따라 이를 결정해야 한다는 견해이다. 종합설은 강도기수죄와의 균형, 준강도죄의 절취행위 및 폭행·협박의 결합범죄의 성격 등을 근거로 준강도죄의 기수·미수는 절취행위와 폭행·협박행위 양자를 모두 기준으로 삼아 판단해야 한다고 한다.

대상판결의 다수의견(재판관 9명)은 '절취행위기준설'을 따르고 있고, 반대의견(재판관 1명)은 종래 판례 입장인 '폭행·협박기준설'을 주장하고 있으며, 별개의견(재판관 3명)은 '종합설'을 따르고 있다.

2. 다양한 관점에서의 고찰 가능성

준강도죄의 기수 및 미수 판단기준과 관련한 논의는 준강도죄의 입법취지 및 강도죄와의 형의 불균형이라는 측면 이외에도, 준강도죄의 성격(신분범설과 결합범설), 본질(강도죄의 특수유형설, 절도죄의 가중유형설, 독립범죄설), 준강도치사상죄와의 관계, 준강도죄의 목적과의 관계, 준강도죄에 있어서의 폭행·협박의 정도에 대한 대법원의 입장과의 관계 등 다양한 관점에서의 검토가 가능하다.

즉, 다음과 같은 측면을 고려해 볼 때 '폭행·협박기준설'보다는 '절취행위기준설' 또는 '종합설'이 보다 우월한 견해라고 판단된다: ① 준강도죄는 절도행위와 폭행·협박행위의 결합범이기 때문에 '폭행·협박행위'만을 실행행위로 보아 이것만을 기준으로 준강도의 기수·미수 여부를 판단할 수 없고, ② 준강도는 강도와 불법적 유사성을 갖는 재산범의 속성을 본질로 하기 때문에 재물취득의 성부를 기수·미수판단에 있어서 반드시 고려하여야 하며, ③ 준강도치사상(상해)죄 성립과의 균형상 폭행·협박을 기준으로 하여야 한다는 견해는 준강도치사상(상해)죄와 준강도죄의 본질적 이질성으로 인해 이를 인정할 수 없고, ④ 목적요소 세분화를 전제로 한 해석론(폭행·협박기준설)은 현행 우리 형법 규정상 인정하기 어려우며, ⑤ 준강도죄에 있어서 폭행·협박의 개념을 넓게 인정하는 대법원의 경향에 따르면, '폭행·협박기준설'에 입각할 경우에는 우리 현행법 체계 하에서는 준강도미수는 성립될 여지가 전혀

없어지게 되어 타당하지 않다.

III. 나오는 말

(1) 준강도죄는 절도행위와 폭행·협박행위가 결합되어 있는 범죄이기 때문에 '폭행·협박행위' 및 '절취행위' 양자를 동시에 고려하여 준강도의 기수·미수 여부를 판단하여야 하고, 준강도죄의 본질상(강도의 특수유형) – 강도기수죄가 성립하기 위해서는 폭행·협박에 의해 항거불가능상태를 초래하고 재물을 강취해야 하는 것처럼 – 준강도에도 강도와 동일한 원리가 적용되어야 한다는 점에서 특히 '종합설'이 '절취행위기준설'보다는 더 타당한 입장이라 생각된다.

(2) 이와 관련하여, 준강도죄에 있어서의 폭행·협박의 정도를 넓게 인정하는 대법원의 입장도 변화가 있어야 할 것이다. 대법원이 강도죄의 성립에 있어서 폭행·협박의 정도에 대하여는 엄격히 해석하고 있음에도 불구하고 준강도죄에 있어서는 폭행·협박의 정도를 지나치게 넓게 해석하는 것은 문제가 있기 때문이다. 이러한 입장은 준강도의 본질(강도죄의 특수유형)과 맞지 않는 해석이라 할 수 있을 뿐만 아니라, 대상판결(다수의견)이 준강도가 "강도죄의 예에 따라 처벌하는 취지는, 강도죄와 준강도죄의 구성요건인 재물탈취와 폭행·협박 사이에 시간적 순서상 전후의 차이가 있을 뿐 실질적으로 위법성이 같다"고 명확히 한 이상 종래 폭행·협박의 정도를 넓게 해석하는 대법원의 견해(대법원 1981. 3. 24. 선고 81도409 판결 등)도 더 이상 그 정당성을 인정하기 어려울 것이다.

〔참고문헌〕 이천현, "준강도죄의 기수 및 미수의 판단기준", 형사판례연구 [14](2006).

[필자: 이천현 선임연구위원(한국형사정책연구원)]

[100] 준강도죄와 준특수강도죄의 구별기준

[대상판결] 대법원 1973. 11. 13. 선고 73도1553 전원합의체 판결

[사실관계] 처음에 흉기를 휴대하지 않았던 절도범인인 피고인이 달아나던 중에 주운 흉기를 체포를 면탈할 목적으로 추적하는 사람에 대하여 휘둘렀다. 항소심법원은 피고인의 행위를 특수강도의 예에 의한 준강도로 의율하였다(서울고법 1973. 5. 31. 선고 73노409 판결).

[판결요지] [다수의견] 형법 제335조는 절도범인이 절도기수 후 또는 절도의 착수 후 그 수행의 범의를 포기한 후에 소정의 목적으로서 폭행 또는 협박을 하는 행위가 그 태양에 있어서 재물탈취의 수단으로서 폭행, 협박을 가하는 강도죄와 같이 보여질 수 있는 실질적 위법성을 지니게 됨에 비추어 이를 엄벌하기 위한 취지로 규정 외에 있는 것이며, 강도죄에 있어서의 재물탈취의 수단인 폭행 또는 협박의 유형을 흉기를 휴대하고 하는 경우와 그렇지 않은 경우로 나누어 흉기를 휴대하고 하는 경우를 특수강도로 하고, 그렇지 않은 경우를 단순강도로 하여 처벌을 달리하고 있음에 비추어 보면 절도범인이 처음에는 흉기를 휴대하지 아니하였으나 체포를 면탈할 목적으로 폭행 또는 협박을 가할 때에 비로소 흉기를 휴대사용하게 된 경우에는 형법 제334조의 예에 의한 준강도(특수강도의 준강도)가 되는 것으로 해석하여야 한다.

[반대의견] 형법 제355조에는 범죄의 주체는 절도범인이요, 목적이 있어야 한다고 되었고 행위는 폭행, 협박으로만 되어 있지 행위의 정도, 방법 따위에 대하여는 법문은 말이 없다. 따라서 목적이나 행위로서는 준강도로서 단순강도로 처벌하느냐, 특수강도로서 가중처벌하느냐를 구별지울 근거는 명문상 전혀 없다 하겠다. 그렇다면 급기야 범죄의 주체인 「절도」의 분석이해로 그 이유를 찾게 되고 현행 형법은 절도를 단순절도(제329조), 야간주거침입절도(제330조), 특수절도(제331조) 등으로 유형을 갈라놓았음에 눈 돌릴 때 해답은 이미 나온다 하겠다. 즉 단순절도범이 제335조에 규정된 목적으로 폭행, 협박을 가한 경우는 단순강도로 처단될 것이요(구법에서는 이 점만을 규정했으니 문제는 없었다), 야간주거침입절도범인과 특수절도범인(제331조 제2항에

저촉되는 것뿐이고 제1항에 저촉되는 것은 제외된다) 이 역시 제335조에 적힌 목적으로 폭행, 협박을 가하면 특수강도로서 가중처벌되는 것이다. 준강도로서 가중처벌되느냐 아니냐는 목적이나 행위로서 구별할 수 없고 범죄의 주체에 따라 하는 길이 달라진다는 것이 제335조의 법의이다.

[해 설]
I. 들어가는 말

형법 제355조는 "절도가 재물의 탈환을 항거하거나 체포를 면탈하거나 죄적을 인멸할 목적으로 폭행 또는 협박을 가한 때에는 전 2조의 예에 의한다"라고 함으로써 준강도죄를 규정하고 있다. '전 2조'는 강도죄를 규정하는 형법 제333조와 특수강도죄를 규정하는 형법 제334조를 말한다. 따라서 '전 2조의 예에 의한다'는 강도죄 또는 특수강도죄와 같이 취급하여 처벌한다는 의미가 된다. 그런데 강도죄의 예에 의하는 경우(준강도죄)와 특수강도죄의 예에 의하는 경우(준특수강도죄)를 어떻게 구별할 것인지가 문제된다. 대상판결의 다수의견은 폭행·협박의 태양을 기준으로 하고, 반대의견은 절도의 유형을 기준으로 한다. 한편 흉기를 휴대하고 강도죄를 범한 때에는 형법 제334조 제2항의 특수강도죄가 성립한다.

II. '전 2조의 예에 의한다'라는 문언의 해석
1. 다수의견의 해석론

다수의견의 해석론은 다음과 같이 정리할 수 있다.

① 형법 제335조는 절도범인이 절도기수 후 또는 절도의 착수 후 그 수행의 범의를 포기한 후에 소정의 목적으로 폭행·협박을 하는 행위가 그 태양에 있어서 재물탈취의 수단으로서 폭행·협박을 가하는 강도죄와 같이 보일 수 있는 실질적 위법성을 지니게 된다는 점에서 이를 엄벌하기 위한 취지로 규정 외에 있는 것이다.

② 강도죄에 있어서의 재물탈취의 수단인 폭행·협박의 유형을 흉기를 휴대하고 하는 경우와 그렇지 않은 경우로 나누어 흉기를 휴대하고 하는 경우를 특수

강도로 하고 그렇지 않은 경우를 단순강도로 하여 처벌을 달리하고 있다는 점에서 절도범인이 처음에는 흉기를 휴대하지 아니하였으나 체포를 면탈할 목적으로 폭행·협박을 가할 때에 비로소 흉기를 휴대사용하게 된 경우에는 형법 제334조의 예에 의한 준강도(특수강도의 준강도)가 되는 것으로 해석하여야 한다.

다수의견은 준강도죄에서의 폭행·협박이 그 행위태양에서 강도죄와 같이 보일 수 있는 실질적 위법성을 지니기 때문에 준강도죄를 강도죄와 같이 취급하는 것으로 이해한다. 이에 따르면 준강도죄에서의 폭행·협박이 그 행위태양에서 특수강도죄와 같이 보일 수 있는 실질적 위법성을 지닐 때에는 행위자를 준특수강도죄로 처벌한다. 따라서 대상판결의 사안에서 절도범인이 체포면탈 목적으로 폭행·협박을 가할 때에 흉기를 휴대하고 있었으므로 이는 형법 제334조 제2항의 예에 의한 준특수강도가 된다.

2. 반대의견의 해석론

반대의견의 해석론은 다음과 같이 정리할 수 있다.

① 형법 제355조에서는 범죄의 주체, 목적, 행위에 대하여만 규정하고 있고 행위의 정도·방법 등에 대하여는 규정하고 있지 않다. 따라서 목적이나 행위로써 준강도죄와 준특수강도죄를 구별할 명문의 근거는 없다.

② 현행 형법은 절도를 단순절도(제329조), 야간주거침입절도(제330조), 특수절도(제331조) 등으로 유형을 갈라놓았으므로 단순절도범이 제335조에 규정된 목적으로 폭행, 협박을 가한 경우는 단순강도로 처벌될 것이고, 야간주거침입절도범인과 형법 제331조 제2항의 특수절도범인이 제335조에 적힌 목적으로 폭행, 협박을 가하면 특수강도로서 가중처벌된다.

③ 준강도죄로 처벌되는가 또는 준특수강도죄로 처벌되는가는 목적이나 행위로써 구별할 수 없고 범죄의 주체를 기준으로 구별해야 한다는 것이 제335조의 법의이다.

반대의견은 형법 제355조에서는 범죄의 주체(절도), 목적, 행위(폭행·협박)만 규정하고 있을 뿐, 행위의 정도·방법 등에 대하여는 규정하고 있지 않으며, 목적이나 폭행·협박이 구성요건요소가 된다는 점에서는 준강도죄와 준특수강도죄 사이에 차이가 없으므로, 목적이나 행위를 기준으로 준강도죄와 준특수강도죄를 구별

할 수 없다고 본다. 다만 현행 형법은 절도의 유형을 분류하고 있다는 점에 착안하여 이를 기준으로 준강도죄와 준특수강도죄를 구별해야 한다고 이해한다.

III. 나오는 말

대상판결의 다수의견은 폭행·협박의 태양을 기준으로 준강도죄와 준특수강도죄를 구별한다. 이러한 다수의견의 해석은 폭행·협박을 준강도죄의 구성요건적 행위로 파악하는 관점을 바탕으로 한다고 보는 것이 자연스러울 것이다. "행위는 폭행, 협박으로만 되어 있다"라는 반대의견의 표현에서 반대의견은 폭행·협박을 준강도죄의 구성요건적 행위로 본다는 것을 알 수 있다. 폭행·협박을 준강도죄의 구성요건적 행위로 보면 준강도죄의 기수 여부는 폭행·협박의 기수 여부를 기준으로 하는 것이 타당할 것이다. 구성요건은 구성요건적 행위에 의하여 실현되기 때문이다. 그러나 대법원은 준강도죄의 기수 여부를 절도행위의 기수 여부를 기준으로 하여 판단한다(대법원 2004. 11. 18. 선고 2004도5074 전원합의체 판결).

[필자: 이창섭 교수(제주대)]

[101] 준강도상해죄의 공동정범

[대상판결] 대법원 1984. 2. 28. 선고 83도3321 판결

[사실관계] 피고인 甲은 乙과 절도를 공모하여 乙이 담배창구를 통하여 손으로 담배를 훔쳐내고 이어 창구를 통하여 가게에 들어가 물건을 절취하고, 甲은 가게 밖에서 망을 보던 중 예기치 않던 인기척 소리가 나므로 도주해버렸다. 이후 乙이 담배가게 창구로 다시 나오려다가 창구에 몸이 걸려 빠져 나오지 못하게 되어 피해자에게 손을 붙들리자, 체포를 면탈할 목적으로 피해자에게 폭행을 가하여 상해를 입힌 것이다.

[판결요지] 준강도가 성립하려면 절도가 절도행위의 실행중 또는 실행직후에 체포를 면탈할 목적으로 폭행, 협박을 한 때에 성립하고 이로써 상해를 가하였을 때에는 강도상해죄가 성립되는 것이고 공모합동하여 절도를 한 경우 범인 중의 하나가 체포를 면탈할 목적으로 폭행을 하여 상해를 가한 때에는 나머지 범인도 이를 예기하지 못한 것으로 볼 수 없으면 강도상해죄의 죄책을 면할 수 없다 할 것인바(당원 1982. 7. 13. 선고 82도1352 판결 참조), 원심판결은 거시증거에 비추어 보아도 판시와 같은 사실을 인정한 조치에 채증법칙을 위배한 위법은 없으며 사실관계가 위와 같다면 피고인이 원심 상피고인의 위 폭행행위에 대하여 사전 양해나 의사의 연락이 전혀 없었고, 원심상 피고인과 이건 절도를 공모함에 있어 ㉠ 범행장소가 빈 가게로 알고 있었고 원심 상피고인이 담배창구를 통하여 손으로 담배를 훔쳐내고 이어 창구를 통하여 가게에 들어가 물건을 절취하고 피고인은 가게밖에서 망을 보던 중 예기치 않던 인기척 소리가 나므로 도주해버린 이후에 원심 상피고인이 담배가게 위 창구로 다시 나오려다가 창구에 몸이 걸려 빠져 나오지 못하게 되어 피해자에게 손을 붙들리자 체포를 면탈할 목적으로 피해자에게 폭행을 가하여 상해를 입힌 것이고 피고인으로서는 위 피해자가 대문을 열고 담배가게에 나오고, 원심 상피고인은 인기척을 듣고 판시와 같은 자그만 담배창구로 몸을 밀어 빠져 나오는 데 시간이 지체되었을 것이고 피고인은 그동안 ㉡ 상당한 거리를 도주하였을 것으로 추정되는바 이러한 상황하에서는 피고인

이 원심 상피고인의 폭행행위를 전연 예기할 수 없었다고 보여지므로 같은 견해에서 피고인에게 준강도상해죄의 공동책임을 지울 수 없다 하여 무죄로 판단하고, 특수절도죄로 의율한 원심의 조치는 정당하게 수긍되며 거기에 준강도죄의 법리를 오해한 위법이 있다 할 수 없다.

[해 설]
I. 들어가는 말

준강도죄는 절도가 재물의 탈환을 거부하거나 체포를 면탈하거나 죄적을 인멸할 목적으로 폭행 또는 협박한 때에 성립하는 범죄이다(제335조). 여기서 절도에는 단순절도뿐만 아니라 야간주거침입절도나 특수절도를 포함하며, 절도의 기수와 미수를 포함한다. 그리고 준강도가 사람을 상해한 때에는 강도상해죄가 성립된다. 따라서 대상판결에서 乙에게 강도상해죄가 성립하는 것은 당연하다. 문제는 乙과 특수절도를 한 피고인 甲에게 강도상해죄의 공동정범을 인정할 수 있는가이다.

공동정범이란 2인 이상이 공동하여 죄를 범한 경우를 말하며, 형법은 각자를 그 죄의 정범으로 처벌하도록 하고 있다(제30조). 이러한 공동정범이 성립하기 위해서는 주관적 요건으로 공동의 의사와 객관적 요건으로 공동가공의 사실이 인정되어야 한다는 점에 다툼이 없다. 다만 어느 정도 공동가공의 사실이 필요한지 여부에 대하여, 통설 및 판례는 기능적 행위지배설에 입각하여 판단하고 있다. 그런데 대상판결에서 甲은 범죄사실의 일부인 절도를 공동하여 실행하였으므로 공동정범 사이의 실행의 분담이 문제될 여지는 없는 경우이므로 여기서는 공동정범이 성립하기 위한 공동의 의사를 어디까지 인정할 수 있는가에 달려있다. 따라서 공동의 의사와 관련하여, 대상판결에서 甲에게 ① 준강도죄의 성립 여부와 ② 준강도상해죄의 성립 여부라는 두 가지 문제가 제기된다.

II. 대법원의 태도
1. 준강도죄의 성립 여부
①과 관련하여, 절도의 공범 또는 특수절도 중 1인

이 폭행·협박을 하여 준강도죄가 성립하는 경우에 '다른 공범자가 이를 예기할 수 없었던 경우가 아닌 한'은 준강도죄의 공동정범이 된다는 것이 대법원의 일관된 태도라고 할 수 있다.

2. 준강도상해죄의 성립 여부

②와 관련해서는, 종래 판례가 강도상해죄의 경우에 강도의 공동정범은 상해의 결과에 대한 인식 여부를 불문하고 다른 공범자에 의하여 상해의 결과가 발생하기만 하면 강도상해죄의 공동정범이 인정하지만, 준강도 및 이로 인한 강도상해, 즉 준강도상해의 경우에는 그 결과를 예기할 수 없었던 경우에 한하여 준강도나 준강도상해의 공동정범이 성립하지 않는다는 입장을 취하고 있으며, 대상판결도 동일한 입장을 취하고 있다. 따라서 '나머지 범인도 이를 예기하지 못한 것으로 볼 수 없으면'을 어떻게 판단할 것인지 문제되는데, 대법원은 공동의 의사에 대한 구체적인 정황을 고려하여 (㉠, ㉡), 준강도상해죄의 공동정범을 인정 또는 부정하고 있는 것으로 보인다.

종래 판례가 "특수절도의 범인들이 범행이 발각되어 각기 다른 길로 도주하다가 그중 1인이 체포를 면탈할 목적으로 폭행하여 상해를 가한 때에는, 나머지 범인도 위 공범이 추격하는 피해자에게 체포되지 아니하려고 위와 같이 폭행할 것을 전연 예기하지 못한 것으로는 볼 수 없다 할 것이므로 그 폭행의 결과로 발생한 상해에 관하여 형법 제337조, 제335조의 강도상해죄의 책임을 면할 수 없다"(대법원 1984. 10. 10. 선고 84도1887 판결)고 본 반면, "피고인으로서는 사전에 제1심 공동 피고인과의 사이에 상의한 바 없었음은 물론 체포 현장에 있어서도 피고인과의 사이에 전혀 의사연락 없이 제1심 공동피고인이 ㉢ 피해자로부터 그가 가지고 간 몽둥이로 구타당하자 돌연 이를 빼앗아 피해자를 구타하여 상해를 가한 것으로서 피고인이 이를 예기하지 못하였다고 할 것이므로 동 구타상해행위를 공모 또는 예기하지 못한 피고인에게까지 준강도상해의 죄책을 문의할 수 없다고 해석함이 타당하다고 할 것이다"(대법원 1982. 7. 13. 선고 82도1352 판결)라고 판시하고 있기 때문이다.

Ⅲ. 나오는 말

대상판결은 물론, 위 82도1352 판결도 원칙적으로 '피고인이 이를 예기하지 못한 것으로 볼 수 없는 한' 준강도상해죄의 공동정범을 인정하지만, 예외적으로 피고인과 상피고인의 관계를 고려하여 구체적인 상황 하에서 피고인이 상피고인의 행동을 전혀 예상할 수 없었다면(㉠, ㉡, ㉢) (특수)절도의 고의를 넘어서까지 준강도상해죄의 공동정범의 죄책을 인정할 수 없다는 입장으로 보인다.

[필자: 정웅석 교수(서경대)]

[102] 채무면탈 목적의 채권자 살해와 강도살인죄

[대상판결] 대법원 2004. 6. 24. 선고 2004도1098 판결

[사실관계] 피고인은 피해자와 채무 변제기의 유예 여부 등을 놓고 언쟁을 벌이다가 피해자가 피고인의 변제기 유예 요청을 거부하면서 피고인을 심히 모욕하는 바람에 격분을 일으켜 억제하지 못하고, 마침 바닥에 떨어져 있던 망치로 피해자의 뒷머리 부분을 수회 때리는 등의 방법으로 피해자를 살해한 다음, 상당한 시간이 지난 후 피해자의 상의 주머니 안에서 피해자 소유의 현금 120만 원과 신용카드 등이 들어 있는 지갑 1개를 꺼내어 가 이를 가져갔다.

[판결요지] [1] 강도살인죄가 성립하려면 먼저 강도죄의 성립이 인정되어야 하고, 강도죄가 성립하려면 불법영득(또는 불법이득)의 의사가 있어야 하며, 형법 제333조 후단 소정의 이른바 강제이득죄의 성립요건인 '재산상 이익의 취득'을 인정하기 위하여는 재산상 이익이 사실상 피해자에 대하여 불이익하게 범인 또는 제3자 앞으로 이전되었다고 볼 만한 상태가 이루어져야 하는데, 채무의 존재가 명백할 뿐만 아니라 채권자의 상속인이 존재하고 그 상속인에게 채권의 존재를 확인할 방법이 확보되어 있는 경우에는 비록 그 채무를 면탈할 의사로 채권자를 살해하더라도 일시적으로 채권자 측의 추급을 면한 것에 불과하여 재산상 이익의 지배가 채권자 측으로부터 범인 앞으로 이전되었다고 보기는 어려우므로, 이러한 경우에는 강도살인죄가 성립할 수 없다.

[2] 강도살인죄는 강도범인이 강도의 기회에 살인행위를 함으로써 성립하는 것이므로, 강도범행의 실행중이거나 그 실행 직후 또는 실행의 범의를 포기한 직후로서 사회통념상 범죄행위가 완료되지 아니하였다고 볼 수 있는 단계에서 살인이 행하여짐을 요건으로 한다.

[3] 피고인이 피해자 소유의 돈과 신용카드에 대하여 불법영득의 의사를 갖게 된 것이 살해 후 상당한 시간이 지난 후로서 살인의 범죄행위가 이미 완료된 후의 일이라면, 살해 후 상당한 시간이 지난 후에 별도의 범의에 터잡아 이루어진 재물 취거행위를 그보다 앞선 살인행위와 합쳐서 강도살인죄로 처단할 수 없다고 한 사례.

[해 설]

I. 들어가는 말

형법 제338조 1문은 "강도가 사람을 살해한 때에는 사형 또는 무기징역에 처한다"고 하여 강도살인죄를 규정하고 있다. 이에 관한 본 사안에서는 먼저 사실관계가 논란이 된다. 법률심인 대법원이 1심과 2심의 사실인정을 부정한 것은 바람직하지 않아 보인다.

법률문제와 관련하여 대법원은 "피고인과 피해자 사이에 차용증서가 작성되지는 않았지만 피해자의 그 상속인 중 한 사람인 피해자의 처가 피해자로부터 전해 들어 이미 피고인에 대한 대여금 채권의 존재를 알고 있었던 것으로 보이므로" 일시적으로 채권자의 추급을 면한 것에 불과하여 강도살인죄가 성립하지 않는다고 판시하였다.

II. 채무면탈 목적 살인과 강도살인죄 성부

1. 학 설

통설은 채무면탈을 목적으로 하는 살인의 경우에 강도살인죄를 인정한다. 형법 제338조가 강도가 사람을 살해한 경우 강도살인죄가 성립한다고 규정하고 있지만, 채무면탈은 재산상의 이익이므로 채무면탈의 목적으로 살해에 착수하면 이를 강도죄의 폭행에 해당한다고 보아, 살해행위를 폭행의 일부로 인정할 수 있다. 강도살인죄를 강도와 살인의 결합범으로 보면, 강도와 살인행위가 별개의 행위가 존재하여야 한다고 보거나, 또는 신분범으로 보면, 강도범인이 살인을 해야 한다고 할 수도 있다. 하지만, 강도살인죄의 입법취지, 조문간의 체계 등을 고려한다면, 살인행위에 폭행적 요소가 동시에 포함되어 있다고 하여도 문리적 한계를 벗어나지는 않는다고 할 것이다.

2. 대법원의 태도

채무면탈 목적의 살인에 대하여 대법원도 강도살인죄의 성립을 인정한다. 소주방에서 금 35,000원 상당의 술과 안주를 시켜먹은 후 그 술값을 면할 목적으로 피해자를 살해하고, 곧바로 피해자가 소지하던 현금

75,000원을 꺼내어 간 사건에서 강도살인죄를 인정한
적도 있다(대법원 1999. 3. 9. 선고 99도242 판결; 대법원
1985. 10. 22. 선고 85도1527 판결). 그런데 문제는 피해자
가 갖고 있던 당해 채권을 상속인이 행사할 가능성이
있으면, 강도살인죄를 부정하고, 가능성이 없으면 강도
살인죄를 인정한다는 점이다.

3. 채권의 행사가능성과 강도살인죄의 성부

본 사안에서 대법원은 "채무의 존재가 명백할 뿐만
아니라 채권자의 상속인이 존재하고 그 상속인에게 채
권의 존재를 확인할 방법이 확보되어 있는 경우에는
비록 그 채무를 면탈할 의사로 채권자를 살해하더라도
일시적으로 채권자 측의 추급을 면한 것에 불과하여
재산상 이익의 지배가 채권자 측으로부터 범인 앞으로
이전되었다고 보기는 어려우므로, 이러한 경우에는 강
도살인죄가 성립할 수 없다"고 한다. 이후의 다른 사건
에서도 같은 취지로 판시하였다(대법원 2010. 9. 30. 선고
2010도7405 판결). 이러한 판례의 입장에 대하여 학설은
비판적이다. 강도가 재산상 이익을 취득하지 못하여 강
도의 불능미수에 그쳤다고 하여도 살인이 기수에 이르
렀다면 강도살인죄는 기수에 이르렀다고 보아야 하기
때문이다.

Ⅲ. 나오는 말

강도살인죄나 강도상해죄는 강도의 실행에 착수하
여 살인이나 상해를 하면 성립하고, 강도가 반드시 기
수에 이를 필요는 없다. 강도가 재산상 이익을 취득하
지 못하여 강도미수에 그쳤다고 하여도 살인이 기수에
이르렀다면 강도살인죄는 기수에 이른 것이다. 그러므
로 피해자의 상속인이 피해자의 채권을 상속하여 행사
할 가능성의 유무와 관계 없이 채무면탈을 목적으로
피해자를 살해하였다면 강도살인죄의 기수에 이르렀다
고 보는 것이 옳다. 이런 점에서 대상판결은 타당하지
않다. 다만, 불법영득의사 없이 살해한 후 절취한 때에
는 강도살인죄가 불성립한다고 판시한 대상판결은 적
절하다.

[필자: 한상훈 교수(연세대)]

[103] 사기죄의 기망행위

[대상판결] 대법원 1993. 2. 27. 선고 95도2828 판결

[사실관계] 피고인은 부산 동래구 연산동 소재 개발제한구역(그린벨트) 내의 토지에 대한 개발제한구역 지정을 해제하여 줄 의사와 능력이 없음에도 불구하고 건설부 고위 공직자에게 청탁하여 제3자 소유의 위 토지에 대한 개발제한구역 지정을 해제하고자 하는데 접대비용이 필요하다고 하면서, 피해자에게 "만약 금 20,000,000원을 빌려 주면 이를 접대비용으로 사용하여 2개월 내에 위 토지에 대한 개발제한구역 지정을 해제 받고 토지 소유자로부터 상당한 금액의 커미션을 받아 그 중 일부를 위 차용금과 함께 돌려주겠다"고 거짓말하여, 피해자로부터 금 20,000,000원을 차용한 다음, 이를 자신의 부족한 생활비로 소비함으로써 위 금 20,000,000원을 편취하였다.

[판결요지] 사기죄의 실행행위로서의 기망은 반드시 법률행위의 중요 부분에 관한 허위표시임을 요하지 아니하고 상대방을 착오에 빠지게 하여 행위자가 희망하는 재산적 처분행위를 하도록 하기 위한 판단의 기초가 되는 사실에 관한 것이면 족한 것이므로, 용도를 속이고 돈을 빌린 경우에 있어서 만일 진정한 용도를 고지하였더라면 상대방이 돈을 빌려 주지 않았을 것이라는 관계에 있는 때에는 사기죄의 실행행위인 기망은 있는 것으로 보아야 한다.

피고인이 개발제한 구역 지정의 해제는 물론이고 그 해제로 인하여 얻게 될 재산상의 이익을 나누어 줄 의사와 능력이 없으면서도, 마치 피해자로부터 돈을 차용하게 되면 이를 개발제한 구역 지정을 해제하는 데 필요한 비용으로 사용하고 개발제한구역 해제로 인하여 얻게 될 이익을 피해자에게 나누어 줄 것처럼 피해자를 속여 피해자로부터 금원을 차용하였다면, 피고인의 위와 같은 행위는 사기죄에 있어서의 기망행위에 해당하고 피해자는 피고인에게 기망당하여 착오를 일으켜 금원을 대여하게 되었다고 보아야 할 것이며, 피고인에게 타인의 금원을 편취할 의사 또한 있었다고 보아야 할 것이므로, 비록 피고인이 지방공무원으로서 신분을 가지고 있었고 자기 명의로 된 주택을 소유하고 있었

다고 하더라도 그와 같은 사정은 피고인의 편취범의를 인정하는 데 있어 장애사유가 될 수 없다 할 것이다.

[해 설]

I. 들어가는 말

사기죄는 사람을 기망하여 재물이나 재산상의 이익을 취득하거나 제3자로 하여금 이를 취득하게 함으로써 성립한다. 본죄의 실행행위인 기망은 널리 거래관계에서 지켜야 할 신의칙에 반하는 행위로서 사람들을 착오에 빠뜨리는 행위이다.

대상판결에서 대법원은 개발제한구역 지정의 해제나 그 해제로 인하여 얻게 될 재산상의 이익을 나누어 줄 의사나 능력이 없으면서도 마치 피해자로부터 돈을 차용하면 이를 개발제한구역 지정을 해제하는 필요한 비용으로 사용하고 개발제한구역해제로 인하여 얻게 될 이익을 피해자에게 나누어 줄 것처럼 피해자를 속여 피해자로부터 금원을 차용하였다면 이는 기망행위에 해당한다고 보았다. 이러한 소위 '차용금 사기' 이외에 다른 관련 판례에서도, 대법원은 기망행위의 내용은 피기망자가 착오에 빠져 재산을 처분하도록 하는 판단의 기초가 되는 사실이기만 하면 충분하고, 법률행위 등의 중요 부분에 관한 허위사실임을 요하지 않는다고 하였다. 아울러 행위자의 기망으로 인한 피기망자의 착오도 차용금의 용도처럼 단순히 동기의 착오로 충분하다는 입장이다(대법원 2007. 10. 25. 선고 2005도1991 판결). 사기죄의 실행행위인 기망행위가 인정되기 위해서는 다음의 요건을 검토할 필요가 있다.

II. 기망행위의 요건

기망행위는 널리 거래관계에서 지켜야 할 신의칙에 반하는 행위로서 사람으로 하여금 착오를 일으키게 하는 행위를 의미하므로, 먼저 기망의 상대방은 사람에 한하며 기계에 대한 기망은 가능하지 않다. 그러므로 자동판매기에 동전이 아닌 금속을 넣어 기계를 작동시켜 물품을 꺼내는 행위는 사기죄가 아닌 편의시설부정이용죄(제248조의2)에 해당할 뿐이며, 타인의 전화기를

무단으로 사용하여 전화통화를 하는 행위도 사기죄를 구성하지 않는다(대법원 1999. 6. 25. 선고 98도3981 판결). 그리고 기망행위의 '대상'은 구체적으로 증명할 수 있는 현재와 과거의 사실로, 피기망자인 상대방의 재산적 처분행위의 판단의 기초가 되는 내용이다. 이러한 '사실'에는 외부적 사실 이외에 차용금을 변제할 의사나 능력이 없는데도 불구하고 있는 것처럼 피해자를 속이는 내적 사실도 포함된다. 행위자가 기망한 내용이 사실이 아닌 순수한 가치판단이라면, 이는 기망의 대상에서 제외된다는 것이 판례와 다수설의 입장이다. 그것은 가치판단이나 의견의 진술은 개인의 주관적 의사의 표명에 불과하여 객관적인 것과의 불일치 여부를 확정할 수 없으며, 순수한 가치판단까지 포함하는 경우 기망행위의 범위가 지나치게 넓어질 우려가 있기 때문이다. 다만 가치판단이나 의견의 진술이 진술자의 전문적인 지식과 결부되어 있거나 사실의 중요부분을 내포하고 있는 것으로 볼 수 있는 때에는 기망행위가 될 수 있다.

다음으로 기망행위의 '수단'은 명시적, 묵시적, 부작위에 의한 기망행위를 불문한다. 명시적 기망행위는 언어에 의한 허위주장이나 문서에 의한 것이며, 묵시적 기망행위는 허위의 주장을 행동을 통해 설명하는 경우, 즉 행위자의 행위가 설명가치를 가지는 경우이며, 부작위에 의한 기망행위는 상대방이 착오에 빠져 있는 것을 알면서 법률상 고지의무가 있음에도 불구하고 이를 고지하지 아니하고 사실을 묵비하는 것을 의미한다. 부작위에 의한 기망행위는 행위자가 상대방의 착오를 제거해야 할 지위(보증인적 지위)에 있어야 하고, 부작위에 의한 기망행위가 작위에 의한 기망행위와 동 가치임이 인정되어야 한다. 보증인의 지위는 법령, 계약, 선행행위나 신의성실의 원칙에 의해 발생할 수 있다.

끝으로 기망행위의 '정도'와 관련하여, 기망행위는 상대방을 착오에 빠뜨리는 행위로, 적어도 거래 관계에 있어 신의칙에 반하는 정도에 이를 것을 요한다. 그러므로 일반적으로 상품의 선전, 광고에 있어 다소의 과장, 허위가 수반되는 것은 그것이 일반 상거래의 관행과 신의칙에 비추어 용인될 수 있는 한 사기죄가 성립하지 않는다(대법원 2002. 2. 5. 선고 2001도5789 판결).

III. 나가는 말

대상판결에서는 피고인이 피해자에게 일정한 금액을 차용하면서, 그 차용금의 용도에 대해 허위사실을 고지한 것이 사기죄의 기망행위에 해당하는가 하는 점이 문제되었다. 대상판결에 나타난 대법원의 태도에 대해서는 기망행위와 그에 따른 착오의 대상을 단순한 동기의 착오까지 확대하여 사기죄의 성립범위를 넓히는 것은 적절하지 않다는 비판이 있다. 차용금 사기나 이와 유사한 기부금 사기 등과 관련하여 그 용도 등에 대해 허위사실의 고지만 있으면 사기죄가 성립할 수 있는가 하는 점은 사기죄의 보호법익이나 범죄적 성격과 함께 논의할 필요가 있다고 하겠다.

다만, 대상판결의 경우는 차용금의 용도와 관련하여 허위의 사실을 피기망자에게 고지하였을 뿐만 아니라 차용금의 상환과 관련하여서도 그 변제의사와 능력에 대한 기망이 있었다고 볼 수 있기 때문에 사기죄가 성립하는 것이 타당하다고 할 것이다.

〔참고문헌〕안경옥, "사기죄에 있어서의 기망행위", 형사판례연구 [5](1997).

[필자: 안경옥 교수(경희대)]

[104] 부작위에 의한 기망

[대상판결] 대법원 2000. 1. 28. 선고 99도2884 판결

[사실관계] 피고인은 자신이 운영하는 병원에 내원한 피해자들에게 아들을 낳는 방법이라고 하여 시행한 일련의 시술과 처방 전체가 실제로는 아들을 낳기에 필요한 시술이라고 할 수 없음에도 불구하고, 피고인 또는 위 병원에 근무하는 간호조무사들이 피해자들에게 그 시술 등의 효과와 원리에 대하여 다르게 설명하거나 또는 위 병원에 내원하기 전에 이미 피고인으로부터 어떠한 시술을 받으면 아들을 낳을 수 있을 것이라는 착오에 빠져 있는 피해자들에게 시술 등의 효과와 원리에 관하여 사실대로 설명하지 아니한 채 마치 피고인의 시술과 처방 전체가 아들 낳기에 필요한 것처럼 시술 등을 행하고 피해자들로부터 의료수가 및 약값의 명목으로 금원을 교부받았다.

[판결요지] 사기죄의 요건으로서의 기망은 널리 재산상의 거래관계에 있어 서로 지켜야 할 신의와 성실의 의무를 저버리는 모든 적극적 또는 소극적 행위를 말하는 것이고, 이러한 소극적 행위로서의 부작위에 의한 기망은 법률상 고지의무 있는 자가 일정한 사실에 관하여 상대방이 착오에 빠져 있음을 알면서도 이를 고지하지 아니함을 말하는 것으로서, 일반거래의 경험칙상 상대방이 그 사실을 알았더라면 당해 법률행위를 하지 않았을 것이 명백한 경우에는 신의칙에 비추어 그 사실을 고지할 법률상 의무가 인정되는 것이다. 특정 시술을 받으면 아들을 낳을 수 있을 것이라는 착오에 빠져있는 피해자들에게 그 시술의 효과와 원리에 관하여 사실대로 고지하지 아니한 채 아들을 낳을 수 있는 시술인 것처럼 가장하여 일련의 시술과 처방을 행하였다면 사기죄가 성립한다.

[해 설]

I. 들어가는 말

대상판결에서는 병원에 내원할 당시 이미 시술에 대하여 착오에 빠져있는 피해자들의 경우에는 만일 피고인이 사실대로 고지하였다면 그들이 피고인으로부터 그와 같은 시술을 받지 아니하였을 것임이 경험칙상 명백하므로, 피고인에게 시술의 효과와 원리에 관하여 사실대로 고지하여야 할 법률상 의무가 있다고 보아, 피해자들이 착오에 빠져있음을 알면서도 이를 고지하지 아니한 채 마치 해당 시술행위 전체가 아들을 낳을 수 있도록 하는 시술인 것처럼 가장하여 이와 같은 시술을 한 것은 고지할 사실을 묵비함으로써 피해자들을 기망한 행위, 즉 부작위에 의한 기망에 해당한다고 보고 있다.

신의성실에 의한 고지의무의 성립을 인정하고 이에 의해 부작위에 의한 사기죄를 논증하는 판례의 입장에 대하여 많은 비판이 있었으나, 이러한 비판적 논의의 중심은 고지의무를 인정한다는 것에 있으며 행위가 작위인지 부작위인지에 대한 평가에 관한 것은 아니다. 하지만 보증인의무를 논하기 위해서는 위 행위가 부작위에 의한 기망이라고 평가될 수 있어야 한다는 전제조건이 충족되어야 한다.

기망의 수단·방법에는 제한이 없고, 명시적이든 묵시적이든, 작위이건 부작위이건 불문한다. 여기서 명시적 기망과 묵시적 기망의 구별이 어디에서 온 것인지 그리고 그 구별이 필요한 것인지 검토해보아야 한다. 이를 통하여 대상판결 사례에서 피고인의 행위에 대해 부작위에 의한 기망이라고 한 대상판결에 대해서 다시 검토해 볼 필요가 있다.

II. 의사의 기망행위에 대한 검토

1. 학 설

일반적으로 학설은 기망행위의 방법에는 제한이 없으며 작위와 부작위에 의한 기망으로 나눌 수 있는데, 작위의 기망은 다시 명시적 기망과 묵시적 기망으로 나눌 수 있다고 한다. 이에 따르면 명시적 기망행위는 의사표시가 '언어 또는 문서'에 의해 표현된 경우이고, 묵시적 기망행위는 의사표시가 언어나 문서에 의한 적극적인 의사표시 없이 '행동'에 의해 상대방에게 허위 사실을 인식시키는 것이라고 한다. 이때, 행위자의 태도에 설명가치가 인정되고, 이러한 행위자의 태도가 상대방의 착오에 작용하였다면 묵시적 기망이 되고 그렇지 않다면 부작위에 의한 기망이 된다고 보고 있다. 설

명가치라는 개념은 의식적인 의사표시에 포함되어 상대방을 착오에 빠지게 만드는 역할을 한다. 결국 설명가치의 기능은 행위자의 행위에 의해서 상대방이 착오에 빠졌는지, 아니면 스스로 착오에 빠졌는지를 구별하는 것이다.

인과관계이론에 의하면 작위는 행위 혹은 행위자가 조건공식 또는 합법칙적 조건공식의 의미에서 외부세계를 변화시키거나 구체적인 결과를 야기하는 행위이고 부작위는 행위 또는 행위자가 사건이 진행하도록 놔두거나 또는 구체적으로 발생한 결과 사이에 인과관계가 없는 경우를 말한다고 한다. 즉, 이 이론을 따를 경우에도 행위자의 행위에 의해서 상대방의 착오가 야기되었으면 작위이고, 행위자의 행위와 관계없이 상대방이 착오에 빠졌다면 부작위가 된다.

2. 대법원의 태도

대법원은 사기죄에서의 기망행위를 작위와 부작위로 분류할 뿐, 학설과는 달리 작위의 기망행위를 명시적 기망행위와 묵시적 기망행위로 구분하지는 않는다. 대법원의 기준에 따르면 대부분의 묵시적 기망행위는 중요한 사실을 숨기고 고지하지 않은 행위이며, 그 사실에 대한 고지의무를 신의성실에 의하여 인정하고 부작위로 보아 가벌성을 무한히 확장할 위험에 노출되어 있다.

이는 작위와 부작위의 구별에 대하여 "어떠한 범죄가 적극적 작위에 의하여 이루어질 수 있음은 물론 결과의 발생을 방지하지 아니하는 소극적 부작위에 의하여도 실현될 수 있는 경우에, 행위자가 자신의 신체적 활동이나 물리적·화학적 작용을 통하여 적극적으로 타인의 법익 상황을 악화시킴으로써 결국 그 타인의 법익을 침해하기에 이르렀다면, 이는 작위에 의한 범죄로 봄이 원칙"이라고 판시하고 있는 대법원의 입장에 비추어 보아도 상호 모순된다.

Ⅲ. 나오는 말

독일 형법의 해석론에 등장하는 설명가치는 묵시적 기망행위가 가지는 특징이 아니라 작위의 기망행위가 가지는 특징이다. 명시적 기망행위의 경우에는 작위를 통해 드러나는 사실 자체가 허위의 사실이므로 설명가치가 당연하게 인정될 수 있으며 묵시적 기망행위도 작위를 통해 명백하게 허위의 사실이 드러나는 것은

아니지만, 전체적인 행위자의 말과 행동을 통하여 드러나는 형상이 허위의 사실을 추론할 수 있는 경우에 인정된다. 이에 따르면, 명시적 기망행위와 묵시적 기망행위를 구분 기준은 언어와 문서에 의하느냐 거동에 의하느냐에 있는 것이 아니라 행위자의 행위에서 허위의 정보가 밖으로 명백하게 드러났는지, 그렇지 않았는지에 있다. 국산과 중국산을 같이 파는 가판대에서 물건을 구매하려는 자가 상인에게 "이것이 국산이지요?"라고 물으며 스스로 중국산을 집어든 후 국산의 가격에 해당하는 돈을 가판대 위에 놓고 간 경우, 구매자가 지불하게 된 금액이 실제 구매한 물건의 금액보다 더 큰 상황임에도 불구하고 상인이 아무런 거동도 하지 않은 것은 (부작위에 의한 기망이 되는지, 고지의무가 있는지와 무관하게) 부작위로 평가될 수 있다. 하지만 만약 상인이 가격을 묻는 것에 대하여 고개를 끄덕여 긍정의 표시를 하였다면 이것은 부작위에 의한 기망이 아니라, 행동으로 허위의 정보를 제공한 것이므로 작위에 의한 기망, 즉 허위정보를 명시적으로 행동으로 보여준 것이므로 명시적 기망(다수설에 의하면 행동에 의한 묵시적 기망)이라고 평가하는 것이 타당할 것이다.

대상판결 사례에서 특정 시술을 받으면 아들을 낳을 수 있을 것이라는 착오에 빠져있는 피해자들에게 해당 시술과 처방을 해준 행위는 허위의 사실을 숨긴 작위행위, 불완전한 정보의 제공에 의해서 사람의 착오를 일으킨 이중적 의미의 행위이므로 "어떠한 범죄가 적극적 작위에 의하여 이루어질 수 있음은 물론 결과의 발생을 방지하지 아니하는 소극적 부작위에 의하여도 실현될 수 있는 경우에, 행위자가 자신의 신체적 활동이나 물리적·화학적 작용을 통하여 적극적으로 타인의 법익 상황을 악화시킴으로써 결국 그 타인의 법익을 침해하기에 이르렀다면, 이는 작위에 의한 범죄로 봄이 원칙"이라는 우리 대법원의 입장에 따르면 작위에 의한 (다수설에 따르면 묵시적) 적극적 기망행위로 평가되었어야 했다.

대상판결이 이론적으로는 작위로 평가되었어야 할 사례에 대하여 고지의무를 근거로 부작위에 의한 기망행위로 판단한 것은 결국 보증인 지위가 인정될 수 있는 경우에 유죄의 논증을 쉽게 하기 위한 것으로 이해할 수 있다.

[필자: 이석배 교수(단국대)]

[사실관계] 피고인은 카지노 객장에서 평소 알고 지내던 피해자에게 "아는 사람이 600만 원을 송금하기로 했는데 아직 입금이 되지 않아서 그러니 돈을 빌려주면 입금 되는대로 바로 갚겠다"고 거짓말하여 피해자로부터 차용금 명목으로 두 차례에 걸쳐 600만 원을 편취하였다.

피해자는 피고인을 사기죄로 고소하였다. 공판과정에서 피고인은 피해자가 도박자금이라는 것을 알면서도 금원을 교부하였으므로 불법원인급여에 해당하여 사기죄가 성립할 수 없다고 주장하였다. 제1심과 항소심은 피고인에게 유죄를 인정하였다. 이에 피고인이 상고하였다.

[판결요지] 민법 제746조의 불법원인급여에 해당하여 급여자가 수익자에 대한 반환청구권을 행사할 수 없다고 하더라도, 수익자가 기망을 통하여 급여자로 하여금 불법원인급여에 해당하는 재물을 제공하도록 하였다면 사기죄가 성립한다고 할 것인바, 피고인이 피해자 공소외인으로부터 도박자금으로 사용하기 위하여 금원을 차용하였더라도 사기죄의 성립에는 영향이 없다.

[해 설]
I. 불법원인급여물

불법원인급여는 불법한 원인에 기하여 재산을 급부하거나 노무를 제공하는 것을 의미한다. 뇌물자금으로 수령한 금원, 도박자금으로 차용한 금원, 매음료로 수령한 금원 등이 불법원인급여물에 해당한다. 불법원인급여물은 급여원인 자체가 사법상 무효이고 상대방은 법률상 정당한 이유 없이 이익을 향유하고 있으므로 급여자는 수익자를 상대로 부당이득반환청구를 할 수 있는 외형을 가지고 있다. 그러나 불법원인급여물의 반환에 국가가 조력하는 것은 타당하지 않다. 민법은 불법원인급여물에 대한 반환청구권을 부정하면서도 예외적으로 불법원인이 수익자에게만 있는 때에는 그 예외를 인정하고 있다(민법 제746조). 불법이라 함은 선량한 풍속 기타 사회질서에 반하는 것을 의미한다. 그리고

급부내용 자체가 불법한 때 뿐만 아니라 급부자체의 불법성은 없어도 불법한 대가의 급여이거나 불법행위를 조건으로 하는 급여도 불법원인급여가 된다. 급부자가 행위당시에 급부의 불법성을 인식할 것을 요하지 않는다. 사안은 변제의사 없이 기망으로 도박자금을 교부받은 경우에 사기죄의 성부가 문제되는 경우이다.

II. 불법원인급여물과 사기죄의 성부
1. 학 설

불법원인급여물에 대한 사기죄 성립에 대해서는 견해가 대립하고 있다. 먼저 사기죄의 성립을 부정하는 견해가 있다. 그 근거는 대체로 민법상 불법원인급여물에 대한 반환청구권이 부정되므로 사취로 인한 재산상 손해가 발생하지 않는다는 점, 다른 법질서에서 보호할 가치가 없는 법익을 형법이 앞장서서 보호할 필요가 없다는 점을 들고 있다. 이와 더불어 불법원인급여물에 대한 사기죄 성립 여부는 형법상 재산개념을 어떻게 구성하는가에 달린 문제로 파악하고 법률적·경제적 재산개념에 입각하여 부정하는 견해도 제시되고 있다. 이에 반하여 사기죄의 성립을 긍정하는 견해도 있다. 불법원인급여물이라 할지라도 기망에 의한 급부행위로 인하여 재산상 손해가 발생한 것은 부인할 수 없는 사실이라는 점, 사법영역에서의 불법판단과 형법영역에서의 범죄판단은 별개의 문제이므로 사기죄는 형법 독자적 관점에서 결정해야 한다는 점을 주된 근거로 하고 있다.

2. 대법원의 태도

대상판결 사안에서 피고인은 금원을 차용할 당시 도박자금으로 사용된다는 점을 알면서도 피해자가 금원을 차용해 주었는데, 이는 불법원인급여에 해당하여 사기죄가 성립할 수 없다고 주장하고 있다. 대법원은 사기죄의 편취범의는 피고인이 자백하지 않는 한 범행전후의 피고인의 재력, 환경, 범행의 내용, 거래의 이행과정, 피해자와의 관계 등과 같은 객관적 사정을 종합하여 판단하여야 한다고 한다. 이를 통하여 편취범의가 인정되면 그 대상이 비록 불법원인급여에 해당하여 급

여자가 수익자에 대하여 반환청구를 할 수 없다고 하여도 수익자가 기망의 방법으로 급여자로 하여금 불법원인급여에 해당하는 재물을 교부하도록 하였다면 사기죄가 성립한다고 함으로써 피고인의 주장을 배척하고 있다.

한편 대상판결 사안에서 만약 피고인이 차용금원의 용도를 기망하여 피해자가 도박자금으로 사용된다는 사실을 알지 못하고 금원을 교부한 경우라면 피고인에게 사기죄가 성립하는지가 문제된다(소위 용도사기). 이에 대하여 착오는 피해자의 처분행위에 있어서 중요한 부분에 대한 것임을 요하지 않고 동기의 착오로도 가능하다는 관점에서 용도사기의 경우 사기죄를 인정하는 견해도 있다. 그러나 학설의 대체적인 입장은 단순한 동기의 착오는 사기죄를 구성하지 않지만 자금용도가 대여자의 의사결정에 중요한 참고사항이 되는 경우에는 자금용도에 대한 기망이 사기죄를 구성한다는 것이다. 대법원도 용도사기의 경우 사기죄 성립을 인정하고 있다. 피고인이 자신의 형사사건에 대한 변호사선임비 등 소송비용으로 사용할 것처럼 말하여 1억 5천만원을 차용하여 1천만 원만 변호사 선임비로 쓰고 나머지는 자신의 생활비 또는 사업자금으로 사용한 사안(대법원 1995. 9. 15. 선고 95도707 판결)에서 사기죄를 인정하고 있다. 사기죄에 있어서의 기망은 반드시 법률행위의 중요부분에 관한 것임을 요하지 않으므로 기망을 통하여 상대방의 착오를 유발하여 기망자가 의도하는 재산상 처분행위를 하도록 하기 위한 기초가 되는 사실에 관한 것이면 충분하다는 관점에서 진정한 용도를 고지하였더라면 상대방이 빌려 주지 않았을 것이라는 관계에 있는 때에는 사기죄의 실행행위인 기망이 인정된다는 태도를 취하고 있다. 생각건대 변제의사와 변제능력에 대한 기망이 없는 때에도 자금용도에 대한 기망이 있다는 이유로 사기죄를 인정하는 것이 타당한지는 의문이다.

III. 관련문제
1. 불법원인급여와 횡령죄
불법원인급여물에 대한 횡령죄가 성립하는가는 불법원인급여물의 소유권귀속에 대한 입장 차이에 따라 달라진다. 부정설은 불법원인급여물의 소유권은 수탁자에게 있다는 점, 민법상 반환의무가 없는 수탁자를 횡령죄로 벌하는 것은 법질서의 통일성을 깨트린다는 점을 근거로 한다. 이에 대하여 긍정설은 불법원인급여물에 대한 위탁자의 소유권이 상실된다고 볼 수 없다는 점, 사실상 신임관계가 인정되는 한 형법의 독자적 목적에 비추어 처벌해야 한다는 점 등을 근거로 한다. 대법원은 공무원에게 뇌물로 전달하여 달라고 교부받은 금원을 뇌물로 전달하지 않고 자의적으로 소비한 사안(대법원 1988. 9. 20. 선고 86도628 판결)에서 횡령죄의 성립을 부정함으로써 부정설을 취하고 있다. 민법 제746조의 취지에 따라 급여를 한 사람은 그 원인행위가 법률상 무효임을 내세워 상대방에게 부당이득반환청구를 할 수 없고, 또 급여한 물건의 소유권이 자기에게 있다고 하여 소유권에 기한 반환청구도 할 수 없어서 급여한 물건의 소유권은 급여를 받은 상대방에게 귀속된다는 점을 논리적 근거로 제시하고 있다.

2. 불법원인급여와 장물죄
불법원인급여물에 대한 장물죄 성립 여부는 장물죄의 본질을 어떻게 파악하는가에 따라 결론이 달라진다. 추구권설에 의하면 불법원인급여물에 대한 피해자의 반환청구권이 인정되지 않으므로 장물이 될 수 없다. 그러나 유지설은 장물죄의 본질을 본범 또는 점유자와의 합의에 의한 위법한 재산상태의 유지에서 찾으므로 불법원인급여물에 대한 반환청구권 유무에 관계없이 장물성이 인정된다는 결론에 이른다.

[참고문헌] 이재상, "1995년의 형법 주요판례", 형사판례연구 [4] (1996); 장영민, "불법원인급여와 횡령죄", 형사판례연구 [8] (2000).

[필자: 최상욱 교수(강원대)]

[106] 소송사기와 사기죄의 성립요건

[대상판결] 대법원 2006. 4. 7. 선고 2005도9858 전원합의체 판결

[사실관계] 피고인은 '이 사건 대동리 임야는 A가 국가로부터 사정받아 피고인의 아버지 B에게 매도하였고, B가 사망함에 따라 그의 아들인 피고인에게 상속된 것인데, 대한민국은 이를 무주부동산으로 오인하여 그 앞으로 소유권보존등기를 경료한바, 이는 원인 무효의 등기이므로, 피고 대한민국은 원고에게 이 사건 대동리 임야에 관한 소유권보존등기의 말소등기절차를 이행하여야 한다'는 내용의 소유권보존등기 말소청구 소송을 제기하고 위조한 매도증서 1장을 증거로 제출하여 같은 법원으로부터 승소판결을 받아 위 판결이 확정되었다.

[판결요지] **[다수의견]** 피고인 또는 그와 공모한 자가 자신이 토지의 소유자라고 허위의 주장을 하면서 소유권보존등기 명의자를 상대로 보존등기의 말소를 구하는 소송을 제기한 경우 그 소송에서 위 토지가 피고인의 소유임을 인정하여 보존등기 말소를 명하는 내용의 승소확정판결을 받는다면, 이에 터 잡아 언제든지 단독으로 상대방의 소유권보존등기를 말소시킨 후 위 판결을 부동산등기법 제130조 제2호 소정의 소유권을 증명하는 판결로 하여 자기 앞으로의 소유권보존등기를 신청하여 그 등기를 마칠 수 있게 되므로, 이는 법원을 기망하여 유리한 판결을 얻음으로써 '대상 토지의 소유권에 대한 방해를 제거하고 그 소유명의를 얻을 수 있는 지위'라는 재산상 이익을 취득한 것이고, 그 경우 기수시기는 위 판결이 확정된 때이다.

[반대의견] 소유권보존등기의 말소를 명하는 확정판결은 그 자체의 효력에 의해서는 등기명의인의 보존등기가 말소될 뿐이고 이로써 피고인 또는 그 공모자가 부동산에 대하여 어떠한 권리를 취득하거나 의무를 면하는 것이 아니어서 그 자체만으로는 법원을 기망하여 재물이나 재산상 이익을 편취한 것이라고 볼 수 없다. 다만, 부동산을 편취하기 위해 허위소송을 제기하여 소유권보존등기의 말소를 명하는 확정판결을 얻어낸 경우 그 확정판결이 선고되는 과정에 피고인의 기망행위가 존재하는 이상, 실행의 착수시점은 소송을 제기

한 시점이라고 보아야 하므로 소유권보존등기말소 소송을 제기한 경우에는 피고인의 범의가 재물인 부동산의 취득에 있는지 여부와 무관하게, 실행의 착수조차 없다고 본 판결(대법원 1983. 10. 25. 선고 83도1566 판결) 등의 견해는 이와 저촉되는 범위 내에서 이를 변경하여야 한다.

[해 설]

Ⅰ. 들어가는 말

사기죄는 피기망자의 처분행위에 의하여 행위자에게 재물이나 재산상 이익을 취득하게 하여야 한다. 피기망자는 반드시 피해자와 일치할 필요가 없는데, 그 전형적 사례가 소위 소송사기이다. 여기서 피기망자인 법원의 재판은 피해자의 처분행위에 갈음하는 내용과 효력이 있는 것이어야 하고, 그렇지 않은 경우는 착오에 의한 재물의 교부나 재산상의 이익을 취득하는 행위가 있다고 할 수 없어 사기죄를 구성하지 않는다. 대상판결의 쟁점은 소유권보존등기말소소송의 판결이 피해자의 처분행위와 동일한가(쟁점 ①)이고, 다른 하나는 소송사기의 기수시기에 대한 문제(쟁점 ②)이다.

Ⅱ. 처분행위 여부(쟁점 ①)

1. 대법원의 태도

변경 전 대법원 판결은 소유권보존등기말소등기 청구의 경우, 원고가 승소한다고 하더라도 보존등기명의인 등기가 말소될 뿐이고 원고가 그 부동산에 대하여 어떠한 권리를 회복 또는 취득하거나 의무를 면하는 것은 아니므로 법원을 기망하여 재물이나 재산상 이익을 편취한 것이라고 볼 수 없다고 하여 실행의 착수를 부정하였다. 그러나 대상판결은 '대상토지의 소유권에 대한 방해를 제거하고, 그 소유명의를 얻을 수 있는 지위'를 취득하였다면, 사기죄의 객체인 재산상 이익을 취득한 것으로 보아 소유권보존등기말소등기 청구를 하는 경우, 소송사기의 실행의 착수를 인정하였다.

2. 검 토

'소유 명의를 얻을 수 있는 지위'를 부여하는 판결이 피해자의 처분행위에 갈음하는 내용과 효력으로 인정될 수 있을지 의문이다. 소유권보존등기 말소를 명하는 확정판결은 행위자 명의의 보존등기신청을 위한 허위 서류작성 행위에 불과하다. 즉, 재산상 이익 취득의 가능성을 얻을 수 있는 것에 불과한 행위를 개시하였다고 하여 사기의 실행의 착수를 인정할 수 없다. 처벌의 필요성을 근거로 이를 긍정하는 견해도 있으나 확정판결문을 등기소에 제출한 때 사기의 실행 착수를 인정하여도 충분하다.

Ⅲ. 기수시기(쟁점 ②)

대상판결의 다수의견은 판결이 확정되면 기수라고 하지만 반대의견은 실행의 착수는 인정하면서 확정판결을 소정의 서류로 삼아 소유권보존등기를 신청할 수 있지만 이는 확정판결 자체의 효력이 아니므로 소유명의를 얻은 지위는 재산상의 이익을 취득한 것이라고 할 수 없고, 더 이상 범행이 불가능하거나 포기한 경우에도 기수 책임을 진다는 점을 이유로 판결이 확정되더라도 미수라고 한다. 다수의견에 동조하는 견해도 있지만 채무부존재확인판결과 이혼판결 같은 형성판결은 확정판결 자체에 의하여 법률효과가 부여되지만 소유권보존등기의 말소를 명하는 확정판결은 그 자체의 효력에 의해서는 등기명의인의 보존등기가 말소될 뿐이고 이로써 피고인 또는 그 공모자가 부동산에 대하여 어떠한 권리를 취득하거나 의무를 면하는 것이 아니어서 그 자체만으로는 법원을 기망하여 재물이나 재산상 이익을 편취한 것이라고 볼 수 없다. 반대의견이 타당하다. 따라서 행위자 명의의 보존등기가 경료되었을 때 기수이다.

Ⅳ. 나오는 말

소송사기는 소송당사자의 주장이나 증거의 진위가 민사재판이 아닌 수사기관의 수사나 형사재판을 통해 가려지게 된다. 사인 간의 권리구제에 국가 공권력이 지나치게 개입하게 되면 민사소송의 형사사건화를 부추기고, 민사사건에서 패소한 당사자가 형사판결문과 형사절차에서 얻은 증거를 재심청구절차에서 새로운 증거라고 제출하게 하는 등 사실상 민사사건의 재심을

광범위하게 허용하게 된다. 따라서 소송사기의 성립 범위를 지나치게 넓히는 것은 바람직하지 않다.

[필자: 정한중 교수(한국외대)]

[대상판결] 대법원 2006. 3. 24. 선고 2005도3516 판결

[사실관계] PC방의 종업원인 피고인은 손님인 피해자로부터 2만 원을 인출해오라는 부탁과 함께 현금카드를 건네받은 것을 기화로 현금자동인출기에서 5만 원을 인출한 후 2만 원만 피해자에게 건네주고 3만 원을 자신이 취득하였다.

[판결요지] 예금주인 현금카드 소유자로부터 일정한 금액의 현금을 인출해 오라는 부탁을 받으면서 이와 함께 현금카드를 건네받은 것을 기화로 그 위임을 받은 금액을 초과하여 현금을 인출하는 방법으로 그 차액 상당을 위법하게 이득할 의사로 현금자동지급기에 그 초과된 금액이 인출되도록 입력하여 그 초과된 금액의 현금을 인출한 경우에는 그 인출된 현금에 대한 점유를 취득함으로써 이때에 그 인출한 현금 총액 중 인출을 위임받은 금액을 넘는 부분의 비율에 상당하는 재산상 이익을 취득한 것으로 볼 수 있으므로 이러한 행위는 그 차액 상당액에 관하여 형법 제347조의2(컴퓨터등사용사기)에 규정된 '컴퓨터 등 정보처리장치에 권한 없이 정보를 입력하여 정보처리를 하게 함으로써 재산상의 이익을 취득'하는 행위로서 컴퓨터 등 사용사기죄에 해당된다.

[해　설]

Ⅰ. 사건의 경과

검사는 피고인을 컴퓨터등사용사기죄로 기소하였고, 제1심 법원은 무죄를 선고하였다. 무죄의 주된 논거는 피고인이 취득한 현금 3만 원이 재물이므로 컴퓨터등사용사기죄의 객체인 재산상 이익에 해당되지 않는다는 것이었다. 검사는 항소함과 동시에 피고인의 죄책을 절도죄로 구성하여 공소장변경 허가신청을 하였다. 항소심 법원은 공소장변경을 허가하였지만, 변경된 절도죄의 죄책에 대하여 다시 무죄를 선고하였다. 무죄의 주된 논거는 피고인이 피해자로부터 현금카드의 사용 권한을 부여받았으므로 현금인출이 현금자동지급기 관리자의 의사에 반하여 예금을 절취한 경우에 해당되지 않는다는 것이었다. 이에 검사는 다시 상고하였다.

Ⅱ. 쟁점과 대법원의 판단

대상판결 사안에서 검사는 피고인의 행위를 제1심에서는 컴퓨터등사용사기죄로 제2심에서는 절도죄로 각기 논책하였으나, 모두 받아들여지지 않았다. 따라서 그러한 하급심의 판단이 합당한지 여부가 대법원이 검토해야 할 쟁점이 될 터인데, 먼저 절도죄의 점에 대해서는 검사의 상고이유를 배척하고 절도죄에 해당되지 않는다는 항소심 법원의 판단을 수긍하였다. 하지만 그러면서도 항소심의 판결을 파기하였는데, 그 이유는 컴퓨터등사기죄에 해당됨에도 불구하고 절도죄로의 공소장변경을 허용했을 뿐 아니라 석명권 행사 등을 통해 심리를 바로 잡지 않은 항소심 법원의 조치가 위법하다는 것이었다. 따라서 대법원의 판시내용 중 핵심사항은 피고인의 행위가 컴퓨터등사용사기죄에 해당된다는 점에 대한 설명이다. 논리구조는 다음과 같다. ① 2만 원의 인출을 부탁받았을 뿐인데 현금자동지급기에 5만 원의 인출정보를 입력한 것은 차액인 3만 원의 부분에 대해서 '권한 없이 정보를 입력'한 행위에 해당된다. ② 현금자동지급기에서 인출한 현금 5만 원의 점유를 취득한 것은 차액인 3만 원 부분의 비율에 상당하는 재산상 이익을 취득한 것으로 볼 수 있다. ③ 따라서 피고인의 행위는 컴퓨터등사용사기죄의 구성요건(제347조의2)인 '컴퓨터 등 정보처리장치에 권한 없이 정보를 입력하여 정보처리를 하게 함으로써 재산상의 이익을 취득'한 것에 해당된다.

Ⅲ. 분석과 과제

1. 컴퓨터등사용사기죄

컴퓨터등사용사기죄는 "컴퓨터 등 정보처리장치에 허위의 정보 또는 부정한 명령을 입력하거나 권한 없이 정보를 입력·변경하여 정보처리를 하게 함으로써 재산상 이익을 취득하는" 범죄이다(제347조의2). 대상판결의 사안에서 현금자동지급기가 컴퓨터 등 정보처리장치에 해당됨은 분명하다. 따라서 대법원의 판단이 합당한지 진단하기 위해서는 ① 초과인출을 위한 정보입력이 '허위의 정보 또는 부정한 명령의 입력이나 권한

없는 정보의 입력·변경'에 해당되는지와 ② 초과인출로 피고인이 취득한 대상을 재산상 이익으로 볼 수 있는지를 검토하면 된다.

2. 행위방법 – 권한 없는 정보의 입력

컴퓨터등사용사기죄의 행위방법은 3가지이다. 즉, ① 허위 정보의 입력, ② 부정한 명령의 입력, ③ 권한 없는 정보의 입력·변경이 그것이다. 이 중에서 대상판결의 검토를 위해 문제되는 행위방법은 세 번째 유형에 속하는 '권한 없는 정보의 입력'이다. 항소심 법원과 대법원은 모두 초과인출의 정보입력이 권한 없는 행위인지 여부를 검토하였다. 우선, 항소심 법원은 피고인의 현금카드 사용권한을 긍정하였다. 긍정의 논거는 피해자로부터 인출의 부탁이 있었으므로 피고인은 현금카드의 사용권한을 부여받은 것이라는 내용이다. 하지만 대법원은 피고인의 권한을 부정하였다. 구체적으로는, 초과인출 부분에 대해서 피고인이 현금카드의 사용권한을 가지고 있지 않다는 주장이다. 즉, 위임받은 2만 원에 대해서는 피고인이 현금카드의 사용권한을 갖지만, 위임받지 않은 3만 원의 초과금액에 대해서는 현금카드 사용권한이 피고인에게 없다는 설명이다. 따라서 초과인출을 위한 현금자동지급기의 조작은 권한 없는 정보의 입력에 해당된다는 것이 대법원의 판시이다.

3. 행위객체 – 재산상 이익

피고인의 행위가 컴퓨터등사용사기죄에 해당되는지를 검토하기 위해 제기되는 또 다른 쟁점은 피고인이 취득한 초과인출의 금원이 컴퓨터등사용사기죄의 객체인 '재산상 이익'으로 취급될 수 있는지 여부이다. 이에 대한 명시적인 판단은 제1심 법원과 대법원에서 내려졌는데 결과가 상반된다. 먼저, 제1심 법원은 피고인이 불법하게 취득한 금원이 3만 원의 현금으로서 재물이므로 컴퓨터등사용사기죄의 재산상 이익에 해당되지 않는다고 판시하였다. 반면에, 대법원의 판시는 피고인이 차액인 3만 원 부분의 비율에 상당하는 재산상 이익을 취득하였다는 것이다. 판시의 표현을 옮긴다면, "인출한 현금 총액 중 인출을 위임받은 금액을 넘는 부분의 비율에 상당하는 재산상 이익"이 불법취득의 대상이라고 한다. 따라서 피고인이 불법으로 취득한 금원은 컴퓨터등사용사기죄의 객체에 해당된다는 것이 대법원

의 판단이다.

4. 과 제

위임범위를 초과하여 예금을 인출한 경우의 죄책에 관해서는 여러 견해가 제시된다. 대표적인 견해가 ① 배임죄설과 ② 횡령죄설이며, 현금카드의 사안에서는 ③ 컴퓨터등사용사기죄를 지지하는 견해도 발견된다. 판례 역시 대상판결의 사안에서처럼 현금카드를 이용하여 초과 인출한 경우는 컴퓨터등사용사기죄로 논책하면서도, 예금통장으로 은행창구에서 예금을 초과 인출한 사안은 배임죄로 논책하기도 하고(대법원 1996. 2. 9. 선고 95도2753 판결) 횡령죄로 판시하기도 한다(대법원 1972. 3. 28. 선고 72도297 판결). 향후 판례의 정리가 요망되는 논제인 셈이다.

〔참고문헌〕 이동신, "예금주인 현금카드 소유자로부터 일정액의 현금을 인출해 오라는 부탁과 함께 현금카드를 건네받아 그 위임받은 금액을 초과한 현금을 인출한 행위가 컴퓨터 등 사용사기죄를 구성하는지 여부", 대법원판례해설 제62호(2006 상반기)(2006); 이승호, "위임범위를 초과하여 예금을 인출한 경우의 죄책", 형사판례연구 [24](2016).

[필자: 이승호 교수(건국대)]

[108] 사기죄와 재산상 손해

[대상판결] 대법원 1992. 9. 14. 선고 91도2994 판결

[사실관계] 피고인들은 백화점의 의류부장 내지 점장들로서, 종전에 출하한 일이 없던 신상품에 대하여 첫 출하 시부터 종전가격 및 할인가격을 비교표시하여 막바로 세일에 들어가는 이른바 변칙세일을 하는 업체가 상당수 있다는 사실을 업무처리과정에서 직접 또는 간접으로 들어서 알고 있었음에도, 종전에는 높은 가격으로 판매되던 것을 특정한 할인판매기간에 한하여 특별히 할인된 가격으로 싸게 판매하는 것처럼 광고 등을 통하여 허위선전함으로써 소비자들을 유인한 후 판매하였다.

[판결요지] [1] 사기죄의 본질은 기망에 의한 재물이나 재산상 이익의 취득에 있고, 상대방에게 현실적으로 재산상 손해가 발생함을 그 요건으로 하지 아니하는바, 일반적으로 상품의 선전, 광고에 있어 다소의 과장, 허위가 수반되는 것은 그것이 일반 상거래의 관행과 신의칙에 비추어 시인될 수 있는 한 기망성이 결여된다고 하겠으나, 거래에 있어서 중요한 사항에 관하여 구체적 사실을 거래상의 신의성실의 의무에 비추어 비난받을 정도의 방법으로 허위로 고지한 경우에는 과장, 허위광고의 한계를 넘어 사기죄의 기망행위에 해당한다.

[2] 종전에 출하한 일이 없던 신상품에 대하여 첫 출하시부터 종전가격 및 할인가격을 비교표시하여 막바로 세일에 들어가는 이른바 변칙세일은 진실규명이 가능한 구체적 사실인 가격조건에 관하여 기망이 이루어진 경우로서 그 사술의 정도가 사회적으로 용인될 수 있는 상술의 정도를 넘은 것이어서 사기죄의 기망행위를 구성한다.

[해 설]

I. 들어가는 말

대상판결의 쟁점은 두 가지로 압축될 수 있다. 하나는 상대방에게 현실적으로 재산상 손해가 발생하지 아니하는 허위과장광고라도 사기죄의 기망행위가 될 수 있다는 것이고, 다른 하나는 이른바 변칙세일은 진실규명이 가능한 구체적 사실인 가격조건에 관하여 기망이 이루어진 경우로서 그 사술의 정도가 사회적으로 용인될 수 있는 상술의 정도를 넘은 것이어서 사기죄의 기망행위를 구성한다는 것이다. 우선 전자의 쟁점에서는 사기죄에서 피해자에게 현실적인 손해의 발생이 필요한지 문제된다. 이에 관하여는 대법원과 학설이 정반대의 관점에서 대립하고 있으므로 이에 대한 정확한 분석과 이해가 필요하다. 후자의 쟁점은 사기죄의 구성요건적 행위인 사술(기망)의 정도에 관한 문제이다. 사기죄에서 기망의 정도에 관하여는 '일반 거래상 상당한 정도로 신의칙에 반하는 행위'라는 것이 대법원과 학설의 공통된 입장이다. 그러나 신의칙의 정도라는 규범적 기준은 개별적인 구체적 상황에서 모든 요소를 전체적으로 관찰해야 하는 종합적 판단의 문제이므로 이를 획일적으로 구체화하는 것은 불가능하다. 오히려 후자의 쟁점은 기망의 대상을 중심으로 개별적 판단의 문제로 접근하여 판례와 학설의 관점을 비교·분석하는 것이 필요하다.

II. 사기죄에서 피해자의 현실적인 재산상 손해발생의 요부(쟁점 ①)

사기죄에서 피해자 재산영역의 현실적인 손해가 발생해야 하는지 여부에 관하여 대법원과 통설은 입장을 달리하고 있다. 형법 제347조는 사기죄를 행위자가 기망행위를 통하여 재물이나 재산상 이익을 취득함으로써 성립하는 것으로 규정함으로써, 피해자 재산영역의 현실적인 손해의 발생을 명문으로 요구하고 있지는 않다.

1. 대법원의 태도

대법원은 사기죄의 본질이 기망에 의한 재물이나 재산상 이익의 취득에 있고, 상대방(사기죄에서는 기망의 상대방과 피해자는 일치하지 않을 수 있으므로, 여기서는 상대방보다는 피해자로 표기하는 것이 정확하다)에게 현실적으로 재산상 손해의 발생을 요하지 않는다고 본다. 이러한 입장은 무엇보다도 형법 제347조의 명문규정을 근거로 한다. 따라서 기망에 의하여 재물의 교부를 받거나 재산상 이익을 취득하면 곧 사기죄가 성립하는

것이고, 그에 대한 상당한 대가가 지급되었다거나 피해자의 전체재산에 손해가 없어도 사기죄의 성립에 영향이 없다고 한다. 이는 일관되고 지속적인 대법원의 입장이다. 동일한 관점에서 사기죄의 이득액에서 담보물 등 반대급부의 가액을 공제해야 할 성질의 것도 아니라고 한다. 다만 특정경제범죄 가중처벌 등에 관한 법률 제3조의 이득액 산정에서는 대법원 전원합의체 판결(대법원 2010. 12. 9. 선고 2010도12928 판결)을 통하여 반대급부 상당액을 공제함으로써 종래의 입장을 변경하였다.

학설에서도 이러한 판례의 관점을 지지하는 소수의 견해가 있다. 사기죄는 개별재산에 대한 범죄이지 피해자 전체재산에 대한 죄가 아니라는 근거를 제시하기도 한다.

2. 학 설

압도적인 통설의 입장에서는 피해자의 재산상 손해를 사기죄의 구성요건으로 파악한다. 더욱이 사기죄를 통하여 획득(기수)했거나 획득하려고 의도(미수)한 재물이나 재산상 이익은 피해자에게 발생한 재산상의 손해와 소재의 동질성이 인정되는 것이어야 한다. 사기죄는 기본적으로 범인의 기망행위와 이에 의한 피기망자의 착오 및 착오에 의한 피기망자의 처분행위가 존재해야 한다. 또한 피기망자의 처분행위는 피해자(피기망인 또는 제3자인 피해자)의 재산상 손해를 초래하는 처분행위이어야 한다. 만약 피기망자의 처분행위가 피해자(피기망자인 또는 제3자인 피해자)의 재산상 손해를 초래하지 않는다면, 행위자의 기망행위는 타인의 재산을 침해하지 아니하는 행위로서 재산범죄를 구성할 수 없게 된다. 어느 누구의 재산도 침해하지 아니하는 행위라면 국가공권력 중에서 최후의 수단인 형벌을 부과하는 것이 정당화 될 수는 없기 때문이다. 다만 여기서는 재산상 손해개념의 정확한 이해가 필요하다. 피해자가 객관적으로 동가치의 물건을 반대급부로 취득한 경우라도 피해자의 목적에 반한 불필요한 반대급부의 경우에는 재산상 손해(개인적 재산설)로 평가되어야 한다.

III. 사기죄에서 기망의 정도

사기죄에서 기망의 정도는 기망의 대상을 중심으로 개별적 판단의 문제가 중요하다. 백화점 변칙세일(대상

판결), 원산지 허위표시(대법원 1997. 9. 9. 선고 97도1561 판결; 대법원 2002. 2. 5. 선고 2001도5789 판결), 용도사기(대법원 1995. 9. 15. 선고 95도707 판결; 대법원 2005. 9. 15. 선고 2003도5382 판결) 등의 경우에 대법원은 모두 사기죄의 기망성을 인정하고 있는데, 이들 개별사안에서도 거래관계에서의 신의칙을 기준으로 하는 구체적 기준은 제시되고 있지 않다. 따라서 사기죄의 재산상 손해에 관하여 판례와 입장을 같이하는 소수설에서도 이러한 대법원의 태도에 대하여 사기죄의 성립범위를 적절하게 제한하지 못하는 것으로 비판하면서, 기망행위의 대상을 법률행위의 중요부분에 제한해야 한다는 견해를 제시하기도 한다.

그러나 이들 개별사안들을 기망의 정도를 기준으로 제한하는 것은 현실적으로 불가능하며 불확실하다. 오히려 이들 개별사안에서는 재산상 손해개념을 토대로 제한하는 것이 가능할 뿐 아니라, 재산범죄의 본질에도 적합한 해석이 될 수 있다.

IV. 나오는 말

백화점 변칙세일과 관련하여 대상판결의 원심은 '변칙세일이 소비자들의 그릇된 소비심리에 편승한 것이고, 소비자들도 나름대로 가격을 교량하여 물품을 구매하였을 것'이라는 관점에서 사기죄의 성립을 부정한 반면에, 대법원은 사기죄의 성립을 인정하였다. 대법원이 대상판결에서 사기죄의 성립을 인정한 외형적인 근거는 "진실규명이 가능한 구체적 사실인 가격조건에 관하여 기망이 이루어진 경우로서 그 사술의 정도가 사회적으로 용인될 수 있는 상술의 정도를 넘은 것"이지만, 내용적으로는 "소비자들도 나름대로 가격을 교량하여 물품을 구매하여 피해자인 소비자들에게 재산상 손해가 없었을지라도 사기죄의 성립에 영향이 없다"는 관점이다. 그러나 이러한 관점은 재산침해 없는 재산범죄라는 모순된 범죄를 인정해야 하는 문제를 내포하게 된다. 사기죄에서 재산상 손해를 요구하는 통설의 입장에서는 백화점 변칙세일의 문제는 사기죄라는 재산범죄보다 공정거래법이나 행정규제 등을 통해서 해결해야 할 영역으로 본다.

[필자: 이정원 교수(영남대)]

[109] 사기죄와 처분의사

[대상판결] 대법원 2017. 2. 16. 선고 2016도13362 전원합의체 판결

[사실관계] (1) 피고인 등은 토지거래허가 등에 필요한 서류라고 속여서 토지의 소유자인 피해자 V₁으로 하여금 근저당권설정계약서 등에 서명·날인하게 하고, 피해자의 인감증명서를 교부받은 다음, 이를 이용하여 위 피해자 소유의 토지에 관하여 피고인을 채무자로 하여 채권최고액 합계 10억 5,000만 원인 근저당권을 대부업자 등에게 설정하여 주고, 7억 원을 차용하였다.

(2) 피고인 등은 위와 같은 방법으로 피해자 V₁, V₂ 소유의 각 토지에 관하여 피고인을 채무자로 하여 채권최고액 1억 8,000만 원인 근저당권을 대부업자에게 설정하여 주고, 1억 2,000만 원을 차용하였다.

(3) 피고인 등은 3,000만 원 차용에 대한 근저당권설정에 필요한 서류라고 잘못 알고 있는 피해자 V₃로부터 채권최고액 3,000만 원, 채무자 피고인, 근저당권자 A를 내용으로 하는 근저당권설정계약서와 채권최고액 1억 2,000만 원, 채무자 피고인, 근저당권자 B를 내용으로 하는 근저당권설정계약서에 서명·날인을 받고, 각 근저당권설정등기신청서 및 위임장 등에 날인을 받는 한편, 피해자의 인감증명서를 교부받았으며, 이를 이용해 위 근저당권자들에게 근저당권을 설정하여 주고, 합계 1억 원을 차용하였다.

[판결요지] [1] 피기망자의 의사에 기초한 어떤 행위를 통해 행위자 등이 재물 또는 재산상의 이익을 취득하였다고 평가할 수 있는 경우라면 사기죄에서 말하는 처분행위가 인정된다. 비록 피기망자가 처분행위의 의미나 내용을 인식하지 못하였더라도, 피기망자의 작위 또는 부작위가 직접 재산상 손해를 초래하는 재산적 처분행위로 평가되고, 이러한 작위 또는 부작위를 피기망자가 인식하고 한 것이라면 처분행위에 상응하는 처분의사는 인정된다. 다시 말하면 피기망자가 자신의 작위 또는 부작위에 따른 결과까지 인식하여야 처분의사를 인정할 수 있는 것은 아니다.

[2] 기망행위에 의해 유발된 착오로 인하여 피기망자가 내심의 의사와 다른 처분문서에 서명 또는 날인함으로써 재산상 손해를 초래하는 이른바 '서명 사취'

사안에서 비록 피기망자가 처분결과, 즉 문서의 구체적 내용과 법적 효과를 미처 인식하지 못하였더라도, 어떤 문서에 스스로 서명 또는 날인함으로써 처분문서에 서명 또는 날인하는 행위에 관한 인식이 있었던 이상 피기망자의 처분의사 역시 인정된다.

[해 설]

I. 들어가는 말

사기죄의 성립 요건으로서 처분행위의 필요성에 대하여는 학설과 판례에 의하여 일반적으로 인정되고 있다. 처분행위는 직접적으로 재산상 손해를 발생시키는 작위 또는 부작위 등 일체의 행위를 말한다. 이러한 처분행위는 사기 등의 편취행위와 절도 등의 탈취행위를 구별하는 역할을 한다. 사기 등 편취는 피기망자의 행위에 의하여 손해를 발생시키는 자기손실행위를 본질로 하는 반면, 절도 등 탈취는 범죄자의 행위에 의하여 손해를 발생시키는 타인손실행위를 본질로 하는 것으로서, 여기서 자기손실행위는 바로 처분행위를 의미하며 따라서 처분행위는 사기죄의 본질적 요소라고 할 수 있다.

이처럼 사기죄에서 처분행위의 필요성과 역할에 대하여는 대체로 의견이 일치한다. 그러나 처분행위의 요소로서 처분의사가 필요한지 여부 그리고 처분의사의 내용은 무엇인지에 대하여는 견해가 갈리고 있다. 이에 대하여 어떠한 입장을 취하느냐에 따라 사기죄의 성립 범위가 달라지게 되는데, 아래에서 그 각각에 대하여 살펴보기로 한다.

II. 사기죄와 처분의사의 필요 여부

처분의사가 처분행위의 요소로서 필요한지에 대하여 견해가 대립하고 있다. 학설 중 처분의사 불요설은 처분행위는 객관적으로 손해를 초래할 수 있는 행위이면 족하고 거기에 처분의사는 필요하지 않다고 한다. 그 논거로서 처분자에게 자신의 행위에 착오를 일으키게 하는 것이 기망행위의 본질이므로 처분의사를 요구할 필요가 없으며, 처분의사를 요구할 경우 교묘한 기

망행위일수록 사기죄로 처벌할 수 없는 문제가 발생한다는 점 등을 든다. 다음으로 처분의사 필요설은 자기손실행위로서 처분행위가 충족되기 위하여는 일정한 자기재산에 대한 결정의사가 필요하다거나, 주관적 의사가 없는 행위는 행위라고 할 수 없다는 점 등을 논거로 하여 처분행위의 요소로서 처분의사가 필요하다고 한다. 마지막으로 이분설(절충설)은 이익사기와 재물사기를 구별하여 전자의 경우에는 처분의사가 필요 없으나 후자의 경우에는 처분의사가 필요하다는 입장이다. 이분설은 독일 판례의 입장이기도 하다.

판례는 대상판결에서 처분의사의 내용에 대하여 입장을 변경하였지만 일관되게 처분의사 필요설의 입장을 취하고 있다.

Ⅲ. 처분의사의 내용

처분행위의 요소로서 처분의사가 필요하다는 입장을 취하는 경우에도 그 처분의사의 내용이 무엇인지에 대하여는 다양한 견해가 제시되고 있다. 먼저 처분결과 인식설(손해 인식설)은 처분행위로 초래되는 재산상 손해에 대한 인식을 필요로 한다는 입장이며, 종래 다수설의 입장이라고 할 수 있다. 다음으로 처분행위 인식설은 재산변동을 일으키는 행위나 그 상황에 대한 인식이 있으면 처분의사는 인정되고 처분행위의 결과인 재산상 손해에 대한 인식까지는 필요하지 않다는 입장이다.

판례는 대상판결 이전까지는 처분결과 인식설의 입장을 취하였으나, 대상판결인 전원합의체 판결을 통하여 처분행위 인식설로 견해를 변경하였다. 아울러 처분결과 인식설을 따랐던 과거의 판결들 즉, 대법원 1987. 10. 26. 선고 87도1042 판결, 대법원 1999. 7. 9. 선고 99도1326 판결, 대법원 2011. 4. 14. 선고 2011도769 판결 등을 이 판결과 배치되는 범위에서 변경하기로 하였다. 위 판결 중에서 서명사취 사안으로서 처분의사가 부정된 87도1042 판결은 변경된 판례의 입장에 의하면 처분의사가 인정되어 결론이 달라질 수 있다. 그러나 99도1326 판결과 2011도769 판결은 처분행위 자체가 인정되지 않는 경우로서 처분의사의 내용에 따라 결론이 달라질 사안은 아니며, 다만 처분의사를 처분결과에 대한 인식이라고 설시한 부분을 변경한다는 것일 뿐이다.

이러한 판례의 입장 변경은 일반인의 법감정에 부합하는 측면이 있다. 즉 처분결과에 대한 인식조차 못하도록 지능적이고 교묘한 기망행위를 하는 자를 처벌할 수 있고, 피해자를 속여 피해자가 자신 계좌의 돈을 이체한다는 인식조차 못한 상태에서 송금을 하도록 하는 신종 보이스피싱 범죄도 사기죄로 처벌할 수 있기 때문이다. 그러나 변경된 판례의 입장은 처분의사의 범위가 명확하지 않다는 문제점을 안고 있다. 서명사취 사안에서 서명날인이라는 것조차 모르면서 처분문서에 서명날인한 경우(상대방의 요구에 따라 용도를 모르는 버튼을 눌렀는데 매매계약서에 인장이 찍힌 경우), 귀중품이 든 가방을 빈 가방으로 속이고 건네받아 가져가는 경우 객관적 처분행위는 있지만 처분의사가 인정되는지 확실하지 않다. 이를 긍정한다면 처분의사는 아무런 내용 없이 모종의 작위·부작위에 대한 인식으로 족하다는 것이 되어, 처분의사의 역할은 거의 없게 되며 이는 처분의사 불요설과 사실상 차이가 없는 결과가 된다.

Ⅳ. 나오는 말

앞에서 지적한 대상판결의 문제점은 처분의사를 처분결과와 분리시켜 파악함으로써 발생하는 것이다. 사기죄의 처분행위는 피기망자의 자기손실행위를 의미하며, 이는 재산상 손해발생을 피기망자에게 귀속시킬 수 있을 때 인정할 수 있다. 그리고 처분결과인 손실은 그에 대한 인식이 있는 경우뿐만 아니라 인식이 가능한 경우에 피기망자에게 귀속시킬 수 있다. 따라서 처분행위의 주관적 요건 내지 처분의사는 처분결과인 손실에 대한 인식과 인식가능성을 그 내용으로 하여야 한다. 이러한 입장에 의할 때 처분의사를 너무 협소하게 파악하는 처분결과 인식설의 문제점과 처분의사의 내용이 불명확한 처분행위 인식설의 문제점을 모두 해결할 수 있다. 대상판결은 처벌필요성과 법감정에 치중한 나머지 처분의사의 내용에 대한 명확한 기준을 제시하지 못하고 결국 처벌의 범위를 불확실하게 한 점에서 비판의 소지를 안고 있다.

〔참고문헌〕 천진호, "사기죄에 있어서 재산처분행위와 소취하", 형사판례연구 [12](2004); 김재봉, "사기죄와 처분의사", 형사판례연구 [11](2003).

[필자: 김재봉 교수(한양대)]

[110] 공갈죄의 재산처분행위

[대상판결] 대법원 2012. 1. 27. 선고 2011도16044 판결

[사실관계] 피고인은 2011. 4. 3. 00:10경 울산 울주군 언양읍에 있는 구 언양파출소 앞길에서 피해자가 운전하는 개인택시에 승차하였다. 피고인은 같은 날 00:30경 같은 군 범서읍 천상리 A 초등학교 앞 도로에 이르러 택시요금의 지급을 면할 목적으로 "상북 천전리에 가자고 하였다"고 하면서 차량에서 내려가는 것을 피해자가 따라가서 택시요금을 달라고 한다고 피해자의 목을 잡고 주먹으로 얼굴을 4~5회 때리고는 도주하여 택시요금 14,000원의 지급을 면하여 재산상 이익을 취득하였다는 것이다.

[판결요지] 재산상 이익의 취득으로 인한 공갈죄가 성립하려면 폭행 또는 협박과 같은 공갈행위로 인하여 피공갈자가 재산상 이익을 공여하는 처분행위가 있어야 한다. 물론 그러한 처분행위는 반드시 작위에 한하지 아니하고 부작위로도 족하여서, 피공갈자가 외포심을 일으켜 묵인하고 있는 동안에 공갈자가 직접 재산상의 이익을 탈취한 경우에도 공갈죄가 성립할 수 있다. 그러나 폭행의 상대방이 위와 같은 의미에서의 처분행위를 한 바 없고, 단지 행위자가 법적으로 의무 있는 재산상 이익의 공여를 면하기 위하여 상대방을 폭행하고 현장에서 도주함으로써 상대방이 행위자로부터 원래라면 얻을 수 있었던 재산상 이익의 실현에 장애가 발생한 것에 불과하다면, 그 행위자에게 공갈죄의 죄책을 물을 수 없다.

[해 설]

I. 들어가는 말

공갈죄가 성립하기 위한 요건으로는 가해자의 공갈행위, 피공갈자의 공포심, 피공갈자의 재산처분행위, 가해자의 재물 또는 재산상 이익 취득, 피공갈자나 재산소유자의 재산상 손해발행 순서로 이루어지는 과정에서의 요건들이 모두 충족되어야 한다. 그리고 피공갈자의 재산처분행위는 피공갈자에 재산처분에 대한 선택의 가능성이 존재하는 상황에서 피공갈자의 자유의사인 처분의사에 따라서 행해져야 한다. 그런 점에서

대상판결을 보면 그런 요건들 가운데 '재산처분행위' 여부가 쟁점이라고 할 것이다. 대상판결에서는 재산상 이익을 공여하는 처분행위가 필요하다고 밝히면서 처분행위의 개념유형에 작위와 부작위 내지 묵인을 포함하고 있다. 그러므로 해당 사안은 학설과 대상판결에서 드러나고 있는 재산처분행위의 개념요소를 중심으로 분석해 볼 필요가 있다.

II. 공갈죄에 있어 재산상 이익 공여행위의 의미

대상판결의 쟁점은 피고인이 택시요금 지급을 면하기 위해 폭행하고 달아난 행위가 공갈죄의 성립요건인 재산상 이익 공여행위, 즉 재산처분행위에 포섭될 수 있는지 여부이다. 대상판결이 의미가 있는 것은 대부분의 공갈죄 사안에서는 재산처분행위 여부가 크게 쟁점화 되지 않기 때문에 그에 대한 판단이 드러나지 않는 것에 비해 대상판결에서는 공갈죄에서의 재산처분행위의 필요성과 유형에 대해 법원의 견해를 명확히 밝히고 있기 때문이다. 그러므로 재산처분행위에 대한 학설의 견해와 대상판결의 태도를 비교하여 살펴볼 필요가 있다.

1. 학 설

통설의 견해는 재산처분행위는 작위와 부작위 내지 묵인으로 가능하다고 한다. 다만, 견해에 따라 재산처분행위의 개념요소로 처분행위의 직접성이 필요하다는 견해와 불필요하다는 견해로 나누어 진다. 처분행위의 직접성이 필요하다는 견해에 따르면 공갈에 의해 공포심을 갖게 된 피해자는 작위나 부작위 내지 묵인 등 직·간접적인 처분행위에 의해 손해가 발생해야 하는데, 발생한 손해는 그 처분행위의 직접적인 효과로 인해 발생해야 한다. 왜냐하면 공갈죄와 사기죄의 기본 성립구조는 같지만, 사기죄는 자의에 의해 재산처분행위를 하는 것에 비해 공갈죄는 타의에 의해서 재산처분행위를 하게 되는 것에만 차이가 있기 때문에 사기죄와 같이 처분행위의 직접성을 인정할 필요가 있다고 한다. 그에 따르면 해당 사안은 피해자의 처분행위의 직접성이 없기

때문에 재산처분행위가 성립하지 않는다고 한다.

그러나 일부 견해는 처분행위의 직접성을 재산처분행위의 요소로 보지 않는다. 이는 공갈죄에서 재산처분행위가 필요하다고 해서 사기죄와 같이 처분행위의 직접성을 인정할 필요가 없기 때문이다. 또한 통설과 판례도 공갈행위자가 외포심을 일으켜 상대방이 묵인하고 있는 동안 직접 재물을 탈취한 경우에도 공갈죄의 성립을 인정하고 있으므로 반드시 처분행위의 직접성이 요구되는 것은 아니라고 한다. 하지만 처분행위의 직접성이 제외될 경우 강제적인 폭력(vis compulsiva)을 요구하는 공갈죄와 절대적인 폭력(vis absoluta)에 의해 재산을 강취하는 강도죄를 구분하는 것이 어렵게 된다는 반론도 제기된다.

2. 대법원의 태도

대상판결의 요점은 피고인이 택시요금을 지급하지 않기 위해 피해자를 폭행하고 달아난 행위가 처분행위에 하는지 여부라고 할 것이다. 이에 대해 대상판결은 "피해자가 피고인에게 계속해서 택시요금의 지급을 요구하였으나 피고인이 이를 면하고자 피해자를 폭행하고 달아났을 뿐, 피해자가 폭행을 당하여 외포심을 일으켜 수동적·소극적으로라도 피고인이 택시요금 지급을 면하는 것을 용인하여 이익을 공여하는 처분행위를 하였다고 할 수 없는" 것이라고 판시하고 있다. 즉, 피해자가 폭행에 의해 택시요금을 받지 못하게 되어 이익실현에 장애를 갖게 되었지만, 그것은 작위나 부작위, 묵시 등 직·간접적인 재산처분행위가 되지 않는 것으로 보았다. 그러므로 대법원은 공갈죄에 있어 재산처분행위를 성립요건으로 파악하고 있으며, 재산상 이익실현의 장애에 해당하는 경우는 재산처분행위에 속하지 않는 것으로 판단하고 있다.

이에 반해 대상판결이 언급하고 있는 묵인 등의 수동적·소극적 용인은 넓은 의미에서 "할 수 있는(하고 싶은) 것을 그냥 내버려 두는 것"에 해당하는 '방치'에 해당하며, 방치는 넓은 의미에서 작위의 유형이라고 하는 견해가 있다. 그에 따라 대상판결 사안에서 피해자인 택시운전사는 '방치'라는 작위를 한 것이므로 공갈죄가 성립하게 되며, 판례와 같이 재산처분행위를 인정하지 않더라도 채무면탈을 위해 폭행을 한 것이므로 공갈죄의 미수범(제352조)은 성립할 수 있다고 한다.

III. 나오는 말

(1) 공갈죄는 폭행 또는 협박으로 타인의 재산권을 침해하는 범죄로 재산권(소유권·재산상 이익)을 1차적 보호법익으로 하고, 의사결정·의사활동의 자유를 2차 법익으로 하고 있다. 따라서 그 행위태양은 강도죄와 일치하지만 폭행 또는 협박의 정도가 강도죄 보다는 약하기 때문에 강도죄와는 달리 피공갈자의 '재산처분행위'가 성립요건으로 필요하게 된다. 그러므로 대상판결 사안을 보면 피해자의 택시요금이라는 재산상 이익이 피고인의 폭행에 의해 침해되는 모습을 보이고 있어서 공갈죄가 성립할 수 있는 것으로 보이지만, 재산처분행위라는 성립요건의 검토가 필요하게 된다. 검토 결과 대법원은 피해자가 계속해서 택시요금을 요구하였고, 피고인이 폭행을 가하며 달아난 행위태양을 볼 때, 적어도 피해자가 피고인의 폭행에 의해 택시요금을 면제해 주는 것을 묵인했다고 볼 수 없고, 그에 따라 공갈죄의 성립요건인 피해자의 재산처분행위가 충족되지 않기 때문에 공갈죄는 성립하지 않는다고 판시하였다. 그에 따라 원심이 인정한 공갈죄의 성립을 부정하고 파기환송하였다.

(2) 사견으로 대상판결 사안을 보면 피고인의 폭행에 의해 택시요금이라는 피해자의 재산상 이익이 침해되었으며, 폭행 정도를 보면 피해자의 의사를 억압할 정도는 아니기 때문에 외견상 공갈죄의 성립이 가능할 것으로 보인다. 그에 따라 큰 무리 없이 1심과 2심 법원도 공갈죄의 성립을 인정한 것으로 보인다. 그러나 대상판결과 같이 공갈죄에 있어서는 성립요건인 재산처분행위 여부를 면밀히 검토할 필요가 있다. 다만, 그 행위 유형을 보면 작위에 대한 부분은 해석이 명확할 수 있는 것에 비해 부작위 내지 묵인은 견해에 따라 다르게 해석될 여지가 있으므로 보다 치밀한 논증이 필요할 것이다.

[필자: 이원상 교수(조선대)]

[111] 공갈죄와 수뢰죄의 관계

[대상판결] 대법원 1994. 12. 22. 선고 94도2528 판결

[사실관계] 국세청 공무원인 피고인 甲 등은 A 회사가 아파트 분양을 임대로 꾸며 법인세를 탈루하였다는 정보를 입수하고 청장의 명에 따라 세무조사를 실시하였다.

조사과정에서 甲은 A 회사가 제출한 손금항목의 계산서 중 B 회사 명의의 계산서 3장 약 30억 원이 위장거래에 기해 가공계산된 것을 발견하고 그 자료를 요구하였으나 A 회사는 제출하지 못하였다. 그러자 甲은 정상적으로 추징하면 추징액이 50억 원에 이른다고 말하며 뇌물의 제공을 유도하여 이를 약속받은 다음, 손금항목에 대한 정밀조사를 중단하고 익금항목만 재조정하여 8억여 원을 추징하는 것으로 세무조사를 종결하고, A 회사의 대표이사인 공동피고인 乙로부터 합계 3억 원을 받았다.

[판결요지] [1] 공무원이 직무집행의 의사 없이 또는 직무처리와 대가적 관계없이 타인을 공갈하여 재물을 교부하게 한 경우에는 공갈죄만이 성립하고, 이러한 경우 재물의 교부자가 공무원의 해악의 고지로 인하여 외포의 결과 금품을 제공한 것이라면 그는 공갈죄의 피해자가 될 것이고 뇌물공여죄는 성립될 수 없다.

[2] 세무공무원인 피고인 甲 등에게 회사에 대한 세무조사라는 직무집행의 의사가 있었고, 과다계상된 손금항목에 대한 조사를 하지 않고 이를 묵인하는 조건으로, 다시 말하면 그 직무처리에 대한 대가관계로서 금품을 제공받았으며, 회사의 대표이사인 피고인 乙은 공무원의 직무행위를 매수하려는 의사에서 금품을 제공하였고, 그 세무공무원은 세무조사 당시 타회사 명의의 세금계산서가 위장거래에 의하여 계상된 허위의 계산서라고 판단하고 이를 바로잡아 탈루된 세금을 추징할 경우 추징할 세금이 모두 50억 원에 이를 것이라고 알려 주었음이 명백하다면, 그 세무공무원 및 대표이사의 행위가 뇌물죄를 구성한다.

[해 설]

Ⅰ. 공갈죄와 뇌물죄의 관계

공무원이 직무상의 사항과 관련하여 타인을 공갈하여 재물을 교부하게 한 경우의 문제이다. 그 수단이 공갈죄의 수단으로서의 협박에 해당하는 한, 공무원에게는 공갈죄가 성립하고, 협박은 공갈죄에 흡수될 뿐 별도로 협박죄를 구성하지 않는다(대법원 1996. 9. 24. 선고 96도2151 판결). 이와 별도로 공무원에게 수뢰죄 성립 여부 및 재물교부자에게 증뢰죄 성립 여부가 문제된다.

Ⅱ. 학 설

1. 공무원의 책임(공갈죄 외에 수뢰죄 여부)

공무원에게 ① 공갈죄만 성립한다는 견해, ② 공갈죄와 수뢰죄의 상상적 경합이 된다는 견해, ③ 공무원의 직무집행의 의사 여부를 기준으로, 만약 공무집행의 의사 없이 이를 빙자하여 공갈을 수단으로 재물을 교부받은 경우에는 공갈죄만 성립하고, 직무집행의 의사가 있고 또한 직무와 관련하여 공갈을 수단으로 재물을 교부받은 경우에는 공갈죄와 수뢰죄의 상상적 경합이 된다는 견해(다수설), ④ 직무관련성의 여부에 따라 직무관련성이 없을 경우에는 공갈죄만 성립하고, 직무관련성이 있을 때에는 공갈죄와 수뢰죄의 상상적 경합이 된다는 견해 등이 있다.

2. 재물교부자의 책임(증뢰죄 여부)

재물교부자의 책임에 관하여, ① 공무원에게 공갈죄만 성립한다는 견해는, 물론 재물교부자는 공갈죄의 피해자일 뿐 증뢰죄는 성립하지 않는다고 하고, ② 공무원에게 공갈죄와 수뢰죄의 상상적 경합이 된다는 견해는, 증뢰죄 성립 여부에 대해 대립이 있다. ① 긍정설은, 뇌물죄의 성립에는 뇌물의 공여 여부에 대해 반드시 완전한 자유의사의 존재를 필요로 하는 것은 아니고, 의사결정상에 어느 정도의 하자가 있을지라도 임의성이 상실된 것은 아니기 때문에 임의의 의사로 재물을 교부하는 한 증뢰죄의 성립을 인정하는 것이 타당하다는 견지에서 증뢰죄의 성립을 인정할 경우가 많을 것이라는 견해이고, ② 부정설(일본의 다수설)은, 피공갈자(재물교부자)에게 의사의 임의성이 완전히 상실되지는 않았을지라도 외포심에서 마지못해 재산을 처분한 것이지 재물공여의 의사

로 행한 것이 아니기 때문이라는 견해이다. ③ 공무원의 수리죄 성립 여부를 기준으로 판단하는 견해도 있다.

Ⅲ. 판 례

모두 공무원이 '직무집행의 의사 없이 또는 직무처리와 대가적 관계 없이' 공갈을 수단으로 재물을 교부받은 경우를 대상으로 판시한 것들이다.

1. 공무원의 책임(공갈죄만 성립, 수뢰죄는 아님)

① 공무원이 '직무집행의 의사 없이 또는 직무처리와 대가적 관계 없이' 공갈을 수단으로 재물을 교부받은 경우에는 뇌물수수죄를 구성하지 아니하고 공갈죄를 구성하고(대법원 1966. 4. 6. 선고 66도12 판결), ② 공무원이 '직무집행을 빙자하여' 공갈을 수단으로 재물을 교부받은 경우에는 공갈죄만 성립한다(대법원 1969. 7. 22. 선고 65도1166 판결)는 것이다.

2. 재물교부자의 책임(증뢰죄 아님)

위 ①의 경우에 비록 재물교부자에게 뇌물을 공여할 의사가 있었다고 하더라도 공갈죄의 피해자에 지나지 아니하고 뇌물공여죄를 구성하지 않고(위 66도12 판결), 위 ②의 경우에 공무원의 협박의 정도가 피해자의 반항을 억압할 수 있는 정도의 것이 아니고 따라서 피해자의 의사결정의 자유가 완전히 박탈된 것이 아니라 할지라도 가해자의 해악의 고지로 인하여 '외포의 결과 금품을 제공한 것이라면' 그 금품제공자는 공갈죄의 피해자가 될 것이고 증뢰죄는 성립될 수 없다(위 65도1166 판결)는 것이다.

Ⅳ. 관련문제

대상판결은 이러한 기존 판례의 법리를 그대로 재확인하고 있다. 다만 주의할 점이 있다.

대상판결의 사안은 공갈을 수단으로 재물을 갈취한 사건이 아니라는 점이다. 즉, 공갈죄는 성립하지 않고 뇌물죄(수뢰죄, 증뢰죄)만 인정되는 사건이다. 기존의 판례사안들은 모두 공무원이 직무집행의 의사 없이 다만 직무집행을 빙자하여 공갈을 수단으로 재물을 '갈취'한 사건인 데 반해, 대상판결의 사안은 공갈죄의 수단으로서의 협박이 인정되지 않는 특수한 사안이다. 甲이 당시 세금계산서가 진실임을 알면서도 허위라고 주장하면서 추징을 말한 것이 아니라, 그 진실 여부에 관계 없이 위장거래에 의한 허위계상된 계산서라고 판단하고 추징을 알려주었음이 명백하다면, 이를 빙자하여 협박한 것으로 볼 수는 없기 때문이다.

대상판결도 공무원이 "직무집행의 의사가 있고, 직무처리와의 대가적 관계"에서 공갈을 수단으로 재물을 교부받은 경우에 대하여는 여전히 해답을 주지 못하고 있다는 점이다.

1. 공무원의 책임(공갈죄 외에 수뢰죄 여부)

이러한 경우 공무원이 재물의 교부를 유도하기 위해 공갈 수단을 사용하였더라도 공갈죄와 함께 뇌물죄(수뢰죄)도 성립한다(상상적 경합)고 함이 타당하다(다수설). ① 만일 수뢰죄의 성립을 부정한다면, '공갈 수단을 사용한 수뢰'의 경우가 '공갈 수단을 사용하지 아니한 단순 수뢰'의 경우보다 오히려 낮은 법정형으로 처벌되는 불합리한 결과가 생길 수 있고(형법상 공갈죄는 수뢰죄보다 법정형이 높으나, 특가법상 수뢰죄는 공갈죄보다 법정형이 높다), ② 수뢰죄의 뇌물로써 필요적 몰수·추징의 대상이 되도록 하는 것이 정의에 합당하기 때문이다.

2. 재물교부자의 책임(증뢰죄 여부)

긍정설은 공무원에게 수뢰죄가 성립하는 경우에는 재물교부자에게도 그 의사결정의 자유 정도에 따라 증뢰죄의 성립을 인정한다. 교부자에게 임의성이 잔존하고 있다면 공무원의 의무위반을 야기한 측면이 있고, 실제사건 대부분이 불이익을 면하고자 두려운 마음에서 뇌물을 공여하는 실정임을 감안한다면 그 가벌성의 전적인 배제가 정의에 합당한 것은 아니라는 이유이다. 그러나 증뢰죄의 성립을 부정함이 타당하다(부정설). ① 공무원에게 공갈죄가 성립하는 이상 공여자는 공갈죄의 피해자가 될 것이고(대상판결 참조. 대상판결은 공무원에게 공갈죄가 성립하는 경우에는 상대방에게 증뢰죄가 성립하지 않음을 명백히 한 취지로 보인다), ② 자유의사에 의한 공여와 달리 피공갈자의 뇌물제공은 강박에 의한 것이며, ③ 수뢰죄가 성립한다고 하여 반드시 증뢰죄가 성립하여야 하는 것은 아니기(대법원 2008. 3. 13. 선고 2007도10804 판결) 때문이다.

[필자: 이주원 교수(고려대)]

[112] 용도를 지정받은 금전의 임의사용과 횡령죄

[대상판결] 대법원 2005. 11. 10. 선고 2005도3627 판결

[사실관계] 피고인이 A와 사이에 B 회사에 대한 조명기구 납품계약자 명의를 C 회사에서 피고인 경영의 D 회사로 변경하여 D 회사가 납품계약에 따라 나머지 조명기구를 직접 생산하여 B 회사에 납품하고 납품대금도 B 회사로부터 전액 직접 수령하되, 최종적으로 정산하여 피해자인 C 회사와 A의 액수 미상의 몫(기 납품한 조명기구에 대한 액수 미상의 납품대금에서 그 납품과 관련하여 조명기구부품 납품업자들에게 부담하게 된 액수 미상의 물품대금을 공제한 금액, 이하 '정산금'이라 한다)을 교부하여 주기로 묵시적으로 합의하였으면서도, B 회사로부터 납품대금으로 합계 1억 92,885,590원을 수령하여 그 중 액수 미상 정산금을 피해자인 C 회사와 A를 위하여 보관하던 중 이를 임의로 지출하였다.

[판결요지] [1] 횡령죄는 타인의 재물을 보관하는 자가 그 재물을 횡령하는 것을 처벌하는 범죄이므로, 횡령죄가 성립되기 위해서는 횡령의 대상이 된 재물이 타인의 소유일 것을 요하는 것인바, 금전의 수수를 수반하는 사무처리를 위임받은 자가 그 행위에 기하여 위임자를 위하여 제3자로부터 수령한 금전은 목적이나 용도를 한정하여 위탁된 금전과 마찬가지로 달리 특별한 사정이 없는 한 그 수령과 동시에 위임자의 소유에 속하고, 위임을 받은 자는 이를 위임자를 위하여 보관하는 관계에 있다고 보아야 한다.

[2] 수령한 금전이 사무처리의 위임에 따라 위임자를 위하여 수령한 것인지 여부는 수령의 원인이 된 법률관계의 성질과 당사자의 의사에 의하여 판단되어야 하며, 만일 당사자 사이에 별도의 채권, 채무가 존재하여 수령한 금전에 관한 정산절차가 남아 있는 등 위임자에게 반환하여야 할 금액을 쉽게 확정할 수 없는 사정이 있다면, 이러한 경우에는 수령한 금전의 소유권을 바로 위임자의 소유로 귀속시키기로 하는 약정이 있었다고 쉽사리 단정하여서는 안 된다.

[해 설]

I. 들어가는 말

제1심(징역 4월, 집행유예 1년)과 제2심(징역 4월, 선고유예)에서 유죄가 선고되었다. 대법원은 원심을 파기 환송하였다. 피고인의 상고이유는 "납품업무는 자신의 업무이고, 피해자에 대한 정산문제는 남아 있지 않다"는 것이었다.

대상판결의 쟁점은 두 가지이다. 첫째 금전수수를 수반하는 사무 처리를 위임받은 자가 그 행위에 기하여 위임자를 위하여 제3자로부터 수령한 금전의 귀속관계(=위임자)이다. 둘째 금전수수를 수반하는 사무 처리를 위임받은 자가 수령한 금전이 사무 처리의 위임에 따라 위임자를 위하여 수령한 것인지 여부의 판단 방법이다.

대상사건의 경우 ① 수령 대금이 D 회사 소유라는 해석과 ② 수령 대금 일부는 '부품 납품업자' C 회사와 A 소유이며, D 회사는 위 금액에 대해 납품업자와 위탁관계(묵시적 합의, 계약)에 있는 보관자라는 해석이다. ①의 경우 '보관자'의 지위가 없어 무죄이고, ②의 경우 '보관자'의 지위가 있어 횡령죄가 성립한다. 문제는 정산금에 대한 양자의 주장이 크게 다른 경우 '액수 미상 정산금'을 '용도를 지정받은 대금'으로 볼 수 있는가이다.

II. 복잡한 정산절차에서 금원 수령 위탁 여부

횡령죄는 타인의 재물을 보관하는 자가 그 재물을 횡령하는 것을 처벌하는 범죄이다. 횡령죄 성립은 횡령 대상이 된 재물이 타인 소유일 것을 요한다. 횡령죄는 소유권 침해 범죄이며 불법영득의사가 있어야 한다. 보관자라는 신분자만이 횡령죄의 행위주체가 된다. 진정신분범이다. 대상판결의 쟁점은 '보관자' 인정 여부이다.

1. '보관자' 인정 여부

(1) 횡령죄에서 보관이란 재물이 사실상 지배하에 있는 경우와 법률상 지배·처분이 가능한 상태를 모두 의미한다. 민법상 점유보조자도 타인의 재물을 보관하는 자에 해당한다. 횡령죄에서 보관자는 위탁자에 대한

신임관계를 기초로 그 지위가 부여된다. 횡령죄 관련 대부분의 판례들은 "타인의 재물을 보관하는 자의 지위를 인정할 수 있느냐"의 여부를 판단한 판례들이다. ① 법률행위, ② 법률의 규정에 의한 직접적인 위탁관계, ③ 조리·관습·신의칙·상관행 등에 의한 위탁관계로 세분화 할 수 있다.

(2) 종전 확립된 판례 입장은 다음과 같다. "금전수수를 수반하는 사무 처리를 위임받은 자가 그 행위에 기하여 위임자를 위하여 제3자로부터 수령한 금전은 목적이나 용도를 한정하여 위탁된 금전과 마찬가지로 달리 특별한 사정이 없는 한 그 수령과 동시에 위임자의 소유에 속하고, 위임을 받은 자는 이를 위임자를 위하여 보관하는 관계에 있다고 보아야 할 것이다"(대법원 2004. 3. 12. 선고 2004도134 판결). 위 판례로 인하여 실무에서는 "위임관계 및 수임자 채무가 인정되면 수임자 채무이행 거부가 항상 횡령죄에 해당한다"고 해석되기도 하였다.

(3) 그러나 학계의 다수 견해는 "수령한 금전이 사무 처리의 위임에 따라 위임자를 위하여 수령한 것인지 여부는 수령 원인이 된 법률관계 성질과 당사자 의사에 의하여 판단되어야 한다. 만일 당사자 사이에 별도 채권, 채무가 존재하여 수령한 금전에 관한 정산절차가 남아 있는 등 위임자에게 반환하여야 할 금액을 쉽게 확정할 수 없는 사정이 있다면, 이러한 경우 수령한 금전의 소유권을 바로 위임자 소유로 귀속시키기로 하는 약정이 있었다고 쉽사리 단정하여서는 안 된다"는 입장이다.

2. 대법원의 태도

대법원은 "피고인과 A 사이에 피고인이 B 회사로부터 수령한 납품대금 중 피해자들의 납품액을 바로 피해자들에게 귀속시키기로 약정하였다고 볼 수는 없다. 오히려 D 회사가 자기의 이름으로 취득한 납품대금은 일단 전액 자신에게 귀속된다. D 회사는 거기에서 피해자들의 납품금액을 확정하고 부품 납품업자들에게 대신 지급한 금액을 공제하는 등 정산절차를 거쳐 그 나머지 금액만큼 피해자들에게 지급할 의무를 부담하는 데 불과하다고 볼 것이다. 그러므로 피고인이 이를 임의로 사용한 행위는 위 약정상의 채무불이행에 지나지 않고 횡령죄는 성립하지 않는다"는 입장이다.

III. 나오는 말

(1) 대상판결의 쟁점은 '수령한 납품대금이 누구 재물인가'에 있다. 타인 재물인가, 자기 재물인가는 민법상 소유권 귀속에 따라 결정된다. 대상판결의 경우 용도를 지정받은 금전으로 보기 어렵다. 왜냐하면 단순하고 명확한 정산절차(위임자의 몫이 쉽게 계산될 수 있는 것, 대법원 1997. 3. 28. 선고 96도3155 판결: 입장료와 함께 문화예술진흥기금을 모금한 극장 경영자가 그 기금을 임의 소비한 경우, 업무상횡령죄가 성립한다고 본 사례)는 위탁관계로 볼 수 있지만, 복잡한 정산절차는 일단 모두 자기 재산(수임자가 취득한 재산)으로 보아야 한다. 따라서 D 회사 대표이사는 횡령죄의 주체가 될 수가 없다. 정산절차에 다툼이 있는 모든 사건을 위임자의 주장만 고려한 채 금액 전액을 지급하지 않았다는 이유로 모두 횡령죄로 처벌을 할 수 없기 때문이다. 이 경우 채무불이행의 책임만 있다.

(2) 형사제제는 공권력 중 가장 강력한 물리력 행사 방법이다. 형법은 다른 법에 비해 보충 또 최후수단(ultima ratio)으로 사용되어야 한다. 횡령죄에서 이러한 보충성의 원칙은 중요한 의미를 갖는다. '보관자' 의미는 아주 엄격하게 제한적으로 해석되어야 한다. 이것이 대상판결이 남긴 시사점이라고 생각한다.

[참고문헌] 홍승면, "금전수수를 수반하는 사무처리를 위임받은 자가 수령한 금전이 사무처리의 위임에 따라 위임자를 위하여 수령한 것인지 여부의 판단 방법(대법원 2005. 10. 10. 선고 2005도3627 판결)", 대법원판례해설 제59호(2005 하반기)(2006).

[필자: 하태영 교수(동아대)]

[113] 착오 송금된 돈의 인출·사용과 횡령죄

[대상판결] 대법원 2010. 12. 9. 선고 2010도891 판결

[사실관계] 피고인은 2008. 6. 4.경 피해자 주식회사에 근무하는 이름을 알 수 없는 직원이 착오로 아무런 거래관계가 없었던 피고인 명의의 홍콩상하이(HSBC)은행 계좌로 잘못 송금한 300만 홍콩달러(한화 약 3억 9,000만 원 상당)를 임의로 인출하여 사용하였다.

검사는 피고인을 주위적 공소사실로서는 횡령죄, 예비적 공소사실로서는 점유이탈물횡령죄로 기소하였다. 제1심과 제2심 법원은 피고인과 피해자 주식회사 사이에 위탁관계가 존재하지 않는다고 보아 점유이탈물횡령죄의 성립을 긍정하였고, 검사가 상고하였다.

[판결요지] 어떤 예금계좌에 돈이 착오로 잘못 송금되어 입금된 경우에는 그 예금주와 송금인 사이에 신의칙상 보관관계가 성립한다고 할 것이므로, 피고인이 송금 절차의 착오로 인하여 피고인 명의의 은행 계좌에 입금된 돈을 임의로 인출하여 소비한 행위는 횡령죄에 해당하고, 이는 송금인과 피고인 사이에 별다른 거래관계가 없다고 하더라도 마찬가지이다.

[해 설]

I. 들어가는 말

대상판결은 착오로 송금된 돈을 인출·사용한 행위에 대해 횡령죄의 성립을 인정할 수 있는가를 쟁점으로 다루고 있다. 횡령죄는 타인의 재물을 보관하는 자가 그 재물을 횡령하거나 반환을 거부함으로써 성립한다. 착오로 송금된 돈을 인출·사용하는 행위가 횡령죄로 인정되기 위해서는 ① 예금주가 '보관자'이어야 하고, ② 그 돈이 타인의 '재물'이어야 한다. 즉 대상판결의 쟁점은 두 가지라고 할 수 있는데, 첫 번째 쟁점은 예금주에게 '보관자'의 지위가 인정되는가, 두 번째 쟁점은 착오로 송금된 돈이 '재물'인가이다. 대법원의 판결요지에서는 첫 번째 쟁점에 대해서만 다루면서, 예금주에게 횡령죄를 인정하기 위한 '신의칙상 보관관계'를 인정하고 있다. 여기서 횡령죄의 주체가 되는 '보관자'의 지위를 인정하기 위한 '신의칙'을 어느 범위까지 인정해야 하는가의 문제가 제기된다. 이에 본 평석에서는

두 번째 논점도 검토할 필요가 있지만 대상판결에서 다루고 있는 쟁점이 아니기 때문에 첫 번째 쟁점과 관련하여 '신의칙상 보관관계'의 범위에 대한 학설과 대법원의 견해를 비교하면서 검토하고자 한다.

II. 횡령죄에 있어서의 보관관계

횡령죄에 있어서의 재물의 보관이라 함은 재물에 대한 사실상 또는 법률상 지배력이 있는 상태를 의미하므로 그 보관이 위탁관계에 기인하여야 할 것임은 물론이나 그것이 반드시 사용대차, 임대차, 위임 등의 계약에 의하여 설정되는 것임을 요하지 아니하고 사무관리, 관습, 조리, 신의칙에 의해서도 성립된다(대법원 1987. 10. 13. 선고 87도1778 판결). 여기서 착오로 송금된 돈에 대해 예금주에게 보관관계를 인정하기 위해서는 신의칙의 범위를 어느 정도 인정할 것인가가 문제된다.

1. 학 설

횡령죄의 본질에 대해서는 월권행위설, 영득행위설, 결합설이 대립하고 있으며, 다수설의 견해는 신임관계에 대한 위배행위로서의 단순한 월권행위로는 부족하고 타인의 재물을 자기의 소유물처럼 이용·처분하려는 의사가 있어야 한다는 영득행위설을 취하고 있다. 월권행위설과 영득행위설 모두 '신임관계에 대한 위배'라는 요소를 포함하고 있다. 따라서 횡령죄에서 '보관자'가 인정되기 위해서는 '신임'에 의한 위탁관계가 전제되어야 할 것이다. 이에 의하면 횡령죄에서의 보관이란 위탁자에 대한 관계에서는 신임관계의 기초로서의 의미를 가지기 때문에 당사자 사이에 '신뢰'관계가 형성되어야 하는데, 착오로 송금된 돈의 경우 송금자와 예금주 사이에 신뢰관계가 형성되었다고 보기 어렵기 때문에 예금주에게 보관자의 지위가 인정되지 않는다고 해석한다. 그러나 이러한 해석에 대해서 민법 제2조의 신의성실의 원칙을 고려하여 해석해야 한다는 견해도 제기된다. 이에 따르면 신의칙은 '권리의 행사와 의무의 이행은 신의에 좇아 성실히 하여야 한다'는 원칙이므로 어떠한 형태이든지 권리·의무 관계가 존재하면 신

임관계를 인정할 수 있기 때문에 횡령죄에서 위탁관계가 형성되기 위해서는 위임의 성격에 준할 정도의 성격을 가진 거래관계가 존재한다면 이를 바탕으로 신임관계가 도출될 수 있다고 한다. 따라서 기존의 거래관계가 존재하고 그 거래관계 내에서 착오로 송금된 돈에 대해서는 예금주에게 '보관자'의 지위를 인정할 수 있게 된다.

이와 같이 학설은 착오로 송금된 돈에 대해 예금주에게 보관자의 지위를 인정할 것인가에 대해 ① 송금자와 예금주 사이에 신임에 의한 위탁관계가 형성되지 않았기 때문에 보관관계를 인정할 수 없다는 견해와 ② 기존의 거래관계가 존재한다면 송금자와 예금주 사이에 신의칙에 근거한 보관관계가 인정될 수 있다는 견해로 나누어진다. 다만, 후자의 견해를 취하는 경우에도 송금자와 예금주 사이에 별다른 거래관계가 존재하지 않았던 경우에는 신의칙에 의한 보관관계를 인정하기 어렵다고 해석한다.

2. 대법원의 견해

대법원은 기존의 거래관계에서 착오로 송금된 돈에 대해 예금주에게 보관자의 지위를 인정한 사안에서 더 나아가 대상판결에서 "어떤 예금계좌에 돈이 착오로 잘못 송금되어 입금된 경우에는 그 예금주와 송금인 사이에 신의칙상 보관관계가 성립하며, 이는 송금인과 피고인 사이에 별다른 거래관계가 없다고 하더라도 마찬가지이다"라고 판시함으로써 기존에 거래관계가 없는 경우에도 신의칙에 의한 보관관계를 인정하고 있다.

III. 나오는 말

횡령죄가 성립하기 위해서는 행위의 주체로서 타인의 재물을 '보관하는 자'의 지위가 인정되어야 하고, 횡령죄의 본질에 비추어 보관자는 신임에 의한 위탁관계가 전제되어야 한다. 착오로 송금된 돈의 예금주에게 보관자의 지위를 인정할 수 있는가에 대해서는 '신임에 기한 위탁관계'를 엄격하게 해석한다면 보관자의 지위를 인정할 수 없기 때문에 그 돈의 인출·사용행위에 대해서는 점유이탈물횡령죄가 성립할 수는 있어도 횡령죄는 성립할 수 없다. 이에 대해 민법 제2조의 '신의칙'의 원칙을 고려하여 기존의 거래관계가 존재하는 경우에는 송금자와 예금주에게 신의칙에 의한 보관관

계를 인정할 수 있다는 견해를 취하게 되면, 매수인이 착오로 매매대금 이상의 금액을 계좌로 송금하자 자신의 다른 계좌로 이체한 경우(대법원 2005. 10. 28. 선고 2010도891 판결)와 같이 착오로 송금된 돈을 인출·사용한 행위에 대해서는 횡령죄 성립이 인정된다. 그러나 대상판결의 경우와 같이 송금인과 예금주 사이에 별다른 거래관계가 존재하지 않는 경우에도 신의칙에 의한 보관관계를 확대하여 인정하는 것은 적절하지 않다. 이는 신의칙을 근거로 형법의 적용범위를 지나치게 확대하는 것으로서 처벌의 부당한 확장이라고 보아야 하기 때문이다.

[필자: 원혜욱 교수(인하대)]

[114] 중간생략등기형 명의신탁과 횡령죄

[대상판결] 대법원 2016. 5. 19. 선고 2014도6992 전원합의체 판결

[사실관계] A는 충남 서산 일대 토지를 그 소유자로부터 매수한 후, 피고인과 맺은 명의신탁약정에 따라 매도인으로부터 바로 명의수탁자인 피고인에게 중간생략의 소유권이전등기를 마쳤다. 피고인은 그 후 A의 허락을 받지 아니하고 B로부터 돈을 빌리면서 위 토지에 대하여 B에게 근저당권 설정등기를 경료해주고, 농협으로부터 대출받으면서 마찬가지로 근저당권 설정등기를 경료해주었다.

[판결요지] 부동산을 매수한 명의신탁자가 자신의 명의로 소유권이전등기를 하지 아니하고 명의수탁자와 맺은 명의신탁약정에 따라 매도인에게서 바로 명의수탁자에게 중간생략의 소유권이전등기를 마친 경우, 부동산 실권리자명의 등기에 관한 법률(이하, '부동산실명법'이라 한다) 제4조 제2항 본문에 의하여 명의수탁자 명의의 소유권이전등기는 무효이고, 신탁부동산의 소유권은 매도인이 그대로 보유하게 된다. 따라서 명의신탁자로서는 매도인에 대한 소유권이전등기청구권을 가질 뿐 신탁부동산의 소유권을 가지지 아니하고, 명의수탁자 역시 명의신탁자에 대하여 직접 신탁부동산의 소유권을 이전할 의무를 부담하지는 아니하므로, 신탁부동산의 소유자도 아닌 명의신탁자에 대한 관계에서 명의수탁자가 횡령죄에서 말하는 '타인의 재물을 보관하는 자'의 지위에 있다고 볼 수는 없다. 그리고 부동산실명법의 입법 취지와 명의신탁관계에 대한 규율 내용 및 태도 등에 비추어 볼 때, 명의신탁자와 명의수탁자 사이에 위탁신임관계를 근거지우는 계약인 명의신탁약정 또는 이에 부수한 위임약정이 무효임에도 불구하고 횡령죄 성립을 위한 사무관리, 관습, 조리, 신의칙에 기초한 위탁신임관계가 있다고 할 수는 없다. 또한 명의신탁자와 명의수탁자 사이에 존재한다고 주장될 수 있는 사실상의 위탁관계라는 것도 부동산실명법에 반하여 범죄를 구성하는 불법적인 관계에 지나지 아니할 뿐 이를 형법상 보호할 만한 가치있는 신임에 의한 것이라고 할 수 없다. 그러므로 이른바 중간생략등기형 명의신탁을 한 경우, 명의신탁자는 신탁부동산의 소유권

을 가지지 아니하고, 명의신탁자와 명의수탁자 사이에 위탁신임관계를 인정할 수도 없다. 따라서 명의수탁자가 명의신탁자의 재물을 보관하는 자라고 할 수 없으므로, 명의수탁자가 신탁받은 부동산을 임의로 처분하여도 명의신탁자에 대한 관계에서 횡령죄가 성립하지 아니한다.

[해 설]

I. 부동산 명의신탁의 법률관계

부동산 명의신탁이란 부동산에 관한 소유권을 대내적 관계에서는 명의신탁자가 보유하되 공부상의 소유 명의만 명의수탁자로 하는 것을 말한다. 이는 다시 양자간 명의신탁(부동산 소유자가 명의수탁자와 명의신탁약정을 하고 수탁자 명의로 부동산 등기를 하는 경우), 중간생략등기형 명의신탁(신탁자가 수탁자와 명의신탁약정을 맺고 신탁자가 매매계약의 당사자가 되어 매도인과 매매계약을 체결하는 경우), 계약명의신탁(신탁자가 수탁자와 명의신탁약정을 체결하고 수탁자가 매매계약의 당사자가 되어 매도인과 매매계약을 체결하는 경우)의 세 가지 유형으로 나누어진다. 종래의 판례는 명의신탁의 유효성을 인정하면서 명의수탁자의 신탁부동산 임의 처분행위에 대하여 횡령죄가 성립한다고 하였다. 그런데 1995년 제정된 부동산 실권리자명의 등기에 관한 법률에 따르면, 누구든지 부동산에 관한 물건을 명의신탁약정에 의하여 명의수탁자의 명의로 등기하여서는 안 되고(제3조 제1항), 이러한 명의신탁약정은 물론 이에 따라 행하여진 부동산 물권변동에 관한 등기도 무효(법 제4조 제1항, 제2항)가 된다. 따라서 부동산실명법 시행 이후 사법상 무효인 명의신탁의 명의수탁자가 부동산을 임의처분한 경우 횡령죄가 되는지가 문제된다.

II. 부동산 명의신탁에서 명의수탁자의 처분행위와 횡령죄의 성부

이전의 판례는 양자간 명의신탁에서의 처분행위의 경우 횡령죄 성립을 긍정한 반면, 계약명의신탁에서의 처분행위에 대하여는 횡령죄 성립을 부정하였다. 계약명의신탁 중 매도인이 선의인 경우에는, 그 소유권이전

등기에 의한 당해 부동산의 물권변동은 유효하고 신탁자와 수탁자 사이의 명의신탁약정은 무효이므로, 수탁자는 매도인 뿐만 아니라 신탁자에 대한 관계에서도 유효하게 당해 부동산의 소유권을 취득한 것으로 보아야 할 것이어서 수탁자는 타인의 재물을 보관하는 자라고 볼 수 없고(대법원 2000. 3. 23. 선고 98도4347 판결), 매도인이 악의인 경우에는 수탁자 명의의 소유권이전등기는 무효이고 부동산의 소유권은 매도인이 그대로 보유하게 되므로, 명의수탁자는 부동산 취득을 위한 계약의 당사자도 아닌 명의신탁자에 대한 관계에서 횡령죄에서 타인의 재물을 보관하는 자의 지위에 있다고 볼 수 없고, 명의수탁자가 명의신탁자에 대하여 매매대금을 부당이득으로 반환할 의무를 부담한다고 하더라도 배임죄에서 타인의 사무를 처리하는 자의 지위에 있다고 보기도 어렵다는(대법원 2012. 11. 29. 선고 2011도7361 판결) 이유에서다.

중간생략등기형 명의신탁에 있어서 이전의 학설은 불법위탁관계로서 횡령죄의 불능미수라는 견해, 매도인에 대한 횡령죄가 성립한다는 견해, 신탁자에 대한 횡령죄가 성립한다는 견해 등이 대립하였고, 대상판결 이전 판례는 신탁자에 대한 횡령죄 성립을 인정하였다. 그러나 대상판결은 ① 명의신탁자가 매매계약의 당사자로서 매도인을 대위하여 신탁부동산을 이전받아 취득할 수 있는 권리 기타 법적 가능성을 가지고 있기는 하지만, 명의신탁자가 이러한 권리 등을 보유하였음을 이유로 명의신탁자를 사실상 또는 실질적 소유권자로 보아 민사상 소유권이론과 달리 횡령죄가 보호하는 신탁부동산의 소유자라고 평가할 수는 없고, 명의수탁자에 대한 관계에서 명의신탁자를 사실상 또는 실질적 소유권자라고 형법적으로 평가하는 것은 부동산실명법이 명의신탁약정을 무효로 하고 있음에도 불구하고 무효인 명의신탁약정에 따른 소유권의 상대적 귀속을 인정하는 것과 다름이 없어서 부동산실명법의 규정과 취지에 명백히 반한다는 점, ② 명의신탁자와 명의수탁자 간 위탁신임관계를 근거지우는 약정이 부동산실명법상 무효가 되고 사실상의 위탁관계 역시 부동산실명법에 반하여 범죄를 구성하는 불법적인 관계에 지나지 아니하므로 이는 형법상 보호할 만한 가치 있는 신임에 의한 것이라고 할 수 없다는 점, ③ 명의수탁자의 임의처분행위에 대하여 형사처벌의 필요성이 있다는 사정만으로 횡령죄 성립을 긍정하는 것은 죄형법정주의 원칙에 반하고 명의수탁자의 처분행위를 처벌하게 되면 부동산실명법의 입법목적과는 반대로 명의신탁관계를 유지·조장하게 되므로 임의처분행위에 대한 형사처벌의 필요성도 인정하기 어렵다는 점을 근거로 횡령죄의 성립을 부정하였다.

Ⅲ. 대상판결의 검토 및 보론

구체적 사안에서 중간생략등기형 명의신탁인지 악의의 계약명의신탁인지를 가리는 것은 쉽지 않다. 대법원은 이미 선의·악의를 불문하고 계약명의신탁에서의 임의처분행위에 대하여는 횡령죄 성립을 부정하고 있는데, 중간생략등기형 명의신탁에 대하여 처벌의 필요성을 이유로 민사법상 소유권이론과 다른 실질적 소유권을 인정한다든지, 부동산실명법상 금지하고 있는 위탁관계에 대하여 사실상 신임관계를 인정하는 방법으로 신탁자를 형법상 보호하는 것은 타당하지 않으며, 이러한 관점에서 대상판결의 결론은 옳다고 볼 것이다.

최근 대법원은 양자간 명의신탁에 대하여도 종래 판례를 변경하고 횡령죄의 성립을 부정하였다(대법원 2021. 2. 18. 선고 2016도18761 전원합의체 판결). 양자간 명의신탁의 경우, 계약인 명의신탁약정과 그에 부수한 위임약정, 명의신탁약정을 전제로 한 명의신탁 부동산 및 그 처분대금 반환약정은 모두 무효이고, 무효인 명의신탁약정 등에 기초하여 존재한다고 주장될 수 있는 사실상의 위탁관계라는 것은 부동산실명법에 반하여 범죄를 구성하는 불법적인 관계에 지나지 아니할 뿐 이를 형법상 보호할 만한 가치 있는 신임에 의한 것이라고 할 수 없다는 이유에서다.

양자간 명의신탁에 있어서는 대상 부동산의 소유권이 신탁자에게 남아있으므로 신탁자와 수탁자 간의 사실상 위탁관계를 인정한다면 횡령죄가 성립한다고 볼 여지도 있다. 그러나 만약 신탁자가 소유권자라는 이유만으로 횡령죄에서의 위탁신임관계를 인정한다면 명의신탁약정 무효화를 통한 투기 목적 등에의 악용 방지라는 부동산실명법의 목적을 달성할 수 없게 된다. 따라서 양자간 명의신탁 사안에서 변경된 대법원 판례의 태도는 타당하다.

[필자: 강수진 교수(고려대)]

[115] 횡령죄의 기수시기

[대상판결] 대법원 2012. 8. 17. 선고 2011도9113 판결

[사실관계] 피고인은 피해자가 나무 매입자금을 대고 나무를 매입하면 자신은 가식을 하여 관리를 하기로 하는 약정을 피해자와 체결하였다. 피해자는 2007. 4. 8. 소나무 39주, 팥배나무 1주를 1,200만 원에 매수하는 계약을 체결하고 매수비용을 지급한 다음, 피고인은 위 나무를 자신이 관리하는 땅에 가식하는 작업을 하여 이를 관리하였다. 그런데 피고인은 피해자로부터 나무를 처분하여도 좋다는 허락을 받지 아니하였음에도, 2008. 4. 8. 제3자에게 위 나무를 1억 9,000만 원에 매도하는 계약을 체결하고, 즉석에서 계약금 명목으로 5,000만 원을 교부받아 이를 임의로 사용하였다.

[판결요지] 원심판결 이유를 관련 법리 및 기록에 비추어 살펴보면, 원심이 피고인이 보관하던 이 사건 수목을 함부로 제3자에 매도하는 계약을 체결하고 계약금을 수령·소비하여 이 사건 수목을 횡령하였다는 공소사실에 관하여 횡령미수죄를 인정한 조치는 정당한 것으로 수긍할 수 있고, 거기에 상고이유의 주장과 같이 횡령죄의 기수시기에 관한 법리를 오해하는 등의 위법이 있다고 할 수 없다.

[해 설]

Ⅰ. 들어가는 말

대상판결은 횡령의 미수를 긍정한 원심(춘천지법 2011. 6. 22. 선고 2010노197 판결)의 판단이 타당하다고 밝힌 판결이다. 그런데 대상판결의 판결이유에는 횡령의 미수 및 기수시기에 관하여 구체적인 법리설시가 되어 있지 아니하고 원심의 판단을 수긍하는 취지만 있다. 따라서 (1) 원심의 판결내용을 살펴보고, (2) 횡령죄에 있어서 미수의 성립 구조를 원심의 논증구조 당부와 함께 살펴보기로 한다.

Ⅱ. 원심의 판결내용

원심은 동산과 부동산을 나누어 소유권(내지 본권) 침해에 대한 구체적인 위험이 발생하였는지 여부를 기준으로 판단하였다. 즉 동산의 경우 행위자가 물건을

보관하고 있으므로 불법영득의사를 대외적으로 표현하는 행위(계약체결이나 반환거부)를 함으로써 소유권 침해에 대한 구체적인 위험이 발생하기 때문에 바로 기수에 이르고, 따로 미수(제359조)를 상정하는 것은 어렵다고 보았다. 다만 부동산의 경우 그 보관의 형태가 다양할 수 있으므로(가령 점유만 하는 경우, 등기만 이전된 경우, 점유와 등기가 함께 이전된 경우) "보관자가 '불법영득의사를 표현한다'고 하는 주관적 구성요소에 부합하는 횡령죄 특유의 객관적 구성요소(본권 침해의 구체적인 재산상 위험)가 이 사건의 경우에 충족되었는지 여부에 대하여는 신중한 검토가 필요하다"는 전제에서, "부동산의 처분권한이 없는 자가 해당 부동산에 관한 점유, 가등기, 본등기, 명인방법, 물건의 분리반출 등의 그 어떤 것도 실행하지 아니한 채 오로지 제3자와 사이에 매매계약만을 체결한 가운데 계약금만을 수수한 상태에서, 그 해당 부동산 전체에 대하여 횡령죄가 '기수'에 이르렀다고 선뜻 파악하는 것은 그다지 합리적이라고 보기 어렵다고 할 것이다"라고 하면서, "횡령죄는 다른 사람의 재물에 관한 소유권 등 본권을 그 보호법익으로 하고 본권이 침해될 위험성이 있으면 그 침해의 결과가 발생하지 아니하더라도 성립하는 이른바 '위험범'에 해당하는데, 여기서 '위험범'이라는 것은 횡령죄가 개인적 법익침해를 전제로 하는 재산범죄의 일종임을 감안하여 볼 때 단순히 사회일반에 대한 막연한 '추상적 위험'이 발생하는 것만으로는 부족하고, 소유자의 본권 침해에 대한 '구체적 위험'이 발생하는 수준에 이를 것을 요하며, 나아가 어떠한 행위에 의하여 소유권 등 본권 침해에 대한 구체적인 위험이 발생하였는지 여부는 해당 재물의 속성, 재산권의 확보방법, 거래실정 등의 제반사정을 고려하여 합리적으로 판단하여야 한다. 그리고 행위자가 불법영득의사의 발현이 표시되었다고 하더라도 부동산에 관한 공시제도나 거래실정 등의 제반사정에 비추어 볼 때 횡령죄에 상응하는 객관적인 구성요소가 아직 실행 또는 충족되지 아니하였고, 소유권 기타 본권 침해에 대한 구체적인 위험이 발생하지도 아니하였다면, 이는 횡령죄의 미수범이 성립될 뿐이

며 기수범이 성립되었다고 보기는 어렵다"라고 판단하였다.

III. 횡령죄의 미수 성립 구조

원심판결의 판단은, 횡령죄가 구체적 위험범이라는 전제에 서서, 행위자의 행위로 인하 소유권(내지 본권)에 추상적 위험이 발생하였는가, 나아가 구체적 위험이 발생하였는가 여부에 의하여 미수 내지 기수를 판별하여야 한다고 보았다. 그러나 그와 같은 논증구조가 타당한 것인가? 일반적으로 기수는 법문의 구성요건요소를 모두 충족하는 경우에 인정된다. 즉, 기수와 미수의 구별은 법문에 규정된 구성요건을 모두 실현하였는지 여부에 관한 문제이다. 즉 구성요건요소의 실현 여부를 검토하지 아니하고, 그 보호법익에 대한 침해 여부를 먼저 검토하여 미수와 기수를 구별하는 것에 대하여 의문이 제기될 수 있다. 원심의 판결내용에서 보호법익 침해에 대한 구체적 위험이 발생하였기 때문에 기수가 인정될 수 있다는 논리는, 기수 여부 판별을 위하여 구성요건이 모두 실현되었는지 여부를 먼저 검토할 필요는 없다는 취지로 읽힐 수 있기 때문이다. 즉, 원심의 판단은 구성요건이 모두 실현되었는지 여부에 초점을 둔 것이 아니라고 보인다. 그러나 보호법익의 침해 내지 보호법익에 대한 구체적 위험의 발생이 있다고 하여, 반드시 구성요건이 모두 실현되었음이 전제되는 것은 아니다. 가령 성적 자기결정권을 보호하는 강간죄에 있어서는, 강간이 미수에 그친 경우에도 보호법익 침해는 발생할 수 있다. 그러한 경우 강간죄의 기수를 인정할 수는 없다. 또한 주거침입죄에 있어서도 주거에 실제로 '침입'행위가 없다고 하더라도 주거의 사실상 평온상태라는 보호법익이 침해될 수 있다. 그러한 경우에 주거침입죄를 인정할 수는 없다. 즉, 보호법익 침해 여부는 구성요건이 모두 실현되었는지를 검토한 후 보충적으로 검토되어야 하는 것이다. 다시 말해 보호법익은 구성요건 실현의 내용범위를 제한하기 위한 원리이지 구성요건 실현을 근거지우는 원리가 아니다. 따라서 보호법익의 침해 내지 위험의 발생은 기수의 성립범위를 제한하는 역할을 하는 것이지, 적극적으로 구성요건실현 여부를 근거지우는 혹은 결정하는 기준으로 작용하여 기수와 미수의 구별 기분이 될 수는 없다. 마찬가지로 횡령죄의 경우에도 소유권이라는 보호법익 침해 내지 그에 대한 구체적 위험의 발생에 의하여 기수 내지 미수 여부를 판별하여서는 아니 되고, 법문에 규정되어 있는 '횡령'의 구성요건이 모두 실현된 것인지를 검토하여 그러한 구성요건이 모두 실현되었음이 인정되면, 그 다음으로 보호법익 침해 내지 그 위험이 발생하였는지 여부를 검토하여야 한다. 즉 '횡령'이라는 구성요건요소를 실현하지 못하였다면 소유권이라는 보호법익 침해가 인정되어도 기수는 부정되고, 구성요건요소를 모두 실현했지만 보호법익 침해가 인정되지 않는다면 역시 기수는 부정되는 것이다. 그렇기 때문에 원심이 "횡령죄에 상응하는 객관적인 구성요소가 아직 실행 또는 충족되지 아니하였고, 소유권 기타 본권 침해에 대한 구체적인 위험이 발생하지도 아니하였다면 이는 횡령죄의 미수범이 성립될 뿐이며 기수범이 성립되었다고 보기는 어렵다"라고 한 부분은 아쉬움이 남는다. "횡령죄에 상응하는 객관적인 구성요소가 아직 실행 또는 충족되지 아니하였고"라는 판단의 "아니하였고"라는 부분이 "아니하였거나, 가사 충족되었다고 하더라도"라고 하였다면 보다 정확하였을 것이기 때문이다. 물론 현실에서 횡령죄의 구성요건요소 충족 정도와 그에 따른 보호법익에 대한 침해 정도는 비례하기 때문에, 그 괴리가 문제되는 경우는 별로 없어서 원심이 위와 같이 표현하였을 수도 있다.

IV. 나가는 말

횡령죄에 대하여는 미수가 인정될 수 없다는 견해가 우세하였다. 그러나 횡령죄에 있어서도 구체적, 개별적인 사안에서 미수로 평가될 수 있는 행위가 있을 수 있다. 그러한 점에서 다소 아쉬운 점이 없지는 아니하나, 횡령죄의 미수 성립 가능성에 관한 논증을 편 원심판단은 높게 평가되어야 할 것이다.

[참고문헌] 김봉수, "횡령죄의 미수범 성립여부", 형사판례연구 [21](2013); 이용식, "횡령죄의 기수성립에 관한 논의 구조—횡령죄의 구조—", 형사판례연구 [21](2013).

[필자: 이용식 교수(서울대)]

[116] 불법원인급여와 횡령죄

[대상판결] 대법원 1999. 6. 11. 선고 99도275 판결

[사실관계] 경찰청 정보과에 근무하는 경찰관(경감)인 피고인 甲은 피고인 乙로부터 乙이 경영하는 A 주식회사가 중소기업협동조합중앙회 회장인 B에 의하여 외국인산업연수생에 대한 국내관리업체로 선정되는 데 힘써 달라는 부탁을 받았다. 甲은 乙로부터 B에 대한 뇌물공여 또는 배임증재의 목적으로 전달하여 달라고 교부받은 돈을 B에게 전달하지 아니하고 임의로 소비하였다.

[판결요지] 민법 제746조에 불법의 원인으로 인하여 재산을 급여하거나 노무를 제공한 때에는 그 이익의 반환을 청구하지 못한다고 규정한 뜻은 급여를 한 사람은 그 원인행위가 법률상 무효임을 내세워 상대방에게 부당이득반환청구를 할 수 없고, 또 급여한 물건의 소유권이 자기에게 있다고 하여 소유권에 기한 반환청구도 할 수 없어서 결국 급여한 물건의 소유권은 급여를 받은 상대방에게 귀속되는 것이므로, 甲이 乙로부터 B에 대한 뇌물공여 또는 배임증재의 목적으로 전달하여 달라고 교부받은 돈은 불법원인급여물에 해당하여 그 소유권은 甲에게 귀속되는 것으로서 甲이 위 돈을 B에게 전달하지 않고 임의로 소비하였다고 하더라도 횡령죄가 성립하지 않는다.

[관련판결] 대법원 1999. 9. 17. 선고 98도2036 판결
[사실관계] 피고인은 처와 공모하여, 1994. 5. 1. 인천 남구 학익동 480의 13 소재 피고인 경영의 윤락업소에서, 피해자와 사이에 피해자가 손님을 상대로 윤락행위를 하고 그 대가로 받은 화대를 절반씩 분배하기로 약정한 다음, 그 때부터 같은 해 9. 30.까지 피해자가 손님들을 상대로 윤락행위를 하고서 받은 화대 합계 2,700만 원을 보관하던 중 그 중 절반인 1,350만 원을 피해자에게 반환하지 아니하고 생활비 등으로 임의로 소비하였다.

[판결요지] 민법 제746조에 의하면, 불법의 원인으로 인한 급여가 있고, 그 불법원인이 급여자에게 있는 경우에는 수익자에게 불법원인이 있는지 여부, 수익자의 불법원인의 정도, 그 불법성이 급여자의 그것보다 큰지 여부를 막론하고 급여자는 불법원인급여의 반환을 구할 수 없는 것이 원칙이나, 수익자의 불법성이 급여자의 그것보다 현저히 큰 데 반하여 급여자의 불법성은 미약한 경우에도 급여자의 반환청구가 허용되지 않는다면 공평에 반하고 신의성실의 원칙에도 어긋나므로, 이러한 경우에는 민법 제746조 본문의 적용이 배제되어 급여자의 반환청구는 허용된다고 해석함이 상당하다.

피고인은 다방 종업원으로 근무하고 있던 피해자를 수차 찾아가 자신의 업소에서 윤락행위를 해줄 것을 적극적으로 권유함으로써 피해자가 피고인과 사이에 위와 같은 약정을 맺고서 윤락행위를 하게 되었고, 피고인은 전직 경찰관으로서 행정사 업무에 종사하면서도 자신의 업소에 피해자 등 5명의 윤락녀를 두고 그들이 받은 화대에서 상당한 이득을 취하는 것을 영업으로 해왔음에 반하여, 피해자는 혼인하여 남편과 두 아들이 있음에도 남편이 알코올중독으로 생활능력이 없어 가족의 생계를 위하여 피고인의 권유에 따라 윤락행위에 이르게 되었음을 알 수 있는바, 위와 같은 피고인과 피해자의 사회적 지위, 그 약정에 이르게 된 경위에다가 앞에서 본 약정의 구체적 내용, 급여의 성격 등을 종합해 볼 때, 피고인 측의 불법성이 피해자측의 그것보다 현저하게 크다고 봄이 상당하므로, 민법 제746조 본문의 적용은 배제되어 피해자가 피고인에게 보관한 화대의 소유권은 여전히 피해자에게 속하는 것이어서, 피해자는 그 전부의 반환을 청구할 수 있고, 피고인이 이를 임의로 소비한 행위는 횡령죄를 구성한다.

[해 설]
Ⅰ. 들어가는 말

불법원인이라 함은 그 원인되는 행위가 선량한 풍속 기타 사회질서에 위반하는 경우를 말하는 것으로, 법률행위의 목적인 권리의무의 내용이 선량한 풍속 기타 사회질서에 위반되는 경우뿐만 아니라, 그 내용 자체는

반사회질서적인 것이 아니라고 하여도 법률적으로 이를 강제하거나 그 법률행위에 반사회질서적인 조건 또는 금전적 대가가 결부됨으로써 반사회질서적 성질을 띠게 되는 경우 및 표시되거나 상대방에게 알려진 법률행위의 동기가 반사회질서적인 경우에도 불법원인급여에 해당될 수 있다(대법원 2008. 10. 9. 선고 2007도2511 판결). 불법원인급여와 횡령죄의 성부는 횡령죄의 구성요건 중 '타인의 재물', '신임위탁관계' 인정 여부와 관련되어 있으므로 형법적으로 의미가 있다. 불법원인으로 급여된 '재물의 타인성'을 부정하거나 형법상 보호되는 '신임위탁관계'를 부정한다면 부정설을 취하게 된다. 판례는 부정설을 취하고 있는데, 대상판결도 이러한 판례의 태도를 그대로 유지하고 있다.

한편 민법은 불법원인급여에서 수익자에게만 불법이 있는 때에는 그 급여물의 반환청구를 인정하고 있는데(민법 제746조 단서), 수익자에게 반환의무가 있어서 이를 영득하는 경우에는 횡령죄가 성립하게 되므로 수익자에게만 불법이 있는 때의 적용범위가 중요한 문제로 대두되는데, 관련판결은 이와 관련된 판례이다.

II. 학 설

불법원인급여물의 영득이 횡령죄를 구성하는가에 관하여는 긍정설, 부정설, 절충설이 대립하고 있다. 횡령죄의 성립을 긍정하는 견해는 그 근거로서 ① 민법상 불법원인급여물에 대한 반환청구권이 인정되지는 않으나 위탁자가 소유권을 상실하는 것은 아니므로 수탁자는 여전히 타인의 재물을 보관하는 지위에 있어 이를 영득하는 것은 횡령죄를 구성한다고 보아야 하며, ② 위탁관계는 사실상의 관계이면 족하고 이 경우에도 신임관계는 존재한다고 할 수 있으며, ③ 범죄의 성부는 형법의 독자적 목적에 따라 판단하여야 한다는 점을 들고 있다.

횡령죄의 성립을 부정하는 견해는 그 근거로서 ① 불법원인급여물에 대하여 위탁자는 반환청구권을 상실하므로 수탁자는 위탁자에 대하여 그 재물을 반환할 법률상의 의무가 없어 횡령죄가 성립할 여지가 없으며, ② 민법상 반환의무가 없는 자에게 형법이 제재를 가하여 반환을 강제하는 것은 법질서의 통일성을 깨뜨리는 것이며, ③ 불법원인급여물은 수탁자에게 소유권이 귀속되므로 타인의 재물이라고 할 수 없다는 점을 들고 있다.

절충설(제한적 긍정설)은 불법원인 '급여'와 불법원인 '위탁'을 구별하여, 소유권을 이전하는 '급여'의 경우에는 '재물의 타인성'이라는 횡령죄의 성립요건이 충족되지 않으므로 횡령죄의 성립을 부정하고, 불법원인 '위탁'의 경우에는 소유권의 이전은 없고 단지 위탁한 것에 불과하므로 횡령죄가 성립한다고 한다. 제한적 긍정설 가운데는 불법원인 '급여'의 경우에는 횡령죄의 성립을 부정하고, 불법원인 '위탁'의 경우에는 횡령죄가 성립하는 것이 아니라 '횡령죄의 불능미수'가 성립한다고 보는 견해도 있다.

III. 대상판결의 평가

불법원인급여에서 급여자는 그 원인행위가 법률상 무효임을 내세워 상대방에게 부당이득반환청구를 할 수 없고, 또 급여한 물건의 소유권이 자기에게 있다고 하여 소유권에 기한 반환청구도 할 수 없어서, 그 반사적 효과로서 급여한 물건의 소유권은 상대방에게 귀속된다는 것이 확립된 민사판례이다(대법원 1979. 11. 13. 선고 79다483 전원합의체 판결). 대상판결은 이에 부합한다. 한편 불법원인급여에 있어서도 그 불법원인이 수익자에게만 있는 경우이거나 수익자의 불법성이 급여자의 그것보다 현저히 커서 급여자의 반환청구를 허용하지 않는 것이 오히려 공평과 신의칙에 반하게 되는 경우에는 급여자의 반환청구가 허용된다는 것도 확립된 민사판례이다(대법원 2007. 2. 15. 선고 2004다50426 전원합의체 판결). 관련판결은 이에 부합한다. 대상판결 및 관련판결과 같은 태도를 취할 때 형법의 최후수단성이 유지될 뿐만 아니라 불법원인급여물에 관한 민·형사간 법질서의 모순이 초래되지 않게 된다.

[참고문헌] 장영민, "불법원인급여와 횡령죄", 형사판례연구 [8] (2000).

[필자: 문영식 교수(서울시립대)]

[117] 횡령죄와 위탁관계 — 지입차량의 처분

[대상판결] 대법원 2015. 6. 25. 선고 2015도1944 전원합의체 판결

[사실관계] A는 화물차량에 대하여 피해자 회사(V)와 지입계약을 체결하여 화물차량 등록명의는 피해자 회사 앞으로 하고 A가 피해자 회사로부터 운행관리권을 위임받아 보관하던 중 개인적인 채무변제 등을 위해 돈이 필요하게 되자 그 사정을 아는 피고인에게 화물차량을 임의로 처분함으로써 피고인이 이를 취득하였다. 검사는 A가 피해자 회사의 화물차량을 횡령한 것으로 기소하여 A의 횡령죄 유죄 판결이 확정되었다. 그 이후 피고인이 검거되자 검사는 피고인을 장물취득으로 기소하였고, 원심은 이를 유죄로 인정하였다. 피고인은 A가 소유하는 차량을 거래한 것이어서 차량 취득에 법적인 문제가 없다는 취지로 상고하였다.

[판결요지] 횡령죄는 타인의 재물을 보관하는 사람이 재물을 횡령하거나 반환을 거부한 때에 성립한다(형법 제355조 제1항). 횡령죄에서 재물의 보관은 재물에 대한 사실상 또는 법률상 지배력이 있는 상태를 의미하며, 횡령행위는 불법영득의사를 실현하는 일체의 행위를 말한다. 따라서 소유권의 취득에 등록이 필요한 타인 소유의 차량을 인도받아 보관하고 있는 사람이 이를 사실상 처분하면 횡령죄가 성립하며, 보관 위임자나 보관자가 차량의 등록명의자일 필요는 없다. 그리고 이와 같은 법리는 지입회사에 소유권이 있는 차량에 대하여 지입회사에서 운행관리권을 위임받은 지입차주가 지입회사의 승낙 없이 보관 중인 차량을 사실상 처분하거나 지입차주에게서 차량 보관을 위임받은 사람이 지입차주의 승낙 없이 보관 중인 차량을 사실상 처분한 경우에도 마찬가지로 적용된다.

[해 설]

I. 들어가는 말

대상판결의 쟁점은 두 가지이다. 하나는 지입차주인 A가 운행관리하던 화물차량에 대하여 소유권을 보유하고 있는지 여부(쟁점 ①)이고, 다른 하나는 자동차에 대한 등록명의 없이 사실상 지배할 뿐인 A가 화물차량에 대한 법률상 유효한 처분권능이 없음에도 횡령죄의 보관자 지위가 있는지 여부(쟁점 ②)이다. 즉 A의 횡령죄가 성립하여야 피고인의 장물취득죄가 성립할 수 있는데, 피고인은 A의 횡령죄 성립을 다투고 있는 것이다.

대법원의 판결요지에는 쟁점 ①에 대해서 화물차량의 소유권이 지입차주인 A가 아니라 지입회사인 V에 귀속됨을 전제로 하여, 주로 쟁점 ②에 대해 답하고 있다. A가 지입계약에 따라 운행관리하고 있던 화물차량은 V 소유로서 등록명의를 보유하지 아니한 A는 이를 법률상 처분할 권한이 없지만 사실상 지배력을 가지고 사실상 처분한 이상 횡령죄의 보관자에 해당한다는 것이다. 대법원은 전원합의체 판결로 이를 선언하면서 "소유권의 취득에 등록이 필요한 차량에 대한 횡령죄에서 타인의 재물을 보관하는 사람의 지위는 일반 동산의 경우와 달리 차량에 대한 점유 여부가 아니라 등록에 의하여 차량을 제3자에게 법률상 유효하게 처분할 수 있는 권능 유무에 따라 결정하여야 한다"는 취지의 종전 판결을 변경하였다.

II. 지입차량의 소유권 귀속(쟁점 ①)

지입계약은 자동차운송업을 경영하면서 타인으로부터 차량을 지입받아 운송사업자인 회사 명의로 등록하는 지입회사와, 운송사업자인 지입회사에 차량을 지입하고 필요한 비용을 지불하면서 지입회사의 운송사업 면허 등을 이용하여 사실상 개인사업을 영위하는 지입차주 사이에서 차량의 소유와 점유가 분리된다. 차량등록원부상 지입회사가 대외적으로 차량 소유권을 보유하는 반면, 지입차주가 차량을 실질적으로 점유하면서 운행·관리하게 된다.

지입회사와 지입차주의 대내적인 관계에 있어서 학설상 지입차주에게 소유권이 있다고 보는 견해와 지입회사에게 소유권이 있다고 보는 견해가 대립하고 있다. 전자는 지입차주가 자동차의 구입비용을 부담하고 독립된 관리와 계산으로 운행을 하므로 사실상 소유자라는 견해이고, 후자는 관계법령에 따라 지입회사 명의로 등록된 사업용 자동차에 대해 지입차주가 내부적으로 독립된 관리와 계산으로 운행하는 지위를 가진다고 하

여 관계적 소유권까지 인정하기는 어렵다는 견해이다. 판례는 당사자 사이에 소유권을 유보하는 약정을 하지 않은 이상 등록명의자인 지입회사에 지입차량의 소유권이 귀속됨을 전제로 판시한 바 있다(대법원 2003. 5. 30. 선고 2000도5767 판결). 대상판결의 사안에서 지입회사인 V가 화물차량의 소유자라고 보는 이상 A가 자기 소유가 아닌 타인 소유의 재물을 처분한 것은 분명하고, 그것을 보관하는 지위에 있었는지의 문제만 남게 된다.

Ⅲ. 자동차의 사실상 지배권자의 횡령죄의 보관자 지위 여부(쟁점 ②)

횡령죄가 성립하려면 행위자가 재물 소유자와의 관계에 있어서 타인의 재물을 보관하고 있어야 함과 아울러 그 보관은 위탁관계에 의한 것이어야 한다. 판례는 보관 위탁관계를 '재물에 대한 사실상 또는 법률상 지배력이 있는 상태'로 보고 있으며, 반드시 계약에 의하여 설정되는 것임을 요하지 않고 사무관리, 관습, 조리, 신의칙에 의해서도 성립한다고 본다. 횡령죄의 '보관'은 '점유'와 동일한 의미로서 피해자인 재물 소유자에 대한 관계에서 신뢰관계를 의미하는 동시에 행위자 자신의 지배력을 의미한다. 따라서 횡령죄의 보관자 지위를 표상하는 '점유'는 사실상 지배에 의한 보관에 한정되지 않고 법률상 관리·지배까지 포함하는 개념이다.

동산의 경우 통상적으로 타인 소유의 동산을 점유하여 사실상 지배력을 가진 사람이 횡령죄의 보관자 지위에 있게 된다. 반면, 부동산의 경우 물권변동은 등기가 공시방법이므로 등기명의자나 그로부터 권한을 위임받은 사람 등 부동산을 제3자에게 유효하게 처분할 수 있는 권능이 있는 사람만이 횡령죄의 보관자 지위에 있게 된다. 판례는 이러한 취지에서 "부동산에 대한 보관자 지위는 동산의 경우에 있어서와는 달리 그 부동산에 대한 점유를 기준으로 할 것이 아니라 그 부동산을 제3자에게 유효하게 처분할 수 있는 권능의 유무를 기준으로 결정할 것"을 선언하여 왔다(대법원 1987. 2. 10. 선고 86도1607 판결).

그런데 자동차의 물권변동은 자동차관리법 등 법령에 의하여 등록명의에 따르도록 되어 있어 등기를 공시방법으로 정한 부동산의 경우와 유사하다. 종래 판례는 이러한 점에 착안하여 자동차에 대한 법률상 지배력을 가지고 있는 지위만이 횡령죄의 보관자 지위에 해당한다고 보았다. 이러한 논리에 따르면 사실상 지배력을 가지고 있을 뿐인 명의 없는 실질적인 자동차 점유자는 사실상 처분권한은 있더라도 법률상 유효한 처분 권능이 없어 일반 동산 횡령의 경우와 달리 횡령죄의 보관자 지위에 있을 수 없게 된다. 이에 따르면 대상판결의 사안에 있어서 지입차주인 A는 대외적으로 화물차량의 소유자가 아니므로 이를 처분하였다고 하여도 횡령죄의 보관자에 해당하지 않고 횡령죄가 성립하지 않는 이상 화물차량을 취득한 피고인에게 장물취득죄의 죄책을 물을 수도 없게 된다.

그러나 이러한 경우 몇 가지 문제점이 발생한다. 첫째, 자동차는 이동성이 없는 부동산과 달리 그 자체가 교통수단으로 이동성이 높고 사실상 지배권자에 의한 거래가 빈번하게 이루어지므로 자동차 횡령죄의 보관자 지위를 부동산 횡령죄의 그것과 동일시할 경우 동산과 유사한 자동차 거래의 현실에 반하는 문제가 있다. 둘째, 자동차의 권리변동에 대해서 부동산과 동일한 입법정책을 채택한 것은 재산권 취급에 있어 진정한 권리자를 보호하는 정적 안전을 중요시 하고자 하는 것인데 진정한 권리자의 의사에 반한 사실상 처분행위를 오히려 보호해 주는 것은 입법정책의 취지에 반하게 된다.

대상판결은 이러한 문제를 해결하고자 소유권 취득에 등록이 필요한 타인 소유 차량을 인도받아 보관하고 있는 사람이 이를 사실상 처분하더라도 횡령죄가 성립하고 그 보관위임자나 보관자가 차량의 등록명의자일 필요는 없음을 명백히 하면서, 지입차주 또는 그로부터 지입차량의 보관을 위임받은 사람이 지입차량을 처분한 경우 횡령죄의 보관자 지위를 부정하던 종래 판결을 변경하였다. 대상판결은 진정한 권리자를 보호하고 거래의 현실과 구체적 타당성에 부합하도록 종래의 오류를 시정한 타당한 판결이다.

〔참고문헌〕 민철기, "차량의 등록명의자가 아닌 지입차주가 차량의 보관자의 지위에 있다고 볼 수 있는지 여부", 대법원판례해설 제104호(2015 상반기)(2015).

[필자: 서정민 검사(서울중앙지검)]

[118] 지명채권양도와 횡령죄 또는 배임죄의 성립 여부

[대상판결] 대법원 1999. 4. 15. 선고 97도666 전원합의체 판결

[사실관계] 피고인은 1995. 4. 1. 피해자에 대한 금 11,500,000원의 채무를 변제하기 위하여 A 소유 주택에 대한 금 25,000,000원의 임대차보증금 중 11,500,000원의 반환채권을 피해자에게 양도하였다. 그러나 피고인은 채무자인 A에게 위와 같은 채권양도사실을 통지하지 않은 채 같은 달 20. A로부터 위 채무의 변제로서 금 25,000,000원을 교부받아 그 중 금 11,500,000원을 피해자에게 교부하지 않고 모두 사용하였다.

[판결요지] 채권양도의 당사자 사이에서는 양도인은 양수인을 위하여 양수채권 보전에 관한 사무를 처리하는 자라고 할 수 있고, 따라서 채권양도의 당사자 사이에는 양도인의 사무처리를 통하여 양수인은 유효하게 채무자에게 채권을 추심할 수 있다는 신임관계가 전제되어 있다고 보아야 할 것이고, 나아가 양도인이 채권양도 통지를 하기 전에 채무자로부터 채권을 추심하여 금전을 수령한 경우, 아직 대항요건을 갖추지 아니한 이상 채무자가 양도인에 대하여 한 변제는 유효하고, 그 결과 양수인에게 귀속되었던 채권은 소멸하지만, 이는 이미 채권을 양도하여 그 채권에 관한 한 아무런 권한도 가지지 아니하는 양도인이 양수인에게 귀속된 채권에 대한 변제로서 수령한 것이므로, 채권양도의 당연한 귀결로서 그 금전을 자신에게 귀속시키기 위하여 수령할 수는 없는 것이고, 오로지 양수인에게 전달해 주기 위하여서만 수령할 수 있을 뿐이어서, 양도인이 수령한 금전은 양도인과 양수인 사이에서 양수인의 소유에 속하고, 여기에다가 위와 같이 양도인이 양수인을 위하여 채권보전에 관한 사무를 처리하는 지위에 있다는 것을 고려하면, 양도인은 이를 양수인을 위하여 보관하는 관계에 있다고 보아야 할 것이다.

[해 설]
Ⅰ. 들어가는 말
대상판결의 쟁점은 지명채권양도인이 채권양도 통지를 하지 않고 있는 동안에 채무자로부터 채무의 변제로서 수령한 금전을 임의로 소비한 행위가 횡령죄

또는 배임죄를 구성하는지 여부이다. 횡령죄와 배임죄는 양자 모두 신임관계 위반이라는 점에서 범죄의 성질은 같으나, 다만 범죄의 객체가 전자는 재물인데 반하여 후자는 재산상 이익이라는 점만 다를 뿐이고, 서로 특별법·일반법 관계에 있다. 따라서 이 사건에 있어서 먼저 피고인에게 피해자에 대하여 가벌적인 신임관계 위반이 있었는지를 살펴보고, 그 다음 횡령죄의 성부를 살펴보는 것이 논리적 순서이다.

Ⅱ. 지명채권양도인의 형법상 책임 유무
1. 학 설
지명채권양도인의 형법상 책임에 관하여 우리나라 학설이나 판례에 있어서 확립된 견해는 없으나, 지명채권의 이중양도는 저당권의 이중양도와 유사하다고 하거나, 지명채권의 양도합의만으로 채권양도의 효력이 발생하고 그 이후 대항요건을 갖추기 전에 양도인이 타인에게 처분하는 것은 타인의 재물을 보관하는 자가 이를 불법 처분한 것이 되어 횡령죄가 성립한다고 하여야 하지만 지명채권은 재물이 아니므로 배임죄가 성립한다고 하는 견해를 발견할 수 있다.

2. 대법원의 태도
대상판결에서 대법원은 "채권양도의 당사자 사이에서는 양도인은 양수인을 위하여 양수채권보전에 관한 사무를 처리하는 자라고 할 수 있고, 따라서 채권양도의 당사자 사이에는 양도인의 사무처리를 통하여 양수인은 유효하게 채무자에게 채권을 추심할 수 있다는 신임관계가 전제되어 있다고 보아야 할 것"이라고 설시하고 있는바, 타당한 결론이라 생각한다.
채권양도의 경우 양도인과 양수인의 관계에서 반환채권은 이미 양수인에게 이전되어 양도인의 입장에서 타인의 권리가 되었고, 양도통지는 양수인이 양수받은 채권을 실현하는 데 반드시 필요로 하는 것인데 그러한 양도통지의 권능은 양도인만이 할 수 있는 것으로서 양수인의 권리가 양도인의 행위에 좌우되게 되었을 뿐 아니라 양도인의 의무위반행위로 인하여 양수인이

양도받은 채권을 상실하게 되므로, 양도인이 양도통지를 하거나 채무자로부터 수령한 변제목적물을 양수인에게 지급함으로써 양수인으로 하여금 원만하게 권리를 실현하도록 하는 것은 양도인 자신의 사무인 동시에 '타인재산의 보전행위에 협력하는 타인의 사무'에 해당한다.

III. 배임죄인가 횡령죄인가

위에서 살펴본 바와 같이, 이 사건에 있어서 피고인의 행위는 적어도 배임죄를 구성한다고 보아야 한다. 나아가 횡령죄를 구성하는가는 ① 피고인이 채무자로부터 수령한 금전의 소유권이 피해자에게 귀속된다고 볼 수 있는지 여부와, ② 피고인과 피해자 사이에 위 금전에 대한 위탁관계가 성립하였는지 여부에 달려 있다.

첫 번째 쟁점에 관하여 대상판결의 보충의견은 "당사자 사이의 신임관계 내지 위탁관계의 취지에 비추어 일정한 금전을 점유하게 된 일방당사자가 당해 금전을 상대방의 이익을 위하여 보관하거나 사용할 수 있을 뿐 그 점유자에 의한 자유로운 처분이 금지된 것으로 볼 수 있는 경우에는 민법의 채권채무관계에 의하여 상대방을 보호하는 데 머무르지 않고, 그 점유자는 상대방의 이익을 위하여 당해 금전 또는 그와 대체할 수 있는 동일한 가치의 금전을 현실적으로 확보하여야 하고, 그러한 상태를 형법상으로 보호한다는 의미에서 민법상 소유권과는 다른 형법상 소유권 개념을 인정할 필요가 있고, 대법원 판례가 일관하여, 용도를 특정하여 위탁된 금전을 그 용도에 따르지 않고 임의사용한 경우, 금전의 수수를 수반하는 사무처리를 위임받은 자가 그 행위에 기하여 위임자를 위하여 제3자로부터 수령한 금전을 소비한 경우에 횡령죄의 성립을 인정하여 온 것은 이와 같은 취지에 따른 것"이라고 설시함으로써, 피고인이 수령한 금전의 소유권이 피해자와 사이에서는 피해자에게 귀속된다고 보았다.

두 번째 쟁점에 관하여 대상판결의 보충의견은 "횡령죄에서 '재물의 보관'이라 함은 재물에 대한 사실상 또는 법률상 지배력이 있는 상태를 의미하고, 그 보관이 위탁관계에 기인하여야 할 것임은 물론이나, 그것이 반드시 사용대차, 임대차, 위임 등의 계약에 의하여 설정되는 것을 요하지 아니하고 사무관리, 관습, 조리, 신의칙에 의해서도 성립될 수 있는 것인바, 양도인이 채무자에게 채권양도통지를 하기 이전에 스스로 채무자로부터 추심한 금전에 대하여 그 사전 사후 당사자 사이에 위탁보관관계를 성립시키는 특별한 약정이 없다고 하더라도, 양도인은 양수인을 위하여 채권보전에 관한 사무를 처리하는 지위에 있고, 그 금전도 양수인에게 귀속된 채권의 변제로 수령한 만큼, 그 목적물을 점유하게 된 이상 이를 양수인에게 교부하는 방법으로도 채권양도의 목적을 충분히 달성할 수 있음에 비추어, 양도인으로서는 신의칙 내지 조리상 그가 수령하여 점유하게 된 금전에 대하여 양수인을 위하여 보관하는 지위에 있다고 보아야 할 것"이라고 설시하여 피고인과 피해자 사이에 위 금전에 대한 위탁관계가 성립한다고 보았다.

IV. 나오는 말

우리 민법이 지명채권의 양도통지를 양도인만 할 수 있게 한 이상 양수인으로 하여금 원만하게 권리를 실현하게 할 양도인의 임무에 대한 양수인의 신뢰는 형법상으로도 보호되어야 한다. 양도인이 양도통지 전에 채무자로부터 채무를 변제받은 경우에 변제의 목적물을 양수인에게 전달하여야 할 의무가 있고, 양도인이 이러한 임무에 위배하여 수령한 물건을 임의로 처분한 경우에는 형법상 죄책을 물어야 한다. 그러나 이러한 경우 변제로 수령한 물건의 소유권이 곧바로 양수인에게 귀속되고 양도인과 양수인 사이에는 신의칙상 위탁관계가 성립된다고 하여 양도인의 행위가 횡령죄를 구성한다고 보는 것은 지나친 의제가 아닌가 하는 생각이 든다. 더욱이 수령한 목적물이 금전인 경우까지 위와 같은 법리를 그대로 적용하는 것은 무리라고 생각된다. 물론 형법이론과 민법이론은 그 본질적 특성상 차이가 있을 수밖에 없으나, 가능한 한도까지는 법률해석의 통일을 기하는 것이 바람직하고, 배임죄로도 양수인의 신뢰보호라는 목적을 충분히 달성할 수 있다는 점을 고려한다면, 이 사건에 대하여 횡령죄를 적용하는 것은 형법이론의 독자성을 지나치게 강조한 것이 아닌가 싶다.

[참고문헌] 이민걸, "지명채권양도인이 양도통지 전에 채권의 변제로서 수령한 금전을 자기를 위하여 소비한 경우 횡령죄 또는 배임죄의 성립", 형사판례연구 [8](2000).

[필자: 이민걸 판사(대구고법)]

[119] 계좌명의인의 보이스피싱 피해금의 무단인출과 횡령죄

[대상판결] 대법원 2018. 7. 19. 선고 2017도17494 전원합의체 판결

[사실관계] 피고인 甲은 자기 명의로 개설된 예금계좌의 예금통장과 체크카드 1개, OTP카드 1개 등 접근매체를 보이스피싱 조직원 A에게 양도하였다. A는 피해자 V에게 보이스피싱을 하여 甲 명의의 계좌로 613만원을 송금하게 하였다. 甲은 별도로 만들어 소지하고 있던 체크카드를 이용하여 그 중 300만원을 임의로 인출하였다.

甲은 사기방조 및 주위적으로는 A의 재물을, 예비적으로는 V의 재물을 횡령하였다는 이유로 기소되었다. 항소심은 사기방조에 대해 무죄를, A와 甲 및 V와 甲 사이에 위탁관계를 인정할 수 없다는 이유로 횡령죄도 무죄를 선고하였다.

검사가 상고하였다. 대법원은 항소심 판결 중 횡령죄의 무죄부분을 파기하고 사건을 항소심법원으로 환송하였다.

[판결요지]

Ⅰ. 다수의견

계좌명의인은 착오로 송금·이체된 돈에 대하여 송금의뢰인을 위하여 보관하는 지위에 있다고 보아야 한다. 따라서 계좌명의인이 그와 같이 송금·이체된 돈을 그대로 보관하지 않고 영득할 의사로 인출하면 횡령죄가 성립한다. 이러한 법리는 계좌명의인이 개설한 예금계좌가 전기통신금융사기 범행에 이용되어 그 계좌에 피해자가 사기피해금을 송금·이체한 경우에도 마찬가지로 적용된다.

계좌명의인 甲은 피해자 V와 사이에 아무런 법률관계 없이 송금·이체된 사기피해금 상당의 돈을 피해자 V에게 반환하여야 하므로, 피해자 V를 위하여 사기피해금을 보관하는 지위에 있다고 보아야 하고, 만약 甲이 그 돈을 영득할 의사로 인출하면 V에 대한 횡령죄가 성립한다. 이때 계좌명의인 甲이 사기의 공범이라면 그가 송금·이체된 돈을 인출하더라도 이는 자신이 저지른 사기범행의 실행행위에 지나지 아니하여 별도로 횡령죄를 구성하지 않는다.

한편 甲의 인출행위는 전기통신금융사기의 범인(접근매체 양수인) A에 대한 관계에서는 다음과 같은 이유로 횡령죄가 되지 않는다.

첫째, 보이스피싱 범인 A는 계좌명의인 甲의 예금반환청구권을 자신이 사실상 행사할 수 있어 그 돈을 인출할 수 있는 상태에 이르렀다는 의미일 뿐 예금 자체를 취득한 것이 아니다.

둘째, 계좌명의인 甲과 보이스피싱 범인 A 사이의 위탁관계는 횡령죄로 보호할 만한 가치가 없다.

Ⅱ. 별개의견

전기통신금융사기 범행을 알지 못하는 계좌명의인 甲이 그 계좌에 송금·이체된 돈을 인출한 경우 접근매체 양수인 A(보이스피싱 범인)에 대한 횡령죄가 성립하고, 피해자 V에 대하여는 다음과 같은 이유로 횡령죄가 성립하지 않는다.

첫째, 계좌명의인 甲과 사기피해자 V사이에는 아무런 위탁관계가 존재하지 않는다. (착오 송금·이체와 달리) A의 보이스피싱 사기죄는 피해자 V가 甲의 계좌에 돈을 송금·이체함으로써 기수에 이르고 이 때에 V는 그 돈에 대한 소유권을 상실한다. 이러한 상태에서 계좌명의인 甲이 송금·이체된 돈을 인출한다고 해서 사기피해자 V에게 이미 발생한 소유권 침해를 초과하는 어떠한 새로운 법익침해가 발생하는 것은 아니다.

둘째, 계좌명의인 甲이 A의 전기통신금융사기 범행을 알지 못한 이상 甲과 A 사이의 약정이 무효이라거나 돈의 보관이 불법원인급여에 해당한다고 볼 뚜렷한 근거는 없기 때문에 甲은 위탁관계에 의해 A의 돈을 보관하는 자라고 할 수 있다.

Ⅲ. 반대의견

다음과 같은 이유로 A나 V에 대해 횡령죄가 성립하지 않는다.

첫째, 계좌명의인 甲과 접근매체 양수인 A사이의 위탁관계는 형법상 보호할 만한 가치 있는 신임에 의한 것이 아니므로 A에 대한 횡령죄가 성립하지 않는다.

둘째, 계좌명의인 甲과 송금인 V 사이에는 아무런

위탁관계가 없으므로 V에 대한 횡령죄가 성립하지 않는다.

[해 설]

Ⅰ. 들어가는 말

보이스피싱 사기죄는 보이스피싱 범인(A)이 피해자(V)를 기망하여 제3자(甲) 명의의 예금계좌로 송금 또는 이체하도록 하는 방식으로 이루어진다. 범행 이전에 범인(A)은 제3자(甲)에게 대가를 제공하고 제3자(甲) 명의의 예금계좌를 개설하거나 기존의 예금계좌가 있는 경우 그 예금계좌에서 돈을 인출할 수 있도록 예금통장, 현금카드, 도장 등(접근매체)을 받아놓는다. 그리고 피해자 V로부터 甲의 통장으로 돈이 송금·이체되면 A는 甲으로부터 받아놓은 접근매체를 사용하여 甲명의의 예금계좌에서 돈을 인출한다.

그런데 대상판결의 사건에서는 甲이 별도로 만든 체크카드를 이용하여 V가 송금한 돈을 A 모르게 인출하였다. 중요한 것은 甲이 A가 보이스피싱 사기범이라는 것을 알지 못했기 때문에 사기방조의 죄책은 지지 않는다는 것이다. 만약 甲이 사기방조의 죄책을 진다면 甲의 예금인출 행위는 또 다른 형법적 문제를 발생시킬 수 있기 때문이다.

Ⅱ. 횡령죄의 위탁관계

횡령죄에서 위탁관계는 형법상 보호할 만한 가치가 있는 것이어야 한다. 대상판결의 쟁점은 甲의 계좌로 송금된 돈에 대해 甲과 A 또는 V 사이에 형법상 보호할만한 위탁관계가 있는지 및 그 돈에 대한 소유권이 누구에게 있는지 이다.

종래의 대법원판례는 일관되게 "어떤 예금계좌에 돈이 착오로 잘못 송금되어 입금된 경우에는 그 예금주와 송금인 사이에 신의칙상 보관관계가 성립한다고 할 것이므로, 피고인이 … 은행 계좌에 입금된 돈을 임의로 인출하여 소비한 행위는 횡령죄에 해당하고, 이는 송금인과 피고인 사이에 별다른 거래관계가 없다고 하더라도 마찬가지이다"라고 한다(대법원 2010. 12. 9. 선고 2010도891 판결; 대법원 2006. 10. 12. 선고 2006도3929 판결 등).

다수의견과 반대의견은 甲과 보이스피싱 범인 A와의 사이에는 형법상 보호할 만한 위탁관계를 인정할 수 없으므로 A에 대한 횡령죄는 성립할 수 없다고 한다. 이에 대해 별개의견은 甲과 A 사이의 약정이 무효이거나 甲이 보관하게 된 돈은 불법원인급여가 아니라는 것을 근거로 A에 대한 횡령죄를 인정한다.

다수의견만이 착오송금에서와 같이 V와 甲 사이에 위탁관계를 인정할 수 있다고 한다. 반면 별개의견은 V가 A의 기망에 의해 甲의 계좌에 송금을 하면 그 돈에 대한 소유권을 상실함을 근거로, 반대의견은 V에게 반환청구권이 있다고 하더라도 甲이 그것을 모르고 돈을 인출하였음을 근거로 V에 대한 횡령죄는 성립할 수 없다고 한다.

Ⅲ. 평 가

A가 甲 명의의 계좌를 양수하여 보이스피싱 범죄에 사용하는 것은 금융실명법상 5년 이하의 징역 또는 5천만원 이하의 벌금에 처해지는(제3조 제3항, 제6조 제1항) 범죄이다. 따라서 A와 甲 사이의 위탁관계는 형법상 보호할 가치가 없다고 해야 한다.

甲과 V 사이에서도 신의칙상 위탁관계를 인정하는 것은 형법해석의 엄격성원칙에 반한다. 따라서 반대의견이 가장 타당하다.

또한 착오송금 사건이나 대상판결의 사건에서 설사 위탁관계를 인정한다고 하더라도 횡령죄가 아니라 배임죄의 문제로 다루어야 한다. 甲이 취득한 것은 재물이 아니라 재산상 이익인 예금채권이기 때문이다.

〔참고문헌〕 송진경, "착오로 송금된 금전을 임의로 소비한 경우와 재산범죄", 형사법연구 제23권 제1호(통권 46호), 2011; 이진혁, "전기통신금융사기(보이스피싱 범죄)와 횡령죄의 성립 여부", 대법원판례해설 제112호, 법원도서관, 2017.

[필자: 오영근 교수(한양대)]

[120] 횡령 후의 횡령 — 횡령죄와 불가벌적 사후행위

[대상판결] 대법원 2013. 2. 21. 선고 2010도10500 전원합의체 판결

[사실관계] 피고인 甲은 1995. 10. 20. 피해자 종중으로부터 위 종중 소유인 파주시 적성면 답 2,337㎡, 답 2,340㎡를 명의신탁받아 보관하던 중 자신의 개인채무 변제에 사용하기 위한 돈을 차용하기 위해 이 토지에 관하여 1995. 11. 30. 채권최고액 1,400만 원의 근저당권을, 2003. 4. 15. 채권최고액 750만 원의 근저당권을 각각 설정하였다. 그 후 피고인 甲은 피고인 乙과 공모하여 2009. 2. 21. 이 토지를 A에게 1억 9,300만 원에 매도하였다.

[판결요지] [다수의견] ㈎ 횡령죄는 다른 사람의 재물에 관한 소유권 등 본권을 보호법익으로 하고 법익침해의 위험이 있으면 침해의 결과가 발생되지 아니하더라도 성립하는 위험범이다. 그리고 일단 특정한 처분행위(이를 '선행 처분행위'라 한다)로 인하여 법익침해의 위험이 발생함으로써 횡령죄가 기수에 이른 후 종국적인 법익침해의 결과가 발생하기 전에 새로운 처분행위(이를 '후행 처분행위'라 한다)가 이루어졌을 때, 후행 처분행위가 선행 처분행위에 의하여 발생한 위험을 현실적인 법익침해로 완성하는 수단에 불과하거나 그 과정에서 당연히 예상될 수 있는 것으로서 새로운 위험을 추가하는 것이 아니라면 후행 처분행위에 의해 발생한 위험은 선행 처분행위에 의하여 이미 성립된 횡령죄에 의해 평가된 위험에 포함되는 것이므로 후행 처분행위는 이른바 불가벌적 사후행위에 해당한다. 그러나 후행 처분행위가 이를 넘어서서, 선행 처분행위로 예상할 수 없는 새로운 위험을 추가함으로써 법익침해에 대한 위험을 증가시키거나 선행 처분행위와는 무관한 방법으로 법익침해의 결과를 발생시키는 경우라면, 이는 선행 처분행위에 의하여 이미 성립된 횡령죄에 의해 평가된 위험의 범위를 벗어나는 것이므로 특별한 사정이 없는 한 별도로 횡령죄를 구성한다고 보아야 한다.

㈏ 따라서 타인의 부동산을 보관 중인 자가 불법영득의사를 가지고 그 부동산에 근저당권설정등기를 경료함으로써 일단 횡령행위가 기수에 이르렀다 하더라도 그 후 같은 부동산에 별개의 근저당권을 설정하여

새로운 법익침해의 위험을 추가함으로써 법익침해의 위험을 증가시키거나 해당 부동산을 매각함으로써 기존의 근저당권과 관계없이 법익침해의 결과를 발생시켰다면, 이는 당초의 근저당권 실행을 위한 임의경매에 의한 매각 등 그 근저당권으로 인해 당연히 예상될 수 있는 범위를 넘어 새로운 법익침해의 위험을 추가시키거나 법익침해의 결과를 발생시킨 것이므로 특별한 사정이 없는 한 불가벌적 사후행위로 볼 수 없고, 별도로 횡령죄를 구성한다.

[별개의견] 선행 횡령행위로 발생한 소유권 침해의 위험이 미약하여 과도한 비용과 노력을 들이지 아니하고도 그 위험을 제거하거나 원상회복할 수 있는 상태에서 그보다 월등히 큰 위험을 초래하는 후행 횡령행위를 저지른 경우에는 그 행위의 반사회성이나 가벌성이 충분히 인정되고 일반인으로서도 그에 대한 처벌을 감수함이 마땅하다고 여길 만하다. 이와 같은 경우에는 예외적으로 이를 불가벌적 사후행위로 볼 것이 아니라 처벌대상으로 삼을 필요가 있다. 기존의 판례를 변경하지 아니하고도 이러한 해석이 가능하고, 이러한 해석을 하려면 판례를 변경하여야 한다고 보더라도 그 범위 내에서만 제한적으로 변경함으로써 충분하다.

[반대의견] 타인의 부동산을 보관 중인 자가 그 부동산의 일부 재산상 가치를 신임관계에 반하여 유용하는 행위로서, 즉 배임행위로서 제3자에게 근저당권을 설정한 것이 아니라, 아예 해당 부동산을 재물로서 불법적으로 영득할 의사로, 즉 횡령행위로서 근저당권을 설정한 것이라면, 이러한 횡령행위에 의한 법익침해의 결과나 위험은 그때 이미 위 부동산에 관한 소유권 전체에 미치게 되고, 이 경우 후행 처분행위에 의한 추가적 법익침해의 결과나 위험은 법논리상 불가능하다고 보아야 한다.

[해 설]

I. 들어가는 말

대상판결은 선행 처분행위로 횡령죄가 기수에 이른 후 이루어진 후행 처분행위가 별도로 횡령죄를 구성하

는지 여부와 타인의 부동산을 보관 중인 자가 그 부동산에 근저당권설정등기를 마침으로써 횡령행위가 기수에 이른 후 같은 부동산에 별개의 근저당권을 설정하거나 해당 부동산을 매각한 행위가 별도로 횡령죄를 구성하는지 여부에 관하여 원칙적으로 긍정적으로 판단하였다. 대상판결은 불가벌적 사후행위의 개념을 명확하게 설정한 판결이라는 평가를 받을 수 있겠으나, 대법원이 그동안 취하여 온 입장을 구체적 논거의 제시없이 변경한 점에 관하여 비판의 여지를 드러내고 있다.

II. 대상판결 사안과 불가벌적 사후행위의 성립 여부

대상판결에서 '후행 처분행위가 불가벌적 사후행위에 해당하는가'라는 문제에 관해 ① 근저당권의 설정으로 재물 전체에 대한 횡령죄가 성립한다고 하면서도 후행행위가 근저당권 설정행위인가 또 매도행위인가를 구분하여 전자만 불가벌적 사후행위가 되고 후자는 별개의 횡령죄가 된다는 견해, ② 근저당권의 설정으로 인한 횡령죄의 취득 객체는 재산상의 이익이고 이에 따라 후행 처분행위도 횡령죄가 성립할 수 있으며 양자는 특수한 형태의 포괄일죄에 해당한다는 견해, ③ 재물 일부에 대한 영득을 인정할 수 있으므로 재물 전체가치의 일부만을 횡령하는 경우 그 부분에 한해 횡령죄가 성립하고 나머지 부분은 여전히 소유자에 남아 있어 이를 계속 보관하는 자가 후행 처분행위로써 다시 횡령할 수 있기 때문에 수회의 횡령행위는 실질가치설의 입장에서 해결해야 한다는 견해 등이 이론적으로 제시되고 있다.

여기서 ①과 같이 후행 처분행위만을 별개의 독립된 횡령죄로 인정하는 경우에는 죄수관계가 문제된다. ②에 의하면 양 처분행위에 대한 기소와 그 처벌이 어떠한 형태로 이루어지는가에 구애받지 않고 포괄일죄의 관계로 보아야 한다는 것이다. 대상판결은 ③과 같이 실체적 경합관계로 판단하여 '새로운 법익 침해 여부'를 기준으로 하여 이를 판단하고 있다. 다만 종전의 위탁관계를 대체하는 새로운 위탁관계가 생긴 경우에는 두개의 위탁관계는 분리되어 별개로 양립하기 때문에 양자가 포괄일죄의 관계에 있는 것이 아니라 별도의 횡령죄로서 서로 실체적 경합관계에 있게 된다는 것이다.

대상판결의 견해 대립은 그 논거에 있어서 '횡령죄의 이득액에 관한 전체가치설과 실질가치설의 대립'에 기초하고 있다. 곧 반대의견이 따르는 전체가치설에 따르면 하나의 횡령죄만 성립할 것이고, 원심 판결과 다수의견은 실질가치설의 입장에서만 설명될 수 있기 때문이다. 여기서 선행 처분행위 시 재물의 일부에 대한 영득을 인정하여 나머지 부분에 대한 2차적 횡령행위를 별개의 죄로 보아 실체적 경합범으로 인정할 수 있게 된다. 곧 별개의견과 반대의견이 분명하게 전체가치설의 논거를 전개함에도 다수의견은 반대되는 논거에 관하여 구체적으로 설명을 하지 않고 있다. 또 불가벌적 사후행위의 본질에 관한 심도있는 성찰 없이 획일적으로 별죄가 성립한다고 판단한 점은 비판의 대상이 될 것이다. 그럼에도 불구하고 다수의견은 과거 판결이 간과하였던 법현실과 일반인의 법감정 사이의 간극을 메우기 위한 노력을 기울인 점에서 긍정적으로 평가될 수 있다고 본다.

III. 나오는 말

대상판결 다수의견과 같이 명의신탁을 받아 보관 중인 종중부동산을 명의신탁자의 승낙 없이 제3자에게 근저당권설정등기를 경료해 준 선행 처분행위는 횡령죄에 해당하고, 그 후 이를 제3자에게 다시 매도한 후행 처분행위는 별개의 횡령행위로 판단하는 것이 타당하다고 본다. 그 이유는 이러한 후행 처분행위는 '선행 처분행위로 예상할 수 없는 새로운 위험을 추가함으로써 법익침해에 대한 위험을 증가시키거나 선행 처분행위와는 무관한 방법으로 법익침해의 결과를 발생시키는 경우'에 해당하기 때문이다. 이처럼 '새로운 법익침해의 여부'를 기준으로 불가벌적 사후행위를 판단하는 기준은 선행 처분행위의 처벌이 후행 처분행위의 불법내용의 중요부분과 관련성이 있는가 여부에 있는 것이다.

결론적으로 대법원의 다수의견에 대하여 그 결론을 수긍할 수 있겠으나, 종전 판례를 전향적으로 변경한 태도는 옳지 않다고 본다. 별개의견과 같이 후행 처분행위를 별죄로 처벌하기 위하여는 구체적으로 사안의 경중에 따라 새로운 법익침해가 있는 경우에 한하여 별개의 범죄로 처벌해야 된다.

[필자: 백원기 교수(인천대)]

[121] 법인 명의의 배임행위에 있어 '타인의 사무처리자'

[대상판결] 대법원 1984. 10. 10. 선고 82도2595 전원합의체 판결

[사실관계] 피고인은 가내공업주식회사의 대표이사로 취임한 후, 전 대표이사가 이미 위 회사 소유의 대지와 점포를 A, B에게 분양하고 대금 전액을 완납받은 사실을 알고 있었음에도 불구하고, 채무 변제와 관련한 자금압박을 받게 되자 자금난을 해결하기 위하여 위 대지와 점포를 C, D에게 이중으로 분양한 후 소유권이전등기절차를 이행하여 주었다. 이로써 피고인은 A, B로 하여금 매매대금 상당의 재산상 손해를 입게 하였다.

[판결요지] [다수의견] 배임죄에 있어서 타인의 사무를 처리할 의무의 주체가 법인이 되는 경우, 법인은 다만 사법상의 의무 주체가 될 뿐 범죄능력이 없어 타인의 사무는 법인을 대표하는 자연인인 대표기관의 의사결정에 따른 대표행위에 의하여 실현될 수밖에 없으므로 그 대표기관은 마땅히 법인이 타인에 대하여 부담하고 있는 의무 내용대로 사무를 처리할 임무가 있다 할 것이어서, 법인이 처리할 의무를 지는 타인의 사무에 관하여는 법인이 배임죄의 주체가 될 수 없고, 그 법인을 대표하여 사무를 처리하는 자연인인 대표기관이 타인의 사무를 처리하는 자, 즉 배임죄의 주체가 된다.

[반대의견] 법인은 사법상의 의무 주체가 될 뿐 범죄능력이 없다고 하나 바로 이 사법상의 의무 주체가 배임죄의 주체가 되는 것이므로 이것을 떠나서 배임죄는 성립할 수 없는 것이고, 법인의 대표기관이 법인이 타인에 대하여 부담하고 있는 의무내용 대로 사무를 처리할 임무가 있다고 할 때의 그 임무는 법인에 대하여 부담하는 임무이지 법인의 대표기관이 직접 타인에 대하여 지고 있는 임무가 아니므로, 그 임무에 위배하였다고 하여 타인에 대한 배임죄가 성립한다고 할 수 없다.

[해 설]

I. 들어가는 말

대상판결 다수의견의 요지는 형사처벌의 대상인 배임행위가 법인 명의로 이루어진 경우 법인은 처벌할 수 없고 대표기관을 배임죄로 처벌할 수 있다는 것으로서, 위 판결의 쟁점은 두 가지로 정리할 수 있다. 하나는 과연 일반적으로 법인에 대한 형사처벌이 가능한지(쟁점 ①)이고, 다른 하나는 법인이 형사처벌의 주체가 될 수 없다면 대표기관에 의하여 법인 명의로 배임행위가 이루어진 경우에 배임죄의 주체, 즉 '타인의 사무처리자'를 법인이라고 보아야 하는지, 아니면 실제 행위를 한 대표기관으로 보아야 하는지(쟁점 ②)에 관한 것이다.

II. 법인에 대한 범죄능력 인정 여부(쟁점 ①)

법인에 대한 형사처벌 가부를 논하기 위하여는 먼저 법인에게 범죄능력이 인정되는지를 둘러싼 학설과 대법원의 태도를 비교해 보아야 한다. 법인에게 행위능력과 책임능력, 즉 범죄능력이 인정되어야만 법인을 범죄의 주체로 보아 그에 따른 형사책임을 인정할 수 있을 것이기 때문이다.

먼저 부정설은 자연인과 달리 의사능력, 행위능력이 없는 법인에게는 범죄능력을 인정할 수 없다고 하면서, 법인은 대표기관인 자연인을 통해서 행위하므로 대표기관을 처벌하면 족하고, 양벌규정이 없는 한 법인은 처벌할 수 없다고 한다. 현재 통설이자 대법원 판례(대법원 1994. 2. 8. 선고 93도1483 판결 등)의 입장이다.

반면 인정설은 사법상의 의무주체와 범죄주체를 별개로 파악할 수 없고, 법인은 구성원의 변동이나 구성원 개인의 의사와 관계없이 독자적으로 활동하는 고유의 실체이므로, 법인의 범죄능력을 인정해야 한다는 견해로서 현재 유력설이다.

또한 형사범과 행정범을 구별하여 행정적 단속 필요성에 따라 합목적적·기술적 요소가 강한 행정범에 한하여 범죄능력을 인정해야 한다는 절충설이 있다.

III. 법인 명의의 배임행위에 있어 그 대표기관의 처벌 가부(쟁점 ②)

대지와 점포의 이중분양계약 체결의 주체가 법인인 본 사안에서는 위에서 살펴본 통설 및 대법원 판례에 따르면 법인에 대한 범죄능력이 인정되지 아니하고 현행 형법상 배임죄에 대하여 법인을 처벌하는 양벌규정

도 존재하지 않으므로, 이 경우 법인 대신에 자연인으로서 실제 행위자인 그 대표기관을 '타인의 사무처리자' 즉, 배임죄의 주체로 보아 처벌할 수 있는지가 문제된다.

1. 종전 대법원 판례: 대표기관 처벌 불가 입장

종전의 대법원 판례(대법원 1983. 2. 22. 선고 82도1527 판결 등)에 따르면, 이중분양계약 체결의 주체가 법인인 경우 현행 형법상 법인에 대한 형사처벌 규정이 없고, 실제 분양행위를 담당한 대표기관은 타인과의 관계에서 직접적인 채권채무관계를 맺고 있지 않아 법령상·계약상·관습상 타인의 사무를 처리하는 지위 또는 신분이 없어 배임죄의 주체가 될 수 없다고 본다. 본 사안에서 배임 행위가 발생하였음에도 법인과 대표이사 중 어느 누구도 처벌할 수 없게 되어 형사처벌의 공백이 생기는 문제점이 생긴다.

2. 대상판결의 다수의견: 대표기관 처벌 가능 입장

결국 대법원은 배임행위가 있음에도 법인과 대표기관 중 어느 당사자도 처벌하지 못하는 불합리를 해결하기 위하여 법인의 범죄능력을 부정하면서도 종전의 판례를 폐기하고 전원합의체 판결로 대표기관에 대한 배임죄의 성립을 인정하였다. 본 사안에 있어 다수의견은 법인이 당사자인 경우 배임죄의 주체에 관한 해석을 변경하여 사법적 의무주체(법인)와 형법상의 범죄주체(대표이사)를 구분하여 대표기관이 타인에 대하여 직접 의무를 부담한다고 본 것이다. 즉, 실질적인 실행행위자에 해당되는 대표기관은 법인이 타인에 대하여 부담하고 있는 의무 내용대로 사무를 처리할 의무가 있다고 할 것이어서 '타인의 사무처리자'에 해당된다고 보아 대표이사에 대한 배임죄의 성립을 인정하였다.

3. 대상판결의 반대의견: 대표기관 처벌 불가 입장

반면 반대의견은 종전의 대법원 판례 입장을 유지하면서 대표기관은 배임죄의 주체가 될 수 없다고 한다.

Ⅳ. 나오는 말

(1) 본 사안에서 대법원 다수의견은 기본적으로 법인의 범죄능력을 부정하는 입장에서 그 대표기관을 배임죄에 있어서 '타인의 사무처리자'에 해당된다고 보아

배임죄로 처벌할 수 있다고 판시하였다. 민법상 이전등기 의무자는 법인이더라도 이는 법인을 대표하는 자연인으로서의 대표기관에 의하여 실현될 수밖에 없다는 논거에서이다. 현행법상 특별법에만 위반행위를 한 실제 행위자 외에 법인을 처벌할 수 있는 근거로서 양벌규정을 두고 있고 형법은 법인을 처벌할 수 있는 규정을 두지 않고 있으므로, 이와 같은 대법원 다수의견의 태도는 이중분양이라는 배임행위에 관한 형사정책적인 처벌 필요성에 비추어 볼 때 현 상황에서 처벌의 공백을 메우기 위한 적절한 선택이라고 생각된다. 대법원 반대의견이자 종전의 대법원 판례는 배임 행위가 이루어진 경우 법인과 대표기관 중 어느 누구도 처벌할 수 없는 불합리한 결과가 발생함에도 이를 해결하기 위한 아무런 방안을 제시하지 못하고 있기 때문이다.

(2) 다만 현대사회에서 법인이 권리의무의 주체가 되어 행하여지는 반사회적 활동이 계속 증가함에 따라 법인의 사회적 책임이 강조되고 있는 것을 고려하여 보면, 법인이 대표이사 등을 계속 교체하는 방식으로 이중분양과 같은 배임행위를 반복할 경우 대표기관에 대한 형사처벌만으로는 법인을 규제하는 데 한계가 있다는 비판의 목소리에도 귀기울일 때이다. 또한 대법원 다수의견과 같이 대표기관을 '타인의 사무처리자'로 보아 처벌하는 것은 배임죄의 주체에 관한 확대해석에 해당될 소지가 있어 형벌 법규의 엄격해석 요청에 반한다는 비판으로부터 자유로울 수 없다는 지적도 있다. 따라서 대법원 다수의견과 같이 대표기관에 대한 배임죄 성립을 인정하는 것에 그치지 않고, 장기적으로는 입법론적 고찰을 통해 법인을 처벌할 수 있는 길을 열어둘 필요가 있다.

〔참고문헌〕손지열, "법인 대표이사의 이중분양행위와 배임죄", 대법원판례해설 제3호(1984년 하반기)(1988).

[필자: 황철규 검사(법무연수원)]

[122] 배임죄에서의 임무위배행위

[대상판결] 대법원 2009. 5. 29. 선고 2007도4949 전원합의체 판결

[사실관계] (1) 비상장회사인 V 회사는 1996. 10. 30. 이사회를 열어 총 17명의 이사 중 8명이 참석한 가운데 총액 약 100억 원, 사채의 배정방법은 1996. 11. 14. 기준으로 주주에게 우선 배정하되 실권 시에는 이사회 결의에 의해 제3자에게 배정하고, 전환가격은 시가보다 현저하게 낮은 7,700원으로 하는 전환사채의 발행을 결의하였다.

당시 V 회사의 주주는 대부분 V 회사가 속한 S 그룹의 계열사들 또는 S 그룹 회장인 A를 비롯한 임원들이었다. 그런데 주주들 가운데 오직 1개 회사만이 그 지분비율(2.94%)에 해당하는 전환사채의 인수청약을 하였으며, 나머지 주주들(25인)은 모두 그 지분비율(97.06%)에 해당하는 인수청약을 하지 않아 실권되었다.

(2) 이에 피고인들(甲은 대표이사, 乙은 상무이사)은 1996. 12. 3. 이사회를 개최하여 주주들이 실권한 전환사채를 A의 장남인 B를 포함하여 모두 4인에게 배정하기로 결의하였다. B 등은 같은 날 인수청약 및 인수대금 납입을 완료하고, 곧바로 전환권을 행사하여 V 회사의 최대 주주(62.75%)가 되었다(사실상 신주의 저가발행).

[판결요지] [다수의견] [1] 회사가 주주 배정의 방법, 즉 주주가 가진 주식 수에 따라 신주 등의 배정을 하는 방법으로 신주 등을 발행하는 경우에는 발행가액 등을 반드시 시가에 의하여야 하는 것은 아니다. 따라서 회사의 이사로서는 시가보다 낮게 발행가액 등을 정함으로써 주주들로부터 가능한 최대한의 자금을 유치하지 못하였다고 하여 배임죄의 구성요건인 임무위배, 즉 회사의 재산보호의무를 위반하였다고 볼 것은 아니다.

[2] 그러나 주주배정의 방법이 아니라 제3자에게 인수권을 부여하는 제3자 배정방법의 경우, 제3자는 신주 등을 인수함으로써 회사의 지분을 새로 취득하게 되므로 그 제3자와 회사와의 관계를 주주의 경우와 동일하게 볼 수는 없다. 제3자에게 시가보다 현저하게 낮은 가액으로 신주 등을 발행하는 경우에는 시가를 적정하게 반영하여 발행조건을 정하거나 또는 주식의 실질가

액을 고려한 적정한 가격에 의하여 발행하는 경우와 비교하여 그 차이에 상당한 만큼 회사의 자산을 증가시키지 못하게 되는 결과가 발생하는데, 이 경우에는 회사법상 공정한 발행가액과 실제 발행가액과의 차액에 발행주식수를 곱하여 산출된 액수만큼 회사가 손해를 입은 것으로 보아야 한다. 이와 같이 현저하게 불공정한 가액으로 제3자 배정방식에 의하여 신주 등을 발행하는 행위는 이사의 임무위배행위에 해당한다.

[해 설]
I. 임무위배행위의 의의

배임죄에서 임무위배행위라 함은, "처리하는 사무의 내용, 성질 등에 비추어 법령의 규정, 계약의 내용 또는 신의칙상 당연히 하여야 할 것으로 기대되는 행위를 하지 않거나 당연히 하지 않아야 할 것으로 기대되는 행위를 함으로써 사무 처리를 위임한 본인과의 신임관계를 저버리는 일체의 행위"를 말한다(통설·판례). 그런데 임무위배가 있다는 것은 손해가 발생했다는 것과 표리의 관계에 있고 이를 분리할 수 없으므로, 임무위배행위라 함은 형식적으로 법령을 위반한 모든 경우를 의미하는 것이 아니고, "경제적 실질적 관점에서 본인에게 재산상의 손해가 발생할 위험이 있는 행위"를 의미한다(대상판결).

II. 전환사채의 저가발행과 이사의 임무위배

주식회사의 이사는 주식회사의 사무를 처리하는 자의 지위에 있지만, 주주들에 대한 관계에서 직접 그들의 사무를 처리하는 자의 지위에 있는 것은 아니다(대법원 2004. 6. 17. 선고 2003도7645 전원합의체 판결).

(1) 다수의견은, 주주배정 방식의 경우에는 이사에게 시가발행의 의무가 없으나, 제3자배정 방식의 경우에는 시가발행의 의무가 있다고 한다. 즉, 제3자배정 방식의 경우에는 시가보다 현저하게 낮은 가격으로 발행하는 경우에는 공정한 발행가격과 실제 발행가격의 차액에서 주식 수를 곱한 액수만큼 회사에 신규자산이 형성되지 못하는 손해가 발생하므로, 이사는 회사를 위

해 그 손해가 발생하지 않도록 시가를 적정하게 반영한 적정한 가격(공정한 가격)으로 발행할 임무가 있다고 보았다. 그러나 주주배정 방식의 경우에는 이사는 발행가액이 액면가 이상이면 자유로이 발행조건을 정할 수 있고, 시가보다 낮은 가격으로 발행했더라도 회사에 대한 임무위배에 해당하지 않는다고 보았다(반대의견도 다수의견과 동일하나, 다만 제3자배정 방식의 경우 손해 계산에서 공정한 발행가액 대신 시가를 기준으로 한다).

대상판결에서 이사의 배임행위로 지목된 것은 '신주를 발행했다는 것' 자체가 아니라 신주를 '저가로 발행했다는 것'으로 보이므로, 차액설이 올바른 결론이 된다. 제3자배정 방식의 경우 공정한 발행가액을 기준으로 실제 발행가액과의 차이가 회사의 손해라는 태도는 기존 판례(대법원 2001. 9. 28. 선고 2001도3191 판결)의 연장선상에 있는 것이다. 그런데 문제는 현저하게 낮은 가격으로 저가발행하면 주주배정 방식의 경우에도 회사에 유입되는 자금이 줄어드는 것은 마찬가지라는 점이다. 그럼에도 주주배정 방식과 제3자배정 방식을 달리 취급하는 이유는 무엇인가? 다수의견과 반대의견은 모두 그 본질 내지 성질이 다르기 때문이라고 설명한다. 즉, ① 주주배정의 경우 주주는 일단 출자를 한 다음에는 설령 발행가액이 현저하게 불공정한 경우에도 상법 제424조의2 제1항에 따른 추가출자의무를 부담하지 않는다는 점과, ② 회사가 준비금의 자본전입이나 주식배당 등으로 주주들에게 지분비율에 따라 '무상으로' 주식을 교부하는 것도 허용되므로 무상이 아닌 저가발행은 당연히 허용된다는 점이 제시되고 있다. 주주배정 방식의 경우에는 이사에게 시가발행의 의무가 없으므로 임무위배를 논할 수 없고, 그 결과 회사에 손해는 있지만 그 손해를 배임죄에서의 손해로 평가할 수는 없다고 본 것이다. 이는 사실상 이사가 임무를 부담하는 회사를 실질적으로 주주 전체와 같게 취급하는 결과가 되므로, 1인 회사에 대해서 확고하게 1인 주주인 이사의 횡령죄·배임죄의 성립을 인정하는 판례의 법리[대법원 1987. 2. 24. 선고 86도999 판결(횡령); 대법원 2005. 10. 28. 선고 2005도4915 판결(배임)]와 정면으로 충돌할 여지가 있다. 그러나 '주주배정에 관한 상법은 이사에게 시가발행의무를 부과하고 있지 않다'는 논리를 추가함으로써 일단 그 충돌은 피할 수 있게 되었다.

(2) 다수의견과 반대의견이 갈라진 지점은 그 다음 (형식과 실질의 문제)이다. 주주배정의 방식으로 '현저히 저가로 발행'된 신주에 대해 '대량 실권이 발생'한 경우 실권주의 처리와 관련하여 이를 제3자배정 방식의 경우와 동일 취급 여부이다. 다수의견은 주주배정 방식과 제3자배정 방식을 인수기회의 부여라는 '형식'을 기준으로 구분하여, 기존 주주들에게 먼저 인수기회를 부여하였으므로 주주배정 방식으로 발행된 것이고, 실권된 경우에도 주주배정의 경우와 다른 조건으로 발행할 수 없으며, 이러한 법리는 실권의 규모에 따라 달라지는 것은 아니라고 보았다(반대의견은 '실질'을 기준으로, 처음부터 제3자배정 방식으로 발행하는 것과 실질적으로 다를 바 없다고 보았다).

Ⅲ. 관련문제 — 동일인 대출한도 초과대출

새마을금고 등의 동일인 대출한도 초과대출의 경우 원칙적으로 그 자체만으로 배임행위라고 단정할 수 없으므로, 특별한 사정이 없는 한 배임죄가 성립하지 않는다는 것이 판례이다(대법원 2008. 6. 19. 선고 2006도4876 전원합의체 판결). 즉, "동일인 대출한도 제한규정은 대출채권의 회수가능성을 직접적으로 고려하여 만들어진 것은 아니므로 동일인 대출한도를 초과하였다는 사실만으로 곧바로 대출채권을 회수하지 못하게 될 위험이 생겼다고 볼 수 없고, 동일인 대출한도를 초과하였다는 사정만으로는 다른 회원들에 대한 대출을 곤란하게 하여 새마을금고의 적정한 자산운용에 장애를 초래한다는 등 어떠한 위험이 발생하였다고 단정할 수도 없다"는 것이다.

[필자: 이주원 교수(고려대)]

[대상판결] 대법원 2012. 9. 13. 선고 2010도11665 판결

[사실관계] 피고인은 2008. 1. 중고자동차 매매상에서 BMW 승용차를 어머니 명의로 매수하면서, 자동차 구입대금을 충당하기 위해 피해자인 H 캐피탈 주식회사에서 4,950만 원을 대출받고, 담보로 피고인이 구입한 위 승용차에 저당권자 H 캐피탈 주식회사, 채권가액 4,950만 원으로 하는 근저당권 설정등록을 하였다. 피고인은 2008. 7.경 A 사장이라고 불리는 자(성명불상자)로부터 2,000만 원을 차용하고, 그 담보로 이 사건 자동차를 인도하면서 차량포기각서까지 작성해 주고, 이후 피고인은 위 차용금을 변제하지 않고 피해자에 대한 대출금 변제도 중단하였다. 이에 피해자는 이 사건 자동차에 대한 저당권을 실행하기 위하여 자동차인도명령을 받았으나 그 소재파악이 되지 않아 결국 집행불능에 이르렀다.

[판결요지] [1] 자동차에 대하여 저당권이 설정되는 경우 자동차의 교환가치는 저당권에 포섭되고, 저당권설정자가 자동차를 매도하여 소유자가 달라지더라도 저당권에는 영향이 없으므로, 특별한 사정이 없는 한 저당권설정자가 단순히 저당권의 목적인 자동차를 다른 사람에게 매도한 것만으로는 배임죄에 해당하지 아니하나, 자동차를 담보로 제공하고 점유하는 채무자가 부당히 담보가치를 감소시키는 행위를 한 경우 배임죄의 죄책을 면할 수 없다.

[2] 피고인이 자신의 어머니 명의를 빌려 자동차를 매수하면서 피해자 H 회사에서 필요한 자금을 대출받고 자동차에 저당권을 설정하였는데, 저당권자인 H 회사의 동의 없이 이를 성명불상의 제3자에게 양도담보로 제공하였다고 하여 배임으로 기소된 사안에서, 피고인은 신원을 정확히 알 수 없는 제3자에게서 돈을 차용하고 담보로 자동차를 인도하면서 차량포기각서까지 작성해 주었고, 이후 차용금을 변제하지 아니하였을 뿐만 아니라 H 회사에 대한 대출금 변제도 중단하였던 점, H 회사가 자동차에 대한 저당권을 실행하기 위하여 자동차 인도명령을 받았으나 소재파악이 되지 않아 집행불능에 이르렀던 점, 정상적인 거래관계였다면 마

땅히 수반되어야 할 양도인의 인감증명서 교부 등 자동차관리법 기타 관계 법령에 따른 이전등록에 필요한 조치도 전혀 이루어지지 않았던 사정 등을 종합할 때, 피고인의 행위는 적어도 미필적으로나마 H 회사의 자동차에 대한 추급권 행사가 불가능하게 될 수 있음을 알면서도 그 담보가치를 실질적으로 상실시키는 것으로서 배임죄가 성립되는 특별한 사정이 있는 경우에 해당한다.

[해 설]
I. 들어가는 말

대상판결은 저당권 설정된 자동차를 저당권자의 동의 없이 매도하면서, 담보가치를 실질적으로 상실시키는 행위를 한 경우 배임죄가 성립하는지 여부가 문제되는 사안이다. 이 판례의 쟁점은 두 가지로 정리해 볼 수 있다. 하나는 피고인이 배임죄에 있어서 주체가 될 수 있는지, 즉 어머니 명의의 차를 담보로 제공한 피고인이 자동차 매매계약이나 대출계약의 실질적 당사자로 볼 수 있는지(쟁점 ①)이고, 다른 하나는 배임죄에 있어서 재산상 손해발생(쟁점 ②)이다. 기존 판례에 따르면 자동차에 대하여 저당권이 설정되는 경우, 저당권 설정자가 자동차를 매도하여 그 소유자가 달라지더라도 저당권에는 영향이 없으므로 특별한 사정이 없는 한 저당권설정자가 단순히 그 저당권의 목적인 자동차를 다른 사람에게 매도한 것만으로는 배임죄에 해당하지 아니한다(대법원 2008. 8. 21. 선고 2008도3651 판결). 그러나 대상판결은 피고인이 성명불상자에게 자동차를 넘기고, 피해자가 이 사건 자동차에 대한 저당권을 실행하기 위하여 자동차 인도명령을 받았으나 그 소재가 파악되지 않아 결국 집행불능에 이르렀던 경우로, 채무자가 부당히 담보가치를 감소시킨 경우 배임죄가 성립하는지 여부가 쟁점이 된 사례이다.

II. 피고인이 타인의 사무를 처리하는 자로서 자동차를 보관할 의무가 있는지 여부(쟁점 ①)

배임죄의 주체는 타인의 사무를 처리하는 자이다.

검찰은 피고인에게 대출금을 상환할 때까지 자동차를 담보목적에 맞게 보관할 의무가 있다고 보았다. 그러나 실제로 피고인은 어머니의 명의를 빌려 자동차를 매수하였고, 어머니 명의로 자동차 소유권이전등록을 마쳤다. 즉, 자동차 매매계약 및 피해자와의 대출계약 당시 피고인이 동석하기는 하였으나 계약의 당사자는 모두 어머니였다. 이 경우 피해자와의 관계에서 피고인이 자동차 매매계약이나 대출계약의 실질적 당사자로 볼 수 있는지가 의문이다. 대법원 판례에서도 이 점을 지적하였다. 이에 파기환송심(부산지법 2013. 1. 10. 선고 2012노2849 판결)에서는 이 사건 자동차를 구입하면서 신용불량인 관계로 어머니 명의를 사용하였고, 실제로 이 사건 자동차를 운행한 것도 피고인이며, 이 사건 대출 계약 당시 피고인이 동석한 상태에서 체결되었던 점, 피고인이 자신의 계산으로 약 10회분의 할부금을 납입한 점, 피해자 회사는 피고인의 어머니를 계약자로, 실납입자 또는 실차주를 피고인으로 보았다는 점에 비추어 보아, 이 사건 자동차 매매계약 및 대출계약의 실질적 당사자로서 신의성실의 원칙에 비추어 피고인에게는 피해자 회사로 하여금 그 담보의 목적을 달성할 수 있도록 이 사건 자동차를 보관할 의무가 있었다고 볼 수 있다고 판시하였다.

III. 손해발생 결과(쟁점 ②)

기존의 판례(위 2008도3651 판결)에 따르면, 피고인이 승용차를 매도하여 그 소유자가 달라지더라도 근저당권에는 영향이 없으므로, 특별한 사정이 없는 한 피고인이 이 사건 승용차를 매도한 행위는 배임죄를 구성하지 않는다. 그러나 대상판결에서는 특별한 사정이 생겨서 손해가 발생한 경우이다. 특히 피해자 회사가 자동차에 대한 저당권을 실행하기 위하여 자동차 인도명령을 받았으나 소재파악이 되지 않아 집행불능에 이르게 되었으므로, 이는 배임죄에 있어서 손해가 발생한 것이다. 이전 판례(대법원 1989. 7. 25. 선고 89도350 판결)에서도 담보된 동산이 자동차인 경우 소유권의 득실변경은 등록을 하여야만 그 효력이 생기는 것이지만 그 사용방법에 따라 담보가치에 영향을 주는 것이므로 자동차를 양도담보로 설정하고서 점유하는 채무자가 이를 처분하는 등 부당히 그 담보가치를 감소시키는 행위를 한 경우 배임죄의 죄책을 면할 수 없다고 하였다.

정상적인 거래관계였다면 마땅히 수반되어야 할 양도인의 인감증명서 교부 등 자동차관리법 기타 관계법령에 따른 이전등록에 필요한 조치를 전혀 하지 않았던 점에 비추어 보면 미필적으로나마 저당권자인 피해자의 자동차에 대한 추급권 행사가 불가능하게 될 수 있음을 알면서도 그 담보가치를 실질적으로 상실시키는 행위를 한 것이다. 또한 피해자 회사에 대한 할부금의 지급도 중단하였고, 이에 피해자 회사가 이 사건 자동차에 대한 저당권 실행절차를 밟았으나 집행불능에 이른 점 등을 비추어 보면, 피고인이 신원을 알 수 없는 사람에게 자동차의 점유를 이전해 주어 자동차의 소재 파악을 어렵게 함으로써 부당히 저당권의 담보가치를 해친 것으로 볼 수 있고, 위와 같은 점유 이전 경위를 보면 피고인에게 담보가치 훼손에 대한 고의가 있었으므로 배임죄에 해당한다(위 2012노2849 판결). 1심과 2심에서는 모두 근저당권이 설정된 자동차를 근저당권자의 허락을 받지 않고 임의로 제3자에게 양도담보로 제공하였다고 하더라도 근저당권에는 영향이 없는 것이어서 배임죄를 구성하지 않는다고 하였다. 그러나 원심판결은 이 경우 특별한 사정을 간과한 것이다. 그 특별한 사정이란 실질적인 재산상 손해이다. 대상판결은 저당권의 담보가치를 유지하는 범위에서는 채무자가 저당권자의 재산관리의무를 진다는 것을 인정한 것이며, 죄형법정주의원칙상 실질적으로 손해발생이 되었을 때 배임죄를 인정한 판례로서, 실질적 불법성에 초점을 둔 합리적 판례로 평가된다.

IV. 나오는 말

최근 대법원 판례는 동산 이중양도에서 배임죄 성립을 부정하였다(판례 [124] 참조). 대상판결은 일반동산과 구별되는 자동차에 관한 사안이다. 자동차는 자동차등록원부가 존재하고, 이에 등록해야 함에도 불구하고, 피고인은 자동차를 성명불상자에게 제공하면서, 대포차로 유통하기 위한 수단으로 비정상적인 거래를 택하였고, 실질적으로 담보가치를 상실시켰다. 참고로 피고인이 저당권 실행을 예상하고 성명불상자에게 비정상적인 거래를 하였다면, 이는 형법 제327조 강제집행면탈죄가 성립될 수도 있을 것이다.

[필자: 이정민 교수(단국대)]

[124] 부동산과 동산의 이중매매 매도인의 형사책임

[대상판결] 대법원 2011. 1. 20. 선고 2008도10479 전원합의체 판결

[사실관계] 甲은 A에게 인쇄기를 135,000,000원에 양도하기로 하여 그로부터 1, 2차 계약금 및 중도금 명목으로 합계 43,610,082원 상당의 원단을 제공받아 이를 수령하였음에도 불구하고 그 인쇄기를 자신의 채권자인 B에게 기존 채무 84,000,000원의 변제에 갈음하여 양도하였다.

[판결요지] [다수의견] ㈎ 매매와 같이 당사자 일방이 재산권을 상대방에게 이전할 것을 약정하고 상대방이 그 대금을 지급할 것을 약정함으로써 그 효력이 생기는 계약의 경우(민법 제563조), 쌍방이 그 계약의 내용에 좇은 이행을 하여야 할 채무는 특별한 사정이 없는 한 '자기의 사무'에 해당하는 것이 원칙이다.

㈏ 매매의 목적물이 동산일 경우, 매도인은 매수인에게 계약에 정한 바에 따라 그 목적물인 동산을 인도함으로써 계약의 이행을 완료하게 되고 그때 매수인은 매매목적물에 대한 권리를 취득하게 되는 것이므로, 매도인에게 자기의 사무인 동산인도채무 외에 별도로 매수인의 재산의 보호 내지 관리 행위에 협력할 의무가 있다고 할 수 없다. 동산매매계약에서의 매도인은 매수인에 대하여 그의 사무를 처리하는 지위에 있지 아니하므로, 매도인이 목적물을 매수인에게 인도하지 아니하고 이를 타에 처분하였다 하더라도 형법상 배임죄가 성립하는 것은 아니다.

[반대의견] 동산매매의 경우에도 당사자 사이에 중도금이 수수되는 등으로 계약의 이행이 일정한 단계를 넘어선 때에는 매도인이 매매목적물을 타에 처분하는 행위는 배임죄로 처벌하는 것이 논리적으로 일관되고, 그와 달리 유독 동산을 다른 재산과 달리 취급할 아무런 이유를 찾아볼 수 없다. 다수의견은 본질적으로 유사한 사안을 합리적 근거 없이 달리 취급하는 것으로서 형평의 이념에 반하며, 재산권의 이중매매 또는 이중양도의 전반에 걸쳐 배임죄의 성립을 인정함으로써 거래상 신뢰관계의 보호에 기여하여 온 대법원판례의 의미를 크게 퇴색시키는 것이다.

[해 설]

I. 들어가는 말

대상판결은 동산의 이중매매에 대해서 매도인에게는 "자기의 사무인 동산인도채무 외에 별도로 매수인의 재산의 보호 내지 관리 행위에 협력할 의무가 없다"고 하면서 매도인은 형법상 배임죄의 주체인 '타인의 사무를 처리하는 자'에 해당되지 않으므로 배임죄가 성립하지 않는다고 하였다. 이것은 부동산의 이중매매에 대하여 서울고법 1963. 8. 31. 선고 63도110 판결에서 "부동산 양도에 있어서 양도인은 양수인 앞으로의 소유권이전등기에 관하여 이를 끝마칠 때까지는 양수인에게 협력할 임무가 있고 위 양도인의 임무는 일면에 있어 자기의 재산처분행위를 완성하는 자기의 사무임과 동시에 타면에 있어 등기의무자인 양도인의 협력 없이는 양수인의 소유권이전등기는 완성되지 않는 것이므로 등기권리자인 양수인의 소유권취득을 위한 사무의 일부를 이루는 것이고 또한 위 양도인의 등기에 협력할 임무는 주로 타인인 양수인을 위하여 부담하고 있는 것이므로 그 경우 양도인은 타인의 사무를 처리하는 자에 해당한다"고 판시한 이래 그 동안 대법원에서 매도인에게 배임죄 성립을 인정해 오고 있는 것(대법원 2018. 5. 17. 선고 2017도4027 전원합의체 판결)과는 배치되는 판결로 평가된다.

대상판결에서도 배임죄의 적용대상인 '타인의 사무'가 자신의 이익을 도모하는 성질이 있더라도 타인을 위한 사무로서의 성질이 부수적·주변적인 의미를 넘어서 중요한 내용을 이루는 경우(대법원 2012. 5. 10. 선고 2010도3532 판결)나 자기의 사무인 동시에 상대방의 재산보전에 협력할 의무가 있는 경우(대법원 2012. 3. 15. 선고 2010도3207 판결)에는 타인의 사무로 인정된다는 태도를 유지하고 있다. 하지만 보충의견에서 밝히고 있는 바와 같이 '재산보전에 협력할 의무'에 대해 "계약의 목적이 된 권리를 계약 상대방의 재산으로서 보호 내지 관리하여야 할 의무를 전형적·본질적인 내용으로 하는 신임관계가 형성되었음을 요구한다고 제한적으로 해석"하여 동산의 이중매매의 매도인은 '타인의 사무

를 처리하는 자'에 해당되지 않는다고 판단한 것이다.

Ⅱ. 부동산 이중매매에 대한 판례 태도의 문제점

대법원은 부동산 이중매매의 매도인에 대해서는 등기이전협력의무를 근거로 타인의 사무를 처리하는 자로 해석하고 있다. 이것은 법문의 의미를 벗어난 유추해석으로 죄형법정주의에 반한다. 왜냐하면 '타인의 사무를 처리하는 자'와 '타인을 위하여 사무를 처리하는 자'의 의미는 명백히 구별되어야 할 뿐만 아니라 매도인의 등기이전협력의무는 매매계약에 따라 자발적으로 행하는 단순한 의무부담에 불과하고, 현행 민법에 따르면 매도인이 매수인에게 등기를 이전하기 전에는 목적물인 부동산은 매수인의 재산으로 되지 않으므로 매수인으로부터 위탁받은 재산상의 이익, 즉 채권에 대한 사실상·법률상 지배가 인정되지 않기 때문이다. 다만, 판례는 이중매매에 있어서 배임죄가 성립하기 위한 요건으로 제1차매수인으로부터 중도금지급을 요하고 있다(대법원 2007. 6. 14. 선고 2007도379 판결). 그러나 민법상 부동산매매에 있어서는 잔금지급이 된 때에 매매가 완성되는 것이고 중도금지급은 이때부터 매수인이 계약을 해제할 수 없다는 구속력을 발생시키는 것을 의미함에 지나지 않으므로 중도급지급 시에 매도인에게 물권적 기대권이나 등기이전협력의무가 발생한다는 것은 모순이다. 더구나 판례가 제2차매수인에 대한 관계에서는 배임죄의 성립을 부정하고(대법원 2010. 4. 29. 선고 2009도14427 판결), 원칙적으로 사기죄의 성립도 인정하지 않는 것(대법원 2012. 1. 26. 선고 2011도15179 판결)과 비교하더라도 이는 형평성에 반한다. 따라서 배임죄의 본질을 배신설에 두면서 제1차매수인의 보호를 이유로 매도인을 배임죄로 처벌하고자 하는 태도는 형법의 보충성이나 최소성의 원칙에도 반한다.

Ⅲ. 이중매매에 대한 법적 취급의 통일성 유지

동산의 이중매매 매도인에게 배임죄 적용을 부정한 대상판결은 타당하며, 따라서 이러한 법리는 부동산 이중매매의 경우에도 그대로 유효하게 반영될 것이 요구된다. 동산이든 부동산이든 매매계약에 따른 권리의 변동은 당사자 간의 합의와 공시방법의 구비에 의해 발생한다는 점에서 법적 구조가 동일하고, 따라서 물권변동에 있어서 부동산의 경우에 등기청구권, 동산의 경우에는 물건인도청구권이라는 채권이 발생하므로 본질적으로 이중매매라는 거래형태를 보면 양자를 달리 취급해야 할 이유가 없기 때문이다. 오히려 사적 거래에 대한 형사적 개입을 최소화하고, 가능한 한 채무불이행의 문제로 다루어야 한다는 다수의견의 태도가 형법보충성의 원칙이나 형벌최소화의 요청에도 합치하므로 부동산의 이중매매에 대하여도 배임죄의 성립을 부정하고 사법상 채무불이행의 문제로 처리하는 것이 논리적이고 형법상 원칙과도 일치한다. 대상판결에서 "판례가 애초 부동산 이중매매를 우리 형법상 배임죄로 의율하게 된 배경이나 이에 대한 비판적 고려의 여지가 있는 사정"이나 "부동산 이중매매를 배임죄로 인정한 기존 판례가 안고 있는 내재적 한계" 또는 "형법상 배임죄의 본질에 관한 법리적 오류"를 지적하고 있는 것도 이 점을 의식한 것으로 이해된다. 따라서 반대의견에서 "부동산의 이중매매에 관하여 배임죄를 인정하여 온 판례의 확립된 태도의 유지"를 주장하는 것은 시대착오적인 태도라고 할 수 있다.

한편, 다수의견의 보충의견에서는 물론, 전술한 2018년 전원합의체 판결에서 "매도인은 매수인에 대하여 매수인의 재산보전에 협력하여 재산적 이익을 보호·관리할 신임관계에 있게 된다."고 하고, 이를 근거로 매도인의 부동산 이중매매 행위에 대하여 "매수인과의 신임관계를 저버리는 행위로서 배임죄가 성립한다."고 한 것은 배신설의 입장에서 사적 거래에 대한 형벌개입을 인정하는 것으로 타당하지 않다.

Ⅳ. 나오는 말

배임죄의 본질이 배신설에 있다고 하여 배임죄규정의 해석까지 본질론에 입각하게 되면 법문의 의미를 벗어나는 관념적인 해석이 정당화되어 죄형법정주의의 요청에 반할 수 있다. 따라서 이중매매의 경우 그 대상이 동산인가 부동산인가의 여부에 관계없이 민사상 법리에 따라 매도인에게 '타인이 사무처리자'를 지위를 부정하고, 따라서 형사상 배임죄의 성립을 부정하되, 민사법과 사적 거래제도의 보완을 통해 매도인에게 형사책임이 아니라 민사상 채무불이행책임을 철저하게 부담시키는 방안으로 해결할 것이 요청된다.

[필자: 강동욱 교수(동국대)]

[125] 양도담보 부동산의 처분과 배임죄

[대상판결] 대법원 1992. 7. 14. 선고 92도753 판결, 대법원 2020. 2. 20. 선고 2019도9756 전원합의체 판결

[사실관계] 피해자가 피고인으로부터 차용한 금 2,030만 원의 담보로 부동산에 관하여 피고인에게 소유권이전등기를 하여 주고 피고인이 피해자에게 변제기한 없이 금원을 대여하여 주되, 피해자가 이를 변제하면 위 부동산에 대한 등기명의를 피해자에게 돌려주고 만약 위 채무를 변제하지 못할 때에는 피해자와 피고인이 합의하여 위 부동산을 처분하여 채권채무관계를 정산하기로 약정하였는데, 채권자인 피고인이 임의로 위 부동산을 A에게 매도처분하였다.

[판결요지] 채권의 담보를 목적으로 부동산의 소유권이전등기를 경료받은 채권자는 채무자가 변제기일까지 그 채무를 변제하면 채무자에게 그 소유명의를 환원하여 주기 위하여 그 소유권이전등기를 이행할 의무가 있으므로 그 변제기일 이전에 그 임무에 위배하여 이를 제3자에게 처분하였다면 변제기일까지 채무자의 변제가 없었다 하더라도 배임죄는 성립되는 것이다.

[관련판결] 대법원 1985. 11. 26. 선고 85도1493 전원합의체 판결

[판결요지] [다수의견] 양도담보가 처분정산형의 경우이건 귀속정산형의 경우이건 간에 담보권자가 변제기 경과후에 담보권을 실행하여 그 환가대금 또는 평가액을 채권원리금과 담보권 실행비용 등의 변제에 충당하고 환가대금 또는 평가액의 나머지가 있어 이를 담보제공자에게 반환할 의무는 담보계약에 따라 부담하는 자신의 정산의무이므로 그 의무를 이행하는 사무는 곧 자기의 사무처리에 속하는 것이라 할 것이고 이를 부동산매매에 있어서의 매도인의 등기의무와 같이 타인인 채무자의 사무처리에 속하는 것이라고 볼 수는 없어 그 정산의무를 이행하지 아니한 소위는 배임죄를 구성하지 않는다.

[관련판결] 대법원 2020. 2. 20. 선고 2019도9756 전원합의체 판결

[판결요지] [다수의견] 채무자가 금전채무를 담보하기 위하여 그 소유의 동산을 채권자에게 양도담보로 제공함으로써 채권자인 양도담보권자에 대하여 담보물의 담보가치를 유지·보전할 의무 내지 담보물을 타에 처분하거나 멸실, 훼손하는 등으로 담보권실행에 지장을 초래하는 행위를 하지 않을 의무를 부담하게 되었더라도, 이를 들어 채무자가 통상의 계약에서의 이익대립관계를 넘어서 채권자와의 신임관계에 기초하여 채권자의 사무를 맡아 처리하는 것으로 볼 수 없다.

[해 설]

I. 들어가는 말

양도담보는 채권담보의 목적으로 물건의 소유권 또는 기타의 재산권을 채권자에게 이전하고 채무자가 그 채무를 이행하지 않는 경우에 채권자가 목적물로부터 우선 변제를 받게 되나 채무자가 그 채무를 이행하는 경우에는 목적물을 그 소유자에게 반환하는 변칙담보 제도이다. 부동산 양도담보인 경우에는 그 소유 명의가 채권자에게 이전되므로 채권자의 임의처분으로 인한 형사책임이 문제되고, 동산 양도담보인 경우에는 점유개정(채무자인 동산의 양도인이 양도 후에도 직접 점유하면서 채권자인 양수인은 간접점유를 취득하는 방식)에 의하여 채무자가 동산의 점유를 계속하므로 채무자의 임의처분으로 인한 형사책임이 문제된다. 부동산 양도담보와 관련하여서는 1984. 1. 1.부터 시행된 「가등기담보 등에 관한 법률」(이하, '가담법'이라 함)이 적용되는지 여부가 중요한 쟁점이 된다. 가담법이 적용되지 않는 약한 의미의 양도담보의 경우에는 채권자는 채무의 변제기가 도과되면 담보부동산의 가액에서 채권의 원리금 등을 공제한 나머지를 채무자에게 반환하고 담보부동산의 소유권을 취득할 수 있고(귀속정산), 담보부동산을 처분하여 그 매각대금에서 채권원리금의 변제에 충당하고 나머지를 채무자에게 반환할 수도 있게 된다(처분정산). 그런데 가담법이 적용되는 양도담보계약의 경우에는 채권자는 담보목적부동산에 관하여 청산기간이 지난 후 청산금을 채무자 등에게 지급한 때에 비로소 담보목적부동산의 소유권을 취득하므로(가담법 제4조 제2항) 귀속정산의 경우에도 일정한 청산절차를 거쳐야

만 소유권을 취득할 수 있도록 규정하고 있고, 가등기담보권의 사적 실행에 있어서 채권자가 청산금의 지급 이전에 본등기와 담보 목적물의 인도를 받을 수 있다거나 청산기간이나 동시이행관계를 인정하지 아니하는 '처분정산'형의 담보권실행은 가등기담보법상 허용되지 않는다(대법원 2002. 4. 23. 선고 2001다81856 판결).

II. 부동산 양도담보권자의 처분행위와 죄책

1. 변제기 전의 처분행위와 죄책

다수설은 가담법은 양도담보, 대물반환의 예약, 환매 등 명목 여하를 불문하고 채권자가 소유권이전등기를 하더라도 담보물권을 취득할 뿐이고, 청산금을 채무자에게 지급하기 전까지는 소유권을 취득하지 못하므로 변제기 전에 등기명의인인 채권자가 목적부동산을 임의처분하면 채무자 소유인 부동산을 불법영득한 것이므로 횡령죄가 성립한다고 한다. 그리고 채권자에게 배임죄를 인정하고 있는 판례는 가담법을 고려하지 않고 종래의 실무관행에 따른 잘못된 판결이라고 비판한다.

대법원은 대상판결의 판시와 같이 배임죄가 성립된다고 일관되게 판시하고 있다(대법원 2007. 1. 25. 선고 2005도7559 판결). 채권이 소멸되었음에도 양도담보권자가 자신의 명의로 등기되어 있음을 기화로 이를 제3자에게 처분한 경우에도 판례는 배임죄가 성립한다고 한다(대법원 1990. 8. 10. 선고 90도414 판결).

2. 변제기 이후의 저당권 설정 등 처분행위와 죄책

대법원은 가담법 시행 전에 성립된 양도담보에 있어서 "채권자가 변제기 경과 후 담보권을 실행하는 방법으로 양도담보 목적물을 환가처분하거나 평가처분하는 대신에 다시 제3자 앞으로 가등기를 경료하거나 근저당권을 설정하고 금원을 차용하여 이로써 양도담보채권의 변제에 충당하고 그 잔액을 채무자에게 정산한다 하여도, 위와 같은 채권추심을 위한 양도담보권자의 담보설정행위를 위법한 담보물의 처분행위로서 채무자에 대한 배임행위가 된다고 단정할 수 없고"(대법원 1982. 9. 28. 선고 82도1621 판결), "담보권자가 담보부동산을 처분함에 있어서 적정 가격에 처분하지 않았거나 처분 이후 정산의무를 불이행하였더라도 민사상 손해배상채무 등을 부담하는 것은 별론으로 하더라도 형사상 책임을 지지는 아니한다"고 판시한다(대법원 1997. 12. 23.

선고 97도2430 판결). 관련판결의 판시도 배임죄가 성립하지 않는 것을 전제로 한다.

III. 양도담보된 동산의 채무자 처분행위와 죄책

양도담보된 동산을 채무자가 임의처분한 행위에 관해서는 대법원 2019도9756 전원합의체 판결을 통하여 전환을 맞이하게 되었다. 대법원은 앞서의 판시와 같은 법리에 따라서 채무자를 배임죄의 주체인 '타인의 사무를 처리하는 자'에 해당한다고 할 수 없고, 그가 담보물을 제3자에게 처분하는 등으로 담보가치를 감소 또는 상실시켜 채권자의 담보권 실행이나 이를 통한 채권실현에 위험을 초래하더라도 배임죄가 성립한다고 할 수 없다고 한다. 위와 같은 법리는 채무자가 동산에 관하여 양도담보설정계약을 체결하여 이를 채권자에게 양도할 의무가 있음에도 제3자에게 처분한 경우에도 적용되고, 주식에 관하여 양도담보설정계약을 체결한 채무자가 제3자에게 해당 주식을 처분한 사안에서도 마찬가지로 적용된다. 이러한 다수의견에 대하여 점유개정에 따라 담보목적물을 직접 점유하는 채무자는 신탁적으로 양도된 타인의 재물을 보관하는 자에 해당하므로 그가 임의로 제3자에게 담보목적물을 처분한 경우에는 횡령죄가 성립한다는 별개의견, 채무자가 채권자에 대하여 부담하는 담보물의 보관의무 및 담보가치 유지의무는 '타인의 사무'에 해당하여 배임죄가 성립한다는 반대견해가 있다. 또한 채무자가 금전채무를 담보하기 위하여 그 소유의 동산을 채권자에게 「동산·채권 등의 담보에 관한 법률」에 따른 동산담보로 제공한 경우에 채무자가 담보물을 제3자에게 처분하는 등으로 담보가치를 감소 또는 상실시켜 채권자의 담보권 실행이나 이를 통한 채권실현에 위험을 초래하더라도 배임죄가 성립하지 아니한다고 한다(대법원 2020. 8. 27. 선고 2019도14770 전원합의체 판결).

[필자: 노수환 교수(성균관대)]

[126] 경영판단과 업무상배임죄

[대상판결] 대법원 2005. 4. 29. 선고 2005도856 판결

[사실관계] 피해자인 V 주식회사의 이사인 피고인 甲이 대표이사인 피고인 乙 등과 공모하여 V 주식회사의 최대주주 지분을 약 310억 원에 매수하면서 잔대금 240억 원이 부족하자 V 주식회사로 하여금 외부차입금으로 피고인 乙 소유인 비상장회사인 A 주식회사의 주식 약 51%를 240억 원에 매수토록 하여 그 대금으로 V 주식회사의 주식잔대금을 지급하였다.

[판결요지] 특정 회사의 이사 또는 주주 등 내부자가 주도적으로 자신이 보유중인 다른 회사의 주식을 특수관계에 있는 회사에 매도하는 경우에 있어서, 비록 사전에 이사회의결과 같은 내부적인 의사결정과정을 거쳤다 할지라도 그 거래의 목적, 계약체결의 경위 및 내용, 거래대금의 규모 및 회사의 재무상태 등 제반 사정에 비추어 그것이 회사의 입장에서 볼 때 경영상의 필요에 의한 정상적인 거래로서 허용될 수 있는 한계를 넘어 주로 주식을 매도하려는 내부자의 개인적인 이익을 위한 것에 불과하다면, 그와 같은 거래는 그 내부자에게 이익을 얻게 하고 회사에 손해를 가하는 행위로서 회사에 대한 배임행위에 해당한다고 보아야 할 것이다.

[해 설]

I. 들어가는 말

경영판단은 불확실하고 복잡다기한 장래의 경영위험하에서 행해지는 전문적, 정책적 판단으로 그 판단이 결과적으로 경영실패로 이어질 가능성이 높은 특성이 있어 사후평가에 의하여 엄격한 법적 책임을 묻는 것은 주식회사 본인, 나아가 그 주주 및 채권자들에 대한 관계에 있어서도 결코 바람직하지 않을 수 있다. 이사 등 경영진의 기업활동에 대하여 업무상배임죄의 성립 여부를 판단함에 있어서는 경영판단에 내재하는 특성을 충분히 반영하여야 하고, 나아가 업무상배임죄가 민사 법률관계에 의존적인 속성을 가지고 있는 반면 민사상 손해배상책임과는 구별되는 형법 독자적 규율의 필요가 있다는 점까지 고려할 필요가 있다. 이와 같이

업무상배임죄의 범죄성립요건을 제한하는 역할을 하는 법리가 바로 형사법상 경영판단의 원리인 것이다.

II. 형사법상 경영판단의 원리

1. 형사판례상 경영판단의 원리

기존 판례는 회사의 이사 등이 결과적으로 임무위반의 외관을 가지게 된 행위에 대하여 경영상의 판단이었다고 변소하는 경우 업무상배임죄의 고의를 부인하는 것으로 보고 고의의 인정 여부라는 관점에서 사건 해결을 시도해 왔다. 즉, 대법원 2004. 7. 22. 선고 2002도4229 판결이 "기업의 경영에는 원천적으로 위험이 내재하여 있어서 경영자가 아무런 개인적인 이익을 취할 의도 없이 선의에 기하여 가능한 범위 내에서 수집된 정보를 바탕으로 기업의 이익에 합치된다는 믿음을 가지고 신중하게 결정을 내렸다 하더라도 그 예측이 빗나가 기업에 손해가 발생하는 경우가 있을 수 있는 바, 문제된 경영상의 판단에 이르게 된 경위와 동기, 판단대상인 사업의 내용, 기업이 처한 경제적 상황, 손실발생의 개연성과 이익획득의 개연성 등 제반 사정에 비추어 자기 또는 제3자가 재산상 이익을 취득한다는 인식과 본인에게 손해를 가한다는 인식(미필적 인식을 포함)하의 의도적 행위임이 인정되는 경우에 한하여 배임죄의 고의를 인정하는 엄격한 해석기준은 유지되어야 할 것이고, 그러한 인식이 없는 데 단순히 본인에게 손해가 발생하였다는 결과만으로 책임을 묻거나 주의의무를 소홀히 한 과실이 있다는 이유로 책임을 물을 수는 없다 할 것이다"라고 판시한 이래, 형사법의 영역에서도 경영판단의 원리를 도입하였다.

판례상 경영판단의 원리는 업무상배임죄의 구성요건적 특성으로 인하여 결과반가치만 존재하거나 과실범에 불과한 경우에도 만연히 업무상배임죄를 인정하는 위험성을 경고하는 것으로 업무상배임죄도 고의범임을 다시 한 번 환기시키는 취지로 보아야 하고, 의도적 행위라는 개념 표지를 설정하였다고 해도 그간 학설, 판례에서 논의되어 온 구성요건적 고의와는 별도의 더 높은 수준의 고의 개념을 상정한 것은 아니라고 할

것이다.

2. 경영판단 인자의 정립

이사 등 경영진의 경영상 결정에 있어 업무상배임죄의 성부가 문제되는 경우 경영판단의 원리에 따라 합법적 기업활동으로 허용되는 경영판단과 가벌성이 인정되는 불법적 경영판단을 판가름할 수 있는 판단 인자를 경영판단 인자라고 할 수 있고, '개인적 이해관계' 인자, '본인의 이익' 인자, '재량 범위' 인자, '적정한 주의' 인자, '재량의 남용' 인자, '규정 위반' 인자 등으로 분류될 수 있다.

3. 경영판단 형사판례의 단계별 유형화

업무상배임죄가 문제되는 경영활동에 대한 판례들은 경영판단의 원리나 경영판단 인자를 적용하지 아니하는 판례 유형[① 법령위반으로 곧바로 업무상배임죄가 성립된다고 보는 판례 유형(법령위반 판례 유형), ② 일정한 구성요건적 상황을 제시하고 그 정형화된 상황에 해당하는 경우 곧바로 업무상배임죄가 성립된다고 보는 판례 유형(구성요건적 정형화 판례 유형)]과 경영판단의 원리에 따라 경영판단 인자를 적용하는 판례 유형[③ 그룹 등의 전체이익의 추구와 회사 계열사나 관계 회사의 고유이익 추구가 충돌되는 거래에 관한 판례 유형(계열사 판례 유형), ④ '개인적 이해관계' 인자 존재 판례 유형, ⑤ '개인적 이해관계' 인자 부존재 판례 유형]으로 단계별 유형화가 가능하다.

III. 대상판결의 검토

대상판결의 사안은 피고인 甲이 V 주식회사의 이익이 증진됨으로써 받는 이익 이외에 일반적으로 얻을 수 없는 재정적인 이익을 얻거나 V 주식회사의 이익을 침해하는 경우로 '개인적 이해관계' 인자 존재 판례 유형[특별한 개인적 이해관계가 있음에도 업무상배임죄가 부정된 사안들(대법원 2008. 11. 27. 선고 2008도6705 판결; 대법원 2009. 2. 26. 선고 2008도522 판결; 대법원 2011. 7. 28. 선고 2009도11877 판결; 대법원 2011. 8. 18. 선고 2009도14434 판결 등)은 업무처리의 내용, 방법, 시기 등이 법령이나 당해 구체적 사정하에서 일의적인 것으로 특정되지 않는 경우, 실질적인 이사회 결의를 할 수 있는 정보 수집, 정보 개시의 조건을 조성하고 이해관계 없는 이사들로 하여금 경영판단을 하게 하고 이를 따른 경우, 전임 경영진에 의하여 이미 예정되어

있던 사업을 그대로 진행한 경우 등의 특별한 사정 외에도 그 밖의 모든 경영판단 인자에 대한 실질적 심사를 통하여 '개인적 이해관계' 인자를 상쇄할 수 있는 정도에 이른 경우들이었다]에 해당하고, 나아가 A 주식회사는 이미 피고인 乙이 지배주식을 보유한 계열회사로 굳이 V 주식회사가 이를 자회사로 만들어야 할 경영상 필요성이 뚜렷하지 아니한 점('본인의 이익' 인자), A 주식회사의 주식 매입 여부가 실질적으로 피고인 乙에 의하여 결정되었고 피고인 乙의 자금조달 필요에 맞추어 그 매매대금액 및 매매대금의 지급시기까지 일방적으로 결정되었으며 V 주식회사의 입장에서는 계약체결 여부 및 계약조건의 결정에 대한 별다른 검토가 없었던 점('적정한 주의' 인자), 피고인 乙이 원하는 금액으로 회계법인에 평가를 의뢰하여 자신들이 원하는 금액에 그대로 맞춘 평가보고서를 받아 정당한 거래인 듯한 외관을 갖추었고, V 주식회사로서도 자금이 부족하여 거액의 외부차입을 일으키면서까지 매입한 점('재량의 남용' 인자) 등의 다른 경영판단 인자가 '개인적 이해관계' 인자에 더하여 업무상배임죄 성립의 적극적 요소로 작용하였다. 따라서 V 주식회사로 하여금 비상장회사인 A 주식회사의 주식을 매입하도록 한 행위는 경영상의 판단에 따른 정상적인 행위라고 볼 수 없어 업무상배임죄가 성립한다.

[필자: 이규훈 판사(인천지법)]

[127] 법인대표의 대표권남용과 배임죄의 기수시기

[대상판결] 대법원 2017. 7. 20. 선고 2014도1104 전원합의체 판결

[사실관계] 피고인은 甲회사, 乙회사의 대표이사이고, 乙회사의 丙은행에 대한 대출금채무를 담보하기 위하여 丙은행에 甲회사 명의로 액면금 29억 9천만원의 약속어음을 발행하여 丙은행에 29억 9천만원 상당의 재산상 이익을 취득하게 하고 甲회사에 같은 액수 상당의 손해를 가하였다고 하여 특정경제범죄 가중처벌 등에 관한 법률 위반(배임)으로 기소되었다.

[판결요지] [다수의견] 회사의 대표이사가 대표권을 남용하여 회사 명의로 의무를 부담하는 행위를 하는 경우 상대방이 대표이사의 진의를 알았거나 알 수 있었을 때에는 회사에 대하여 무효가 되고, 실제로 채무의 이행이 이루어졌다거나 회사가 민법상 불법행위책임을 부담하게 되었다는 등의 사정이 없는 이상 배임죄의 미수범이 된다. 상대방이 대표권남용 사실을 알지 못하였다는 등 그 의무부담행위가 회사에 대하여 유효한 경우에는 그 채무가 현실적으로 이행되기 전이라도 배임죄의 기수에 해당한다. 다만 약속어음의 경우 어음법상 발행인은 종전의 소지인에 대한 인적 관계로 인한 항변으로써 소지인에게 대항하지 못하므로, 어음발행이 무효라 하더라도 그 어음이 실제로 제3자에게 유통되었다면 회사로서는 어음채무를 부담할 위험이 구체적·현실적으로 발생하였다고 보아야 하고, 그 어음채무가 실제로 이행되기 전이라도 배임죄의 기수범이 되지만, 약속어음 발행이 무효일 뿐만 아니라 그 어음이 유통되지도 않았다면 특별한 사정이 없는 한 회사에 현실적으로 손해가 발생하였다거나 실해 발생의 위험이 발생하였다고도 볼 수 없으므로, 이때에는 배임죄의 기수범이 아니라 배임미수죄가 된다.

[별개의견] 배임죄는 위험범이 아니라 침해범이고, 의무부담행위에 따른 채무나 민법상 불법행위책임을 실제로 이행한 때에 기수가 된다. 따라서 회사의 대표이사가 대표권을 남용하여 회사 명의의 약속어음을 발행한 경우 그 발행행위의 법률상 효력 유무나 그 약속어음이 제3자에게 유통되었는지 또는 유통될 가능성이

있는지 등에 관계없이 회사가 그 어음채무나 그로 인해 부담하게 된 민법상 불법행위책임을 실제로 이행한 때에 배임죄는 기수가 성립한다.

[해 설]

I. 들어가는 말

배임죄와 그 미수 규정(형법 제355조 제2항, 제359조)에 의하면 임무에 위배하는 행위를 하는 때 배임죄 실행의 착수가 있는 것이며, 본인에게 손해를 가한 때 기수가 된다. 그런데 [대상판결]과 같이 회사의 대표이사가 대표권을 남용하여 어음을 발행한 경우 배임죄의 기수인지 여부에 대하여 배임죄의 재산상 손해 개념, 배임죄가 위험범인가 침해범인가 하는 문제 등과 관련하여 상당히 어려운 논의가 전개되어 왔다. 아래에서 배임죄의 기수시기에 관한 종전 논의상황을 검토하고, [대상판결]의 다수의견과 별개의견에서 밝히고 있는 내용 및 종전 판례와 [대상판결]이 달리 판단하고 있는 부분을 살펴보고자 한다.

II. 법인대표의 대표권남용과 배임죄의 기수시기

학설에서는 배임죄를 위험범으로 이해하거나 침해범으로 보아야 한다는 등 견해가 일치되어 있지 않고, 판례는 재산상 권리의 실행을 불능하게 할 염려 있는 상태 또는 손해 발생의 위험이 있는 경우에 성립하는 위태범이라고 하였다(대법원 2000. 4. 11. 선고 99도334 판결 등). 침해범으로 보아야 한다는 견해에서는 실제로 손해가 발생한 경우에만 기수범으로 인정하고 손해발생의 위험이 있을 뿐인 단계는 미수로 처리하는 반면, 위험범으로 보는 견해에서는 손해발생의 가능성이 있을 때에도 기수로 보되, 그 가능성이 있는 경우를 실해 발생의 구체적이고 현실적인 가능성이 있는 경우로 한정하고 있다(대법원 2015. 9. 10. 선고 2015도6745 판결). 한편 손해를 판단할 때 경제적 관점에서 파악하여 배임행위의 무효에도 불구하고 그 배임행위로 인하여 본인에게 현실적인 손해를 가하거나 그 위험을 야기한 경우에는 재산상 손해를 가한 것으로 보는 것이 판례

의 입장이며(대법원 2000. 11. 24. 선고 99도822 판결 등), 학설에서도 대체로 판례와 같이 보는 것 같다. 이러한 입장에 따르면 배임행위가 법률적 무효라고 하더라도 손해발생은 긍정되어 배임죄의 기수가 되는 경우도 있게 된다.

대표권을 남용한 어음발행에 관하여 종전 판례는 약속어음 발행이 무효라고 하더라도 제3자에게 유통되지 않는다는 사정이 없는 한 실해 발생의 위험이 초래된 것이어서 배임죄는 기수가 된다고 하였다(대법원 2012. 12. 27. 선고 2012도10822 판결, 대법원 2013. 2. 14. 선고 2011도10302 판결). 배임죄의 재산상 손해에 관하여 경제적 관점에서 평가하면서 배임죄를 위험범으로 보아온 판례의 입장과 어음의 특수성을 감안하더라도, 어음발행이 유효하면 현실적인 이행 전이라도 배임죄 기수가 되고, 어음발행이 무효라고 하더라도 제3자에게 유통되지 않는다는 사정이 없는 한 역시 배임죄 기수가 된다고 결론을 내리게 되어, 종전 판례에 따를 때 어음발행의 경우에는 거의 배임기수로 처벌하는 것이 아닌가 하는 의문이 있었다. [대상판결의 다수의견]에서는 위 판례를 변경하면서 제3자에게 실제로 유통되었는지 여부를 기준으로 하여 어음발행이 무효라고 하더라도 아직 제3자에게 유통되지 않았다면 배임의 미수로 보아야 한다고 하였다. 물론 [대상판결의 다수의견]에 의하더라도 대표권남용 사실을 알았거나 알 수 있어서 그 약속어음 발행이 무효가 되고 제3자에게 유통되지 않은 경우라고 하더라도 그 어음발행의 상대방이 그 어음공정증서로 압류 및 전부명령을 받고 그것으로 어음 발행 회사의 재산(채권)에 대하여 집행까지 하였다면 배임의 기수가 된다(대법원 2017. 9. 21. 선고 2014도9960 판결).

이와 달리 [대상판결의 별개의견]은 배임죄를 위험범이 아니라 침해범으로 보자는 입장에서 출발하여, 의무부담행위에 따라 채무가 발생하거나 민법상 불법행위책임을 부담하게 되더라도 이는 손해발생의 위험에 불과하고 현실적인 손해에는 해당하지 않으므로 [대상판결] 사안도 배임미수로 처리하는 입장이다. [대상판결의 별개의견]에 대하여는, 실해발생의 구체적·현실적 위험과 현실적인 손해를 명확하게 구분할 수 있을지, 구분이 된다고 하더라도 실해발생의 구체적·현실적 위험 영역을 기수에서 제외하는 것이 타당한 것인

지, 종래 배임죄의 법리와 충돌되는 부분은 없는지 좀 더 심도있는 논의가 필요할 것으로 여겨진다.

III. 나오는 말

종전 판례에 따르면 [대상판결] 사안을 배임기수로 처벌하였으나 변경된 판례에 의하면 배임미수로 볼 수 있게 되어, 배임미수가 가능한 영역을 명확히 하고 기수 성립범위를 제한하여 종전 판례보다 한층 정교한 이론구성이 가능하게 된 것으로 평가할 수 있을 것이다. [대상판결]의 사안과 달리 만약 약속어음을 받은 상대방이 그 어음을 제3자에게 유통하였으나 아직 그 제3자가 어음금청구 등을 하지 않은 상태라면 다수의견은 배임기수로, 별개의견은 배임미수라고 결론을 내릴 것으로 예상되고, 이 지점을 제외하고는 다수의견과 별개의견이 결과에서는 일치된 의견을 보이고 있다.

[필자: 이순욱 교수(전남대)]

[128] 배임죄와 사기죄의 경합관계

[대상판결] 대법원 2010. 11. 11. 선고 2010도10690 판결

[사실관계] 피고인은 2003년부터 경기도 시흥시에서 피해자 소유의 건물을 관리하면서 피해자 대신 임차인들과 월세계약을 맺는 업무를 해왔다. 그러나 피고인은 2007년부터 임차인들과 월세계약이 아닌 전세계약을 맺고 보증금을 빼돌리기 시작해 2008년까지 피해자에게 총 3억 9,000여만 원의 피해를 입혔다.

[판결요지] 피고인이 이 사건 각 건물에 관하여 전세임대차계약을 체결할 권한이 없음에도 임차인들을 속이고 전세임대차계약을 체결하여 그 임차인들로부터 전세보증금 명목으로 돈을 교부받은 행위는 건물주인 피해자가 민사적으로 임차인들에게 전세보증금반환채무를 부담하는지 여부와 관계없이 사기죄에 해당하고, 이 사건 각 건물에 관하여 전세임대차계약이 아닌 월세임대차계약을 체결하여야 할 업무상 임무를 위반하여 전세임대차계약을 체결하여 그 건물주인 피해자로 하여금 전세보증금반환채무를 부담하게 한 행위는 위 사기죄와 별도로 업무상배임죄에 해당한다.

본인에 대한 배임행위가 본인 이외의 제3자에 대한 사기죄를 구성한다 하더라도 그로 인하여 본인에게 손해가 생긴 때에는 사기죄와 함께 배임죄가 성립한다. 나아가 위 각 죄는 서로 구성요건 및 그 행위의 태양과 보호법익을 달리하고 있어 상상적 경합범의 관계가 아니라 실체적 경합범의 관계에 있다

[해 설]
I. 들어가는 말

대상판결은 두 가지 쟁점을 제시하고 있다. 첫 번째 쟁점은 "본인에 대한 배임행위가 본인 이외의 제3자에 대한 사기죄를 구성한다 하더라도 그로 인하여 본인에게 손해가 생긴 때에는 사기죄와 함께 배임죄가 성립한다"는 판시사항의 모호성에 있다. 본인에게 손해를 가하였는지 여부는 기수와 미수를 구별하는 것일 뿐, 배임행위 그 자체를 구성하는 데 영향이 없다. 그렇다면 대상판결에서 '재산상 손해가 생긴 때'를 배임죄의 성립에 연결시킨 의미는 재산상의 손해발생이 배임죄

의 구성요건요소라는 점을 분명하게 하면서 배임죄의 기수를 표현한 것으로 이해할 수 있거나, 지나치게 비전형적이고 그 외연이 불명확해진 배임행위를 제한적으로 해석하기 위해서 '본인에게 손해가 생기게 하는' 배임행위만이 배임죄의 배임행위라는 점을 표현한 것으로 이해할 수 있다. 두 번째 쟁점은 본인에 대한 배임행위와 제3자에 대한 기망행위가 몇 개의 행위로 분할되는가 하는 점이다. 타인의 사무를 처리하는 자의 행위가 다른 범죄구성요건에 해당하면서 동시에 그러한 행위가 본인에 대한 배임행위로 평가되는 경우에는 먼저 일죄인가 수죄인가 평가되어야 하고, 다음으로 수죄인 경우에 상상적 경합인지 실체적 경합관계인지가 평가되어야 한다는 관점에서 판례의 입장에 대한 조명이 필요하다. 이하에서는 두 번째 쟁점에 대해서 평석하고자 한다.

II. 본인에 대한 배임행위가 본인에 대한 기망행위를 구성하는 경우

1. 학 설

타인의 사무를 처리하는 자가 본인을 기망하여 재산상의 이익을 취득하고 본인에게 손해를 가한 경우, 예컨대 보험모집원이 피보험자의 기존의 병을 은폐하여 보험회사에 보고하고 계약을 성립시킨 후에 보험회사로부터 수수료를 수령하는 경우와 같이 기망에 의한 배임행위가 사기죄의 구성요건에 해당하는 경우 ① 사기죄만 성립한다는 견해, ② 배임죄만 성립한다는 견해, ③ 사기죄와 배임죄의 상상적 경합이 된다는 견해가 있다.

2. 대법원의 태도

종전의 판례는 "사무처리상의 임무를 배반하여 본인에 대하여 기망행위를 하고, 착오에 빠진 본인으로부터 재물을 교부받은 경우에는 사기죄가 성립되며, 가사 배임죄의 구성요건이 충족되어도 별도로 배임죄를 구성하는 것이 아니다"라고 하여 사기죄설을 취하다가 태도를 변경하여 사기죄와 배임죄의 상상적 경합이라고

한다. 즉 사기죄는 사람을 기망하여 재물의 교부를 받거나 재산상의 이익을 취득하는 것을 구성요건으로 하는 범죄로서 임무위배를 그 구성요소로 하지 아니하고 사기죄의 관념에 임무위배행위가 당연히 포함된다고 할 수도 없으며, 업무상배임죄는 업무상 타인의 사무를 처리하는 자가 그 업무상의 임무에 위배하는 행위로써 재산상의 이익을 취득하거나 제3자로 하여금 이를 취득하게 하여 본인에게 손해를 가하는 것을 구성요건으로 하는 범죄로서 기망적 요소를 구성요건의 일부로 하는 것이 아니어서 양 죄는 그 구성요건을 달리하는 별개의 범죄이고 형법상으로도 각각 별개의 장에 규정되어 있어, 1개의 행위에 관하여 사기죄와 업무상배임죄의 각 구성요건이 모두 구비된 때에는 양 죄를 법조경합 관계로 볼 것이 아니라 상상적 경합관계로 봄이 상당하다고 하고 있다.

III. 제3자에 대한 기망행위가 본인에 대한 배임행위를 구성하는 경우

1. 학 설

타인의 사무를 처리하는 자가 타인을 기망하여 재산상의 이익을 취득하고 본인에게 손해를 가한 경우는 대상판결과 같이 본인의 부동산을 관리하는 사무처리자가 전세계약을 할 권한이 없음에도 월세계약이 아닌 전세계약을 세입자와 함으로써 세입자에 대한 기망행위가 본인에게 배임행위가 되거나, 회사의 납품업무를 담당하는 자가 납품업자를 기망하여 결과적으로 회사에 손해발생을 초래하는 사례 등이 이에 해당한다. 이러한 유형의 죄수와 경합문제에 대해서 타인의 사무를 처리하는 자가 제3자를 기망하여 재물을 취득하고 본인에게 손해를 가한 경우에는 제3자에 대한 사기죄와 본인에 대한 배임죄가 성립한다는 견해만 제시되고 있을 뿐 양 죄의 경합관계에 대해서는 언급하지 않고 있거나, 배임죄와 사기죄가 성립하고 양 죄는 상상적 경합관계라고 하는 견해가 있다.

2. 대법원의 태도

판례는 본인에 대한 배임행위가 본인 이외의 제3자에 대한 사기죄를 구성한다 하더라도 그로 인하여 본인에게 손해가 생긴 때에는 사기죄와 함께 배임죄가 성립하고, 각 죄는 서로 구성요건 및 그 행위의 태양과

보호법익을 달리하고 있어 상상적 경합범의 관계가 아니라 실체적 경합범의 관계에 있다고 한다.

IV. 나오는 말

죄수론과 경합론의 문제는 범죄론 및 형벌론과 밀접한 관련이 있을 뿐만 아니라, 소송법적 문제와도 연결되어 있다. 죄수결정에 관한 다양한 기준이 판례에 의해 사용되고 있고, 문헌에서도 여러 기준에 대한 사용의 불가피한 부분을 묵시적으로 인정하고 있다. 즉, 일죄인지 수죄인지의 구별문제는 행위자의 행위에 대한 불법평가와 관련되어 있다는 점을 고려하여 규범적 평가의 불가피한 부분을 반영하고 있다고 할 수 있다. 그러나 수죄가 몇 개의 행위로 범해진 것인가를 판단하는 기준에 대해서도 다시금 규범적 관점을 고려하는 것은 타당하지 않다. 자연적 관점에서 행위단일성을 평가해주는 것이 이중평가금지의 측면에서 타당하다고 할 수 있다. 따라서 대상판결에서 피고인의 기망적 배임행위로 인해 본인에게 배임죄가 성립하고 임차인들에게 사기죄가 성립하였다 하더라도, 이것은 피고인이 월세계약이 아닌 전세계약을 하는 '하나의 행위'로 범한 사기죄와 배임죄의 상상적 경합이라고 하는 것이 타당하다.

〔참고문헌〕 류전철, "배임죄와 사기죄의 경합관계", 형사판례연구 [19](2011).

[필자: 류전철 교수(전남대)]

[129] 배임수증재죄에서의 부정한 청탁

[대상판결] 대법원 2003. 3. 25. 선고 2003도301 판결

[사실관계] 피고인 甲은 A 대학교 공과대학 교수이자 액정표시장치 엘씨디(LCD) 제조업체인 B 회사의 대주주인 자, 피고인 乙은 디스플레이 관련 '연구조합'의 사무국장으로서 디스플레이 연구개발사업, 특허조사사업, 국제협력사업 등 조합의 업무 전반을 총괄하는 자인데, 甲은 2000. 1.경 위 '연구조합'에서 乙에게 위 회사에 대하여 '연구조합'에서 주관하고 있는 한·미협력포럼 등 디스플레이 관련 해외협력포럼 참가업체 선발 및 대만의 중소형 엘씨디(LCD) 수출 오더 연결, 엘씨디(LCD) 생산설비 구입 등에 있어 편의를 봐달라는 취지로 부탁하고, 그 사례비조로 2000. 1. 17. 갤러웨이 골프채 아이언 1세트 시가 270만 원 상당 및 같은 해 4. 24. 주당 거래가액 10만 원 가량인 위 회사 주식 1,000주 합계 1억 원 상당을 각 제공하여 금품을 공여하였다.

[판결요지] 배임수증재죄는 타인의 사무를 처리하는 자에게 그 임무에 관하여 부정한 청탁을 하여 재물 또는 재산상의 이익을 공여하고 상대방은 부정한 청탁을 받고 이를 취득함으로써 성립하는바, 여기서 타인의 사무는 재산상의 사무에 국한한다고 볼 수 없고, 부정한 청탁이라 함은 청탁이 사회상규와 신의성실의 원칙에 반하는 것을 말하고, 이를 판단함에 있어서는 청탁의 내용과 이와 관련되어 교부받거나 공여한 재물의 액수, 형식, 보호법익인 사무처리자의 청렴성 등을 종합적으로 고찰하여야 하며 그 청탁이 반드시 명시적임을 요하는 것은 아니라고 할 것이다.

[해 설]

I. 부정한 청탁의 위치

(1) 형법 제357조의 배임수증재죄는 배임수재죄와 배임증재죄로 구성된다. 배임수재죄는 타인의 사무를 처리하는 자가 그 임무에 관하여 부정한 청탁을 받고 재물 또는 재산상의 이익을 취득함으로써 성립하는 범죄이고, 그 재물 또는 재산상의 이익을 공여함으로써 성립하는 범죄가 배임증재죄이다.

(2) 배임수증재죄는 타인의 사무를 처리하는 자의 청렴성을 그 보호법익으로 하는 것이라고 보는 것이 판례와 학설이다. 공무원의 뇌물죄와 달리 '부정한 청탁'을 하거나 받을 것을 요하므로 위 부정한 청탁이 그 구성요건의 중심개념이라고 할 수 있고, 부정한 청탁이 무엇인지 분명히 할 때에 그 구성요건의 명확성을 확보할 수 있다. 일반적으로 부정한 청탁은 업무상 배임의 내용이 되는 정도에 이를 것을 요하지 아니한다고 본다.

(3) 배임수증재죄는 '사인의 뇌물죄'라고 일컬으며 뇌물죄와 같은 계열의 부패범죄로 취급하는 것이 전통적인 형사사법의 관점이다. 대법원의 양형기준도 뇌물죄를 기준으로 1/3 수준에서 설정되어 있다. 그러나 논자에 따라서는 '공무원의 직무활동에서와 달리 민간영역에서 야기되는 배임수증재의 행위는 가급적 그들의 책임 아래, 다시 말하여 기업체의 오너에게 맡기는 것이 자유사회의 이념'이라고 주장하기도 하고, 배임수증재죄가 사적 경제영역에 국가가 깊숙이 개입하는 법기제로서 전체주의적 요소를 지니고 있다는 비판까지 제기된다는 점에서 뇌물죄와 구별되는 본죄의 '부정한 청탁'이라는 요소에 의해 그 성립범위를 명확히 하고 이를 제한하여 기업의 경영·경제활동에 대한 사법개입의 한계를 분명히 할 필요가 있다.

II. 부정한 청탁의 해석 기준과 유형화

(1) 대상판결과 같이 판례는 "배임수증죄에 있어서 부정한 청탁이라 함은 청탁이 사회상규와 신의성실의 원칙에 반하는 것을 말한다"고 하고, "이를 판단함에 있어서는 청탁의 내용과 이와 관련되어 교부받거나 공여한 재물의 액수, 형식, 보호법익인 사무처리자의 청렴성 등을 종합적으로 고찰하여야 한다"는 것이 일반적 판시이나, 이 또한 '부정한 청탁'의 해석을 '사회상규, 신의성실의 원칙'이라는 내용 충족을 필요로 하는 개방적·형식적 개념에 의존하고 있다.

(2) 우리나라 형벌법규가 이러한 '부정한 청탁'을 구성요건요소로 규정하고 있는 경우는 배임수증재죄의 특별법이라고 할 수 있는 특정경제범죄 가중처벌 등에 관한 법률 제5조 제2항(금융기관 임·직원이 그 직무에 관

하여 부정한 청탁을 받고 제3자에게 금품 등을 공여하게 하는 행위), 상법 제630조 제1항(임원의 독직죄)이 있는 외에, 상법 제631조 제1항(주주총회 등에서의 의결권 등 권리행사방해 등에 관한 증수뢰죄), 형법 제130조(제3자 뇌물공여죄) 등이 있으나, 이들 범죄에서는 부정한 청탁의 의미가 별로 논의되지 않고 있다. 다만, 2016년 9월 28일부터 시행된「부정청탁 및 금품등 수수의 금지에 관한 법률」은 부정청탁의 유형을 열거하고 있다(제5조 제1항).

(3) 사회생활관계에 있어서 청탁이 없을 수 없는 것이고, 정당한 청탁은 본죄에 해당할 수 없다. 공무원의 사전수뢰죄(제129조 제2항)와 사후수뢰죄(제131조 제3항)의 경우에 '청탁'을 그 구성요건으로 하고 있으나, 판례는 청탁받은 그 직무행위가 부정한 것인가의 점은 묻지 않는다고 한다. 따라서 배임수증재죄의 중심개념인 부정한 청탁의 요체는 청탁의 '부정성'에 있다고 할 것이다.

(4) 판례가 제시하는 '부정한 청탁'의 판단 매뉴얼을 체계화하여 논리적 해석 틀을 제시하는 견해는 경청할 필요가 있다. 즉, 판례는 판단기준에 있어서 규범적 기준과 비규범적 기준을 모두 사용하여 검토하는데, 첫 번째로 제시하는 기준이 '사회상규 및 신의성실의 원칙'이라는 규범적 잣대이고, 두 번째 기준으로 비규범적 요소에 대한 고려를 제시하여 부정한 청탁의 여부를 판단함에 있어서 청탁의 내용뿐 아니라 제공되는 재물의 액수(일반적인 사례금을 넘는 금액)와 형식(은밀성, 명시적 청탁 등), 그리고 사무처리자의 청렴성(수재자의 신분과 사회적 역할의 공공성 등) 등을 종합적으로 고찰해야 한다고 제시한다는 것이다.

(5) 다른 한편으로, 판례에 의하여 부정한 청탁으로 판단된 청탁의 내용을 유형화함으로써 이를 좀 더 명확히 할 수 있다. 사회상규 또는 신의성실의 원칙과 같이 넓은 적용범위를 갖는 일반조항에 관해서는 그 유형화를 통하여 구체적인 내용을 명백히 함으로써 한편으로는 법원의 판단기준을 명확하게 하여 주는 동시에 다른 한편으로는 일반 국민에게 일정한 예측을 가능하게 할 필요가 있기 때문이다(죄형법정주의 원칙). 판례에 의해 부정한 청탁으로 인정된 유형은 ① 특혜의 부탁, ② 우선채택·선발의 부탁, ③ 위법·부당처리의 부탁, ④ 위법·부당처리의 묵인부탁 등이 있고, 판례가 부정한 청탁으로 인정하지 아니하고 이를 부정한 유형은 ① 정당한 업무행위, ② 단순한 선처·편의의 부탁, ③ 자신의 권리확보를 위한 부탁 등을 들 수 있다. 이러한 유형화에 의하면, 대상판결은 단순한 선처·편의의 부탁을 넘는 '특혜의 부탁'에 해당하는 유형이라고 할 수 있다.

Ⅲ. 결 어

배임수증재죄는 사인간의 뇌물죄로 기본적으로는 공무원의 뇌물죄보다는 그 인정범위가 넓을 수 없다는 점에서 형법이 부정한 청탁을 그 구성요건요소로 규정하고 있다고 할 것이다. 그리고 사인간의 뇌물죄를 일반적으로 처벌하는 입법례를 찾기 어려운데다가 우리나라 헌법상의 경제질서에 비추어 사인간의 거래는 원칙적으로 자본주의 시장경제질서나 타인에게 사무처리를 하게 한 본인의 자율적 조치에 맡기고 국가 형벌권의 간섭을 억제하여야 한다는 측면에서는 배임수증재죄는 그 핵심인 부정한 청탁의 해석에 의하여 제한되어야 할 것으로 보인다. 대상판결은 배임수증재죄에 관한 기존의 판례에는 반하지 아니한다고 할 수 있으나, 기존의 판례에 의하여도 여전히 부정한 청탁이 무엇인지 명확하게 판단하기 어렵게 하고 있다고 보인다. 이는 국가의 형벌권의 한계를 명백히 하여 자의적인 형벌로부터 국민의 자유와 권리를 보장한다는 형법의 보장적 기능을 약화시키는 측면이 있다.

그리고 형사재판의 하급심 실무에서는 '부정한 청탁에의 해당 여부'가 아니라 '청탁의 존부'에 심리가 집중되고, 그 청탁은 '묵시적 청탁'이어도 되고 '편의 청탁'이 쉽사리 인정되어 결국 부정한 청탁인지 여부는 '재물의 액수'에 좌우되고, 오히려 피고인이 부정한 청탁에 해당하지 않는다는 유형에 대한 입증책임을 부담하는 형국이 되는 경우가 많다고 보인다는 점에서, 배임수증재죄의 중심적 구성요건요소인 '부정한 청탁'을 명확히 하는 문제는 여전히 남게 된다.

〔참고문헌〕 신용석, "배임수증재죄의 부정한 청탁—유형화의 시도—", 형사판례연구 [12](2004).

[필자: 신용석 변호사]

[130] 장물의 개념 — 현금 또는 자기앞수표의 장물성

[대상판결] 대법원 2004. 4. 16. 선고 2004도353 판결

[사실관계] 피고인 甲은 피해자인 V 주식회사 경리사원인 자인바, 2003. 5. 7. 20:40경 A 경영의 V 회사 사무실에서 감시가 소홀한 틈을 이용하여 권한 없이 그곳에 있는 컴퓨터를 이용하여 V 회사의 해당 아이디와 패스워드를 입력하여 한국외환은행 인터넷뱅킹에 접속한 다음 V 회사의 한국외환은행 예금계좌에서 甲의 한국외환은행 예금계좌로 90,000,000원을, 농협중앙회 예금계좌로 90,500,000원을 각 이체하는 내용의 정보를 입력하여 정보처리함으로써 합계 180,500,000원 상당의 재산상 이익을 취득하였다. 피고인 乙은 2003. 5. 10. 16:00경 서울 영등포역 부근 도로에서 내연관계에 있는 甲으로부터 동녀가 취득한 금원 중 6,000만 원을 그것이 위와 같이 취득한 것임을 알면서도 교부받아 취득하였다.

[판결요지] 형법 제41장의 장물에 관한 죄에 있어서의 '장물'이라 함은 재산범죄로 인하여 취득한 물건 그 자체를 말하므로, 재산범죄를 저지른 이후에 별도의 재산범죄의 구성요건에 해당하는 사후행위가 있었다면 비록 그 행위가 불가벌적 사후행위로서 처벌의 대상이 되지 않는다 할지라도 그 사후행위로 인하여 취득한 물건은 재산범죄로 인하여 취득한 물건으로서 장물이 될 수 있다. 그런데 甲이 컴퓨터등사용사기죄의 범행으로 예금채권을 취득한 다음 자기의 현금카드를 사용하여 현금자동지급기에서 현금을 인출한 경우, 현금카드 사용권한 있는 자의 정당한 사용에 의한 것으로서 현금자동지급기 관리자의 의사에 반하거나 기망행위 및 그에 따른 처분행위도 없었으므로, 별도로 절도죄나 사기죄의 구성요건에 해당하지 않는다 할 것이고, 그 결과 그 인출된 현금은 재산범죄에 의하여 취득한 재물이 아니므로 장물이 될 수 없다. 그리고 장물인 현금 또는 수표를 금융기관에 예금의 형태로 보관하였다가 이를 반환받기 위하여 동일한 액수의 현금 또는 수표를 인출한 경우에 예금계약의 성질상 그 인출된 현금 또는 수표는 당초의 현금 또는 수표와 물리적인 동일성은 상실되었지만 액수에 의하여 표시되는 금전적 가치에는 아무런 변동이 없으므로, 장물로서의 성질은 그

대로 유지되지만, 甲이 컴퓨터등사용사기죄에 의하여 취득한 예금채권은 재물이 아니라 재산상 이익이므로, 甲이 자신의 예금구좌에서 6,000만 원을 인출하였더라도 장물을 금융기관에 예치하였다가 인출한 것으로 볼 수 없다. 따라서 乙에게는 장물취득죄가 성립하지 아니한다.

[해 설]

I. 들어가는 말

대상판결은 인터넷뱅킹으로 타인명의 예금을 甲이 자신의 계좌로 부정하게 계좌이체한 행위에 대하여 甲은 이체된 현금이라는 재물이 아닌, 은행에 대한 예금채권이라는 재산상 이익을 취득한 것이므로 컴퓨터등사용사기죄가 성립한다는 대법원의 첫 유권해석이라는 점에서 의미가 있다. 그리고 형법상 장물죄에 있어서 장물은 재물을 전제로 한다는 점에서 甲이 취득한 것은 재산상 이익이므로 비록 乙이 이러한 사정을 알고 이를 교부받아 취득했다 하더라도 장물취득죄가 성립되지 않는다는 것이다. 따라서 대상판결을 이해하기 위해서는 컴퓨터등사용사기죄의 객체인 '재산상 이익'에 대한 이해와 더불어, 장물의 개념 및 이와 관련하여 현금이나 자기앞수표의 장물성에 대한 해석이 선행되어야 한다.

II. 타인명의예금을 계좌이체하는 경우의 죄책

전자금융거래를 이용하여 타인명의의 예금을 계좌이체하는 경우의 죄책에 대해서는 견해가 대립되고 있다.

절도죄가 성립한다는 견해는 컴퓨터등사용사기죄의 재산상 이익은 형법상 재물 개념을 포함하는 개념으로 해석해야 한다는 점을 그 논거로 들고 있으나, 다수견해와 판례는 현행 형법은 재산범죄의 객체를 재물과 재산상 이익으로 구분하고 있다는 점에서 컴퓨터등사용사기죄의 재산상 이익은 재물을 제외한 개념으로 해석하고 있다. 따라서 다수견해와 판례에 의하면 甲은 재산상 이익인 은행에 대한 예금채권을 취득한 것으로 컴퓨터등사용사기죄가 성립하며, 乙이 이를 알고 교부

받아 취득하였더라도 장물죄의 객체인 재물을 취득한 것이 아니기 때문에 乙에게는 장물죄가 성립하지 아니한다.

III. 장물죄에 있어서 장물의 개념과 대체장물의 장물성

1. 장물의 개념

형법 제362조의 장물죄의 행위객체는 재산범죄로 인하여 영득한 재물이다. 여기서의 재물 개념은 절도죄의 재물 개념과 동일하므로, 경제적 가치를 요하지 아니하며 준용규정이 없다 하더라도 관리가능한 동력(제346조)도 장물에 포함된다. 이와 같이 형법은 가치장물성을 인정하지 아니하므로, 재산상의 이익이나 권리는 장물이 될 수 없다. 그리고 장물죄에 있어서의 장물이 되기 위하여는 본범은 재산범죄라야 하는데 본범이 절도, 강도, 사기, 공갈, 횡령 등 재산죄에 의하여 영득한 물건이면 족하고 그 중 어느 범죄에 의하여 영득한 것인지를 구체적으로 명시할 것을 요하지 아니한다.

2. 대체장물의 장물성

장물은 재산범죄에 의하여 영득한 재물 그 자체만이라는 점에서 그 장물의 처분대가와 같은 대체장물은 장물성이 인정되지 않는다. 따라서 장물의 매각대금이나 교환물, 매입물, 장물을 입질한 경우의 입질증서는 장물이 아니다(다만 공범설에 의하면 장물성이 인정된다는 견해도 있다). 원형을 변형한 경우에는 구체적 변형 정도에 따라 판단해야 하며, 대체장물이 다른 범죄로 인하여 영득한 재물인 경우에는 장물성이 인정된다.

대체장물의 장물성과 관련하여 금전이나 자기앞수표와 같은 대체성의 성격이 강한 재물인 경우에 장물로서의 성질이 그대로 유지되느냐에 대해서는 학설은 대립되고 있으나, 다수견해와 판례는 금전은 고도의 대체성을 가지고 있어 다른 종류의 통화와 쉽게 교환할 수 있고, 그 금전 자체는 별다른 의미가 없고 금액에 의하여 표시되는 금전적 가치가 거래상 의미를 가지고 유통되고 있는 점에 비추어 볼 때, 장물인 현금을 금융기관에 예금의 형태로 보관하였다가 이를 반환받기 위하여 동일한 액수의 현금을 인출한 경우에 예금계약의 성질상 인출된 현금은 당초의 현금과 물리적인 동일성은 상실되었지만 액수에 의하여 표시되는 금전적 가치

에는 아무런 변동이 없으므로 장물로서의 성질은 그대로 유지된다고 해석하고 있다. 마찬가지로 자기앞수표도 그 액면금을 즉시 지급받을 수 있는 등 현금에 대신하는 기능을 가지고 거래상 현금과 동일하게 취급되고 있는 점에서 금전의 경우와 동일하게 해석한다.

IV. 나오는 말

(1) 대상판결에서 피고인 甲이 계좌이체를 통해 취득한 것은 자기계좌로 이체된 현금이라는 재물이 아니라 V 회사의 은행에 대한 예금채권을 취득했기 때문에 甲은 컴퓨터등사용사기죄가 성립한다. 그리고 甲이 컴퓨터등사용사기죄의 범행으로 예금채권을 취득한 다음 자기의 현금카드를 사용하여 현금자동지급기에서 현금을 인출하였더라도 현금카드 사용권한 있는 자의 정당한 사용에 의한 것으로서 절도죄나 사기죄의 구성요건에 해당하지 아니하며, 그 결과 그 인출된 현금은 재산범죄에 의하여 취득한 재물이 아니므로 장물이 될 수 없다.

(2) 그리고 다수견해와 판례에 의하면 장물인 현금 또는 수표를 금융기관에 예금의 형태로 보관하였다가 이를 반환받기 위하여 동일한 액수의 현금 또는 수표를 인출한 경우에 예금계약의 성질상 그 인출된 현금 또는 수표는 당초의 현금 또는 수표와 물리적인 동일성은 상실되었지만 액수에 의하여 표시되는 금전적 가치에는 아무런 변동이 없으므로 장물로서의 성질은 그대로 유지된다. 그러나 장물죄의 장물은 재산범죄로 인하여 영득한 재물만을 그 객체로 하는데, 대상판결에서 甲이 컴퓨터등사용사기죄에 의하여 취득한 예금채권은 재물이 아니라 재산상 이익이므로, 甲이 자신의 예금계좌로 이체된 금원을 인출하였더라도 장물을 금융기관에 예치하였다가 인출한 것으로 볼 수 없다. 따라서 乙이 이러한 사정을 알고 甲으로부터 이를 교부받아 취득하였더라도, 乙에게는 장물취득죄가 성립하지 아니한다.

[참고문헌] 여훈구, "장물인 현금 또는 자기앞수표의 예금과 장물성의 상실 여부", 형사판례연구 [9](2001); 천진호, "타인명의예금 인출행위의 형사책임과 장물죄", 형사판례연구 [13](2005).

[필자: 천진호 교수(동아대)]

[대상판결] 대법원 2004. 4. 9. 선고 2003도8219 판결

[사실관계] 피고인은 골동품 매매업에 종사하는 자로서, A로부터 장물인 고려청자 원앙형 향로 1점을 2억 5,000만 원에 매각하여 달라는 의뢰를 받고, 국내에서 발견된 유일한 문화재인 위 향로의 출처를 확인하거나 문화재청이나 한국고미술협회 등에 도난신고 여부를 조회하는 등의 조치를 하지 않은 채 A의 매매 의뢰를 승낙하고 위 향로 1점을 넘겨받아 보관하던 중, B로부터 3,000만 원을 차용하면서 위와 같이 보관중이던 향로를 담보로 제공하였다.

[판결요지] 절도 범인으로부터 장물보관 의뢰를 받은 자가 그 정을 알면서 이를 인도받아 보관하고 있다가 임의 처분하였다 하여도 장물보관죄가 성립하는 때에는 이미 그 소유자의 소유물 추구권을 침해하였으므로 그 후의 횡령행위는 불가벌적 사후행위에 불과하여 별도로 횡령죄가 성립하지 않는다.

[해 설]

I. 들어가는 말

대상판결의 쟁점은 두 가지로 압축할 수 있다. 하나는 절도범행으로 취득한 재물의 매각을 의뢰받은 자가 장물인 정을 알지 못하면서 인도받아 보관하고 있는 중 이를 임의소비한 경우, 불법원인급여에 해당하는 장물에 해당하더라도 급여자와의 관계에서 횡령죄를 인정할 수 있는지 여부이며(쟁점 ①), 다른 하나는 피고인이 장물을 담보로 제공하여 B에게서 금전을 차용하는 행위가 별개의 죄(예컨대 사기죄)가 성립할 수 있는가(쟁점 ②)이다.

대상판결의 판결요지에는 쟁점 ②에 대해서만 답하고 있고, 쟁점 ①에 대한 답은 없다. 그 이유는 피고인에게 매각을 의뢰한 A에게 불법원인이 없거나 수익자인 피고인에게만 불법원인이 있는 경우에 해당하므로 A에게 반환청구가 가능하다는 판단 때문인 것으로 보이고, 이에 따라 피고인에게 업무상과실에 의한 장물취득만을 인정하고 있다. 나아가 대상판결에서 대법원은 추구권설의 입장에서 장물죄를 파악하고 있는데, 이에

따르면 장물범이 보관중인 장물을 횡령하는 행위는 이미 추구권 침해를 통하여 소유권이 침해된 객체에 대해 다시 소유권을 침해하는 것으로서, 하나의 동일한 소유권이 거듭 침해된다고 하여 별개의 죄로 다스릴 수 없다고 판시하고 있다. 하지만 쟁점 ②에서 장물범이 장물을 횡령하는 것에 대하여 아무런 조치를 취할 수 없다는 것이 불합리한 것이 아닌가 하는 의문을 제기해 볼 수도 있다는 점에서 학설과 대법원의 태도를 비교하면서 설명할 필요가 있다.

II. 장물보관죄 후의 횡령죄 성립 여부

장물보관죄가 성립한 이후에 이를 임의로 매각하거나 담보로 제공하는 등의 행위가 불가벌적 사후행위인지 아니면 별개의 죄가 성립되는지에 대하여는 해당 행위에 대한 평가에 따라 달라진다. 불가벌적 사후행위는 절도 등의 상태범, 특히 영득죄에 있어서는 범죄완성 후에도 위법상태가 계속되는 것이 처음부터 예상되고 도품의 사후 이용·처분행위가 그 위법상태의 범위 내에 포함된다고 인정되는 경우에는 주된 범죄구성 요건에 의하여 기히 포괄적인 평가를 받은 것이기 때문에 그 사후행위가 설사 다른 구성요건을 충족하는 경우라 하더라도 별죄를 구성하지 않는 것을 의미한다.

1. 불가벌적 사후행위의 일반적 요건

불가벌적 사후행위라고 하기 위해서는 다음과 같은 요건을 갖추어야 한다.

첫째, 사후행위는 범죄의 구성요건에 해당해야 한다. 어떤 범죄에도 해당하지 않는 행위는 당연히 불가벌이며 불가벌적 사후행위라 할 수 없다. 예컨대, 절도범이 절취한 재물을 소비한 때에는 횡령죄의 구성요건에 해당하지 않으므로 불가벌적 사후행위가 아니다.

둘째, 사후행위는 주된 범죄와 보호법익을 같이 하고 침해의 양을 초과하지 않아야 한다. 따라서 사후행위가 다른 사람의 새로운 법익을 침해한 때에는 불가벌적 사후행위가 아니다. 예컨대, 절도범인이 그 절취한 장물을 자기 것인 양 제3자를 기망하여 금원을 편취

하는 경우에는 새로운 법익의 침해가 있으므로 사기죄가 성립한다.

2. 대법원의 태도

대법원은 대법원 1976. 11. 23. 선고 76도3067 판결 이후 "절도범인으로부터 장물보관 의뢰를 받은 자가 그 정을 알면서 이를 인도받아 보관하고 있다가 임의로 처분하였다고 하더라도 장물보관죄가 성립되는 때에는 이미 그 소유자의 소유물 추구권을 침해하였으므로 그 후의 횡령행위는 불가벌적 사후행위에 불과하여 별도로 횡령죄가 성립하지 않는다"고 판시하고 있고, 이는 대상판결에서도 그대로 인용하고 있다. 이는 장물죄의 본질에 관하여 판례가 추구권설을 취하고 있기 때문에 장물죄의 성립으로 이미 소유자의 추구권을 곤란하게 하였기 때문에 그 횡령은 불가벌적 사후행위라고 인정한 것이라고 본 것이다.

이에 반해 대법원은 장물범이 장물임을 감추고 차량을 판매한 행위에 대하여, "장물을 취득한 후 마치 장물이 아닌 것처럼 매수인을 기망하여 이를 매도하는 경우 매수인에 대한 기망행위는 새로운 법익의 침해로 보아야 하므로, 위와 같은 기망행위가 장물취득 범행의 불가벌적 사후행위가 되는 것은 아니다"고 판시하여 사기죄의 성립을 인정하고 있다(대법원 2011. 4. 28. 선고 2010도15350 판결).

III. 나오는 말

(1) 위 쟁점 ②에서 피고인에게 장물보관죄 외에 별도로 죄를 인정하기 위해서는 새로운 법익침해가 있는지를 찾아보아야 할 것이다. 이를 위해서는 피고인이 B에게 위 향로가 장물이 아닌 것처럼 속이고 담보로 제공하는 사실관계가 인정되어야 한다. 그런데 대상판결의 사실관계에서 피고인의 향로 보관행위는 업무상과실장물보관죄에 해당하며, 이를 B에게 제공할 당시 피고인에게 그 향로가 장물이라인 점에 대한 인식이 없으므로 피고인에게 기망행위를 인정할 수가 없다. 결국 피고인에게 새로운 법익침해를 인정할 만한 행위가 없으므로 업무상과실장물보관죄의 불가벌적 사후행위라고 평가할 수밖에 없다.

(2) 대상판결은 장물보관을 의뢰받은 자가 그 정을 알면서 이를 보관하고 있다가 임의 처분한 경우, 장물보관죄가 성립한 때에는 이미 그 소유자의 소유물 추구권을 침해하였으므로 그 후의 횡령행위는 불가벌적 사후행위에 해당하여 별도로 횡령죄를 구성하지 않는다는 기존 판례를 다시 확인하는 한편, 보관 당시 장물인 정을 알았던 경우뿐만 아니라, 장물인 정을 알지 못하였더라도 알지 못한 데 업무상과실 또는 중과실이 있는 경우에는 업무상과실장물보관죄가 성립하는 이상 별도로 횡령죄를 구성하지 않는다고 선언한 최초의 판결이라는 점에 그 의의를 찾을 수 있을 것이다.

〔참고문헌〕 윤병철, "업무상 과실로 장물을 보관하고 있다가 임의 처분한 경우 업무상 과실장물보관죄 이외에 횡령죄가 성립하는지 여부(소극)", 대법원판례해설 제50호(2004 상반기)(2004).

[필자: 이정훈 교수(중앙대)]

[사실관계] 피고인은 부산 소재 건물(점포)에 관하여 매도인과 매매계약을 체결한 후 자신의 처 명의로 등기하여 자신의 처에게 명의신탁한 후 실내건축 및 건물임대업체인 주식회사를 운영하는 자이다. 피고인은 2002. 9. 20.경 피해자에게 위 건물 1층 103호를 임대보증금 30,000,000원에 임대하면서 위 103호의 실내장식공사를 15,000,000원에 하여 주기로 약정하고 그 공사를 진행하고 있었다. 그러던 중 2002. 10. 24.경 위 103호에서 피고인은 피해자의 동생과 위 실내장식 공사대금 문제로 다투게 되었고, 이 때문에 화가 나 자신의 직원으로 하여금 위 103호의 문에 자물쇠를 채우게 하였다. 이로 인하여 피해자는 위 103호에 출입을 할 수 없게 되었다.

[판결요지] [1] 부동산 실권리자명의 등기에 관한 법률 제8조는 배우자 명의로 부동산에 관한 물권을 등기한 경우에 조세포탈, 강제집행의 면탈 또는 법령상 제한의 회피를 목적으로 하지 아니한 때에는 제4조 내지 제7조 및 제12조 제1항, 제2항의 규정을 적용하지 아니한다고 규정하고 있는바, 만일 명의신탁자가 그러한 목적으로 명의신탁을 함으로써 명의신탁이 무효로 되는 경우에는 말할 것도 없고, 그러한 목적이 없어서 유효한 명의신탁이 되는 경우에도 제3자인 부동산의 임차인에 대한 관계에서는 명의신탁자는 소유자가 될 수 없으므로, 어느 모로 보나 신탁한 부동산이 권리행사방해죄에서 말하는 '자기의 물건'이라 할 수 없다.
[2] 피고인이 이른바 중간생략등기형 명의신탁 또는 계약명의신탁의 방식으로 자신의 처에게 등기명의를 신탁하여 놓은 점포에 자물쇠를 채워 점포의 임차인을 출입하지 못하게 한 경우, 그 점포가 권리행사방해죄의 객체인 자기의 물건에 해당하지 않는다고 한 사례.

[해 설]
I. 들어가는 말
대상판결의 사실관계를 간단히 보면, 건물(점포)의 매수인인 피고인이 자신의 명의로 등기하지 않고 자신

의 처 명의로 등기함으로써 명의신탁한 건물에 관하여 그 건물의 임차인이 그 건물에 들어가지 못하도록 자물쇠를 채운 사안이다. 부부간 명의신탁은 부동산 실권리자명의 등기에 관한 법률(이하, '부동산실명법'이라 한다) 제8조 제2호(배우자 명의로 부동산에 관한 물권을 등기한 경우)에서 허용하는 유형의 명의신탁이다. 대상판결 사안에서는 명의신탁이 조세포탈, 강제집행의 면탈 또는 법령상 제한의 회피를 목적으로 이루어졌다고 볼 만한 정황이 없다. 이러한 명의신탁에 관하여는 기존 판례에 의하여 정립된 명의신탁 이론이 적용된다(보다 자세히는 후술한다). 따라서 대내적 소유관계와 대외적 소유관계가 분리되어, 대내적 소유관계에 있어서는 명의신탁자가, 대외적 소유관계에 있어서는 명의수탁자가 소유권자로 취급된다. 이러한 전제에서, 대상판결의 쟁점은 ① 형법 제323조의 권리행사방해죄에 있어서 '자기의 재물'을 어떻게 해석할 것인가, 특히 '자기의'의 개념이 무엇인가이고, ② 부동산실명법이 허용하는 명의신탁 관계에 있어, 그 부동산이 '명의신탁자의 재물'이라고 볼 수 있는가이다.

II. 권리행사방해죄에 있어 '자기의 재물'의 해석
형법 제323조는 "타인의 점유 또는 권리의 목적이 된 자기의 물건 또는 전자기록 등 특수매체기록을 취거, 은닉 또는 손괴하여 타인의 권리행사를 방해한 자는 5년 이하의 징역 또는 700만 원 이하의 벌금에 처한다"라고 규정하고 있는바, '타인의 점유 또는 권리의 목적이 된 자기의 물건'이라 할 때 '자기의'의 개념을 '자기가 점유하는'이라고 해석할 경우 그 앞의 '타인의 점유' 부분과 모순이 생기므로, '자기의'는 '자기 소유의'라는 개념으로 해석함에는 별다른 이견이 없는 듯하다. 다만 여기서 '자기 소유'라고 할 때 그 소유 개념이 민법상의 소유권 개념과 일치하는지에 관하여는 견해가 대립한다. 먼저 통설 및 판례는 민사 법률관계와 형사 법률관계에서 소유권 개념의 일치를 전제로, '자기의'의 의미를 (민사상) '자기 소유의'라고 해석한다. 이에 대하여 '자기 소유의'라는 것은 맞지만, 여기서

'자기 소유'라는 것은 반드시 민사적인 소유권개념과 일치시킬 필요가 없고, 형법의 독자적 개념에서 파악되는 사실상의 소유상태로 보는 소수설이 있다. 즉, 물건을 사실상 사용·수익·처분할 수 있는 지위에 있는 사람이라면 형법상으로는 소유권자라고 볼 수 있다는 것이다. 살피건대, 형법에서 민법과 다른 소유권개념을 인정할 경우 형법문언 해석이 자의적으로 흘러 전체법질서에 불안이 야기될 수 있다는 점, 민법과 형법의 입법자가 동일하므로 다른 개념을 전제로 법률을 제정하지는 않았을 것이라는 점에서 통설 및 판례의 입장이 타당하다고 생각된다. 그렇게 본다면 '타인이 점유하는 자기의 물건'에 대한 권리행사방해죄는, 민법상 소유권자가 그 주체가 될 수 있다. 즉, 행위자가 민법상 소유하는 물건이 권리행사방해죄의 객체가 될 수 있다.

III. 명의신탁에 있어서 소유권의 귀속

부동산실명법에 의하여 금지되는 유형의 명의신탁에 있어서는 그 명의신탁 약정이 무효임을 전제로 하여 민사 법률관계를 따져 보면 된다. 대상판결 사안에서 피고인에게 건물에 관한 소유권등기가 경료된 바 없으므로, 명의신탁 약정이 무효일 경우 피고인은 건물의 소유권자가 될 수 없다. 다만 서론에서 밝혔듯 대상판결 사안에서 명의신탁 약정이 무효라고 볼 만한 정황은 없다. 부동산실명법이 허용하는 명의신탁에 있어서는 기존 명의신탁 이론이 적용된다. 그 명의신탁 유형이 양자간 명의신탁이건, 중간생략등기형 명의신탁이건, 계약명의신탁이건 상관없다. 판례에 의하여 정립된 명의신탁 이론에 의하면, 명의신탁의 민사 법률관계는 상대적으로 나뉜다. 먼저 대외적 법률관계, 즉 제3자에 대한 관계에 있어서는 명의수탁자가 소유자로 취급된다. 여기서 제3자라 함은 명의신탁자와 명의수탁자 이외의 제3자를 말한다. 제3자가 명의신탁 사실을 알았는지 여부는 그 법률관계에 영향을 미치지 않는다. 다음으로 대내적 법률관계, 즉 명의신탁자와 명의수탁자 사이의 내부관계에 있어서는 명의신탁자가 소유자로 취급된다. 대상판결에서 피해자는 명의신탁자와 명의수탁자 이외의 제3자이기 때문에, 피해자가 명의신탁 사실을 알았는지 여부에 관계 없이 대외적 법률관계에 따라 소유권 귀속이 결정된다. 즉, 피해자 입장에서는 건물의 등기부상 명의자인 명의수탁자가 소유권

자이다. 그런데 대상판결 사안에서 행위자인 피고인은 건물의 등기부상 명의자가 아니라 명의신탁자이다. 따라서 피고인은 건물에 대하여 권리행사방해죄의 주체가 될 수 없다. 물론 명의수탁자와 공동정범이 될 수는 있으나, 대상판결 사안에서 명의수탁자는 어떠한 관여도 하지 아니하였다. 이는 물건을 기준으로 보아도 마찬가지이다. 즉, 물건이 행위자의 소유가 아니라면 그 물건은 권리행사방해죄의 객체가 될 수 없는 것이다.

대상판결에서 문제될 수 있는 것은, 피고인이 건물을 자신의 소유라고 생각하고 그와 같은 행위에 나아갔을 것이라는 점이다. 즉, 행위 객체인 건물의 소유권에 관한 인식의 착오 문제가 있을 수 있다. 따라서 불능미수의 문제가 있을 수 있으나, 권리행사방해죄에는 미수범 처벌규정이 없기 때문에 형법상 별다른 의미를 갖지 못한다. 권리행사방해죄에 있어서 미수범이 없다는 점에 관하여는 입법상 흠결이라는 지적도 있다. 권리행사방해죄에 해당하는 행위들 중 대부분이 절도나 손괴의 태양과 같을 것임에도 절도나 손괴에 존재하는 미수범 처벌규정이 없기 때문이다.

IV. 나가는 말

대상판결 사안에서 피고인은 건물에 대한 명의신탁자이므로 제3자에 대하여 건물에 관한 권리행사방해죄의 주체가 될 수 없다. 다시 말하면 그 건물은 명의신탁자의 입장에서는 '자기의 물건'이 아니기 때문에 권리행사방해죄의 객체가 될 수 없다. 그렇다면 대상판결에 있어서 피고인은 그 행위에 대하여 아무런 죄책도 부담하지 않는 것인가? 피고인의 행위는 위력으로 평가할 수 있으므로, 그로 인하여 피해자의 업무가 방해될 정도의 위험이 발생하였다면 형법 제314조의 업무방해죄에 해당할 가능성은 있어 보인다.

[참고문헌] 우인성, "명의신탁자가 담보로 제공한 명의신탁 자동차를 임의로 취거한 행위의 형사죄책", 대법원판례해설 제92호(2012 상반기)(2012); 이동신, "배우자에게 명의신탁한 부동산이 권리행사방해죄에서 말하는 '자기의 물건'에 해당하는지 여부", 대법원판례해설 제59호(2005 하반기)(2006).

[필자: 우인성 판사(서울서부지법)]

[133] 강제집행면탈죄에서 강제집행을 받을 객관적 상태의 의미

[대상판결] 대법원 1998. 9. 8. 선고 98도1949 판결

[사실관계] 농업협동조합중앙회 A 군지부는 피고인에 대하여 237,371,208원의 원리금 채권을 가지고 있었는데 그 중 173,785,155원 채권은 담보 대출이고 그 나머지 63,586,053원 채권은 물적 담보 없는 대출로 생긴 것이어서 그 채권을 확보하기 위하여 연대보증인인 피고인의 처의 봉급채권을 가압류하고 그 나머지 담보대출 173,785,155원 채권에 대하여는 담보 부동산에 대한 근저당권을 실행하면서 잔존채권이 발생하면 계속적인 재산추적을 통하여 강제적으로 채권회수를 할 의사를 결정하고 피고인에게 변제독촉을 하고 있던 중 위 담보 부동산이 251,110,000원(감정가액 309,906,286원)에 낙찰되자 경매비용을 제하고 금 208,811,350원을 배당받았다. 그런데 피고인 甲은 위 부동산 경매 개시 20여일 후 자신이 경영하던 위 담보 부동산 일부 토지 지상의 난(蘭)농원에 보관되어 있던 난 배양병들을 동생인 피고인 乙이 경영하던 다른 토지 지상의 난농장으로 옮겨 놓았다.

[판결요지] 강제집행면탈죄에 있어서 허위양도라 함은 실제로 양도의 진의가 없음에도 불구하고 표면상 양도의 형식을 취하여 재산의 소유명의를 변경시키는 것이고, 은닉이라 함은 강제집행을 실시하는 자가 채무자의 재산을 발견하는 것을 불능 또는 곤란하게 만드는 것을 말하는바, 그와 같은 행위로 인하여 채권자를 해할 위험이 있으면 강제집행면탈죄가 성립하며 반드시 현실적으로 채권자를 해하는 결과가 야기되어야만 강제집행면탈죄가 성립하는 것은 아니므로 비록 위 담보권 실행을 위한 경매절차에서 경매목적물의 감정가액이 금 309,906,286원으로서 그 피담보채무액을 훨씬 상회하였고, 위 농협군지부가 금 208,811,350원을 배당받았으며 또한 당시 피고인 경영의 난농원에 보관되어 있었던 난에 대하여는 경매신청을 할 계획이 없었다 하더라도 객관적으로 보아 피고인은 당시 현실적으로 그 일반재산에 대하여 민사소송법에 의한 강제집행이나 가압류집행 등을 당할 우려가 있는 객관적인 상태에 있었다고 할 수 있으므로 난이 들어있는 배양병을

옮겨 놓은 행위는 강제집행면탈에 있어 은닉에 해당하여 강제집행면탈죄가 성립한다.

[해 설]
Ⅰ. 들어가는 말

강제집행면탈죄는 강제집행을 면할 목적으로 재산을 은닉, 손괴, 허위양도 또는 허위의 채무를 부담하여 채권자를 해함으로써 성립하는 범죄이다(제327조). 따라서 행위자에게는 강제집행면탈이라는 목적이 있어야 하고 그 목적을 실현하고자 재산의 은닉, 손괴, 허위양도 등을 한다는 의사와 인식, 즉 고의가 있어야 한다. 다만 실제 사안에서는 행위자가 그 목적성과 고의성을 부인하는 경우가 많기 때문에 채권자로부터 강제집행을 받을 염려가 있는 구체적 상황과 그 상황에서 재산의 은닉이나 허위양도 등 정상적인 거래가 아닌 방법으로 채권자의 집행을 피하려는 행위를 한 것을 확정함으로써 쉽사리 행위자의 목적성과 고의성을 추단할 수 있을 것이다. 한편 채권자와의 거래관계상 채무를 부담하고 있는 행위자가 한 재산 은닉 등의 행위가 언제나 강제집행면탈죄의 대상이 된다고 하는 것은 거래의 안정을 해치고 행위자의 재산처분권을 과도하게 제한하는 것이기 때문에 채권자로부터 강제집행을 받을 염려가 있는 상태에서 한 채권추심회피 행위만을 처벌 대상으로 한정하는 것이 타당하다. 따라서 대상판결은 물론 통설도 비록 강제집행면탈죄의 법문상에는 없지만 '강제집행을 받을 염려가 있는 상태'에서의 채권추심회피행위를 기술되지 아니한 구성요건요소의 하나로 보고 있는 것이다. 문제는 어떠한 경우가 그러한 강제집행을 받을 염려가 있는 상태에 놓여 있다고 볼 것인지이다.

대상판결의 사안은 근저당채권의 담보부동산의 감정가가 근저당채권을 훨씬 초과하고 실제 경락가에서 경락비용을 제외한 경락대금이 피담보채무는 회수하고도 남았으며 피고인이 은닉한 난이 든 병에 대한 유체동산경매신청계획이 없었던 사안이다. 이 사안에서 대법원은 강제집행을 받을 염려가 있는 상태에 대한 기

준을 설정하고 있는바, 이에 대하여 살펴보기로 한다.

II. 강제집행을 받을 상태의 의미

강제집행을 받을 상태에 있지 아니한 채무자의 재산까지 본죄의 행위 객체에 포함시키는 것은 본죄 적용 범위가 부당히 확대되어 자의적인 공권력 행사의 폐해가 야기될 수 있으므로, 결국 본죄의 행위객체는 강제집행을 받을 상태에 놓여 있는 채무자의 재산에 한정된다고 해석하는 것이 타당하다.

이러한 강제집행을 받을 상태라고 하는 것은 채권자와 채무자와의 관계적 상황에서 알 수 있는 객관적인 상태, 즉 채권자가 민사소송의 제기나 지급명령의 신청을 하거나 가압류 가처분의 보전소송을 신청한 경우뿐만 아니라 구두 혹은 내용증명 등의 방법으로 채무변제의 독촉을 하면서 소송제기 등의 기세를 보이고 있는 등 채무자가 현실적으로 강제집행을 받을 염려가 있는 객관적 상태를 의미한다(대법원 1984. 3. 13. 선고 84도18 판결). 또한 채권자가 현실적으로 구체적인 손해를 입거나 이로 인하여 채무자가 어떤 이득을 취하여야 할 것을 요하지 않으므로(대법원 1994. 10. 14. 선고 94도2056 판결), 채권추심회피행위 당시 채무자의 재산 시가 평가액이 채권액을 다소 초과하고 있었다거나 허위채무 등을 공제한 후 채무자의 적극재산이 남는다고 예측된다고 하더라도 강제집행을 받을 염려가 있는 객관적 상태에 놓여 있지 않았다고 단정할 수 없다(대법원 2008. 4. 24. 선고 2007도4585 판결). 이러한 점에서 본죄는 위험범이라고 할 수 있지만 그 중에서도 채권추심회피행위 당시 채권자의 채권침해에 대한 일반적인 위험만 존재하면 족할 뿐 구체적이고도 현실적인 위험까지 발생될 것을 요하지 아니하는 추상적 위험범이라고 보는 것이 통설의 견해이다.

III. 나오는 말

앞서 본 바와 같이 강제집행면탈죄는 법문상에는 없지만 '강제집행을 받을 위험이 있는 상태'에서의 채권추심회피행위를 구성요건으로 보고 있고, 그러한 상태라고 하는 것은 채권자가 민사소송을 제기하거나 보전소송을 신청한 경우뿐만 아니라 적어도 소송제기 등의 기세를 보이고 있는 등 채무자가 현실적으로 강제집행을 받을 위험이 있는 객관적 상태에 놓여 있는 것을 의미한다. 따라서 소송제기 등은 물론이고 그러한 낌새조차 없는 상황에서는 추심회피행위를 하거나 이미 강제집행이 이루어진 재산에 대한 처분행위를 한다고 하여 강제집행면탈죄로 처벌할 수는 없다(대법원 2012. 6. 28. 선고 2012도3999 판결). 또한 강제집행면탈죄는 채권추심회피행위 당시 채권침해에 대한 일반적인 위험만 존재하면 족한 추상적 위험범이라고 할 것이므로 채권추심회피행위 당시 채무자의 재산 시가 평가액이 채권액을 다소 초과하고 있었다고 하더라도 강제집행을 받을 염려가 있는 객관적 상태를 벗어나 있었다고 할 수 없다. 대상판결은 이와 같은 관점에서 종전의 판례와 통설적 견해에 입각하여 강제집행을 받을 상태의 의미를 재확인하고, 근저당부동산의 감정가가 담보부 및 비담보부 채무를 합한 채무자의 전 채무에 충당되고도 남음이 있다고 하더라도 실제의 경락대금에서 채무변제가 어느 정도 이루어질지 확정되지 않았고, 더구나 비담보부 채무 또한 존재하는 상황에서 채권회수 방해 위험성이 없어졌다고 할 수 없다고 보아 채무자가 유체동산인 난 배양병을 다른 곳으로 옮긴 행위에 대하여 은닉으로 인한 강제집행면탈죄가 성립한다고 판시한 것은 타당하다고 보인다.

[필자: 이상철 변호사]

제 2 편

사회적 법익에 대한 죄

[대상판결] 대법원 1983. 1. 18. 선고 82도2341 판결

[사실관계] 피고인은 피해자 V₁때문에 피고인과 가족이 거주하여 오던 암자에서 쫓겨난 데 대하여 원한을 품고 동인을 살해하기로 결의하고, 1982. 4. 1. 00:30경 마스크를 하고 V₁의 집에 침입하여 석유를 플라스틱 바가지에 따라 마루에 놓고 큰 방에 들어가자 V₁은 없고 동인의 처 피해자 V₂와 딸 V₃(19세), V₄(11세), V₅(8세) 등이 깨어 V₃가 피고인을 알아보기 때문에 마당에 있던 절구방망이로 V₂와 V₃의 머리를 각 2회씩 강타하여 실신시킨 후 이불로 뒤집어씌우고 위 바가지의 석유를 뿌리고 성냥불을 켜 대어 V₁ 및 동인 가족들이 현존하는 집을 전소케 하고, 불이 붙은 동가에서 빠져 나오려는 위 V₄와 V₅가 탈출하지 못하도록 방문 앞에 버티어 서서 지킨 결과 실신하였던 V₂와 탈출하지 못한 V₄와 V₅를 현장에서 소사케 하고, 탈출한 V₃은 3도 화상을 입고 입원가료 중 동년 4. 10. 사망에 이르게 하여 동인들을 살해하였다.

[판결요지] [1] 형법 제164조 후단이 규정하는 현주건조물 방화치사상죄는 그 전단에 규정하는 죄에 대한 일종의 가중처벌규정으로서 불을 놓아 사람의 주거에 사용하거나 사람이 현존하는 건조물을 소훼함으로 인하여 사람을 사상에 이르게 한 때에 성립되며 동 조항이 사형, 무기 또는 7년 이상의 징역의 무거운 법정형을 정하고 있는 취의에 비추어 보면 과실이 있는 경우뿐만 아니라 고의가 있는 경우도 포함된다고 볼 것이므로 (중략) 현주건조물에의 방화죄와 살인죄의 상상적 경합으로 의율할 것은 아니다.

[2] 형법 제164조 전단의 현주건조물에의 방화죄는 공공의 안전을 제1차적 보호법익으로 하고 제2차적으로 개인의 재산권을 보호하는 것이나, 여기서 공공에 대한 위험은 구체적으로 그 결과가 발생됨을 요하지 아니하는 것이고 이미 현주건조물에의 점화가 독립연소의 정도에 이르면 동 죄는 기수에 이르러 완료되는 것인 한편, 살인죄는 일신전속적인 개인적 법익을 보호하는 범죄이므로 이 사건에서와 같이 불을 놓은 집에서 빠져 나오려는 피해자들을 막아 소사케 한 행위는 1

개의 행위가 수개의 죄명에 해당하는 경우라고 볼 수 없고 위 방화행위와 살인행위는 법률상 별개의 범의에 의하여 별개의 법익을 해하는 별개의 행위라고 할 것이니, 현주건조물방화죄와 살인죄는 실체적 경합관계에 있다.

[해 설]
I. 쟁점의 정리

대상판결의 쟁점은 ① 현주건조물에 방화하여 고의로 소사케 한 경우 현주건물방화죄와 살인죄와의 관계, 즉 현주건조물방화치사죄의 성립 여부, ② 현주건조물방화치사죄와 살인죄와의 관계, ③ 현주건조물방화죄의 기수시기이다.

II. 검 토
1. 형법 제164조 후단 소정의 현주건조물방화치사죄의 성립 여부

대법원은 형법 제164조 후단의 현주건조물방화치사죄는 그 전단에 규정하는 죄에 대한 일종의 가중처벌규정으로서 동 조항이 사형, 무기 또는 7년 이상의 징역의 무거운 법정형을 정하고 있는 취의에 비추어 보면 과실이 있는 경우뿐 아니라 고의가 있는 경우도 포함된다고 판결했다.

그러나 형법 제164조 후단의 "이로 인하여 사람을 사상에 이르게 한 자는 사형, 무기 또는 7년 이상의 징역에 처한다(개정 전 조문)"의 '사상에 이르게 한'은 살인죄의 '사람을 살해'한 것과는 표현이 다르다. 법조문의 해석은 특히 실무에서 매우 중요하다. 법조문 해석은 일반적으로 먼저 글자 그대로의 의미를 최우선시하고, 그 의미가 불명확할 경우 다른 해석방법을 사용해야 한다. 다른 해석방법을 적용함에 있어서는 먼저 입법자의 의도가 무엇인지를 확인해야 한다. 이에 도움이 되도록 국회도 입법시 조문의 의미를 충분히 설명하고, 해설자료집을 발간해야 한다. 법원이 이 범위를 넘는 해석을 할 경우 입법권 침해의 소지가 생긴다.

한편 형사처벌에 있어 애매할 때에는 피고인의 이익

으로 해석해야 하고 입법 역사나 전체 조문의 체계에 따른 해석은 허용되기 어렵다. 아무튼 '사상에 이르게 한'은 '사람을 살해'한 것과 명백히 구분됨에도 무거운 법정형을 취하고 있다는 것을 논거로 이에 '살해'까지 포함된다고 한 것은 형사처벌에 있어 엄격한 해석보다는 완화된 해석을 한 것이다. 살인은 사형, 무기 또는 5년 이상의 징역에 해당함에 비하여 현주건조물방화치사죄는 사형, 무기 또는 7년 이상의 징역에 해당하므로 피고인에게 불리한 해석이다.

2. 현주건조물방화치사죄와 살인죄의 관계

대상판결은 위 사안에서 피해자 V_2와 V_3에 대해서는 현주건조물방화치사상죄로 인정하고, V_3과 V_4에 대해서는 현주건조물방화죄와 살인죄의 실체적 경합으로 판결하였다. 불에 타고 있는 집에서 빠져 나오려는 V_3와 V_4를 소사케 한 행위는 방화행위와 별개의 행위로서 살인죄를 구성한다고 보았다.

사람을 죽이기 위해 집에 불을 놓는 행위와 불이 난 집에서 나오는 사람을 못나오게 막은 행위는 1개의 행위가 아닌 별개의 행위라는 점은 명백하다. 사실관계를 이렇게 확정한다면 상상적 경합에 해당한다고 보기 어렵다. 그러나 이 사건에서 피고인이 방문 앞에 지켜서기만 한 것이라면 별개의 행위가 있었다고 보기 어려울 수 있다.

한편 보호법익이 다르다고 하여 1개의 행위가 2개의 행위가 된다고 보는 것은 피고인에게 불리한 해석이다. 설령 현주건조물방화치사죄에 살인의 고의범이 포함된다고 하더라도 피해자를 막는 행위가 없이 사람을 죽일 고의로 1번에 불을 놓아 사람이 죽었다면 그 죄와 살인죄는 상상적 경합으로 봄이 상당하다. 필자는 살인이 현주건조물방화치사에 포함되지 않는다고 보므로 현주건조물방화와 살인죄의 상상적 경합이 된다는 입장이다.

죄수를 ① 현주건조물방화치사죄와 살인죄의 실체적 경합으로 볼 때는 사형, 무기 또는 10년 6월 이상의 징역형 ② 현주건조물방화와 살인죄의 상상적 경합으로 볼 때는 사형, 무기 또는 5년 이상의 징역형의 처단형에 해당한다. 그런데 실제 선고형은 ①과 ② 모두 사형, 무기 또는 10년 6월 이상의 징역형이 가능하고, 10년 6월 미만의 징역형을 선고함에 있어 감경사유를 적용할 때 ①은 10년 6월부터 시작함에 비하여 ②는 5년부터 시작하는 차이가 있다. 가령 ①에 작량감경을 적용하고 ②에는 적용하지 않는다면 실제 선고형에 있어서는 거의 차이가 없다. 형법은 범죄를 이루는 각개 행위를 양형인자로 구성하지 않기 때문에 죄수론을 따져 처단형을 정해도 선고형에서는 큰 차이를 두지 않는 것이 가능하다.

3. 방화죄의 기수시기

대상판결은 형법 제164조 전단의 현주건조물에의 방화죄는 공공의 안정을 제1차적인 보호법익으로 하고 제2차적으로는 개인의 재산권을 보호하는 것이라고 할 것이나, 여기서 공공에 대한 위험은 구체적으로 그 결과가 발생됨을 요하지 아니하는 것이고 이미 현주건조물에의 점화가 독립연소의 정도에 이르면 기수에 이르러 완료된다고 보았다.

그러나 형법 제164조는 제166조 제2항 자기소유일반건조물방화죄 등과 같이 '공공의 위험'을 구성요건으로 하지 않는다. 이 죄에 구성요건이 아닌 공공위험을 연계하면서 추상화하는 것은 불필요한 논리의 부가이다. 가령 모래섬 한 가운데 외딴 집 일부분에만 불이 붙어 옆집이나 다른 곳으로 번질 가능성이 전혀 없다 하더라도 현주건조물방화죄가 되지 않는다고 볼 수 없다. 현주건조물방화죄는 건조물 등의 재산과 그 안에 있을 수 있는 사람을 보호법익으로 한다.

일반적으로 불이 붙는 과정은 일정 부위가 가열이 되어 온도가 올라가다가 그 부분에서 먼저 발화가 되고 그 후 그 불이 확대되는 순서로 진행된다. 단지 그을리는 단계에 그친다면 소훼라 할 수 없다. 독립연소라도 그을리다 만다면 소훼라 할 수 없다. 일부분이라도 불이 붙어 훼손되기 시작하였다면 그 다음은 불이 붙는 범위의 문제이기 때문에 소훼라고 할 수 있다. 다만 여기의 일부분은 건조물, 기차, 전차, 자동차, 선박, 항공기, 광갱의 일부분이어야만 한다.

[**필자: 안성수 검사(광주고검)**]

[135] 공공의 위험의 의의 — 무주의 일반물건 방화

[대상판결] 대법원 2009. 10. 15. 선고 2009도7421 판결

[사실관계] 피고인은 2009. 1. 26. 22:25경 서울 동작구 상도2동 노상에서 그곳 전봇대 주변에 놓인 재활용품과 쓰레기 등을 발견하고 소지하고 있던 라이터를 이용하여 불을 붙인 다음 불상의 가연물을 집어넣어 그 화염을 160cm 정도까지 키움으로써 무주물을 소훼하였다.

[판결요지] 형법 제167조 제2항은 방화의 객체인 물건이 자기의 소유에 속한 때에는 같은 조 제1항보다 감경하여 처벌하는 것으로 규정하고 있는바, 방화죄는 공공의 안전을 제1차적인 보호법익으로 하지만 제2차적으로는 개인의 재산권을 보호하는 것이라고 볼 수 있는 점, 현재 소유자가 없는 물건인 무주물에 방화하는 경우에 타인의 재산권을 침해하지 않는 점은 자기의 소유에 속한 물건을 방화하는 경우와 마찬가지인 점, 무주의 동산을 소유의 의사로 점유하는 경우에 소유권을 취득하는 것에 비추어(민법 제252조) 무주물에 방화하는 행위는 그 무주물을 소유의 의사로 점유하는 것이라고 볼 여지가 있는 점 등을 종합하여 보면, 불을 놓아 무주물을 소훼하여 공공의 위험을 발생하게 한 경우에는 '무주물'을 '자기 소유의 물건'에 준하는 것으로 보아 형법 제167조 제2항을 적용하여 처벌하여야 한다.

[해 설]

I. 들어가는 말

대상판결이 의미하는 바는 두 가지다. 그 하나는 노상의 재활용품과 쓰레기 등은 '무주물'로서 형법 제167조 제2항에 정한 '자기 소유의 물건'에 준하는 것으로 보아야 한다는 것이고(쟁점 ①), 다른 하나는 거기에 불을 붙인 다음 불상의 가연물을 집어넣어 그 화염을 160cm 정도까지 키움으로써 전선을 비롯한 주변의 가연물에 손상을 입히거나 바람에 의해 다른 곳으로 불이 옮겨 붙을 수 있는 때에는 공공의 위험이 발생하였다고 판단한 것이다(쟁점 ②).

대상판결과 같이 무주물에 방화하는 경우가 타인의 재산권을 침해하지 않은 점에서 자기소유의 일반물건을 방화한 것과 마찬가지라고 한다면(쟁점 ①), 이제는 공공의 위험의 발생여부에 대한 판단이 매우 중요한 의미를 갖게 된다. 자기물건의 손괴(행위)는 처벌되지 않으므로 자기물건의 소훼(행위)를 일반물건방화죄로 처벌하려면 소훼로써 공공의 위험을 발생하게 하여야 한다. 그러나 쟁점 ②에 대하여 대상판결은 그 판결이유에서 특별한 설시 없이, 당시의 화재로 인하여 '전선을 비롯한 주변의 가연물에 손상을 입히거나 바람에 의하여 다른 곳으로 불이 옮아붙을 수 있는' 공공의 위험의 발생을 인정하고만 있다.

II. 무주의 일반물건 방화자의 형사책임

1. 학 설

주지하듯이 일반물건방화죄(제167조)는 방화의 객체인 물건이 자기의 소유이든, 타인소유이든 불문하고 모두 공공의 위험의 발생을 요하는 구체적 위험범에 해당한다. 그 물건이 자기의 소유에 속한 때에는(제2항) 방화죄의 제2차적 보호법익인 개인의 재산권에 대한 침해가 없어 타인소유일반물건방화에 비해 그 법정형이 낮게 규정되어 있다. 여기서 '자기의 소유'란 행위자(공범 포함)의 소유에 속하는 것을 말하는데, 타인소유라도 소유자의 동의가 있는 경우에는 자기의 소유에 속하는 것으로 본다. 그리고 '공공의 위험'은 "불특정 또는 다수인의 생명·신체 또는 재산에 대한 위험"을 의미한다는 데에도 이견이 없다. 따라서 객관적으로 공공의 위험발생의 염려가 없는 넓고 한적한 공간에서 타인의 물건에 방화하는 경우에는 공공의 위험발생이 없기 때문에 이 죄가 성립하지 않고, 단지 그 소훼의 정도에 따라 손괴죄의 기수 또는 미수로 처벌될 수 있을 뿐이다.

대상판결의 사안과 같이 무주물에 방화한 경우에는 형법 제167조 제2항에서 자기소유의 일반물건을 방화의 객체로 한정하고 있기에, 문리해석상으로는 동조 제1항의 물건에 무주물이 포함된다고 볼 것이다. 특히, 방화죄의 보호법익을 공공의 안전과 평온에서 구하는

공공위험범설에서는 더욱 그렇다. 이 견해에 의하면, 무주물에의 방화에도 불구하고 공공의 위험을 발생시켰다는 사실에 방점을 둘 것이기 때문이다. 물론, 이런 귀결이 논리필연적인 것은 아니다.

다른 한편으로 통설·판례의 입장인 이중성격설에 의하면, 대상판결과 같이 무주물에 대한 소훼로써 공공의 위험을 발생하게 하였다고 인정되는 경우에는 그 무주물이 자기의 소유에 속하는 것인가 타인소유인가를 분명하게 구별해야 한다. 처벌의 법정형을 각자 다르게 정하고 있기 때문이다.

2. 대법원의 태도

대법원의 판결요지는 쟁점 ①과 관련하여 무주물에의 방화는 타인의 재산권을 침해하지 않는 점에서 자기소유의 물건을 방화하는 것과 동일하며, 민법상 무주물 선점의 법리를 원용함으로써 그 '무주물'은 '자기소유의 물건'에 준하는 것이라 한다. 이로써 형법 제167조 제1항의 물건으로 볼 수도 있는 무주물을 동조 제2항에 정한 자기소유의 물건에 준하는 것이라고 파악하였고, 그 무주물을 소훼함으로써 공공의 위험을 발생하게 하였다고 판단되는 사안에 대해 형법 제167조 제2항을 적용하여 처벌하였다.

그런데 대상판결은 쟁점 ②와 관련하여 '공공의 위험의 발생 여부를 판단함'에는 판결이유에서 별도의 설시도 없이 원심판결의 사실 확정을 그대로 따르고 있다. 상고심은 법률심이기도 하거니와, 상고이유에 그런 사유가 빠져 있었거나 아니면 해당되지 않았을 것으로 추정해볼 수 있다. 여하튼, 원심판결에서는 제1심 판결에서 적법하게 채택된 사정들을 '기초로', 즉 당시는 건조한 겨울밤이었고 당시 강추위로 바람도 어느 정도 불었던 것으로 보이는 점(사정 ①), 사건장소도 주택가인데다 근처에 현수막, 의자, 합판 등 가연성 물건들이 여기저기 흩어져 있었던 점(사정 ②), 피고인의 키 정도(약 160cm)에까지 달하는 화염에 의하여(사정 ③) 그보다 높은 포터차량 높이의 약 3배에 이르는 위치에 설치된 전선에 직접 불이 붙지는 않았더라도 그 열기에 의하여 그 전선이 손상을 입을 수도 있는 점(사정 ④)을 '종합하여' 공공의 위험을 발생하게 하였다고 판단하고 있다(서울고법 2009. 7. 16. 선고 2009노912, 2009노1310(병합) 판결).

III. 나오는 말

(1) 공공위험범의 대표적인 범죄유형에 해당하는 방화죄 관련 논의에서 공공의 위험의 의미와 그 판단에 관한 정치한 설명은 찾아보기 어렵다. 이런 경향은 방화죄 관련 대부분의 판결에서도 크게 다르지 않다. 다만, 하급심판례 중에는 '형법 제167조 제1항의 공공의 위험'이란 일반물건을 소훼하고 이로 인하여 '불특정 다수인의 생명, 신체, 재산에 위해를 가할 우려 있다고 볼 수 있는 상태'를 말한다고 개념정의한 사례가 있다(대구고법 1979. 1. 24. 선고 78노941 판결). 공공의 위험의 의미에 관한 판례의 이해도 학계에서의 그 개념정의와 그리 차이나는 것은 아니다. 단지 위험을 보호법익에 위해를 가할 우려가 있는 상태로 보고 있을 뿐이다.

그런데 위험이란 개념은 객관적이기보다는 주관적이고 상대적인 규범적 판단의 개념이다. 위험을 느끼는 '우려의 상태'를 객관적으로 파악하는 데(객관화)에는 일정한 한계가 있겠지만, 위험의 규범적 판단을 객관화하는 것이 불가능한 것만은 아니다. 그 한계를 극복하는 방안은 위험판단의 대상이 되는 사정들, 기초자료를 객관화하는 방법이 그것이다. 범행당시에 존재하고 있었던 객관적 사정들을 종합하여 위험판단의 기초로 삼고, 판단기준은 일반인의 입장에서 법관이 이를 규범적으로 판단하는 것이다. 이러한 판단은 이미 위 대상판결의 원심판결에서도 사용하고 있어 낯설지 않은 방법이다.

(2) 원심판결에서 채택한 사정을 살펴보면, 먼저 위 '사정 ①'은 객관적인 고려사항이라기보다는 법관의 규범적인 추정에 불과한 것으로 여겨지고, 다음으로 '사정 ④'에 기초한 위험판단은 제1심 판결에서의 판단결과와는 다른 것이다. 일반물건방화죄는 방화의 추상적 위험을 요구하는 것이 아니라 소훼에 의한 구체적 위험의 발생을 필요로 하는 범죄임을 유의해야 한다. 또 무주물에의 방화에 대해 적용 법조를 규명하려는 쟁점 ①과 관련된 대법원의 논리에는 종전에 실화판결에서 보인 규범논리(대법원 1994. 12. 20. 자 94모32 전원합의체 결정)와는 차이가 있는 것으로 보인다.

〔참고문헌〕 이경렬, "무주의 일반물건 방화자의 형사책임", 형사판례연구 [18](2010)

[필자: 이경렬 교수(성균관대)]

[136] 이미지 파일의 문서성

[대상판결] 대법원 2011. 11. 10. 선고 2011도10468 판결

[사실관계] 피고인은 행사할 목적으로 권한 없이 (1) 임대인 A와 피고인이 작성한 사무실전세계약서 원본을 스캐너로 복사하여 컴퓨터 화면에 띄운 후 생성된 이미지 파일을 포토샵 프로그램을 이용하여 그 보증금액란을 공란으로 만든 다음 이를 프린터로 출력하여 검정색 볼펜으로 보증금액을 고치고, (2) B 은행의 예금·신탁잔액증명서 원본을 스캐너로 복사하여 컴퓨터 화면에 띄운 후 그 발급일자를 임의로 고쳐(사실관계 심리미진), 위 문서를 마치 진정한 것처럼 그 정을 모르는 C에게 팩스로 각 송부하였다.

[판결요지] 형법상 문서에 관한 죄에 있어서 문서라 함은, 문자 또는 이에 대신할 수 있는 가독적 부호로 계속적으로 물체상에 기재된 의사 또는 관념의 표시인 원본 또는 이와 사회적 기능, 신용성 등을 같게 볼 수 있는 기계적 방법에 의한 복사본으로서 그 내용이 법률상, 사회생활상 주요 사항에 관한 증거로 될 수 있는 것을 말하므로, 원심이 컴퓨터 모니터 화면에 나타나는 이미지는 이미지 파일을 보기 위한 프로그램을 실행할 경우에 그때마다 전자적 반응을 일으켜 화면에 나타나는 것에 지나지 아니하여 형법상 문서에 관한 죄에 있어서의 '문서'에 해당하지 않는다고 본 것은 정당하다.

[해　설]
Ⅰ. 들어가는 말

대상판결은 수기에 의한 금액변경의 사문서변조 및 행사의 점(사실관계 1)과 관련한 판결이유에서 "이 부분 공소사실에서 적시된 범죄사실은 원심이 판단하고 있는 것처럼 '컴퓨터 모니터 화면상의 이미지'를 변조하고 이를 행사한 행위가 아니라 '프린터로 출력된 문서'인 사무실전세계약서를 변조하고 이를 행사한 행위임을 알 수 있다"고 판시하고 있다. 이러한 대상판결의 취지가, 범죄사실을 원심과 다르게 판단하면 피고인의 행위가 유죄로 평가될 수 있다는 것인지는 분명하지 않다. 그러나 대상판결이 프린터로 출력된 출력물을 '문서'라고 지칭하고 이를 '변조'하였다고 하면서 원심

이 범죄사실로 본 것과 다른 범죄사실을 구체적으로 적시하고 있다는 점에 의할 때, 대상판결의 관점은 원심이 출력물변조의 사실을 심판의 대상으로 하였다면 무죄판결을 하지 않을 수도 있었다는 취지인 것으로 이해된다.

그런데 프린터로 출력된 출력물을 수기에 의하여 변조한 경우와는 달리 컴퓨터 모니터 이미지 상에서 날짜를 변경한 행위(사실관계 2)에 있어서는 그 행위의 대상이 본 사안의 출력물인지 여부에 대하여 적극적으로 적시하고 있지 않다. 그것은 아마도 위 금액변경의 경우와 달리, 컴퓨터 모니터 이미지상에서 날짜가 이미 변경되어 출력된 출력물에 대하여 수기에 의한 추가적인 변경행위를 하지 않았기 때문일 것으로 사료된다. 그러나 대상판결은 출력된 문서인 예금·신탁잔액증명서가 범행의 대상인지 여부에 대하여 심리·판단하지 않고 무죄로 판단한 원심이 부당하다고 판시하고 있으므로 판결의 취지상 이를 변조행위의 대상인 것으로 간접적으로 적시하고 있음을 부정할 수 없다. 또한 대상판결은 컴퓨터 모니터상의 이미지는 문서죄에 있어서의 문서가 될 수 없으므로 이를 변경하는 행위는 문서변조행위가 되지 않는다는 거의 일관된 기존의 판례를 고려했을 것이므로 대상판결이 범행대상으로 판단한 것은 컴퓨터 모니터 화면상의 이미지에서 날짜를 변경하여 프린터로 출력한 예금·신탁잔액증명서임이 더욱 분명해 보인다.

Ⅱ. 금액변경의 사문서변조 등에 있어서 변경대상으로서의 컴퓨터 모니터 화면상의 이미지

기존의 판례가 일관되게 위조된 문서와 허위로 작성된 문서는 변조의 대상이 될 수 없다는 관점을 취하고 있는 점을 고려하면, 작성권한 없이 원본문서의 내용과 다르게 출력한 별도의 출력물이 변조의 대상이 될 수는 없다. 대부분의 학설도 문서변조는 진정하게 성립된 타인명의의 문서를 그 대상으로 한다고 한다. 더욱이 대상사안의 출력물인 사무실전세계약서는 금액란이 공란으로 변경된 것이어서 문서가 갖추어야할 증명기능

이 결여되어 있어 문서가 될 수 없다. 그럼에도 불구하고 변조행위의 성립을 고수하고자 한다면 컴퓨터 모니터 화면상의 이미지를 변경하는 행위는 심판대상에서 배제될 수 없다. 왜냐하면 이것은 원본 문서와 동일한 내용을 담고 있을 뿐만 아니라 실질적으로 직접적 '변경'행위의 '대상'이 되고 있기 때문이다. 이러한 논의는 결국 원심판결로의 회귀로 귀결된다. 즉, 이러한 전제에서는 변조행위와 관련하여 원심이 컴퓨터 모니터화면상의 이미지를 행위의 대상으로 보고, 다만 이것은 문서가 될 수 없다는 기존의 판례의 관점에 따라 변조행위에 있어서 무죄판결을 한 것이 오히려 더 타당할 수도 있다.

Ⅲ. 날짜변경 사문서변조 등에 있어서 범행대상으로서의 컴퓨터 모니터 화면상의 이미지

대상판결은 이와 관련하여 "사문서변조의 점에 관하여 적시된 공소사실의 내용만으로는 그 범행대상이 분명하다고는 할 수 없으나, 적어도 변조사문서행사의 점에 관한 위 공소사실에서는 그 행사의 대상 및 방법을 '변조한 예금·신탁잔액증명서'를 '팩스로 송부'하였다고 특정"하고 있다고 함으로써, 본 사안의 날짜변경된 출력물이 동행사행위의 범행대상이므로 이것이 동시에 변조행위의 범행대상이라는 취지로 판시하고 있다.

그러나 결론적으로 이러한 동일성에 대한 판단은 부당해 보인다. 왜냐하면 대상사안의 변조행위에서 행위객체와 범행대상은 반드시 일치한다고 할 수 없으나 변조사문서행사죄의 경우, 대상판결이 범행대상으로 보고 있는 출력물은 행위객체로 평가될 수 있을 것이므로 두 개념은 일치한다고 할 수 있기 때문이다. 더욱이 변조문서행사죄는 변조된 문서를 행사함으로써 성립되는 범죄이므로, 행사행위의 범행대상인 변조문서는 변조행위의 결과물일 뿐, 변조행위의 대상(범행대상)이 될 수 없다고 해야 한다. 이러한 논의에 의한다면 원심이 범행대상으로 본 컴퓨터 모니터 화면상의 이미지 이외에 대상판결이 '변조'행위의 범행대상으로 새로이 제시할 수 있는 것은 존재하지 않는다.

Ⅳ. 나오는 말

이상의 대상판결의 문제점에도 불구하고 컴퓨터 모니터 화면상의 이미지는 문서가 될 수 없기 때문에 이를 변경한 행위는 변조가 될 수 없다는 원심의 태도에 대해서도 의문을 제기하지 않을 수 없다. 왜냐하면 대상사안의 일련의 행위(스캔-모니터 이미지 변경-출력-수기에 의한 출력물 내용 변경)를 원본문서를 행위'객체'로 하여 그 행위객체인 문서의 '내용'을 변조복사한 하나의 변조행위로 볼 수 있기 때문이다. 즉, 컴퓨터 모니터 화면상의 이미지를 '변경'하는 것은 사문서변조죄의 객관적 구성요건요소로서의 행위객체인 원본문서를 변조하는 행위로 평가될 수는 없겠지만, 전체적인 변조행위를 구성하는 하나의 부분적 수단으로 볼 수는 있기 때문이다.

날짜변경 사문서변조의 경우도 원본문서를 행위객체로 하여 몇 개의 부분 행위를 통하여 컴퓨터 모니터 화면상의 이미지로 시각화 된 '문서의 내용'을 그 변경의 대상으로 함으로써 변조행위를 한 것으로 평가될 여지는 있다. 다만 이러한 논의는 변조 및 그 행위객체의 개념으로부터 변경의 대상개념을 분리할 수 있다는 전제에서 가능하다. 이러한 논의는 복사문서를 문서로 인정하는 관점에서 가능한 것이며, 이러한 복사문서의 문서성 인정은 변조개념의 확장을 초래하게 된다는 점에서 형법의 보충성 및 비범죄화의 요청과 충돌하는 문제점을 안고 있다. 그럼에도 불구하고 이러한 논의에 의한다면, 컴퓨터 모니터 이미지는 대상판결의 변조행위의 성립 여부 판단에 있어 배제될 수 없는 요소라고 해야 할 것이다. 다시 말해서 이것이 기존의 판례의 관점처럼 문서죄의 문서로 평가될 수 없을지는 몰라도 복사문서의 문서성의 인정에 의한 변조개념의 확장에 따라 변조행위개념의 한 요소인 변경의 대상으로서 자리잡게 된다는 점은 인정될 수 있다 할 것이다.

[필자: 류석준 교수(영산대)]

[137] 사자 명의 문서의 문서성

[대상판결] 대법원 2005. 2. 24. 선고 2002도18 전원합의체 판결

[사실관계] 피고인은 중국 중의사 및 침구사 시험에 응시할 사람을 모집한 후 그들을 중국에 데려가 응시원서의 제출을 대행하였다. 실제 임상경력이 없는 응시생들이었는데, 구비서류로 임상경력증명서를 요구하였으므로, 중국 현지에서 교부받은 임상경력증명서의 양식에 응시생의 이름과 생년월일 및 학습기간 등을 기재한 다음, 의원 상급자(원장) 및 한의원 이름을 생각나는 대로 '강남한의원'이라고 기재하고 강남한의원 명의의 직인을 임의로 새겨 날인하여 '강남한의원' 명의의 임상경력증명서를 작성하였다. 또, '동일한의원'과 '일심한의원' 명의의 임상경력증명서를 같은 방법으로 작성하였다. 피고인은 위와 같이 작성한 '강남한의원', '동일한의원'과 '일심한의원' 명의의 임상경력증명서를 시험기관에 제출하였다.

[판결요지] 문서위조죄는 문서의 진정에 대한 공공의 신용을 그 보호법익으로 하는 것이므로 행사할 목적으로 작성된 문서가 일반인으로 하여금 당해 명의인의 권한 내에서 작성된 문서라고 믿게 할 수 있는 정도의 형식과 외관을 갖추고 있으면 문서위조죄가 성립하는 것이고, 위와 같은 요건을 구비한 이상 그 명의인이 실재하지 않는 허무인이거나 또는 문서의 작성일자 전에 이미 사망하였다고 하더라도 그러한 문서 역시 공공의 신용을 해할 위험성이 있으므로 문서위조죄가 성립한다고 봄이 상당하며, 이는 공문서뿐만 아니라 사문서의 경우에도 마찬가지라고 보아야 한다.

[해 설]
I. 들어가는 말

문서죄가 성립함에 있어서 명의인이 실재함을 요하는가에 대하여는 복사문서의 문서성과 함께 문서죄에 있어서 주요 쟁점 중의 하나였다. 복사문서의 문서성에 대하여는 대법원 전원합의체 판결로 이를 인정한 후(대법원 1989. 9. 12. 선고 87도506 판결) 형법 개정을 통하여 입법적으로 해결하였으나(제257조의2), 사자 또는 허무인 명의의 사문서에 대하여는 공문서와 달리 원칙적으로 그 문서죄의 성립을 부정하는 것이 종래의 판례의 입장이었다.

외국의 기관 기타 단체의 명의로 되어 있는 문서이거나 사망 시기 전후로 작성된 사자 명의의 문서에 대하여 문서죄의 성립을 인정할 수 있는가에 대하여 수사 및 재판 과정에서 종종 쟁점이 되었다. 공소사실에 기재된 문서명의자인 외국의 기관이나 단체가 실재한다는 사실을 명확히 입증하지 못하거나, 문서의 명의자가 사망한 사실이 뒤늦게 밝혀졌는데 수사과정에서는 당사자들 사이에 아무런 논란이 없다가 공소가 제기된 후에야 비로소 명의자 사망 이후 작성된 문서라는 점이 밝혀진 경우 등이 대표적인 예라고 할 수 있다. 수사기관의 실수였든 아니면 어쩔 수 없는 사정이 있었던 간에 이러한 사실들이 간과된 채 수사와 기소가 이루어짐으로써 사안에 따라 법원의 유·무죄 판단이 엇갈리기도 하였다. 공문서의 경우에는 이러한 문제점이 발생하지 않았는데, 공문서와 사문서를 구별할 필요성이 있느냐는 점에서 실무계 및 학계에서 계속하여 문제를 제기하였고, 대상판결은 이러한 요구를 받아들인 판결이라고 할 수 있다.

II. 학설과 변경전 판례
1. 학 설

문서명의인이 실재하여야 하는가, 즉 사자와 허무인 명의의 문서를 인정할 수 있는가에 관하여, 통설은 공문서는 물론 사문서에 대하여 명의인이 실제로 존재함을 요하지 않는다는 전제하에서 일반인에게 진정한 문서라고 오신케 할 염려가 있는 때에는 사자와 허무인 명의의 문서도 문서에 해당한다고 하고 있다.

① 문서에 관한 죄는 거래의 안전과 신용을 그 보호법익으로 하는 추상적 위험범이고, ② 공문서와 사문서를 구별할 필요가 없다는 점을 근거로 하고 있다. 공문서이든 사문서이든 일반인에게 진정한 문서로 오인케 할 염려가 있는 때에는 문서에 관한 죄의 객체가 될 수 있고, 실재하지 않는 명의인을 내세워 작성된 사문서가 일반인에 의하여 진정문서로 오인될 위험성이 얼마든

지 있으므로 양자를 차별화하여 판단하는 판례의 태도
는 타당하지 않다는 것이다.

2. 변경전 판례

종래 판례는 공문서와 사문서를 구별하여 판단하였
다. 공문서위조죄에 있어서는 작성자가 허무인인가의
여부는 범죄 성립에 영향을 미치지 않으므로 그 작성
된 문서가 일반인으로 하여금 공무원 또는 공무소의
권한 내에서 작성된 것이라고 믿을 수 있는 정도의 형
식과 외관을 구비하면 성립하지만(대법원 1992. 11. 27.
선고 92도2226 판결), 사문서의 경우에는 명의인이 실재
할 것을 요구하여 타인명의 문서를 위조하여 행사하
였다 할지라도 그 명의자가 이미 사망하였거나 허무인
인 경우에는 사문서위조 및 위조사문서행사죄가 성립
되지 아니한다고 판시하였다[대법원 1992. 11. 24. 선고
92도2322 판결(사자 명의 문서); 대법원 1991. 1. 29. 선고 90
도2542 판결(허무인 명의 문서)].

그러나, ① 사망자의 경우 문서의 날짜가 생존중의
것으로 되어 있는 경우(대법원 1973. 10. 23. 선고 73도
1138 판결), ② 자연인이 아닌 법인이나 단체명의의 문
서의 경우(대법원 2003. 9. 26. 선고 2003도3729 판결), ③
해산 등기를 마쳐 그 법인격이 소멸한 법인 명의의 사
문서인 경우(대법원 2005. 3. 25. 선고 2003도4943 판결)에
는 예외로 함으로써, 가능한 한 '문서의 형식과 외관에
대한 공공의 신뢰를 보호' 범위를 확장시켜 왔다고 할
것이다.

3. 소 결

문서위조죄를 추상적 위험범으로 이해하는 한 법리
상으로 공문서와 사문서를 구별할 근거가 없고, 공문서
에 비해 사문서의 중요성이 결코 낮다고도 할 수 없으
므로 형사정책적으로도 타당한 판결이라고 할 것이다.

III. 나오는 말

일반적으로 보통의 사람들은 문서의 형식과 외관상
으로 흠이 없다고 확인되면 대부분 그 문서를 신뢰하
고, 나아가 문서의 작성 명의인이 실재하는가에 대하여
는 특별한 사정이 없는 한 크게 관심을 기울이지 않는
다고 할 수 있다. 종전의 판례는 이러한 통상적인 거래
관행에 부합하지 않았고, 더욱이 공문서와 사문서를 구

별함으로써 구시대적인 발상이라는 비판이 제기되기도
하였다. 공공의 신뢰 보호에 있어서 사문서도 공문서와
같은 기준으로 강화되어야 한다는 인식의 전환에 터
잡아, 사자 또는 허무인 명의의 사문서에 대하여 제한
적으로 위조죄의 성립을 인정하던 태도에서 벗어나 그
성립범위를 거의 전면적으로 확대한 것이 대상판결이
라고 할 것이다.

한편, 대상판결 이후 대법원은 "사망한 사람 명의의
사문서를 위조한 경우 문서명의인이 생존하고 있다는
점이 문서의 중요한 내용을 이루거나 그 점을 전제로
문서가 작성되었다면, 사망한 명의자의 승낙이 추정된
다는 이유로 사문서위조죄의 성립을 부정할 수 없다"
고 판시하였다(대법원 2011. 9. 29. 선고 2011도6223 판결).
이 사건은 '부동산 소유명의자인 아버지가 사망하여
아들에게 상속이 이루어졌음에도 불구하고, 아들이 망
인을 대리하여 동인이 사망하기 전 제3자에게 해당 부
동산을 매매한 것으로 매매계약서를 작성하고, 망인 명
의의 위임장을 작성하여 인감증명서를 발급받아 매수
인에게 교부한 사안'이었다. 상속에 의한 등기가 생략
된 중간생략등기로서 상속세를 면탈하는 수단이 될 수
도 있는 것인데, '추정적 승낙'이라는 위법성조각사유
도 인정치 않고 '사망한 사람 명의의 사문서'인 '인감증
명서 발급 위임장'을 위조, 행사죄의 성립을 긍정함으
로써 '사문서에 대한 공공의 신뢰를 보호'하여야 함을
다시 한 번 확인하였다(1심과 2심은 추정적 승낙이 인정된
다는 이유로 무죄를 선고하였다).

[필자: 황병돈 교수(홍익대)]

[138] 권한 남용과 문서위조

[대상판결] 대법원 2005. 10. 28. 선고 2005도6088 판결

[사실관계] 피고인은 노숙자 A가 회사에 정상적으로 근무하는 사람인 것처럼 서류를 만들어 차량을 구입한 다음 속칭 '대포차'로 처분하여 판매대금을 편취하기로 마음먹고, 사기 범행과 관련이 없는 B로부터 B가 대표이사로 있는 C 주식회사를 인수하면서 대표이사 명의를 계속 사용하는 것을 승낙받았다. 피고인은 A가 C 회사에 재직하고 있는 것처럼 재직증명서와 근로소득원천징수영수증을 작성한 후 대표이사 B로 기재하고 법인도장을 날인하여 중고차매매상사에서 A 명의로 차량을 구입하는 데 교부하여 A 명의로 중고차를 취득하였다.

[판결요지] 문서의 위조라고 하는 것은 작성권한 없는 자가 타인 명의를 모용하여 문서를 작성하는 것을 말하는 것이므로 사문서를 작성함에 있어 그 명의자의 명시적이거나 묵시적인 승낙 내지 위임이 있었다면 이는 사문서위조에 해당한다고 할 수 없을 것이지만, 문서 작성권한의 위임이 있는 경우라고 하더라도 그 위임을 받은 자가 그 위임받은 권한을 초월하여 문서를 작성한 경우는 사문서위조죄가 성립하고, 단지 위임받은 권한의 범위 내에서 이를 남용하여 문서를 작성한 것에 불과하다면 사문서위조죄가 성립하지 아니한다고 할 것이다.

(중략) B가 피고인의 사기 범행에 가담하였다거나 이를 알고도 명의를 대여하였다는 증거가 전혀 없고 피고인도 B가 사실관계를 알았다면 공소사실 기재와 같은 문서작성을 승낙하지 아니하였으리라는 점은 자인하는 이 사건에서, B가 명의대여로써 피고인에게 C 회사(대표이사 B) 명의의 문서작성을 승낙한 것은 회사의 정상적인 영업과 관련한 범위 내에서의 문서작성권한만을 위임한 취지라고 보아야 할 것이므로, 실제로는 C 회사에 근무한 바 없는 제3자 명의를 내세워 대출을 받아 금원을 편취할 목적으로 그 제3자가 위 회사의 직원이며 그 동안 근로소득세를 납부하였다는 내용의 재직증명서 및 근로소득원천징수영수증 등 허위의 문서를 작성한 행위는, B로부터 위임된 C 회사 명의의 문서작

성권한을 남용한 정도에 그치는 것이 아니라 위임된 권한의 범위를 벗어나는 것으로서 사문서위조죄를 구성한다고 봄이 상당하다.

[관련판결] 대법원 2010. 5. 13. 선고 2010도1040 판결
[사실관계] 피고인은 A 주식회사의 명의를 빌려 준 설사업을 진행하기로 A 주식회사의 실질적인 대표자 B와 합의하고 회사의 아산지점 지배인으로 등기를 마쳤다. 아산지점 지배인이었던 피고인은 자신이 대표이사로 있는 다른 회사가 C로부터 차용한 금원에 대한 차용증에 A 주식회사가 연대보증한다는 취지를 기재하고, 연대보증인란에 A 주식회사 대표이사 피고인이라고 기재한 후 법인인감을 날인하여 그러한 사실을 모르는 C에게 교부하였으나 B의 승낙을 받은 사실은 없었다.

[판결요지] 주식회사의 지배인은 회사의 영업에 관하여 재판상 또는 재판 외의 모든 행위를 할 권한이 있으므로, 지배인이 직접 주식회사 명의 문서를 작성하는 행위는 위조나 자격모용사문서작성에 해당하지 않는 것이 원칙이고, 이는 그 문서의 내용이 진실에 반하는 허위이거나 권한을 남용하여 자기 또는 제3자의 이익을 도모할 목적으로 작성된 경우에도 마찬가지이다. 주식회사의 지배인이 자신을 그 회사의 대표이사로 표시하여 연대보증채무를 부담하는 취지의 회사 명의의 차용증을 작성·교부한 경우, 그 문서에 일부 허위 내용이 포함되거나 위 연대보증행위가 회사의 이익에 반하는 것이더라도 사문서위조 및 위조사문서행사에 해당하지 않는다.

[해 설]

I. 사문서위조 및 자격모용사문서작성

사문서위조란 작성권한 없는 자가 타인의 명의를 모용하여 권리의무 또는 사실 증명에 관한 문서를 작성하는 것을 말한다. 타인의 명의를 모용한다는 것은 다른 사람의 명의를 사칭하여 그 사람이 작성한 것처럼

문서의 외관을 만드는 것으로 작성자와 명의자가 다르다. 이에 반하여 자격모용사문서작성이란 대리권 또는 대표권이 없는 자가 타인의 대리인 또는 대표자의 자격을 사칭하여 위와 같은 문서를 작성하는 것으로 작성자의 이름이 문서에 기재된다.

따라서 문서의 작성자가 본인(타인)으로부터 작성 권한을 명시적 또는 묵시적으로 부여받았다면 사문서위조나 자격모용사문서작성은 성립하지 않는다.

Ⅱ. 권한의 남용 또는 초월과 사문서위조 등

(1) 문서 작성자에게 권한이 전혀 없는 경우에는 사문서위조 또는 자격모용사문서작성이 성립함에 의문이 없으나, 기본적인 작성 권한은 있었다면 권한의 남용 또는 초월 여부를 나누어 살펴보아야 한다.

대리권 또는 대표권 있는 자가 그 권한의 범위 내에서 권한을 '남용'하여 문서를 작성하는 경우에는 이른바 내용이 허위인 사문서의 무형위조로 사문서위조는 성립하지 않는다. 이러한 경우 배신관계가 인정되지만 이는 내부관계에 불과하고 대외적으로는 문서의 공적 신용을 해치지 않기 때문이다.

다만 권한의 남용에 해당하여 사문서위조가 성립하지 않는다고 하더라도, 문서로 인한 처분행위로 인해 손해가 발생하는 경우 배임 또는 횡령이 별도로 성립할 수 있다.

이에 반하여 작성자가 그 권한을 '초월'하여 문서를 작성하면 이는 권한 없이 문서를 작성하는 것과 다를 바가 없으므로 사문서위조가 성립한다.

(2) 그렇다면 문서 작성 권한의 '남용'과 '초월'에 관한 구별이 문제되는데, 일반적으로 본인과 작성자 간의 대내관계에서 정한 권한의 범위를 기준으로 판단하여야 한다. 따라서 작성 권한이 법령, 정관 기타 계약에 의하여 명확하게 규정되어 있는 경우에는 그 범위를 벗어나 문서를 작성하는 경우에는 권한의 초월에 해당한다.

본인과 작성자 사이에 권한의 범위를 정한 바 없이 포괄적으로 위임한 경우나 법률상 포괄적인 대표권을 가진 법인의 대표이사 또는 지배인에게 내부적인 제한이 없는 경우에는 권한의 '남용'으로 볼 여지가 많을 것이나, 내부적 제약이 있는 경우에는 제약을 넘어서 문서를 작성하면 권한의 '초월'에 해당하므로 사문서위

조가 성립한다(대법원 1983. 10. 25. 선고 83도2257 판결; 대법원 2012. 9. 27. 선고 2012도7467 판결 등).

Ⅲ. 대상판결에 대한 검토

대상판결은 피고인이 법인의 대표이사로부터 회사 명의로 문서 작성 권한을 위임받았으나, 위임한 대표이사가 피고인의 사기 범행을 위해 사용될 문서 작성까지 위임한 것은 아니므로, 피고인이 허위로 재직증명서 등을 작성한 것은 피고인에게 위임된 작성 권한을 초월한 것이어서 문서위조죄가 성립한다(같은 취지로는 대법원 1997. 3. 28. 선고 96도3191 판결).

관련판결의 경우에는 먼저 주식회사의 지배인이 타인의 채무에 대해 회사 명의로 연대보증계약을 체결할 수 있는지와 지배인에 불과한 피고인이 대표이사라는 자격을 기재하여 문서를 작성하였으므로 자격모용사문서작성의 죄책을 물을 수 있는지 문제된다.

상법상 지배인은 영업주에 갈음하여 그 영업에 관한 재판상 또는 재판외의 모든 행위를 할 수 있다(상법 제11조 제1항). 회사의 연대보증행위는 상행위에 포함되며 위 사안에서 지배인의 권한을 제한하였다는 특별한 사정이 없기 때문에 피고인이 자신 명의로 연대보증문서를 작성하는 것은 그 권한 범위 내에 있는 것이고, 다만 피고인의 개인적인 이익을 도모하였던 것이므로 권한을 남용한 경우에 해당한다.

대법원은 별다른 설시 없이 피고인이 지배인이라고 기재하지 않고 대표이사라는 표시했다고 하더라도 자격모용사문서작성도 성립하지 않는다고 판시하였는데, 이는 상법상 지배인에게는 대표이사와 마찬가지로 포괄적인 대리권이 있음을 고려한 것으로 보인다.

[필자: 정광일 검사(서울중앙지검)]

[139] 허위공문서작성죄의 간접정범

[대상판결] 대법원 1970. 7. 28. 선고 70도1044 판결

[사실관계] 피고인은 당시 등기과에 사무량의 폭주로 인하여 등기부등본 교부신청자가 사법서사 또는 그 보조원인 경우에는 동인들이 등기부를 열람하고 등기부등본용지에 옮겨 기재한 후 제출하면 등기공무원이 단순히 서명날인만 하여 발부하는 실정임을 미끼로, 행사의 목적으로 등기부등본 용지에 등기부에는 저당권설정등기가 기재되어 있는데도 불구하고 저당권 설정등기가 말소된 내용의 허위기재를 한 후 등기과에 제출하여서 그 정을 모르는 등기공무원으로 하여금 착오로 서명날인 하게 하여 등기부등본 1통을 발급받았다.

[판결요지] 형법은 공문서의 무형위조에 관하여서도 형법 제227조의 허위공문서작성의 경우 이외에 특히 공무원에 대하여 허위의 신고를 하고, 공정증서원본면허장, 감찰, 또는 여권에 사실 아닌 기재를 하게 한 때에 한하여 형법 제228조의 경우의 처벌규정을 만들고 더구나 제227조의 경우의 형벌보다 현저히 가볍게 벌하고 있음에 지나지 아니하는 점으로 보아 공무원 아닌 자가 허위 공문서 작성의 간접정범인 때에는 제228조의 경우 이외에는 이를 처벌하지 아니하는 취지로 해석함이 상당하다 함은 본원의 견해인바, 이 사건 피고인의 소위는 공문서 무형위조의 간접정범이라 볼 수 있고, 위와 같은 간접정범에 의한 공문서 무형위조의 소위는 죄가 되지 아니하는 것으로 보아야 한다.

[해 설]

Ⅰ. 들어가는 말

판례는 형법 시행초기 진정신분범인 허위공문서작성죄의 간접정범을 인정하였다가(대법원 1955. 2. 25. 선고 4286형상39 판결), 1960년대에 들어와서 이를 부정하는 입장으로 변경하였다(대법원 1961. 12. 14. 선고 4292형상645 판결). 그러다가 다시 공문서의 작성권자인 공무원을 보좌하거나 감독하는 지위에 있는 공무원에 대해서 허위공문서작성죄의 간접정범의 성립을 인정하였고 (대법원 1990. 2. 27. 선고 89도1816 판결), 나아가 공무원 아닌 자도 공무원을 보좌하는 공무원과 공동으로 허위

공문서작성죄의 간접정범이 될 수 있음을 인정하고 있다(대법원 1992. 1. 17. 선고 91도2837 판결).

허위공문서작성죄의 간접정범을 인정할 수 있는가는 진정신분범의 간접정범을 인정할 수 있는가의 문제와 연결되어 있는데, 진정신분범의 간접정범을 인정할 수 있는가의 문제는 다시 간접정범의 본질과 연결되어 다음과 같이 다양한 견해가 주장되고 있다.

Ⅱ. 비신분자에 의한 허위공문서작성죄의 간접정범 인정 여부에 관한 학설과 판례

1. 학 설

오늘날 다수설은 정범과 공범의 구별에 관한 범행지배설(또는 행위지배설)에 기초하여 간접정범을 의사지배를 표지로 삼는 정범의 한 유형으로 본다. 이러한 입장에서는 간접정범이 성립하기 위해서는 이용자에게 정범적격이 있어야 하므로 비신분자는 신분자를 이용하여 진정신분범의 간접정범을 범할 수 없다는 이유에서 비신분자에 의한 허위공문서작성죄의 간접정범을 부정한다(부정설). 한편 의무위반이 정범성을 결정하는 본질적 표지가 되는 의무범에서는 형법외적 특별의무를 진 자만이 그러한 범죄의 주체가 될 수 있고 그러한 의무를 지지 않는 자는 그러한 범죄의 주체가 될 수 없다고 주장하며, 허위공문서작성죄는 의무범의 한 유형으로서 비신분자는 허위공문서작성죄의 간접정범을 범할 수 없다는 주장이 제기되기도 한다(의무범설).

이와는 달리 공무원이 아닌 자는 작성권 없는 비신분자이므로 허위공문서작성죄의 간접정범이 될 수 없으나, 기안을 담당하는 보조공무원은 사실상 또는 실질적으로 작성권한을 갖고 있으므로 허위공문서작성죄의 주체가 될 수 있고, 다만 문서의 작성명의인은 아니므로 허위공문서작성죄의 간접정범으로 처벌되어야 한다는 견해가 주장된다(사실상 또는 실질적 작성권한설). 그리고 최근에는 형법의 해석상 간접정범은 정범이 아니라 공범에 준하여 처벌되는 독립된 형태의 범죄라고 보고, 비신분자가 진정신분범에 가담한 경우 진정신분범의 공범으로 처벌되듯이 비신분자가 신분자를 이용

하여 허위공문서를 작성하게 한 경우에는 허위공문작성죄의 간접정범으로 처벌되어야 한다는 견해가 주장되고 있다(공범설).

2. 판 례

판례는 원칙적으로 비신분자에 의한 허위공문서작성죄의 간접정범을 부인하면서도 작성권한 있는 공무원을 보조 또는 감독하는 공무원은 작성권한 있는 공무원을 이용하여 허위공문서를 작성한 경우에는 허위공문서작성죄의 간접정범의 성립을 인정하고(대법원 1981. 7. 28. 선고 81도898 판결; 대법원 1996. 10. 11. 선고 95도1706 판결), 나아가 공무원이 아닌 자가 공무원과 공동하여 허위공문서작성죄를 범한 때에는 공무원이 아닌 자도 형법 제33조, 제30조에 의하여 허위공문서작성죄의 공동정범이 된다는 입장을 취하고 있다(대법원 1992. 1. 17. 선고 91도2837 판결; 대법원 2006. 5. 11. 선고 2006도1663 판결).

그런데 판례는 공무원 아닌 자가 허위공문서작성의 간접정범인 때에는 형법 제228조(공정증서원본불실기재)의 경우 이외에는 이를 처벌하지 아니한다고 하여(대상판결), 공무원 아닌 자에 의한 허위공문서작성의 간접정범의 성립을 부정하는 근거를 형법 제228조(공정증서원본불실기재)에서 찾고 있다. 공정증서원본불실기재죄는 그 성질상 공무원 아닌 자가 공무원에 대하여 허위신고를 하여 그 공무원으로 하여금 허위내용의 공문서를 작성하도록 함으로써 성립하는 범죄로서, 형법 제228조는 처벌대상을 허위로 공정증서원본 또는 이와 동일한 전자기록 등 특수매체기록과 면허증, 허가증, 또는 여권을 작성하는 경우에 한정하고 그에 대한 형벌도 허위공문서작성죄의 형(7년 이하의 징역 또는 2천만원 이하의 벌금)보다 낮은 형(3년 이하의 징역 또는 700만원 이하의 벌금)을 규정하고 있다. 따라서 공정증서원본 등이 아닌 공문서에 대하여 허위공문서작성죄의 간접정범을 성립을 인정하는 것은 형법 제228조와 형평에 맞지 않을 뿐만 아니라 공정증서원본 등에 한하여 간접정범 방식에 의한 허위공문서작성행위를 처벌하려는 입법취지와 부합하지 않는다.

이처럼 판례가 공무원이 아닌 자에 대하여 허위공문서작성죄의 간접정범의 성립을 부인하는 이유는 애초부터 진정신분범의 간접정범의 성립을 인정하지 않기 때문이 아니라, 형법 제228조와의 관계에서 허위공문서작성죄의 간접정범의 성립범위를 제한할 필요가 있기 때문이다.

Ⅲ. 나오는 말

형법은 간접정범(제34조 제1항)을 공동정범(제30조), 교사범(제31조), 종범(제32조) 그리고 공범과 신분(제33조) 다음에 규정하고 있고, 그 문언도 "어느 행위로 인하여 처벌되지 아니하는 자 또는 과실범으로 처벌되는 자를 교사 또는 방조하여 범죄행위의 결과를 발생하게 한 자는 교사 또는 방조의 예에 의하여 처벌한다"로 되어 있다. 이 조항은 "범죄행위를 스스로 또는 타인을 통하여 실행한 자는 정범으로 처벌한다"고 규정하고 있는 독일 형법은 제25조와 선명한 대비를 이루고 있다.

해석론적으로 우리 형법상의 간접정범은 정범으로 보기 곤란할 뿐만 아니라, 형사정책적 관점에서도 간접정범은 정범이 아니라 공범에 준하는 독자적인 유형의 범죄로 파악하는 것이 옳다. 이와 같은 견해에 입각하면 피이용자가 실행행위로 나아갈 때에 간접정범에게 실행의 착수를 인정하고, 나아가 제33조에 의해 진정신분범에서 비신분자에 의한 공범을 인정하듯이 비신분자에 의한 진정신분범의 간접정범도 인정할 수 있게 된다.

대상판결에서 볼 수 있듯이 판례는 처음부터 공무원이 아닌 자에 대하여 허위공문서작성죄의 간접정범의 성립을 부인하는 것이 아니라 공정증서원본불실기재죄(제228조)와의 관계에서 그 성립범위를 제한한 것으로 이해하고 있을 따름이다. 그리고 이러한 제한적 해석은 '공무원 아닌 자'에 의한 허위공문서작성에 한정되고 '작성권한 있는 공무원을 보조하거나 감독하는 공무원'에 의한 허위공문서작성에 대해서는 적용되지 아니한다. 나아가 공무원 아닌 자가 '작성권한 있는 공무원을 보조하거나 감독하는 공무원'과 공동으로 작성권한 있는 공무원을 이용하여 허위공문서를 작성한 때에는 그 처벌을 면할 수 없다(대법원 1992. 1. 17. 선고 91도2837 판결).

〔참고문헌〕김태명, "비신분자에 의한 허위공문서작성죄의 간접정범", 형사판례연구 [13](2005).

[필자: 김태명 교수(전북대)]

[140] 공문서부정행사죄에서의 행사의 의미

[대상판결] 대법원 2003. 2. 26. 선고 2002도4935 판결

[사실관계] 피고인은 A, B가 분실한 A, B의 주민등록증을 각 습득한 후, 이동전화기 대리점 직원에게 A, B의 주민등록증을 내보이면서 마치 A가 피고인의 어머니인데 그 허락을 받았다고 속여 A 명의로 이동전화 가입신청을 하고, 마치 B가 피고인의 누나인데 이동전화기를 구해오라고 하였다고 속이고 피고인의 이름을 가명으로 하여 이동전화 가입신청을 하였다.

[판결요지] 사용권한자와 용도가 특정되어 있는 공문서를 사용권한 없는 자가 사용한 경우에도 그 공문서 본래의 용도에 따른 사용이 아닌 경우에는 공문서부정행사죄가 성립되지 아니하는바, 타인의 주민등록증을 제시하면서 주민등록증상의 사람이 자신의 가족이라고 말하였다 하더라도 그것은 주민등록증상의 사람과 자신의 관계를 속이는 데 불과하여 타인의 주민등록증을 본래의 사용용도인 신분확인용으로 사용한 것이라고 볼 수 없어 공문서부정행사죄가 성립하지 않는다.

[관련판결] 대법원 2001. 4. 19. 선고 2000도1985 전원합의체 판결

[판결요지] [다수의견] 운전면허증은 운전면허를 받은 사람이 운전면허시험에 합격하여 자동차의 운전이 허락된 사람임을 증명하는 공문서로서, 운전면허증에 표시된 사람이 운전면허시험에 합격한 사람이라는 '자격증명'과 이를 지니고 있으면서 내보이는 사람이 바로 그 사람이라는 '동일인증명'의 기능을 동시에 가지고 있다. 운전면허증의 앞면에는 운전면허를 받은 사람의 성명·주민등록번호·주소가 기재되고 사진이 첨부되며 뒷면에는 기재사항의 변경내용이 기재될 뿐만 아니라, 정기적으로 반드시 갱신교부되도록 하고 있어, 운전면허증은 운전면허를 받은 사람의 동일성 및 신분을 증명하기에 충분하고 그 기재 내용의 진실성도 담보되어 있다. 그럼에도 불구하고 운전면허증을 제시한 행위에 있어 동일인증명의 측면은 도외시하고, 그 사용목적이 자격증명으로만 한정되어 있다고 해석하는 것은 합리성이 없다. 인감증명법상 인감신고인 본인 확인, 공직선거 및 선거부정방지법상 선거인 본인 확인, 부동산등기법상 등기의무자 본인 확인 등 여러 법령에 의한 신분 확인절차에서도 운전면허증은 신분증명서의 하나로 인정되고 있다. 또한 주민등록법 자체도 주민등록증이 원칙적인 신분증명서이지만, 주민등록증을 제시하지 아니한 사람에 대하여 신원을 증명하는 증표나 기타 방법에 의하여 신분을 확인하도록 규정하는 등으로 다른 문서의 신분증명서로서의 기능을 예상하고 있다. 한편 우리 사회에서 운전면허증을 발급받을 수 있는 연령의 사람들 중 절반 이상이 운전면허증을 가지고 있고, 특히 경제활동에 종사하는 사람들의 경우에는 그 비율이 훨씬 더 이를 앞지르고 있으며, 금융기관과의 거래에 있어서도 운전면허증에 의한 실명확인이 인정되고 있는 등 현실적으로 운전면허증은 주민등록증과 대등한 신분증명서로 널리 사용되고 있다. 따라서 제3자로부터 신분확인을 위하여 신분증명서의 제시를 요구받고 다른 사람의 운전면허증을 제시한 행위는 그 사용목적에 따른 행사로서 공문서부정행사죄에 해당한다고 보는 것이 옳다.

[해 설]

Ⅰ. 부정행사의 의미

형법 제230조는 공문서 또는 공도화를 '부정행사'한 자를 처벌한다고 단순히 규정하고 있어 '부정행사'의 의미에 대한 검토가 필요하다. 공문서부정행사죄의 성립요건에 대해 우리 대법원의 입장은 확립되어 있다고 볼 수 있는바, 공문서부정행사죄는 ① 사용권한자와 용도가 특정되어 작성된 공문서 또는 공도화를 ② 사용권한 없는 자가 사용권한이 있는 것처럼 가장하여 부정한 목적으로 행사하거나 ③ 또는 권한 있는 자라도 정당한 용법에 반하여 부정하게 행사하는 경우에 성립된다(대법원 1998. 8. 21. 선고 98도1701 판결; 대법원 1999. 5. 14. 선고 99도206 판결).

따라서 판례에 따르면, 공문서부정행사죄가 성립하려면 우선 그 전제조건으로 문제의 공문서가 반드시 사용권한자와 용도가 특정되어 있는 것이어야 함을 유

의해야 한다. 그렇기 때문에 사용권한자가 특정되어 있지 아니하거나 그 용도 또한 다양하다고 볼 수 있는 인감증명서, 등기필증, 주민등록표등본 등의 공문서는 처음부터 공문서부정행사죄의 객체가 될 수 없고(대법원 1981. 12. 8. 선고 81도1130 판결; 대법원 1983. 6. 28. 선고 82도1985 판결; 대법원 1999. 5. 14. 선고 99도206 판결), '부정행사' 여부를 더 나아가 살펴볼 필요도 없다. 다만 해당 공문서의 사용권한자와 용도가 특정되어 있는 경우라면 '부정행사' 여부를 검토해야 하는데, 판례나 학설은 대체로 사용권한 유무와 용도에 따른 사용여부를 그 판단기준으로 삼고 있다.

Ⅱ. 사용권한 있는 자의 부정행사

사용권한 있는 자의 부정행사는 당연히 용도 외의 사용의 경우만 문제가 될 것인데, 이에 대해 판례는 위와 같이 공문서부정행사죄의 성립 가능성을 긍정하고 있으나 실제 사건화되는 경우가 드물어 구체적인 사안에서 대법원이 인정한 사례는 아직 찾아볼 수 없고(참고로 대법원 2009. 2. 26. 선고 2008도10851 판결에서 대법원은 사용권한 있는 자가 선박국적증서 등을 본래의 용도대로 사용하였다는 이유로 공문서부정행사죄의 성립을 부정하였으나, 원심은 정당한 용법에 반한 행사라며 유죄를 선고), 학설은 긍정설과 부정설로 나뉘고 있다. 아래에서 보는 바와 같이 사용권한 없는 자의 용도 외 부정행사가 공문서부정행사죄에 해당하지 않는다면 사용권한 있는 자의 용도 외 부정행사도 동일하게 보아야 한다는 것이 부정설의 논거이다.

Ⅲ. 사용권한 없는 자의 부정행사

사용권한 없는 자의 부정행사는 실제 사례에서 가장 빈번히 문제되는 경우로 이때 공문서부정행사죄가 성립하는지 여부는 과연 그 본래의 용도에 따른 사용인지에 따라 달라진다.

우선 사용권한 없는 자가 본래의 용도에 따라 사용한 것이라면 공문서부정행사죄가 성립함은 이론이 없다. 피고인이 제3자인 것처럼 허위 신고하여 피고인의 사진과 지문이 찍힌 위 제3자 명의의 주민등록증을 발급받은 후 피고인이 그자의 신원 상황을 가진 사람이라는 점을 증명할 용도로 검문경찰관에게 그 주민등록증을 제시한 경우(대법원 1982. 9. 28. 선고 82도1297 판결), 자동차를 임차하려는 피고인이 운전자격을 증명할 용도로 자동차 대여업체 직원에게 타인의 운전면허증을 마치 자신의 것처럼 제시한 경우(대법원 1998. 8. 21. 선고 98도1701 판결) 등이 그에 해당한다. 다만 운전면허증을 신분확인을 위해 사용한 경우 본래의 용도에 따른 사용으로 볼 수 있는지 문제되는데, 대법원은 종래 이를 부정하다가 전원합의체 판결을 통하여 종전 입장을 변경하고 운전면허증이 '자격증명'뿐만 아니라 '동일인증명'의 기능도 함께 가지고 있어 신분확인 용도의 경우도 본래의 용도에 따른 사용에 해당하여 공문서부정행사죄가 성립한다고 명시하고 있다(관련판결).

다음으로 사용권한이 없는 자가 본래의 용도 외의 목적으로 사용하는 경우에도 공문서부정행사죄가 성립하는지 검토가 필요하다. 대상판결의 사안이 바로 그러한 경우인데, 대법원은 공문서 본래의 용도에 따른 사용이 아닌 경우에는 공문서부정행사죄가 성립되지 아니한다는 점을 명확히 하였다. 즉, 대상판결 사안에서 피고인이 습득한 A, B의 주민등록증을 피고인은 자신과 A, B와의 관계를 속이기 위한 용도로 사용하였을 뿐이기 때문에 본래의 용도에 따른 사용이 아니라는 것이다. 그런데 만약 피고인이 똑같이 이동전화 가입신청을 하면서 마치 자신이 A, B인 것처럼 행세하고 그 신분 확인 목적으로 미리 습득하여 소지하고 있던 A, B의 주민등록증을 제시한 것이라면 본래의 용도에 따른 사용이라고 볼 수 있을 것인데, 과연 A, B의 주민등록증을 부정행사함에 있어 대상판결의 행위태양과 어떠한 실질적인 차이가 있는지, 그로 인해 범죄성립 여부가 달라지는 것이 합당한지에 대해서는 고민해볼 필요가 있다.

〔참고문헌〕 김재환, "사문서부정행사죄의 성립요건", 대법원판례해설 제70호(2007 상반기)(2007).

[필자: 김한조 변호사]

[141] 공전자기록 위작·변작죄에서 위작과 변작의 개념

[대상판결] 대법원 2005. 6. 9. 선고 2004도6132 판결

[사실관계] A 경찰서 조사계 소속 경찰관인 피고인은 위 경찰서 조사계에서 사무처리를 그르칠 목적으로, 사실은 B에 대한 고소사건을 처리하지 아니하였음에도 불구하고, 조사계 소속 일용직으로서 그 정을 모르는 C를 통하여 같은 사건을 같은 날 검찰에 송치한 것으로 경찰범죄정보시스템에 허위사실을 입력하였다.

[판결요지] 형법 제227조의2에서 위작의 객체로 규정한 전자기록은, 그 자체로는 물적 실체를 가진 것이 아니어서 별도의 표시·출력장치를 통하지 아니하고는 보거나 읽을 수 없고, 그 생성 과정에 여러 사람의 의사나 행위가 개재됨은 물론 추가 입력한 정보가 프로그램에 의하여 자동으로 기존의 정보와 결합하여 새로운 전자기록을 작출하는 경우도 적지 않으며, 그 이용 과정을 보아도 그 자체로서 객관적·고정적 의미를 가지면서 독립적으로 쓰이는 것이 아니라 개인 또는 법인이 전자적 방식에 의한 정보의 생성·처리·저장·출력을 목적으로 구축하여 설치·운영하는 시스템에서 쓰임으로써 예정된 증명적 기능을 수행하는 것이므로, 위와 같은 시스템을 설치·운영하는 주체와의 관계에서 전자기록의 생성에 관여할 권한이 없는 사람이 전자기록을 작출하거나 전자기록의 생성에 필요한 단위 정보의 입력을 하는 경우는 물론 시스템의 설치·운영 주체로부터 각자의 직무 범위에서 개개의 단위정보의 입력 권한을 부여받은 사람이 그 권한을 남용하여 허위의 정보를 입력함으로써 시스템 설치·운영 주체의 의사에 반하는 전자기록을 생성하는 경우도 형법 제227조의2에서 말하는 전자기록의 '위작'에 포함된다.

[해 설]

I. 들어가는 말

오늘날 컴퓨터가 사적 영역이나 공공적 분야는 물론 국가·지방자치단체의 사무 등 거의 모든 생활영역에서 필수불가결하게 사용되고 있다. 이에 따른 새로운 유형의 범죄에 효율적으로 대처하기 위해 1995년 형법을 개정하여 컴퓨터관련 범죄를 처벌하는 규정을 신설 내지 보완하였는데, 공전자기록 위작·변작죄(제227조의2)도 신설된 구성요건 중 하나이다. 신설 이유는 전자기록의 경우 가시성·가독성이 없어 문서에 해당되지 않기 때문이다.

대상판결의 피고인의 행위가 문서로써 행하여졌다면 공문서인 사건처리대장에 허위사실을 기재한 행위로서 허위공문서작성죄(제227조)로 처벌되었을 것이다. 그런데 신설된 공전자기록위작·변작죄는 행위태양을 '위조·변조·허위작성·변개'(제225조, 제227조) 대신 '위작·변작'이라고 함으로써 공전자기록에 대한 권한 없는 자의 작성(즉, 유형위조)은 물론 권한 있는 자의 허위작성(즉, 무형위조)도 위작에 포함되는지가 해석상 다투어지고 있다.

II. 공전자기록위작·변작죄에서 위작과 변작의 개념

1. 학 설

(1) 무형위조를 포함하는 견해

공·사전자기록의 위작이란 권한 없이 전자기록을 만들거나 권한 있는 자가 내용허위의 전자기록을 만드는 것을 의미하며, 변작이란 권한 없이 기존기록에 변경을 가하거나 허위내용의 기록을 작성·입력하는 행위를 말한다는 견해로서 다수설이다. 그 근거로, 전자기록은 가시성·가독성이 없고 작출과정도 문서와 달라 용어만 수평적으로 바꾼 것으로 볼 수는 없는 점, 전자기록에는 문서와는 달리 작성·입력의 주체가 표시되지 않는 경우가 많은 점, 입법 당시 기초자의 의사가 허위작성을 포함한 점을 들고 있다.

(2) 권한남용적 무형위조를 포함하는 견해

공전자기록의 위작 또는 변작은 권한 없이 또는 권한을 남용하여 전자기록을 작성하거나 변경한 경우뿐만 아니라 공무원이 허위내용의 전자기록을 만드는 경우도 포함된다는 견해이다. 이 견해는, 문서와 달리 전자기록의 작성에 많은 사람이 관여하며, 문서의 작성명의인·작성권자에 대응되는 존재가 전자기록에 관하여는 정보처리시스템의 설치·운영주체이지 그로부터 개개 단위데이터의 입력권한을 부여받은 자는 아니므로

기록의 작성과정을 부분적으로 분담하기는 하지만 시스템 설치운영주체와의 관계에서 보조자로서 진실한 자료를 입력하여야 할 자가 그 권한을 남용하여 허위자료를 입력하여 허위기록을 만드는 경우에는 그 범위에서 권한 없이 전자기록을 작성한 것으로 볼 수 있다고 한다.

(3) 유형위조에 한정하는 견해

공전자기록은 물론 사전자기록의 위작은 권한 없이 전자기록을 만들어 내는 것을, 변작은 이미 만들어진 전자기록의 내용을 권한 없이 변경하는 것을 의미한다는 견해이다. 이 견해는, 전자기록의 특질을 고려하되 기본적으로는 문서범죄와 평행하게 해석하여야 한다는 점, 전자기록이 문서보다 중하게 보호받아야 할 이유가 없는 점, 컴퓨터손괴 업무방해죄나 컴퓨터 사용사기죄를 업무방해죄나 사기죄와 동일한 형으로 처벌하고, 전자기록을 문서와 동일하게 취급하고 있음(제366조, 제141조 제1항)에 비추어 컴퓨터범죄에 대한 형법의 기본 태도는 컴퓨터시스템의 특별한 보호가 아니라 컴퓨터시스템을 이용함으로써 실현되는 개개의 이익 내지 가치를 종래의 법익과 평행하게 보호하려는 것이라고 생각되는 점을 근거로 든다.

2. 대법원의 태도

대법원은 대상판결에서, 유형위조는 물론 권한남용적 무형위조도 공전자기록의 '위작'에 포함된다고 판시한 이래 이러한 태도를 일관하고 있다. 즉 현장에 출장을 나간 사실이 없음에도 마치 출장을 나간 것처럼 시청 행정지식관리시스템에 허위정보를 입력하여 출장복명서를 생성하거나(대법원 2007. 7. 27. 선고 2007도3798 판결) 공무원이 공전자기록인 출장결과보고서에 사실과 다른 정보를 입력한 경우(대법원 2013. 11. 28. 선고 2013도9003 판결)에 공전자기록위작에 해당한다고 하였다.

III. 나오는 말

소위 유형위조, 즉 권한 없는 자에 의한 전자기록의 작성이나 변경이 위작·변작에 해당한다는 점에는 다툼이 없다. 차이는 권한 있는 자에 의한 허위내용의 기록이나 변경이 위작·변작에 포함되는지의 여부이다.

무형위조포함설에 의하면, 공전자기록의 허위작성·허위변경은 공문서의 허위작성·허위변경보다 중하게 처벌되고, 사문서의 경우 원칙적으로 처벌되지 않는 행위(허위작성)가 사전자기록의 경우에는 원칙적으로 처벌되게 된다(이 때문에 무형위조포함설을 취하면서도 사전자기록에 대해서는 유형위조에 한정하는 견해도 있다). 공전자기록의 권한남용적 무형위조를 위작에 포함하는 견해에 따르면, 권한남용적 무형위조가 공문서의 경우에는 무형위조인데, 공전자기록에 대해서는 왜 유형위조인지 불명확하다. 유형위조한정설의 경우 문서범죄와의 통일성을 유지할 수는 있으나, 공문서와는 달리 공전자기록의 무형위조가 처벌되지 못한다는 점이 문제이다.

전자기록위작·변작죄의 보호법익은 정보처리의 정확성이 아니라 전자기록의 증명작용에 대한 공공의 신용이다. 이에 덧붙여 형법의 전자기록범죄의 입법형식과 내용, 문서범죄와의 체계적 정합성을 고려할 때, 문서범죄에 대하여 형식주의를 원칙으로 하고 예외적으로 공문서와 의사의 진단서 등에 대하여 실질주의를 취하고 있는 형법의 입장은 전자기록범죄에도 일관되어야 할 것으로 생각한다. 즉 전자기록의 특질을 고려하되 기본적으로는 문서범죄와 평행하게 해석하여야 하므로, 위작은 권한 없이 전자기록을 만들어 내는 것을 뜻하고 변작은 이미 만들어진 전자기록의 내용을 권한 없이 변경하는 것을 의미한다고 보아야 한다.

따라서 대상판결의 대법원의 해석에는 동의하기 어렵다. 공전자기록 무형위조의 당벌성과 처벌 필요성을 부정할 수는 없다고 하더라도, 처벌규정의 형식과 내용이 문서위조죄와 동일하다는 점 및 관련 조문과의 체계적 해석에 비추어 피고인의 행위를 공전자기록위작죄로 처벌할 수는 없다고 할 것이다.

〔참고문헌〕 강동범, "공전자기록 위작·변작죄에서 위작·변작의 개념", 형사판례연구 [24](2016); 심준보, "공전자기록위·변작죄에서 위작과 변작의 개념", 대법원판례해설 제56호(2005 상반기)(2005).

[필자: 강동범 교수(이화여대)]

[142] 위조사문서행사죄에 있어서 행사의 의미

[대상판결] 대법원 1988. 1. 19. 선고 87도1217 판결

[사실관계] 피고인이 A 등과 공모하여, B, C, D 명의의 매매계약서를 위조한 후 소유권이전등기청구소송에 증거로 사용하기 위하여 변호사 E를 통해 소장에 첨부하여 제출하도록 위임하였다. E는 피고인에게서 위 매매계약서를 교부받아 이를 복사기에 복사한 후 '위 사본임 변호사 E'라고 기재하여 이를 소장에 첨부 제출하였다.

[판결요지] 피고인이 A와 공동하여 매매계약서를 위조한 다음 그 위조된 매매계약서에 기하여 소유권이전등기소송을 변호사 E에게 위임하고 그들로부터 사건을 수임한 변호사가 피고인으로부터 교부받은 위 매매계약서를 복사기에 의하여 복사한 후 '위 사본임 변호사 E'라고 기재하여 이를 소장에 첨부 제출하였다면 피고인과 A가 매매계약서 사본을 작성하여 인증할 권한을 변호사에게 부여한 것이고 나아가 그(변호사)가 위 사본이 원본과 동일한 내용의 문서임을 인증하여 법원에 제출한 이상 피고인이 위 문서를 행사한 것이라고 하여야 할 것이다.

[해 설]

I. 들어가는 말

위조문서행사죄에 있어서의 '행사'는 위조된 문서를 진정한 것으로 사용함으로써 문서에 대한 공공의 신용을 해칠 우려가 있는 행위를 말하며, 여기서 '사용'이라 함은 문서가 가지는 사회적 기능을 이용하는 일체의 행위를 말한다.

대상판결은 이러한 문서행사죄에 있어서 '행사'방법은 특별히 제한이 없으므로 반드시 범인 자신이 직접 행사할 필요도 없고, 타인을 이용하여 위조된 문서를 제시할 수 있다는 종전 판결(대법원 1975. 3. 25. 선고 75도422 판결)을 재확인하고 있다.

나아가 변호사가 소송을 제기하면서 소장에 첨부하여 이를 법원에 제출하였다면 비록 그 사건 피고들의 불출석으로 인하여 증거제출이나 증거조사를 거침이 없이 변론이 종결되었다고 하더라도 동 행사죄의 성립

에는 영향이 없다고 함으로써 본 죄가 추상적 위험범이라는 점을 분명히 하고 있다.

대상판결은 문서행사죄에 있어서 행사의 방법과 기수시기에 관한 전형적인 판결이라고 할 수 있지만 피고인이 위조한 문서를 '그 정을 모르는' 변호사에게 건네준 행위의 법적 평가에 대해서는 몇 가지 검토할 필요가 있다.

먼저, 피고인이 변호사에게 위조사문서를 건네 준 행위 자체는 별도의 행사죄를 구성하는 것은 아닌지, 둘째 이를 건네받은 변호사가 복사 문서를 만들어 인증한 행위 또한 새로운 문서위조죄의 간접정범이 되는 것은 아닌지 문제된다.

II. 위조사문서를 변호사에게 건네준 행위의 법적 평가

위조문서행사죄에 있어서 '행사'는 자신이 직접 행사할 수 있을 뿐 아니라 타인을 이용하는 간접정범의 형태로도 가능하다. 따라서 대상판결과 같이 그 정을 모르는 변호사를 통해 행사할 수 있다는 점에 대해서는 문제가 없다. 행사의 상대방 또한 아무런 제한이 없고 위조된 문서의 작성 명의인이라고 하여 행사의 상대방이 될 수 없는 것은 아니며, 다만 '그 정을 아는' 공범자 등에게 행사하는 경우에는 위조문서행사죄가 성립될 수 없다는 것이 판례의 입장이다. 한편 행사죄의 상대방을 이해관계에 있는 자로 한정하려는 견해도 있지만 법적근거나 설득력이 부족하다. 그렇다면 본건과 같이 피고인이 매매계약서를 위조하고, 이에 기하여 소유권이전등기소송를 제기하면서 '그 정을 모르는' 변호사에게 증거로 사용하도록 이를 건네준 행위는 별도의 위조문서행사죄를 구성하는 것은 아닐까? 이에 대해 대법원의 기본입장은 간접정범을 통한 위조사문서 행사범행에 있어 도구로 이용된 자라고 하더라도 문서가 위조된 것임을 알지 못한 자에게 행사하는 경우에는 위조사문서행사죄가 성립한다(대법원 2012. 2. 23. 선고 2011도14441 판결)고 함으로써 행사의 '도구'와 행사의 '상대방'을 동일시하고 있다.

반면, 피이용자는 간접정범의 의사를 실현하는 수단이라는 점에서 피고인과 동일시할 수 있는 자에게 문서를 제시한 것으로 본다면 행사죄는 성립되지 않는다고 볼 여지가 크다.

대상판결에서는 이 점에 대해서 분명히 하고 있지 않지만 대법원의 기본적인 입장과 같이 상대방이 '그 정을 알고 있었는지' 여부를 기준으로 행사죄 성부를 판단한다면 1차적으로 변호사에게 건네줄 때 이미 위조사문서행사죄가 성립한다고 보아야 할 것이다.

그러나 간접정범의 '본질'을 기준으로 판단한다면 아직 위조문서가 피고인의 영향력의 범위를 벗어난 것이 아니라는 점에서 변호사에게 소송을 의뢰하면서 건네준 것만으로는 행사죄가 성립될 수 없다고 봄이 상당하다. 이 점에 대한 향후 판단을 기대해 본다.

다음, 대상판결은 변호사가 피고인으로부터 교부받은 위조사문서를 기계로 복사한 후 '위 사본임 변호사 E'라고 기재하는 등 행위는 단순히 피고인의 수권범위 내의 행위라고 판단하고 있다. 그러나 피고인이 만약 이러한 서면의 제출방법을 잘 알고 위조문서를 건네준 것이라면 어떨까?

기계적인 복사 문서는 사본이라도 그 내용에서부터 규모와 형태에 이르기까지 원본을 그대로 재현하고 있어 상대방으로 하여금 동일한 원본의 존재를 믿게 할 뿐만 아니라 그 내용에 있어서도 원본을 대신하는 증명수단으로서의 기능이 증대되고 있는 실정에 비추어 이에 대한 사회적 신용을 보호할 필요가 있다(대법원 1989. 9. 12. 선고 87도506 판결). 따라서 위조문서를 복사하는 경우에는 별개의 문서위조죄가 성립될 수 있고, 이를 사용하는 경우 동행사죄가 성립될 수 있다.

대상판결에서는 변호인이 복사문서를 제작, 인증을 하여 법원에 제출한 것은 피고인의 수권범위 내의 행위라는 판단에 그치고 있지만 엄밀히 말하면 위조문서를 소송에 있어서 증거로 사용하기 위하여 변호사에게 건네준 피고인의 행위는 변호사의 새로운 문서위조와 행사에 대해서 간접정범 형태로 위조문서죄와 행사죄가 추가될 수 있을 것이다.

III. 행사의 기수시기에 관하여

위조사문서행사죄의 성격에 대해 추상적 위험범이고 거동범이라는 것이 학설의 입장이다. 따라서 제시, 교부, 비치 등에 의하여 상대방에게 문서의 내용을 인식시키거나 그 내용을 인식할 수 있는 상태에 둠으로써 행사죄의 기수가 된다고 하고, 상대방이 그 문서의 내용을 현실로 인식하였거나 문서에 대한 신용이 침해되었음도 요하지 않는다는 것이다.

대상판결도 위조사문서를 변호사가 소장에 첨부하여 법원에 제출하였다면 가사 피고들의 불출석으로 인하여 당해 문서에 대해 증거제출이나 증거조사를 거침이 없이 변론이 종결되었다 하더라도 행사죄의 성립에는 영향이 없다고 함으로써 이 점을 분명히 하고 있다.

IV. 나가면서

대상판결은 위조사문서행사죄의 행사 방법에 대해서 특별히 제한이 없으므로 소송을 의뢰한 변호사를 통해서도 행사할 수 있고, 기수시기에 대해서는 변호사가 민사소송에서 이를 소장에 첨부하여 법원에 제출한 때에 성립한다고 함으로써 본죄의 성격이 추상적 위험범이라는 점을 분명히 하고 있다.

다만 피고인이 매매계약서를 위조하고, 이에 기하여 소유권이전등기소송를 제기하면서 변호사에게 교부하고, 변호사가 이를 건네받아 복사문서를 작성하여 인증하는 행위에 대해서는 피고인의 수권범위내의 행위라는 법률적 판단에 그치고 있다.

그러나 피고인이 위조한 문서를 '그 정을 모르는' 변호사에게 건네준 행위는 별도의 위조사문서행사죄를 구성하는 것은 아닌지, 나아가 변호사의 복사문서 작성, 인증 및 행사에 대해서도 새로운 문서위조죄와 행사죄의 간접정범을 구성하는 것은 아닌지 의문이 남는다. 향후 이에 대한 판단을 기대해 본다.

[**참고문헌**] 김혜경, "문서위조죄에서의 복사와 행사의 개념", 형사판례연구 [18](2010).

[**필자: 노명선 교수(성균관대)**]

제3편

국가적 법익에 대한 죄

[143] 직무유기죄의 성립요건

[대상판결] 대법원 2006. 10. 19. 선고 2005도3909 전원합의체 판결

[사실관계] 경찰서 방범과장이던 피고인은 부하직원이 상호불상의 오락실을 음반·비디오물및게임물에관한법률위반 혐의로 단속하여 범죄행위에 제공된 증거물로 오락기의 변조기판을 압수하여 위 방범과 사무실에 보관중임을 보고받아 알고 있었다. 그럼에도 불구하고 피고인은 그 직무상의 의무에 따라 위 압수물을 같은 경찰서 수사계에 인계하고 검찰에 송치하여 범죄혐의의 입증에 사용하도록 하는 등의 적절한 조치를 취하지 않고, 오히려 부하직원에게 위와 같이 압수한 변조기판을 돌려주라고 지시하여 위 오락실 업주에게 이를 돌려주었다.

검사는 피고인을 증거인멸죄와 직무유기죄의 상상적 경합으로 기소하였다. 항소심은 별도의 직무유기죄는 성립하지 않는다는 이유로 피고인에게 증거인멸죄만의 유죄를 인정하였다. 검사는 종래의 대법원 판결에 따라 직무유기죄와 증거인멸죄의 상상적 경합관계를 인정해야 한다고 주장하면서 상고하였다.

[판결요지] (위 사실관계인 경우) 직무위배의 위법상태가 증거인멸행위 속에 포함되어 있는 것으로 보아야 할 것이므로, 이와 같은 경우에는 작위범인 증거인멸죄만이 성립하고 부작위범인 직무유기(거부)죄는 따로 성립하지 아니한다고 봄이 상당하다.

[해 설]

I. 들어가는 말

대상판결은 경찰관이 그 직무에 위배하여 피의자를 교사하여 가공인물을 내세워 그로부터 밀수품을 받았다고 허위진술하게 하여 증거를 인멸한 경우 증거인멸교사죄와 직무유기죄의 상상적 경합이 성립한다는 종래의 입장(대법원 1967. 7. 4. 선고 66도840 판결)을 변경하였다는 점에 의의가 있다. 대상판결은 경찰관이 직무에 위배하여 증거인멸죄를 범한 경우, 증거인멸죄와 직무유기죄는 상상적 경합이 아니라 법조경합의 관계에 있다는 점을 분명히 한 것이다. 대법원은 대상판결 이전에도 ① 세무공무원이 범칙사건을 수사하면서 그 혐의

사실을 고의로 은폐하기 위하여 허위의 진술조서 등을 작성한 경우 작위범인 허위공문서작성죄 등 만이 성립하고 부작위범인 직무유기죄는 성립하지 아니하고(대법원 1971. 8. 31. 선고 71도1176 판결), ② 경찰관인 피고인이 검사로부터 범인을 검거하라는 지시를 받고도 오히려 범인에게 전화로 도피하라고 권유하여 그를 도피케 한 경우 직무위배의 위법상태가 범인도피행위 속에 포함되어 있으므로 작위범인 범인도피죄만이 성립하고 부작위범인 직무유기죄는 따로 성립하지 아니한다(대법원 1996. 5. 10. 선고 96도51 판결) 등의 판결에서 동일한 취지로 판결한 바 있다. 대상판결의 쟁점은 첫째, 대상판결에서 직무유기죄와 증거인멸죄가 법조경합의 어떤 형태 — 특별관계, 보충관계, 흡수관계 — 에 해당하는지에 대하여 명백한 입장을 밝히지 않고 있다. 따라서 이 점에 대한 해석이 필요하다. 둘째, 직무유기죄와 증거인멸죄는 항상 법조경합의 관계가 성립하는가에 대한 의문점이다. 이는 대상판결의 적용범위에 대한 문제이다. 이 쟁점은 증거인멸죄뿐만 아니라 범인도피죄, 허위공문서작성죄 등과 직무유기죄의 관계에서도 동일하다 할 것이다.

II. 직무유기죄와 증거인멸죄와의 죄수관계

(1) 대법원은 직무유기죄를 부진정부작위범으로서 보면서, 구체적으로 그 직무를 수행하여야 할 작위의무가 있는데도 불구하고 이러한 직무를 버린다는 인식하에 그 작위의무를 수행하지 아니함으로써 성립한다고 한다(대법원 1983. 3. 22. 선고 82도3065 판결).

대상판결에서 경찰서 방범과장인 피고인은 음반·비디오물및게임물에관한법률위반죄의 증거물인 압수된 오락기의 변조기판이 보관중인 것을 알고 있었고, 이러한 경우 피고인은 압수물을 경찰서 수사계에 인계하여 범죄혐의의 입증에 사용하도록 하는 등의 작위의무가 있다. 이때 피고인은 의식적으로 작위의무를 이행하지 않고 포기·방치하지 않고 이를 오락실 업주에게 돌려주었다. 이러한 경우 증거인멸죄가 성립하는 것은 명백하나, 직무유기죄의 행위가 작위인지 부작위인지 명백

하지 않다. 부진정부작위범인 직무유기죄는 부작위뿐만 아니라 작위에 의하여도 가능하기 때문이다. 이와 같이 작위와 부작위의 구별이 명백하지 않을 때에는 '부작위범의 보충성'을 인정하여 먼저 작위가 구성요건에 해당하고 위법·유책한가를 검토하여 작위만 형법적 평가의 대상으로 하고, 작위가 범죄를 구성하지 않는 경우에 보충적으로 부작위를 평가하여야 한다고 해석하는 것이 타당하다(작위우선설).

(2) 이러한 해석론에 따를 때, 피고인이 압수된 오락기의 변조기판을 오락실 업주에게 반환한 행위는 증거인멸죄에 해당한다. 그러면, 직무유기죄의 '직무유기' 행위는 작위인가 부작위인가 살펴보아야 한다. 작위에 의한 직무유기죄가 성립한다면 위 작위우선설의 해석론은 불필요하기 때문이다. 대상판결은 부작위에 의한 직무유기죄가 성립한 것으로 보인다. 변조기판 반환행위는 증거인멸죄의 실행행위이고, 그 반사적 효과로 부작위에 의한 직무유기죄가 성립하는 것으로 해석할 수 있기 때문이다. 즉, 피고인이 증거인멸행위를 한 때에 직무유기죄의 작위의무를 포기한 것으로 평가할 수 있으므로 그때부터 증거인멸죄와 함께 직무유기죄가 성립한다. 이 경우 작위우선설에 따르면 판시내용과 같이 "작위범인 증거인멸죄만이 성립하고 부작위범인 직무유기(거부)죄는 따로 성립하지 아니한다"는 결론에 이르게 된다. 이 경우 증거인멸죄와 직무유기죄는 법조경합의 한 형태인 보충관계가 성립한다고 할 것이다. 즉, 침해방법이 가벼운 부작위범인 직무유기죄의 위법상태는 침해방법이 무거운 작위범인 증거인멸죄에 포함된다고 할 수 있다.

III. 대상판결의 적용범위

대법원은 "하나의 행위가 부작위범인 직무유기죄와 작위범인 허위공문서작성·행사죄의 구성요건을 동시에 충족하는 경우, 공소제기권자는 재량에 의하여 작위범인 허위공문서작성·행사죄로 공소를 제기하지 않고 부작위범인 직무유기죄로만 공소를 제기할 수 있다(대법원 2008. 2. 14. 선고 2005도4202 판결)"고 한다. 이는 부작위범인 직무유기죄와 작위범인 허위공문서작성죄 등의 상상적 경합범이 성립할 수 있다는 의미이다. 대법원은 범인도피죄와 직무유기죄에 대해서도 상상적 경합을 인정하고 있다(대법원 1999. 11. 26. 선고 99도1904 판결).

여기에서 대법원은 "공무원이 어떠한 위법사실을 발견하고도 직무상 의무에 따른 적절한 조치를 취하지 아니하고 위법사실을 적극적으로 은폐할 목적으로 허위공문서를 작성, 행사한 경우"에는 직무유기죄는 성립하지 않고(대법원 2004. 3. 26. 선고 2002도5004 판결), 적극적 은폐 목적이 없는 경우에는 직무유기죄의 성립을 인정하면서 상상적 경합관계에 있다고 한다.

IV. 나오는 말

공무원이 직무를 위배하여 범죄행위(증거인멸 등)를 한 경우, 정당한 직무집행을 유기하는 것은 당연히 이에 포함된다고 할 것이므로 별도의 직무유기죄가 성립하지 않는다고 하는 것은 타당하다. 다만, 1개의 행위로 허위공문서행사·동행사죄 및 직무유기죄가 성립하여 상상적 경합이 되느냐, 아니면 직무유기죄가 성립하지 않고 법조경합이 되느냐의 기준을 피고인의 의사에 따라 결정하는 것은 죄수의 결정에 있어 정형성을 무시하는 결과를 가져오므로 재고가 필요하다고 본다.

[참고문헌] 김용관, "증거인멸죄와 직무유기죄의 관계", 대법원 판례해설 제66호(2006 하반기)(2007).

[필자: 이흔재 교수(전북대)]

[143-1] 직권남용권리행사방해죄

[대상판결] 대법원 2020. 2. 13. 선고 2019도5186 판결

[사실관계] 대통령비서실장인 甲, 정무수석인 乙을 비롯한 정무수석비서관실 소속 공무원들과 함께, 2014년도부터 2016년도까지의 3년 동안 각 연도별로 전국경제인연합회(이하 '전경련'이라 한다)에 특정 정치성향 시민단체들에 대한 자금지원을 요구하여 전경련 부회장 A로 하여금 이 단체들에 자금지원을 결정 및 실행하도록 하였다.

[판결요지]

[1] 직권남용권리행사방해죄는 공무원이 일반적 직무권한에 속하는 사항에 관하여 직권을 행사하는 모습으로 실질적, 구체적으로 위법·부당한 행위를 한 경우에 성립한다.

[2] 어떠한 직무가 공무원의 일반적 직무권한에 속하는 사항이라고 하기 위해서는 그에 관한 법령상 근거가 필요하다. 법령상 근거는 반드시 명문의 규정만을 요구하는 것이 아니라 명문의 규정이 없더라도 법령과 제도를 종합적, 실질적으로 살펴보아 그것이 해당 공무원의 직무권한에 속한다고 해석되고, 이것이 남용된 경우 상대방으로 하여금 사실상 의무 없는 일을 하게 하거나 권리를 방해하기에 충분한 것이라고 인정되는 경우에는 직권남용죄에서 말하는 일반적 직무권한에 포함된다.

[3] 남용에 해당하는가를 판단하는 기준은 구체적인 공무원의 직무행위가 본래 법령에서 그 직권을 부여한 목적에 따라 이루어졌는지, 직무행위가 행해진 상황에서 볼 때 필요성·상당성이 있는 행위인지, 직권행사가 허용되는 법령상의 요건을 충족했는지 등을 종합하여 판단하여야 한다.

[4] '의무 없는 일'에 해당하는지는 직권을 남용하였는지와 별도로 상대방이 그러한 일을 할 법령상 의무가 있는지를 살펴 개별적으로 판단하여야 한다.

[5] 직권남용 행위의 상대방이 일반 사인인 경우 특별한 사정이 없는 한 직권에 대응하여 따라야 할 의무가 없으므로 그에게 어떠한 행위를 하게 하였다면 '의무 없는 일을 하게 한 때'에 해당할 수 있다.

[6] [이러한 법리에 비추어 볼 때,] 피고인들이 위와 같이 A에게 자금지원을 요구한 행위는 대통령비서실장과 정무수석비서관실의 일반적 직무권한에 속하는 사항이며 직권을 남용한 경우에 해당하고, 이 직권남용 행위로 인하여 A는 전경련의 해당 보수 시민단체에 대한 자금지원 결정이라는 의무 없는 일을 하였으므로 직권남용권리행사방해죄가 성립한다[고 본 원심은 정당하다].

[해 설]

Ⅰ. 직권남용권리행사방해죄의 쟁점

대상판결은 이른바 '화이트리스트' 사건에 대한 것이다. 이 사안에 대해 대법원은 직권남용권리행사방해죄의 성립을 긍정하였다(강요죄도 문제되었으나 대법원은 지원요구가 협박에는 해당하지 않는다고 보았다).

직권남용권리행사방해죄는 "공무원이 직권을 남용하여 사람으로 하여금 의무 없는 일을 하게 하거나 사람의 권리행사를 방해한 때"에 성립한다(형법 제123조). 종래 해석상 논의되어 온 것은 '직권남용', 특히 '일반적 직무권한'의 판단기준이었다.

대상판결은 '직권남용'에 관한 기존법리를 재확인하면서([판결요지]의 [1][2][3][4]), 특히 사인인 전경련 부회장인 A를 상대방으로 하는 '의무강요'의 판단기준으로([판결요지]의 [5]) '블랙리스트' 판결의 법리를 원용하였다.

대상판결은 이 점에서 그 직전에 선고된 이른바 '블랙리스트' 판결(대법원 2020. 1. 30. 선고 2018도2236 전원합의체 판결)의 연장선상에 있다. 이 판결은 대통령비서실장, 정무수석, 문체부장관 등이 공공기관인 예술위·영진위·출판진흥원의 직원에 대하여 특정 단체에 대한 문예기금 등의 지원배제를 지시한 사안에 대한 것이다.

여기에서 대법원은 '의무 없는 일의 강요' 또는 '권리행사 방해'(이하 각각 '의무강요', '권리행사방해'라고 한다)라는 요건의 독자성을 강조하면서, 새롭게 '의무강요' 요건의 판단기준을 상대방이 공무원이나 공공기관의 임직원인 경우와 사인인 경우를 나누어 제시하였다.

이하에서는 대상판결에서의 법리 중 '직권남용'과

'의무강요·권리행사방해'의 의미를 '블랙리스트' 판결과 함께 살펴보기로 한다.

Ⅱ. 대법원이 설시하는 '직권남용'과 '의무강요'· '권리행사방해'의 판단기준

1. '직권남용'의 판단기준

직권남용권리행사방해죄에서 말하는 '직권남용'은 "공무원이 일반적 직무권한에 속하는 사항에 관하여 직권을 행사하는 모습으로 실질적, 구체적으로 위법·부당한 행위를 한 경우"를 말한다.

우선, '일반적 직무권한'과 관련하여 대법원은 법령상 근거는 요하나 명시적일 필요는 없고, "법령과 제도를 종합적, 실질적으로" 보아 직무권한 내라고 해석할 수 있고 그것이 남용될 때 상대방에게 '사실상' '의무강요'나 '권리행사방해'를 하기에 충분할 정도의 것이면 된다고 한다. 다음으로, '남용'에 해당하는가는 '법령상의 목적, 필요성·상당성, 허용요건'을 종합하여 판단하여야 한다고 한다.

대상판결에서는 이 기준을 토대로, 피고인들이 전경련에 대하여 한 자금지원 요구가 대통령비서실장과 정무수석비서관실의 일반적 직무권한에 속하는 사항이고, 그것이 '실질적, 구체적으로 위법·부당'하다고 본 원심의 판단을 정당하다고 보았다(다만 대법원은 이렇게 판단한 구체적 이유를 적시하지 않았다).

2. '의무강요'·'권리행사방해'의 인정기준

대상판결은 '블랙리스트' 판결과 마찬가지로 '직권남용'과 구별되는 '의무강요'와 '권리행사방해' 요건의 독자성을 강조한다. 이 '블랙리스트' 판결은 '의무강요'의 상대방이 공무원·공공기관의 임직원인 경우와 사인인 경우를 나누어 검토하였다. '블랙리스트' 판결에서는 상대방이 예술위·영진위·출판진흥원 등 유관 공공기관의 직원이어서 업무와 관련된 일을 하게 한 것이 '의무강요'가 되는가가 쟁점이었기 때문이었다. 대법원은 이에 대해 그 업무의 "형식과 내용 등에 있어 직무범위 내에 속하는 사항"이고 "법령 그 밖의 관련 규정에 따라 직무수행 과정에서 준수하여야 할 원칙이나 기준, 절차 등을 위반하지 않는다면 특별한 사정이 없는 한 법령상 의무 없는 일을 하게 한 때"에 해당하지 않는다고 하였다(사안에서는 "예술위·영진위·출판진흥원

직원들이 각 법인의 위원들의 직무상 독립을 보장하고 각 법인이 자율적으로 사업목적을 수행할 수 있도록 보조하는 업무를 수행할 법령상 의무"를 위반하여 '의무강요'에 해당한다고 보았다).

한편, 사인인 경우에는 특별한 사정이 없는 한 직권에 따라야 할 법령상 의무가 없으므로 이를 하게 한 경우 원칙적으로 '법령상 의무 없는 일을 하게 한 때'에 해당한다고 보았다. 이 논리는 대상판결에서 그대로 적용되었다.

Ⅲ. 대상판결에 대한 간단한 논평

종래 직권남용권리행사방해죄 해석의 중점은 '직권남용', 특히 '일반적 직무권한'의 범위에 있었다. 학설의 논의도 이 부분에 집중되어 있었고, 특히 일반적 직무권한의 판단기준이 불명확하다거나 지나치게 넓다는 지적이 있었다.

대법원은 '블랙리스트' 판결에서 '의무강요'·'권리행사방해'의 독자성을 강조하면서 그 판단기준을 새롭게 제시하였다. 공무원·공공기관의 임직원에 대한 '의무강요'를 엄격하게 해석하였는데, 이는 일반적 직무권한을 지나치게 넓게 인정한다는 그간의 지적에 대해 대법원이 나름의 균형점을 찾고자 하는 시도로 볼 여지가 있다. 다만 이러한 해석이 대상판결과 같이 상대방이 사인인 경우에는 특별한 의미를 지니기 어렵다. 이미 '직권'의 범위를 판단하는 단계에서 '의무강요'나 '권리행사방해'의 결과를 초래하기에 충분한 직권행사가 있었고 그에 따른 사인의 행위가 있다면 특별한 사정이 없는 한 직권남용권리행사방해죄가 성립할 것이기 때문이다. 학설의 논의가 여전히 필요한 이유이다.

〔참고문헌〕 이민걸, "직권남용에 있어서의 주체와 직권남용의 의미", 형사판례연구 [13](2005).

[필자: 오병두 교수(홍익대)]

[144] 뇌물죄에서 '직무에 관하여'의 의미

[대상판결] 대법원 2011. 3. 24. 선고 2010도17797 판결

[사실관계] 피고인 甲은 X 시 도시계획국장으로 근무하면서, B 주식회사가 주식회사 A를 시공사로 하여 건축하던 상가건물 증축공사(이하, '이 사건 증축공사라고 한다)에 대하여 건축법 등 관계법령에 기하여 허가, 착공신고 수리, 안전관리, 시공상태 점검 등 일반적인 관리·감독 업무를 수행하였다. 그런데 甲은 C 주식회사를 운영하던 피고인 乙로부터 이 사건 증축공사에 대한 하도급공사를 할 수 있게 해달라는 부탁을 받고 이 사건 증축공사에 관한 X 시장의 허가가 있기 바로 직전에 A 주식회사에 동일한 부탁을 하여 C 주식회사가 A 주식회사로부터 수의계약 방식으로 이 사건 증축공사 중 일부분을 하도급받도록 하였다. 그 후 甲은 乙로부터 위와 같이 하도급 받도록 해준 대가 명목으로 5,400만 원을 교부받았다.

[판결요지] 뇌물죄에 있어서 직무라 함은 공무원이 법령상 관장하는 직무 그 자체뿐만 아니라 그 직무와 밀접한 관계가 있는 행위 또는 관례상이나 사실상 소관하는 직무행위 및 결정권자를 보좌하거나 영향을 줄 수 있는 직무행위도 포함한다. 또한 공무원이 얻는 어떤 이익이 직무와 대가관계가 있는 부당한 이익으로서 뇌물에 해당하는지 여부는 당해 공무원의 직무의 내용, 직무와 이익제공자와의 관계, 쌍방 간에 특수한 사적인 친분관계가 존재하는지의 여부, 이익의 다과, 이익을 수수한 경위와 시기 등의 제반 사정을 참작하여 결정하여야 할 것이고, 뇌물죄가 직무집행의 공정과 이에 대한 사회의 신뢰 및 직무행위의 불가매수성을 그 보호법익으로 하고 있음에 비추어 볼 때, 공무원이 그 이익을 수수하는 것으로 인하여 사회일반으로부터 직무집행의 공정성을 의심받게 되는지 여부도 뇌물죄의 성부를 판단함에 있어서의 판단 기준이 된다.

[해 설]
Ⅰ. 들어가는 말
뇌물죄의 보호법익은 '직무집행의 공정과 이에 대한 사회의 신뢰 및 직무행위의 불가매수성'이다. 뇌물은 직무와 관련된 불법한 이익이므로 직무와 관련성이 있어야 하므로 수뢰자의 직무의 범위와 내용이 확정하는 것이 필요하다. 그런데 이 사건에서, 이 사건 증축공사는 B 주식회사가 발주하여 A 주식회사가 시공하는 공사로서 하도급업체를 선정하는 업무는 기본적으로 A 주식회사의 업무이다. 그런데도 甲이 C 주식회사가 이 사건 증축공사 중 일부분을 하도급 받도록 알선하여 준 행위가 X 시 도시계획국장인 甲의 직무와 그 관련성이 있다고 인정할 수 있는가가 대상판결의 주요한 쟁점이 된다.

Ⅱ. 뇌물죄의 직무관련성
1. 학 설
이 사건 증축공사는 B 주식회사가 발주하여 A 주식회사가 시공하는 공사로서 이에 관한 하도급업체를 선정하는 업무는 본질적으로 A 주식회사의 업무이다. 그런데 하도급업체 선정과 관련하여 甲이 乙로부터 청탁을 받고 乙이 운영하는 C 주식회사가 A 주식회사로부터 하도급을 받도록 알선한 것이 甲의 직무와 관련이 있다고 볼 수 있는지에 부정설과 긍정설의 대립이 있을 수 있다.

(1) 부정설
하도급업체의 선정은 甲의 직무 영역인 허가 등과 무관한 직무로서 기본적으로 A 주식회사의 직무이지 甲의 직무로 볼 수 없다. 이 사건은 실질적으로 甲이 乙로부터 청탁을 받고 A 주식회사의 이 사건 증축공사 중 일부분을 C 주식회사에게 하도급하도록 그 지위를 이용하여 알선한 것에 불과하므로 뇌물죄로 처벌할 수 없다(이 사건에서 A 주식회사 등이 공무를 수행하는 기관이었을 경우에는 형법 제132조의 알선수뢰가 성립할 여지가 있다).

(2) 긍정설
증축공사의 하도급업체를 선정하는 것이 甲의 직무가 아니라 A 주식회사의 업무이기는 하나 甲이 도시계획국장으로서 이 사건 증축공사에 대한 허가, 착공신고 수리, 공정관리·감독, 안전관리, 시공상태 점검, 대민 민원사항 처리, 사용승인 등 업무를 수행하고 있었고,

나아가 甲이 이 사건 청탁을 한 시점은, 주식회사 B가 주식회사 A를 시공사로 하여 이 사건 증축공사에 대한 허가를 X시로부터 받기 직전이었으므로 甲이 A, B 주식회사에 미치는 영향력이 절대적으로 존재한다. 따라서 甲이 도시계획국장으로서 A, B 주식회사에게 직무상의 영향력을 사실상 가지게 됨을 기화로 C 주식회사가 A 주식회사로부터 하도급받도록 알선하는 행위에 직무관련성이 없다고 볼 수 없다.

2. 대법원의 태도

대상판결에서 대법원은 긍정설의 입장에서 甲이 도시계획국장으로서 A 주식회사 등에게 직무상의 영향력을 가지게 됨을 기화로 C 주식회사가 A 주식회사로부터 하도급받도록 알선하여 주고 그 대가로 거액을 받은 이 사건에서 직무관련성을 긍정하여 甲에게 뇌물수수죄 등을 인정하였다.

이와 유사하게 직무관련성을 인정한 판례로는, 공기업 간부가 수급인에 대하여 하도급업체의 선정을 알선하고 그 대가로 하도급업체로부터 금원을 교부받은 사안(대법원 1998. 2. 27. 선고 96도582 판결), 경찰관이 재건축조합 직무대행자에 대한 진정사건을 수사하면서 진정인 측에 의하여 재건축 설계업체로 선정되기를 희망하던 건축사무소 대표로부터 금원을 교부받은 사안(대법원 2007. 4. 27. 선고 2005도4204 판결) 등이 있다.

반면에 경찰청 정보과에 근무하는 경찰관이 외국인 사업연수생 관리업체를 경영하는 사람으로부터 중소기업협동조합중앙회 회장에 의하여 외국인 산업연수생에 대한 국내관리업체로 선정되는 데 힘써 달라는 부탁을 받고 금전 및 향응을 제공받은 사안에서, 중소기업협동조합중앙회 회장의 국내관리업체 선정이 경찰관의 직무와 관련성이 없어 뇌물죄가 성립하지 않는다(대법원 1999. 6. 11. 선고 99도275 판결)고 보았는바, 그 이유는 위 중소기업협동조합중앙회가 위 경찰관의 출입처가 되어본 적이 없어 경찰관이 중소기업협동조합중앙회 회장과의 개인적인 친분을 이용하여 업자를 소개시켜 주거나 청탁을 하였을 뿐이라고 인정되었기 때문이다.

III. 나오는 말

기본적으로 뇌물죄는 직무집행의 공정과 이에 대한 사회의 신뢰에 기하여 직무행위의 불가매수성을 보호

법익으로 하는 범죄이므로 공무원의 국민에 대한 직무권한의 한계, 행정관청 사이의 직무권한의 한계를 확정하기 위한 관점과는 사뭇 다른 관점에서 직무의 범위와 내용이 판단되어야 한다. 이에 따라 대법원도 직무라 함은 공무원이 그 지위에 수반하여 공무로서 처리하는 일체의 직무를 말하는 것으로서, 법령상 관장하는 직무 그 자체뿐만 아니라 그 직무와 밀접한 관계가 있는 행위 또는 관례상이나 사실상 소관하는 직무행위 및 결정권자를 보좌하거나 영향을 줄 수 있는 행위도 포함한다고 본다. 대상판결은 공무원이 직무 등과 관련하여 사적인 영역에서 이루어지는 계약 등의 행위에 상당한 영향력을 줄 수 있는 지위를 획득하고 그와 관련하여 금품 등을 수수한 경우에도 직무관련성을 인정할 수 있어 뇌물수수죄가 성립할 수 있다는 것을 보여 준 것이다.

〔참고문헌〕 조규현, "경찰관이 재건축조합 직무대행자에 대한 진정사건을 수사하면서 진정인측의 재건축 설계업체로 선정되기를 희망하던 건축사사무소 대표로부터 금원을 수수한 사안에서, 금원의 수수와 경찰공무원의 직무인 진정사건 수사와의 관련성을 배척할 수 없다고 한 사례", 대법원판례해설 제70호(2008 상반기)(2008).

[필자: 권순건 판사(창원지법)]

[144-1] 뇌물수수죄와 제3자뇌물수수죄의 구별

[대상판결] 대법원 2019. 8. 29.선고 2018도2738 전원합의체 판결

[사실관계] 제18대 대통령 박근혜(이하 '전 대통령'이라 한다)가 피고인에게 공소외 2에 대한 승마 지원에 관한 뇌물을 요구하였고, 공소외 3은 승마 지원을 통한 뇌물수수 범행에 이르는 핵심 경과를 조종하거나 저지·촉진하는 등의 행위를 하여 전 대통령과 자신의 의사를 실행에 옮기는 정도에 이르렀다. 피고인은 용역대금을 송금하기 전에 전 대통령의 승마 지원 요구가 공소외 3의 딸 공소외 2에 대한 승마 지원이라는 점과 용역대금이 뇌물이라는 점을 알고 있었으며 그에 따라 공소외 3의 딸 공소외 2에게 승마 지원을 하고 용역대금을 지급하였다.

[판결요지]
I. 다수의견

공무원이 아닌 사람(이하 '비공무원'이라 한다)이 공무원과 공동가공의 의사와 이를 기초로 한 기능적 행위지배를 통하여 공무원의 직무에 관하여 뇌물을 수수하는 범죄를 실행하였다면 공무원이 직접 뇌물을 받은 것과 동일하게 평가할 수 있으므로 공무원과 비공무원에게 형법 제129조 제1항에서 정한 뇌물수수죄의 공동정범이 성립한다. 형법은 제130조에서 제129조 제1항 뇌물수수죄와는 별도로 공무원이 그 직무에 관하여 뇌물공여자로 하여금 제3자에게 뇌물을 공여하게 한 경우에는 부정한 청탁을 받고 그와 같은 행위를 한 때에 뇌물수수죄와 법정형이 동일한 제3자뇌물수수죄로 처벌하고 있고, 제3자뇌물수수죄에서 뇌물을 받는 제3자가 뇌물임을 인식할 것을 요건으로 하지 않는다. 그러나 공무원이 뇌물공여자로 하여금 공무원과 뇌물수수죄의 공동정범 관계에 있는 비공무원에게 뇌물을 공여하게 한 경우에는 공동정범의 성질상 공무원 자신에게 뇌물을 공여하게 한 것으로 볼 수 있다. 공무원과 공동정범 관계에 있는 비공무원은 제3자뇌물수수죄에서 말하는 제3자가 될 수 없고, 공무원과 공동정범 관계에 있는 비공무원이 뇌물을 받은 경우에는 공무원과 함께 뇌물수수죄의 공동정범이 성립하고 제3자뇌물수수죄는 성립하지 않는다.

II. 별개의견

다수의견의 논리 중 공무원과 비공무원 사이의 뇌물수수죄의 공동정범 성립에 관한 일반론 부분에 대하여는 동의하지만, 뇌물을 비공무원에게 전적으로 귀속시키기로 모의하거나 뇌물의 성질상 비공무원이 사용하거나 소비할 것인데도 비공무원이 뇌물을 받은 경우까지도 뇌물수수죄의 공동정범이 성립한다고 하는 부분에 대하여는 동의하지 않는다. 우리 형법이 제129조 제1항 뇌물수수죄와 별도로 제130조에서 제3자뇌물수수죄를 규정하고 있는 이상 공무원이 아닌 비공무원인 제3자가 뇌물을 수수한 경우에는 뇌물의 귀속주체와 성질이 어떠한지에 따라 그 뇌물수수죄 또는 제3자뇌물수수죄가 성립하는지를 달리 평가하여야 한다.

III. 반대의견

공무원과 비공무원이 공동가공의 의사와 이를 기초로 한 기능적 행위지배를 통하여 공무원의 직무에 관하여 뇌물을 수수하는 범죄를 실행하였다면 공무원과 비공무원에게 형법 제129조 제1항에서 정한 뇌물수수죄의 공동정범이 성립할 수 있다. 그러나 공무원과 비공무원이 뇌물을 받으면 뇌물을 비공무원에게 귀속시키기로 미리 모의하거나 뇌물의 성질에 비추어 비공무원이 전적으로 사용하거나 소비할 것임이 명백한 경우에 공무원이 증뢰자로 하여금 비공무원에게 뇌물을 공여하게 하였다면 형법 제130조의 제3자뇌물수수죄의 성립 여부가 문제될 뿐이며, 공무원과 비공무원에게 형법 제129조 제1항의 뇌물수수죄의 공동정범이 성립한다고 할 수는 없다.

[해 설]
I. 들어가는 말

우리 형법은 공무원이 뇌물을 직접 수수하는 경우에는 형법 제129조의 뇌물수수죄로, 공무원이 뇌물을 제3자에게 귀속하게 하는 경우에는 제130조의 제3자뇌물수수죄로 처벌하도록 하고 있어 뇌물의 귀속주체에 따라 죄명과 적용법조를 달리하고 있다. 이러한 경우에

비공무원이 자신의 이익을 위하여 공무원의 지위를 활용하고자 적극적으로 범행을 모의하고 뇌물을 공여하는 자와 직접 교섭하거나 가장 중요한 실행행위인 뇌물을 직접 수수하는 경우에 공무원을 뇌물수수죄의 공동정범으로 처벌해야 하는지, 아니면 제3자뇌물수수죄로 처벌해야 하는지가 문제된다. 만약, 제3자뇌물수수죄로 처벌하는 경우에는 '부정한 청탁'이라는 추가적인 구성요건이 필요하므로 처벌에 어려움이 있을 수 있고, 더욱이 공동정범은 제3자뇌물수수죄의 제3자가 될 수 없다는 법리에 따르면 공무원과의 공모 하에 실행행위를 적극적으로 분담한 비공무원은 제3자뇌물수수죄의 공동정범으로도 의율할 수 없는 문제점이 있다.

결국, 비공무원이 뇌물로 인한 이익 전부를 향유할 것을 전제로 범행을 공모하며 실행행위에 있어서도 비공무원이 주도하고 공무원은 전혀 이익을 취하지 못하는 경우에 공무원을 뇌물수수죄의 공동정범으로 처벌할지 아니면 제3자뇌물수수죄로 처벌할지 여부가 문제된다.

II. 대상판결 사안과 뇌물수수죄 공동정범 성립 여부

종래 대법원은 "형법은 뇌물의 귀속주체에 따라 제129조 제1항의 뇌물수수죄와 제130조의 제3자뇌물수수죄를 구별한다"(대법원 2016. 6. 23. 선고 2016도3540 판결)는 법리를 고수하면서, 타인이 공무원의 사자 또는 대리인으로서 뇌물을 받은 경우나, 그 타인이 뇌물을 받음으로써 공무원은 그만큼 지출을 면하게 되는 경우 등 공무원이 직접 뇌물을 수수하지 않고 타인으로 하여금 뇌물을 수수하게 하였더라도 공무원이 직접 받은 것과 같이 평가할 수 있는 때에는 뇌물수수죄를 인정하였다.

대상판결에서 '비공무원에게 뇌물을 전적으로 귀속시키는 경우에 비공무원과 공무원이 뇌물수수죄의 공동정범이 되는가'라는 문제에 관해 ① 비공무원이 공무원과 공동가공의 의사와 이를 기초로 한 기능적 행위지배를 통하여 공무원의 직무에 관하여 뇌물을 수수하는 범죄를 실행하였으므로 공무원이 직접 뇌물을 받은 것과 동일하게 평가할 수 있어 공무원과 비공무원에게 형법 제129조 제1항에서 정한 뇌물수수죄의 공동정범이 성립한다는 견해(다수의견), ② 뇌물을 비공무원에게 전적으로 귀속시키기로 모의하거나 뇌물의 성질

상 비공무원이 사용하거나 소비할 것인데도 비공무원이 뇌물을 받은 경우까지 뇌물수수죄의 공동정범이 성립한다고 할 수는 없고 전 대통령과 피고인 사이에 부정한 청탁 인정 여부에 따라서 전 대통령을 제3자뇌물수수죄로 처벌할 수 있을 뿐 뇌물수수죄의 공동정범으로 처벌할 수는 없다는 견해(별개의견), ③ ② 견해와 마찬가지로 전 대통령을 제3자뇌물수수죄로 처벌할 수 있을 뿐 뇌물수수죄의 공동정범이 성립한다고 할 수는 없으며 공소외 3에게 제3자뇌물수수죄의 교사범이나 방조범이 성립한다고 보는 것이 타당하다는 견해(반대의견)가 제시되었다.

III. 나오는 말

본 사안에서 비공무원과 공무원의 뇌물수수죄의 공동정범의 성립이 가능하다고 보는 대법원 다수의견이 타당하다. 공동정범이 성립하는지는 기능적 행위지배가 있는지에 따라 결정되는 것인데, 뇌물수수죄의 공범들 사이에 직무와 관련하여 금품이나 이익을 수수하기로 하는 명시적 또는 암묵적 공모관계가 성립하고 공모 내용에 따라 공범 중 1인이 금품이나 이익을 주고받았다면, 특별한 사정이 없는 한 이를 주고받은 때 그 금품이나 이익 전부에 관하여 뇌물수수죄의 공동정범이 성립하는 것이며, 금품이나 이익의 규모 등에 대하여 사전에 서로 의사의 연락이 있어야 하거나 금품 등의 구체적 금액을 공범이 알아야 공동정범이 성립하는 것은 아닐 뿐만 아니라, 금품의 배분 내지 귀속 문제는 뇌물수수죄 성립 이후의 문제로서 양형에 반영하면 족한 사정에 불과하기 때문이다.

사안에서는 비공무원이 공무원인 전 대통령보다 더 적극적으로 범행을 주도하여 공동정범으로서의 행위지배가 인정되는바, 비공무원은 수동적으로 뇌물에 해당하는 금품을 수수하기만 한 제3자가 아니라 전 대통령과 같이 뇌물수수의 공동정범이 되는 것이며, 더욱이 뇌물수수죄의 공범과 제3자뇌물수수죄에서의 제3자는 서로 양립할 수 없는 것이므로 다수의견이 타당하다.

[필자: 조지은 교수(영남대)]

[145] 위계에 의한 공무집행방해죄

[대상판결] 대법원 2002. 9. 4. 선고 2002도2064 판결

[사실관계] 피고인은 A, B와 함께 양도인에 대한 허위의 진단서와 양도·양수에 필요한 서류를 이용하여 관할관청으로부터 개인택시 운송사업의 양도·양수에 대한 인가를 받아 개인택시 운송사업을 매도하기로 순차 모의하고, A는 구입한 지 5년이 경과되지 않아 양도·양수할 수 없는 개인택시의 운송사업 양도·양수에 필요한 서류를 피고인에게 교부하고, 진단서 발급 브로커인 B는 질병이 있는 노숙자로 하여금 A의 인적사항을 숙지한 채 의사의 진료를 받아 허위의 진단서를 발급받게 하여 그 진단서를 피고인에게 교부하여, 2001. 5. 11. 피고인의 사무실에서 구비서류와 진단서를 이용하여 양도인 A, 양수인 C로 된 개인택시 운송사업 양도·양수 인가신청서를 작성한 다음 서울특별시 마포구청 교통과 민원실에서 그 정을 모르는 담당공무원에게 그 신청서 및 관련 구비서류와 함께 B로부터 건네받은 허위의 진단서가 마치 A에 대한 진정한 진단서인 것처럼 가장하여 제출하였다.

[판결요지] [1] 행정관청이 출원에 의한 인·허가처분을 함에 있어서 출원자가 행정관청에 허위의 출원사유를 주장하면서 이에 부합하는 허위의 소명자료를 첨부하여 제출한 경우 허가관청이 관계 법령이 정한 바에 따라 인·허가요건의 존부 여부에 관하여 나름대로 충분히 심사를 하였으나 출원사유 및 소명자료가 허위임을 발견하지 못하여 인·허가처분을 하게 되었다면 이는 허가관청의 불충분한 심사가 그의 원인이 된 것이 아니라 출원인의 위계행위가 원인이 된 것이어서 위계에 의한 공무집행방해죄가 성립된다.

[2] 피고인이 개인택시 운송사업면허를 받은 지 5년이 경과되지 아니하여 원칙적으로 개인택시 운송사업을 양도할 수 없는 사람 등과 사이에 마치 그들이 1년 이상의 치료를 요하는 질병으로 인하여 직접 운전할 수 없는 것처럼 가장하여 개인택시 운송사업의 양도·양수인가를 받기로 공모한 후, 질병이 있는 노숙자들로 하여금 그들이 개인택시 운송사업을 양도하려고 하는 사람인 것처럼 위장하여 의사의 진료를 받게 한 다음,

그 정을 모르는 의사로부터 환자가 개인택시 운송사업의 양도인으로 된 허위의 진단서를 발급받아 행정관청에 개인택시 운송사업의 양도·양수 인가신청을 하면서 이를 소명자료로 제출하여 진단서의 기재 내용을 신뢰한 행정관청으로부터 인가처분을 받은 경우, 위계에 의한 공무집행방해죄가 성립한다.

[해 설]

I. 들어가는 말

형법 제137조의 위계에 의한 공무집행방해죄는 위계로써 공무집행을 방해하는 경우에 성립하는 범죄이다. 공무집행방해죄(제136조)가 '폭행 또는 협박'이라는 실행행위를 통하여 공무집행을 방해하는 경우 성립하는 것임에 반하여 위계에 의한 공무집행방해죄는 '위계로써' 공무집행을 방해하는 경우 성립한다. 위계란 일반적으로 행위자의 행위목적을 이루기 위하여 상대방에 오인, 착각, 부지를 일으키게 하여 그 오인, 착각, 부지를 이용하는 것을 말하는데, 위계로 인하여 공무집행이 방해되었다고 하기 위하여는, 위계행위가 있어야 하고, 공무집행 방해의 위험(또는 결과)이 발생하여야 하고, 그 위계행위로 인하여 공무집행방해의 위험(또는 결과)이 초래되어야 한다. 이러한 요건을 충족하였는지 여부는 그 공무의 성격과 범위, 특히 공무원의 심사가 실질적으로 이루어지는 범위 등이 고려하여 판단하여야 한다. 대상판결은 행정관청의 개인택시면허 양도·양수 인가처분이 피고인의 위계에 기인한 것인지 아니면 공무원의 불충분한 심사에 기인한 것인지가 주요 쟁점이며, 해당 공무의 성격상 담당공무원에 의한 충실한 심사가 가능한 것인지의 여부가 중요한 판단기준이라고 할 수 있다. 이러한 점에서 위계에 의하여 공무집행방해죄의 성부에 있어서 그 공무의 내용 및 인·허가 등의 출원에 있어서 담당공무원의 실질적 심사가능 여부 등의 검토가 필요하다.

II. 공무의 성격과 위계에 의한 공무집행방해죄의 성부

1. 공무의 성격과 위계에 의한 공무집행방해죄의 성부

공무의 성격상 공무원에게 진실발견을 위하여 증거를 조사하거나 수집할 권리의무가 있는 경우(대법원 1977. 2. 8. 선고 76도3685 판결), 법령에서 어떤 행위의 금지를 명하면서 이를 위반하는 행위에 대한 벌칙을 두는 한편, 공무원으로 하여금 그 금지규정의 위반 여부를 감시·단속하게 하고 있는 경우(대법원 2003. 11. 13. 선고 2001도7045 판결)에는 위계에 의한 공무집행방해죄가 성립하지 않는다고 본다. 담당공무원의 업무수행 자체가 그와 같은 위계의 존재 여부를 밝히는 것으로서 정상적인 업무처리과정에서 이를 예정하고 있으므로 이로 인하여 공무집행의 공정성이 침해될 염려가 없다는 것으로 여기기 때문이다.

다만, 허위서류 제출에 의한 인·허가에 관한 공무인 경우에는 실질적 심사의 범위, 가능 여부에 따라 다르게 판단하고 있다.

2. 인·허가에 관한 공무에 있어서 허위서류 제출과 위계에 의한 공무집행방해죄의 성부

개인택시 운송사업면허를 받는 데 필요한 운전경력증명서를 허위로 발급받게 해 주고 이를 면허관청에 소명자료로 제출하게 하여 개인택시 운송사업면허를 받게 한 사안에서는 동죄의 성립을 부정하였다(대법원 1988. 5. 10. 선고 87도2079 판결). 즉, 허위의 운전경력증명서를 소명자료로 제출하여 면허를 신청한 경우에는 그 출원사유가 사실과 부합하지 아니하는 경우가 있음을 전제로 하여 인·허가할 것인지의 여부를 심사·결정하는 것이므로 행정관청이 사실을 충분히 확인하지 아니한 채 출원자가 제출한 허위의 출원사유나 허위의 소명자료를 가볍게 믿고 인가 또는 허가를 하였다면 이는 행정관청의 불충분한 심사에 기인한 것으로서 출원자의 위계에 의한 것이었다고 할 수 없어 위계에 의한 공무집행방해죄를 구성하지 않는다는 것이다. 출입국관리사무소 공무원이 위조된 신원보증서를 제출받은 후 피고인에게 H2 비자를 발급한 것이 위계공무집행방해죄에 해당하는지 여부가 문제된 사안에서도 이와 같은 이유로 본죄의 성립을 부정하였다(대법원 2009. 12. 24. 선고 2009도6040 판결).

반면, 대상판결과 같이 행정관청이 독자적으로 판단할 수 없거나 실질적 심사가 어려운 경우에는 본죄의 성립을 인정하고 있는데, 이는 양도인이 1년 이상의 치료를 요하는 질병에 걸려 직접 운전할 수 없는지의 여부에 대한 판단에는 인체에 대한 고도의 의학적인 지식과 경험이 요구되므로 그와 같은 전문적인 지식이나 경험이 없는 행정관청으로서는 의사의 진단이나 소견에 의존할 수밖에 없고, 의사가 발급한 진단서의 내용에는 일반적으로 그 기재 내용을 신뢰하여도 좋을 만한 사회적 신용성이 보장되어 있으므로 행정관청의 업무담당자가 양도인이 출원사유에 대한 소명자료로 제출한 의사 작성의 양도인에 대한 진단서의 기재 내용을 신뢰하여 처분을 하였다면 행정관청으로서는 인가요건의 존부 여부에 관하여 충분히 심사를 한 것으로 보아야 하기 때문이다. 허위의 장애진단서상의 진단결과를 행정청에 제출하여 장애인등록을 받은 경우도 이와 같은 이유로 본죄가 성립된다고 본다(대법원 2007. 1. 25. 선고 2006도7714 판결).

III. 나오는 말

대법원은 시험부정 사안을 제외하고는 대부분의 사안에서 위계에 의한 공무집행방해죄의 성립을 부정하여 오다가, 대상판결에 이르러 담당공무원이 허위진단서 내용에 관하여 달리 심사할 수 있는 방법이 없음을 이유로 본죄의 성립을 적극적으로 인정하였고, 그 후 인·허가와 관련된 위계에 의한 공무집행방해죄에 관하여는 같은 취지의 판례들이 나오고 있다. 즉, 공무원이 충분한 심사를 하였는지 여부를 기준으로 삼되, 비록 실질적인 심사를 하지 않은 것으로 보이더라도 제출된 허위자료에 신뢰성이 부여되어 있고, 담당공무원이 그 내용의 진위 확인을 하기가 어려운 경우에는 본죄가 성립한다는 것이다.

[참고문헌] 이광영, "구 식물방역법 제33조 제4호의 성립요건과 동법상 수출검사합격증명서 발급이 공무원의 불충분한 심사에 기인한 경우 위계공무집행방해죄의 성부", 대법원판례해설 제86호(2010 하반기)(2011); 황병주, "인·허가 행정관청을 상대로 한 위계에 의한 공무집행방해죄의 성부와 논지의 확장", 형사판례연구[13](2005).

[필자: 황만성 교수(원광대)]

[대상판결] 대법원 2008. 6. 26. 선고 2008도1059 판결

[사실관계] 피고인은 함께 술을 마시던 A가 식당내 다른 손님인 B와 시비가 벌어지다가 주먹과 발로 B를 폭행하여 약 8주간의 치료를 요하는 상해를 가한 현장에 있었기 때문에 A가 B에게 상해를 가한 사실을 잘 알고 있음에도 불구하고 출동한 경찰관들에게 도주한 A의 이름을 허무인의 이름으로 진술하고, 이후 경찰서에 참고인으로 출석하여 조사를 받으면서도 A의 인적사항에 대하여 허무인의 이름을 A의 이름으로 진술하고 연락처 등은 잘 모른다고 진술하였다.

[판결요지] 원래 수사기관은 범죄사건을 수사함에 있어서 피의자나 참고인의 진술 여하에 불구하고, 피의자를 확정하고 그 피의사실을 인정할 만한 객관적인 제반 증거를 수집·조사하여야 할 권리와 의무가 있는 것이므로, 참고인이 수사기관에서 범인에 관하여 조사를 받으면서 그가 알고 있는 사실을 묵비하거나 허위로 진술하였다고 하더라도, 그것이 적극적으로 수사기관을 기만하여 착오에 빠지게 함으로써 범인의 발견 또는 체포를 곤란 내지 불가능하게 할 정도의 것이 아니라면 범인도피죄를 구성하지 않는다.

[해 설]

Ⅰ. 들어가는 말

대상판결의 쟁점은 폭행사건의 현장에 있던 참고인이 출동한 경찰관에게 범인의 이름 대신 허무인의 이름을 대면서 구체적인 인적사항에 대한 언급을 피한 경우 그 참고인에게 범인도피죄의 책임을 물을 수 있는가의 여부이다. 그동안 대법원은 참고인의 수사기관에서의 허위진술에 대하여 어떤 경우에는 범인도피죄의 성립을 인정하면서도 또 다른 경우에는 그 성립을 부인하였기 때문에 참고인의 허위진술 등이 범인도피죄로 인정되기 위한 기준이 과연 무엇인가 하는 점을 명확히 할 필요가 있다.

Ⅱ. 범인도피죄의 구성요건으로서의 '도피하게 하는 행위'

1. 학 설

형법 제151조에서 규정하는 '은닉'이란 장소를 제공하여 범인을 감추어 주는 행위를 말하고, '도피하게 하는 행위'란 은닉 이외의 방법으로 범인에 대한 수사, 재판 및 형의 집행 등 형사사법 작용을 곤란 또는 불가능하게 하는 행위를 말하는 것으로서, 그 방법에는 제한이 없다. 범인은닉·도피죄는 위험범으로서 현실적으로 형사사법의 작용을 방해하는 결과가 초래될 것이 요구되지 아니하고, 광의의 형사사법의 기능을 방해할 가능성이 있으면 족하다. 은닉은 죄를 범한 자임을 인식하면서 장소를 제공하여 체포를 면하게 하는 것으로서 일정한 장소적 관련성을 갖는 행위태양인 반면, 도피하게 하는 행위는 장소적 관련성을 넘어 상황적 관련성을 갖는 행위태양으로서, 결국 은닉은 도피하게 하는 행위의 한 예시에 속한다고 할 수 있다.

2. 판 례

범인도피죄에서 '도피하게 하는 행위'는 형법 제151조에 함께 규정되어 있는 은닉행위에 비견될 정도로 수사기관의 발견·체포를 곤란하게 하는 행위, 즉 직접 범인을 도피시키는 행위 또는 도피를 직접적으로 용이하게 하는 행위에 한정된다고 해석함이 상당하다고 하면서, 그 자체로서 범인을 도피시키는 것을 직접적인 목적으로 하였다고 보기 어려운 어떤 행위의 결과 간접적으로 범인이 도피할 수 있게 한 경우까지 포함되는 것은 아니라고 함으로써, 범인을 도피하게 하는 행위가 범인도피죄의 구성요건을 충족하기 위한 요건으로 '의도 및 행위의 직접성'을 요구하고 있다.

Ⅲ. 참고인의 허위진술에 관한 대법원의 태도

1. 범인도피죄를 인정한 경우

동명이인이 공모하여 일방이 타방인 것처럼 가장하고 피의자를 자처하여 검찰에 출석·허위진술한 사안에 대하여 범인은닉죄를 인정한 사례, 범인 아닌 자가 수

사기관에서 범인임을 자처하고 허위사실을 진술하여 진범의 체포와 발견에 지장을 초래하게 한 행위는 범인은닉죄에 해당한다고 한 사례, 범인이 자신을 위하여 타인으로 하여금 허위의 자백을 하게 하여 범인도피죄를 범하게 하는 행위는 방어권의 남용으로서 범인도피교사죄에 해당한다고 한 사례 등이 있다.

2. 범인도피죄를 부정한 경우

절도사건과 관련하여 조사받던 피고인이 공범의 이름을 묵비한 것만으로는 그들을 도피하게 한 것으로 볼 수 없다고 한 사례, 참고인이 수사기관에서 진술을 함에 있어서 단순히 범인으로 체포된 사람과 동인이 목격한 범인이 동일함에도 불구하고 동일한 사람이 아니라고 허위진술을 한 정도만으로는 범인도피죄를 구성한다고 볼 수 없다고 본 사례, 피의자가 다른 사람 행세를 하고 있다는 사실을 알고 있는 신원보증인이 이를 묵비한 채 피의자에 대한 신원보증서를 작성하여 피의자를 석방되게 한 행위만으로는 범인도피죄가 되지 아니한다고 한 사례 등이 있다.

3. 대상판결의 결론

대상판결은, 원래 수사기관은 범죄사건을 수사함에 있어서 피의자나 참고인의 진술 여하에 불구하고 피의자를 확정하고 그 피의사실을 인정할 만한 객관적인 제반 증거를 수집·조사하여야 할 권리와 의무가 있으므로, 피고인이 경찰관에게 A의 인적사항에 대하여 단순히 허무인의 이름을 진술하고 구체적인 인적사항에 대하여는 모른다고 하는데 그쳤을 뿐이라면 이러한 행위가 A를 도피시키려는 의도를 가지고 직접 A를 도피시키거나 도피를 직접적으로 용이하게 하였거나 적극적으로 수사기관을 기만하여 착오에 빠지게 함으로써 범인의 발견 또는 체포를 곤란 내지 불가능하게 할 정도의 것이라고 할 수 없어 범인도피죄를 구성하지 아니한다고 판단하였다.

Ⅳ. 나오는 말

우리 형사법체계가 참고인 조사에 관하여 강제수단을 인정하지 아니하고, 법정에서 선서한 증인의 경우와 달리 참고인의 허위진술 자체를 직접 처벌하는 규정을 두고 있지 아니한 것은 단순한 입법적 선택을 넘어서는 보다 근본적인 결단으로 봄이 상당하다. 왜냐하면, 참고인 조사를 어떻게 볼 것이냐는 국민의 일반적 행동의 자유, 자기부죄금지의 원칙, 형사절차에 있어서의 당사자 대등의 원칙, 공판중심주의 등과 직접적인 관련을 가지고 있는 것으로서, 이에 대한 결단은 국민의 기본권 보장과 형사사법제도의 본질적 형태에 깊은 영향을 미치기 때문이다. 결론적으로 대상판결은 참고인 조사와 관련된 우리 형사법체계상의 기본결단에 부응하면서 범인도피죄와 관련된 기존의 해석기준을 충실히 따르고 있다고 할 것이다.

[필자: 이승련 판사(서울고법)]

[대상판결] 대법원 2006. 12. 7. 선고 2005도3707 판결

[사실관계] 피고인은 무면허상태로 승용차를 운전하고 가다가 화물차를 들이받는 사고를 일으켜 경찰에서 조사를 받게 되었다. 피고인은 무면허로 운전한 사실 등이 발각되지 않기 위해 동생 A에게 "내가 무면허상태에서 술을 마시고 차를 운전하다가 교통사고를 내었는데 운전면허가 있는 네가 대신 교통사고를 내었다고 조사를 받아 달라"고 부탁하여, 이를 승낙한 A로 하여금 경찰서 교통사고조사계 사무실에서 자신이 승용차를 운전하고 가다가 교통사고를 낸 사람이라고 허위진술을 하면서 피의자로서 조사를 받게 하였다. 뒤늦게 실제 운전자가 피고인임이 밝혀졌다.

검사는 피고인을 범인도피교사죄로 기소하였다. 제1심법원은 피고인에게 방어권남용의 문제가 생기지 아니하고 기대가능성 또한 없다는 이유로 무죄를 선고하였고(대전지법 2004. 12. 22. 선고 2004고단2593 판결), 항소심법원도 피고인은 범인 본인이어서 구성요건해당성이 없고 피교사자 역시 범인의 친족이어서 불가벌에 해당하므로 피고인이 타인의 행위를 이용하여 자신의 범죄를 실현하고 새로운 범인을 창출하였다는 교사범의 전형적인 불법이 실현되었다고 볼 수 없을 뿐만 아니라 피고인이 자기방어행위의 범위를 명백히 일탈하거나 방어권의 남용에 속한다고 보기 어려워 위 공소사실은 죄가 되지 아니한다고 판단하였다(대전지법 2005. 5. 12. 선고 2004노3164 판결).

[판결요지] 범인이 자신을 위하여 타인으로 하여금 허위의 자백을 하게 하여 범인도피죄를 범하게 하는 행위는 방어권의 남용으로 범인도피교사죄에 해당하는 바, 이 경우 그 타인이 형법 제151조 제2항에 의하여 처벌을 받지 아니하는 친족, 호주 또는 동거 가족에 해당한다 하여 달리 볼 것은 아니다.

[해 설]

Ⅰ. 들어가는 말

벌금 이상의 형에 해당하는 죄를 범한 자를 은닉 또는 도피하게 한 자는 범인은닉죄·범인도피죄로 처벌하지만(제151조 제1항), 친족이 본인을 위하여 범인은닉죄·범인도피죄를 범한 때에는 처벌하지 않는다(제151조). 대상판결의 사안에서 무면허상태에서 술을 마시고 승용차를 운전하다 교통사고를 낸 피고인은 도로교통법위반(무면허운전)죄(도로교통법 제152조 제1호, 제43조, 제80조)만으로도 그 법정형이 1년 이하의 징역이나 300만 원 이하의 벌금이므로 벌금 이상의 형에 해당하는 죄를 범한 자이다. 피고인의 동생 A는 수사기관에서 자신이 범인이라고 허위진술을 하여 진범의 체포와 발견에 지장을 초래하게 하였으므로 범인도피죄를 범하였다(대법원 2000. 11. 24. 선고 2000도4078 판결; 대법원 1996. 6. 14. 선고 96도1016 판결). 그러나 A는 피고인의 친족이므로 범인도피죄로 처벌되지 않는다. 대상판결의 쟁점은 범인인 피고인이 범인도피교사죄의 주체가 될 수 있는가, 만일 그렇다면 피교사자가 형법 제151조 제2항에 의하여 처벌되지 않는 친족인 경우에도 범인도피교사죄가 성립하는가이다.

Ⅱ. 범인의 자기도피를 위한 제3자 교사와 범인도피교사죄

1. 범인의 자기도피를 위한 제3자 교사의 가벌성

형법 제151조 제1항에서 정한 '죄를 범한 자'와 '은닉 또는 도피하게 한 자'는 별개의 사람이므로 죄를 범한 자, 즉 범인 자신은 범인도피죄의 주체가 될 수 없다. 그런데 범인이 제3자를 교사하여 자신을 도피하게 한 경우에 대하여 ① 범인이 제3자를 교사하여 자신을 도피하게 한 것은 자기비호권의 한계를 일탈한 것으로서 기대가능성이 인정되기 때문에 범인도피교사죄가 성립한다는 긍정설과 ② 이는 자기비호의 연장에 불과하고 범인도피죄의 주체로 될 수 없는 자가 교사범으로 처벌받는다는 것은 옳다고 할 수 없으므로 범인도피교사죄가 성립하지 않는다는 부정설로 나뉜다.

대상판결을 비롯하여 대법원은 형법 제151조 제1항에서 정한 '죄를 범한 자'가 자신을 위하여 타인으로 하여금 범인도피죄를 범하게 하는 행위는 방어권의 남용으로 범인도피교사죄에 해당한다고 함으로써(대법원

2014. 3. 27. 선고 2013도152 판결; 대법원 2008. 11. 13. 선고 2008도7647 판결) 범인도피교사죄의 성립을 긍정한다.

2. 범인이 처벌되지 않는 친족을 교사한 경우

범인이 형법 제151조 제2항에 의하여 처벌되지 않는 친족을 교사하여 범인도피죄를 범하게 한 경우에 대하여도 ① 새로운 범행을 야기한 것으로서 예상되는 범인의 방어행위의 정도를 넘는다는 이유로 범인도피교사죄가 성립한다는 긍정설과 ② 친족간의 특례와 상관없이 자기도피가 죄가 되지 않는 것처럼 자기도피교사도 죄가 될 수 없다는 부정설이 대립한다.

대상판결은 범인도피를 교사 받은 타인이 형법 제151조 제2항에 의하여 처벌을 받지 아니하는 친족 등에 해당한다 하여 달리 볼 것은 아니라고 함으로써 이 경우에도 범인도피교사죄의 성립을 긍정한다.

3. 처벌되지 않는 친족이 제3자를 교사한 경우

대상판결의 사안은 아니지만, 형법 제151조 제2항에 의하여 처벌되지 않는 친족이 제3자를 교사하여 범인도피죄를 범하게 한 경우에 대하여는 ① 친족에게 기대가능성이 없다고 할 수 없고 비호권의 남용이 되므로 친족에게 범인도피교사죄가 성립한다는 긍정설과 ② 친족간의 특례가 기대불가능성으로 인한 책임조각사유를 규정한 것이라면 친족 자신이 범인을 은닉하는 경우와 타인을 교사하여 은닉하게 하는 경우를 구별할 이유가 없으므로 친족에게 범인도피교사죄가 성립하지 않는다는 부정설이 대립한다.

대법원은 범인 자신이 제3자를 교사하여 자기를 은닉시킨 경우와 같이 해석하여 친족에게 교사범의 성립을 인정한다(대법원 1996. 9. 24. 선고 96도1382 판결).

4. 공동정범이 다른 공동정범을 교사한 경우

나아가 공동정범 사이의 도피행위 교사에 관해서도 살펴본다. 공동정범도 '죄를 범한 자'에 해당한다. 따라서 공동정범 중 1인이 다른 공동정범을 도피하게 하는 행위는 범인도피죄를 구성하고(대법원 1958. 1. 14. 선고 4290형상393 판결), 다른 공동정범을 교사하여 도피하게 한 행위는 범인도피교사죄를 구성한다. 그러나 공동정범 중 1인의 도피행위가 범인도피죄의 구성요건에 해당하지 않으면, 다른 공동정범이 이를 교사하더라도 공범종속성에 의하여 범인도피교사죄가 성립하지 않는다. 대법원도 이를 확인한다. 즉 공범 중 1인이 그 범행에 관한 수사절차에서 참고인 또는 피의자로 조사받으면서 자기의 범행을 구성하는 사실관계에 관하여 허위로 진술하고 허위 자료를 제출하는 것은 자신의 범행에 대한 방어권 행사의 범위를 벗어난 것으로 볼 수 없다. 이러한 행위가 다른 공범을 도피하게 하는 결과가 된다고 하더라도 범인도피죄로 처벌할 수 없다. 이때 공범이 이러한 행위를 교사하더라도 범죄가 될 수 없는 행위를 교사한 것에 불과하여 범인도피교사죄가 성립하지 않는다(대법원 2018. 8. 1. 선고 2015도20396 판결).

III. 나가는 말

대상판결은 범인 자신도 방어권의 남용으로 범인도피교사죄를 범할 수 있다는 대법원의 기존 입장을 확인하면서, 이는 범인이 형법 제151조 제2항에 의하여 처벌을 받지 않는 친족 등에게 범인도피를 교사하더라도 마찬가지임을 분명히 한 최초의 판결이다. 한편 대상판결에서 A에 대하여 어떤 판결을 해야 하는지가 다루어졌다면, 이를 통해 공범종속성의 정도에 대한 대법원의 입장도 확인할 수 있었을 것이다. 형법 제151조 제2항의 친족간의 특례의 법적 성질에 관하여는 인적 처벌조각사유설과 책임조각사유설이 대립하고 있고, 인적 처벌조각사유설에 의하면 A에게 형면제판결을 해야 하고, 책임조각사유설에 의하면 A에게 무죄판결을 해야 한다. A에게 형면제판결을 하면서 피고인에게 범인도피교사죄의 성립을 인정하는 것은 공범종속성의 정도를 극단종속형식으로, A에게 무죄판결을 하면서 피고인에게 범인도피교사죄의 성립을 인정하는 것은 공범종속성의 정도를 제한종속형식으로 파악한다는 의미가 된다.

〔참고문헌〕 전원열, "불가벌의 친족에 대하여 범인도피죄를 행하도록 교사하는 것이 범죄를 구성하는지 여부", 대법원판례해설 제66호(2006 하반기)(2007).

[필자: 이창섭 교수(제주대)]

[148] 증언거부권 불고지와 위증죄

[대상판결] 대법원 2010. 1. 21. 선고 2008도942 전원합의체 판결

[사실관계] 피고인은 A와 쌍방 상해 사건으로 공소제기되어 공동피고인으로 함께 재판을 받으면서 자신은 폭행한 사실이 없다고 주장하며 다투던 중 A에 대한 상해 사건이 변론분리되면서 피해자인 증인으로 채택되어 검사로부터 신문받게 되었다. 피고인은 그 과정에서 피고인 자신의 A에 대한 폭행 여부에 관하여 신문을 받게 됨에 따라 증언거부사유가 발생하게 되었는데도, 재판장으로부터 증언거부권을 고지받지 못한 상태에서 A를 폭행한 사실이 없다는 취지로 허위의 진술을 하였다.

[판결요지] 증언거부권 제도는 증인에게 증언의무의 이행을 거절할 수 있는 권리를 부여한 것이고, 형사소송법상 증언거부권의 고지 제도는 증인에게 그러한 권리의 존재를 확인시켜 침묵할 것인지 아니면 진술할 것인지에 관하여 심사숙고할 기회를 충분히 부여함으로써 침묵할 수 있는 권리를 보장하기 위한 것임을 감안할 때, 재판장이 신문 전에 증인에게 증언거부권을 고지하지 않은 경우에도 당해 사건에서 증언 당시 증인이 처한 구체적인 상황, 증언거부사유의 내용, 증인이 증언거부사유 또는 증언거부권의 존재를 이미 알고 있었는지 여부, 증언거부권을 고지 받았더라도 허위진술을 하였을 것이라고 볼 만한 정황이 있는지 등을 전체적·종합적으로 고려하여 증인이 침묵하지 아니하고 진술한 것이 자신의 진정한 의사에 의한 것인지 여부를 기준으로 위증죄의 성립 여부를 판단하여야 한다. 그러므로 헌법 제12조 제2항에 정한 불이익 진술의 강요금지 원칙을 구체화한 자기부죄거부특권에 관한 것이거나 기타 증언거부사유가 있음에도 증인이 증언거부권을 고지받지 못함으로 인하여 그 증언거부권을 행사하는 데 사실상 장애가 초래되었다고 볼 수 있는 경우에는 위증죄의 성립을 부정하여야 할 것이다.

[해 설]

I. '적법행위의 기대가능성'이 있는가

증언거부권자가 증언거부권을 행사하지 않고 선서를 한 뒤 증언을 한 경우에 위증죄가 성립되는지 여부에 관하여 견해가 대립한다.

대상판결 이전 대법원은 피고인이 증인으로 선서한 이상 진실대로 진술한다고 하면 자신의 범죄를 시인하는 진술을 하는 것이 되고 증언을 거부하는 것은 자기의 범죄를 암시하는 것이 되는 처지에 있다 하더라도 증인에게는 증언을 거부할 수 있는 권리를 인정하여 위증죄로부터의 탈출구를 마련하고 있는 만큼 적법행위의 기대가능성이 없다고 할 수 없고 선서한 증인이 허위의 진술을 한 이상 증언거부권 고지 여부를 고려하지 아니한 채 위증죄가 바로 성립한다는 취지로 판시하였다(대법원 1987. 7. 7. 선고 86도1724 전원합의체 판결). 이러한 판례의 취지에 따라 대상판결의 1심은 피고인에게 벌금 100만 원을 선고하였다(부산지법 동부지원 2007. 9. 17. 선고 2007고단770 판결).

위증죄가 성립되지 않는다는 견해는 위증죄의 구성요건에는 해당하지만 책임이 조각된다는 견해와 위증죄의 주체가 될 수 없다는 견해로 나누어진다. 대상판결의 원심(항소심)이 전자의 견해이다. 원심은 법률상의 증언거부권이 있는 자의 허위 증언에 대하여 적법행위의 기대가능성이 없지 않다는 이유로 위증죄로 처벌하기 위해서는 증언거부권의 고지가 이루어지 아니한 경우로서 그 신문의 경위, 내용, 신문에 대한 진실한 증언에 따라 증인이 입게 될 형사처벌의 우려의 정도 및 내용, 당해 재판의 경과 등에 비추어 이러한 절차위반의 신문으로 말미암아 증언거부권을 고지 받지 못한 증인에게 자기부죄의 우려 때문에 허위진술을 하지 아니할 것을 기대하기 어렵다고 인정되는 경우에는 그 처벌의 근거가 되는 적법행위의 기대가능성이 없어 위증죄로 처벌할 수 없다고 보아야 할 것이라고 판단하면서, 이 사건 공소사실은 위증죄의 구성요건에는 해당되지만 피고인이 그러한 행위를 하지 아니하리라는 기대가능성이 없어 책임조각사유가 존재한다는 이유로 무죄를 선고하였다(부산지법 2008. 1. 16. 선고 2007노3669 판결).

Ⅱ. '법률에 의하여 선서한 증인'에 해당하는가

대상판결은 이에 대해 위증죄의 주체인 '법률에 의하여 선서한 증인'의 의미에 주안점을 두고 사안에 접근하고 있다. '법률에 의하여 선서한 증인'이라 함은 '법률이 정한 절차에 따라 유효한 선서를 한 증인'이라는 의미이고, 증인신문절차에서 법률에 규정된 증인 보호를 위한 규정이 지켜진 것으로 인정되지 않은 경우에는 증인이 허위의 진술을 하였다고 하더라도 위증죄의 구성요건인 '법률에 의하여 선서한 증인'에 해당하지 아니한다고 보아 이를 위증죄로 처벌할 수 없는 것이 원칙이나, 당해 사건에서 증인 보호에 사실상 장애가 초래되었다고 볼 수 없는 경우에까지 예외 없이 위증죄의 성립을 부정할 것은 아니라는 것이다.

이를 증언거부권 제도에 적용하여서는 증인이 침묵하지 아니하고 진술한 것이 자신의 진정한 의사에 의한 것인지 여부를 기준으로 위증죄의 성립 여부를 판단하여야 하고, 헌법 제12조 제2항에 정한 불이익 진술의 강요금지 원칙을 구체화한 자기부죄거부특권에 관한 것이거나 기타 증언거부사유가 있음에도 증인이 증언거부권을 고지받지 못함으로 인하여 그 증언거부권을 행사하는 데 사실상 장애가 초래되었다고 볼 수 있는 경우에는 위증죄의 성립을 부정하여야 할 것이라고 판시하였다. 증인신문 전에 증언거부권을 고지하지 않아 증언거부권이 사실상 침해당한 것으로 볼 수 있는 경우 증인을 '법률에 의하여 선서한 증인'으로 볼 수 없다는 것이다.

대상판결은 '적법행위의 기대가능성'이 없다는 원심과는 달리 '법률에 의하여 선서한 증인'으로 볼 수 없다는 이유로 위증죄의 성립을 부정하였다. 대상판결은 적법절차를 강조하여 증인신문절차에서 증인보호규정의 중대한 위반이 있는 경우 위증죄의 주체성을 부인하는 한편, 구체적 타당성의 측면에서 증언거부권행사가 사실상 침해되었는지 여부를 판단함으로써 균형을 꾀하고 있다.

Ⅲ. 어떠한 경우에 증언거부권이 사실상 침해되었다고 볼 것인가

대상판결과 같이 자기부죄거부특권에 관한 것인 경우 증언거부권이 사실상 침해되어 위증죄가 성립되지 않는다. 대법원은 증·수뢰사건의 공동피고인으로 재판을 받던 중 변론분리되어 뇌물공여 또는 뇌물수수의 증인으로 채택되어 증언거부권을 고지받지 못한 상태에서 위증한 사안(대법원 2012. 3. 29. 선고 2009도11249 판결), 피고인들과 공모하였는지 여부와 관련된 신문내용에 대하여 위증한 사안(대법원 2013. 5. 23. 선고 2013도3284 판결)에서 증언거부권을 행사하는 데 사실상 장애가 초래되었다고 판단하였다. 그러나 자기부죄거부특권이 인정되는 본래의 모습과는 차이가 있는 경우, 자기가 하지 아니한 범행을 오히려 했다고 위증한 사안에서는 증언거부권 행사에 사실상 장애가 초래되었다고 볼 수 없다고 판시하였다(대법원 2012. 12. 13. 선고 2010도10028 판결).

그 밖의 증언거부사유와 관련하여 대법원은 전 남편에 대한 도로교통법 위반(음주운전) 사건의 증인으로 법정에 출석한 피고인이 증언거부권을 고지받지 않은 채 공소사실을 부인하는 전 남편의 변명에 부합하는 내용을 적극적으로 허위 진술한 사안에서, 재판장으로부터 증언거부권을 고지받지 아니하였다 하더라도 증언을 하였을 것이라는 취지로 답변한 피고인에 대하여 증언거부권이 사실상 침해당한 것으로 평가할 수는 없다고 판단하였다(대법원 2010. 2. 25. 선고 2007도6273 판결). 그러나 사촌형제가 도박죄로 형사소추 또는 공소제기를 당할 염려가 있는 내용에 관하여 위증한 사안에서는, 증언거부권을 행사하는 데 사실상 장애가 초래되었다고 판시하였다(대법원 2010. 2. 25. 선고 2009도13257 판결). 대법원은 자기부죄거부특권에 준하는 정도의 사유가 있어야 위증죄의 성립을 부정하는 것으로 보인다.

대상판결에 대하여는 '사실상 장애 초래 여부'라는 판단기준이 불명확하고, 증언거부권의 고지는 선서 후에 이루어지는 증인신문절차의 하나로 위증죄의 주체성에 영향을 미치지 않는다는 비판이 있다.

〔참고문헌〕 이희경, "증언절차의 소송법 규정위반과 위증죄의 성립여부: 증언거부권 불고지를 중심으로", 형사판례연구 [19](2011).

[필자: 김현 검사(인천지검)]

[149] 위증죄에서 '허위'의 진술

[대상판결] 대법원 1996. 8. 23. 선고 95도192 판결

[사실관계] 피고인 甲은 서울 역삼동 소재 대지의 등기부상 소유권자인데, 직장상사였던 A가 사망하자 망 A의 본처인 B와 그 가족들이 위 대지는 상속인인 자신들의 소유라며 민사소송을 제기하여 위 소송의 증인으로 출석하였다. 甲은 위 소송에서 "위 대지는 원래 직장상사였던 망 A와 내연의 관계에 있던 망 B의 소유로서 甲에게 명의신탁된 것이므로 B의 상속인인 피고인 乙, 丙이 甲을 상대로 명의신탁 해지를 원인으로 한 소유권이전등기청구 소송을 제기하자 이를 인낙한 것"이라는 취지로 증언하였다.

검사는 甲을 위증죄로 기소하였다. 제1심 법원은 甲의 부인에도 불구하고 甲의 증언을 배척한 위 민사소송의 판결을 근거로 甲에 대한 유죄를 인정하였다. 甲의 항소에 대하여 원심 법원은 무죄를 선고하였고, 검사가 대법원에 상고하였다.

[판결요지] 형사재판에 있어서 관련된 민사사건의 판결에서 인정된 사실은 공소사실에 대하여 유력한 인정자료가 된다고 할지라도 반드시 그 민사판결의 확정사실에 구속을 받는 것은 아니며, 한편 위증죄는 법률에 의하여 선서한 증인이 자기의 기억에 반하는 사실을 진술함으로써 성립하는 것이므로 그 진술이 객관적 사실과 부합하지 않는다고 하여 그 증언이 곧바로 위증이라고 단정할 수는 없다.

[관련판결] 대법원 1982. 9. 14. 선고 81도105 판결
[판결요지] [1] 위증죄에 있어서의 위증은 선서한 증인이 자기의 기억에 반하는 사실을 진술함으로써 성립되고 설사 그 증언이 객관적 사실에 부합된다고 하더라도 기억에 반하는 진술을 한 때에는 위증죄의 성립에 영향이 없다.
[2] 증언이 증인의 기억에 반하는 것인지의 여부가 불분명한 경우에 증언이 객관적 사실과 부합되면 특단의 사정이 없는 한 기억에 반하는 진술을 하였다고 단정할 수 없고, 또한 증언의 전체적 취지가 객관적 사실과 일치하고 그것이 기억에 반하는 공술이 아니라면

극히 사소한 부분에 관하여 기억과 불일치하는 점이 있다 하더라도 그것이 신문취지의 몰이해 또는 착오로 인한 진술이라고 인정된다면 위증죄는 성립될 수 없다.

[해 설]
I. 들어가는 말
대상판결은 위증죄(제152조 제1항)에서 허위의 진술이 무엇인가에 대해 제1심과 다른 기준을 가지고 있다. '허위의 진술'(=위증) 여부를 가림에 있어 객관적 사실에 반하였다고 유죄를 인정한 제1심을 파기하고 '증인의 기억'을 기준으로 한 종전 대법원의 태도를 유지하였다.

대상판결과 관련판결의 판시는 세 가지로 정리된다. ① 진술이 객관적 사실과 부합하지 않는다고 하여 그 증언이 곧바로 위증이라고 단정할 수는 없다. ② 설사 증언이 객관적 사실과 합치된다 하더라도 기억에 반하는 진술을 한 것일 때에는 위증죄 성립에 영향이 없다. ③ 기억에 반하는 것인지의 여부가 불분명한 경우에는, 증언이 객관적 사실과 부합되면 특단의 사정이 없는 한 기억에 반하는 진술을 하였다고 단정할 수 없다. 세 경우는 모두 '증인의 기억'을 위증 판단의 기준으로 보았다. 다만 ③은 객관적 사실을 부차적이나마 독자적인 기준으로 인정했다.

판례는 '증인의 기억'과 '객관적 사실'이라는 두 기준을 대비시켜 '위증' 여부를 따졌다. 문헌은 주관설과 객관설 간의 대립으로 다뤘으나 위증 여부를 주관이나 객관의 어느 하나로만 해결할 수 있는지는 의문이다.

II. 허위의 진술
1. 허위의 진술
'허위의 진술', 즉 위증이란 진실이 아닌 것을 진실인 것처럼 꾸미는 진술로서 위증죄의 구성요건행위이다. 진실이란 관점에 따라 '실제적인 사건경위' 또는 '증인의 경험적 인식사실'이라고 정의되므로, 위증도 객관적 진실 또는 진술자의 기억에 반하는 경우라고 할 수 있다.

2. 학 설

(1) 주관설

허위의 진술 여부를 증인의 주관적 경험이나 기억을 기준으로 판단한다. 진술이 자신의 기억에 반하면 허위가 되며, 이때 그것이 객관적 사실에 부합한다고 하더라도 허위이다. 반면에 기억에 합치하면 그것이 객관적 사실에 반하더라도 허위가 아니다. 증인에게 그가 기억한 것 이상의 사실을 말해줄 것을 기대할 수 없고, 증인의 기억에 반하는 진술만으로도 이미 위증죄의 보호법익인 국가의 사법기능을 해할 추상적 위험이 있기 때문이라고 한다. 통설이자 판례의 태도이다.

(2) 객관설

객관적 사실을 위증 판단의 기준으로 삼는다. 진술의 내용이 객관적 진행사실에 반하면 허위가 된다. 따라서 증인이 기억에 반하는 진술을 하였어도 그것이 객관적 사실과 일치하면 허위가 아닌 반면, 기억에 합치하는 진술을 하였더라도 객관적 사실에 반하면 허위가 된다. 위증죄의 불법은 증인의 불성실이 아니라 국가의 사법기능에 대한 위험에 있기 때문이라고 한다. 소수설이며 독일의 통설이다.

3. 대법원의 태도

대상판결의 세 가지 적용은 모두 증인의 기억을 허위판단의 기준으로 본다. 증인의 진술이 객관적 사실과 부합하지 않는다고 하여 곧바로 위증이라고 단정해서는 안 된다고 한 ①은 객관적 사실은 기준이 아니므로 주관적 기억과 일치하는지 따지라는 것이다. 진술이 객관적 사실에 합치되어도 자신의 기억에 반하면 위증이라는 ②는 표리관계에 있다. ③은 증인의 기억에 반하는지가 불분명할 경우(=P1)에 대한 해결이라는 점에서 ①, ②의 변형(예외)상황이나, 기억에 반하는지 여부를 주된 관심사로 하므로 이들과 전제와 해결에서 조금도 다르지 않다. 다만 진술이 객관적 사실과 부합하면(=P2) 특단의 사정이 없는 한(=P3) 기억에 반하는 진술을 하였다고 단정할 수 없다며, 강한 이중부정을 통해 객관적 사실의 기준성을 마지못해(=부차적으로) 인정하였다.

문제는 3중의 조건으로 구성된 ③의 모순구조이다. 전제(P1)와 조건(P3)이 논리적으로 상용될 수 없기 때문이다. 특단의 사정에 대해 '기억에 반한다는 확증이 있는 경우'라고 판시한 관련판결에서도 보듯이 '불분명한 경우'란 '특단의 사정이 없는 경우'는 같은 말의 반복이다. 따라서 ③의 기준성은 P2에서 찾을 수밖에 없는데, 이것은 ①, ②와는 전혀 관점이 다른 기준일 뿐만 아니라 부차적인 것으로 보려는 판례의 태도에도 어긋난다. 판례의 본질적인 결함은 위증을 주관적 관점에서만 바라보았다는 점이다.

III. 맺음말

허위의 진술에 대한 주관설과 객관설은 ⓐ 기억에 반하여 진술하였으나 객관적 사실과 일치하거나, ⓑ 기억에 부합하는 진술을 하였으나 객관적 사실과 불일치하는 경우에 차이가 난다. 이런 식의 논리는 주관과 객관이라는 관점 중심으로 접근하는 한 피할 수 없는 동어반복적 순환이며 형법이론학의 체계적 접근에도 맞지 않는다. 주관설은 고의의 영역인 한편, 객관설은 객관적 구성요건에 속하므로 체계상 동렬에 위치시킬 수 없기 때문이다.

ⓐ는 결과발생이 불가능하나 주관적 불법은 있는 불능미수와 같은 구조이며, ⓑ는 객관적 불법은 있지만 고의가 없거나 착오에 빠진 경우이다. 형법에는 미수범과 과실위증죄(독일 형법 제163조 제1항) 규정이 없어 불가벌이어야 할 ⓐ는 가벌적이며(대상판결), 처벌해야 할 ⓑ는 처벌하지 못한다. 객관과 주관의 미분화적 접근에서 빚어진 결과이다.

甲에 대한 대상판결의 무죄 논거는 단지 그의 진술이 기억에 반하지 않아서라고 했으나, 여기에서는 甲에게 위증고의가 없어서라고 한다. 나아가 이때 객관적 허위는 존재하므로 과실위증의 성립가능성도 열어놓는다. 지금은 불가벌이나 입법론으로는 필요한 해석론이다. 주관과 객관을 한 위치에서 다룬 판례와, 불능미수를 간과한 해석, 과실위증과 같은 처벌의 흠결 등의 문제가 시정되기를 바란다.

[필자: 윤용규 교수(강원대)]

[150] 자기무고의 공범

[대상판결] 대법원 2008. 10. 23. 선고 2008도4852 판결

[사실관계] 피고인은 P로부터 사업자금을 차용하기로 하고 그 보증조로 W 주식회사 대표이사인 A의 승낙을 받고 A와 피고인의 공동명의로 약속어음을 발행하여 P에게 교부하였다. 그 후 B가 보증조로 위 약속어음 표지에 B의 주소를 기재하고 서명날인하도록 하였고, P는 A와 B의 위임에 따라 위 약속어음에 대해 강제집행을 인락하는 공정증서를 작성받은 후 피고인에게 1억 8,000만 원을 대여해주었다. 그 후 피고인이 차용금을 변제하지 못하자 P는 약속어음과 공정증서를 근거로 B 소유의 주택에 대해 강제경매를 신청하였다.

A와 B는 B의 주택에 대한 강제경매를 저지하는 데 이용할 생각으로 '피고인이 A의 인장을 보관하고 있던 것을 이용하여 A의 승낙없이 약속어음에 날인하였고 P가 B에게 1억 5,000만 원을 입금시켜주는 조건으로 B로부터 약속어음에 서명날인을 받았음에도 돈을 입금하지도 않고 강제경매를 신청하였다'는 취지로 서울중앙지방검찰청에 피고인과 P를 고소하였다. 한편 A와 B는 피고인에게 경찰에서 15일 정도 있으면 빼주겠고 피해가 없게 하겠다고 말하면서 부탁하여 수사기관에 제출할 용도로 '피고인이 A의 인장을 도용하여 어음을 위조하였다'는 취지의 시인서와 'P가 B에게 돈을 입금시켜주겠다고 하고서도 차일피일 미루고 돈을 입금시키지 않았다'는 취지의 확인서를 작성하게 한 후 그 서면들을 고소장에 첨부하여 제출하였다.

[판결요지] 형법 제156조의 무고죄는 국가의 형사사법권 또는 징계권의 적정한 행사를 주된 보호법익으로 하는 죄이나, 스스로 본인을 무고하는 자기무고는 무고죄의 구성요건에 해당하지 아니하여 무고죄를 구성하지 않는다. 그러나 피무고자의 교사, 방조하에 제3자가 피무고자에 대한 허위의 사실을 신고한 경우에는 제3자의 행위는 무고죄의 구성요건에 해당하여 무고죄를 구성하므로, 제3자를 교사, 방조한 피무고자도 교사, 방조범으로서의 죄책을 부담한다.

[해 설]

I. 들어가는 말

대상판결 사건에서 A와 B는 피고인과 P를 고소하였는데 그 고소를 위해 피고인이 허위사실의 시인서와 확인서를 작성하여 주어 A와 B가 피고인과 P를 무고하는 행위를 방조하였다. 이러한 방조행위 중에서 A와 B가 피고인을 무고한 부분에 대한 방조는 자기를 무고하는 것에 대한 방조이다. 그런데 무고죄는 타인으로 하여금 형사처분 또는 징계처분을 받게 할 목적으로 허위 고소를 한 경우에 성립하므로 타인이 아닌 자기 자신을 무고하는 것은 구성요건에 해당하지 않아 죄가 되지 않는다. 그러면 피고인이 제3자를 교사, 방조하여 자기무고를 하는 경우는 어떻게 해석할 것인가. 종래의 학설과 판례의 논리를 살펴보기로 한다.

II. 학설과 대법원의 태도

1. 학 설

(1) 긍정설

무고죄의 주요 보호법익이 국가의 형사 또는 징계처분의 적정한 행사라는 측면에서 보면(무고죄의 본질에 관하여는 개인적 법익침해설, 국가적 법익침해설, 절충설이 있는데, 형법상 무고죄가 국가적 법익침해에 관한 범죄군에 위치하고 있는 점에 비추어 개인적 법익침해설로 설명하기 어려우나 피무고자의 개인적 이익이 보호되는 측면이 있음을 부정할 수는 없다는 점에서 절충설이 다수설이다). 피무고자의 촉탁이나 승낙을 받고 무고하는 승낙무고도 무고죄가 성립하는 것과 마찬가지로 자신을 무고하여 처벌받는 제3자의 행위에 대해 교사 또는 방조로 가담하는 것은 국가의 형사 또는 징계처분의 적정한 행사를 그르친 행위로서 처벌 필요성이 있으므로 자기무고의 교사범이나 방조범이 성립한다는 견해이다.

(2) 부정설

자기무고가 구성요건해당성이 없는 이상 자기무고의 교사범이나 방조범도 성립할 수 없다는 견해이다. 무고죄의 보호법익은 국가의 형사 또는 징계처분권의 적정한 행사뿐만 아니라 피무고자 개인의 부당한 형사

처분 또는 징계로부터의 보호에도 있고, 자기무고죄를 처벌하지 아니하는 취지가 이러한 무고죄의 개인적 법익보호의 성격에 근거하고 있으므로 그 교사나 방조범의 성립 역시 부정함이 타당하다는 것이다.

2. 판 례

이 사건에서 1심 법원(서울중앙지법 2008. 1. 25. 선고 2007고단502 판결)과 2심 법원(서울중앙지법 2008. 5. 22. 선고 2008노534 판결)은 부정설의 입장에서 피고인의 자기무고 방조행위에 대해 무죄를 선고하였으나 대법원은 피무고자의 교사, 방조 하에 제3자가 피무고자에 대한 허위의 사실을 신고한 경우 제3자의 행위는 무고죄의 구성요건에 해당하여 무고죄를 구성하므로, 제3자를 교사, 방조한 피무고자에 대해서도 교사, 방조범으로서의 죄책을 부담하게 함이 상당하다고 하여 긍정설을 취하였다.

Ⅲ. 나오는 말

국가의 형사사법기능 또는 사법기능의 적정한 행사를 보호법익으로 하는 범죄로서 범인은닉죄, 위증죄, 증거인멸죄, 무고죄 등은 모두 타인의 사건을 전제로 한다. 이와 같이 자기 자신은 본범이 될 수 없으나 제3자가 본범이 되도록 교사하거나 방조하는 경우 교사범 또는 방조범이 성립하는지에 대해서는 범인은닉죄, 위증죄, 증거인멸죄, 무고죄 모두 긍정설과 부정설로 견해가 나뉜다.

범인은닉죄, 위증죄, 증거인멸죄 등에 있어 긍정설은 각 죄에 있어 범인 자신에 대해 처벌하지 않는 것은 기대가능성이 없기 때문인데 타인으로 하여금 이러한 범죄를 범하게 하는 것은 기대가능성이 없다고 할 수 없고 새로운 범죄를 유발하거나 용이하게 하는 것으로서 자기비호권(범인은닉죄, 증거인멸죄의 경우)이나 변호권(위증죄의 경우)을 넘는 행위라는 점을 근거로 든다. 반면에 부정설은 본범이 성립하지 않으면 이에 대한 교사범이나 방조범도 성립하지 않는다는 법리를 근거로 한다.

판례는 범인은닉죄, 위증죄, 증거인멸죄에 있어서 범인이 자기사건에 관하여 제3자를 교사하거나 방조하여 각 죄를 범하는 경우 교사범이나 방조범의 성립을 긍정한다.

그런데 자기무고의 교사나 방조의 경우도 이들 범인은닉죄, 위증죄, 증거인멸죄 등에서의 각 논거가 그대로 적용될 수 있겠는지는 의문이다. 부정설에 있어서 본범이 성립하지 않으면 교사범이나 방조범도 성립되지 않는다는 논리는 자기무고에 대한 교사나 방조범에 대해서도 그대로 적용될 수 있을 것이다. 이 사건 1심 및 2심 판결도 이러한 논리였다.

그런데 긍정설에 있어서는 증거인멸죄 등에서의 논리를 그대로 적용하기 어렵다. 자기 자신을 무고하지 않는 것에 대해 기대가능성이 없다거나 자기 자신을 무고하는 것을 어떠한 권리로 파악할 수도 없다는 점에서 자기무고를 처벌하지 않는 것은 증거인멸죄 등과 구조가 다르기 때문이다(이 사건 항소심 판결도 자기증거인멸죄의 교사에 대해 교사범의 성립을 인정하는 판례를 들면서 자기무고교사도 처벌되어야 한다는 검사의 항소이유에 대해 자기증거인멸을 처벌하지 않는 근거와 자기무고를 처벌하지 않는 근거는 다르다고 설시하고 있다).

무고죄의 본질에 있어서 국가적 법익 보호가 중요하지만 개인적 법익보호의 측면도 있는데 자기무고를 처벌하지 않는 것은 개인적 법익침해의 면에서 다른 사람에게 피해를 주지 않는 점을 고려한 것이라 할 수 있다. 그러나 제3자를 교사 또는 방조하여 자신을 무고하게 함으로써 제3자가 처벌되는 상황에서는 국가의 형사사법권이나 징계권 행사의 적정성 보호의 면이 더 중시되어 그러한 범죄를 유발하거나 용이하게 한 행위를 처벌할 필요성이 있기 때문이라고 설명하는 것이 적절할 것이다.

[필자: 이완규 변호사]

판례색인

(판례번호 옆의 [회색 고딕숫자]는 쟁점번호를,)
(그 옆의 숫자는 페이지를 나타낸다.)

제 3 판
형법판례 150선

초판발행　　　2016년 11월 30일
제 2 판발행　　2019년　3월 10일
제 3 판발행　　2021년　3월 30일

편저자　　　　한국형사판례연구회
펴낸이　　　　안종만·안상준

편　집　　　　이승현
기획/마케팅　　조성호
표지디자인　　박현정
제　작　　　　고철민·조영환

펴낸곳　　　　(주) **박영사**
　　　　　　　서울특별시 금천구 가산디지털2로 53, 210호(가산동, 한라시그마밸리)
　　　　　　　등록　1959. 3. 11. 제300-1959-1호(倫)

전　화　　　　02)733-6771
f a x　　　　 02)736-4818
e-mail　　　　pys@pybook.co.kr
homepage　　 www.pybook.co.kr
ISBN　　　　 979-11-303-3895-8　93360

정　가　　　　20,000원